大块文体

大城大师

68位

社科大师的学术人生

上海市社会科学界联合会　编
文 汇 报 社

上海人民出版社　学林出版社

上海文化发展基金会图书出版专项基金资助项目

撰文

杨逸淇

任思蕴 李纯一 陈　瑜

刘　迪 于　颖 陈韶旭 刘力源

照片支持

社科大师的家属、弟子与所在单位

上海市文化和旅游局等

封面题签

吴晓明

素描

张德群 宋　巍 宋克西

戴红倩 陈明园 温熙超 王煜宏

纪念地梳理

杨　琳 蒋　晖 姚　霏

有人说,一个大师的产生,他的身后必有一个历史悠久的民族。同样,一个大师的产生,他的身后也必有一个文化底蕴深厚的城市。尤其是近代以来的发展,让城市拥有了更丰富的文化土壤、更广泛的交流机会以及更集中的资源支持,这些加快促进了知识的集聚、思维的碰撞。上海一直是近现代以来哲学社会科学的重镇,红色文化、海派文化和江南文化在这里交相辉映,产生了灿若星辰的学术名家。他们用思想标注时代、用理论引领时代,为上海乃至全国哲学社会科学的发展作出了巨大贡献,也成为上海这座城市发展的精神坐标。

2018年,上海市社会科学界联合会经多方酝酿讨论,推出首批68位社科大师,涵盖哲学、历史学、经济学、政治学、法学、社会学、新闻学、人口学、宗教学、心理学、文学理论等多个学科的代表人物。他们中有人追求革命、传播真理,为马克思主义中国化积极探索;他们中有人奔赴海外、负笈求学,为融通中外文化、增进文明交流搭建桥梁。在他们身上,我们看到了开放、创新、包容的格局,海纳百川、追求卓越的胸襟,开明睿智、大气谦和的气度,他们的学术成就既为传承发展城市文脉增添绚丽色彩,又为不同文明的交流互鉴提供重要的资源和载体。他们的主要学术轨迹在上海,但他们的学术贡献与影响是全国的,乃至世界的,是当下的,更是久远的。"板凳甘坐十年冷,文章不写半句空",这座城市还有更多的大学者、大先生,甘于奉献、严谨治学、立德树人,将个人学术追求同城市的发展、国家民族的发展紧紧联系在一起。

为了整体展现新中国成立后上海哲学社会科学取得的卓越成就,启迪并激励当代学人为构建中国特色哲学社会科学努力前行,在中共上海市委宣传部的指导和资助下,在大师所属单位、家属的支持下,2019 年,我们开始策划"礼赞大师"系列活动,约请文汇报社选派优秀记者撰写纪念文章、推出《大师》专栏。每期专栏用一个整版,系统梳理大师的成长历程、学术思想和学术贡献,介绍上海社科大师的治学精神和人格品质。现将这 68 篇专栏文章集结成书,使读者全面了解社科大师们的报国之志、笃学之功、创新之能、育人之德。根据各方建议,本书梳理了 68 个大师纪念地,公众可通过 CityWalk 实地寻访,进一步走近大师、了解大师。

"历史表明,社会大变革的时代,一定是哲学社会科学大发展的时代。"当代中国正经历着我国历史上最为广泛而深刻的社会变革,正在进行着人类历史上最为宏大而独特的实践创新。新时代需要社科创新人才,也完全能够造就做大学问、真学问的社科大师! 新一代广大哲学社会科学者工作者,必将继承并发扬前辈们的优良学风,守正创新、勇毅前行,推出更多彰显中国特色、中国风格、中国气派的精品力作,不断推动理论研究从"高原"走向"高峰",在深入推进"两个结合"中着力赓续中华文脉,推动中华优秀传统文化创造性转化和创新性发展,着力加强国际传播能力建设,在不断促进加强交流互鉴中构建自主知识体系,为建设习近平文化思想最佳实践地贡献社科智慧。

上海市社会科学界联合会
2024 年 5 月 17 日

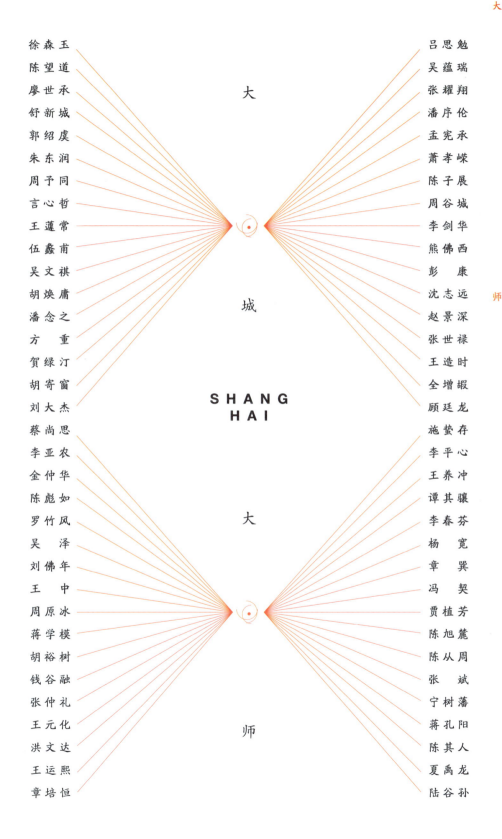

大

城

SHANG HAI

大

师

徐森玉
陈望道
廖世承
舒新城
郭绍虞
朱东润
周予同
言心哲
王蘧常
伍蠡甫
吴文祺
胡焕庸
潘念之
方重
贺绿汀
胡寄窗
刘大杰
蔡尚思
李亚农
金仲华
陈彪如
罗竹风
吴泽
刘佛年
王中
周原冰
蒋学模
胡裕树
钱谷融
张仲礼
王元化
洪文达
王运熙
章培恒

吕思勉
吴蕴瑞
张耀翔
潘序伦
孟宪承
萧孝嵘
陈子展
周谷城
李剑华
熊佛西
彭康
沈志远
赵景深
张世禄
王造时
全增嘏
顾廷龙
施蛰存
李平心
王养冲
谭其骧
李春芬
杨宽
章巽
冯契
贾植芳
陈旭麓
陈从周
张斌
宁树藩
蒋孔阳
陈其人
夏禹龙
陆谷孙

大城大师

10-18

目录

杨浦区

浦东新区

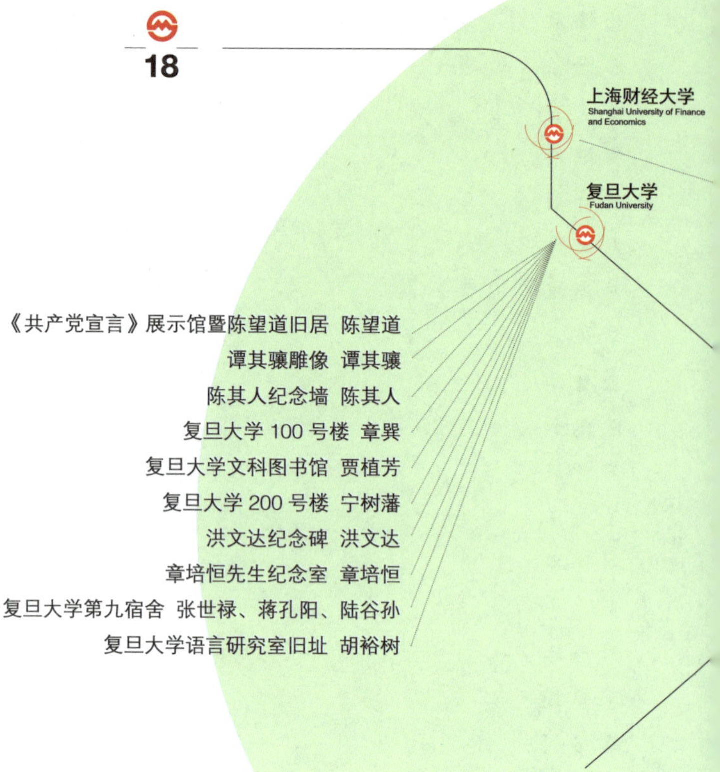

18
上海财经大学
Shanghai University of Finance and Economics
复旦大学
Fudan University
《共产党宣言》展示馆暨陈望道旧居 陈望道
谭其骧雕像 谭其骧
陈其人纪念墙 陈其人
复旦大学 100 号楼 章巽
复旦大学文科图书馆 贾植芳
复旦大学 200 号楼 宁树藩
洪文达纪念碑 洪文达
章培恒先生纪念室 章培恒
复旦大学第九宿舍 张世禄、蒋孔阳、陆谷孙
复旦大学语言研究室旧址 胡裕树

杨

浦

区

10

胡寄窗雕像　胡寄窗

五角场
Wujiaochang

王中雕像　王中

国权路
Guoquan Rd.

复旦大学第一宿舍　朱东润

迎春路
Yingchun Rd.

潘念之雕像　潘念之

浦　东　新　区

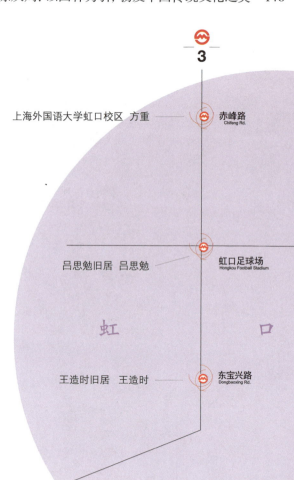

虹口区

杨浦区

黄浦区

3

上海外国语大学虹口校区　方重　————　赤峰路
Chifeng Rd.

吕思勉旧居　吕思勉　————　虹口足球场
Hongkou Football Stadium

虹　　　　　　　　口

王造时旧居　王造时　————　东宝兴路
Dongbaoxing Rd.

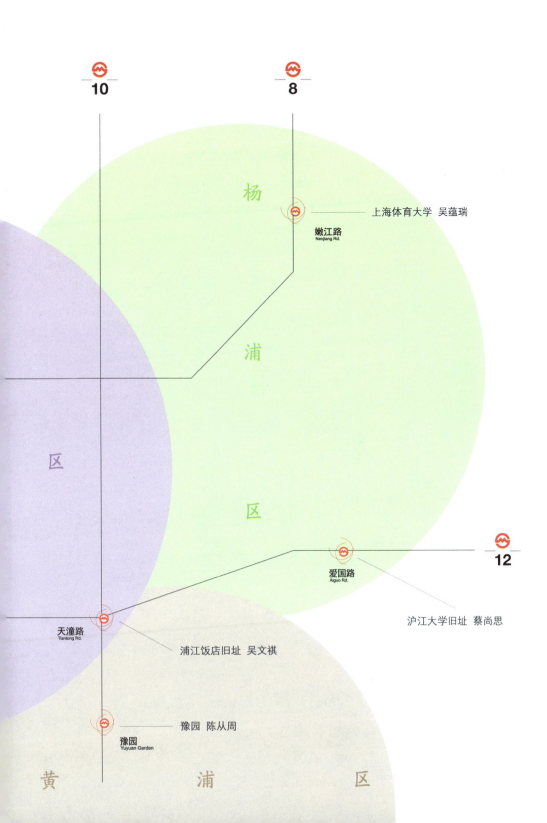

10

8

杨

浦

区

区

上海体育大学　吴蕴瑞

嫩江路
Nenjiang Rd.

12

爱国路
Aiguo Rd.

沪江大学旧址　蔡尚思

天潼路
Tiantong Rd.

浦江饭店旧址　吴文祺

豫园　陈从周

豫园
Yuyuan Garden

黄　　浦　　区

静安区

黄浦区

金山区

静

安

区

13

金　　山　　区

王运熙故乡 王运熙

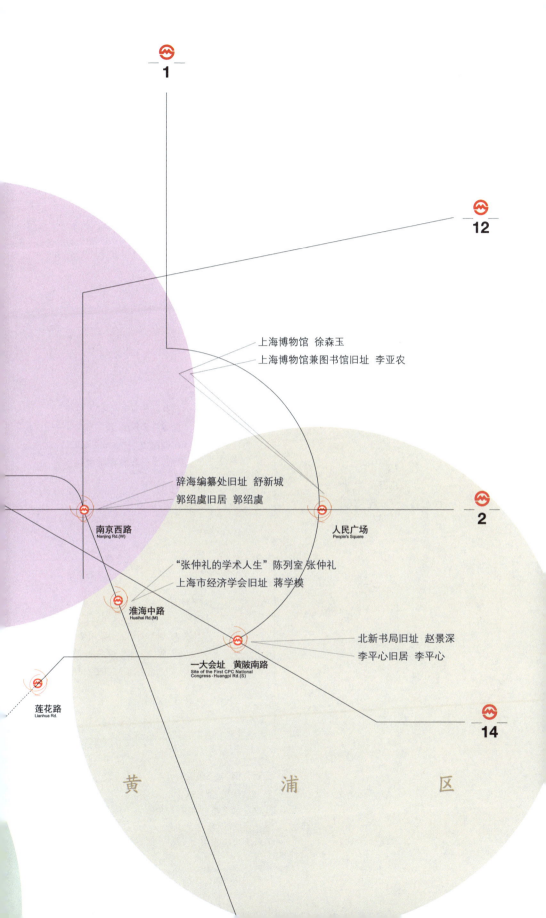

上海博物馆 徐森玉
上海博物馆兼图书馆旧址 李亚农

辞海编纂处旧址 舒新城
郭绍虞旧居 郭绍虞

南京西路
Nanjing Rd.(W)

人民广场
People's Square

"张仲礼的学术人生"陈列室 张仲礼
上海市经济学会旧址 蒋学模

淮海中路
Huaihai Rd.(M)

北新书局旧址 赵景深
李平心旧居 李平心

一大会址 黄陂南路
Site of the First CPC National
Congress · Huangpi Rd.(S)

莲花路
Lianhua Rd.

黄　浦　区

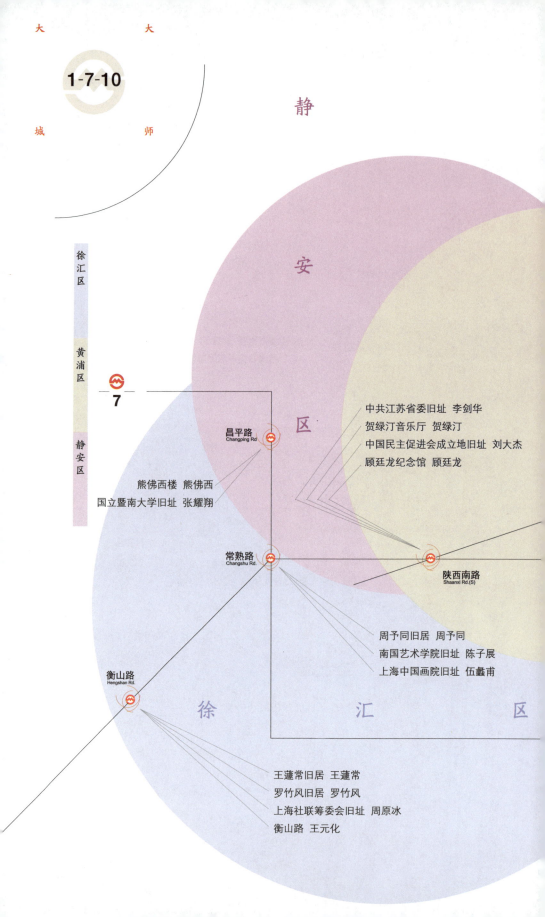

静

安

徐汇区

黄浦区

静安区

7

区

中共江苏省委旧址　李剑华
贺绿汀音乐厅　贺绿汀
中国民主促进会成立地旧址　刘大杰
顾廷龙纪念馆　顾廷龙

昌平路
Changping Rd.

熊佛西楼　熊佛西
国立暨南大学旧址　张耀翔

常熟路
Changshu Rd.

陕西南路
Shaanxi Rd.(S)

周予同旧居　周予同
南国艺术学院旧址　陈子展
上海中国画院旧址　伍蠡甫

衡山路
Hengshan Rd.

徐

汇

区

王蘧常旧居　王蘧常
罗竹风旧居　罗竹风
上海社联筹委会旧址　周原冰
衡山路　王元化

黄

浦

区

1

10

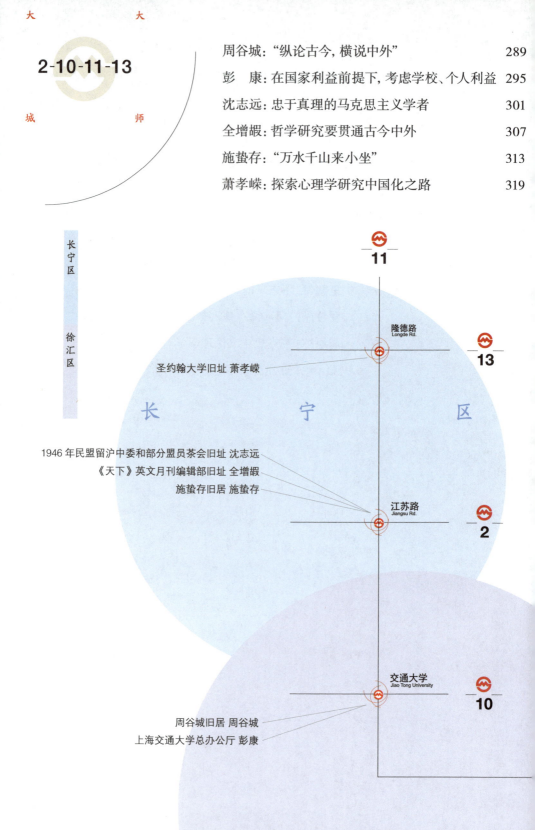

长宁区

徐汇区

11

隆德路
Longde Rd.

13

圣约翰大学旧址 萧孝嵘

长　宁　区

1946 年民盟留沪中委和部分盟员茶会旧址 沈志远
《天下》英文月刊编辑部旧址 全增嘏
施蛰存旧居 施蛰存

江苏路
Jiangsu Rd.

2

交通大学
Jiao Tong University

10

周谷城旧居 周谷城
上海交通大学总办公厅 彭康

徐　汇　区

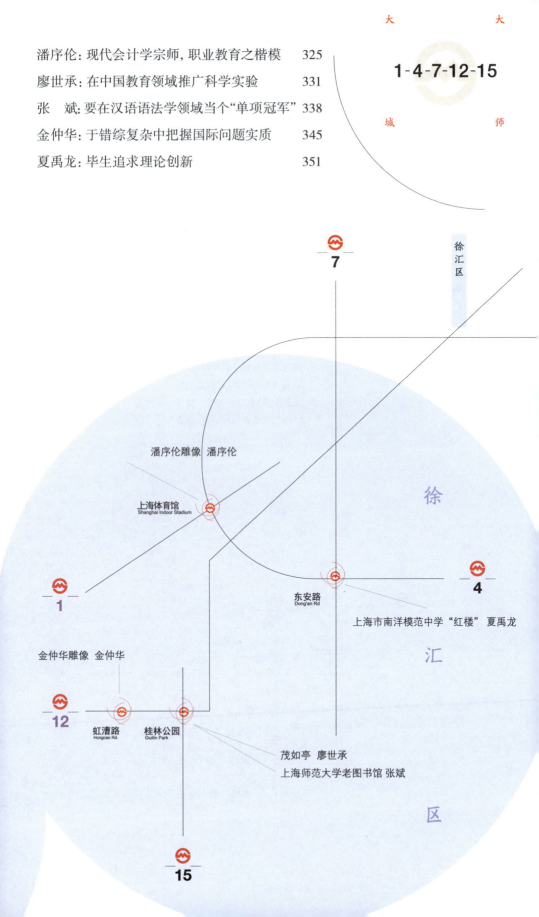

普
陀
区

孟宪承·刘佛年教育成就陈列室　孟宪承、刘佛年
华东师范大学地理馆　言心哲
大夏大学旧址　王养冲、吴泽、陈旭麓
陈彪如学术成就陈列室　陈彪如

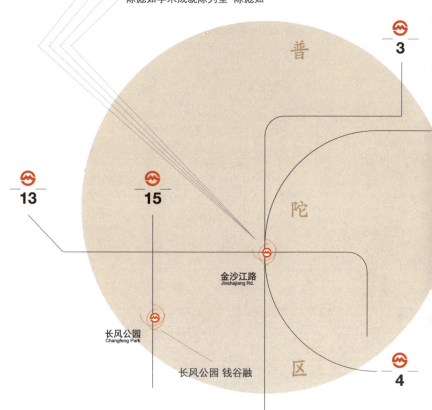

普

陀

区

3

13　　15

金沙江路
Jinshajiang Rd.

长风公园
Changfeng Park

长风公园　钱谷融

4

大　大
城　师

2-10-15-17

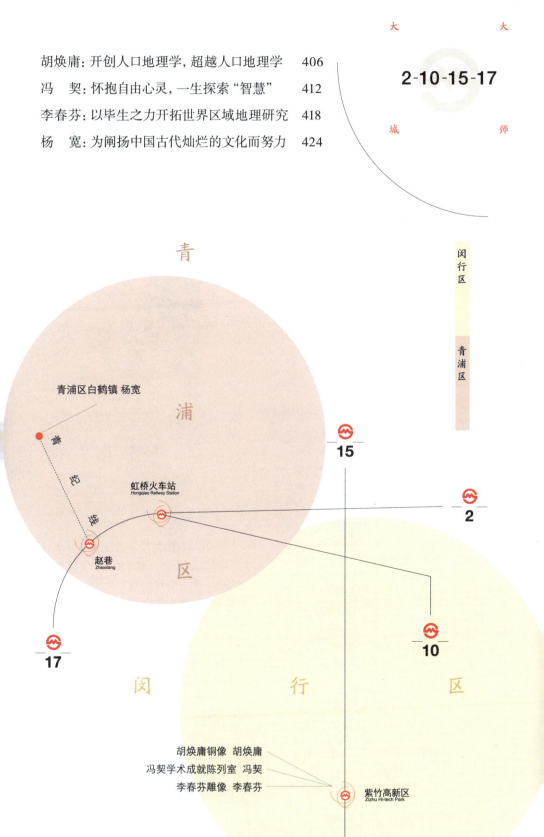

青浦区白鹤镇 杨宽

浦

虹桥火车站
Hongqiao Railway Station

赵巷
Zhaoxiang

区

15

2

17

10

闵

行

区

闵行区

青浦区

胡焕庸铜像　胡焕庸
冯契学术成就陈列室　冯契
李春芬雕像　李春芬

紫竹高新区
Zizhu Hi-tech Park

一位语言学家的本心

陈望道

　　原名参一，字任重，浙江义乌人。早年留学日本。1920年翻译出版《共产党宣言》首个中文全译本，在上海与陈独秀等发起成立中国共产党早期组织，曾任中共上海地方委员会第一任书记。中华人民共和国成立后，任华东行政委员会高教局局长、复旦大学校长、中国科学院哲学社会科学学部常务委员、《辞海》编辑委员会主编、上海市社会科学界联合会首任主席，上海市语文学会会长等。曾当选全国人大常委会委员、全国政协常委会委员、民盟中央副主席兼上海市主任委员、上海市政协副主席。著有《修辞学发凡》《文法简论》等，其论著译述结集于《陈望道文存全编》。

陈望道

（1891-1977）

教育学家、语言学家

　　1920年春，在故乡浙江义乌分水塘村，陈望道就着一盏煤油灯，夜以继日地工作，用一个青年马克思主义者的忠诚和激情，将《共产党宣言》翻译成中文。或许是因为首位《共产党宣言》中文全译本译者的光环太过耀眼，以至于许多人都忽视了作为学者的陈望道的另一重身份——中国语言文字改革的引火者，为中国自己的语言学体系开辟道路的先行者……

要进行社会革命，

语言上的"破旧立新"

是最为基础的

　　1891年，陈望道出生于浙江义乌分水塘村。自懂事之日起，他就对国家的兴衰与民族存亡表现出深深的关切。少年时期，他就在村里办学、启迪民智，希望"教育救国"；之后，受"兴实业、重科学"思潮影响，他在中学学习数理化，并想早日留学深造。受限于当时的条件，陈望道没能去成欧美国家，就近改道日本。在那里，陈望道接触了马克思主义，由此改变了他一生的轨迹。

陈望道于1915年东渡日本。在留日四年半的时间里，他先后完成了法律、经济、物理、数学以及哲学、文学等许多学科的修习，最终毕业于中央大学法科，获得法学士学位。其间，陈望道结识了日本著名进步学者河上肇、山川均等人，开始接触马克思主义。他认识到救国必须进行深及思想的社会革命。他将学名"参一"改为"望道"，寄寓着为国家谋求道路。

一个时代的言说塑造了那个时代的精神形态。陈望道意识到，要进行社会革命，语言上的"破旧立新"是最为基础的。胡愈之说："当时的他深切体会到语言文字的使用，也就是正确掌握表达思想的工具，对启蒙运动和思想解放是极端重要的。"因此，他从"一时泛览无所归，逐渐形成以中国语文为中心的社会科学为自己的专业"，将研究解决中国社会的语文问题、进行语文改革当作自己的使命。

然而，对积淀着中华民族几千年结晶，充满了传统、记忆和伤痕的中国语言进行有意识的改革，谈何容易？此时的中国，新旧文化、势力、制度的角力，让改革步履维艰。1919年5月，五四运动爆发。救国心切的陈望道在日本再也待不下去了，于这年7月中返回祖国，很快便投身于新文化运动中。

1919年9月，他到浙江第一师范学校担任国文教员。"五四当年，中国语文

陈望道旧居
地址：杨浦区国福路51号

大师纪念地：《共产党宣言》展示馆暨陈望道旧居

地铁18号线复旦大学站

课尤其是当时学校新旧思想文化斗争的重要部门""要改革教育、普及教育，国文教授是应当第一研究的问题"。他与夏丏尊、刘大白、李次九一同发起国文改革，提出包括提倡白话文、传授注音字母、出版国语丛书等多项具体举措，被当局的保守派视为"洪水猛兽"。因指导学生创办进步杂志《浙江新潮》、发表触怒当局的文章，他不得不离开"一师"，回到老家分水塘村，转而开始《共产党宣言》的翻译工作。

在他之前，国内已有人摘译《共产党宣言》的经典片段，但都不太准确。比如，现在的"全世界无产者，联合起来！"这句人们耳熟能详的结尾，在同盟会成员朱执信那里被译成了"嘻，来。各地之平民其有心安可以不奋也。"而相较之下，接受过马克思主义的熏陶、精通日文和英文、拥有优秀的国文素养和语言功底的陈望道，成为翻译《共产党宣言》的不二人选，他翻译的"万国劳动者团结起来呵！"则更准确地传递出了《共产党宣言》的革命精神。

语言文字的力量，丝毫不亚于千军万马。当年他翻译的《共产党宣言》如同一阵春雷，震碎了束缚在中国身上的枷锁，让无数人为革命事业前赴后继。但译者本人并没有像人们通常认为的那样成为马克思主义理论家，而是作为一名语言学家，通过为新生的语言文字"立法"，浇灭保守势力不断卷土而来的火焰——

1920年，陈望道走上复旦大学讲台。此时，保守派主张"文言复兴"的声音也始终不绝于耳，如认为只有阳春白雪的文言文可以修辞，而下里巴人的白话文不能修辞等，对白话文存在偏见。此外，他发现"许多学生不会写文章，问我文章怎么做，许多翻译文章翻得很生硬，于是逼着我研究修辞"。于是，他开始讲作文法和修辞学，先编成了《作文法讲义》，于1922年3月由上海民智书局出版，是"中国有系统的作文法书的第一部"。经过十余年的探索，他又把修辞教学讲稿著成《修辞学发凡》，于

1932年由大江书铺出版。这部著作首创了中国科学的现代修辞学体系，标志着中国现代修辞学的建立，作为修辞学的教材一直被沿用至今。

1934年，面对国民党发起的"文言复兴"运动，有人主张要保卫白话文，但陈望道则认为，白话文运动不够彻底的原因在于它还只是知识分子层面的东西，不被普通大众接受，因而与其被动保卫，不如深入贯彻党提出的文艺大众化方向。于是，他提出推行"大众语"，并提出"大众语"要满足"大众说得出，听得懂，写得顺手，看得明白的条件""要建设大众语文学，必须实际接近大众，向大众去学习语言的问题"。

论战的后期，手头字、拉丁化新文字的问题也一一被提了出来。为了让那些没有受过教育的、不识字的劳苦大众，可以在很短的时间内掌握基本的读、写，陈望道等人一直推行将汉语拼音化。那时的反动派骂他"忘祖灭先"，说中文用拉丁字母拼音，跟外文还有什么区别。他不以为然："过去提倡妇女剪发，反对的人也是这种论调，说妇女剪了发，男女没有区别了！但是结果怎样呢？不还是区别得很清楚吗？"

新中国的成立，
让文字改革不再
是理想而成为事实

"中国文字有种种的难处，难学、难读、难写、难查，难以接近大众，必须在一定条件下加以改革。"新中国成立后，工农大众终于拥有了当家做主的地位。但如果国家的主人连字都不认识，相互之间也无法听懂彼此的话，又怎么能够实现这一历史使命呢？因此，国家正式确立了文字改革的三项任务：推广普通话、简化汉字、制定和推行汉语拼音方案。此时，之前仅仅停留在学者之间的争论的语言革命问题，总算拥有了具体落实的条件。

相关问题（民族共同语、拉丁化新文字）的讨论，其实在20世纪三四十年

陈望道

代的"大众语"运动中就已经开始,一直持续到当时。站在大众的立场上,陈望道与其他学者展开了激烈的论争。后来在70年代,他对"大众语"运动也进行了反思,认为并没有真正深入大众,"思想上很混乱,发表的意见也不一定都很妥当"。

"今天的情形完全不同了。……我们今天的情况是,既有文字改革的迫切要求,又有文字改革的实现条件,因此,文字改革不再是理想,而将成为事实,这是毫无疑义的,过去多少文字改革运动者长期不能实现的愿望,在社会主义时代将得到实现。"1955年10月15日在北京召开的第一届全国文字改革会议上,陈望道在大会发言中这样说。

当看到自己斗争多年的事业终于要作为国家层面的政策巩固下来,陈望道的内心非常激动,他再次站到了语文建设的最前列——

此次会议的中心是推进文字改革的两个最重要的内容,一是讨论《汉字简化方案》(草案),二是决定大力推广普通话。会议上,陈望道为"普通话"的

科学定义的确立作出贡献。原本,会议规定普通话是以"北京话为标准"。陈望道认为这个规定不妥,有逻辑性错误。他说:"以北京话为标准的普通话,普通话也就是北京话,所谓普通话也不存在了。给普通话下定义,恰恰取消了普通话。"他的意见反映上去,中央极为重视,连夜召开紧急会议讨论,最后修改为"以北京语音为标准音、以北方话为基础方言",后来又加上"以典范的现代白话文著作作为语法规范"的内容。关于"以北方话为基础方言",陈望道后来又作了"即经过书面语加工了的北方话"这一具体说明。

新中国成立以来的语文改革已经获得初步成效,但仍然需要将这些成果以一种持久的方式固定下来。《辞海》的编写是陈望道学术生涯中的另一大贡献。原《辞海》总主编舒新城逝世后,陈望道于1962年接替这一职务,成为《辞海》总主编。他对这一任务非常重视,"辞典应当是典范,百人编,千人看,万人查,因而必须严肃认真,毫不马虎,必须给人以全面而又正确的知识,如果提供错误

的知识，那将贻害无穷，就不能称作'典范'了。"而在他接手这一工作时，出版于1936年的《辞海》已经几十年来没有修订，里边的许多条文也已经不合时宜。

社会的变革、语言的变化、思想的发展……新中国成立后翻天覆地的变化，带来了源源不断的新素材，使得修订《辞海》的工作量非常庞大，绝不仅仅是"修修补补"，几乎等于重新编写。"从修订《辞海》开始到16分册出版是第一阶段，由舒新城任主编；从16分册出版到《辞海》（未定稿）合拢为第二阶段，由陈望道任主编；粉碎'四人帮'到正式出版是第三阶段，由夏征农任主编。其中第二阶段工作量最大，亟待解决的疑难杂症也最多。"与他共事多年的《辞海》副总主编罗竹风曾这样说。

在修订《辞海》过程中，陈望道有诸多创举：首先，他改变了先前人海战术的编写方法，集中专家，建立分科主编负责制。因为"人非全才，所知有限。即使通才，也不可能涉猎所有学术领域。必须舍短取长，共同切磋，才堪称'完璧'。各学科所使用的词汇往往不同，自作聪明，一定会出常识性笑话，例如基督教的所谓'宗派'和一般所指的'宗派'不大相同"。其次，在《辞海》正式出版后，他主张编委会和分科主编仍应保留，重要编写人员也不能散掉，这样在之后的修订中就可以很快接过前人的"接力棒"，与时俱进，不断吐故纳新。这些都为后来《辞海》的研究和修订工作提供了宝贵的经验。

以当下中国现实为依据，
"我们的学术
要有我们自己的样子"

陈望道1952年起任复旦大学校长。1955年，他筹建了复旦大学语法、修辞、逻辑研究室（1958年更名为语言研究室）。1956年，上海市语文学会成立，他当选为创始会长。1958年，上海市哲学、社会科学学会联合会成立，当选为首届社联主席。20世纪60年代初，针

陈望道和复旦大学新闻系师生在一起

对当时学界不注重汉语实际，拿理论生搬硬套的一系列乱象，他在语言学界提出了"语言研究必须中国化"这一带有方向性的革命口号。

他认为，当时中国的文法和修辞研究有两种学术态度值得批判，一是精通外文，但仅仅"据外论中""以洋律中"的中外派，他们将外国的方法论和规律生搬硬套到中文上；二是"长于古学"，但忽视现代汉语发展现状的古今派。他提出应批判继承古代的优秀学术遗产，并批判汲取外国学术中有用的东西，成为兼容并蓄的"古今中外派"。但是，"古今中外派"的位置要摆正，以"今"和"中"为重，也就是以当下中国的现实为依据，用他自己的话来说，就是"屁股坐在中国的今天，伸出一只手向古代要东西，伸出一只手向外国要东西"。

这种研究态度一直贯穿于陈望道学术生涯的始末。早在写作《修辞学发凡》时，他就已经有过类似的思考。著名语言学家陈光磊认为："《修辞学发凡》就是在吸收中国古代学者有关修辞的某些论述和借鉴外国学者有关修辞的某些观点的基础上，根据汉语修辞事实构建起来的，并有很大发展和创造的崭新体系。""在中国学术界最早引进和运用结构主义鼻祖索绪尔的语言学理论，以'语言为本位'研究修辞。"

从1938年到1941年，陈望道有

感于我国第一部文法学著作《马氏文通》的陈旧与机械模仿，在上海的中国语文学术界发起一场革新中国文法研究的讨论。这场讨论中，陈望道坚持马克思主义的立场，强调语言学的学术研究要以事实为基础："语文是发展的，丰富多变的，要正确对待群众在语文运用中出现的一些变化现象"，"语言学家在于根据事实总结规律，而不是拿规律去束缚人家，千万不要做十字路口的交通警察"。

在文法革新讨论时，陈望道就打算写一本用功能观点研究汉语语法特点的《文法新论》，已经开始写作，有了好几万字的积累，因"文革"而中止。1970年春夏之交的一天，陈望道被查出轻度中风，他多年的助手和学生邓明以闻讯赶去探望。据她回忆，令她感动的是她在病床前听到的不是一位病人对自己健康的忧虑，而是对学术研究工作的念念不忘——

"他说，自1966年来的几年中，自己的处境虽然很困难，但却从未停止过研究工作，哪怕是在去医院的途中，在三轮车上，在地段医院的候诊室里，都没有停止过思考一些问题。他还说，在这几年中自己对现代汉语中的单位和单位词作了详细的探讨，有了些具体的设想，需要马上整理出来。他还问起了语言研究室研究人员的去向，并说有可能的话，最好马上召集一些人员回来同他一起开展研究工作。"

1971年，复旦大学语言研究室终于在陈望道的努力下得到部分恢复，并在他的带领下完成了一系列工作。1973年1月，《论现代汉语中的单位和单位词》（上海人民出版社）出版。1973年3月，《汉语提带复合谓语的探讨》（上海人民出版社）出版。1974年至1975年，《修辞学发凡》（上海人民出版社）修订重印。1975年起，陈望道的身体每况愈下，长期在华东医院住院。但在病榻上，他仍然对整理出来的文法书稿逐章逐节进行修改，字斟句酌。1978年8月，《文法简论》正式出版，虽然不是原先计划的《新论》，但也为语言学界留下了一份宝贵

小故事 关怀后学 师生情长

陈望道年轻时脾气火爆，被称为"红头火柴"。但他对于学生却充满慈爱，爱生如子。他经常在校务会议上讲："如果学生生病了，就是我们工作没有到位，我们对不起他们的家长。""我不教学生做绵羊，我教他们做猴子"，他和很多学生，如施存统、夏征农、周有光、倪海曙等，都保持着长期深厚、亦师亦友的情感联系。

小故事 倡导学风 实事求是

陈望道鼓励年轻人在学术上做一个"古今中外派"，"把古的、洋的都'化'在我们的学术研究里面"。这也是陈望道对自己一生学术经验的总结：开阔视野，汲取滋养，融会贯通，独立思考，实事求是，精益求精。在他的提议下，复旦大学确立了每年举办"校庆科学报告会"的传统，促进了优良学风、校风的形成。

小故事 诚心实意 砥砺同行

陈望道是有名的"热水瓶"性格，外表冷冰冰的，但内心极为热忱，待人诚恳。他和鲁迅、刘大白、茅盾、郑振铎等诸多近现代文化名人有着很深的交往。对自己，陈望道则是高标准严要求，年事已高仍不放松党性修养，坚持"以老当益壮的精神为社会主义革命和社会主义建设努力"，"把心交给党，交给人民，交给社会主义"。

的学术遗产，一个值得深入探讨的新体系。令人遗憾的是，于1977年10月过世的陈望道未能亲眼见证它的问世。

"我不过在纸头上呐喊呐喊而已，这种呐喊不过是催促生命早点降生。我不过是听从时代的召唤，喊了几声，实在谈不上贡献。"纵观陈望道先生的一生，学术研究从来不是象牙塔里的孤芳自赏，而是为了这样的呐喊。不忘初心的他，始终关注时代和人民的需要，将追求真理作为一种社会责任。在当下多元化的世界，各路观点、文化、思潮互相交融、交锋。众声喧哗中，如何在国际舞台上发声，构建起中国自身的哲学社会科学话语体系，是今天每一位学人所要承担的历史责任。先生的学术研究为我们做出了指引，这不仅属于历史，也属于现在和未来。

悠悠长水汇大海

谭其骧

谭其骧
（1911 — 1992）
历史学家、历史地理学家

大师简介

　　字季龙，笔名禾子、谭禾子，浙江嘉兴人。先后就读于暨南大学、燕京大学。曾任北平图书馆馆员、辅仁大学讲师。1934年与顾颉刚等创办《禹贡》杂志。后在北京大学、燕京大学、辅仁大学、浙江大学执教。1950年任复旦大学教授。1955年在北京参与改编、修订杨守敬《历代舆地图》。1957年起，历任复旦大学历史系主任、历史地理研究所所长。主持编纂《中国历史地图集》，并致力于黄河水系的研究。历任国务院学位委员会学科评议组成员、国务院古籍整理出版规划小组成员。中国科学院学部委员（院士）。是第三、四、五届全国人大代表。1983年加入中国共产党。曾任《辞海》编委兼分科主编，主持《中国历史大辞典》的编纂工作。著有《长水集》等。

　　1992年，也就是谭其骧去世这年，他被美国传记研究所评为过去25年间对世界最有影响的500名人之一。当这则新闻最初在《文汇报》刊登时，一些读者感到非常意外。

　　虽然在学术界，谭其骧是公认的中国历史地理学科主要奠基人。但正如许多科学家一样，一生低调的他并不为许多人所知晓。如果他没有主持《中国历史地图集》的编绘工作，知道他的人一定会更少。

　　为什么一本地图集会产生如此大的影响？谭其骧主持编绘的《中国历史地图集》，以其规模宏大、考证严谨而闻名于世，是我国一部前所未有的大型历史地图集，反映了一个统一的多民族国家的缔造和演进过程，被公认为"是我国历史地理学科建设上有开拓性建树的一部著作"。

这不仅仅是一部里程碑式的著作，也开创了历史地理学科一个里程碑式的时代。

"如果找不到舞台，哪里看得到戏剧！"

1911年，谭其骧出生于奉天（今沈阳市）皇姑屯火车站，当时他父亲正担任站长。次年其父因病去职，全家迁回原籍浙江嘉兴。1926年，受进步思潮影响，15岁的谭其骧一心革命，考入由中共主办的上海大学，并参加共青团，经常跟随组织上街发传单、演讲。上海工人第三次武装起义时，他带着手枪随一位指挥员上前线。四一二事变后，上海大学被封，他被国民党宪兵关押，因查无证据被保释出狱，千方百计找不到组织，短暂的革命生活被迫画上了句号。

随后，他来到暨南大学，先进外文系，又转中文系，最后改学历史，理由是他觉得自己形象思维能力有限，却长于逻辑推理，正适合研究历史。这是改变

他一生轨迹的重要决定。就在这一年，谭其骧写道："其骧十五以前浑浑噩噩，十六十七献身革命，十八而志于学，从今而后，矢志不移。"

在一些老师看来，谭其骧是一个喜欢"唱反调"、不好教的学生。但在潘光旦和顾颉刚那里，谭其骧这种"吾爱吾师，吾更爱真理"的勇气，反而得到了赏识。1930年，他在潘光旦教授的指导下完成本科毕业论文《中国移民史要》。同年9月，他来到燕京大学研究院，师从顾颉刚。顾颉刚在上课时讲到《尚书》中"肇十有二州"应是汉武帝的制度。谭其骧在查阅资料后发现老师说得不对，便在课后向他提出。顾颉刚非但肯定了他的意见，还希望他写成书面材料。经过两次往返通信，顾颉刚认为解决了一个2000年来没有解决的问题。他将两人往来"交锋"的几封书信作为讲义印发全班，鼓励同学们效仿。这场师生的往复争论，不仅解决了重大学术难题，也激发了年轻的谭其骧对历史地理的极大兴趣。

那时，初涉学界的谭其骧就能背出两千多个汉代的县名。师友赞叹他记忆力超群，他却说自己记性并不好，全因翻烂了两本书，一本是《汉书·地理志》，另一本是《水经注》，这是学沿革地理必须下的苦功夫。这样勤勉而又有天赋的谭其骧，很快便在学界声名鹊起。1932

大师纪念地：谭其骧雕像（复旦大学光华西主楼21楼）

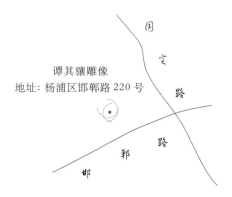

谭其骧雕像
地址：杨浦区邯郸路220号

地铁18号线复旦大学站

年，因为一次"救急"临时代课，还未正式毕业的谭其骧便站上了辅仁大学的讲台，在历史系开设"中国地理沿革史"课。但谁知反响特别好，受到许多学生的欢迎，便这样一直开了下去，这也促使他更为深入地开展沿革地理的研究。

对沿革地理的研究不仅仅是出于学术旨趣，也是救亡图存的时代使命感。九一八事变后，面对日本帝国主义的侵略野心，民族意识空前高涨。"大家都希望有一部《中国通史》出来，好看看我们民族的成分究竟怎样，到底有哪些地方是应当归我们的"。

而立志自然要从根本做起。"历史好比演剧，地理就是舞台；如果找不到舞台，哪里看得到戏剧！" 1934 年，顾颉刚先生邀他共同创办了一个专门研究历史地理的学会，以我国最早一篇系统描述全国自然、人文地理的著作——《禹贡》作为名称；并决定创办《禹贡》半月刊，作为学会的机关刊物。学会成立之初，会员就只有顾颉刚和谭其骧两人，学会所需费用也都是两人自掏腰包。从浩如烟海的故纸堆中找寻中国政区变迁的痕迹，艰辛程度超出常人想象，但正是他们甘坐"冷板凳"的坚持，有力推动了历史地理学科的起步。禹贡学会和《禹贡》半月刊汇聚、造就了早期的历史地理学者，史念海、侯仁之等就是其中的杰出代表，以后与谭其骧一起为学科奠基。

可是好景不长，1937 年全面抗战爆发，禹贡学会会员星散，不得不停止活动，《禹贡》半月刊也被迫停刊。苦心经营的学科面临着"夭折"的风险，但在战乱艰难的岁月里，谭其骧依然治学不辍。1942 年起，他在浙江大学史地系开设"中国沿革地理"一课，招入研究生，结合地方特色从事专题研究，还尝试编绘历史地图。1950 年，因浙江大学不再设历史系，他应聘到复旦大学担任教授，之后的 42 年间都未曾离开。

"这件事情完成了，我这一辈子也就不白活了"

从 20 世纪 30 年代开始，在探索历史地理学科发展的同时，编绘一部精确详尽而又合用的地图集，一直是谭其骧和其同人们的心愿。这不仅仅是当年禹贡学会未竟的事业，在抗战时期及新中国成立初，谭其骧也编绘、校勘过不少历史地图。只是这项工作需要大量财力、物力，也需要大量学者的通力合作，凭借当时的条件难以实现。

一次偶然的机遇为这项工作带来了转机——1954 年秋，毛泽东与吴晗出席人代会期间在一次谈话时说起《资治通鉴》，又谈到读历史不能没有一部历史地图放在手边，以便随时检查历史地名的方位。吴晗推荐了清末民初杨守敬的《历代舆地图》（简称"杨图"），并建议对"杨图"重编改绘，以适应时代需要。于是，"重编改绘杨守敬《历代舆地图》委员会"（简称"杨图委员会"）在京成立，吴晗推荐谭其骧主编。

然而，这项工作并没有想象中的一帆风顺。"杨图"的底图是清朝的地图，和今天实际测量的当代地图有很大出入，很多需要重新定位。更重要的是，"杨图"各时代只画中原王朝的直辖版图，不包括古代中国的全部疆域和各边区民族政权，也不包括杨守敬的当代——清朝。"重编改绘"显然不符合政治原则和时代需要。

"杨图委员会"决定将目标改为编纂一部全面显示历史时期中国的疆域政区变迁和中华各族共同缔造历史的《中国历史地图集》（简称《地图集》）。而怎样确定历史时期的中国范围，便成为他们需要慎重考虑的首要问题。经过反复研究讨论，并经中央批准，《地图集》确立的原则是：18 世纪 50 年代清朝完成统一之后、19 世纪 40 年代帝国主义入侵以前的中国版图，

谭其骧

是几千年来历史发展所形成的中国的范围。

由于《地图集》所要描述的疆域之辽阔、年代之久远，都是世界上任何国家的历史地图无法比拟的，工作量相当繁重。地图上画的每一点、每一线、每一面，都要从浩如烟海的史料中找到证据，或者从并不完整的考古发掘成果中得到证实。由于不少方面缺乏前期成果，不得不从头做起。加上"文革"中几年的停顿和错误思潮的干扰，原计划几年编好的地图集，不断推延反复，持续了大约 30 年。

多年来，谭其骧为《地图集》付出了常人难以想象的努力。著名中国近代史和中共党史研究专家、曾听过谭其骧讲课的金冲及回忆："先生一生最大的历史性功绩，当然是主编并出版八卷本《中国历史地图集》。……但'文革'期间这部《地图集》出版时，书上没有一处提到先生的名字。我当时曾很有感慨地想：如果先生把时间和精力用在个人的研究工作上，那不知可以写出多少论文和专著来。但先生全不在意。直到'文革'结束后，《地图集》经过修订重新出版，才署名是由先生主编的。"

1982 年，一项新的更为艰巨的任务《中国国家历史地图集》又摆在谭其骧的面前。不少友人劝他不要承担这样大的集体项目，把时间留给来不及写的文章。但他还是毅然受命，因为编绘出一本足以反映我国历史自然地理和人文地理研究成果的、世界第一流的巨型地图集是他一生的最终追求，"这件事情完成了，我这一辈子也就不白活了"。

他将历史地理
从传统沿革地理发展成
一门现代学科

如今，《中国历史地图集》已经成为一本历史地理研究学者必备的工具书。在北京大学教授唐晓峰看来，"谭其骧先生主编的《中国历史地图集》完成了许久以来关于编纂古今对照地图的愿望，是一个划时代的巨大成果。作为一套具有科学性的基本底图，可以在它的基础上展开各类历史地理问题的研究，任何研究中国历史地理的人都离不开它"。

但谭其骧留给历史地理学科的远不止一本地图集，他还为历史地理学科打造了一支队伍。"现在活到 75 岁以上的历史地理工作者都参加过《中国历史地图集》的编绘，都是当时培养出来的。"复旦大学教授、当年也参与地图编纂工作的邹逸麟坦言，开始参加编图的五人中，就他一人从未接触过历史地理，能否胜任这项工作，心里没有底。"回到上海后，我试探着问谭先生如何展开工作。他却和蔼地对我说'先别急。你先根据那本《大清一统志》，试着来编制政区地名表'。在他手把手的指导下，我逐渐进入了沿革地理学的大门。"

这项合全学科之力完成的编撰工作，对学科本身的发展也起到了不可估量的作用。比如，历史上的沿革地理图没有边疆地区，为了填补这块空白，谭其骧把全国研究边疆史的学者全部集结了起来；再比如，绘制地图的过程涉及了许多自然地理要素如海陆变迁和水道变迁，这就把沿革地理的范围进一步扩大到了自然地理。有了这样的需求，北京大学、陕西师范大学、中国社科院历史研究所、武汉大学……国内一批研究历史地理的学科点陆续建成。在谭其骧的主持下，1959 年，经教育部批准，复旦大学历史系成立中国历史地理研究室。1982 年 6 月，中国历史地理研究所成立。1999 年，教育部首批人文社会科学重点研究基地——复旦大学历史地理研究中心成立。

历史地理学向来有经世致用、服务社会的传统。在这一方面，谭其骧更可谓是“开风气者”。他的研究绝不仅仅沉潜于书斋，也烛照当下的现实。复旦大学教授葛剑雄就认为，以疆域、政区、民族等方面为主的《中国历史地图集》的完成，在国家统一、领土完整、民族融合等方面作出了巨大的贡献。20 世纪 50 年代后，谭先生身体力行地进行历史自然地理方面的考察，对黄河、海河、长江中游水系、上海地区海陆变迁等进行研究，如著名的《何以黄河在东汉以后会出现长期安流的局面》一文。这些工作虽然是在“复原”历史，但也通过解释其所以然，关乎今天的生态环境保护、防灾抗灾、城市规划等诸多领域，对国计民生具有重要意义。

从沿革地理到自然地理这一研究视角的转变，也让谭其骧对历史地理学这门新学科的理论性质和研究方法有了更为深入的思考。在 20 世纪 60 年代的课堂上他就指出：“历史地理学不同于沿革地理……沿革地理一般只采用传统的考据方法，而历史地理学不仅仅靠文献资料，而且要进行实地考察和科学实验，利用新技术作为研究手段。沿革地理只满足于描述地理现象的变化，而历史地理学要进而研究这些变化的原因和规律。”如今，复旦大学中国历史地理研究所研制的“中国历史地理信息系统”（CHGIS）达到世界一流水平，也印证了他当年的真知灼见。

小故事 **集体先于个人**

谭其骧为《中国历史地图集》倾注了一生中作为学者最宝贵的时光。多年来，他除了外出开会与活动外，就是工作。通宵达旦是难免的，一位住在他家附近的教师说：“我是早起的，谭先生是晚睡的，有时我起来了，他还没有睡。”承担集体项目的时间里，他的个人论著寥寥无几，这种“集体永远先于个人”的奉献精神，在学术界早已成为一段佳话。

通过数十年孜孜不倦的求索，他将历史地理从传统沿革地理发展成一门现代学科，为中国历史地理学的科学化、体系化奠定了坚实的基础，也使更多人看到了这门新兴学科的深厚潜力和辉煌前途。可以说，在谭先生和其同人们的努力下，历史地理学发展到今天，迎来了一个最好的时代。

“学术之趋向可变，求是之精神不可变”

“谭先生的学术道路和历史地理这门学科的发展，与国家近百年来的变化密切相关，特别是新中国的成立为谭先生及其同人们的学术研究创造了条件。他是幸运的，一生遇到了很多机遇；但另一方面，这跟他个人在治学上的努力、奉献，甚至达到信仰的程度，是分不开的。”葛剑雄这样说。

周振鹤和葛剑雄是谭其骧培养出来的新中国第一批文科博士。在学生们的眼中，谭先生令人尊敬的不仅仅有他的学术传承，还有他的为人和性格。同他的老师顾颉刚一样，谭其骧也认为，“真（理）出于争（论）”，学生应该超过自己。每次听到学生们与他不同的意见，或对他的论著提出批评，总是加以鼓励。他说：“你们更应该超过我，要不，学术怎么能进步？”这种实事求是的精神，许多学生都深受感染，并在潜移历史地理学向来有经世致用、服务社会的传统。谭其骧更可谓是"开风气者"。以疆域、政区、民族等方面为主的《中国历史地图集》的完成，在国家统一、领土完整、民族融合等方面作出了巨大的贡献。20世纪50年代后，他身体力行地进行历史自然地理方面的考察，这些工作虽然是在"复原"历史，也关乎今天的生态环境保护、防灾抗灾、城市规划等诸多领域。

谭其骧说："学术之趋向可变，求是之精神不可变"。做学问时，小心求证，非有十分把握不发议论，非有十分证据不写文章，这是他一贯的风格。因此，谭其骧写文章极慢，拖稿也是常事。但也正是有了像他这样笃真的"为人师者"，历史地理学科才有了坚实的基础。谭其骧的文章虽然不多，但选题重要，都是难啃的硬骨头，是学术史上绕不开的经典之作。

默化中传承了下来。

葛剑雄回忆起这样一件往事："研究生期间我曾发现一个内部刊物上关于历史大辞典条目'北京'信息不完整，谭先生鼓励我写下来，后来还在杂志上刊登出了我们的通信和我所做的补充。那时候我才知道，那个条目正是谭先生写的，但他没有因此而回避，还告诉我，个人的学问是有限的，鼓励我的做法，我当时很受感动。"

谭其骧还说，"学术之趋向可变，求是之精神不可变"。做学问时，小心求证，非有十分把握不发议论，非有十分证据不写文章，这是他一贯的风格。但也正因为这样，谭其骧写文章极慢，拖稿也是常事。

早年与顾颉刚合编《禹贡》时，就因为太注重稿件的质量而不得不延期，经常让顾颉刚急得"上火"。后来，顾颉刚希望谭其骧写一部《中国地理沿革史》，认为谭其骧已讲了几年沿革地理，有现成的讲稿，借此成书应该不难。但谭其骧觉得"文章千古事，没有独到的见解，不能发前人所未发，写它干什么？"，最后始终未能写成。类似的事情还有，1980年他作了中国七大古都的报告后，《历史教学问题》向他约稿。大家都以为只要将记录整理出来，请他改定即可。但是上篇刊出后，他迟迟不改出中篇来，急得一位编辑天天去他家里催，最后中篇被催了出来，下篇始终没有写。

但也正是有了像谭其骧这样笃真的"为人师者"，历史地理学科才有了坚实的基础。在许多学者看来，谭其骧的

谭其骧（中）与弟子葛剑雄（右）、周振鹤

文章虽然不多，但选题重要，都是难啃的硬骨头。这些文章也基本勾勒出了日后学科发展的脉络，是学术史上绕不开的经典之作。

"锲而不舍，终身以之"，先生的这句座右铭不仅仅是他学术人生的真实写照，也寄寓着他对后辈学者们的殷切期望。他临终时牵挂的《中国国家历史地图集》至今还未编完，历史地理学科的发展也需要不断探索，等待着一代又一代学人通过薪火相传，以"求是之精神不可变"的信仰，在这条道路上开疆扩土。

"他不是滔滔江河，但始终流淌着，就像那长年的流水，滋润大地。"正如葛剑雄在谭其骧传记《悠悠长水》中写道，"他的名字已经与中国历史地理学这门学科紧紧地联系在一起，任何一个想学习或研究中国历史地理的人，都将离不开他的著作，都将是他的贡献的受益者。"

一生致力于《资本论》的『布道者』

陈其人

陈其人
（1924－2017）
经济学家

大师简介

　　广东新会（今江门市新会区）人。1947年毕业于中山大学经济系。1952年结业于教育部政治经济学研究生班，1951年起在复旦大学任教，曾任复旦大学国际政治系教授、博士生导师。长期从事《资本论》和"殖民地与帝国主义理论"等研究，主要著作有：《资产阶级价值学说批判》《帝国主义理论研究》《帝国主义经济与政治概论》《殖民地经济分析史与当代殖民主义》《南北经济关系研究》《世界经济发展研究》等。2012年获上海市哲学社会科学学术贡献奖。

　　100多年前，马克思为了写作《资本论》，20年如一日在大英博物馆的阅览室埋头研究，不仅留下了广为传颂的"马克思的足迹"，也留下了一本"工人阶级的圣经"。

　　100多年后的中国，有这样一位马克思虔诚的"信徒"和"布道者"：他一生致力于《资本论》的研究，用几十年如一日"甘坐冷板凳"的精神，将马克思艰深的政治经济学体系一点点抽丝剥茧，穷尽了其中几乎所有可能的研究问题，并且将其作为信仰，终生矢志不渝地捍卫着。

　　这个人便是著名马克思主义政治经济学家、复旦大学国际政治系教授陈其人。正如复旦大学副校长、国际政治系教授陈志敏所言："他终其一生对真理的追求，不仅诠释了什么是一位高风亮节的学人，也为中国的马克思主义政治经济学研究树立了一块丰碑。"

胸怀天下，
"为穷人摆脱贫困
而研究马克思主义经济学"

"我一生都在致力于《资本论》。"这是他在《自传》中对自己的学术总结。作为马克思最厚重、最丰富的著作，这部巨著深奥的思想、复杂的体系，往往令许多学者望之却步，但陈其人却将毕生的心血注入其中。

究竟是什么样的原因，让陈其人愿意坐着几十年如一日的冷板凳，啃着这块"硬骨头"？他曾经说，这不是个人所好，而是由世界观所决定的。《资本论》深刻地揭露了资本家压榨劳动者的真相，尖锐地指出了资本主义内在的矛盾，为全世界共产主义运动提供了精神指引。虽以资本为研究对象，心系的却是"人"、是全人类的解放，马克思的这种终极关怀也成了陈其人的世界观和价值观。"读陈先生的著作，会发现他的背后也有一种情怀和关怀，就是平等以及人类的解放。"这是许多学者的共同感受。

这一学术旨趣和问题意识的形成，与陈其人的成长和治学经历不无关系。1924 年，陈其人出生于广东新会。他父亲早年经商，却因为"在经济人荆棘丛中仍然坚持做道德人"，以致家道中落、穷困潦倒，但这种良知和坚守对他影响

大师纪念地：陈其人纪念墙（复旦大学国际关系与公共事务学院文科楼 6 楼）

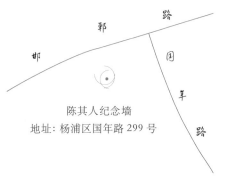

陈其人纪念墙
地址：杨浦区国年路 299 号

甚深。1939 年 4 月，故乡沦陷，每次进城，陈其人都要被迫别上"良民证"，对日本人鞠躬、任其搜身。这段屈辱的记忆，以及后来因为战乱颠沛流离的生活，都让他暗下决心，"想到穷人，用功读书，学好本领，报答人民"。最终让他决定走上经济学之路的关键时刻是在高二——时任中山大学经济系主任王亚南教授的一场名为《现代、现代人、现代国家和现代政治经济学》的讲座，让陈其人对马克思主义政治经济学产生了浓厚的兴趣，并因此决定报考中山大学，师从王亚南教授。

读书时，一次答疑课上，陈其人问起老师关于"二五减租"的问题。王亚南放下书，神态凝重地向他讲述起自己的经历：他曾参加北伐战争，当时国民党对农民许诺实现二五减租的政策，将现行地租降低 25%，但因革命失败而终成泡影；悲愤的他随后来到西湖的一个佛寺，与正在寺里翻译《资本论》的郭大力相遇。两人一拍即合，下决心共同翻译、研究马克思主义经济理论。这段谈话对陈其人影响深刻，以至于他 60 多年后回想起来，老师凝重的神态仍历历在目。

前辈们这种胸怀天下的学术使命感，在年轻的陈其人心中埋下了种子。1945 年，当 21 岁的陈其人走进广州文德路上的一家旧书店，毫不犹豫地用身上仅剩的钱买下一本郭大力、王亚南翻译的《资本论》。从此，致力于《资本论》、"为穷人摆脱贫困而研究马克思主义经济学"，成为他孜孜不倦、一生求索的事业。

在跌宕起伏中一以贯之追求真理，耄耋之年仍然坚持著书立传

在《资本论》中，陈其人最喜欢的是它开篇的一句话："走自己的路，不要管别人说的话。"他说，独立的学术人格是

小故事 **脑子里想着问题，不写出来不痛快**

1995 年退休后，本该颐养天年的陈其人，却爆发出惊人的生产力。据统计，他在 80 高龄后出版了 8 部著作，占到了他本人全部公开发表著作的三分之一。许多书稿的写作和修订，是他在与病魔的抗争中蹒跚推进的，家人见状曾戏谑地问："你一不用申请高一级职称，二不缺钱花，如此苦写，所为何事？"他平淡地回答："脑子里想着问题，不写出来不痛快。我图的是痛快！"

学者的必备素质。这句座右铭也成为他一生学术实践的写照。在他跌宕起伏的治学道路上，始终不变的是对真理一以贯之的追求。

1951 年，陈其人来到复旦大学经济系，很快便正式开始了他对马克思主义政治经济学的研究和教学工作。1955 年，31 岁的陈其人迎来了学术生涯的第一个黄金期。接下来 3 年间，他以每年出版 2 部著作的速度，成为学术界的新星。

但"晴天也有霹雳"，1958 年，陈其人被打成"修正主义分子"，下放到复旦附中。但在困厄中，他仍然坚持不懈地写作批判"亚当·斯密教条"。其中一篇他以笔名在《光明日报》发表的文章，被当时马列主义教育系的余开祥教授认出并大为赞赏。后来，余开祥不仅帮助他回到复旦大学工作，也直接促成了 1965 年他批判资产阶级庸俗政治经济学著作《十九世纪上半期法国和英国的庸俗政治经济学》的出版。余开祥不顾个人安危的雪中送炭，让陈其人一直心怀感恩，尽管二人年龄相仿，但他依然视余开祥为恩师。二人的"君子之交"在复旦也是一段著名的佳话。

"文革"期间，陈其人的藏书被当作反动书籍成捆成捆地上交，只有《资本论》因是马克思的著作而幸免于难；那段日子，他的学术研究停摆，只能日日对着《资本论》发呆、落泪。直到 1978 年"科学的春天"到来，得到平反后的他再次以旺盛的精力和忘我的境界，投身于教学和科研之中，迎来了学术生涯的第二个黄金期。

小故事 一个新的政治经济学理论体系

陈其人的学术活动涉及"中外古今,东西南北,既有政治经济学原理,又有经济学史,既有世界经济,又有中外经济史"。用他自己的话来说,这些都是"以致力于《资本论》为基础,再加努力的结果"。在许多学者看来,陈其人的研究早已超越对《资本论》文本的诠释,形成了一个逻辑自洽的新的政治经济学理论体系。

当时,中国政治学发展迎来"补课"的新局面,全国第一个政治学讲习班在复旦大学开办,陈其人作为顶尖的学者被邀请参与。为了适应系里的要求,他积极研究之前未涉足过的殖民地和帝国主义理论,他开设的"帝国主义政治与经济"《资本论》导读"经济学说史选读"等课程都受到了学生们的热烈追捧。

70周岁时,回顾自己坎坷的治学生涯,陈其人曾自嘲:"学徒农民士兵苦学生穷教授牛鬼博导是生涯,商品货币资本宗主国殖民地计划市场乃文章。"

他的一生共出版专著25部,发表论文150余篇。1995年退休后,本该颐养天年的陈其人,却爆发出惊人的生产力。据统计,他在80岁高龄后出版了8部著作,占到了他本人全部公开发表著作的三分之一,其中包括许多具有代表性意义的著作:85岁发表《李嘉图经济理论研究》,86岁出版《东西方经济发展比较研究》,90岁高龄时《亚当·斯密经济理论研究》得以付梓。

学术生命的"保鲜",或许也得益于陈其人"与时俱进"的治学精神。1996年,72岁的陈其人受病魔困扰,卧床了整整4年时间。病情稍微好转,便开始学习电脑打字。身为广东人,他的汉语拼音不好,就苦练五笔字型,日日背诵"王土大木工,目日口田山"。要知道,那时即便是年轻人,用电脑的也很少。也正因为这样,年龄没有成为"绊脚石",陈其人在晚年反而又迎来了一段学术黄金期。

因为钦敬陈其人先生的才学,西北

小故事 著文执教中有我,穿衣吃饭外无他

"一支粉笔、两袖清风、三用斗室、四十余年",这是陈其人在90年代回忆过去工作40年的总结。1990年之前,一家五口的陈其人没有书房。住房小,最困难的时候,只能在桌子上睡觉。为解决住房问题,他只好到南京兼课,每月在沪宁线上奔波,以时间换空间。即使后来身为教授和博士生导师,他也生活简朴,直到66岁的时候,才有一个独立的小书房。

大学教授刘承思曾将楚图南题赠戴震纪念馆的两句诗转送给他,誉称他"治学不为媚时语,独寻真知启后人"。陈其人对此则微微一笑,淡然答曰:"著文执教中有我,吃饭穿衣外无他。"

他的研究形成了一个逻辑自洽的新的政治经济学理论体系

翻看陈其人的学术履历,令人感叹的不仅仅是他学术生产力之高效,还有他研究领域涉猎之广泛,这显然是因为他对《资本论》所涉及的各种问题都进行了深入的研究。也正因为这样,他的学术活动几乎涉及了政治经济学的所有领域,这些研究涉及"中外古今,东西南北,既有政治经济学原理,又有经济学史,既有世界经济,又有中外经济史"。用陈其人自己的话来说,这些都是"以致力于《资本论》为基础,再加努力的结果"。

以《资本论》为基础,运用马克思主义政治经济学原理,他全面系统地批判了斯密教条和庸俗政治经济学,在国内较早提出"世界经济学",对马克思主义价值理论和货币理论、帝国主义和殖民地理论、南北经济关系、亚细亚生产方式等,均有博大精深的研究,许多见解都是发前人之未发,在学界产生重要影响。也正因为这样,在许多学者看来,由于陈其人几乎穷尽了马克思主义政治经济学领域所有的研究问题,其研究早已超越对《资本论》文本的诠释,形成了一个逻辑自洽的新的政治经济学理论体系。

九层之台,起于累土。庞大的理论

陈其人、李美云夫妇

大厦也是一砖一瓦建立起来的。陈其人曾经说，自己的写作并不是事先制定好计划，一本一本地写出来；而是在写某一本的过程中，觉得有些问题和材料不宜放在其中，而应该继续研究和收集，加以整理，构成另一本著作。这样有了第一本，便陆续产生了其他几本。

一些著作从零星的想法到最终的落地，战线也可以拖得很长。换作一般的学者或许早已抛之脑后，但陈其人却能一直惦念着。比如对货币和物价理论的研究早在1945年夏就开始，当时他还是中山大学法学院经济系的学生。此后，他的兴趣转到其他方面，直到20世纪70年代末80年代初，才恢复这项研究——契机是1980年，他听了货币理论权威美国的米尔顿·弗里德曼教授的讲演，一些观点令他难以苟同。再如《卢森堡资本积累理论研究》的写作：1959年卢森堡的《资本积累论》中译本出版，他第一次阅读时就产生了极大的震动，想为此写点什么。暗下决心时，他刚过而立之年；到动手写出来，已是耄耋之岁，中间间隔40多年。

伴随着多年来研究的深入，《资本论》对陈其人来说早已不单单是研究对象，而近乎成为一种学术信仰。有段时间，"《资本论》已经过时"的声音甚嚣尘上，陈其人却不以为然，坚定不移地"走自己的路，不要管别人说的话"。只要资本还在，剥削还没有消失，马克思的批判就始终有力。他深信："《资本论》的原理是永远存在的。掌握了批判资产阶级经济理论的武器，可以拿来指导我们建设。"去世前，他谈到自己这辈子最引以为豪的事情，就是始终坚持马克思主义、坚持和捍卫了劳动价值论。

对马克思主义的这种坚持，也成为他理解世界的"绳墨"。多年来，面对社会主义市场经济的新形势、新问题，他总是试图从经济学理论以及自己的研究成果，去观察并加深对客观世界的认识。晚年回到家乡，看到广州的"烂尾楼"现象，他会忍不住拿《资本论》来评析一番；广州人对饮茶吃饭的重视，商人求神拜佛的现象，他也要思考是否符合历史唯物论的要求。

也有人曾经劝他，不要这么迷信"本本"，应该重视直接经验。但他却说，当然不能迷信，但是应该重视。直接经验虽说是认识的源泉，但毕竟只是本人的，是有限的；而间接经验则是人类进入文明时期以来亿万人的直接经验的积累和总结，绝不能轻视。"一部科学史，不是目无前人的历史，而是后人踏在前人的肩膀上攀登的历史！"

一生只为一事来。用这句话来形容把《资本论》作为信仰、把学问当作了人生的陈其人，再恰当不过。

没有傲气，但有傲骨，是学生们期待中"大师该有的样子"

除了科研外，陈其人也非常注重培养学生。他曾经说，自己之所以走上教书育人的道路，得益于三个人：一个是他的外祖父。外祖父是举人，因废科举而断了仕途，便成为"教馆先生"，以教书、育人、著文为乐，令他好生羡慕。第二个是王亚南老师，"上了他的经济学之舟，再也没有下来过"。最后是余开祥老师，正是他的提携和培养让自己虽几经周折，但最终如愿在高校从事教学和研究工作。

有学生这样回忆陈其人的课堂教学场景："'商品是一个天生的平等派'，而这个'天生的平等派'又是在什么样的历史条件下导向了资本对劳动的不平等的强制。陈老师这样娓娓道来，把宏大复杂的《资本论》讲得深入浅出，令人豁然开朗。"也有学生回忆："陈老师对学生要求非常严格，极其重视学生的逻辑能力和抽象思维，甚至要求学生每个星期都阅读大量材料并写一篇文章，向他作汇报。老师住在校外，来校都会和学生到食堂午餐并交流学术，这样的活动每次都要到食堂工人开始打扫卫生才结束。"

在《资本论》的研究中，陈其人就格外重视方法论，他认为自己的垄断资本主义经济理论、帝国主义是垄断资本主义的世界体系理论，全部是建立在卢森堡资本积累论（从理论上看是错误的）中的方法论（有启发性）基础上的。这种

研究理念也贯穿到他的教学中——他认为培养学生就是要让他们"具有较高的抽象力和创新力，尤其要掌握方法论"。

"有些人在充分占有材料后，除了罗列材料，就寸步难行了。有些人则能从中抽象出规律，揭示出本质。研究工作者的水平的不同，就表现在这里了。"社会科学的使命之一就是把不同社会现象之间的规律性联系揭示出来，陈其人的这番教诲放在今天来看，依然闪烁着智慧的光芒。

课堂教学之外，陈其人留给年轻后学最珍贵的礼物，毫无疑问是他矢志不渝的治学精神。"先生的一生一直恪守、敬守、遵守学术的初心，同时又以笃行对后辈们提出高标准、高要求，激发了后辈的使命感。我们要学习他的这种治学精神，将大师的'学脉'薪火相传下去。"2019年9月，陈其人逝世2周年前夕，在复旦大学举行的陈其人教授学术思想座谈会上，复旦大学国际关系与公共事务学院院长苏长和这样说。

座谈会上，人们在陈其人的学生和同事的回忆里，多少也能想象出他生前的模样："他永远很神气，腰杆挺直，一身浩然正气。没有傲气，但有傲骨，正是'大师该有的样子'。"

2012年，陈其人获得第十一届上海哲学社会科学"学术贡献奖"，这是上海市社科评奖中分量最重的奖项。颁奖典礼上，他这样对后辈们分享自己的研究经验："要老老实实做学问，不能夸张，不能浮夸。"这句话简简单单，但只要联想到他一生的学术实践，恐怕任何人都会觉得这是份沉甸甸的嘱托。

以世界眼光治中西交通史

章巽

章巽
（1914—1994）
历史学家

大师简介

字丹枫，浙江金华人。先后就读于浙江大学、中央大学，以及美国哥伦比亚大学、约翰斯·霍普金斯大学、纽约大学等。曾执教于天津南开中学、南京中央大学。中华人民共和国成立后，任复旦大学教授。专治历史地理、中西交通史、航海史等。历任上海市历史学会理事、中国中亚文化研究协会理事、中国海外交通史研究会顾问、中外关系史学会名誉理事、《辞海》编委兼分科主编。与顾颉刚合编《中国历史地图集》(谭其骧校)。著有《我国古代的海上交通》《古航海图考释》《法显传校注》等，编译《中亚古国史》。有《章巽文集》。

1877 年，德国地质地理学家李希霍芬在其著作《中国》一书中提出"丝绸之路"这一概念。丝绸之路也成为古代中国与西方所有政治经济文化往来通道的统称。2013 年，随着"一带一路"倡议的提出，丝绸之路和中西交通研究逐渐成为一门显学，吸引了全世界无数学者的瞩目，中西文明的交流互鉴也已成为重要的时代主题。回望 20 世纪，一批学贯中西的学者关注东西方文化交流的历史与前景，为这门学科在中国的发展和兴盛奠定了基础，而历史地理学家、中西交通史专家章巽先生便是其中之一。

"历史好比演戏，地理就是舞台。"跨越千年的时空，从浩瀚如烟的史料里捕捉历史舞台的点点星光，这是历史地理学者的使命。作为历史上中国与海外各地物资互通、文化交流、人员流动的重要纽带，千年来地域的变迁、文化的交融、信仰的碰撞、语言的嬗变，为丝绸之路这片"舞台"蒙上了层层云雾——而章巽以他渊博的学识和缜密的考证，犹如侦探破案、抽丝剥茧，从浩瀚的古籍里为我们还原了历史上中西文化交流的生动图景。

开综合性历史地图集之先河

章巽，字丹枫，1914年出生于浙江金华一个贫寒的知识分子家庭。2岁时，其父病故。所幸，他的母亲出身书香门第，不但饱读诗书，还能写旧体诗词，为教年幼的儿子读书识字，她曾编写了一百五十首《读通鉴纪事本末诗》。在母亲的精心培育下，天资聪慧的章巽在读小学时接连跳级，10岁考进金华的浙江省立第七中学，16岁入浙江大学文理学院，后因浙江大学办学经费短缺停办部分文科院系，而转学至南京中央大学历史系。

大学期间，在大师们的教诲下，章巽逐渐摸索到治学的门径，更为他学术旨趣的形成埋下了种子——那时，教他中国史老师有缪凤林、丁山、朱希祖，外国史老师有沈刚伯，地理老师有张其昀、胡焕庸，尽管他们的专长和教学方法不同，但都教导学生"要注意史地科

学中的人、地、时三个方面和这三个方面相互之间的关系"，这就使得章巽对历史沿革地理产生了浓厚兴趣。其中，沈刚伯先生更是直接启蒙了他对中西交通史的研究，晚年他这样回忆："沈刚伯先生特别教导我要较全面地同时掌握中国史和世界史，以及中国史和外国史之间许多因素的互相交流……这其实也就涉及了中西交通史的范围了。"

1934年，大学毕业后的章巽来到南开中学执教历史。一天，天津《大公报》上的一则招考助理编辑的广告吸引了他的注意——彼时正值日本侵华、国难当头，而报纸、杂志是教育民众、鼓舞士气的重要阵地，爱国心切的他随即报名应试并被录用，自此开始了长达10年的编辑生涯，他先后担任《大公报》社的编辑、编辑部主任，以及中华书局编辑和《新中华》杂志的主编等职。在此期间，章巽发挥专业所长，将历史地理知识应用于现实，写下了许多富有真知灼见的政论文章，其中一个例证便是一篇题为《西战场之军事地理》的文章。章

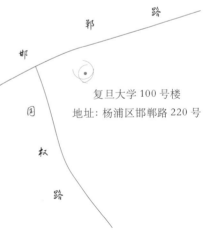

复旦大学100号楼
地址：杨浦区邯郸路220号

大师纪念地：复旦大学100号楼（原历史系办公楼）

地铁18号线复旦大学站

学生芮传明曾回忆起关于《法显传校注》的一件往事："《法显传校注》正式出版时，书上竟将原稿及清样上的许多非常用的西文字母、汉字及日文汉字都搞错了……为了不让谬误流传，老师重新校对了全书，逐一标出他所发现的每一个错误；并且不惮其烦，抄录在赠送出去的每一本书上。"

研究与藏书相结合是章巽的治学特点。当他的研究进入某一领域，就会在海内外四方搜寻该领域的各类书籍。据儿子章嘉平回忆，父亲一生酷爱买书，他几乎全部的积蓄都用于购买书籍，只要一发工资，就去上海四马路（福州路）的古籍书店，或上海旧书店淘书。家中藏书单单线装书籍就达一万两千册。一幢三层楼的石库门房子，几乎全被书籍所占据。

城

巽在文中援引历史上山西高原对于战争形势之优劣乃至胜负的举足轻重影响的诸多实例，呼吁当局千万要汲取历史教训，重视山西高原的对日防御。这篇文章分析透彻、富有创见，后被著名记者范长江收载于他的著述《西线风云》中。

1944年春，章巽赴美留学，先后就学于哥伦比亚、约翰斯·霍普金斯及纽约大学的研究院，以文科硕士学位毕业。其间，他还兼任《大公报》的特派记者。回国后，出于对历史研究的兴趣，章巽离开《大公报》，回到母校南京中央大学历史系任教授，后兼职于复旦大学，开始了教书育人的学术生涯。1956年起，章巽正式出任复旦大学教授，直至逝世。在历史研究的园地里耕耘一生，他在历史地理、中西交通史、西域史、航海史等方面都颇有建树，硕果累累。

历史地理是章巽早年着力颇多的领域。在北京中南海毛主席故居的书房里，摆放着一本紫红色封面的《中国历史地图集（古代史部分）》，毛主席生前经常翻阅它。这本图集是现代中国学术界最早的历史地图集，而章巽便是它的主编之一——1951年，章巽因病由南京回上海家中疗养，恰逢顾颉刚先生和丁君匋先生在上海开办"大中国图书局"，他被聘为特约编辑，得以有机会与著名历史地理学家顾颉刚共事，共同编绘完成了这本地图集。

《中国历史地图集（古代史部分）》1955年由地图出版社出版，时序始自原始社会，迄于鸦片战争；共计正图31幅、附图16幅；内容为综合性质，涵盖疆域、政区、城市、形势、经济、交通、民族等诸多方面。书末列有对诸图予以说明的"附注"以及全书的"地名索引"。此书虽然篇幅不大，却是现代中国历史地理学之学科建设的重要成果之一，是综合性历史地图集的开先河之作。在由谭其骧先生主编、20世纪80年代出齐的八卷本《中国历史地图集》问世以前，它是学习历史地理的主要参考书。

殚精竭虑，
从事《法显传》和
《大唐西域记》的研究

章巽认为，中国和外国的历史，自古以来就存在着互融互通的关系。历史上中国要维持和西方世界的联系，最可靠、有效的通路就是丝绸之路的陆上交通，而要维持这一通路的和平和安全，中国就必须和中亚各国发生关系。章巽一生花在中亚古国和中西交通史陆上交通方面的研究时间极多，取得了丰硕的成果，其中最具代表性的便是《法显传校注》和《大唐西域记》点校本。

在研究中亚和中西文化交流的古籍中，《法显传》和《大唐西域记》具有独特的史料价值。法显是见于记载的中土西行求法的第一位僧人。他是西晋及南北朝时期的高僧，年近花甲之时从陆路西行，前赴天竺求法取经，为中土佛教的传承作出了巨大贡献。《法显传》是法显对于自己历时十五年艰辛长途旅行的亲笔记录，由于其中涉及了一千五六百年以前西域、中亚、南亚与东南亚的历史、人文、地理以及整个宗教文化状况，这部书也成为今天学者研究中国西北与印度、巴基斯坦等国的重要史料。《大唐西域记》撰成于公元7世纪上半叶，记录玄奘从陆路西行，前赴印度求法，经历17年后返回中土的旅行见闻。书中除了记述中亚、南亚的宗教外，还谈及各地的地理、政治、文化及社会生活等，被国际学界誉为古代中外交通、佛教史和印度古代史的重要著述。这两本古籍，自然也成了章巽毕生重点研究的对象。

点校这些古籍的难度可想而知，如"丝绸之路"沿线各国的地名、佛教的专业语汇等，都需要海量的知识背景作为支撑，需要从大量的史料中找到线索并加以考证，这些基础性的工作不解决，进一步的研究就无从谈起。而章巽正是以"甘坐冷板凳"的精神对这些古籍进行点校、整理，为相关研究打下了坚实的地基。他积多年之功，整理完成《法显传校注》，于1985年由上海古籍出版社出版。在这本书的编写过程中，他搜集了大量的资料，以南宋刊印的《思溪圆觉藏》本为底本，参考了多种《法显传》的最早印本和古钞本，充分汲取了19世纪以来国内外学者对此书的研究成果，解决了不少疑难问题。该书出版后，甚获学界赞誉，被称为当时集法显研究之大成的最有影响的力作。

对《大唐西域记》的研究也是章巽毕生心心念念的工作。他以金陵刻经处版本作为校点底本，并参阅了敦煌唐写本、南宋安吉州资福寺刊本、宋碛砂藏经本、明末嘉兴府楞严寺刊本、高丽新藏本、日本石山寺古写本等，详加校勘，并对其中的地名作了考释，耕耘的收获是出版于1977年的《大唐西域记》点校本。该书面世之后一时"洛阳纸贵"，并以扎实的考证和准确性为学界所称道。但据学生芮传明介绍，《大唐西域记》的研究进展其实颇为坎坷，早在20世纪50年代后期，先生就着手这项研究，并于70年代初完成了《大唐西域记》的整理初稿，交由出版社编排。然而，在当时的"革命形势"下，即使这部纯学术的古籍研究作品也遭到了严格的审查：最能体现先生之研究成果的所有注释均被剔除。但章巽想把《大唐西域记》做深做透的努力却从未止息——

20世纪90年代，章巽不顾年老体迈，欣然接受了出版社的约稿，继续开展《大唐西域记》的相关研究。在学生的帮助下，出版了《大唐西域记导读》等研究成果。（芮传明：《章巽先生学术传记》）

在学界，章巽以治学严谨而著称，芮传明曾这样总结老师的治学特色："章师在治学时，往往所选的专题不'大'，但是学术意义不'小'，他对此深入考证，乃至做成'铁案'，最终解决关键的学术问题。"也正因如此，章巽所撰写的论文考证精细，推论确当，用他自己的话来说，"撰写论文犹如侦探破案，抽丝剥茧，层层推断，最终的结论就几近真相了"。这在他的学术研究中很容易找到例证，如在《〈水经注〉中抒泥城和伊循城》一文中，他言简意赅地揭示了《水经注》中的一处错简，为古代西域史上的一个公案——鄯善国都城的位置问题提供了重要的佐证。章巽一丝不苟的治学态度，从中可见一斑。

不过，在有些人看来，章巽的一些学术成果已为后来者所取代，如《中国历史地图集（古代史部分）》之于"谭图"，《大唐西域记》点校本之于季羡林等人主编的《大唐西域记校注》。但学生马小鹤认为，这样的说法是有失公允的，"8册《中国历史地图集》和《大唐西域记校注》这样的重量级成果，不仅有主编本人的才学，还有特定的时代环境、众多参与者的贡献，以及主编的组织能力，缺一不可。先生以一己之力完成的这些学术成果，在当时是非常不容易的。先生在世时曾对我说起法显与玄奘两位高僧的比较，玄奘回大唐后，得到唐太宗的全力支持,译场有数十人;而法显基本就是自己一人。他讲这个比较,可能也有夫子自道的意思在内。"

化"废纸"为海上交通研究史料之"瑰宝"

章巽认为,在中西交通史中,海上交通的研究也同样重要,"中西交通无非通过陆路和海路的两条途径,海路往往比陆路载运量更大,行程更为直接"。早在留美期间,他就养成了对海上交通史研究的重视——他曾去安纳波利斯海军学校实地参观了著名的海事陈列馆,留下了深刻的印象,"虽然我也能辨别出其中有许多掠夺性和侵略性的反面因素,但我深深觉得,消除了其掠夺性和侵略性,航海事业对于一个国家保卫自己和开展对外多方面的和平交流,确实是十分重要的"。

在章巽看来,我国有一系列非常光荣的航海史事迹,"早在公元前3世纪以前,我国就已在航海中利用并记载了每年季风的变化;航海中最重要的工具指南针也是我国发明和最早使用的;我国所造船舶之坚固,船员能力之高超,千年以前即已名闻世界;航海地图的使用,也已有悠久的历史"。然而,对于这段光荣的航海史,在新中国成立前学界的研究成果是寥若晨星。在这一领域,章巽发挥了开创性的作用,"国内至今似尚无出其右者"。

早在20世纪50年代,章巽就相继撰写了《从远古到战国时代的海上交通》《秦汉三国时代的海上交通》《隋唐时代的海上交通》《宋元时代的海上交通》四篇论文,后合编为《我国古代的海上交通》一书出版。芮传明这样评价:"此书尽管只有七八万字的篇幅,看似薄薄的一本'小书',却是我国古代航海史综论的'开山之作'。"该书出版后,国内外学界好评如潮,数年之后,苏联学者格列可夫将其译成俄文出版。

出版于1980年的《古航海图考释》是章巽在航海史领域的又一力作。它刊布了一份珍贵的古代民间航海图的孤本,涉及的地域范围很广,北起山海关旁的辽东湾,南达广东的珠江口,涵盖了中国绝大部分的近海航线。该书的问世,填补了我国古代航海地图史的空白,为学界贡献了一份重要的原始资料。正如有学者曾这样评价:"长期以来,对航海技术中至关重要的航海图问题上,科技史研究者们都语焉不详。直到1980年,章巽先生出版《古航海图考释》时,我们才大约知道'山形水势图'的'长相'。"(刘义杰语)

关于这份古航海图的发现过程,还有一段为后人所津津乐道的故事。如果不是章巽慧眼识珠的学术眼光和几十年来孜孜不倦的钻研精神,这份珍贵的古航海图或许早已被当成废纸"毁于一旦"——那是在1956年春,章巽闲逛时来到上海汉口路的来青阁书庄"淘书",要找的书没有找到,却在店堂墙角一个破架子下面看见一大堆准备当作废纸处理的残缺破书。他略为翻检后,发现其中有一本黄毛边纸的旧抄本,上面尽是一些不规则的小图形,却又有一些不常见且不易解的注文,注文中有一些看起来是地名。掌握的相关航海史知识使章巽敏感地意识到,这个旧抄本可能与我国古代一种"山形水势之图"的航海图本有关,于是出钱从店家手中购得这份旧抄本。而后,他对着这个旧抄本穷思苦想,查阅大量资料,足足钻研了十年,证明它果然是我国民间遗留下来的一种古航海图的孤本。又经历了多年相当艰苦的考释工作,终于使这份尘封多年的古航海图面世,成为古代海上交通研究的"瑰宝"。

"为学者如金字塔,底要广大塔要高"

精进学问的同时,章巽始终坚持在教学第一线。20世纪80年代初,章巽设立复旦大学历史学系的"中西交通史"硕士点,招收了四名学生:芮传明、黄靖、马小鹤、任荣康,悉心地培养人

章巽（中）与学生合影

文，晚年仍常到寺庙向方丈、阿訇请教梵文和阿拉伯文。《法显传校注》中到处有梵文的人名，地名和术语，他在注释中都能规范化恢复它们的梵文原名，使注释更臻完善。又如在《明代我国通使日本的主要针路》一文中，对于前人都未曾考出的航线上的地名，他求助于一册日文地图，解决了这些疑难问题。（吴琅璇、郑宝恒：《缅怀奠祭章巽教授》）

才。当时他已患有糖尿病，需要定时吃药打针，不能去学校上课，而是在家里为学生上专业课。学生印象里的老师，"颇具前辈学者传统的谦和宽厚、温文尔雅的风范，谈话时思路清晰敏捷，用词精准简洁。无论讲课还是讨论，虽然语调平和，声音不高，却抑扬顿挫，富有节奏感。讲课讲到开心处时，还会击节唱段昆曲"。

不过，在对待学生的学业时，章巽却一点也不"宽厚"，有时甚至可称为"严厉"。他常常告诫学生，"为学者如金字塔，底要广大塔要高"。就研究历史而言，历史书籍资料的本身浩如烟海，而在此以外，诸如考古学、方志学、地理学、民族学、文字学、语言学、生物学、社会学、宗教学等，与历史研究也有种种关联，也应该多加学习掌握，他本人就曾利用佛教文献解决了南朝历史地理上一个重要问题。在诸多学科中，他特别强调外文的学习，他比喻说，一种外文好像一对眼睛，多学一种外文就等于多生一对眼睛。他自己除了早年就打下英、日文的基础外，壮年以后还攻读俄

对于自己的学生，章巽也要求他们尽量多修外语，除了学校规定必修的英语以及选修的二外之外，学生们还要加修 5 门语言课程：俄语、阿拉伯语、古波斯语、古印度语、古汉语音韵学。这样的"魔鬼训练"常常令学生们"苦不堪言"，但正是这样多元的历史文化视野和充足的"语言工具箱"，为他们今后的研究打下了坚实的基础：如芮传明以《古突厥碑铭研究》为博士论文选题，环绕1200年前的若干古突厥文资料展开了研究，这个选题颇为冷僻，更有学者戏称"全国阅读此文的可能不超过十人"，但其史料价值极高，在成书出版后颇获学界肯定；又如马小鹤以粟特文穆格山文书的研究作为硕士论文，后持续深入研究摩尼教，成为中外相关领域颇具发言权的学者。他们都在一定程度上继承、发扬了老师的学术传统。

"章先生有世界性的学术眼光，他看到了学术发展的趋势，他的研究和教学是能够真正与国际相接轨的：在 20 世纪西域南海的研究中，西方学者扬长避短，利用他们在突厥学、蒙古学、伊朗学、古典学等方面的深厚背景，与汉学相结合，取得了相当可观的成就。而中国在当时积贫积弱的社会环境下，有机会到西方去留学、掌握西方学术成果的人少之又少，学贯中西的难度非常大。在 20 世纪中国学人努力实现中国学术国际化的进程中，先生治中外关系史，兼通中西，作出了自己的贡献，今天我们也继续行走在他为我们开辟的学术道路上。"马小鹤这样说。

从历史中来，到学问中去

贾植芳

贾植芳
（1916 — 2008）
作家、翻译家、学者

山西襄汾人。1936年赴日留学，在日本大学社会学科学习。抗日战争全面爆发后回国从军，辗转各地，并从事小说和报告文学写作。1950年起先后在震旦大学、复旦大学任教，并从事现代文学与比较文学的研究。1955年受"胡风反革命集团"案牵连，被捕入狱。1980年平反。著有小说集《人生赋》《人的证据》，散文集《热力》《暮年杂笔》《历史的背影》，回忆录《狱里狱外》，译有《契诃夫手记》等。有《贾植芳文集》行世。

"我只是个浪迹江湖，努力实现自我人生价值和尽到自己的社会责任，在五四精神的培育下走上人生道路的知识分子"，贾植芳晚年时的这番自我评价全面而深刻。他乘风破浪的一生，他的学术源起，"社会人"与学者的双重身份都在这一句话中交代得清清楚楚。

在许多人的心中，贾植芳的存在如精神标杆，他那由风浪也扑不灭的风趣、磨不掉的傲骨，常为人谈起。但内里对学问、对学科建设、对传道授业，他是极度认真的，从读书上学，走上"知识分子"之路开始，贾植芳就时时提醒自己知识分子的责任。后半辈子，贾植芳以全副身心投入他所热爱的文学和教书育人的事业当中，在复旦大学中文系首创了现代文学和比较文学两门学科，培养了一批又一批在学界赫赫有名的学者。

从"淘气王"到
半生动荡的"社会人"

如果在贾植芳孩提时代，问他的父母，这个小孩儿将来会长成什么样子，"学者"大概是一个最意想不到的答案。1916 年，贾植芳生在山西吕梁山区一户家境殷实的地主家。因为总是闯祸，家里图清静，将 5 岁的贾植芳送入私塾，后来转到邻村小学就读。天性不喜约束的贾植芳对教材上的刻板内容毫无兴趣，父亲赶集买来的新课本别在他腰上，买一次丢一次，还时常在课堂上淘气。开始对书籍着迷，是贾植芳读高小的时候，那时同学借他一本石印本《封神榜》，贾植芳一下子就被情节吸引住了。上初中时，贾植芳走出了闭塞的山村到省城读书，那段时间他沉迷于各种借来的石印本小说，钦佩行侠重义的绿林好汉，佩服降妖镇怪的神道。转折发生于初二，学校来了一位北京师范大学毕业的国文教师，指导学生们看新文学作品《呐喊》《彷徨》以及外国翻译文学和

一些传播马克思主义思想的政治读物，这对贾植芳影响尤深，"从这时起，我开始认识到文学是一种改造社会、改善人生的武器"。此后，贾植芳开始尝试写作、投稿，将对社会的观察和剖析付诸笔端。1931 年，贾植芳到北平一所由美国教会主办的中学读高中，虽然读了两年半就因个性反叛被校方除名，但这段时间，贾植芳打下了坚实的英语基础。他开始看原版英语报纸和书刊，视野也随之放宽，更多的中外文学作品、社会科学译著列入他的阅读范围——在他宿舍的墙上曾挂过托尔斯泰、陀思妥耶夫斯基、尼采、克鲁泡特金、马克思的相片。

回望青少年时期，贾植芳曾自述："我生逢中国社会内乱外祸交织、动乱不安的时代，这个时代也是一个中外文化交流、碰撞、融汇的开放性时代。在这样的历史环境里，我们一方面继承了儒家'国家兴亡，匹夫有责'的历史文化传统；另一方面追求着个人的独立人格和自由思想，投入了中国救亡和改造的社会政治运动。"1935 年，血气方刚的贾植芳参加了一二·九运动，被逮捕关

大师纪念地：复旦大学文科图书馆

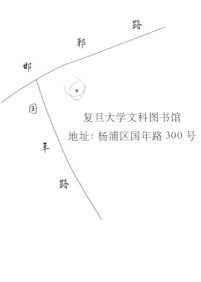

复旦大学文科图书馆
地址：杨浦区国年路 300 号

地铁 18 号线复旦大学站

押，经当商人的伯父四处周旋才出狱。之后伯父匆匆将他送往日本求学，并叮嘱他不要再碰政治。到了日本后，贾植芳并没有遵从家里的意思学医或读银行管理，而是在1936年夏天进入了日本大学社会学系，跟随园谷弘教授学习研究中国社会，初衷是"想学点社会学专业知识，以便从中得到观察、分析、描写和反映社会生活的理论导引"。然而贾植芳最热衷的依然是文学，尤其是外国文学，对于陀思妥耶夫斯基、安特列夫代表的俄国文学尤其喜爱，甚至从旧书肆中搜购了他们作品的英译本和研究俄国文学的论著来阅读。贾植芳说，这些阅读，对他有过很深的影响。

1936年10月，鲁迅去世了。鲁迅是贾植芳唯一始终崇拜的中国现代作家，他从不隐藏这份喜爱和崇拜，多次在公开场合尊鲁迅为"精神导师"。暮年之际，饱经忧患的贾植芳每每重温鲁迅的早期作品，还能从中找到深切的现实感受。鲁迅的去世，给年轻的贾植芳带来不小的打击。不久后他在东京内山书店发现坚持鲁迅传统的战斗文学刊物《工作与学习丛刊》，非常惊喜，于是将自己的一篇小说寄送投稿。从此贾植芳与刊物主编胡风，也是鲁迅亲炙的弟子交上了朋友，后来成为胡风主编的《七月》《希望》等文学期刊的作者之一。

1937年，抗日战争全面爆发，贾植芳当即弃学绕道香港回国参加抗战，其间拒绝了家人替他安排的留在香港或去欧洲读书的前程。后来谈起这次人生十字路口上的抉择，贾植芳说："再想到自己几经囹圄、伤痕累累的一生，我不能不感慨万千……但选择回国抗战，仍然是我的良知所决定的"，"我仍然会选择自己应该走的路，终生不悔"。战争给青年贾植芳的身上留下了深刻的'社会人'烙印：他在前线做过日文翻译，也为后方报纸写过战地通讯……他不服管束的个性和刻在骨子里的良知使他不能容忍现实中腐朽与黑暗的一面，以至于几次险象环生，几次绝境逢生，整个抗战期间在大半个中国颠沛流离。1945年日本投

小故事 生活再动荡也要握紧手中的笔

哪怕生活再动荡，贾植芳也"总是在人生道路上任何一个安定的瞬间匆匆忙忙抓起笔来，努力要留下一些人生的感触"。甚至在化名避居青岛安身小客栈的时候，因为"穷居无事"，便"潜心翻译"。他从街头旧货摊上以买废纸的价钱购进一批英日文外文书，用不到半年的时间翻译了三本书：恩格斯的《住宅问题》、英国传记作家奥勃伦的《晨曦的儿子——尼采传》以及匈牙利作家E.维吉达的多幕剧《幻灭》。

降前夕，贾植芳因在徐州搞策反被关到了日军的牢房；1947年9月到上海后不久，因给进步学生刊物写文章，又受了一年多的牢狱之灾。多年在流转生活中打滚，贾植芳养成了一种习惯和嗜好：读各类有关中国社会、历史、文化的书，以便能深入认识和了解这个国家的历史和现实。1948年再一次从监狱中出来，贾植芳便蛰居沪西乡间一阁楼，用两个月时间，趴在两只箱子搭成的临时书桌上，依靠借来的图书资料——多半是日本学者的著译，和他常年对社会的观察，昼夜不停地编写了一部20多万字的社会学著作《近代中国经济社会》。

中国现代文学是与他的生命血肉相关的历史

"贾先生是'五四'的第二代。与前面一代的知识分子相比，他们是在五四反封建专制主义精神激励下成长起来的一代；却在青壮年之际遭遇了抗战，失去了窗明几净的书斋，失去了从事缜密研究的环境。因此贾先生的文学知识积累不是书本到书本，而是活生生的感受。"著名学者陈思和曾跟随贾植芳读书，在他眼中，现代文学是活的历史，某种意义上还在延续；而贾先生是这段历史中的人，现代文学与他的生命血肉相关。"他得到的知识、做人的方式、爱憎分明的性格，对传统封建内容的批判，都有着五四新文学传统的影子。新文学传统的激进文学传统里，代表性人物胡风、巴金以不同的方式继承了鲁迅精

贾植芳不是正襟危坐的老先生。他身上有着烟火气，幽默感无处不在，说话常常妙语连珠，调侃起自己来更是毫不客气。年纪大了，他说自己"走路用拐杖，谈话要用助听器，成了三条腿、三只耳朵的人，有时想想，觉得自己像个《封神榜》里的角色"。说到自己的工作，他说"我这个教授是假的，不是人人都叫我'假（贾）教授'吗？不过，我教书却是真的，从来不卖假货"。虽是玩笑，但从中能看出老先生的人生智慧和职业坚守。

贾植芳的学术眼光非常前卫。他很早就具有了比较文学研究的思维——20世纪50年代的课堂上，已经在用这样的思维方式授课；20世纪80年代初，比较文学尚在复苏之中，贾植芳已自觉运用比较文学的方法对中国现代文学展开研究。在翻译上也是如此。他20世纪40年代就翻译了恩格斯的《住宅问题》。解放初期曾有人做过统计，复旦大学有两位教授是译介马克思主义的先驱，一位是陈望道，另一位就是贾植芳。

神，这种精神传统又在贾先生身上得到延续。"所以，贾植芳的现代文学课，更像是当事人对人生观察的分享，他讲述文坛掌故与作家背景，关于现代历史与文学的广博见识和真知灼见，时常就贯穿在闲谈中。作为贾植芳的学生，学者张新颖曾回忆，在他读研究生期间，贾先生没有给他讲过一次课。"先生的方式就是坐在书房兼客厅里聊天。聊什么呢？没有限定。这位瘦小的老人，能够让你充分感受海阔天空和人世沧桑。你在这里学习历史和认识社会，全是通过具体可感的形式。"在贾植芳的又一位高足严锋看来，贾先生的记述与回顾有着一种特殊的文化现场的意义，"他的这种'目击者'的证人式的研究法就是贾先生的独门暗器，也是历史和磨难赠予他的珍贵礼物"。贾植芳一些有趣的生活习惯都与他独特的治学方式有关，比如他会去报摊上买小书小报，喜欢那些带着原始的、粗糙的，甚至乱糟糟的社会生活气息的真实的社会经验，而不是被知识分子的趣味所整理、阐释、概括和升华后的那些东西。

这些特质，都引向了一个看似偶然的必然：1950年，贾植芳从"社会"进入"书斋"，到震旦大学中文系任职，开始了以学术为业的职业生涯；后随高校院系调整，调入复旦大学中文系任教授，并受命主持新组建的现代文学教研室——在中国现代文学学科史上，贾植芳是学科创建的元老之一。这一时期贾植芳对现代文学学科的贡献，主要体现在学科架构、课程设置和人员调配这些

"看不见"的基础工作上。"他的工作为复旦中文系现代文学学科日后的长足发展奠定了良好基础，今天看来，复旦大学的中国现代文学教学和研究所以能在全国乃至世界范围内占据举足轻重的地位，是与贾植芳先生当年的开拓性贡献分不开的。"贾植芳的再传弟子张业松在一篇回忆文章里写道。贾植芳一路在中国现代文学学科拓荒路上潜心耕耘，没有料到的是，与胡风的友谊让他陷入了一场长达25年的牢狱、"改造"风波。直到1980年底，贾植芳才获得平反，重新回到教授位置，这时他已经60多岁。但他的精神锐气未曾磨灭，在64岁到92岁留下了大量文字，这也是他一生中著述最为丰富的时期。

重启学术之路的贾植芳接续了断档20多年的中国现代文学学科建设工作。当时，学科重建面临的最为紧迫的任务，就是重新梳理和抢救基础史料，还历史本来的丰富面貌。20世纪80年代初，贾植芳在全国范围内率先启动了大规模的中国现当代文学资料的搜集和整理工作，先后参与主持编纂《中国现代文学史资料汇编》《中国当代文学研究资料》等大型资料丛书，并亲自承担了其中的《巴金专集》《赵树理专集》《闻捷专集》《文学研究会资料》等书的编选工作。编纂这些大型丛书是一件为后学栽苗植树的工作，为了将其做好，贾植芳留下了体量可观的审读和指导意见，并为专集撰写编后记，字里行间透出的正是他对于中国现当代文学学科的复兴和发展的建设性的思路。在贾植芳看

来，研究性书籍的编辑工作应该严格从文献学的角度，或者从历史的观点出发，要突破文学研究中的一些积弊尤其是钳制研究的非学术要求——在20世纪80年代初提出这样的想法，需要非常大的学术勇气。

中国比较文学学科的奠基人之一

"20世纪80年代初的时候，比较文学还刚刚在复苏之中，贾先生谈起来就好像已经思考多年了。"比较文学研究学者严绍璗曾在一次采访中赞叹贾植芳学术思想的前瞻性和先锋性。贾植芳写于1981年的长篇论文《中国新文学作家与外国文学的关系——以茅盾为例》已在自觉运用比较文学的方法对中国现代文学展开研究。"其实，应该说在20世纪50年代初他给章培恒、范伯群、曾华鹏诸位先生上课时，就已经参透着当下比较文学学科倡扬的学术思想"，严绍璗说。曾有当年的学生回忆，贾先生讲课常追根溯源，以异国文学相印证。讲台上堆一叠书，很多都是西方的著作，他当场翻译给学生听，学生的眼界豁然打开——贾植芳一直以来就反对孤立静止、画地为牢地自我封闭式地研究文学，"那是走古人研究四书五经的老规范：寻章摘句，咬文嚼字，只能是像马克思所鄙夷的那种坐在书斋里连手指头被烫伤都害怕的三流学者，或者像我们古人所形容的'腐儒'，或'书虫'，那就不可能在原有的文化遗产基础上进行创造性劳动"。

多年的翻译经验自然也是将贾植芳引向比较文学研究的关键。贾植芳译著丰富，且主要集中在学术研究文章上：他20世纪40年代翻译了恩格斯的《住宅问题》，是马克思主义专著的早期译者。而对捷克作家基希的《论报告文学》的翻译，更是显示了贾植芳的前卫眼光——报告文学这一战斗文学样式20世纪30年代才引入国内，贾植芳做翻译时，同类译作寥寥。而对《契诃夫手记》的翻译更是他译著中浓墨重彩的一

笔。在贾植芳眼中，翻译文学对中国现代文学的发展有着举足轻重的作用，"从鲁迅起的一代又一代的中国现代文学作家，无不从翻译文学中吸取到珍贵的养料……翻译文学理应是中国现代文学的一个有机构成部分"。这里其实透露出了贾植芳倡导比较文学的思想动因——他对中国文学的开放性的期盼，如他在《开放与交流》这篇短文中所说："比较文学的一个基本精神就是开放与交流：以开放的眼光去研究文学的交流……比较文学研究的尽管是已有的文学现象，但它必然会带来各国文学之间的交流。而且，这种交流是双向的，即不仅有引进，还有引出。"

20世纪80年代，在贾植芳的倡导和推动下，复旦大学中文系恢复了比较文学的教学和研究，成为全国最早开设比较文学课程、最早设立比较文学教研室、最早获得比较文学硕士学位授予权的高等学府。没有先例可循。在贾植芳的手上，复旦大学的比较文学研究学科一点点"从无到有"。从资料梳理到理论评说，从建立学会到培养人才，他的工作逐步奠定了学科的规模、发展方向与品质。他当时主持的国家重点社科项目《外来思潮流派理论在中国现代文学史上的影响》，在成书出版时改名为《中外文学关系史资料汇编》，是国内第一部较为全面和系统地整理中外文学关系史文献的大型资料书，在学界影响深远。

留下了学术遗产，
也传承了人格精神

曾有人借贾植芳的日记观察过他的工作强度："全力编《契诃夫年谱》，通宵达旦"（1983年3月30日），"昨晚译书至晨六时始寝"（1983年10月24日），"未出门，今日五时始寝，赶译论文"（1983年11月1日）……为什么要如此辛苦？老先生又露出了他嘻嘻哈哈的一面："既然活在这个世界上，要活着就要消费，为了付饭钱，就得为这个社会做些力所能及的事情。"玩笑的背后，其实是

贾植芳

关。他教给我怎样做人,他并没有具体
地教我该怎么做,但他待人处世,看历
史,看现实,整体的精神深深影响了我。"
深受贾植芳影响的不只陈思和。著名学
者章培恒生前曾说过贾植芳对他的师恩
是一辈子的,既在做人方面,也在做学
问方面。他坦陈自己在古代文学研究领
域里面的"不正宗"正是袭自贾先生研
究中国文学的方法和路径:"如果没有
这样的一种指导,我当然还会做中国古
代文学的研究,但是跟现在的情况,可
能会很不一样——而这一种很不一样在
我来看并不是我所希望的,我应该说正
是我所害怕的。"在陈思和看来,贾先
生传授的是一种"知识分子的立场和精
神",即从正宗的主流的传统规范中走
出来,通过个人的独立思考,重新审定研
究对象。贾先生通过这种"精神传递",
"将优秀学生的才华充分调整到了一个
火山口,接下来就让它自然地喷发了"。
20 世纪 50 年代,短短几年贾植芳就培
养了章培恒、施昌东、范伯群、曾华鹏等
学生,他们后来分别成为古代文学、文
艺美学、现代文学等领域的领军人物;
而在 80 年代重回教席后,贾植芳更是
培养了陈思和、李辉、严锋、张新颖等
学术领域内著名的学者。"优秀教师的
判断标准是能否培养出优秀的学生,
而不是自己是否有名。从这个意义上来
讲,贾先生是一名真正的教育家",陈思
和说。

他一以贯之的知识分子的担当,还有来
自青年时期的、从未熄灭的理想之光。
他有过另外一番剖白:"对我们这一代
在五四精神培育下走上人生道路的知
识分子说来,凡是有助于社会进步和文
化建设,即能促进中国由旧的传统走向
现代化的大小活动,总是习惯性地卷起
袖子,奔上去,自觉地做些什么,即或是
为之出生存身,呐喊几声,擂鼓助阵,都
当成是一种义不容辞的社会职责。"带
着这一底色的贾植芳在青年时代形成了
"当一个好事之徒的本性",晚年更是甘
做"写序专业户",为把那些奋力于严肃
的文艺著译与学术著作的后辈学者推向
学术文化界而摇旗呐喊。直到生命的最
后,睡在病床上,贾植芳伸手能够到的
地方全是书,一颗心仍在挂念着病房之
外的事。

"他是魅力型人物",陈思和说,
"我明显感受到他那种强悍的、父性的
人格对我的影响,这是一种整体的影响,
包括后来我人生道路的选择,都与此有

"我理解的人生,不只是履行动物
的本能要求……人生应该追求更高的生
活境界——人生的自我价值和意义……
应该通过博读精览,放眼人生、世界和
历史,找到自己在生活中的真正位置,履
行自己的人生责任和社会使命。"2002
年,第五届上海市文学艺术奖颁奖典礼
上,回顾过往,86 岁的贾植芳说,"我并
未虚度一生"。

史论结合，
为新闻史研究探寻新路径

宁树藩

宁树藩

（1920－2016）
新闻史学家

大师简介

　　安徽青阳人。1941年就读于浙江大学龙泉分校外文系，1943年转学到广东坪石中山大学外文系。1949年起在复旦大学任教，1955年调入新闻系，从事中国新闻史教学与研究工作，曾任中国新闻教育学会副会长、中国新闻史学会副会长等职。合著有新中国最早新闻史教材之一《中国新民主主义革命时期新闻事业史》、我国第一部新闻学辞书《新闻学词典》和《新闻学基础》等。

　　2018年，135.7万字的《中国地区比较新闻史》出版，甫一问世就收获了"极具开创意义的学术工程""中国新闻史研究的重大收获"等非常有重量的评价。"新闻史研究""开创"是这部书的关键词——不同于以往通史类的写法，它第一次将比较研究的方法运用于新闻史研究，被业内誉为中国新闻史写作思路上的重大创新。提出这个新的研究思路的是新闻史研究领域的一位权威——宁树藩。时针拨回26年前——1991年底1992年初，宁树藩提出做中国地区新闻史比较研究的课题，当时他已经72岁，在新闻史研究领域浸淫近40年。面对这样一个崭新而又巨大的工程，宁树藩一头扎了进去，一做就是二十多年，直至去世。

　　这是宁树藩60年治新闻史的一个

片段。在宁树藩的治学生涯中，这样求新求是的片段俯拾皆是。他治学虽不从新闻史始，却似一个勤恳的挖井人，从进入新闻史领域开始就辛苦求索，为新闻学科的发展探寻新的研究路径，提供新的思路。

老骥伏枥，
古稀之年开拓新闻史新写法

《中国地区比较新闻史》是宁树藩生前主持的最后一个项目，这套书涵盖了全国所有省份自1822年至2000年近180年间新闻事业发生发展的全过程，其中有不少内容是第一次涉及，填补了中国新闻史以往的不足。这一新闻史写作思路进入宁树藩脑海的时间要追溯至更早——大约是20世纪80年代，宁树藩参与撰述、编辑《中国新闻事业通史》（多卷本），既是全书的副主编，又是第二卷的主编。在编纂过程中，他常提出，中国新闻史上各地区新闻事业发展的不平衡严重存在，这是经济不平衡、政治不平衡在新闻事业方面的反映和体现。改革开放后涌现了一批有关中国新闻史研究的著作、资料，但"从横向上，从地区比较角度来考察中国新闻事业的发展变化，迄今尚无人系统进行"。而且，大多数研究只是孤立地考察报刊的兴衰史，没有把新闻事业与当时方方面面的社会因素联系起来考察，更不要说运用其他学科的知识观照新闻学，也没有通过比较研究的方法，探明同一时期不同地区的新闻事业情况。在宁树藩看来，只有通过比较，才能在更深的层次上揭示中国新闻事业发生发展的规律。

在借鉴了文学、哲学、政治学等领域的比较研究后，宁树藩于20世纪90年代初提出做中国地区新闻史的比较研究。这一申请被立为"九五"国家社会科学重大课题，获得"中华社科基金"资助课题经费6.5万元，是当时复旦大学社会科学学科得到资助最多的项目。《中国地区比较新闻史》也被定位为《中国新闻事业通史》的姐妹篇，在横断面上弥补了《通史》的不足。这是一项由宁树藩牵头，全国各省市近40位业内人

大师纪念地：复旦大学200号楼（原新闻系办公楼）

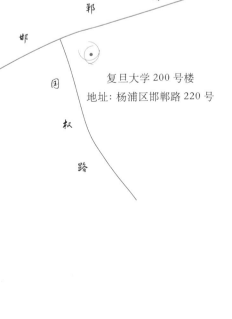

复旦大学200号楼
地址：杨浦区邯郸路220号

地铁18号线复旦大学站

士共同参与的大工程。宁树藩执意亲自上阵，不挂虚名，更是参与了该书最难的部分——总论述，并亲自操刀了前四章，将1822年《蜜蜂华报》开始到辛亥革命之前中国报业地区总形势的多方面变化悉数写入其中。在很多领域内学者眼中，这"要是没有对于中国报刊变化的深刻把握，根本无从着手"。宁树藩写作的部分后来以《"辛亥革命"前中国报业发展的地区轨迹》为题独立成文发表，其中可见他的代表性观点。例如，"维新运动"改变了中国报刊发展的形势，报业发展的地区性问题开始真正显露出来；再如，"辛亥革命"准备时期，多元报刊结构形成，不同种类的报刊各有自己的流向，形成地区发展轨迹，等等。宁树藩从地方性知识着手研究报刊的思路在文章中已经清晰可见了。为了完成这些工作，已退休在家的宁树藩工作密度跟上班时相差无几，上午3小时，中午稍事休息，下午3小时，要不是家人盯着，连吃饭可能都忘了，他的书桌上永远堆满了文献——这可是一位已经七八十岁的老人。

在为另外两部分写总论设想时，宁树藩已年逾九旬，思路仍很活跃，但身体的衰老还是给他带来了很大的困难，手抖了，视力也退化得厉害，必须借助放大镜才能修改文稿。这部书的副主编、宁树藩的学生秦绍德一直保存着1999年10月至2015年7月与宁先生的通信，字里行间都是老先生对这部书的牵挂，时而嘱咐要多看些资料，时而提出请大家去他家讨论问题。2015年7月，宁树藩的身体已非常不好，但还是坚持着看完了打印的书稿，并在纸上批了几个字，字歪歪斜斜，需要仔细辨认才能看出他又给书稿纠正了几个错字——那是他留给项目的最后字迹。当月末，宁树藩因脑梗入院，再也没有醒来，于次年3月辞世。人生最后的20多个年头，宁树藩全部献给了这个项目。

半路出家的新闻史学者，故纸堆中的史料"猎手"

20世纪八九十年代，新闻圈流传着一种说法："北有方汉奇，南有宁树藩。"方汉奇和宁树藩都是治新闻史的大家，与科班出身的方汉奇不同，宁树藩其实是半路出家，年近不惑才走入新闻史研究的领域。

1920年，宁树藩生于安徽青阳一户书香门第，6岁起跟着秀才先生在家读书，接受了近10年的旧学启蒙教育，这为他打下了坚实的古文基础。21岁时因成绩优异保送至大学，先后就读于浙江大学外文系和中山大学外文系，有过这番学习经历，宁树藩可以直接看英文资料。此外，爱好文学的他还常在东南各报上写稿，毕业后教书兼编过报纸副刊。1949年，宁树藩来到刚解放不久的上海，进入华东革命大学学习。次年，分配到复旦大学担任教师，起先教的是中国现代革命史。在此期间，宁树藩扎扎实实读了5年马列著作，把马列的基本概念、基本原理从头至尾认真梳理了一遍。古文、外文再加上马列主义的学习，无意之中，宁树藩似乎在为之后的新闻史研究储备"能量"，他后来回忆道："这三样东西的结合，对我搞新闻史教学与研究都是有好处的。"1955年，复旦大学新闻系紧缺从事现代新闻史方面的老师。当时的学界认为，中国现代新闻史就是中国现代革命史的一部分。宁树藩研究现代革命史，在与新闻系主任王中的一次学术交流中，给王中留下了深刻印象。就这样，当年秋天宁树藩就转到了新闻系工作，开启了他之后60年的新闻史教学和研究工作。刚来一年，就写了1.8万字的专业论文《中国工人阶级报刊的产生和初步发展》，在《复旦学报》上发表。然而随着研究的深入，宁树藩发觉，要真正搞好中国新闻史的研

宁树藩

究，须下大决心，从头做起，要突破既往的研究范式。

"历史研究，史料为先。"宁树藩特别重视治史要详细地占有第一手资料，也常跟学生说"言必有据"，他自己每写一篇文章、一本书，甚至每讲一句话，都要有出处。因此他花了大量气力查阅报刊、整理史料，经常埋首校内外图书馆，特别是全国收藏报刊最丰富的徐家汇藏书楼。当年的交通没有如今便利，从复旦大学去一趟藏书楼单程要一个多小时，但丝毫没有减少宁树藩去的频次，以至于他跟藏书楼的很多管理人员成了好朋友，三四十岁时他如此，六七十岁时他还是如此。这其实是一项非常辛苦的工作，且不提100多年来中国出版的报纸杂志的数量，光是报刊资料保存这一块，经历过近现代史上的硝烟战火，留下来的资料非常不完整。这正是宁树藩起步做新闻史研究的难点。这个"起步"不单是对宁树藩个人，整个中国新闻史的研究当时也才开始不久，大量基础工作尚未开展。为了找到更多湮没于历史烟尘的新闻史料，宁树藩经常到上海街头一个个旧书摊上碰运气，去摊主私家旧书报库选购，再后来，摊主发现了相关的资料会纷纷到学校"送宝"。这样的搜集，宁树藩坚持了几十年，复旦新闻系资料室里的不少珍贵报刊就是这样获得的。值得一提的是，1959年宁树藩还走出了上海，用了近两个月的时间到北京、南京、合肥、济南各地作报刊史料调查，其间走访了众多有影响的报人，加上上海所访，人物遍及"五四"以来各个时期。

不过，宁树藩虽讲究追根溯源，但并不迷信前人著述，甚至是权威著作。有学生回忆，宁老师对经手的每个资料都认真考证，"其辛苦程度对没有做过新闻史研究的人来说，是难以想象的"。1927年出版的我国最早的中国报刊史权威著作——戈公振的《中国报学史》，曾是各大学新闻系的教科书。但限于时代和资料，这部新闻学的"开山之作"有不少谬误，宁树藩一字一句地读，几乎每句话都要去确认、找到出处，与杨瑾琤、方汉奇、王凤超三位学者共勘误156处，撰写了《〈中国报学史〉史实订误》予以纠正。

尊重学科特性，
给新闻史研究注入理性思考

"诚然，新闻史研究首先要弄清新闻事业自身发展的来龙去脉，基本史实要掌握好。但这并不够，还需要进一步做理性的思考，揭示蕴藏在其中的一般规律。"宁树藩并不满足于做一个史料"猎手"，也不想停留在对史的叙述上。

他自谦"半路出家",对史料的熟悉程度不如科班出身的学者,所以"更多地思考学理的东西,更加注重规律性的东西"。"史论结合",从史料中研究新闻史发展规律,是宁树藩治新闻史的不同之处,这一特色在他改革开放后的研究中尤为明显。

改革开放后"充满生机的研究空间"让宁树藩感到无比振奋,研究也进入了旺盛期——他在新闻学研究领域的主要学术成果,几乎都是在之后的三十多年中产生的。那时宁树藩已60岁左右,不愿墨守成规的他以"新的头脑"投入新时期的专业研究活动,尤其注重研究的总体意识和对规律性的探求。特别是1979年王中重任复旦新闻系主任后,新闻理论讨论一度十分活跃,宁树藩与王中两人常一起商谈如何改变中国新闻史研究的沉闷状态。王中建议把新闻史、新闻理论和新闻业务统一起来研究,既可以打破以往新闻史研究的框框,也可使三者相互促进,这与宁树藩长久以来的研究心得不谋而合——在研究中国近代报刊文体演进历史的时候,他接触了大量报刊原始材料,总感到有一只无形的手在支配和指挥着新闻文体乃至新闻事业,让它们朝着一定的方向演变:消息越来越简洁明快,且忠于事实,而谈狐说怪、捕风捉影的"新闻"渐渐失去了市场……宁树藩感觉到这些变化"都是新闻的特性和本质使然"。"一个学科成熟的程度和它所能体现的本学科特性的程度是一致的",宁树藩认为只有尊重学科特性,才能推动中国新闻史研究进一步发展。他目睹过新闻史研究的"误区"——把近代史现代史论著中的现成结论安在新闻史的身上,这让他感到"有点像照相馆里程式化的布景,谁想要照相就往前边一站,不同的顾客都可以同样地使用它",而"新闻史的研究不能这样贪图省事",在宁树藩看来,一门独立的学科应有自己的理论体

系。从长期的实践中,他得出结论:要强化新闻史的"本体意识",把握新闻史的个性,阐明中国新闻史自身的发展规律,做出新闻学自己的东西。

"宁老师这一辈似乎对于学科的创制有一种天然的使命感",在学生的眼中,宁树藩一直努力在为建立合理科学的新闻学科开路铺石。在广读新闻理论著作时,宁树藩发现概念模糊、学理不清的现象随处可见,而这种混乱状态会导致科学的新闻学体系难以建立,于是着手梳理国内的新闻理论,这在当时可谓"冷门"。他尤为费心的是关于新闻的定义。在宁树藩看来,科学的新闻定义"对引导人们树立正确的新闻观念,澄清新闻学研究中某些混乱状况,是会起着积极作用的",讨论这个问题"正是为迎接新闻理论的发展而清理基地"。

宁树藩并非特意求新,他的新或者说他的特别之处源于他常年的独立思考。宁树藩的博士生、复旦大学新闻学院教授陆晔的印象里,宁先生很喜欢提问,包括给自己提问,有时是先抛出问题,然后切入某个现象;有时是在述说史实过程中,概括出某个问题,促使大家在理解上能再深入一步。他讲求辩证的思维方式,在他看来,报人、受众、时间、空间、评论、新闻……许多问题都是互相依存的,要作为一个整体来研究,不能割裂来看。"即便是个案式的研究也不是就事论事,而是尽量延展到各个方面,努力写出其中的复杂性。"黄旦在求学期间十分受宁树藩器重,之后也曾与宁树藩共事,他曾在回忆文章中写道,宁先生的文章不跟着既有定论走,总是尽力说出自己所感所思。文章所展示出的思辨色彩之浓,在治报刊史学者中是少有的,"总能直接挑开那些我们常见而又不见的面向和关系,给我们来一个当头棒喝"。正因这些思考的习惯和抓根究底的态度,即使埋首新闻史的故纸堆,宁树藩也能产生完全不输于同时代最前沿

理论的见解。1984 年起，他发表数篇文章，力图从哲学高度探讨新闻的本质问题，把新闻从本质上归结为信息，这是他晚年最重要的学术观点。但在思考这一问题时，宁树藩完全没有机会读到信息论、控制论，他的灵感来自那些藏在史料中的本土化例子。在宁树藩看来，只要尊重史料、尊重事实，一样可以在学理上与这些西方前沿理论殊途同归。

这样的思考并不随着职业生涯的结束而终止，1997 年宁树藩退休了，但他仍不松懈，坐在椅子上、躺在床上，常常在穷思苦想，有时盯着一个问题一想就是数年，甚至十数年，一些独特的、具有开创性的思想正是由此而生。比如，2009 年做"中国革命根据地报纸分布研究"课题时，宁树藩就花了大量精力调查根据地到底出了多少报纸，为什么 400 多种里江西占了 200 种。当时他已经 89 岁了，仍然不肯停下思考和探索。

小故事 晚年仍在思索新闻的定义

宁树藩晚年的绝大多数时间都在苦苦思索新闻的定义。他住院前的最后一段时间，已经无法清楚表达自己的想法，思维和说话功能都不听指挥了。但当说到他日思夜想的"新闻的定义"时，居然可以把平时经常念叨的那一整套流利地脱口而出，没有任何障碍。

小故事 参编首本新闻史教材

20世纪五六十年代，宁树藩参与编写了新中国成立后国内高校最早的新闻史教材之一《中国新民主主义革命时期新闻事业史》，虽然只给他分配了一章（共五章），但他足足写了8万多字。1962年全书由复旦大学出版社付印，在学校内部使用。

小故事 从全世界收集史料

宁树藩善于阅读英文文献，是改革开放后最早参与国际学术交流的新闻传播学者之一。每次出国，到当地图书馆收集资料是他的"标准流程"，后来年龄大了不方便出国，就给朋友和学生"布置功课"。有次请人帮忙购得一份国内罕见的报刊微缩胶卷，80多岁的老先生在学校图书馆的机器上看了一整天。

生命不息，探索不已，一生将治学当作生活习惯

宁树藩对自己的定位是"纯然一介书生，不谙世故人情"。学生印象里的他总是满面春风，没有什么不如意，没有什么不满，一副"不知愁滋味"的模样。去翻看他的照片，几乎张张都是笑逐颜开。这大概是因为他活得足够简单。身边朋友曾说他"生活简单，看人断事也简单，或者更准确地说是天真"，甚至怀疑在对人特别是学生的评判框架里，他只有两类标准：喜欢学术的和不喜欢学术的，"不喜欢学术的，他也不讨厌，更多的是不理解。在他看来，世上哪还有比看书思考更有乐趣更美好的事情呢？"宁树藩对学术的纯粹之心，即使历经磨难也不折半分，"文革"中后期，他已重新启动了学习计划，钻研马克思主义，补读原著，对马克思主义办报思想和办报活动的研究格外用心；又借助《鲁迅全集》及各种有关的原始材料去较为系统地研究鲁迅的报刊活动；复旦新闻系和历史系收藏着丰富的关于严复的史料，对严复很有兴趣的他又利用这段时间对严复的政论、办报和译书活动做了研究。晚年回想起这段岁月，留在宁树藩心里的不是晦暗、辛苦，而是当时渐渐体味到的读原著、考历史、求系统这些治学之道的重要意义。正如别人给他的一句评价：把教书治学作为自己唯一的生活目的而不是手段，并以此托起整个人生。

84 岁时，宁树藩的文集出版，文集后记里写着这位老学者对学术的表白：情结老而弥深，总把扬帆于知识的海洋，展翅于智慧的天空作为最大乐趣，"此生不息，探索不已"。如今，再读这段话，老先生字里行间的拳拳心意依然能直抵人心。

以全球眼光研究中国经济

洪文达

洪文达
（1923－2014）
经济学家

大师简介

　　安徽泾县人。1945年毕业于西北大学经济学系，1950年毕业于复旦大学经济研究所研究生班。1950年至1953年在华东财经委员会工作。1954年调华东纺织工学院任教，1956年调复旦大学，任经济学系副教授。1979年，参与创建复旦大学世界经济系。曾任复旦大学世界经济系教授、主任、经济学院院长等职，兼任中国世界经济学会顾问、中国美国经济学会顾问等。长期从事政治经济学与世界经济的教学研究，联合主编《世界经济》《政治经济学》等。

　　让每一位认识洪文达先生的人给他画张像，共同点便是"那位满面红光，讲话中气十足，关爱学生的经济学人"。即便在病榻之上，即便在人生最后的日子里，他依旧是那位声如洪钟、乐观豁达、豪爽健谈的洪先生。2014年3月，复旦大学经济学院的诸位经济学者和洪先生的学生们坐在一起，缅怀这位令人肃然起敬的长者。追思会的名字贴切极了，"人文载道，通达一生"。

　　1923年8月2日，洪文达出生于江苏南京，中学时代曾入读著名的苏州中学。1938年，教育部在重庆江津德感坝设立了以安徽籍流亡师生为主体的"国立安徽第二中学"，后改名"国立第九中学"。少年洪文达便也辗转到了重庆，成了"国立第九中学"的学生。此时的洪文达便有机会接触"青年自学丛书"（生活书店出版）等通俗的社会科学启蒙著作。在中学时期，洪文达有一位同桌，他的名字叫作邓稼先。

会考时，洪文达成绩很棒，排在理科前十。大概是心情大好，便约上同学一同出游了，以至于填报志愿时，人并不在校，只好委托老师代填。或许是老师觉得他的化学读得不错，便替他填报了重庆中央大学的化工系。用洪文达之子洪新先生的话来说，"彼时的化工学科，其热度大概相当于 20 世纪 90 年代的计算机系"。而在那个年代，中央大学的化工学科无疑是国内最好的。手握试管、烧瓶，洪文达却越发信仰"经济救国"的理念。于是，他毅然弃理从文，远赴汉中，入读西北大学经济系。

洪文达一生从事社会科学研究，接近马克思主义社会科学却是从读文艺书籍开始的。他喜欢俄国现实主义小说和法国批判现实主义小说。这些著作激发起一个青年人改造社会的热情，也就自然地推动他去接近马克思主义。在西北大学求学时，课堂上老师讲的主要是西

方经济学课程，业余时间他却捧着《反杜林论》《资本论》不放，一心钻研马克思主义经济学。

"他有观点，
更重要的是观点后面跟着逻辑、跟着文献"

1950 年，洪文达毕业于复旦大学经济研究所研究生班，成为新中国第一批政治经济学教师中的一员。同年，他去教职，入华东财经委员会，先后任办公厅秘书和第二办公室私营企业组负责人，同时在沪江大学和上海财院兼授经济学。其间，与时任华东工业部部长汪道涵有了诸多往还的机会。

1954 年，洪文达调华东纺织工学院任教。一年后，任该校副教授兼马克思主义教研室主任。1956 年，洪先生重新登上复旦大学的讲台，执教经济学系，任副教授，继续从事马克思主义经济学的教学与研究工作。20 世纪 60 年代，洪文达的教学和科研重心开始逐渐向世

洪文达纪念碑
地址：杨浦区邯郸路 220 号

大师纪念地：洪文达纪念碑（近复旦大学 11 号楼）

地铁 18 号线复旦大学站

著名经济学家、复旦大学经济学院原院长洪文达于2014年2月5日辞世。在60多载学术生涯中，他耕耘在政治经济学和世界经济两个学术领域，取得了丰硕的成果。他常常对学生说的一句话是：创新应不拘束于师者且不盲从于师者。

1938年，教育部在重庆江津德感坝设立了以安徽籍流亡师生为主体的"国立安徽第二中学"，后改名"国立第九中学"。少年洪文达便也辗转到了重庆，成了"国立第九中学"的学生。此时的洪文达便有机会接触"青年自学丛书"等通俗的社会科学启蒙著作。在中学时期，洪文达有一位同桌，他的名字叫作邓稼先。

界经济学转移。从此，开始了其在这一学科领域的耕耘。

1977年恢复高考后，一群心中有梦、脚下有路的年轻人，带着憧憬走进了大学校园。对于洪文达而言，无疑也是一个新的开始。

"洪先生健谈，上课很吸引人。"忆恩师，复旦大学世界经济研究所所长华民教授说，"他有新的观点，更重要的是观点后面跟着逻辑、跟着文献。"

1977级大学生无疑是中国高等教育史上非同寻常的一群人。他们来自各行各业，年纪、经历都不尽相同。"1977级上课常常是没有讲义的，大家都是成年人，课堂上更多是思想的交流。对于老师而言，恐怕只有这样才能'镇得住'那些'大龄学生'。当然，那也是一个很难得的施展才能的机会，所谓'教学相长'嘛。"在华民的记忆中，洪先生的观点很新、很鲜活，"往往是他昨天晚上思考的问题，第二天早上就拿到课堂上分享了。"

"越是理性的人，越是懂一点东西的人，越是开放"，这是当年洪文达对汪道涵先生的评价。事实上，他大概也是这样的人。正因为如此，身后才会不乏"当时经济系，思想最解放的是洪老师""洪先生对待学术严谨认真，思想开放，与时俱进，有着敏锐的洞察力和超前的眼光"的评价。

20世纪80年代末，复旦大学经济学教授郑励志和洪先生一起去日本参加研讨会。"洪先生每到一所大学都积极热情地与学者交流，关心新鲜事物，关注日本现代化的经验，希望我们国家的经济建设向日本学习。"三十多年过去了，

郑励志依旧记得分明。

洪文达主张解放思想，重新认识西方经济。他的思想萌芽、形成在中美建交以前，这在学术界、在理论界都是比较早的。几十年的教育生涯之中，他始终要求学生睁大眼睛去看世界，"不看世界，怎么看得懂中国"。"研究经济就要有全球眼光，有世界眼光，然后要有自己想法，这便是洪老师留给复旦世界经济系的宝贵遗产。"华民如是说。

初创中国第一个世界经济系

1979年，复旦大学世界经济系建系，成为中国高等院校中最早设立并首次倡导以国际化视角培养经济领域高级专门人才的系科——也就是中国第一个世界经济系。洪文达的名字，便出现在"创始团队"之中。"我们俩可以说是一见如故，第一堂课下课，我们就成了'烟友'。"2014年那个阴雨绵绵的午后，在洪文达先生追思会上，作为第一届世界经济系学生，王战回忆道，"洪先生一点教授的架子都没有，气量大，心胸广，是我非常敬佩的人。"

20世纪80年代初，改革的大潮铺天盖地而来。经济改革开始由农村向城市拓展，上海作为中国最重要的工业城市，面临着一系列新的问题、新的挑战。从计划体制改革到原材料调拨体制变化，从流通体制放开到和邻近省市商业交流，从工业产品价格的开放到市场价格的形成机制，从财政包干到企业激励机制，在实践、政策和理论上都提出了一系列严峻的考验。经济系1977级朱民、世经系研究生陈伟恕和世经系1979

级王战三位同学计划在复旦大学成立一个中国经济研究中心，在教研体制外相对灵活地对当时紧迫的城市经济改革问题进行专题研究。

有计划只是个开始，真正有结果落地才会有收获。1984年，上海市高校首个经济研究中心——复旦大学经济研究中心挂牌，首届中心主任便是洪文达。对于这段历史，朱民先生在"感恩复旦40年——在恢复高考40周年暨复旦1977/1978级返校大会"上的发言中，曾动情地说：

> 我、陈伟恕和王战三人的建议提出后，学校的相关管理部门开了座谈会，讨论热烈，对这一新生事物，大家都表示支持的态度，但在具体安排上也出现了很大的争议。会议无果而散。洪文达老师参加了会议，走到校门口，洪老师停下来，坚定地说，我们去找林克书记汇报。一周后，在校党委书记林克老师的家中，洪老师在座，我向林克书记作了汇报。林书记仔细地听着，不停地吸烟，时时提出问题，也不时地提出新的建议。一个多小时后，当两个烟灰缸都被塞得满满时，林克书记徐缓而坚定地说，在改革开放的大潮中，复旦也要改革，也要变革。青年们主动关心和参与改革的大事，应予支持。我们上校党委会讨论。

6周后，复旦大学经济研究中心的成立大会在春寒中举行。

多年后，当年青涩尚未褪去的年轻学人，都成长为中国经济工作领域或中国经济学研究领域的栋梁之材。他们是清华大学国家金融研究院院长、国际货币基金组织原副总裁朱民，上海实业（集团）有限公司原常务副总裁陈伟恕和上海社科院原院长王战等。

1985年洪文达担任复旦大学世界经济系主任。两年后，兼任复旦大学经济学院院长。

1990年，五市长代表团访美，朱镕基任团长，汪道涵任顾问。另有一个学

者代表团随行，洪文达即在此列。朱民记得，访问期间，"他专门挤出晚餐后的时间，把我和几位复旦校友叫去，给我们讲国内的经济形势，讲改革和开放的政策"。

1991年开始，洪文达享受国务院特殊津贴。

是严师，也是慈父

就像儿子记忆中的父亲永远是那个如山的男人，强永昌心里住着的洪先生，不改的是"60多岁"的模样。直到今天，复旦大学国际贸易研究中心主任强永昌教授依旧不敢相信，初入师门时，恩师已是年近七旬的老先生。

1992年，强永昌在财大读硕士，提前半年毕业的他想在学术上走得更远。于是，一个初夏的下午，经上海财经大学汪洪鼎教授推荐，强永昌第一次登门复旦大学第9宿舍，洪文达的家就在这里。敲门数下，应门声中气十足，应门者满面红光，虽着居家便装，难掩饱满精神。询问了学习、研究情况后，洪先生表示："你的研究基础不错，国际贸易学科缺少老师，希望你可以继续国际贸易方向的研究。"

后来，强永昌就成了洪文达的学生。

洪文达爱学生是出了名的，却从不偏袒"个人的门下"——好的机会只留给最合适的人，这大概就是一个院长的大局意识、一位大师的担当。

他是严师，更像慈父。据说当年学生张文朗远去德国做博士后，行装基本都是洪先生亲自准备的。

强永昌眼中的洪先生是一个"非常

右上角插注：*One Day When We Were Young* 是他生前最喜欢的歌曲；《反杜林论》是对他影响最大的著作。他一生从事社会科学研究，接近马克思主义社会科学却是从读文艺书籍开始的。他喜欢俄国现实主义小说和法国批判现实主义小说，印象最深刻的是列夫·托尔斯泰的《复活》和陀思妥耶夫斯基的《被侮辱与被损害的》。

直率、原则性特别强"的人,在其位,谋其政,行其权,尽其责。他是一个纯粹的人,纯粹得近乎天真。只要是他觉得作为一个老师、作为一个教育工作者该做的事情,即便显得有些"不合时宜",他依旧会尽全力去争取。几十年来,他处事、为人的出发点都不曾改过,那就是学院的发展、学科的建设。

1982年,华民本科毕业,执教华东师范大学,后来担任副系主任。洪先生爱才,一直希望他能回到系里。可是,华东师范大学同样爱才,事情便难免有些尴尬了。直到1990年,华民决定"脱产"回到复旦大学读书,成为洪先生的"全职"博士生。这一年,华民40岁。对于"不惑之年"的他而言,"脱产"无疑面临家庭生活的压力。于是,洪先生坐不住了。他直接跑去找校长,讲了一堆"我们要爱护人才""引进人才不容易"之类的话。后来,华民果真以教师编制调回复旦大学,每学期上两门课,在职读博。"凡是先生看准的人,抓一个就是一个,他会在各方面给你创造条件。"往事已走过整整30个年头,说到这儿,华教授的语气里仍旧装着满满的感激,"做先生的学生,对于没想法的人来说会是一件很苦的事情因为他会一直逼着你。但是,如果你是一个有想法的人,他便会一直支持你。只要让他看到你解放思想、不断探索,他就会和你一起研究、共同探讨。"

作为洪先生第一个全程培养并顺利拿到学位的博士,有时上午的课结束,华民就跟着老师回家,先"混"上一顿先生亲手烧的午饭,下午便是学术交流时间,常常一聊就是两三个小时,然后再收工、回家。洪老师烧的红烧肉、响油鳝丝的味道,华民至今还记得。

洪先生是一个热爱生活的人,一个快乐的人。他爱美食,爱电影,爱音乐,爱和有想法的人聊天,除了聊经济,还可以聊文学、聊音乐。《美丽人生》《肖申克的救赎》便都是先生推荐给华民的。总之,"他是一个对于生活质量要求很高的人"。

真正能够称为"师"的人,对学生的影响可以是一辈子的

事实上,对于洪老师的厨艺念念不忘的绝非华教授一个人。

那个年代,老师对学生亲切随和。朱民回忆:洪老师特别愿意和年轻人接触,虽然第一年并没有给他们上课,但他经常到学生宿舍嘘寒问暖,解疑释惑。"我喜欢听洪老师论天下时事,很快就和洪老师熟了。我后来知道,洪老师和我同住在一条街上,相距不到百米。这下更方便了,周末回家,我时不时地溜到洪老师家中,听洪老师的高论,也时不时品尝洪老师的厨艺。洪老师做菜,我通常在一边打下手,他高度近视,看着他边盯着贴在墙上的菜谱,边炒着菜,还边和我说话,也真是忍俊不禁。洪老师的小儿子洪新也不时加入我们的讨论,有时我和洪老师聊完了,洪新又跟着我到我家继续我们的话题。我就这样成了洪老师家中的一员。"(朱民:《感恩复旦40年——在恢复高考40周年暨复旦1977/1978级返校大会上的发言》)

真正能够称为"师"的人,对学生的影响可以是一辈子的。

20世纪90年代中期,朱民在美国读了硕士和博士,也在世界银行工作了几年,积累了相当的实践经验,准备回国。"但当时我周边的同事和家庭都不理解,当然也不支持。尤其是岳母,顾虑比较多。不说工资减少90%,就说工作环境,小孩教育,就是不放心。事情就僵住了。"学生的难处,为师者最清楚,后来洪文达到美国学术访问,专程到华盛顿,住到朱民家和老太太谈心,聊家常,聊天下事。从他自己的经历,到我国经济改革和开放的过程,再到未来展望,

洪文达

到国家对人才的需求。经过一周的努力，终于说服了老太太。洪老师回国后，朱民也收拾行李，踏上归国之路。回到上海，未及安顿行李，先去看洪老师，洪老师紧紧地握着他的手，大声地说："朱民，你回来就好，有问题我们共同来解决。"那一刻，朱民被一股暖流包裹着。当晚洪老师高兴，自告奋勇下厨，自诩技艺又有很多长进。

"在复旦世界经济系，洪文达老师是一位德高望重的学者，一位令所有学者尊敬的老前辈。"回想起与洪文达老师的一面之缘，北京大学新结构经济学研究院学术副院长王勇记忆犹新。1999年，还在复旦大学世界经济系读大四的王勇，已保送北京大学读研究生，拥有一年"自由"时光的他便四处"蹭"课。洪先生给经济学院博士生开的专题课，王勇自然不会错过。就在那唯一一次的、短暂的课间交流时间，先生还是耐心地询问眼前这位年轻人的名字、学习情况等，并给予了更多的鼓励。从此，在王勇心中，"洪老师是一位特别愿意提携后进的师长"。小小的细节当中，洪先生对于学生的爱护可见一斑。

"洪先生对复旦大学世界经济系的影响是巨大的。"王勇说，先生提倡学生对于英文的学习，强调学生对于现代经济学的学习，"这些对于世经系的影响，是在基因上发挥作用的。"

1990年12月18日，洪文达在《新民晚报》上撰文谈读书：

首先，读书的范围要宽些，特别是搞社会科学的人。社会科学的各个领域是相互关联的，如经济学就与历史学、政治学、社会学等关系相当密切。第二，读书当然要集中主要力量在专业方向上，但阅览广泛是很重要的。既考虑专业，又顾及兴趣爱好。总之，开卷有益。我认为，最重要的是养成持之以恒的读书习惯。人都是有点惰性的，只要能克服了惰性，就能学有专长。当然，读了以后，还要继之以思考。只有这样，才能从读书中真正得到教益。一旦考虑某方面问题，脑子里积累的有用的信息自然会跳出来，帮助你思考和分析。

在洪文达先生看来，所谓开卷有益，就是爱好读书，从各种书中汲取营养。所谓多思，就是读书时要勤于思考，把读到的书进行消化。所谓学无止境，那就是知识无涯，只有活到老，学到老，才能跟上形势，更好地为社会主义服务。

打通中国文学的古今演变

章培恒

章培恒
（1934－2011）
文史学家

大师简介

浙江绍兴人。1949年加入中国共产党。1952年入复旦大学中文系学习。毕业后留校任教，历任中文系教授、博士生导师，古籍整理研究所所长。创建古今文学演变的研究学科。领衔主编并主要撰写《中国文学史新著》，提出以人性为主线的新文学史观。著有《洪昇年谱》《献疑集》《灾枣集》《不京不海集》等。2010年获上海市哲学社会科学学术贡献奖。

学中文的人，对文史学家章培恒的《中国文学史》与《中国文学史新著》一定不会陌生。同类的文学史教材不少，如果要提名一个"最具个性奖"，那章培恒的版本一定是榜上有名的。他的文学史著述在问世时就被学界誉为"石破天惊"之作，并被公认为一个有思想的知识体系——以"文学的进步乃是与人性的发展同步的"为线索，回归文学本身，勾勒出一部民族追求自由、解放的心灵史，也回答了那个他探索一生的理论命题：如何打通中国文学的古今演变。

因为诉诸"人性"，章培恒笔下的文学史总是有血有肉，和他所推崇的文学观念一样，生活中的他也是一个典型的性情中人。章培恒1934年出生于浙江绍兴，和他崇拜的鲁迅先生同乡。他性格里的许多特质——耿直、顽强、执

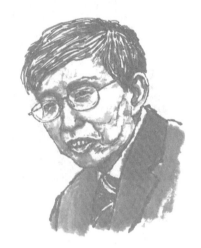

着、豪爽，也似乎都能从这座历史名城的底蕴中找到源流。"先生觉得从事人文科学尤其是文学的人，不能是冷冰冰的，一定要有感情。所以他特别强调激情，讨厌世俗的繁文缛节。他觉得文学要有赤子之心，文学到最后还是要表现人本身，所以他喜欢北宋词，喜欢鲁迅、李白那种有血性的性情中人。"章培恒的学生、复旦大学古籍所教授陈正宏这样说。

用最有天赋的才能，做最扎实的研究

章培恒是幸运的，1952年，原本就读于私立学校的他因院系调整进入复旦中文系，正好赶上了中文系名师荟萃的"黄金时代"。那时，教现代文学的有贾植芳先生，教古代文学有朱东润、蒋天枢等先生。章培恒在大师们的余荫下成长，三位老师各具特色的治学方法和学术品格，都在他后来的治学道路上留下了深刻的印记——贾先生所代表的五四新文学传统和对马克思主义理论的重视，带给他现代知识分子的视野；朱先生带给他最大的启发，是做学问一定要有独立思考的精神，不迷信权威，同时要

"大胆怀疑，小心求证"；而蒋先生所代表的国学传统，则奠定了他扎实的学术基本功。

然而，章培恒的求学之路也充满坎坷。尽管后来他以古代文学研究著称，但他最初的学术兴趣却是在现代文学——早在高中时，章培恒就读过鲁迅的大量作品，大学时代在贾先生的影响下，更是对现代文学和文学理论产生极大兴趣。1954年，从中文系毕业后的章培恒留校任职，担任中文系党支部书记，谁知一年后受到"胡风事件"牵连，被调去图书馆工作，现代文学的研究也只能"忍痛割爱"。对年轻的章培恒来说，这场突如其来的打击异常沉重，所幸，命运很快给他开了另一扇窗——1956年，中文系重新将他召回，分配给蒋天枢先生当助教，并由蒋先生指导从事古典文学研究。

在蒋先生的指引下，章培恒改变的不仅仅是学业的方向，更是做学问的

章培恒纪念室
地址：杨浦区邯郸路 220 号

大师纪念地：章培恒纪念室（复旦大学光华楼西主楼 1709 室）

🚇 地铁 18 号线复旦大学站

章培恒曾这样评价朱东润先生:"朱先生对《离骚》《哀郢》等篇是否为屈原所作持怀疑态度,曾为此受到郭沫若、何其芳等先生的严厉批判;我认为这很能见出朱先生于学术追求真知、无所畏惧的精神。"这种从不"随声附和"的学术态度也被章培恒承继下来,正如他的专著《献疑集》之书名,他的实证研究都是从疑点入手,而他所提出的看法,几乎都是"向被公认的见解挑战"。

章培恒对武侠小说的痴迷,在学术界广为人知。20世纪80年代后,随着"武侠热"在中国高涨,章培恒撰写过多篇论文,为武侠小说这一非主流文学创作"正名"。发表于1988年的万字长文《金庸武侠小说与姚雪垠的〈李自成〉》,肯定金庸的文学成就高于获首届茅盾文学奖的作品。在当时,尽管金庸的作品在坊间风靡一时,但在学院派的眼里,却"还是不入流的东西"。

方法。蒋天枢是陈寅恪先生的入室弟子,他始终坚持老师的学术路径,治学严谨,对曲学阿世的行为深恶痛绝。章培恒曾说,正是这样的蒋先生,改变了他原先做学问"眼高手低"的"手低"状态——最初,他给自己拟定的研究计划是花五年时间把从先秦到清代的文学名著读一遍,但蒋先生却直率地对他说,"你这样学法,一辈子都学不出东西来",学中国古代文学必须先打好历史与语言文字这两方面的基础。于是,章培恒从读《说文》《尔雅》《通鉴》,校点《四史》开始,一部一部、一字一句地咀嚼,同时又广泛涉猎目录、版本、校勘学方面著作。治学过程是常人难以想象的艰苦,但正是这样的"笨功夫",成就了后来那个学问深厚、以实证研究闻名的章培恒。

进行实证研究的首次尝试,是章培恒从1957年开始撰写的《洪昇年谱》,这也是他文学史研究的起点。选择洪昇作为年谱的研究对象是颇需要勇气的,尽管他是清初两大戏曲家之一,但关于他生平事迹的资料极为罕见。为了填补文学史研究的这片空白,章培恒几乎是从零开始,在上海遍查了有关史料后,又自掏腰包"北上南下",先赴洪昇生活过的杭州查阅相关文献,掌握了洪昇佚作等新材料;又赴南京、北京,查阅洪昇作品集……先后查阅了四百多种文集及相关资料,经过大量的史料爬梳、考证工作,终于在1962年完成全书。1979年,这部书稿在尘封了17年后一经问世,便在学界引起重大反响,被誉为"搜罗宏富、取舍谨严、考订翔实、论证有据"。

学术处女作《洪昇年谱》的问世一举奠定了章培恒的学术地位,但是,这只是他多年来辛勤耕耘所显露的"冰山一角"——继《洪昇年谱》以后,章培恒还做了大量富有拓荒意义的实证性研究,如《辨奸论》非邵伯温伪作,对于屈原和李白身世的考证,还有大量关于《聊斋志异》《西游记》《三国演义》《水浒》等小说版本和作者的考证,这些文章后被收录在《献疑集》《不京不海集》等论文集中。翻阅这些文章不难发现,每篇都是从疑点入手,"没有一篇是随声附和的",而他所提出的看法,几乎都是"向被公认的见解挑战",然后通过对史料的一网打尽和严密的论证做到滴水不漏。

"章先生一直是用最有天赋的才能,做最扎实的研究。"这是他留给学生们的一致印象。据陈正宏回忆,他年轻时曾参与撰写章先生主编的《中国禁书大观》,"虽然是通俗读物,但章先生还是以考据的学术态度来要求,比如有的地方我写了'某某笑着说',先生会让我从史料中找出证据,如果有'笑曰'就可以保留,如果没有,那就删掉。这对当时的我冲击很大"。后来他跟着章先生编文学史新著,在撰写"袁枚"一章时,本来他觉得袁枚除了著名的"性灵说",没有新的东西,"但先生让我不要过早下定论,而是先去图书馆找资料,还真的翻出了一些新的材料。这就是他修文学史的态度,不是说立了一个观点,然后把现有的已经成熟的材料组织起来,而是把文献考订的工作先做实,事实上他花了很大功夫重新整理这些材料"。章培恒

"'让学生打工，老师拿经费'，这在章先生那里是不可能的。相反，他是通过项目来培养学生。编撰《全明诗》时，所有的标点句读他全部自己先整理一遍，然后再分配给我们。这样做很慢，反而增加了他的工作量，但他一贯如此。"陈正宏还记得，当年他与章先生一同编写《中国学术名著提要·文学卷》，为了扶植年轻人，书稿付梓前先生专程赶到出版社，提出让学生署名在前。

的治学态度，从上述细节中可见一斑。

思想者的学问：
以"人性"修文学史

一般认为，微观而琐碎的史料考证，可能会牺牲宏观视野下的价值判断。但在章培恒的学生、复旦大学古籍所所长陈广宏看来，章先生的实证研究却恰恰相反："他所着手开展的个案研究，大多被置于对中国文学总体发展过程及内在联系的观照下，也就是说，研究的目标不仅是为了复原个别的历史事实，用他自己的话说，是希望在古代文献研究的基础上说明中国古代文学发展的方向。他的文学史著述，也因而被认为是一种有思想的知识体系，这已成为学术界的定评。"

也正因为如此，虽然章培恒的研究涉猎相关广泛，上起先秦，下迄近现代，但不难发现，这些研究背后渗透着同样坚定的现代关怀与价值判断——那就是他将五四新文学所追求的人性解放精神，以及马克思主义的人本主义贯通起来，作为他审视古代文学演进的标尺。一个典型的例子就是他关于魏晋南北朝文学的评价，他认为从"竹林七贤"到陶潜、谢灵运等的作品中都可看到"尊重个性的要求或愿望"。在他看来，"文学的创作者首先不是为了满足社会的需要——政治、教化的需要，而是为了满足自己，获得心灵上的快感"。正是在这样的理论关照下，章培恒在一系列重要个案研究的基础上，萌生了以人性的发展为主轴，重构中国文学史的愿望。

《中国文学史》的编写、修订是章培恒晚年倾主要精力所从事的工作。1996年，三卷本《中国文学史》问世，因以马克思主义人性观为指导，提出"文学的进步乃是与人性的发展同步的"，被学界誉为"石破天惊"之作。但章培恒却并不满意，因为全书仍以朝代为分期，不利于凸显文学演变自身的规律。经过深思熟虑之后，他决定重写《中国文学史》。这在当时引起轩然大波，各种指责纷至沓来，认为这么快重出是为了捞钱。《中国文学史新著》的撰写过程本身更是一波三折——1999年，章培恒被查出患了癌症，他重修《中国文学史》的很多工作都是在病房里进行的，有时边打点滴边与责任编辑讨论如何修改。如果说《中国文学史》是一部章培恒的"主编之作"，那么《中国文学史新著》算得上是一部他的"著述"，在170万字的内容中，至少有120万字由他撰写（独撰或合撰并定稿）。全书采用了耳目一新的文学分期方法，将先秦至1900年的中国文学分为上古文学、中世文学、近世文学三个阶段，正如有学者指出的："这就彻底改变了将文学史的描述依附于朝代史、政治史的状态，突出了文学本位意识和文学史内在的发展与演变规律。"

章培恒的学生、复旦大学古籍所特聘讲座教授陈建华认为，与同类的中国文学史相比，章先生的著作无疑是最富个性的。"在他眼里，文学史的作用是有马克思所说的'改造世界'的功能。他的文学史写作有现实的针对性，他认为理解文学作品，无论是古代还是现代文学，标准都是能否打动人，不能使自己或是别人感动的作品，都是没有价值的。所以，他写文学史的目的很明确，就是文学如何回归它自身，强调什么是文学的真正价值。并且，他反对把文学中人性的价值看作完全是西方传入的，他认为在中国特别是元明以来的通俗文学里，已经有了对人性解放的追求，尤其是在表现女性和爱情方面，如《西厢记》；而到了现代，因为中西文化的交流，使得原本植根于中国文学中的这一传统，得到进一步强化。这样一部文学史，是能和世界文学真正接轨的。"陈建华这样说。

在章培恒看来，中国文学史中的人性之旅颠簸曲折，但对自由、解放的渴望与实践却始终不息——他想证明的是，现代文学与古代文学的传统从未断裂，现代文学正是古代文学发展的必然结果，即使没有西方的冲击，中国人自己的文学也能够一步步发展。事实上，这种"古今贯通"的文学整体观念是章培恒一直以来所呼吁的。正如陈建华所说，很长时期以来，现代文学与古代文学两门学科总是各自为政，但先生主张文学史家应当破除学科机制的局限而建立一种古今通观——研究古代文学的应当更关注文学作品在历史流传中的人情感受，从而认识到什么是文学长流中真正有生命力的东西；研究现代文学的应当对文学传统具有足够的修养与敏感，不要把现代文学看作是完全接受了外来文化的产物。正是在章培恒的倡导上，古今文学的演变在今天已经不是一个问题，而是习以为常的观念；也是因为他，古籍所现在多了一个新的学科方向：中国文学古今演变。

痴迷武侠小说，
为人也有侠气

提出"古今贯通"的文学整体观，很大程度上也是源于章培恒始终不灭的现代文学情结，在这一点上，他受到了贾植芳先生很大的影响。曾经有人说，在中国古代文学研究领域里，他的"功夫"是"不正宗"的，好比武侠小说的邪派武功。章培恒却回应说，这个"不正宗"实在是他很喜欢的，也正是从贾先生的方法和路径里学到的。事实上，无论是作为文学旨趣还是学术研究对象，现代文学从未淡出过章培恒的视野——他曾经撰文坚定不移地捍卫鲁迅传统；他也总是能以独到的眼光超前研判一些新的文化现象，一个典型的例子就是他对武侠

章培恒

小说的研究。

章培恒对武侠小说的痴迷，在学术界广为人知。日常生活里，他常常寄情于武侠小说，甚至自己也曾萌发出想创作一部武侠小说的想法。对他来说，武侠小说可以是业余的消遣，也可以是严肃的研究对象——20世纪80年代以后，随着"武侠热""金庸热"在中国高涨，他撰写过多篇论文，为武侠小说这一长期以来"不登大雅之堂"的非主流文学创作"正名"，并认为它代表着中国大众文化的发展方向。在所有武侠作家里，章培恒最推崇金庸，他觉得金庸作品生动好看，"还能于消遣之中给人某种有益的启示，因而不失为上乘之作"。在当时，尽管金庸的作品在坊间风靡一时，但在学院派的眼里，却"还是不入流的东西"。这样敢于逆着主流"仗义执言"的章培恒，也很像他所喜欢的武侠小说里那些反叛传统、特立独行的侠客。

在很多人看来，章培恒的身上也有一种"古道热肠的侠义情怀"，无论对师长、对同辈、对学生，他都很重"江湖义气"。据复旦大学中文系教授应必诚回忆，章培恒轻财重义，特别有奉献精神。20世纪80年代初，他曾去日本访

学一年，回国后他把在日任教授课的工资，除去在日生活开支和上交学校的以外，所有剩余的一部分买了图书，送给系里的图书资料室；一部分买了冰箱等大件，送给蒋天枢先生和系里其他老师和同事。老师们退休工资低，他尽自己所能千方百计帮助他们，或为他们安排一个适合年龄的工作，或暗中接济他们，让他们能安度晚年。学生经济上有困难，他考虑如果直接给钱，对方不好接受，就佯称出版社有稿子要抄，以稿酬的名义支持他……类似的故事不胜枚举。

"被先生追问得满身大汗"，学生都记得他的严和爱

对于自己的学生，章培恒是既严格又爱护。他的"严"是出了名的："每次我们上课或者和先生讨论问题，不能随便说'我觉得'，一切观点都必须有根有据。你以为一个问题已经弄明白了，可经不起他的追问，常常会被追问得满头大汗，一堂课下来，连背上的衣服都湿透了。"章培恒的学生、复旦大学古籍所郑利华教授曾这样说。但同时，他对学生无私的提携和爱护，更是让学生们记忆犹新。"'让学生打工，老师拿经费'，这在章先生那里是不可能的。相反，他是通过项目来培养学生。编撰《全明诗》时，所有的标点句读他全部自己先整理一遍，然后再分配给我们。这样做很慢，反而增加了他的工作量，但他一贯如此。"陈正宏还记得，当年他与章先生一同编写《中国学术名著提要·文学卷》，当时他在学界初出茅庐，为了更好地扶植年轻人，书稿付梓前夕，先生专程赶到出版社，提出让学生署名在前。

在对学生的教导中，章培恒一直强调研究中国文学史，实证研究和理论关照都不可偏废。"一方面，沿袭蒋先生的传统，他在我们入门时的第一课，就让我们读线装本《史记》原著，为《史记》断句，标注标点。另一方面，在贾植芳先生的影响下，他非常重视理论。章先生是老党员，特别推崇马克思主义。我们

进来读古籍整理专业时，有'专业基础理论'这门课，现在我也在上，我上的是古文献概论。但章先生当年不是，他教我们读马克思的原著。和今天的政治课也不同，他读马克思是像传统的读经一样，一句一句地读，然后带着我们讨论。"陈正宏就这样说。

在教学实践上，章培恒还有诸多创举：为了鼓励学文学的学生贯通"古今中外"，扩大研究视野，他曾与外文系夏仲翼教授同台授课，把中外文学互作参照系，如"古希腊罗马有长篇叙事诗，中国古代文学为何没有？"就是他们一起讲课的题目。为了教导学生独立思考，上课时，章培恒并不按着教材讲，而是在讲述具体作家作品时，抛出一个又一个学界存疑的问题，并告诉学生不要尽信教材。他的绍兴口音并不好懂，但还是能把枯燥的学问讲得生动有趣，他的课总是座无虚席，连走廊里也挤满了人。

但最令学生们触动的，还是章培恒对学问的执着，和他近乎完美主义的求真精神——纵观章培恒的一生，他的学术道路是极不平坦的，早年受牵累于政治，晚年又疾病缠身，而他最重要的学术成果，正是他拖着病体，以惊人的毅力完成的——哪怕《中国文学史》已经让他"功成名就"，但他还是本着求真的精神，敢于否定自己、不断挑战自己，为后人留下一部尽可能完美的作品；类似的例子还有编辑《不京不海集》，从章培恒拿到这本论文集的校样到正式出版，经历了长达10多年，这漫长的时光，是他根据新材料和新思考，对之前论文精益求精的不断打磨。直到生命的最后，章培恒还是依然为学术而忙碌着，带着治疗装置，揣着医院证明，奔赴全国各地参加会议和活动，他选择抓住有限的生命，尽可能多地为后人留下些他耕耘过的足迹……

谈及老师的治学精神，学生们都不约而同地想到了一句话："追求真理，锲而不舍；纵罹困厄，毋变初衷。"这是章培恒曾写给1979级毕业生的题词，也恰是他一生的自我写照。

大

城

将中国经济思想史推向世界

胡寄窗

胡寄窗
（1903 — 1993）
经济学家

大师简介

　　四川天全人。1926年毕业于北京大学法学院。1938年获英国伦敦大学经济学硕士学位。回国后任陕西省立商业专科学校校长，四川大学、辅仁大学等校教授。中华人民共和国成立后，历任之江大学国际贸易系主任、浙江财经学院院长、上海财经学院(今上海财经大学)、江西大学教授。并任中国经济思想史学会第一、二届会长，民革中央监察委员会第六、七届常委等。著有《中国经济思想史》《中国近代经济思想史大纲》《政治经济学前史》《胡寄窗文集》等。

　　在当代中国经济学界，有一位学者，他在经济学多重领域始终保持着十分旺盛的学术生命力。学海泛舟70载，无论是在中国经济思想史、外国经济学说史，还是在现代西方经济学、社会主义经济理论等研究领域，他都造诣深厚。他树立了中国经济思想史研究领域的新地标，探索创立了中国经济思想通史研究的学科体系，提出了一系列关于中国古代和近代经济思想发展演变的理论观点。他打破经济学说史中"言必称希腊"的西方中心说观念传统，向海外传播中国经济思想的光辉成就。

　　他，就是胡寄窗——中国经济思想史学科的开拓者和奠基人。

　　纵观胡寄窗的学术生涯，他始终坚持经济学研究"国际化"与"本土化"的

62

有机结合,在"本土"和"国际"的相互融合中,梳理出中国经济思想的演变线索。他不仅是中国经济思想史学科的开拓者,更是将这门"本土"学科推向世界的引领者。

"胡寄窗分界"的基点是研究方法的转型

1903年,胡寄窗出生于四川一个县城小镇。17岁时,胡寄窗考取燕京大学。赴京路上,第一次出川的少年乘船驶出三峡时,乍一见广阔的平原,由衷感叹天地之宽广,眼界豁然开朗,心胸为之一振,由此萌发了要干一番事业的雄心壮志。

1936年,胡寄窗远赴英国伦敦大学经济学院求学。在那里,他接受了系统的西方经济学教育,掌握了理论经济学的研究范式。回国后,他历任四川大学、华西大学、东北大学教授,兼任北京大学、北京师范大学教授,讲授西方经济理论和经济学说史。彼时,国内外陆续发表的有关中国经济思想史的专著和论文开始进入他的视野。

为了改变中国经济学研究的落后状况,1941年胡寄窗创办《经济学报》,旨在把前沿经济学理论带给国人。他约请当时国内著名的经济学家撰稿,还以本名及笔名钟睿发表了不少经济学论文。

新中国成立前,在他尚保存底稿的近30篇文章中,近三分之一是对"无差异曲线""费雪的货币数量说""凯恩斯理论"等现代经济学概念和理论的介绍。

作为致用之学,中国经济学植根于中国经济现实的土壤之中。脱离了经济现实的经济研究便少了生命力。1942年在讨论关于经济建设的制度问题时,胡寄窗主张跳出经济制度的争论。因为客观的经济事实只有一个,经济体制随着经济实践的发展会发生改变,套用某个不甚完备的理论体系难免出现削足适履的尴尬。他认为,经济理论研究的主要任务之一就是在最大程度上把握经济事实的全貌,不可在经济事实之外另造一个事实出来。如此,在两种范畴的经济制度之间并无截然的差异可言。是时,

胡寄窗雕像
地址:杨浦区武川路111号

大师纪念地:胡寄窗雕像(上海财经大学经济学院楼内)

胡寄窗预言，在不久的将来会出现一种新的、更能解释经济事实的经济理论。

《经济学报》停刊后，1946年胡寄窗再办《经济论评》，为中国经济理论和经济思想的研究、交流提供了重要的学术平台。以一人之力办刊，终因经济拮据而不得不作罢。此后，胡寄窗同时兼职于数所高校，终日奔波授课以养家糊口。这样的情况下，他还出版了一本有关战时物价管理政策的著作，撰写了一部西方经济学说史。

后来，胡寄窗曾评价其亲手创办的经济学专业期刊：虽然刊物所专注的经济学领域，不符合当时注重应用研究的潮流，但是理论为事实之母，注重理论研讨作为一本学术杂志的风格是没有问题的。

胡寄窗一生致力于中国经济思想史的研究工作，笔耕不辍。他所著的三卷本《中国经济思想史》是第一部以马克思主义为指导探讨中国经济思想演变的思想通史，对自先秦到鸦片战争的经济思想进行了开拓性研究，创立了中国经济思想史的理论新体系。

以《中国近代经济思想——1850到1919》为基础扩充并延展的《中国近代经济思想史大纲》，开辟了从1919年五四时期到1949年新中国建立这30年间经济思想发展历史的系统研究，并对五四运动前后的中国经济思想做了分界。他的学生赵晓雷教授认为，"胡寄窗分界"界定了中国经济思想从传统的、前科学的范式向现代的、科学的范式转型，其基点是研究方法的转型，即采用科学的分类体系和分析方法。基于研究方法的转型，这一范式变革还体现在两个重要方面：一是国际通行的话语系统；二是经济学家这一"专业共同体"的产生。胡寄窗曾指出，经济学科学相对于其他社会科学而论，应是内涵极广博和范畴最繁复的一门科学，倘仍坚持传统的"理财正辞""生众食寡"的老调，怎能与现实世界的经济生活相适应？既然要从事国际经济实践和理论上的交流，那就必须在许多具体模式和理

小故事 "早岁勤劳等费纸，耄年奋志怎攀峰"

1992年底，89岁的胡寄窗在术后休养之中作诗一首："毕生曾务事多宗，经济文章才并容。早岁勤劳等费纸，耄年奋志怎攀峰。幸留学术入青史，独欠功名刻景钟。天道从来无定数，闻达湮末偶然逢。"

可以说，这正是他对自己一生学术活动的冷静观照。

论范畴上有相互能对上口径的共同准则，否则彼此各说一套，互不相通，学术交流从何谈起。而从事经济科学研究、践行国际通行话语系统的则是一批专业的经济学家。因为在五四运动以前的两千多年中，虽然有不少思想家提出过一些极有价值的经济观点，但他们都不是以经济研究为专业，故还没有一个人能称为名副其实的古代经济思想家。

《现代西方基本经济理论》和《1870年以来的西方经济学说》，适应了20世纪80年代改革开放对于引进和借鉴西方经济学的时代要求，更让人们看到了一位经济学家求实、求真的学术公心。

打破经济学说史中"言必称希腊"的观念传统

为了回应"欧洲中心论"对中国经济思想的忽视与贬低，真正将中国经济思想的历史遗产面向世界传播海外，1981年，胡寄窗的《中国古代经济思想的光辉成就》一书出版，三年后此书的英文版问世。通过近60个经济概念的中西对比分析，他告诉世界：我们的祖先不仅在文学、哲学和科学领域取得了令人骄傲的成就，同样构建了卓越的经济思想。17世纪以前，中国的经济思想并不逊色，甚至领先于西方。不仅如此，他还认为未来的世界经济学更不必以西方为中心，"虽然我们在过去二三百年中是落后了，却谁也阻挡不住我们在未来世界中重新在经济思想方面做出贡献"。《中国经济思想史简编》，开创了直接向国外弘扬中国古代经济思想成就的范例；大量理论探索、学术争鸣、应用

"人家都说我长寿,但我要的长寿不只是活着,而是要能思考、能写作。"胡寄窗这样说,更是这样做的。学生都说他做学问很"任性",常常同时进行好几项研究,哪个材料凑手就搞哪个。为此,他的时间表总是排得满满当当。人们往往羡慕有所建树的人"天赋异禀",却不想"勤于思""敏于行"才是走向成功的关键。

一次胡寄窗突患血小板减少症,口中出大血泡,双眼布满血丝,却仍坚持给研究生上课。病情加重后,家属接到医院的"病危通知书"。住院期间,他却像顽童一般,一再央求医生:"我一天不看书不动笔实在难过。"医生拗不过他,便答应了他。于是,住院两个月,胡寄窗只是换个地儿做学问罢了。

实际、建言献策的著述和咨询意见,代表了老一辈学者的治学风范和拳拳爱国之心。《政治经济学前史》在世界范围内第一次将中国等东方国家的经济思想成就列入世界古代经济思想史,客观地评价它们在人类经济思想发展史上的贡献。

胡寄窗认为,中国古代经济思想对西方近代经济学的创始者之一的法国重农学派发挥了一定的影响。他说:"任何一个学者只要不抱成见,均可能发现重农学派的所有重要经济概念,都可以从中国旧经济思想中极容易地找到它们的近似样本;相反的,在它们的欧洲先行思想材料中倒不易碰到这种情况。这一情况之出现,似难仅以'巧合'来解释。"然后,他又说:"弄清这个问题的任务,不能由我来完成,只好留待有志之士。"

在学术上,"未竟事业"某种意义上道出了学人的无奈,然而,更多时候它体现为治学道路上的传承,这或许恰恰是为师者的成功。时隔不久,他的学生谈敏教授便著成《法国重农学派学说的中国渊源》一书。胡寄窗欣然为之作序,他说:"谈敏博士的这一研究成果可以说是拨开了二百多年来笼罩在经济学说史上的一层迷雾,使人们终于理解到古代中国和古希腊罗马的先行思想均曾在世界经济学说发展的航程中起过各自的启示作用。"

20世纪80年代后期,随着改革开放的不断深入,胡寄窗敏锐地注意到,中国的经济改革可以批判地借鉴国外经济学的有益部分,于是他的研究重点开始从中国经济思想史转向西方经济学说,为了能够对西方经济学说有更为准确和深入的认识,他竟以80岁的高龄开始自学高等数学和德语,并为此专门置办了一个录音机。胡寄窗自言:"我一生治学,无论在理论上或方法上,从来不迷信任何框框,思想深处经常有个攀高峰的强烈意愿。"

80岁起,胡寄窗平均每年出版一部著作。他著书,从来都是自己动手,独立研究而成,少假手于人。

"望之俨然,即之也温"的师者

1952年9月,胡寄窗调入上海财政经济学院计划经济系任教授。1958年,调入上海社会科学院经济研究所任教授。1978年7月,他重新回到了上海财经学院的讲台。胡寄窗把自己的学术热情挥洒到教学的热土上,为经济思想史学科的发展和人才的培育作出了巨大贡献。

作为系统开设中国经济思想史课程的第一人,1979年秋,胡寄窗在上海财经学院开办了面向全国各大专院校骨干教师的"中国经济思想史教师进修班",以求尽快为全国高等学校培养和输送这门学科的研究和教学骨干。在这一年的进修任务中,他自编教材(即后来出版的《中国经济思想史简编》),并亲自授课。沈荟便是当年进修班的学生,在他的记忆中:"胡先生为了把失去的时间夺回来,将三年的教学内容浓缩到一年内完成。尽管年事已高,他还是坚持每周三个半天的教学,从未缺过一次课。"这一年,胡寄窗77岁。正是这位将近耄耋之年的长者,在神州大地上播下了中国经济思想史学科的种子。此后，每每得知学生开课成功，他总是笑逐颜开，得意地说："我早就说过不会有问题的。"

1980 年，由其积极倡导的中国经济思想史学会在上海成立，胡寄窗被推举为会长。

"我始终坚持一个信念：从事经济学说史的研究工作者，必须兼通中外经济理论。如只擅长西方经济学说而置祖国光辉的经济思想于不顾，那是'言必称希腊'，不配做一个中国的经济学说史学者。相反的，如只会讲授中国经济思想史……也就不能算是一个完美的中国经济思想史专家。"（胡寄窗：《当代西方基本经济理论》）

他这样说，更如此践行。胡寄窗率先在硕士研究生培养的过程中，尝试中外经济思想史两个专业教学内容相互渗透和融通。1986 年，他申请并获国务院学位办批准，创立了中外结合的"经济学说史"专业博士点，在我国学科建设、博士点设置及学位研究生培养方面均属首创，开中外经济思想史学科为一体之先河，创新教学模式，以培养既通晓中国经济思想史，又熟知西方经济学说，且具备扎实的现代经济学理论基础的经济学人，且有利于将中国经济思想融汇到世界经济学说的发展中去。这一年，胡寄窗 83 岁。当年考入该博士点接受训练的赵晓雷教授认为，这一培养模式一方面有助于在与西方经济学说的比较研究中进一步发掘、整理和总结中国经济思想；另一方面则有助于将对外国经济理论的研究与中国国情相联系，为青年学者在中外结合的学术基础上发展中国社会主义经济学开辟了一条科学路径。

讲到胡寄窗的教书育人，总有一个人绕不过去，他就是上海财经大学前校长谈敏教授，胡寄窗众学生口中的那位"大师兄"。用浙江大学出版社总编袁亚春的话来说，"他是先生招收的第一位博士生，无疑是得先生真传最多、最正宗且发展最有成就的，由他来诠释、介绍先生的学术思想可谓天经地义"。

谈敏曾用"望之俨然，即之也温"来形容老师："对于我而言，胡老是终生难忘的恩师：从 1980 年拜师起，整整 13 个年头，跟随左右，先做学生，再当助手，独立工作后仍时刻聆听教诲，受益深远；做学生时，从硕士到博士，通常是一对一的亲授指导，每次一小时或数小时，起初诚惶诚恐，等待耳提面命，后来随机提问，每问必有精彩睿智的回答，如同置身于取之不竭的思想宝库中；当助手时，得获手把手的亲炙，在辅助教学的过程中体悟育人的真髓，在合作著书的过程中感受做学问的乐趣，在处理事务的过程中明白坐言起行的道理；走上教育管理岗位后，心中的表率，始终鞭策着自己从不敢懈怠；现在，肩上卸去了管理的责任，但经年久熏陶而痴迷于学问的情愫，却深入骨髓，执拗难变，已经化为一种秉性；……这一幕幕情景，犹在昨日，胡老是激励我做人做事永远的榜样。"

胡寄窗要求学生"成为一个坐下来能写、站起来能说、走出去能行动的干才"。1989 年，胡寄窗被评为全国优秀教师，并获国务院授予的首批有突出贡献专家荣誉。66 载光阴教书育人，胡寄窗身后桃李芬芳，中国经济思想史学科后继有人。

不唯书，不唯上，只唯实

"先生治学，不唯书，不唯上，只唯实"，袁亚春最钦佩老师独立的学问之道："他敢于挑战权威，对任何理论教条都要先问一遍为什么，发现有问题的，就毅然表达不同的学术观点。他曾经亲口对我讲，做学问首先敢于提出疑问，敢于标新立异，敢于引起学术探讨甚至争论，然后才能催生新的观点，才能形成自己的学术主张。不然就只有复制而没有创新和发展。"

经济学是他一生的事业，却不妨碍文学成为胡寄窗一辈子的爱好。读大学时，他常常有感而发，多发表在刊物上。初到英国时，他还曾用英文写过一个剧

胡寄窗（右）和弟子谈敏

本寄给莎士比亚研究会。而后胡寄窗收到回信，建议修改后予以发表。

胡寄窗常常提醒学生，搞研究要经常练笔，否则有好的思想也难于表达出来或表达得不够准确，连他自己搁笔一段时间之后也会感到生疏。据谈敏回忆，先生家曾住在北京西路临街的一间老房子里，有限的空间兼做卧室、书房、会客之用，窗外就是公交车站，人来车往，难免"热闹"。每次前去拜访，都见老师全神贯注地伏案工作，仿佛屏蔽了周遭的种种。先生说这是因为他耳背、听不见，学生却习得了恩师治学的那份专注和投入。

事实上，1973年胡寄窗曾作一阕《鹧鸪天》，道出了其中的玄机：

鹧鸪天·北京西路小寓午夜即兴
赁居小楼闹市间，窗前车马总喧嚣。
玉漏已残声不断，如昼街灯照夜阑。

行道树，枝叶繁，映窗灯影随风翻。
心旌幸是如山丁，无碍沉思不扰眠。

何等淡然与泰然！

生命最后阶段，胡寄窗还对学生长达20多万字的博士论文进行了仔细的审阅，并写下了详尽的评语，又专门写信给另一位博士生，对她的开题报告提出诸多指导性意见。此时，胡寄窗思路之清晰，字迹之遒劲，一如既往。

胡寄窗一生殚精竭虑所创造的理论成果和他的科学思想、治学精神、学者风范，对我国的经济理论发展和教育事业产生了长久的影响。

"春蚕到死丝方尽，蜡炬成灰泪始干"，绝非只是朗朗上口的诗句，因为人间确有胡寄窗这般的大师曾经驻足。

奠定中国现代语言学科学基础

张世禄

张世禄
（1902—1991）
语言学家

大师简介

字福崇，浙江浦江人。1926年毕业于国立东南大学。曾任上海商务印书馆编辑，暨南大学、无锡国专、光华大学、云南大学、坪石中山大学、桂林师范学院、贵阳大学、重庆大学、中央大学、南京大学、金陵女子文理学院、复旦大学等校教授。毕生致力于中国传统语言学和现代语言文字研究，对音韵训诂之学造诣尤深。早年翻译高本汉著《中国语与中国文》《汉语词类》等多种。著有《中国音韵学史》《中国训诂学概要》《中国文字学概要》《中国声韵学概要》《广韵研究》《语言学原理》，以及《张世禄语言学论文集》等。

谈起我国现代语言学的先驱，在学界有"南北双璧"一说，"北"是北京大学中文系教授王力，而"南"便是复旦大学中文系教授张世禄。张世禄是一位全能型的语言学家，在语言学园地里勤奋耕耘一生，他著作等身，共计了发表近20部著作、110多篇论文，他的"足迹"几乎遍布语言学的各个领域，在古代汉语、现代汉语、普通语言学等领域均有建树。2020年，备受学界关注的400多万字皇皇巨著《张世禄全集》出版，全面展现了他毕生的学术成就。在新旧学科范式更迭的20世纪，张世禄留下的学术富矿中贯穿着不变的思考，那就是引进西学、面向汉语实际，为走出具有中国特色的语言学道路奠基。正如他的学生、《张世禄全集》主编申小龙所说："先生毕生致力于对中国传统语言研究的继承、改造、发展和创新，引进、消化、吸收现代语言学的理论和方法，与同时代的中国现代语言学前驱们一起，促成了传统语言研究全方位的质的更新，奠定了中国现代语言学的科学基础。"

引进西学，
用科学的方法革新音韵学传统

1902年，张世禄出生于浙江省浦江县东乡的一户书香门第，他的祖上三代都以教书为业。语言文字学旧称"小学"，是研究"经学"的基础和入门工具。和大多数老一辈的语言学家一样，幼承庭训的张世禄从小就熟读四书五经，对古文产生了浓厚兴趣，直到五四运动后才开始接触白话文和外语，这为他后来研究古代汉语打下了深厚的根基。"五四"以后，在新旧文化激烈碰撞的背景下，引进西方语言学理论对中国传统语言学进行革新发展，成为20世纪初一代学人的使命，也是张世禄年轻时便立下的志向。

1921年，张世禄考入南京国立东南大学中文系，师承胡小石、陈中凡、顾实、柳诒徵、竺可桢、梅光迪、吴宓等著

名学者，也曾听过章太炎、梁启超等学者的讲学。在这些国学大师的熏陶下，张世禄潜心研究"小学"，他通读了清代文字学家的著作，如段玉裁的《说文解字注》、朱骏声的《说文通训定声》等。但他不愿追随前辈们的老路子，而试图用科学的方法来革新传统研究。"小学"分为形体、音韵、训诂三个门类，其中张世禄觉得"音韵"最难学，他在广泛涉猎高元白、赵元任等前辈学者的著作、同时参考各国的语言学书籍后发现，传统音韵学上的种种"乱象"究其根源在于方块汉字拼音的使用，使得语音的变迁和分歧无法在音读上反映出来。中国音韵学的进步，必须采用一种适当的音标字母来作注音的工具，用现代科学的语音学方法来改造。在众多学说之

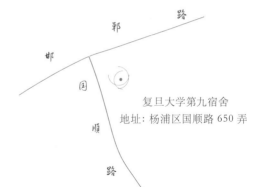

复旦大学第九宿舍
地址：杨浦区国顺路650弄

大师纪念地：复旦大学第九宿舍

🚇 地铁18号线复旦大学站

中，他特别欣赏瑞典语言学家、汉学家高本汉运用西洋比较语言学的方法来研究汉语语系，因而不遗余力地翻译介绍他的学说。赵元任曾在一次见到张世禄时将高本汉的《汉语词类》与章太炎的《文始》相提并论，张世禄深不以为然。他认为章太炎、黄侃等前辈学者虽然在古音研究上集前人之大成，似乎达到了顶峰，但是其方法仍是古典式的、不成系统，一旦运用现代科学理论就能看出他们的局限。自此，张世禄另辟蹊径，走上了用西方语音学原理研究音韵学的科学道路。

20世纪30年代初，张世禄陆续出版了《中国声韵学概要》《中国古音学》《音韵学》《广韵研究》等著作，并于1938年出版了我国第一本用现代语言学的眼光来梳理传统音韵学研究历史的专著——《中国音韵学史》，产生了深远的影响。

音韵学研究之外，秉持着"中国语言学若要成为一门独立的科学，必须吸收和借鉴西方语言学理论"的理念，早年的张世禄也积极介绍西方语言学理论，出版《语言学原理》《语言学概论》《语音学纲要》等著作。正如王力曾说："最近五十年来，中国语言学各部门如果有了一点一滴的成就，那都是普通语言学的恩赐。"张世禄在20世纪30年代出版的这些著作，为普通语言学知识在中国的普及发挥了至关重要的作用。

20世纪20年代起，张世禄先后在福建厦门集美学校、暨南大学、复旦大学、中国公学、无锡国专、光华大学等校任职。在当时，因为张世禄在学界极高的声望，国民党政府一直试图拉拢他。20世纪40年代，为逃离汪伪政府构陷，他携新婚妻子张瑞云离开上海到西南各省，在颠沛流离的战乱生活中仍潜心问学、笔耕不辍。据张瑞云的回忆，"当时正值抗日战争时期，大儿子刚满周岁，女儿又出生了，一家人生活十分艰

小故事 "分明别有青云路，犹把儒冠自误身"

新中国成立前夕，国民党教育当局已替张世禄准备好飞机票，劝他到台湾去。但他却坚定地选择留下来，献身于社会主义新中国的教育事业。1947年，张世禄曾作一首《自嘲》诗："书剑飘零作客频，莲花落里探真情。分明别有青云路，犹把儒冠自误身。"那年他45岁，正走到人生旅途的一半，许多人说，此诗是他前半生的总结，也是他后半生的预言。

辛。吃的是夹有沙子石子杂粮的糙米饭，睡的是高低不平的硬板床，用的是一块破板两只长凳搁起来的'写字台'。白天张世禄备课编讲义，或上图书馆钻研业务，晚上就在小碟子加上三根灯草的油灯下翻译房德里耶斯的《语言论》。操持家务的她稍有空闲就用布兜背着老大，抱着老二出门游荡，只有这样才能让仅10平方米的租房安静下来，让张世禄静心工作"。（申小龙：《张世禄全集》前言）新中国成立前夕，国民党教育当局已替他准备好飞机票，劝他到台湾去。但他却坚定地选择留下来，献身于社会主义新中国的教育事业。

1947年，张世禄曾作一首《自嘲》诗："书剑飘零作客频，莲花落里探真情。分明别有青云路，犹把儒冠自误身。"那年他45岁，正走到人生旅途的一半，许多人说，此诗是他前半生的总结，也是他后半生的预言。

回应时代需要，
为普及语言学知识"雪中送炭"

1949年后，张世禄先任南京大学、金陵女子文理学院教授，1952年院系调整时来到复旦大学任中文系教授。他在复旦大学和华东师范大学开设了语言学概论、现代汉语、古代汉语、汉语诗律学等课程，悉心地培育学生。20世纪50年代以后，随着斯大林有关语言学理论著作的输入和推广，张世禄意识到"用马列主义观点、方法来研究汉语语言学实在是非常必要的"，因而努力用辩证唯物主义作为指导思想来研究汉

张世禄是我国现代音韵学的开拓者。20世纪30年代初,他陆续出版了多部音韵学著作,并于1938年出版了我国第一本用现代语言学的眼光来梳理传统音韵学研究历史的专著《中国音韵学史》。这些著作产生了深远的影响,20世纪80年代,以音韵学研究而闻名的王力在复旦大学讲学时看到张世禄在台下,也曾谦逊地说:"张世禄先生是我的导师,我是读张先生的书开始研究音韵学的。"

在复旦大学中文系,张世禄是公认的"课上得最扎实、最会带研究生"的导师。语言学是艰涩枯燥的,但张世禄却总能把它讲得明快生动。据学生们回忆,在他的课堂上总能听到阵阵笑声,哪怕是音韵学这样令年轻人望而生畏的"绝学",他也能讲得深入浅出、通俗易懂。他的板书非常有条理,"端正凝重,一笔一画,毫不苟且",两堂课下来,满满的黑板就是一个清楚的提纲。

语发展的内在规律。

当时,国内学界研究语法者多,研究词汇者少,而词汇恰恰是我国现代语言学的薄弱环节。于是,张世禄将目光转向这块荒芜的角落,发表《小学词汇教学基本知识讲话》《普通话词汇》《小学语法修辞》《现代汉语》(与胡裕树等合编)等著作,以及《词义和词性的关系》《汉语历史上的词汇变化》等一系列论文。其中,《现代汉语》中的词汇部分是他数十年词汇研究的结晶,其中提出了许多创新性论点,最引人注目的是他的同义互训词理论、基本词理论和类义词理论。在申小龙看来,先生词汇研究的一大特色,是将词汇学研究和传统训诂学的研究结合起来,"不仅为汉语词汇学的研究开辟了崭新的领域,也为汉语词汇研究突破西方词汇学的传统模式提供了成功的范例"。

值得一提的是,在张世禄的词汇学著作中,有很大部分是为了中小学语文教师和普通读者所作,如《谈文学语言的教学问题》《怎样正确地认识同音词问题》《怎样阅读古典作品》等论文,这些文章一改往常语言学著作的艰深晦涩,文字简明、深入浅出,并且直击语文教学实践中存在的难点问题,为语文教育的改进作出了重要贡献。也是在20世纪50年代,为回应文字改革的时代需要,张世禄连续发表《汉字改革的理论和实践》《汉字的改革和简化》等多篇论文,就汉字拼音化的意义和作用解群众之所惑。事实上,像这样面向大众的语言学普及是张世禄一生非常重视的工作。在他的著作中,普及性著作占一半

以上,新中国成立以后所作的论文中,这样的文章占80%。正如学生胡竹安所说:"先生是学术界的权威,但他并没有某些学者那种不屑眼睛向下的高傲。相反,他看到国内语言学知识普遍贫乏的现状,认识到提高先得要有一个普及的基础,学问只有面向群众才有真正的意义,因而把许多的时间和精力尽先用在'雪中送炭'上。"(胡竹安:《世禄先生在普及语言学知识方面的贡献》)

20世纪50年代,与王力在北京大学的汉语史课程几乎同时,张世禄在复旦也开讲"汉语史"课,当时全国开设这门课的就是这两家。1956年,王力出版了我国研究汉语历史发展的第一本专著《汉语史稿》,而后多次再版;但张世禄的汉语史教材却因为历史原因而长期湮没无闻。在50多年后的今天,随着《张世禄全集》整理工作的开展,尘封多年的《汉语史讲义》终于重见天日。复旦大学中文系教授陈光磊认为,这部著作从上古甲骨文字到现代五四时期汉语言,全面检点研究了4000余年汉语史,堪称是继王力《汉语史稿》后又一部汉语史研究的鸿篇巨著,是中国语言史研究的可喜收获。

打破"洋框框",致力语法学的本土化创新

张世禄是语言学界引进西学的先驱,但在他的治学道路上,面向汉语实际、注重汉语的民族特色是他一贯的主张。在复旦大学中文系,他与同为中国第一代语言学家的陈望道、郭绍虞共同

提出要走中国特色的语言学道路，为语言学的复旦学派奠定了宝贵的传统。拨乱反正后，步入耄耋之年的张世禄不顾年老体迈，着手进行"自我抢救"的工作，"为祖国的语言科学再作努力，以尽绵薄之力"，其中一项重要成果便是大学汉语教材《古代汉语》。他将研究方向转向语法学，通过一系列专论和演讲的形式提出了让人耳目一新的语法理论体系，为长期在洋教条束缚下裹足不前的汉语语法学研究注入了生机。

张世禄

1980 年，张世禄发表《关于汉语的语法体系问题》一文，他直言不讳地对近一个世纪以来抄袭西洋语法学理论而建立的汉语语法学提出了批评，"有时发现一些汉语语法的特点，觉得为西洋语法学上不能概括的，就陆续加以增添补缀"，其结果是语法体系越来越烦琐和难懂难记，不利于普及文化和工农大众学习。因此，要精简当前的一些"学校语法体系"，首先"要打破许多洋框框的束缚"，张世禄将其归结为在词类、结构形式和句子类型三个主要方面的"三根绳索"。他还多方面地论及前人没有提出过的汉语语法特殊理论问题，比如，他从根本上否定了被汉语语法分析视为"金科玉律"的以形式为纲的西方语言分析原则，提出"汉语句子的成立要素不是属于语法结构形式"这一新颖的命题，这些论点对当时的学界来说是振聋发聩的。"在当代中国语言学者中，如此鲜明地向积重难返的传统语法观念挑战，张世禄先生是第一人。"申小龙至今仍对读书时先生的一场关于语法的学术报告记忆犹新，"当时先生年事已高，由青年教师搀扶着走上讲台，在如此高龄还能提出一个全新的学术体系，这在他的同辈学者中是绝无仅有的，这样的学术勇气我们都非常钦佩"。

1985 年，张世禄出版了凝结其毕生研究成果之精华的《张世禄语言学论文集》。他在"前言"中写道："语音在语言学中物质性最强，与自然科学联系较紧密，各民族的语音规律往往有相同之处，所以学习汉语语音时，宜多多采用西方先进的技术和方法。至于语法，民族标志的作用特别显著，所以研究汉语的语法时不应当生搬硬套西洋的语法学。至于词汇，它的性质和基础，我认为是介于语法和语音之间的，所以有一部分可以参考西洋词汇学，另一部分必须强调汉语的独特性，不应当一味模仿西洋语言学。"这是他毕生语言学研究经验的总结，也为我国现代语言学的发展树立了标尺。

给研究生上的第一课，
是从"逐出师门"的教诲中开始

值得一提的是，在张世禄一生发表的著作中，有许多都是为学术争鸣而作，如发表于 20 世纪 40 年代"文法革新"讨论的《向哪儿去开辟中国文法学的园地——敬答光焘先生》，针对周祖谟先生《汉语词汇讲话》而作的《词义和词性的关系》（1956），以及《古汉语里的偏正化主谓结构》（1959）、《汉语词源学的评价及其他——与岑麒祥先生商榷》（1963）等。实事求是、敢于争鸣是他的治学原则，在学术问题上，政治上极为谨慎的他却出奇地"倔强"——20世纪60年代初，语言学界出现了"语法"与"文法"术语之争，陈望道校长出于本土化的考量力主"文法"，但张世禄根据术语使用的社会性原则，坚持"语法"。

这样的治学态度也一以贯之在张世禄对学生的教导和要求中。学生李行杰记得，1962年他和朱庆坪考取了张世禄的研究生，在先生的寓所客厅上课。第一次上课，张世禄指着墙上其胞兄、在美术界与徐悲鸿齐名的著名画家张书旂的花鸟画对学生说："为这幅画，一名很有才华的学生曾被家兄逐出师门。"原来，这位学生有次近半年没交作业，最后交的却是这幅花鸟画的临摹品，临摹得惟妙惟肖，几可乱真。学生期待老师的称赞，不料张书旂勃然变色，斥责道："我没有你这样的学生！没出息。你跟在我后面亦步亦趋有什么意思？至多成为又一个张书旂，可是张书旂又算什么呢？"就这样，这位学生被断然逐出了师门。"我们做研究生的第一课，就从这'逐出师门'的教诲中开始。"李行杰说，"在以后的几年中，先生反复告诫我：要独立思考，走自己的路，不要轻信别人的结论，即使是老师讲的，也不能全认作真理，要多问几个'为什么'。"令李行杰颇为感动的是，一年后朱庆坪因眼疾休学，只剩他一人听课，但先生还是专门写了《等韵学讲话》的讲稿，雷打不动地每周二晚上为他上近四个钟头的课。（李行杰：《新松恨不高千尺——张世禄先生治学回忆》）

在复旦大学中文系，张世禄是公认的"课上得最扎实、最会带研究生"的导师。语言学是艰涩枯燥的，但张世禄却总能把它讲得明快生动。讲课讲得好，得益于张世禄在长达60多年的教学实践中所摸索出来的"方法论"。早在20世纪40年代，他就在重庆中央大学中文系的学生中成立了语言文字组，开我国教育史上语言学专门化教育之先河。作为教学和科研紧密结合的典范，对语文教学方法的研究也是张世禄学术成果中重要的组成部分。他在语文教学上提出了许多创新性的观点，切中教学问题的时弊。比如，古文读本常见的作品编排方法是先秦开首，明清收尾，由源至流，能了然书面语的发展趋势，但张世禄认为这样和教学与教材编排难度由浅入深的原则不符，在古文教学上"逆流溯源"更为有利，先读《聊斋》、明清小品，次读唐宋八大家散文，再读《史记》《汉书》《左传》《孟子》《论语》及其他先秦诸子，最后读《周易》《尚书》，这样循序渐进，适应性更强。（申小龙：《张世禄全集》前言）

为学界不断贡献思想之光的同时，张世禄一直承担着超负荷的教学任务。1981年，张世禄被国务院学位委员会批准为高校文科第一批博士生导师。他身上的担子更重了，随之而来的是更为忙碌的教学工作，是一再被压缩的科研时间，正如他在给学生的信中提及："弟台劝我将一切杂务摆脱，事实上杂务正像狂风暴雨般的向我袭来……修改'音韵学史'和编写'诗律学'的计划，不知何时能够实现！'日月逝于上，体貌衰于下'！只有自己叹惋。"但他仍然坚持亲自培养学生，在晚年视力很差、读写异常吃力的情况下，他依然对学生有求必应，评审论文几乎把纸贴在面孔上。改革开放后，他以耄耋之年带了三届硕士研究生和两届博士研究生，直至他去世。"张先生晚年就像一头老牛。它任劳任怨，吃的是草，挤出的是奶，终日牵挽着超重的车辆，行走在一眼望不到尽头的山坡路上。"学生严修这样说。

1991年，教了一辈子书的张世禄荣获国务院"为发展我国高等教育事业做出突出贡献专家"的荣誉称号和国务院特殊津贴。而这一年，他因病与世长辞，享年90岁。

胡裕树

在继承和创新中前进的语言学闯将

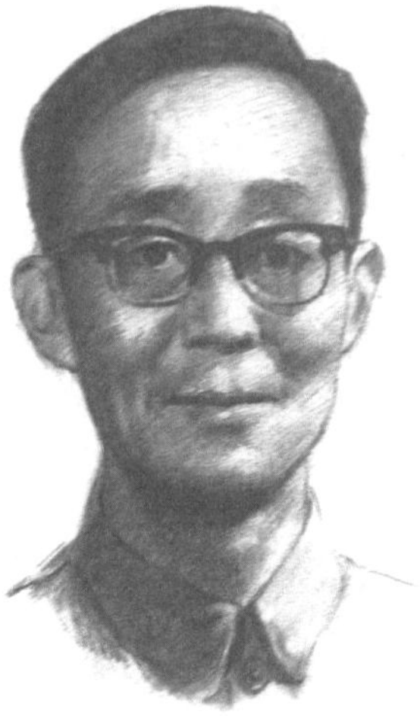

胡裕树
（1918-2001）
语言学家

大师简介

笔名胡附，安徽绩溪人。1945年毕业于暨南大学，同年留校任教。1949年起任教于复旦大学，任中文系教授、系主任。兼任中国语言学会常务理事、上海市语文学会副会长等职。致力于汉语语法的教学和研究，重视“广义形态”在汉语语法研究中的地位，提出“三个平面”的语法观。主编的高校教材《现代汉语》，影响甚大。同时从事辞书编纂，为《辞海》语言学分科主编、《中国大百科全书》汉语语法修辞分科主编。著有《数词和量词》，合著有《中学语法教学》《现代汉语语法探索》《词汇·语法·修辞》《汉语语法研究》等。

在很多中文系学生眼里，枯燥的语法课特别容易让人打瞌睡，但在20世纪中叶的复旦校园里，却有这样一位很会讲课的先生，普通话不算标准，带着点皖南口音，有些刚促，临末往往柔和，矜持又有趣味，让听者精神抖擞、睡意全无。他就是胡裕树，几十年如一日地耕耘在语言学这片田地里，即使耄耋之年“老慢支”缠身，还梦想着能再出一部语言学著作。

深有自知之明，一边教书一边学习

1918年7月，胡裕树出生于安徽省绩溪县。这个在当时人口不到十万的小县，文风颇盛。他没上过私塾，一开始就在胡姓自办的私立学校胡氏小学读书。

国文课除了学"大狗跳,小狗叫"之外,还要学些文言文和古典诗词,这同他后来选读中文系不无关系。小学毕业后的胡裕树,离开家乡百余里,在省重点学校徽州中学读完了初高中课程。考入安徽大学那年,正值七七事变,抗日战争的烽火一下子燃遍大江南北。学期末,因为日军迫近安庆,学校停办,胡裕树便回家乡从事抗日救亡的宣传工作,后来又当了两年中小学教师。

战事的频仍和清贫的家境让青年胡裕树的求学之路走得颇为曲折。1941年,他进入浙江大学龙泉分校学习,两年后又转入暨南大学。在暨大,胡裕树跟随许杰等学文学,跟着方光焘学语言学,尤其是方先生"观点新颖,特别是能把国外的语言学理论用于指导汉语研究,我听起来觉得很新鲜,很感兴趣,也下过一点功夫"。

1945年毕业时,因留任暨南大学古典文学的教辅工作,胡裕树没有继续语言学的学习和研究。最初研究先秦文学,后为刘大杰赏识,转攻唐宋文学,写过《论唐代的边塞诗》等学术论文。上海解放后,暨南大学裁并,胡裕树调入复旦大学中文系,在当时系主任郭绍虞的指导下,开始讲授大一国文和理论文,后来由于工作需要,改教"语法修辞",从而正式开始从事语言学的教学工作。但"头重脚轻根底浅",深有"自知

之明"的胡裕树一边教书,一边向郭绍虞、陈望道等先生学习,还经常写信向在南京大学的方光焘请益。胡裕树坦言,就是这些著名的前辈学者把他领进语言科学大门的。

倡导三个平面的语法理论

胡裕树一生研究兴趣广泛,涉及语言学、修辞学、辞书编纂、对外汉语教学等多个领域。当然,作为我国著名的语言学家,他在汉语语法方面的研究无疑是成就最为卓著、影响最为深远的。譬如,他继承并发扬了广义形态理论,建立了相对完整的句子分析理论,与张斌等一起创建了三个平面的语法理论,等等。

现代意义上的汉语语法学是一门年轻的学科,以1898年《马氏文通》的出版为肇始。20世纪30年代,陈望

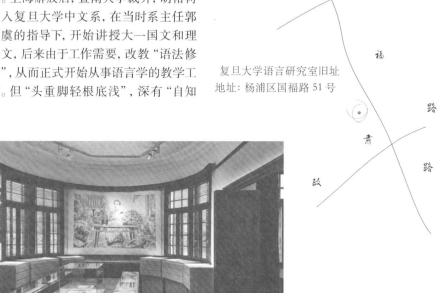

复旦大学语言研究室旧址
地址:杨浦区国福路51号

大师纪念地:复旦大学语言研究室旧址(陈望道旧居内)　　地铁18号线复旦大学站

道、方光焘在上海发起"中国文法革新讨论",把索绪尔的结构语言学理论和方法引进了汉语语言学界。而方光焘先生提出的广义形态,就是根据索绪尔的语言学说,从结构、构造、关系来沟通词法、句法。胡裕树作为方光焘的学生,学术上受其影响极大,他继承并发展了广义形态理论,指出不能把西洋语法关于形态的观念硬往汉语语法身上套,从而把汉语的形态限制在狭义形态的范围内。胡裕树十分重视汉语广义形态的地位,认为广义形态是区分汉语词类的主要标准,汉语里词与词的结合、虚词、语序等都属于广义形态,同时强调广义形态和狭义形态不是对立的,狭义形态包括在广义形态之内。

20 世纪 50 年代,汉语语法学进入全面发展时期,当时的语法学界还掀起了一场关于汉语词类问题的大讨论。一些中国语言学者借鉴苏联语言学界的观点,认为词类是"词汇·语法范畴",主张区分汉语词类时应该采用词义与功能并列的双重标准。而一篇署名胡附、文炼的论文《谈词的分类》则在国内外引起巨大关注,在《中国语文》发表并收入中国语文丛书《汉语词类问题讨论集》,不久更是被苏联语言学权威刊物《语言学问题》全文翻译发表。作者首次明确提出词分类的标准只能是功能,并指出苏联当初提出"词汇·语法范畴"本意在于说明词类的性质而不是作为划分词类的标准。《谈词的分类》一文在理论上的鲜明和分析上的通透,令汉语语法学界印象深刻。

"胡附""文炼"即是胡裕树和张斌的笔名,两人相识于 1952 年的"华东区抽调部队机关干部升入高等学校补习班",都是补习班的教员。因有着广泛的语言学修养和志趣,两人从此开始学术合作,长达半个世纪,俨然一段佳话,合作的第一篇论文便是《谈词的分类》。两人合作的最后一篇论文《词类划分中的几个问题》发表于 2000 年,次年 11 月,胡裕树逝世。

胡裕树曾说:"任何一门科学的发展,都不能割断历史。在继承和创新中前进,是学术发展的一般规律。没有继承,创新难免成为无根之木,甚至流于哗众取宠的故作尖新;没有创新,继承往往成为墨守成规,使学术之树枯萎而导致学科的衰亡。"这一治学理念在他继承和发扬陈望道修辞学思想方面也发挥了非常重要的作用。

陈望道的《修辞学发凡》1932 年问世后,并未对修辞学的对象、特征等作理论回答。1959 年,胡裕树、张斌、林祥楣(笔名林裕文)合著的《词汇·语法·修辞》不仅对修辞学的研究对象、研究特征等作了解释,还阐明了修辞和逻辑、语法的关系,在修辞知识普及任务繁重、理论非常薄弱的当时,实属难能可贵。此后到 20 世纪 80 年代的二三十年间,胡裕树多次在纪念《修辞学发凡》的座谈会上,梳理、分析陈望道运用马克思主义观点研究修辞的历史经验,并发出了创新修辞学的号召,"当年望道先生正是不满足于因袭前人成说,决心闯出一条新路,才给修辞学界带来焕然一新的景象。今天,修辞学要打破长期沉寂,停滞不前的局面。也必须有一批敢于冲破成规的闯将……"

从 1979 年担任语言研究室主任开始,胡裕树即全面考虑如何充分发挥这个修辞学基地的作用。1981 年,在其主编出版的全国高等学校统编教材《现代汉语》中,增加了修辞部分。在 1982 年调任中文系主任后,胡裕树仍然指导与关心研究室的科研,一方面组织研究室人员集体攻关,撰写《修辞新论》、修辞学史,推动语体风格研究等;另一方面也多角度促使复旦大学修辞学基地多作贡献,辐射全国学界。在宗廷虎看来,陈望道逝世后,其修辞学思想的影响大大超过生前,这里面,胡裕树应居头功。

胡裕树重视方法论、理论,以及理论联系实际,以辩证唯物主义为指导原则,善于继承和批判。在他看来,语言在发展,科学在进步,已有的某些说法可以帮助思考,但不能代替今天的再思考。"把以往打破惯例而得出的结论当

胡裕树(左一)与陈望道(右一)

作新的固定的观念是不可取的。这就是我们在科研道路上不断探索中得出的一点经验。""三个平面理论"是胡裕树首先提出来的，极大地推进了汉语语法的研究。1981年，他在《现代汉语》(增订本)里谈到语序问题时，提出"必须区分三种不同的语序：语义的、语用的、语法的"看法，开始萌发了这一思想；1982年在和张斌合写的《句子分析漫谈》一文中，又进一步提出从语序到虚词到句子成分都需从句法、语义、语用这三者去加以研究，思想日渐明确；1985年胡裕树、范晓合写的《试论语法研究的三个平面》一文，更鲜明地提出了"三个平面理论"，并作了较为详细的论述，引起汉语学术界极大反响。1994年，胡裕树在《汉语语法研究的回顾与展望》中，对"三个平面理论"作了更为全面、深入的论述，使这一理论走向成熟。

就"三个平面理论"的精神实质，胡裕树曾给出明确答案，即"三个平面理论的提出，给人们带来了一种语法观念甚至语言观念上的变化。这种观念上的改变，将促使人们运用新的思路和方法对汉语语法规律和现象作全方位、多角度的观察、描写和解释"。这一理论拓宽了汉语语法研究的视野，丰富了语法研究的内容，使得语义研究系统化，在促进汉语语法学的科学化、现代化的同时，也解决了长期困扰语法学界的一些理论问题，如主语、主题、宾语的划分界

定等。诚然，作为一种系统、完整而明确的语法观，"三个平面理论"是在众多研究成果基础之上的一种升华，很多学者都作出了应有的贡献，胡裕树曾说："如果说三个平面的学术思想有可取之处，那是大家的努力，绝不是什么个人突然想出来的。"但不可否认的是，胡裕树无疑是这一进程的领跑者和指导者。

胡裕树主编的全国统编教材《现代汉语》已经有1962、1979、1981、1995年等几个版本，迄今印数已达140多万册，蜚声海内外，影响了一代又一代的后生学子，不仅长期在国内众多高校使用，在海外也有翻译本。关于教材的编写，他指出语法科学研究的成果是编写语法教材的基础，所以"语法教材必须利用语法科学研究的成果"。《现代汉语》的核心部分"语法"由张斌执笔，在析句方法方面提出了新的见解，可以看作是两位先生把语法研究的新成果运用和体现到大学语法教学中去的努力。晚年，胡裕树深感这本教材已经不能跟上当前学术的发展和丰硕成果的积累，认为应与时俱进加以革新。但觉得自己年老体弱，已无力修改，所以寄希望于后来者能"立足于汉语的语法实施，运用句法、语义、语用三个平面的理论，来完善汉语的教学语法体系"。

为对外汉语教学
作师资培养和储备

从20世纪50年代到八九十年代，胡裕树先后担任复旦中文系的副主任和主任，以及语言文学研究所的负责人，同时又是汉语语言教学与研究的领导者、组织者和卓有成效的践行者，始终没有离开过汉语教学。而曾作为中国对外汉语教学学会顾问的胡裕树，也可谓是老一辈语言学家中最早从事和开拓对外国人进行汉语教学的学者之一。陈光磊回忆起自己1957年进入复旦大学时，就有几位日本同学和他们一同上胡先生的课。胡裕树不仅开创了复旦大学对外汉语教学事业，同时也为其后续发展壮

小故事 笔名"胡附"取自胡椒、附子两味药

胡裕树就是个文弱书生样，他在自传中也说道："我呢，比较书呆子气。"其笔名"胡附"取自胡椒、附子两味温热药，胡裕树说自己习性偏于寒凉，宜补以温热，而张斌的性格就是偏温热的，他认为这便是两人能维持几十年学术合作的一个重要原因。

小故事 从汉语具体情况出发研究其形态

胡裕树对广义形态理论有不少创新研究，他并不以广义形态理论解决了汉语词类问题为满足。他认为研究汉语形态要从汉语的具体情况出发，按照汉语自己的特点找自己的形态，还将这一观点升华到语言学理论的高度，指出其他语言也存在着广义形态。

大打下了坚实的理论、实践基础，并培养了一批专职教学人员。

1965年，外交部首次分派大批越南留学生到复旦大学、北京大学和原北京语言学院，复旦大学接纳了两百多名留学生。胡裕树当时兼任复旦大学留学生办公室主任，负责留学生的教学工作。为了达到"通过一年时间，要让学生进入专业（本科）学习"的教学要求，作为中年教师的胡裕树大胆任用指引新人，有许宝华、汤珍珠、徐志民、陈晨、秦湘、叶盼云、刘裕莲等，还特地请来北京专家做指导，通过集体备课、观摩教学、超前班实验、编写教材、制作教具、语言实践等方式充分调动青年教师的积极性，使之各展所长。

受"文革"影响，这次对外汉语教学被迫中止，但是胡裕树的劳绩为后来复旦成规模对外汉语教学的展开提供了经验，尤其是做了师资的培养和储备，包括之前的几位年轻教师后来都成长为教学主力和骨干。

20世纪80年代，国家又开始重视起对外汉语教学，胡裕树受命主编一套针对海外第二第三代华裔的汉语教材。在物色编写团队人员时，他认为除了需要有一支强大的汉语工作者组成的队伍外，还应该有一名文学专业"科班出身"的人员参加，这样或可增加教材的可读性。于是，1982年刚从复旦中文系毕业、面临着是否留任问题的胡中行，便被选入了《今日汉语》的编辑团队。胡中行后来回忆起和胡裕树先生的意外因缘时，不胜感慨，认为正是胡老那时的"一板"，拍定了他的人生。

胡中行所负责的第四册是一个故事集，讲述一对华裔父女来中国的种种经历。胡裕树特地找胡中行长谈，强调"所编的故事，既是文学创作，更是教材写作，要在注意故事可读性的同时，必须十分注意语法和词汇的复现率"。胡中行坦言，胡裕树的提醒和醍醐灌顶的教导，甚或一些不经意的闲话，一直指导着他的写作，终生不忘。

《今日汉语》把结构教学与功能教学结合起来，力求两相融通，在当时颇具创意，这也是胡裕树"超前"的编写理念、思路和方法的体现，当年即被国家对外汉语教学领导小组办公室列为第一批向世界推荐的汉语教材。即使后来不负责这方面工作了，胡裕树依然关注着国家对外汉语教学学科的建设和发展，晚年还发表了《对外汉语教学中的两个问题》《对外汉语教学语法体系的构建》等文章，提出很多宝贵意见，延续着他的学术情怀。

"我的教材不再修订了，以后就看你们的了"

在许道明眼里，20世纪20年代以来，凡从安徽绩溪出来"捞世界"的读书人，大半都为胡适之是自己的小同乡而矜夸、得意，起码心头很滋润；但他印象中的胡裕树"非常实在，非常冷静"。在一个相当长的时间内，因为学术、行政双肩挑，胡裕树忙如蜂蚁又如履薄冰，"拖着病弱的身子，期盼学业的长进，追求着学者教授的理想"。

胡裕树面容清癯、风度儒雅，讲话带点皖南口音，语速适中、语音清晰，待人接物"恂恂如鄙人"，很难将胡

小故事 "逗号句号基本足矣"

胡中行编书时引用了一则对联:"上联是:坐!请坐!请上坐!下联是:茶!敬茶!敬香茶!"胡裕树审阅时把6个感叹号全部圈掉。在一次闲聊中,胡裕树说:"标点源自古代的句读,根本意义在于断句,所以逗号句号基本足矣。有些文章又是问号又是感叹号,再加破折号省略号,弄得花里胡哨,实在是有失庄重。"

裕树和一系列发光的头衔联系起来。在后辈和众多学生看来,胡裕树没有一点"威"势,就是一位不苟言笑却和蔼可亲的"老叟"。沈亚明依然记得20世纪80年代《今日汉语》编写成员随胡裕树南下闽粤出差的一些小趣事。一天,几人闲步街边商场,一件男式马球衫被胡裕树相上了,"蓝灰素色,针织变换交错,纹理深浅有致,左胸前有只小小的袋鼠,绣工精巧,引人注目却不扎眼"。摊主报了个"天价",几个年轻人把胡老拉到一边,现场教学砍价,但胡先生对速成缺乏自信,求助说:"你们去帮我把'小袋鼠'搞来!"后来两位青年教师出马,没花多少钱就买来了。沈亚明说:"胡先生当即套上,微微昂首,那很精神很满意的形象,我此刻闭目,仍在眼前。"

从严格意义上来说,邵敬敏不能算是胡裕树先生登堂入室的弟子,但在他眼里,胡先生对自己的教诲、亲情与恩情一点不比正宗弟子差多少。1981年底,邵敬敏进入华东师范大学中文系工作,他和陆丙甫、陆致极等一批年轻人成立了一个学术沙龙"现代语言学",自费油印刊物,经费相当紧张。胡裕树听说此事后,自掏腰包捐款资助。"胡师母没有正式工作,他家孩子也比较多,胡先生家的经济状况不是很富裕。"邵敬敏一直感念着胡老当年无私、慷慨的资助:"这不仅为油印杂志解了燃眉之急,而且无声地却有力地支持了我们这帮初出茅庐的愣头青,为我们这批年轻人的成长,为语言学事业作出了默默的奉献。"

新千年伊始,风靡全国的《现代汉语》有两本,一本是黄廖本,一本是胡本,南北呼应,互存长短。当时的邵敬敏希望能突破旧有框架,组织团队编写一本新的现代汉语的大学教材。他跟胡裕树谈了自己的编书构想,并邀请其担任教材顾问,胡裕树一口答应并亲切鼓励道:"我的教材不再修订了,以后就看你们的了!"

胡裕树自1978年开始招收硕研,20世纪80年代中期开始招收博士生。这些硕博学位获得者,曾经或正活跃在各个高校和学术团体中,他们又培养了不少学生。胡老曾为晚辈著作作序100多篇,可见他奖掖后进不遗余力,并不限于少数人。

王希杰常常想胡先生是幸运的,因为很早就得到陈望道、方光焘两位大师的赏识,但是陈方二人的学术同中有异,胡裕树讲课和写作都得两面兼顾,这就必然妨碍了他个人聪明才智的发挥。在和胡裕树的相处之中,王希杰时常能感受到他在做学问方面的种种顾虑,"如果他少些顾虑,成果必将更加不可限量"。

但正如胡裕树是陈望道和方光焘之间的纽带一样,或许在有胡裕树的地方,总是弥漫着仁者的气息、智者的心绪,所以才能让这位翩翩儒雅、胸容百川的学者一生从教,植桃李满天下。而"兼收并蓄,为我所用;立足革新,不断探索"也可谓胡裕树一直奉行的治学理念。他继承并发扬了广义形态理论,建立了相对完整的句子分析理论,与张斌等一起创建了三个平面的语法理论,等等。

面向未来的美学家

蒋孔阳

蒋孔阳
（1923 — 1999）
美学家、文艺理论家

大师简介

四川万县(今重庆市万州区)人。1952年起历任复旦大学讲师、副教授、教授，兼任上海美学学会会长，中华全国美学学会副会长等职。主张美学研究应以人在实践中与现实所发生的审美关系为出发点，以艺术为主要研究对象。认为美是展现人的本质力量的自由的形象，是主客体相互作用、相互契合的产物，是人在实践中按照美的规律恒新恒异的多层次突创的结果。主要著作有《美学新论》《德国古典美学》《先秦音乐美学思想论稿》等。

爱上美学，一颗彷徨不安、不断探索和追求的心总算有了着落

"如果我也谈得上受到过什么美的熏陶的话，那么就是我家乡的那些山，以及山间的泉水、树木和白云。"1923年，出生于四川省一个群山环绕的闭塞村庄，幼年的蒋孔阳自然与一切文艺作品绝缘，看不到任何戏曲、电影、话剧和舞蹈。但他年轻时就喜欢跋山涉水，常常"如醉如狂"般地看着漫天的红霞，对着小溪痴痴地发呆。正是这些幼年时对自然美的直观感受，引领他走上美学之路，并潜移默化地影响着他一生的美学追求。

1937年，全民族抗战爆发，大量新文化新文学的著作涌进万县街头，中学

时期的蒋孔阳第一次看到了鲁迅、郭沫若、冰心等人的作品，也第一次看到了《大众哲学》《中国社会史性质论战》一类的书籍，"它们像闪电一样打开了我的心扉，使我热爱起文学和社会科学来"，这让自觉年少时"浑浑噩噩"的他一下子看到了人生的方向，在高中便决定致力于学术事业。

但命运却给蒋孔阳开了一个玩笑。1941 年，本来想考西南联大的蒋孔阳因病错过了考试，只能去考尚在招生的中央政治大学经济系。虽然学校附近有"旖旎的花溪，奔腾的虎啸口"这样的美景让他整日徜徉，可他对经济系的课却怎么也提不起兴趣。他一有空就扎进图书馆，如饥似渴地阅读他喜爱的文史哲著作。其中，他尤为钟爱那些"富有哲理性的文艺作品"，以及那些"富有文艺性的哲学著作"：无论是冯友兰的《新理学》，宗白华的《流云小诗》《中国艺术境界之诞生》，方东美的《科学哲学与人生》以及屈原、陶渊明等人的诗，都是滋养他精神家园的食粮。

在大学期间，他就曾写信向宗白华教授请教学问。宗白华先生后来回忆道，1942 年曾收到"一位中学教员的来信（蒋孔阳曾因母生病休学一年，在中学任教）并附有一篇论文，这位教员和我素不相识，但他的论文写得很有水平，我便把这篇论文刊在《学灯》上……这位当时不知名的中学教员，就是上海著名美学家蒋孔阳先生"。

1946 年，蒋孔阳从经济系毕业后被分配进入一家银行工作。这份一年能拿18 个月工资的工作，是当时人们梦寐以求的"金饭碗"。但他反而自嘲说整天坐以待"币"，乏味难耐。他于是常常请假去南京中央大学里蹭课，内心依旧放不下校园生活。一日，他在夫子庙的旧书店闲逛，突然瞥见书架上朱光潜的《文艺心理学》，那书名就像磁铁一样让他再也挪不开脚步，"从此，我知道天地之间还有一种学问叫'美学'，而我自己就朦朦胧胧地爱上'美学'。"

真正的转折出现在 1948 年。当时，著名学者林同济先生邀请他来到上海海光图书馆担任文学方面的编译。欣喜若狂的他，即便使出"装病"这种理由，

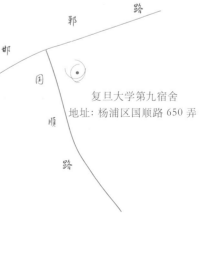

复旦大学第九宿舍
地址：杨浦区国顺路 650 弄

大师纪念地：复旦大学第九宿舍

地铁 18 号线复旦大学站

蒋孔阳最初是学经济的，大学毕业后按部就班进入银行工作。这份一年能拿18个月工资的工作，是当时人们梦寐以求的"金饭碗"。但他反而自嘲说整天坐以待"币"，乏味难耐。1948年，林同济先生邀请他来到上海海光图书馆担任文学方面的编译。欣喜若狂的他，即便使出"装病"这种理由，也要尽快从银行辞职。至此，"一颗彷徨不安、不断探索和追求的心，总算初步有了着落"。

"生命是根永不颓蚀的琴弦，待我俩去奏出谐和而永恒的乐曲。"60多年前，20多岁的蒋孔阳与濮之珍一同进入复旦中文系，一个教《文学引论》，一个教《语言学引论》，他们的家被朱东润先生戏称为"双引楼"。他们在教学相长中成长，一位是上海市第一届"文学艺术奖"杰出贡献奖获得者，一位荣膺上海市第一届语言学研究"终身成就奖"。他们的爱情故事成为复旦的佳话，学校曾授予二人"比翼双飞"奖。

也要尽快从银行辞职。至此，"一颗彷徨不安、不断探索和追求的心，总算初步有了着落"。此后，他向着美和真理不断探索、不断耕耘，一直到自己生命的终点。

像屈原一样工作，不马虎；像陶渊明一样生活，不计较

1951年，蒋孔阳应聘来到复旦大学中文系，担任文艺理论方面的教学工作。来到了更宽广的学术舞台，年轻的他自然想有所作为，也很快就在学界崭露头角：1953年，《要善于通过日常生活来表现英雄人物》发表，成为他"从事文艺理论研究的起点"。与此同时，他开设了《文学引论》等课，并且教学相长，将讲义编成《文学的基本知识》和《论文学艺术的特征》两本书，都引起了广泛反响。仅仅《文学的基本知识》一书，在1957年出版后的几个月内，就卖了20多万册。但"缺乏政治敏感"的蒋孔阳没有意识到，这些著作给日后留下了隐患。

1960年，一个普通的早晨，没有任何预兆，对蒋孔阳的修正主义文艺思想的批判开始了。其间，他不能上课，不能参加相关活动，走在平时熙熙攘攘的复旦校园，"像走在沙漠里一样"。终日无所事事的他买了月票，从一辆公交车的起点坐到终点，再坐回来。就像在城市中找不到目的地一样，他深感到，"一个人生活在社会，最可怕的是找不到自己的位置，找不到贡献自己力量的地方"。面对着突如其来的打击，蒋孔阳

最终依旧是依靠对学术的热爱走了出来，他自己回忆这段经历时反而风轻云淡，用他的话说就是"从震惊到木然，从木然转而释然了"。

他曾在一本书中写下这样一段话："我们不能因为知道自己有一天要死，因此就不生活。我们也不能因为自己诚实的工作有一天会遭到否认，因此就不诚实地工作。诚实地为人类的幸福去工作，是自己的使命，至于困难和打击，那就让上帝去安排吧！"这种"以出世之精神，做入世之事业"的乐观与豁达，成为蒋孔阳一生的信条。晚年，在《只要有路，我还将走下去》一文中，他祈望人应当"像屈原那样工作，不马虎；像陶渊明那样生活，不计较"。

1961年，蒋孔阳重新开课，改教西方美学和美学，这对他来说就是"回到了自己的园地"——早在50年代的"美学大讨论"中，他就曾发表《简论美》《论美是一种社会现象》等美学论文，在当时很有影响力。1964年，结合教学，他开始撰写《德国古典美学》一书，完成初稿。同年，着手翻译《近代美学史评述》，并于次年译竣。但不久后，"文革"开始了，这些工作都陷入停滞。尽管学术工作停摆，但他还是利用可能的时间潜心学问，一本重要的著作《先秦音乐美学思想论稿》(1986)就是他在"文革"后期"靠边""靠"出来的：1975年，他从崇明干校回到复旦大学，但还不能教书，成了"闲散"分子。利用这个机会，他天天跑到图书馆，阅读各种有关先秦音乐美学的古籍资料，逐步搜集

晚年，许多素不相识的年轻后辈著书后向他索序，他从来都是有求必应，就这样陆陆续续写了100多篇序。这耗费了他大量做学问的时间和精力。许多学者都说，若不是为太多人写序，蒋先生的《美学新论》早在20世纪80年代就应该完稿。家人也因此戏称他是"门诊医生"，"不看主要病人，专看门诊"。但这种"为他人作嫁衣"的事情，蒋孔阳还是坚持要做。

整理起来，就有了该书的初稿。这种坚持，也最终换来了"文革"结束后的"厚积薄发"。仅在1980年一年间，包括《德国古典美学》《近代美学史评述》《形象与典型》《美和美的创造》《中国古代美学艺术论文集》在内的五本书同时问世。许多人盛赞他的神速，他却说，"他们哪里知道，这'神速'是多少年的汗水和泪水、经过多少年的积压，而后形成的"。

20世纪80年代，蒋孔阳迎来了学术人生的"最佳时期"。作为"美学热"的参与者和重要推动者，他的《德国古典美学》和《先秦音乐美学思想论稿》一经问世，就在学界产生了重大影响，被认为是中西方美学断代史的拓荒之作。其中，《德国古典美学》更是被誉为"美学热"中"美学知识传播的经典论著"。但他的研究并不止步于美学史，而是进一步向"科学的高峰"攀登，开始从理论高度总结和反思美学的原理问题。1983年，他正式开始撰写《美学新论》这部耗时长达10年、凝结了他毕生美学思考的著作。这部著作的问世，标志着我国当代美学中一个新的派别——创造论美学的确立。

但学术的精进终究抵不过岁月的流逝。晚年，蒋孔阳身患帕金森病，行动变得不便。但他却依然怀着一颗"把生活燃烧起来的心"，用积极的人生态度来安排自己的生活和工作。最后十年，蒋孔阳发表了近百篇学术论文，出版了《美学新论》和《文艺与人生》、自选集《美在创造中》和《美的规律》，主编了《哲学大辞典·美学卷》《西方美学通史》等

大型学术工程。而即使到了生命的最后一刻，他心心念念的还是美学的学科建设问题，还想着出院后，再将《文集》的稿子看一遍……

他的美学思想自成体系，是一种通向未来、生机勃勃的美学

美是什么？从古至今所有美学家对这一问题的反复追问，建构起了千年来的美学思想史。而这，也是蒋孔阳终其一生孜孜不倦的求索。在1993年出版的那本《美学新论》中，他给出了自己的答案："美在创造中。"

"看似普通的一句话，却是当代美学一个巨大的推进和突破。"蒋孔阳的学生、复旦大学文科资深教授朱立元这样说，"在传统美学史中，美学家们往往试图为'美'找到一个最恰当最完美的定义。可是美太丰富、太复杂了，任何定义都不过是一得之见。而蒋先生突破了研究'美是什么'的本质主义思路，开始思考'美是如何生成的'这样一个事实上关乎'美的存在'的问题。这是对近代西方认识论美学的重大扬弃。"

因此，在蒋孔阳那里，美不再是静止的、固定不变的实体，而是"一个开放性的系统"，是人们在具体生活实践、在人与现实的审美关系中"恒新恒异的创造"。在此基础上，他提出了"美是多层累的突创"。他曾以星空为例来说明：群星璀璨的星空自然是美的，但这种美是如何创造出来的？当然，首先要有客观因素的存在，有星球群、有太阳光以及黑夜的环境；其次还要有文化历史所积累下来的各种关于星空的神话和传说，这些星球的美才富有更多意蕴；最关键的还有观赏星空的人，他们各自所具备的心理素质、个性特征和文化修养，会使他们在观赏同一片星空时，品味出不同的韵味和美。"这样，星空的美，是由多种因素、层层积累，到了条件都具备的时候，然后突然创造出来的。好像发电的设备都具备了，然后电钮一揿，电灯便亮了一样。"

这一"以创造论为中心的美学思想,像一根红线鲜明地贯穿在他的美的规律论、美感论、审美范畴论等等全部体系中"(童庆炳语),构成了他独树一帜、恢宏气派的思想体系,即"以实践论为基础,以创造论为核心的审美关系学说"。

"以今天的眼光审视20世纪中国当代美学史,有些学者曾诟病,把美学认识论化,是中国当代各派美学难以取得新的进展的主要原因之一,其中把蒋孔阳先生的美学思想也囊括其中,我认为是有失公允的。他的美学思想已经突破了单纯认识论哲学的窠臼,是一种通向未来的、生机勃勃的美学,对我们今天建设、发展美学学科有着重要的启示作用。"朱立元这样说。

在蒋孔阳的理论大厦里,美是一个开放的体系,是"恒新恒异的创造"。对待学问,他也始终秉持着一种开放的态度。谈及撰写《美学新论》的感想,他曾说:"人生在不断前进,不断创造,学术更应当不断前进,不断创造。在这前进和创造中,我们固然要道通为一,'一'以贯之;但我们千万不能固执于'一',蔽于'一',以致陷在'一'的死胡同里。我们要条条道路,广通天下!"在他看来,真理不是现成的结论,而是一个历史的发展过程,他特别服膺马克思的一句话:"真理占有我,而不是我占有真理。"因为并不认为自己占有真理,他总是感到自己的不足,总是虚怀若谷地张开双臂,去听取和吸收别人的意见。

在20世纪50年代"美学大讨论"时期,有人问蒋孔阳是哪一派?是朱光潜派,或是其他派?蒋孔阳明确地回答:"我从每一派那里,都学习到了很多东西。但它究竟属于哪一派,我却说不清楚。就好像呼吸空气,我很少注意哪些是氧气,哪些是二氧化碳,我只是呼吸罢了。它们营养了我的身体,我就感到满足了。"

正是这种海纳百川、博采众长的学术品格,成就了他"综合百家之所长"、兼收并蓄的理论体系。从理论来源看,蒋孔阳的《美学新论》以马克思的《1844年经济学哲学手稿》为基础,综合吸收了他之前的研究对象包括先秦诸子、康德、黑格尔、马克思、朱光潜、宗白华等人在内的美学思想,在中西对话、古今转换的宏大视野下,将中、西、马美学思想融会贯通,逐渐建构起自己的美学理论体系。"这是一种不设框框,善于吸取人类一切有价值的思想,因而具有生命力的美学"(钱中文语)。这种美学研究中的对话思维方式,也为21世纪美学研究范式的创新开辟了广阔的天地。正因为这样,文艺理论家童庆炳先生曾评价《美学新论》为"中国当代美学研究的总结形态"。

像庭前的阳光和绿草,多作奉献,把生命和美奉献给人间

尽管在20世纪80年代,学术界就已公认,蒋孔阳的美学思想自成流派,但他自己却始终秉承着一种"理智的谦逊",素来不以什么"名家"或"大师"自居,更不标榜自己是美学领地里的真理桂冠占有者。蒋孔阳的学生、复旦大学中文系教授郑元者说:"蒋先生很反感被归入任何派系,对做学问所存在的'派系'问题也予以过批判。他始终认为学问应以真理为线,而不是以派性和门户为线。当别人把他作为研究对象时,他总会随后就说'研究的对象太普通'之类的话。"

朱立元也回忆起这样一件往事。在《德国古典哲学》刚出版之际,他曾在《复旦学报》上发表了一篇长文评论,在称赞《德国古典哲学》的同时也提出了四点批评。当时在日本访学的蒋孔阳看到后立刻回信,称赞他"追求真理的精神值得学习",而他的批评还"太客气",自己"有机会一定加以修改"。"蒋先生对学术的这种热忱和谦逊让我终生难忘。"他这样说。

为学是这样,为人上更是如此。为了美学的发展他尽其所能,特别是对后生关爱有加,放下自己的工作也要为他人

蒋孔阳、濮之珍夫妇

"作嫁衣"。晚年,许多素不相识的年轻后辈著书后向他索序,他从来都是有求必应。"都是搞美学或文艺理论的,答应了这个,推辞了另外一个,不好,于是我办得到的,我都尽可能答应",他就这样陆陆续续写了100多篇序。为了写序,他要读动辄几十万字的原稿,这耗费了他大量做学问的时间和精力。许多学者都说,若不是为太多人写序,蒋先生的《美学新论》早在20世纪80年代就应该完稿。家人也因此戏称他是"门诊医生","不看主要病人,专看门诊"。但这种"为他人作嫁衣"的事情,蒋孔阳还是坚持要做,因为他觉得"目前的学术界不是著作太多,不是水平太高,那么相濡以沫,相互鼓鼓气,这对于繁荣我国的学术,不是非常必要的吗?"

这种真诚和奉献的精神,贯穿了蒋孔阳对学术、对真理、对美的追求之中。他学术之进取和为人之宽厚,相互之间早难以分离。文艺理论家钱中文曾这样总结蒋先生的学术和人生:"蒋先生与现今的不少美学家的不同之处,就

在于把美学理论的求新,与他作为人的自身的完美追求,水乳交融地结合了起来。这意味着他把自身的生命意趣,投入了人生价值的追求,在美的理论的提升中,也增进了探求者自身作为人的觉醒,自身人格的升华,从而成为我们时代的真正的智者。"

契诃夫曾经说,人越靠近真理,他就越单纯,越容易理解。蒋孔阳的一生,不仅是探寻美、探寻真理的一生,也"知行合一"地诠释了什么是人格美、什么是美的人生。正如蒋先生在《且说说我自己》一文中对自己的总结:

"我是一个书生,百无一用。我唯一的用处是读书。读书的目的,是要增长知识,明辨是非,活跃思想,探寻真理,提高人的价值。但人的价值,不在于战胜他人,夺取个人的桂冠,建立自己的体系,而在于把自己提高到宇宙社会中来看,让人认识到天地之大,人生之广阔,真理不是一个人独占或包办得了的。我们应当像庭前的阳光和绿草一样,多作奉献,把生命和美奉献给人间。"

学好外国语，做好中国人

陆谷孙

陆谷孙
（1940—2016）
辞书编纂家、翻译家

陆谷孙，这个名字随着《新英汉词典》《英汉大词典》的诞生而印刻在我们这个时代。

1991年出版的《英汉大词典》是由中国学者独立编纂的第一部大型双语工具书，至今仍是同类词典中最具权威性、使用率最高的，是联合国必用工具书之一。它的主编正是陆谷孙。自21世纪初直至生命最后一刻，陆谷孙又"与所剩无多的时间赛跑"，全身心投入主编《中华汉英大词典》（简称《中华汉英》，上卷已出版）。

"在很长一段时间内，但凡涉及中英互译的问题，我最先想到的、烦劳最多的，就是陆谷孙先生。在微信上、在电话里，或者说在我心中，他给出的回答一定是中英互译的最佳版本。他总是飞快而耐心，却又那样审慎，常常挂了电话不一会儿，微信上又冒出他认为更精妙的译法。"复旦大学党委教师工作部的魏羽彤这样说。

但陆谷孙的魅力远不止于此。

编一部既能查到"灰天鹅"
又能搜到"学渣"的汉英词典

很多人都提到，以陆谷孙的才学，若是编教材、外出授课，哪个收益不比编词典高？但他坚持要做这件功在当代、利在千秋的事，而且做了40多年。编词典从来都不是轻松的，常常要"用理想主义的血肉之躯撞击现实的铜墙铁壁"（陆谷孙微博签名档）。在1991年编完《英汉大词典》之前，陆谷孙就对自己提出"三不"——"不出国、不兼课、不另写书"。这部词典的编写队伍，1970年初编时有"108将"，到了1986年仅剩下17个人，被任命为主编的陆谷孙硬是带着"老弱病残"又花了四五年，编完了这部至今被认为是中国人学英语最好用的词典。

陆谷孙说，未竟的《中华汉英》是他"最后的事业"，是一件让他"牵挂了20多年的事"。1991年刚编完《英汉

大词典》时，他在香港遇到从事对外汉语工作的安子介，安子介对他说，林语堂、梁实秋他们英汉、汉英词典都编过，你为什么不再编本汉英词典？于是，"被勾起了虚荣心"的他，从20世纪90年代末着手这一工作。

《中华汉英》的编纂流程是由编者提交初稿，而后由主要编写人员修订，再由执行主编修订，最后由主编陆谷孙审定。"陆老师自称'老改犯'，他的校样看起来像是打翻了墨水瓶，常常为了一个词条一遍遍地修改，或是调整翻译用词，或是重新选择例句。"《中华汉英》责任编辑于文雍记得，陆先生说过，编词典过程中"改"是没有止境的。但"如果没有无休止的改和加，《新英汉词典》能累计售出一千万册吗？"

陆谷孙自己"顽固地"认为词典的第一要素是"查得率"，甚至没有其他方面可以与之相提并论，因为"这符合最广大读者的需求"。他有着丰富且庞大

复旦大学第九宿舍
地址：杨浦区国顺路650弄

大师纪念地：复旦大学第九宿舍

地铁18号线复旦大学站

大

城

的阅读量，关心时事，且非常喜欢随手写——伸手可及的信封、明信片、小纸片上常常写满他的最近收获。

陆谷孙门生、复旦大学外文学院院长高永伟说，陆先生一直特别关注收录新词。20世纪90年代跟着先生编纂《英汉大词典补编》时，先生就叮嘱他，每天要在最新的报纸、杂志中找新词、热词。但编词典时不能照单全收，比如入选的词必须在不同的新闻报道中出现过至少3次，而且有一定的时间跨度。

在高永伟看来，《中华汉英》就有着浓重的"陆氏风格"。翻看《中华汉英》上卷，最近几年流行的许多汉语新词、热词扑面而来。其中既有高大上的专业词——灰天鹅（grey swan）、标签云（tag cloud）、光保真（light fidelity,Li-Fi）、可穿戴设备（wearable device），又有挂在嘴边的时髦话——高级黑（last word in being negative）、草根（grass-roots）、海选（mass election），等等。占比较大的是与计算机、手机和网络相关的词汇，正如陆先生所言："今天编词典要着重顾及使用者的大头——年轻一代，特别是那些'双机人'：计算机和手机用户。"比如低头族（phubbers）、建群 [to set up a group （in netspeak）]、点赞（to push the "like" button；to give the thumbs up）、给力（boosting；stimulating；cool；awesome）、爆表（to go beyond index；to exceed the upper limit）、呆萌（silly and cute；adorably foolish;adorkable），等等。

"陆老师一直要求我们多看英文书籍、报纸、杂志，然后反哺到汉语翻译中，这样译文就有了地道性。"高永伟说，除了记录下汉语新词，陆先生还想方设法在词条或例证的译名中，体现英语新词的用法。例如，在"矫情"表示"pretentious"的义项下，设置的例证是"当地铁上其他人都在低头玩手机时，正儿八经地看书难免会觉得有几分

矫情（when all else is phubbing on the tube, reading a serious book may seem somewhat pretentious）"，其中所用的"phubbing"一词2012年才首现于澳大利亚报纸。

对于一些成语、俗语、谚语等，陆先生尽量用英语中地道的习语来对应翻译，尽最大可能实现词目和例证的"等值翻译"（陆谷孙语）。例如，对"进退维谷"除了提供最为常见的"in a dilemma"之外，他还提供了两个英语习语——"between a rock and a hard place"和"between the devil and the deep blue sea"。

"把汉语、英语中最优美的部分通过词典这个窗口展示出来"

复旦大学外文学院的院训，是陆谷孙早年提出的："学好外国语，做好中国人。"强调的是知识要服务于国家，服务于民族。据说他最担心外语系的学生中文不过关，"中文都没读好，怎么读得好英文呢？"

陆谷孙曾提出，《中华汉英》的一部分受众是国人，他希望可以让不熟悉古字、古词和舶来专业术语的年轻读者，通过名言、熟语、谚语、歇后语等汉语词条所对应的英语解释，提升对本族语的认知，补一补传统文化的课。同时，他更希望能让对中华文明感兴趣、想学汉语的外国人了解中国的传统与文化。

据统计，《中华汉英》的百科类属标注中标注"Chin（中国的）"的中国特有

陆谷孙在世时，曾有人提出将"陆谷孙"列为《中华汉英大词典》词条，遭到他坚决反对。先生认为"盖棺"方能"定论"，因而确立了"人名条目不收在世者"的收录原则。现在，"陆谷孙"成了仍在编纂中的下卷中一则朴素的新增词条——"陆谷孙 Lu Gusun［1940—2016, lexicographer, translator, writer, and professor of English at Fudan University, Shanghai, China］"。

一位青年教师记得，2010年毕业典礼，年过七旬的陆谷孙谢绝专车接送，坚持在30多度的高温下步行20多分钟到达会场。一名初中生发现微博上的"陆老神仙"就是《英汉大词典》的主编陆谷孙，便在微博上向他提问，没想到竟收到了长长的回复。先生去世后，一位在复旦附近卖电话卡的小贩在灵堂跪下，说到先生有时会帮他看摊子，放声大哭了起来……

词汇有 504 个，"Chin Med（中医/药）"的有 734 个，"Chin Myth（中国神话）"的有 227 个。而且，词典里还有大量摘自中国经典名著的警句、箴言、妙语等，有些还用"☆"加以标注。比如，在"合"字头下，加有此标注的例证多达 6 条，分别摘自《庄子》《孙子兵法》《周易》《战国策》及白居易的"文章合为时而著"。

在词典中，还有不少有中国特色的词语，是通过字面直译加注解的方式来翻译的，以帮助外国人理解。比如"闭门羹"［(stew prepared for a brothel client but admittance refused) no admittance; refusal of entrance; door slammed in one's face; cold-shoulder reception］，"斗地主"［fight-the-landlord（3-or 4-party card game to outplay the side passing for a rural landlord)］，等等。

另外，《中华汉英》里还收录了港澳台地区的典型用语近 1000 条，以及汉语各大方言区中的常用词语，如"忽悠""刮三"等，"使其成为汉语里面一个共核部分，借助英文翻译让大家培养认同感，何乐而不为？"（陆谷孙语）

于文雍介绍，《中华汉英》收录了大量与中国传统文化、传统思想、习俗等有关的词汇。在业已出版的上册中，仅成语就逾 2 万条。此外，不乏古汉语条目，甚至象形文字，这在同类型同体量的汉英词典中是一个突破。"从无到有是最难的，陆先生就愿意做这件难事。"更难的是，陆先生"提供的例句或文采斐然，或风趣幽默，还能引发人们思考"，他希望"把汉语、英语中最优美的部分通过词典这个窗口展示出来"。

"从《中华汉英》就可以看出来，陆老师为传承中国的传统文化费了多少心。"

说起陆谷孙的这份情结，不能不提他的父亲陆达成。陆谷孙曾说："俗世给了我很多虚荣，但我最看重的是，我是我父亲的儿子。"曾翻译过法语书的陆达成，要陆谷孙从小读的是《朱子家训》《曾文正公家书》等中文经典。这或许解释了，为什么在陆谷孙当外文系主任时，会开设"白菜与国王"系列讲座，请余秋雨讲文化、冯亦代讲新闻、董鼎山董乐山兄弟讲翻译、陈钢讲《梁祝》作曲、黄蜀芹讲电影、俞丽拿拉小提琴。

陆谷孙戏称自己是"假孤老"，他的太太、女儿早就移居海外，且早已有第三代，但他只是隔年去与他们团聚一回。至于他自己为什么坚持留在国内，他曾引用两句话作答。一句是捷克作家克里玛说的："我没有参与创造国外的自由生活，因此我并不留恋。我的心还在布拉格。"一句是杨绛说的："我们都是倔强的中国老百姓。"或许于文雍的解释更直白一些，"陆老师认为，他在国内的作用更大"。

以前外文学院新生入学时，会请陆谷孙给大家上入学教育第一课。他曾说："我希望我的学生们心中有这条道德底线，不要欺骗、钻营、庸俗、猥琐，而要用一颗忠诚、明敏的心，保持对问题的省思与追问。"很多人觉得，这就像陆谷孙一生的写照。

陆谷孙

"学术是我生命的延续，学生是我子女的延续"

陆谷孙曾说，他喜欢孤独、不喜交际应酬，"还是老老实实当我的教书匠为好"。许多学生在上过陆谷孙的课后都说，听他上课是一种享受。尤其他讲课时的"陆氏幽默"。按他自己的要求是"一堂课，起码要让学生笑3次"。除了本院学生，复旦其他院系甚至许多校外的人都赶来听课，以致有时教室中座无虚席，连走廊里也站满了人。1984年，时任美国总统里根访华期间在复旦大学听课，讲课者即是陆谷孙。

2015年，复旦大学外文学院曾召开过一次隆重的聚会，纪念陆谷孙先生执教50周年。陆谷孙读研究生二年级时，因外文系缺教师，他就被安排教大五的毕业生。为了不丢面子，他总是"精细地备课"——把课堂上要说的每一句话都写下来，背出来，然后对着镜子练。负荷最强的时候，他每周要上14到16节课，每晚还有2个学生要找他练口

语，同时还得完成自己的研究生论文。那次纪念会现场来了几位陆谷孙最早的学生，他们一起唱了几首歌，都是陆谷孙当时为了让大家学好英语自编歌词的"原创歌曲"。

陆谷孙是莎翁研究专家，1982年时他即凭借《逾越时空的哈姆雷特》一文，成为第一位在国际莎学讲坛上发表论文的中国学者。他在课堂上教授的一些莎士比亚名篇，让很多学生因此走近了被认为极其深奥的莎翁。

"英美散文"这门课，陆谷孙一直坚持讲授到2014年，当时74岁高龄的他因腔梗住院后不得不停止教学。陆谷孙弟子、复旦大学外文学院教授谈峥至今记得，1987、1988年间他读大四时，陆老师给他们上"英美散文"课的情景："陆老师上课时，声音在教学楼走廊里好远就能听见。这说明他上课是很用力的。"

在1997年春心脏早搏发作最严重的那段日子里，陆谷孙仍然坚持抱病上课，甚至在学生发现他脸色苍白，体力不支，好像透不过气来，要立刻送他去医院时，他还是坚持把课上完。下课后，他就被直接送往新华医院抢救。成群的学生捧着鲜花去医院守护、看望他。

"陆老师在教学上一直在动脑筋。"谈峥说，陆谷孙曾告诉他，自己上了几十年的课，但有时上课前一晚还会兴奋得睡不着。"一个七十多岁的老师，在上课之前，还因为要面对学生而兴奋得睡不着，这种精神实在是很难得的。"

陆谷孙常说："学术是我生命的延续，学生是我子女的延续。"自1965年从教以来，陆谷孙即使担任行政、科研工作，也承担了大学英语教学和英语专业本科、硕士、博士生课程的教学工作，工作量远远超过了学校的规定。2000年他跨入了60岁的门槛，但教学工作并没有因此而减少，对本科生开设的基础课达400课时以上，给研究生上

课 350 课时以上。

陆谷孙批阅过的学生论文，哪怕是厚厚的一叠，他也都一字一句地批改。在一些他认为“低级错误”的地方，他会画上标志性的“大眼睛”作为警示。批阅到最后，他还要写下一长段评语，据说是为了“让每个同学觉得自己是受重视的”。

平时，只要是学生去找陆谷孙讨论问题，不管认不认识，他都热情接待，帮忙查找资料，而且毫不犹豫地借书给他们。不管是不是他门下的学生，他都提携奖掖。许多复旦的本科生、研究生，都在升学、留学、求职、文章发表等方面得到过他的帮助。

陆谷孙还一直从自己有限的收入中，拿出钱来资助贫困学生和有困难的同事、朋友。仅是他经由弟子们之手散出去周济贫困学生和院系职工的钱，就数以十万计。

尽管获奖无数，但在陆谷孙的家里，几乎看不到奖状、证书。不过有一个例外，那就是他在复旦以第一高的票数当选“本科生心目中的好老师”。他说那是“给我喜悦最多，让我最感动的一次”。

復旦大學
FUDAN UNIVERSITY
SHANGHAI
PEOPLE'S REPUBLIC OF CHINA

Handout III

COMMUNICATIVE COMPETENCE IN ENGLISH

(I) Oral Performance: Enough Intelligibility and to Spare

(II) A Working Vocabulary

activation of a passive vocabulary -- more emphasis on functional/structural items rather than on notional/lexical items -- channels of acquisition -- the pleasure of developing a personal citation file

(III) A Sound Knowledge of Grammar vs. Grammar Fatigue

grammar as a bread-and-butter question -- grammar as a futile attempt to make watertight a system which by its nature is not watertight -- actual usage and abusage logic

(IV) Different Levels of Speech

****

Examples

1) --The paper says that a man is run over everyday in London.
--Nonsense -- he couldn't stand it.
2) --Shall I call you a taxi?
--You might as well; you've called me everything else.
3) --How did you come to fall in the river?
--No, I didn't come to fall in the river. I came to fish.
4) Flying planes can be dangerous.
5) John found her a useful assistant.
6) Her screams attracted a passer-by.
7) Realistic Budget Fashions for Dignified Maturity
8) Vertical Transportation Corps
9) A House of Character

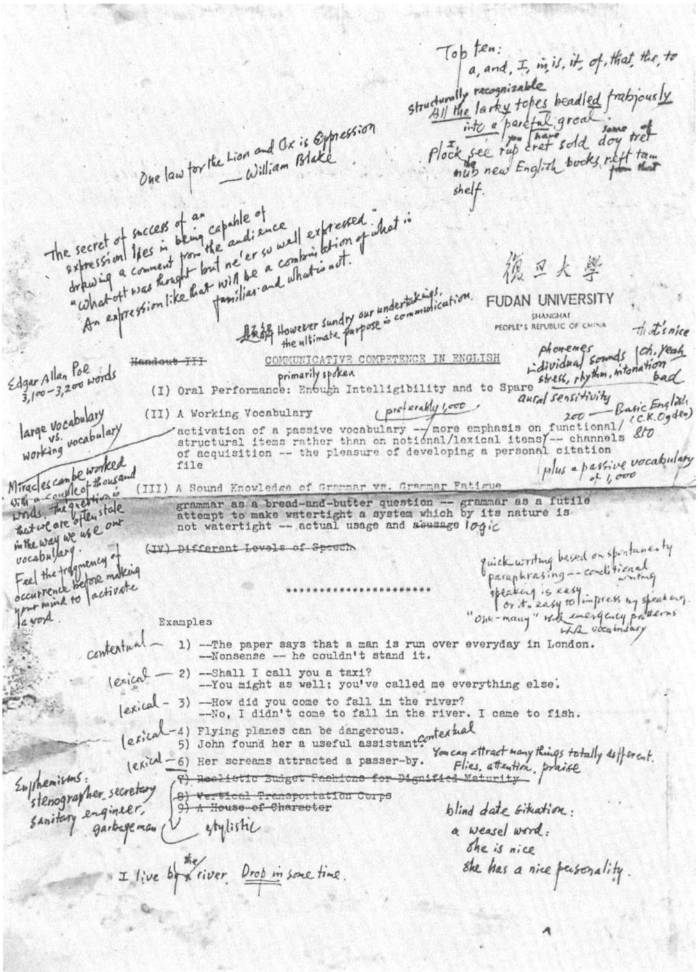

陆谷孙手稿

为中国文学打开一条出路

朱东润

朱东润
（1896 – 1988）
古典文学学者、传记文学作家

大师简介

　　原名世溱，江苏泰兴人。1913年留学英国伦敦西南学院。1916年回国，先后在武汉大学、中央大学、齐鲁大学、复旦大学任教授。长期从事中国古代文学史研究和古代作家传记写作。主要著作有《中国文学批评史大纲》《中国文学论集》《张居正大传》《陆游传》《梅尧臣传》等。

　　如果不是朱东润，我们今天读到的中国人物传记或许还是一个个被历史着色的脸谱。

　　从朱东润开始，中国人物传记的写法发生了颠覆性的变化——以往是春秋笔法，寓含褒贬，不能见到一个完整的人，而朱东润引入了西方传记文学的写作方法，把人物放入时代背景中观察其动向、取舍，他阅尽历史人物背后的史书文集笔记，做大量详细的考证，将一个个有血有肉的、带着时代精神的历史人物展现于今人面前，为中国文学开辟出一条新路。

　　不仅于此，人生92年，朱东润勤于著述，留下千万字，涉及中国历代文学、历史、文化的诸多方面，直到今天，依然润物无声。

以绝好的天分，
从事最刻苦的努力

朱东润的天分是有目共睹的，有几桩事例可以证明：读南洋公学附属小学时，学校组织了一场跨越各个学阶的国文比赛，《关设而不征论》是其中一题，这样一个题目对于十一二岁的小学生来说显然很难，而朱东润在那次比赛中取得了小学组第一名，也因此被当时的校长唐文治记住。小学毕业后，因为付不出学费，朱东润第一次站在了人生的十字路口，唐文治知晓后帮他垫付了学费，他得以又读了两年中学。跟着唐文治的那几年，朱东润读了好些古代典籍，主要是唐宋古文。晚年回忆起这段经历，朱东润说，在唐先生那里，他学会了文章喷薄之美和情韵之美。17岁时，又是一次偶然，朱东润踏上了西去的求学路，到被他称为"学店"的伦敦西南学院就读。朱东润的学费没有来源，于是他便开始翻译书籍，寄回国内出版，以稿费补养学费。那几年，朱东润用文言翻译过几十万字西文小说，其中还有巴尔扎克的作品，出版社也都是赫赫有名的中华书局、商务印书馆，那时他还不到20岁。

尽管求学经历并不平顺，甚至课业几次都没读完，但不可否认的是，天分和机遇，把朱东润带出了家乡泰兴，一步步走向他后来的治学之路。

但"朱先生是不相信'聪明'的，他总是依靠笨拙的方法"，骆玉明在社科大师望道讲读会上，谈起了他印象中的老师。20世纪80年代，他在复旦大学中文系做助教，跟随朱东润读过书。在后辈的眼里，朱东润的研究方法并没有什么神秘之处，两句话就可以概括：踏实、敢于质疑。"对他来说，踏踏实实去面对文本是一切研究的基础。他的研究方法就是从文本出发，在文本当中去比对、去追索、去质疑、去证实，去找到真实的东西"，骆玉明说。朱先生在做《史

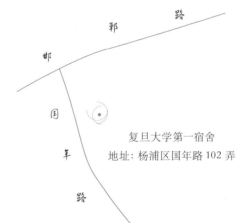

复旦大学第一宿舍
地址：杨浦区国年路102弄

大师纪念地：复旦大学第一宿舍

记考索》的时候没有什么工具书，手头就是一部《史记》，一部泷川资言的《史记会注考证》，但是课要上，事情要做，他就是把《史记》文本仔细地读，拿《史记》自身所有材料做仔细对比。这种研究办法是"笨"的，也是有成效的。陈尚君是朱东润在 1978 年后招的第一批研究生，他还记得第一次跟朱先生上课，就听得先生分享经验："书要读懂、读通，仅仅这样还不够，关键是要读透，要能够读到书中文字所没有表达出的内容，读到文字背后的东西，这才是融会贯通，力透纸背"，陈尚君说，这就是朱先生治学的基本态度和精神。

1916 年，20 岁的朱东润回国，次年到梧州的广西第二中学任英语老师，开启了他的教师人生。虽然踏上教师岗位多少是因为生活所迫，但是显然朱东润没有把这当作权宜之计。他认为学外语是为中国人服务，所以要通外语，更要通本国语，但是对于当时的知识储备，他并没有十足的自信，于是便从认字开始"通本国语"。当时商务印书馆的《新字典》收录了一两万常用字，朱东润每天挑出 20 个，写在纸上，粘在墙壁，务求认识、记熟。他在自传里写道："我认定我是笨，但是我也认定我能下死工夫，肯下死工夫的。"那段时间还发生了一件事，朱东润的中学老师去世，写挽联一事让他有些尴尬：挽联不难做，但是字写不好，只好请人代笔。于是便下定决心好好写字。好好写字的规划看起来很是雄伟，跨越 60 年，从篆书入手，再练隶书，立志要学成一个书法家。他并不是豪言壮语一番就过了，之后，他也确实在遵照这个目标练字。

1932 年，朱东润已是武汉大学的教师，在文学院院长闻一多的建议下，由外文系转入了中文系，正式开启了对中国文学的研究。那段日子，朱东润自述"尽了最大的努力，没有放过一个进修的机会，没有浪费一些有用的时间"，他开

授文学批评史课，以课上讲义为蓝本完成的《中国文学批评史大纲》是中国文学批评史学科奠基性著作之一，又在武汉大学《文哲季刊》上连续发表十多篇有关文学批评和《诗经》研究的专题论文，后来结集为《中国文学批评论集》和《读诗四论》出版。这些写于战乱中的作品，随便拿出一本都是了不起的成果。骆玉明说，朱先生在《读诗四论》里的观点跟 20 世纪 30 年代至六七十年代对《诗经》研究的主要观点不同，因此被引用率比较低，20 世纪 80 年代重印以后，大家突然发现朱先生眼光真的好，现在对《诗经》很多看法也跟朱先生眼光一致。"优秀的学者真的是可以超越时代，有穿透性眼光。"

1939 年，朱东润订立了他学术生涯中一个至关重要的计划——中国传记文学研究与写作，研究中国历代传叙文学的历史是计划的一部分，作为一种特殊形式的文学史著作，相关文献取之不易，朱东润便从各种类书、古注中辑录 400 多种魏晋别传、杂传作为主干，依靠史传、僧传、碑志为基础，加以系统论撰。而那时的研究环境只是一间幽暗斗室，四面透风，"下午四时以后便要焚膏继晷"。朱东润"对着昏昏欲睡的灯光，执笔疾书"，油灯上架个竹架，放一把小茶壶。尽管火力小，有时居然把茶壶里的水烧开了，"夜深人静的时候，喝上一口热茶，读书和工作浑身是劲"。即便是在日军空袭时，写作依然如常进行。《八代传叙文学述论》就是在这样的环境下成文。不过朱东润精益求精，这本后来被学界认为足以代表 20 世纪 40 年代古代文学研究最高水平的著述让他感到"很不满意"，因此一直没有出版。另一

小故事 为教学试写大赋

在武汉大学时，文学院长要求朱东润开设新课"六朝文选读"。朱东润觉得六朝文中最具代表性的是大赋，但自己没有写过，讲授时很难传达大赋的成就。于是仿西晋潘岳《西征赋》，历述战乱中自泰兴至乐山西行沿途之所见所感，成《后西征赋》，伤痛时事，纵论得失。后来者评价，民国间的教师因为要讲授汉晋大赋而尝试写作大赋，真是可贵的追求。

小故事 强烈的质疑精神

朱东润做学问不附随人言，带着强烈的质疑精神。他对学生的要求也是如此。他的学生记得，有一次先生上《诗经》的课，讲到《小雅·采薇》里面有"一日三捷"，通常解说为捷报的"捷"，于是问同学们有没有什么疑问，一位学生提出"捷"如果作此理解，和前后文情绪是对不上的。一向不太夸人的朱先生对这位学生大为表扬，表扬了很长时间。

本《传叙文学述论》命运也是如此。几十年后《传叙文学述论》（出版时题作《中国传叙文学之变迁》）问世，其中创见依然新锐而前沿。在陈尚君看来，老师"读书治学是求道阅世，发表与否并不重要"。

很高的天分再加上一生之努力，爱迪生的那句广为人知的关于"天才"的名言，在朱东润身上得到了最准确的印证。

他有着传统文人的家国情怀，也有着留学生的非传统视野

曾有人拿"早期儒家"来形容朱东润。这也不难怪：他10岁以前科举未废，早年教育受传统影响很深；他立身端正，有传统文人最普遍的家国情怀。他以"天地生人，实属不易，既有此身，便当努力"自勉；对于国家，他晚年常说：只要活着，还有一口气，就应该为国家多做些事情。从他对书法和旧体诗词的主张"要有笔力"，也能看出类似的印记。陈允吉在追忆复旦中文系前辈时提到，朱先生"比较欣赏杜甫说的'书贵瘦硬方通神'，诗歌语言也要显得拗硬脱俗，他不喜欢六朝和初盛唐那种圆美流转的诗歌风格，而更倾向于杜甫以来乃至宋代诗歌中所体现的那股强劲的力量"。

"小夫窃高名，君子慎所守"，这是朱东润题在早期著作《读诗四论》出版之际的一首小诗的其中两句。"当时朱先生还是壮年，已经有一系列的成就，所以在这个时候他提醒自己应该有所坚

持"，陈尚君说。写出这首小诗的时候正是抗战之际，朱东润时刻关注战争情势，以著作参与抗战，做与时代脉搏保持互动的斗士。他非常重视文史著作所体现的时代精神、民族精神，当时出版的《文学批评史大纲》第一句话便是"文学者，民族精神之所寄也"。朱东润有一篇文章叫《诗心论发凡》，阐释了他认识中的《诗经》及其表现的时代精神——中华民族的凝聚力。"那是中华民族在抗击外族压迫时产生的一种精神气质，依靠这种精神，中华民族虽屡遭外患，但是永远都能克服。这是朱先生所认为的诗心和时代精神。"骆玉明说，朱先生研究《诗经》时，关心《诗经》的诗心；在做《后汉书考索》时，他关心范晔做《后汉书》的动机及所关心的时代问题，进而去揭示在动乱时代东汉清流如何承担自身责任，"他认为读书人是有责任的，读书人的责任就是要懂得诗心，懂得时代精神，懂得自己的历史责任，要有所守"。

这么一位早期儒家，寻常身上看不到什么"洋派头"，"好像留学数年，只是英语极好"。"其实在内里，他是把许多西洋文化的东西渗透在他的中国传统中"，骆玉明说，朱先生反对抹杀传统，也反对拘泥于传统，主张立足于中国的基础，从西洋文化中汲取现代科学精神，开拓新的局面。朱东润在十几二十岁最容易接受新事物的年纪留学，看到了欧洲文学、英国文学的状况，两相观照，也深切地看到了中国文学优点和缺憾。他认为，中国的学术界，应当注入一些新鲜的血液。在《中国文学批评史大

纲》这本第一次用新的文学观念较系统考察我国从先秦到清末文学批评发展过程的论著里，朱东润便这么做了。陈尚君说："朱先生在序里面非常明确地讲，他不愿意过多强调时代，也不愿意过多强调流派，更不愿意以问题来谈，他认为文学批评史是对于文学具体批评的历史。他在序言中明确表达他批评的主张是受英国人高斯的影响。"朱东润认为，做学问就是要"通"，学者不能自己设防区，在里面"打了一世的筋斗，翻不出这一潭死水"，而是要"乐取于人以为善"，但目光是"永远向前的"。"法国的伏尔德研究自然科学，英国的加莱尔研究数学，也没有因此减低了他们在文学方面的声誉。"

　　"空间的距离缩小了，地球上面，再没有一个隔离的角落，容许任何文化，作独有的发展。"他在 20 世纪 40 年代给女儿湛若的信中表示，当时的问题，不是在中国文学和外国文学之间有所抉择，而是如何认清自身的任务，"在世界性的文学里，为中国文学打开一条出路"，"中国人的光荣，是为世界尽了一份应有的责任，而不是霸占世界学术的一个角落"——在他看来，中国文学要"启后""开来"，便要做这样的事。

将西方传记写法引入
中国传记创作，
为中国文学摸索一条新路

　　"世界是整个的，文学是整个的。中国的小说和戏剧，受到新的激荡，正在一步步地和世界文学接近"，诗歌"还在大海中挣扎，一边是新体诗底不断地演进，一边有人眷恋已往的陈迹"，"只有中国的传叙文学，好像还没有多大的进展"。

　　朱东润终于为中国文学找到了一条新路——中国传记文学，并为此奋斗了近 50 年，直到生命最后。他曾说过，"我

朱东润

死后，只要人们说一句：'我国传记文学家朱东润死了'，我于愿足矣"。他的最后一本著述，正是一本传记文学——《元好问传》，完成于 90 高龄。

　　朱东润认为，传叙文学的使命是人性真相的揭露，并决心为此做彻底的探究。学生记得，朱先生开始转入传叙文学的那一年，工作重心其实是授课，所作研究也围绕课程展开。"当年没有立项，也没有考核，教授而能有专著，已经是很好的成绩，但朱先生显然不愿止步于此。"

　　朱东润从阅读西方理论开始，在图书馆借了当时唯一能够找到的理论著作——法国莫洛亚的《传叙文学综论》，用一个月时间连读带译，仔细揣摩西方传记写法："西洋文学里，一位重要的传主，可能有十万字乃至一二百万字的传

记，除了他的一生以外，还得把他的时代，他的精神面貌，乃至他的亲友仇敌全部交出，烘托出这样的人物。"

回过头来，他研究中国历代传叙文学的历史，却有些失望。"他认为被《四库提要》称为传记之祖的《晏子春秋》只是'寒伧的祖宗'，《史记》《汉书》的目的是叙史，而不是写人，被史家称道的互见之法，在人物传记中无法看到其一生的真相"，陈尚君说。这种被时代裹挟的、只见一面、未必见得真相的人物传记促使朱东润进行了一次尝试，将西方传记的写法引入中国传记文学的创作当中。明代权相张居正成为他笔下的第一个历史人物。这样一位人物生前身后都有争议，但朱东润认为他是一个在错综复杂的政治纠葛中，为民族生存和发展作出重要努力的人物，在抗战最困难的时期，写出这样的人物，具有激励士气的意义。1943年《张居正大传》完成，成为中国现代传记文学的经典。

在朱东润这里，传记文学是一种有着史学与文学特性但却又独立存在的艺术门类，学术性较强，但在虚构的运用上比较谨慎，这也意味着他需要做大量的史料爬梳工作。写《张居正大传》，便要梳理明初以来政事举措之得失，揭示张的家世渊源与人事纠葛，要在详密的事件脉络和人事冲突中揭示张的政治建树、成功与失败的根源。"虽然最后完成的是30万字的传记，但所作文献阅读当在千万字以上，所作文件考订如写出来也可有几百万字之多。按照英国近世传叙的做法，这些虽然没有写出，但细节却一点也没有简省，这是认真阅读朱先生传记创作的每一位读者都能体会到的"，陈尚君说，朱先生的可贵之处就在于他始终关注人物所处的时代是如何变化的，而身处时代当中的人做了什么事情。

朱东润笔下的人物：张居正、梅尧臣、杜甫、陆游、陈子龙在历史上都是积极用世、曾为国家和社会做出个人努力的人。20世纪60年代曾有出版社请朱东润写苏东坡的传记，终因难以着笔而放弃。"这一位时而认真到固执程度，时而又洒脱得一切无可无不可，亦儒亦道亦佛的东坡居士，给朱先生的品格坚定的价值体系带来了麻烦。他只好转向杜甫和陈子龙。"骆玉明说。朱东润写的是，自己坚守的、时代需要的精神，《王守仁大传》中"即知即行"的实践哲学和大胆否定程朱理学的质疑精神，在朱东润看来都是中国当下所需要的人生态度。这里又可见他"早期儒家"的一面，他本人也是"无论受到何种沉重的打击，也绝无颓唐自放之意"。

"现在五六十岁左右的一代，凡怀念中文系的旧岁月时，总会情不自禁地说：朱先生那个时候……就好像朱先生代表了一个时代，他的名字与中文系的某段历史紧紧地联系在一起"，在复旦大学求学并执教的陈思和曾经这样感慨。

尽管这份职业开始时并非本愿，只是年少时"我瞻四方，蹙蹙靡所骋"后的一个被动选择，而经历了70年的讲台人生，"教师终于讲席"已是朱东润的志向。

1952年，朱东润到了复旦大学中文系，在这里继续他的教学生涯，直到生命最后。在最后十年，凡是中文系的会议，他大多准时参加，每每登台讲话，无不高瞻远瞩，语重心长。他晚年指导研究生，始终坚持亲自授课，每次都讲足两个小时，为学生传授读书方法。他的确做到了他在《陈子龙及其时代》最后所写：真正的战士，必然要坚持斗争直到胜利或者死亡。

75岁时，朱东润总结自己的学术道路，用了《楚辞》里的一句话："搴汀洲兮杜若，将以遗兮远者"命篇，如今我们这些站在时间远方的人，依然在享受着这位老人一生的学术馈赠。

探索中国特色新闻学理论体系的先行者

王中

大师简介

原名单勣，笔名张德功，山东高密人。1935年考入山东大学外文系，1936年参加中华民族解放先锋队，从事抗日救亡活动。1940年后在山东抗日根据地从事新闻工作，曾任《农民报》《鲁中日报》总编辑，新华社山东总分社编辑部主任，《新民主报》编辑部主任。1949年5月到上海后，历任华东新闻学院教务长，复旦大学教授、新闻系主任等职。著有《王中文集》。

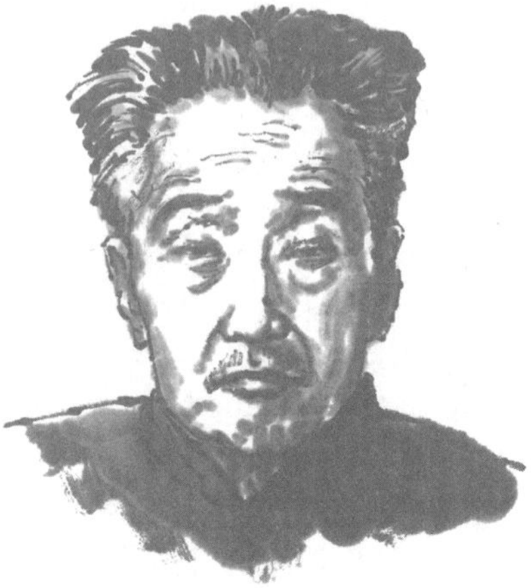

王　中
（1914—1994）
新闻工作者、新闻教育家

1993年4月24日，复旦大学第五教学楼报告厅内，200多名新闻界、学术界人士济济一堂，参加王中教授的新闻理论研讨会。年届八十的王中坐着轮椅出现在主席台上。这次研讨会对于在不平坦的学术道路上坚持跋涉的王中而言，无疑是极大的慰藉，这一天，距离他1950年走入复旦大学校园，开启复旦新闻学的新篇章和中国特色新闻学理论的全新探索，已过去漫长的40余年。

在抗日救亡中起步的新闻工作者

1914年，王中出生在山东高密，他原名单勣，日后写作杂文时，还取过张德功的笔名。1935年，王中考入山东大学外文系，次年参加了中华民族解放先锋队。全民族抗战爆发后，王中毅然投笔从戎，在青岛和高密组织抗日游击队。1938年，他加入了中国共产党，并把名字改为"王中"，原因是"笔画少好认，干脆利落"。王中来到东北军中，在万毅、谷牧等同志领导下从事抗日救亡宣传和兵运工作。他与谷牧一起办油印小报《火线下》，自此开启了新闻工作者生涯。1940年，王中转移到山东抗日根据地，先后在《大众月刊》、《大众日报》、新华社山东总分社、《农民报》、《鲁中日报》、《新民主报》等担任编委、编辑部主任、总编等职。

1949年，王中随解放军南下，上海解放后，他作为上海市军事管制委员会文管会新闻出版处军代表，参加了新闻出版系统的接管工作。紧接着，王中又受命与恽逸群一起创办华东新闻学院。新中国百废待举，华东新闻学院成立的宗旨在于，通过短期培训改造一批旧报人，培养一批革命的新闻干部，以满足全国各地的宣传工作需要。王中此时对于新闻事业的设想，是要将革命战争年代的办报经验上升到理论的高度。他认为新闻工作有三个组成部分——新闻理论、新闻事业史和新闻业务，他对学员们强调，前两项为"学"，后一项为"术"，一旦脱离了"学"，"术"也是不可能提高的。

继华东新闻学院的创办工作之后，

1950年8月，王中调到复旦大学工作，担任副教务长和校党委统战部部长，同时担任全校政治课教研室主任和新闻系代理主任。当时，任教于复旦大学的教授中不乏满腹经纶的学者，要做好统战工作，须在学识上获得认可。王中一身戎装进复旦，毫不怯场。他作演讲，只准备几行提纲，便能口若悬河讲上很久。有一次，他在台上作报告，台下有条子递上来，是一首诗，他当即提笔和诗一首，传了回去。如此才思敏捷，在教授中传为佳话。

王中出色的宣传能力有口皆碑，他的普通话带着浓重的山东口音，一开口妙语连珠，颇能调动现场气氛。他作抗美援朝动员报告，一番演讲，青年人热血沸腾，不乏立志投笔从戎者；他作"恋爱观之我见"的报告，青年人茅塞顿开，对情感问题释然于怀；三八妇女节，他作计划生育的报告，在座者乐不可支，复旦登辉堂里的桌椅都前后移了位置（居欣如：《一树独先天下春》）。

身处校园，别人眼里的王中带着"老革命""老干部"的光环，但他自己则谦虚而实干，对专家学者谦恭有礼，很重视团结知识分子。1956年10月，《文汇报》在上海复刊，王中用"张德功"的笔名发表了杂文《治学与为人》。文章是采用了陈望道先生的话演绎而成的，他经常向陈望道请教，毕恭毕敬，充满诚意（丁淦林：《王中对新闻工作和新闻教育的贡献》）。

大师纪念地：王中雕像（复旦大学新闻学院图书馆内）

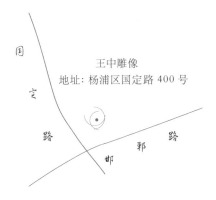

王中雕像
地址：杨浦区国定路400号

🚇 地铁10号线五角场站

1935年，王中考入山东大学外文系，次年参加了中华民族解放先锋队。全民族抗战爆发后，王中毅然投笔从戎，在青岛和高密组织抗日游击队。1938年，他加入了中国共产党，并把名字改为"王中"，原因是"笔画少好认，干脆利落"。王中来到东北军中，在万毅、谷牧等同志领导下从事抗日救亡宣传和兵运工作。他与谷牧一起办油印小报《火线下》，自此开启了新闻工作者生涯。

王中担任复旦副教务长时，苏步青任教务长，两人同坐一个办公室。两人一个是老区来的老革命，一个是曾长期身处国统区的爱国知识分子。王中一方面对苏步青十分尊重，另一方面，谈及各种具体问题，也能直陈己见，毫不遮掩。苏步青后来回忆两人的相处，认为王中没有官腔，忠厚待人。两位气息相投的人交流日益深入。苏步青年过半百之时，还在王中的引领下加入了中国共产党。

王中担任复旦副教务长时，苏步青任教务长，两人同坐一个办公室。两人一个是老区来的老革命，一个是曾长期身处国统区的爱国知识分子。王中一方面对苏步青十分尊重，另一方面，谈及各种具体问题，也能直陈己见，毫不遮掩。苏步青后来回忆两人的相处，认为王中没有官腔，忠厚待人。两位气息相投的人交流日益深入。苏步青年过半百之时，还在王中的引领下加入了中国共产党。

建立中国自己的新闻学体系

纵观王中在复旦大学的学术和教育活动，大体可以围绕他两次出任新闻系主任的经历，分为两个阶段：第一阶段为20世纪50年代为摆脱"苏联模式"的困扰，开展新闻理论探索和教学科研改革；第二阶段是在改革开放之后重新担任新闻系主任时期，延续和发展50年代开始的理论思考。

新中国成立初期，我国新闻事业的一个重要指导思想是学习苏联新闻工作的经验。当时，新闻界翻译了大批苏联新闻工作理论与实践的文章、书籍和刊物，《人民日报》开设的《新闻工作》副刊也是介绍苏联新闻工作经验的重要园地。苏联在1922年就创办了共产主义新闻学院，复旦大学新闻系的思路也是全面学习苏联经验。1954年6月，按照莫斯科大学新闻系办学模式，复旦新闻系将原有"培养人民记者"的教学目标改为"培养有巩固基础、有发展前途的新闻文字工作者"；为培养"文字工作者"，大量精简新闻业务课，增加文史知识课，将原有"新闻学概论""新闻编辑""报纸群众工作""新闻专题"等课程合并成一门"新闻工作理论与实践"课；从1955年9月入学的本科新生开始，学制也仿照苏联，由四年制变为五年制。

对于这些照搬苏联模式的培养方案和思路，王中并不赞成，但由于当时他的主要精力放在校务工作上，对新闻系的学科发展没有过多参与。1956年初，王中与青年教师丁淦林同去中国人民大学进修，听苏联专家讲授"新闻理论与实践"课程。听完课，王中提出了自己的看法，他认为苏联其实并无完整的新闻学，已有的所谓新闻学重视经验而不够系统化，对新闻业务也缺乏关注，因此，不能照搬苏联经验，而必须建立中国自己的新闻学体系。

1956年起，响应党中央"向科学进军"和"双百"方针的号召，王中回到新闻系担任系主任，开始了教学科研改革，以期开创新闻教育的新局面。他的教学改革高屋建瓴，着眼于新闻理论、新闻学原理和新闻规律，希望把新闻学发展成系统性、理论化的学科体系。比如，他深感稳定的教学体系和教学大纲的缺乏，学生也没有特别合适的专业教科书、参考书可用，导致学习过程中一知半解，且对枯燥僵硬的教学形式提不起兴趣，因此，大刀阔斧改革课程，分为四个大方向，分别为新闻史，新闻理论，编辑、采访、写作等新闻业务，新闻政策。

小故事 建立复旦新闻系报刊资料库

王中重视新闻史料搜集，特别重视搜集、购买报刊史料。他曾委派新闻史研究组、资料室的同仁，远赴广东、江西、湖南等地搜觅、购买报刊资料。从事新闻史研究的宁树藩则常去上海街头的旧书摊、旧书店、旧书商家处搜购。经过多方积累，复旦新闻系获得了丰富而珍贵的报刊资料，其中包括当时中央革命博物馆馆藏所缺的《劳动周刊》《工人周刊》。

在人才培养上，王中很重视梯队建设，新闻系每月举办讨论会，师生一起交流心得体会，答疑解惑。从1953年起，新闻系每年留下几位毕业生充实教师队伍，这一时期留校的葛迟胤、夏鼎铭、丁淦林、徐培汀、陈韵昭等，日后都成为中国新闻学的中坚力量。他更是大胆启用了从美国衣阿华大学攻读传播学专业归来的郑北渭，推动了西方传播学在中国的发展。同时，王中也十分重视青年教师党报理论素养的培养，他曾要求新闻系每位青年教师写一篇题为《党与党的宣传工作》的文章，启迪他们在此方向上的思考。

王中认为，新闻学应当重视理论和实践的结合，须不断从实践中发现问题，通过实践调研来思考和修正理论观点。1956年7月底到8月中旬，他组织复旦新闻系教师考察团去无锡《工人生活报》、南京《新华日报》、济南《大众日报》、青岛《青岛日报》访问，考察新闻改革的成就与问题，在脚踏实地的调研中破除对苏联的教材体系、报社经验的迷信研究自身新闻改革的经验和问题。

1956年，王中两次邀请上海知名老报人参加座谈会。这也是突破僵化的苏联模式，从中国办报传统中汲取经验的重要举措，与会的有严独鹤、李子宽、严谔声、胡道静、王煦华、舒新城、顾廷龙、马荫良、伍特公、孙恩霖、汪仲苇等先生。王中提议讨论不限定问题，自由发言，老报人纷纷介绍办报（通讯社）经历、经验，并对新闻学教研工作提出诸多建议。这两场座谈会在当时是很有胆

略的创举，复旦新闻系与上海新闻界老前辈的联系，就是从那时候开始建立的。（宁树藩：《音容宛在 思念长存》）

在总结吸收本土办报经验的同时，王中也积极关注世界各国的报业动态。当时计划编写《中国新闻事业史》《外国新闻事业史》《新闻学原理大纲》三种书和《新闻史资料》《新闻学译丛》两种刊物。《新闻学译丛》不但译苏联的新闻学内容，而且翻译介绍西方新闻事业发展动向和学术动态《新闻史资料》不但刊登解放区办报经验，而且邀请许多上海老报人写文章，回顾从前的办报经验。

《新闻学原理大纲》集中体现这一阶段王中对新闻学的理论思考。尽管这本书来不及完全成稿，只有前几章内容以讲座形式发表过，但涉及新闻学的形成、发展和范围，新闻事业的产生、沿革规律，报纸的性质职能，新闻有学论、社会需要论、读者需要论、党报两重性论与按经济区域办报论等内容，被认为对党的新闻传统、西方新闻学理论和中国传统新闻观点兼收并蓄，初步突破了"新闻无学"的困境，开始确立学科合法性的探索，因而对我国新闻学的系统化、理论化和科学化发展具有里程碑式的意义。

在这本只完成一半的"书"和其他理论文章中，王中对新闻事业自身规律提出了一系列具有启发意义的观点，比如：报纸是在一定社会历史条件下的产物；办报要有读者观点，要满足读者需要；报纸具有"两重性"——工具性和商品性，报纸首先要为群众所喜爱，然后才能发挥指导作用；要按经济区域办报，因为人们除了政治生活之外，经济文化等生活都是以中心城市联结周边，比如苏南城镇就要看上海的报纸，中心城市出版的报纸要与一定区域人民经济生活贴近，等等。这些观点和主张都为当时的新闻改革开路，在这个意义上，王中是一位新闻改革理论家，是理论探讨上的一位勇敢的战士（丁淦林语）。

可惜的是，种种出版计划和兴致勃

勃的理论探索，因历史原因，未及充分展开便中止了。

1960年，王中调入新闻史教研室工作。就其兴趣而言，相当于离开了学术研究一线，尽管从热闹转入冷清，王中也并未消沉，他将具体研究工作转向了新闻史学。在新闻教育史上，无论中外，都出现过"新闻无学"的观点，王中素来反对这种观点，在多个场合反复强调要把研究办报和研究看报结合起来。据宁树藩回忆，在新闻史教研室时期，王中查阅报纸，锁定以"苏报案"后上海革命报纸宣传策略变化作为主要研究目标。王中研究了晚清民国时期的"竖三民"——《民呼日报》《民吁日报》《民立报》，撰写了《〈民立报〉等报的"迂回宣传"》《从〈民立报〉等报看资产阶级革命派的办报思想》等四篇论文，对资产阶级革命派报刊如何应对形势实行"迂回宣传"策略，及其对"新闻自由"的认知和态度，都给予了细致的评析，提出了独到的见解。

宁树藩建议王中不如就此转向，专门研究中国新闻史，必大有成就。然而王中坦言，这不是他的志向，他眷恋的还是身处实际工作和新闻理论探讨的第一线，而不是当一名埋首故纸堆的学者。也正因如此，王中始终认为，对报刊的研究只注意评述所宣传的思想、观点及其作用与意义是远远不够的，新闻史学科应着重揭示的是宣传经验和宣传规律。

在新的历史条件下探索新闻学规律

1979年，王中复出，再次主持复旦大学新闻系工作，并主持创建复旦大学分校。他被聘为我国首批博士生导师之一，担任国务院学位委员会文学学科评议组成员、上海市新闻学会副会长、中国新闻教育学会副会长等学术职务。

改革开放后，中国重启与世界的沟通，中国新闻事业也在此时迈开了走向世界的步伐，王中以加倍的热情再次投身新闻理论的前沿，开展形式多样的研讨活动，新闻系的理论氛围又热烈起来，这意味着他对于作为学科的新闻学的体系和科学地位的研究将在新的历史条件下继续展开。

此时的复旦新闻系教师队伍未散，研究资料俱在，学术血脉犹存，王中希望能在新闻学领域"发出复旦的声音"。出于"新闻系要有名气，必须有自己的刊物"的考虑，1981年，在王中力主之下，《新闻大学》这个日后成为汇集中国新闻界先进理论的风向标性刊物创刊，当期就发表了他题为《论新闻》的文章。此后他又相继撰写了《论传播工具》《论宣传》《论新闻事业的阶级性》《谈谈新闻学的科学研究》等一系列极具思辨性和学理性的重要论文，将过去多年来对新闻学的思考付诸笔端，正本清源，令人耳目一新。

在历史上，"新闻"一词几乎是个语义模糊的混合体，新听到的任何事情、各路情报、奇闻逸事等，均可包含，而等新闻机构出现以后，"新闻"的范围又大大扩充。王中认为，要说明新闻事业赖以生存的因素是什么，则必须先给新闻下个定义。他给出的定义是："新闻是情报，新闻是新近变动事实的传布。"以"新近变动的事实"为出发点，可谓"信息论"，这与陆定一在1943年提出的"新闻是新近发生的事实的报道"这一概念不同。到1987年，宁树藩发表了《新闻定义的探析》一文，将新闻重新定义为"新闻是经报道或传播的新近事实的信息"，这一定义将"报道说"引入"信息论"的轨道，而王中此前对概念的厘清，是宁树藩这一论述的重要基石。

王中在20世纪80年代的另一个研究兴趣是宣传学，提出"新闻工作者要懂得宣传学""新闻要可靠，可信；宣传要有说服力，能够赢得人心"，因为"既要提供新闻，又要进行宣传，这是报纸的两个功能"。他撰写《宣传艺术的魅力》一文，介绍莎士比亚剧本《裘力斯·凯撒》中安东尼和勃鲁托斯之间的辩论，以此分析研究宣传艺术。

王中

功能和特征，充分将新闻学和传播学的思考结合起来。这种变化也体现了王中新闻学研究中一个重要的风格，即不断吸收新事物，研究新问题，提出新观点。这种风格也表现在他对西方学术的关注和借鉴上。相比50年代通过编译活动兼收并蓄西方的传播经验，改革开放后，他更注重了解西方新闻媒体的发展态势，并将麦克卢汉、拉斯韦尔、施拉姆等人的新闻传播观点融入研究，充实和完善自身的新闻思想体系。

理论前沿的探索之外，王中对于新闻史料的搜集和整理也依然十分重视。宁树藩提出，希望获得英国大英博物馆所珍藏的《察世俗每月统纪传》等一批中文报刊的缩微胶卷。王中得知之后，很快向学校申请外汇，并亲自找人委托复旦在伦敦进修的教师代办购买手续，为复旦新闻系购入了这套缩微胶卷，填补了我国报刊史料的重大空白。

尽管学术研究兴趣正浓，但不幸的是，80年代中期以后，王中健康状况欠佳，对于各类学术活动逐渐力不从心。他不得不放下研究工作，日渐缠绵病榻，直至1994年10月去世。

由于种种历史原因，王中早期的部分作品散佚，最终仅留存下30余篇文章，但这些仅存的文章及其包含的观点，至今仍极具生命力，仍可据此了解他思考问题的触角和理论探索的赤诚，仍能感受到他一生坚持真理、不断反思、脚踏实地的学术风格和人格魅力。正如宁树藩所总结的，王中对于新闻宣传的种种观点，其实都可归结为办好党报。王中常说，党报党报，心中既要有党，同时也应有报，"党报的思想原则，一定要和报纸运行规律（新闻规律）结合起来，才能充分发挥作用"。建立马克思主义指导下的、具有独立学科地位和符合客观规律的新中国新闻学，是历史赋予王中这一代新闻学人的使命，他以大半生的不懈努力，交出了自己的答卷，在此意义上，他不啻为探索建立中国特色新闻学理论体系的先行者和实践者。

王中对"如何宣传"一向非常重视。他曾在战争年代讲过新闻学，当时听众的反应是，头一次讲得好，第二次平淡，第三次就空洞无物了。王中从中得到的启发是，没有必要将一些常识问题过多重复，关键在于找到"为什么必须如此"的道理，以及解决问题。不仅要解释现实，而且要改造现实，这体现了马克思主义者的信念，也闪烁着中国知识分子文章报国传统的光辉。

这一时期王中对新闻理论的重视和在教学研究中的各项举措，是20世纪50年代理论研究的延续和深入。前后两个时期，总的目的都是研究如何正确认识新闻规律以及运用新闻规律，但具体理论研究又根据实践的不同而有了推进。50年代的理论研究主要是为了新中国蹒跚学步的新闻学提供急需的理论支持，80年代则更偏重对基础理论问题的研究，包括对新闻与意识形态关系、新闻与宣传的关系、新闻事业的阶段性等问题的研究，在改革开放的市场环境中探讨新闻工作。值得一提的是，50年代王中以研究报纸为主；80年代则关注到了更多元的传播媒介的属性、

潘念之

孜孜不怠于社会主义法学研究

潘念之
（1902 — 1988）
法学家、政治学家

大师简介

浙江新昌人。1924年参加中国社会主义青年团，1925年转为中共党员。曾任共青团宁波地委书记和中共宁波特别支部委员，国共合作时任国民党浙江省党部常委兼组织部长。大革命失败后流亡日本，就学于明治大学法学院。归国后进行争取民主、抗战救亡和统一战线等工作。中华人民共和国成立后，历任华东军政委员会参事室副主任，华东政法学院副院长，上海社会科学院顾问，上海市人大常委会委员、政法委员会副主任，上海市法学会和政治学会的名誉会长，中国法学会顾问等职。长期研究法学和政治学。著作有《宪法论初步》等，并任《辞海》政法学科主编、《中国大百科全书·法学》编委会副主任等。

文化救亡、文化兴国事业的开端

潘念之本名湘澄，1902年出生于浙江省新昌县石磁乡，家中自祖父辈起就亦耕亦读，幼年的他也在私塾中打下了扎实的国文功底，又因经常参与家庭劳作，自小便对劳动者的疾苦有所体会。他后来出外读书，改用枫涂（也作凤图）之名，1927年后又改名念之，1949年前经营工商业时又用过潘公皓的名字。

潘念之13岁进入县里的南明高等小学，他用心诵习《新民丛书》《饮冰室文集》等书，认同和敬佩梁启超，内心反对帝制，于是在日记中批驳“三纲五常”“天地君亲师”之说。当时他的日记须每天呈送教师批改，他日记中的思想被认为大逆不道，因此屡被记过。

1919年，潘念之进入位于宁波的浙江第四师范学校学习。时值五四运

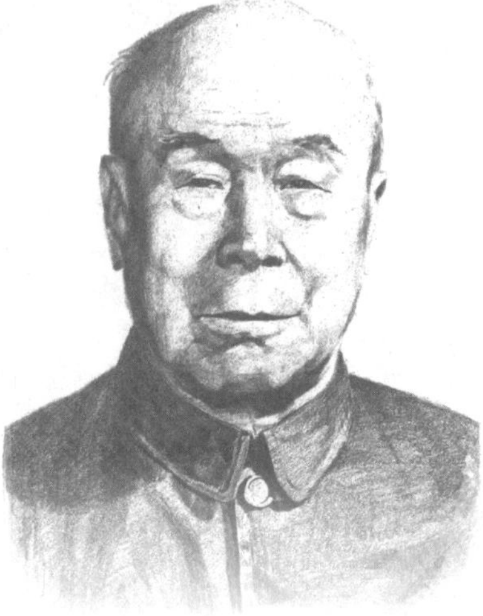

动爆发，他立刻参加了抵制日货运动和学生运动，接触了当时的新文化启蒙运动。《新潮丛书》、《时事新报》副刊《学灯》及《民国日报》副刊《觉悟》，都为他提供了新思潮的养料。1920年6月，潘念之与其他进步青年成立"雪花社"，以"本互助之精神，作社会之改造"为宗旨，学习、研讨新文化，反对旧礼教，编有社刊《大风》，并开办"雪花暑期学校"。这一段经历是潘念之平生首次比较系统地参与新文化启蒙运动，也是他投身文化救亡、文化兴国事业的开端。

当时宁波不少学生主张革新学校，提出许多改革教学和管理的意见，并要求解聘部分顽固守旧的教员。学校为此惩办为首人物，潘念之被"劝"离校，随即转往江苏第二师范学校就读。1922年，潘念之与"雪花社"社员一起在宁波最大的民营报纸《时事公报》副刊"问题讨论"专栏发表《马克思主义是什么》《两条路》等文章，介绍马克思主义基本观点，9月，在"雪花社"中发起成立"社会主义读书会"。

1923年下半年，团中央候补委员、团上海地委委员长张秋人受团中央委派，数次前往宁波，与潘念之、周天僇、赵济猛等着手进行宁波团组织的筹建工作。1924年5月，潘念之经张秋人介绍参加中国社会主义青年团；同月，社会主义青年团宁波支部成立。1925年，潘念之加入中国共产党，担任《宁波评论》主编、团宁波地委机关刊物《火曜》主编，旗帜鲜明宣传马克思主义和反帝反封建思想。

1925年上海五卅惨案发生后，潘念之推动成立了"宁波五卅惨案后援会"，参与抗议帝国主义的集会与游行示威活动。他还与诸位同仁一起创办启明女子中学，自任教务长，接收因在五卅运动中参加反帝运动而被迫退学的教会学校女生，此外，又开办宁波书店，推广中共中央机关报《向导》和《中国青年》等。

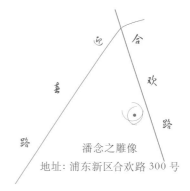

潘念之雕像
地址：浦东新区合欢路300号

大师纪念地：潘念之雕像（上海社会科学馆内）

地铁18号线迎春路站

105

在宁波地区各项革命工作的草创任务完成后，同年10月，潘念之由党组织派至上海，在党领导下的上海大学附属中学任国文教员，并任中共闸北区委宣传委员。次年，潘念之被派回浙江发动反对军阀孙传芳的斗争，率领宁波的代表团出席国民党浙江省筹备委员会召集的全省代表会议。此后，又在绍兴、温州等地负责进行群众组织和政治宣传工作。

1927年，蒋介石发动四一二反革命政变，潘念之亦在通缉名单之列。他在上海化名改装，跟随夏衍补习日文，后经党组织批准，于1928年4月赴日，并于1929年春进入明治大学法学部。留日期间，潘念之参加了东京的马克思主义进步学会——中国留学生社会科学研究会。

1929年，潘念之留学归来，在上海参加社会科学家联合会、自由大同盟和救国会等，继续坚持爱国民主运动。受益于出色的日语能力，后来他翻译了许多日语著作，还编写了《日本口语文法》《日本自民党及其政策的制订》《吉田茂传》《池田勇人传》《田中角荣传》等日本相关书籍。

值得一提的是，潘念之在国民党白色恐怖之下曾失去组织关系长达十年，但始终不改初衷，直至终于重新接上组织关系。

坚持教育，坚持启蒙，
把群众组织起来

1932年，潘念之赴福建南安中学教书，后又转到厦门集美乡村师范学校任教。集美乡村师范采用陶行知的"晓庄式"教育方法，潘念之在那里第一次体会并实践了"生活教育"理念。然而，潘念之清醒地提出，没有反帝反封建的思想实质，生活教育也必然为地主、买办等统治阶级服务。

小故事 新文化运动的启蒙

1919年，潘念之进入位于宁波的浙江第四师范学校学习。时值五四运动爆发，他立刻参加了抵制日货运动和学生运动，接触了当时的新文化启蒙运动。《新潮丛书》《学灯》《觉悟》等，都为他提供了新思潮的养料。

1933年，潘念之又前往河南民众师范学校任教，教授经济学课，每周两次。采用的教本《政治经济学简明读本》由日文本转译，每周译一章讲一章。除上课外，潘念之还与学生一起参加当地的群众活动。不久，因其经济学讲义被指是为共产党宣传而遭解聘。1934年，潘念之在广东的进步学校汕头友联中学教书，并为附近大埔中学的校刊撰写文章。

1937年，他主办了两个时事和政治宣传的刊物，一是《一般话》，一是《人间十日》，其中心内容都是爱国抗日。他撰文批评国民政府"日本方面虽然在预备大举侵略，我国政府却仍抱着和平态度，曲加容忍"；在《一·二八抗战的历史意义》一文中，他对"恐日派"作出了鲜明批判。潘念之认为，一·二八抗战的历史意义就在于令人民的抗日情绪全面展开，从而使全国抗敌的形势有迅速形成的可能，即使反抗失败，但历史意义却是光荣且永存的。

一方面，潘念之认为"内地民众的奋起，是当前抗战转败为胜的关键"；另一方面又清醒地认识到，发动民众投入抗日运动并不是容易的事。他提出：必须训练本地干部人才；必须和地方官吏与绅士们联络进行；要多做启发工作，多做宣传教育工作；要多从民众的切身问题或地方问题做起，要使抗战的工作和他们自身的工作融合起来；要遵守各地方风俗习惯，要适合各地方的特殊情形；要利用原有民间组织和固有特性因势利导；必须与民众的生活打成一片，把自己变成群众的一分子；必须具备坚决的抗战的意志，大公无私的精神，切实负责的作风，刻苦耐劳的生活，坦白诚恳、和易亲爱的态度。唯其如此，潘念之于1928年前往日本留学，归国后，他翻译了小林多喜二的《蟹工船》、增地庸治郎的《经营经济学》和高桥清吾的《社会制度发展史》，还编写了《日本口语文法》《日本自民党及其政策的制订》《吉田茂传》《池田勇人传》《田中角荣传》等日本书籍。

1982年，上海社科院法学所《政治与法律》创刊，潘念之担任主编。1984年，担任《中国大百科全书》总编辑委员会委员，兼任该全书《法学卷》编辑委员会副主任、宪法分支学科编写组主编。《法学卷》主任为张友渔，中国法学界从此遂有"北张南潘"之誉。

方能克服一切困难而把后方民众组织动员起来。

1937年，八一三事变爆发后，潘念之参与了上海文化界救亡协会组织部训练委员会的工作，他把工作分解成两方面，一是对一般同胞施行战时常识训练，一是对青年干部施行救亡理论与技术的训练。

随着革命工作的开展，上海各救亡团体大都感到干部人员的缺乏，各地军队及团体，多向上海要工作人员，许多回到内地去工作的青年，又多要求临时训练，文救会便感到干部训练的急要，于是便决定先办一个短时期的小规模的训练所。筹备工作在潘念之的领导下有条不紊地展开，首先是拟定训练方针，分配课程，其次是招考学生，聘请教师，寻觅所址。潘念之认为，在创办之初，就应该把方针确定下来，他决定的方针有三项：一是以集体主义的自我教育作训练的基础；二是从整个生活上去施行训练；三是理论与方法并重。此外，在决定了方针之后，授课内容也迅速地被确定了下来。课堂上的讲授功课分为四部分，一般政治理论的讨论占50%，民众运动方法的研究占20%，军事常识占20%，防空防毒等技术知识占10%。这些科目都是请上海的各专家担任，每一讲授时间，先由指导者作一重要的演讲，再由学生提出问题共同讨论。上课以外，又规定每日晚间为自动研究的时间。研究分为三种，一种是民众运动方法的检讨，分工运、农运、学运、妇运及军队政治工作五组，各人认定一组加入，将过去的经验及所遇到的困难，提出报告讨论。一种是救亡政策的讨论，如反帝反封建问题、民族阵线问题、军民合作问题均

会提出讨论，各学员都全体加入。一种是时事讨论，每队为一组，分别讨论。这三种讨论，每组都有一指导员加入，每星期都讨论两次。大致方向如此，经过高效的筹备，救亡工作人员训练所在极短时间内就得以开办了。

由于组织得当，小小的训练所中，汇集了上海各方面最有名的学者，他们自掏车资来给学生上课。培训进步青年百余人，分派到各个战地，一部分进入军队工作，一部分则转到后方去。这些训练班成员后来在抗日战争中承担了大量对群众宣传的工作。

这样的行政组织能力，可以说贯穿了潘念之整个工作生涯。

1950年，华东军政委员会成立，他任参事室副主任，调查研究，起草文件，初步审核华东军政委员会各部委提出的指示、法令等文件，审阅各省市的工作报告，向政务院提出报告，编辑《华东政报和政策法令汇编》。

1987年，上海社会科学院组织讨论改革方案，时已85岁的潘念之就院机构改革的目的要求、院所分工、划清职责范围、调整人事、培养新生力量和建立各项规章制度等问题向院提出了全面的书面建议。关于机构改革，他早在1983年就撰文提出：机构改革的目的是提高工作效率，但国家机关与事业、企业单位的性质不同，提高效率的办法也不同，必须根据国家机关的特点来制定改革的方案。

为加强社会主义法制而不断钻研

潘念之长期致力于政治学与法学的研究，新中国成立以前就撰有《思想

家名人大辞典》《宪法论初步》等著作，新中国成立后，他的主要工作也围绕法学研究展开。担任过《法学》月刊副主编、《辞海》政治法律分册主编、《法学词典》常务编辑、《中国大百科全书·法学》编辑委员会副主任等职务，还主编了《国外法学知识译丛》（12 册）、《中国近代法律思想史》（上下册）。

1955 年，潘念之进入华东政法学院研究处工作。同时在华东政法学院夜大学兼课，讲授社会主义政治经济学。1963 至 1972 年，在华东政法学院任教 10 年之久，其后进入复旦大学历史系任教。潘念之曾在特殊年代长期蒙冤，平反以后的近 10 年时间中，由于特定历史条件和机遇，其学术成就与影响都达到顶峰。1979 年，潘念之参与重建上海社会科学院法学所和华东政法学院，并出任社科院法学所副所长，主持该所工作，同时兼任华东政法学院副院长。

"法律的阶级性"是潘念之系统论述过的马克思主义法学思想，相关论述主要见诸《也谈法学的阶级性与继承性》一文。他认为，有国家就会有法，要治国就得有法，马克思主义揭示了法的阶级性和实践性，指出不同阶级专政的国家有不同阶级的法，它们分别适应于不同的经济基础，反映不同的阶级意志，为不同的阶级服务。他强调，工人阶级创造了自己的法律，不搬用任何旧法，因为社会主义社会和以前的社会有着完全不同的基础，旧法律不能成为新社会发展的支柱——"这些法律是由旧关系产生出来的，所以必须与旧关系一同死亡"，而无产阶级创造法律规范的根据，是新的经济发展的要求。

论及具体的法学研究，潘念之所涉领域甚广，在法理、宪法、经济法、法制史等领域，以及诉讼法、婚姻法、司法行政乃至国际法等方面，均有建树。

在法理方面，1980 年，潘念之撰文讨论"法律面前人人平等"的问题。他

《潘念之文集》

与另一作者齐乃宽合作，在 1980 年上海的《社会科学》第一、第四期上，发表了《关于"法律面前人人平等"的问题》与《再论"法律面前人人平等"的问题》。文章指出，"法律面前人人平等"不仅要体现在司法方面，还要体现在立法方面；所谓"人人平等"，不能只对一部分公民讲平等，应该对一切公民讲平等；并且强调"法律面前人人平等"的意义是反对特权、要求民主，是政治上的权利平等，也是经济上不受剥削的平等，而这种平等只在社会主义社会能实现，只在社会主义法律条件下能实现。"法律面前人人平等"是社会主义法制的一项基本原则，必须在立法、执法和司法上全面完整地得到贯彻。在我国社会主义条件下的"法律面前人人平等"已完全不同于资本主义条件下的同一原则，它是建立在我国社会主义公有制经济基础之上，体现在我国社会主义整个法律制度之中，为巩固和发展社会主义的经济制度发挥着积极作用。

在宪法方面，20 世纪 80 年代初，在潘念之主导下，上海社会科学院法学所宪法室呈交了修改宪法的建议。此后潘念之也到北京参加了修改宪法的会议。1982 年，在《社会科学》第七期上，潘念之发表了《宪法的概念和这次修改宪法的重要意义》一文。指出：宪法是根本法，是统治阶级意志和利益的反映；

宪法的性质是政权的性质，为一定的政权服务，并随着政权的变动而变动。文章回顾了在中国共产党领导下制定宪法的历史，对新中国成立后制定的几部宪法进行了客观评价。同时，他还主张在新宪法中恢复"公民在法律面前一律平等"的原则。1982年宪法公布后，潘念之对如何维护新法的权威、如何监督宪法的实施等问题，均提出了建议。

在经济法方面，1985年和1987年，潘念之先后编撰出版了《中国经济法浅谈》和《中国经济法理论探索》。《中国经济法浅谈》指出中国经济法调整国家在组织管理国民经济和经济组织（企业）自身在其经营管理中产生的各种经济关系，为发展社会主义生产力服务。该书深刻分析了经济法的由来和发展，中国经济法的形成和经济基础，中国经济法的概念、调整对象、主体、客体，中国经济法的基本原则、调整方法，中国经济法体系等问题；并绘制了"中国经济法体系草图"，将经济法分为综合性法规、专业性法规、监督性法规三大部分。《中国经济法理论探索》提出了"经营管理说""企业中心说""经营权与所有权分离""经济法学体系是一项艰巨的社会工程"等观点，也在法学界产生了很大影响，为中国经济法学的理论研究开拓了新境地。

潘念之对中国法律家和法律史也素有研究。他对春秋时晋国刑鼎、子产刑书，战国时荀况的政法思想、《韩非子》、法家的特点等，均有所探讨。潘念之对近现代法制史也用力颇深，他曾关注过近现代杨鸿烈的《中国法律思想史》程树德的《九朝律考》《中国法制史》等，也曾发表《"中华民国临时约法"的产生和被撕毁》《关于辛亥革命和北伐战争被破坏的问题》等论文。此外，他还主编《中国近代法律思想史》，这是国内首部研究中国近代法律思想史的专著，亦为法律史学界的一项重要成果。该书论述中国近代法律思想的发生、发展、演变及斗争历史，尤其值得一提的是，书中对"近代"分期的传统提出自己的观点，认为中国近代史应从1840年鸦片战争开始，到1949年中华人民共和国成立为止。

纵观潘念之的法学思想和研究，他是一名坚定的马克思主义法学学者。在自身的法学研究兴趣之外，他也非常重视法学研究对于加强社会主义法制的重要作用。在经历"文革"之后，1979年，潘念之适时提出"加强法制必须重视法学研究"的观点。当时全国只有四个大学设有法律系，有一个单独设立的政法干校和四个政法学院，有属于中央和地方社会科学院的两个法学研究所。潘念之认为这样的法学教育和研究配置依然无法满足社会主义法制发展的需要，因此呼吁：必须进一步加强社会主义法制。

党的十一届三中全会后，针对法律的理论和实践环节存在的诸多亟待解决的问题，潘念之又结合自身工作体会提出了几点建议。其中谈到"要树立无产阶级的世界观，要有点革命气魄，敢于为学术而奋斗"，以及"过去法学上设的禁区不少，现在已经冲破一些，还要继续冲，继续破"。他在革命年代用文字进行启蒙、对群众广泛开展宣传工作的热忱，一直延续到和平年代的法学研究，正如他在学术研究中一直所强调的：法学研究是革命和人民的事业，法学研究者要不为名，不为利，不计较个人得失，孜孜不怠，兀兀穷年。

以科学之眼，
带人们认识真正的体育

吴蕴瑞

吴蕴瑞
（1892—1976）
体育教育家

大师简介

字麟若，江苏江阴人。1918年毕业于南京高等师范学校体育专修科。后任教于该校和东南大学等。1925年留学美国，在哥伦比亚大学研究体育。1927年回国，任东北大学、北平师范大学教授、中央大学体育系主任、教授。中华人民共和国成立后，历任南京大学体育系主任、教授，上海体育学院院长，中华全国体育总会副主席，中国体操协会主席，上海市体委副主任。著有《运动学》、《体育原理》（与袁敦礼合著）、《体育教学法》和《田径运动》等。

《中华人民共和国体育史》里有一条评价："他这些著作在当时曾被体育学科普遍采用为教科书，在我国体育界有很大影响。"这个在史册留名的"他"，就是体育教育家吴蕴瑞。在20世纪二三十年代，他先后撰写了《运动学》《田径运动》《体育建筑与设备》《体育教学法》等体育学科著作，并合作出版了《体育原理》，这些著作将科学的视野带入当时重实践轻理论的体育界，"濯去旧见，以来新意"。

体育在我国古代"盛衰不定，漫无系统"，普及度并不高。儒学素来重文轻武，道家崇尚葆精惜气，对体育的误解古已有之。西方近代体育传入中国，也曾遭遇一个个误区：体育只是四肢的活动，农忙体操便可得之？还是举力造出几个竞赛传奇，便是体育？

混沌之际，吴蕴瑞以科学方式打开体育大门，将体育视作一种特别的教育手段，并将这种方式从"小众"推广至整个社会，让体育成为人们自我提升、融入社会的一种方式。他因此获得了很多赞誉："我国现代体育科学理论的重要奠基人""体育教育的开拓者之一"，这些赞誉放在他身上并不夸张：在近 60 年的教研生涯里，他将学术触角延伸到体育学的各个领域，包括运动力学、运动解剖学、体育原理以及体育建筑与设备方面——他的学术履历上最常见的两个字便是"第一"。

从世界体育发展趋势中思考中国体育发展方向

吴蕴瑞生于江苏江阴，父亲是私塾老师，读书求学是自然而然的事。19 世纪末 20 世纪初的中国深陷内忧外患，仁人志士在各个领域内寻求救国良器，成长于此间的吴蕴瑞也选择了一条相同的路。青少年时期的吴蕴瑞甚至有些单薄瘦小，偏偏就读的江苏师范学堂体育活动较多，受学风浸染，吴蕴瑞爱上体育，也为他之后"从体育一端着力救国"

埋下伏笔。后面的路说来也巧，1916 年初，南京高等师范学校特设二年制体育专修科，这在当年高教界是首创，第一批招生 23 人，吴蕴瑞便在其中。体育专修科主任麦克乐是中国近代体育史上有名的外籍体育专家，也是吴蕴瑞的第一位学术导师。专科毕业后，吴蕴瑞便开启了近 60 年的体育教育人生。"教然后知不足"，此后他一直持续更新自己的知识体系，也因此一次次走到体育理论创新的最前沿。

机会留给有准备的人。1925 年，吴蕴瑞争取到第一个，在当年也是唯一一

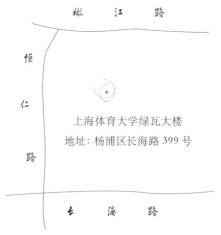

上海体育大学绿瓦大楼
地址：杨浦区长海路 399 号

大师纪念地：上海体育大学绿瓦大楼

🚇 地铁 8 号线嫩江路站

小故事 爱画入骨髓的体育家

吴蕴瑞在琴棋书画上颇有造诣。留学美国期间，曾公开演奏琵琶、古筝。在中央大学担任体育系主任时，与艺术系主任徐悲鸿切磋丹青，曾有“徐悲鸿的马，吴蕴瑞的牛”之说。徐悲鸿曾说：“江阴吴蕴瑞先生麟若，以名体育学家而酷嗜艺术，而爱画尤入骨髓。以竹为师，所诣清逸，卓然独到。渐渐扩大领域，写花卉鸟兽，其中尤以梅花芙蓉家鸭水牛为有精诣。”

个体育专业官费留学生的名额，赴美于芝加哥大学医学院修习人体解剖学、生理学。当时，美国体育理论界权威威廉士在哥伦比亚大学主持了一个体育原理研究班，学员都经过严格选拔，读完芝加哥大学后，吴蕴瑞成为这个研究班的一员。这个亚洲青年颇受威廉士赏识，美国举办“体育与健康教育之关系”学术研讨会,威廉士破例带了他作为助手。1927年10月，应东北大学邀请，结束美国学业正在德国进修的吴蕴瑞提前回国，重新走到讲台上，主讲“人体机动学”“场地建筑与设备”及体操。

受尚武救国风气影响，从日本传入的军国民体育思想曾长期是国内体育思想的主流，在其影响下，学校实施兵操近20年之久。1915年前后，实用主义教育思想和自然主义体育陆续进入中国，尤其是自然体育思想的推广，松动了军国民体育思想的主导地位，然而如何认识、发展体育，并没有形成一个相对一致的结论。

20世纪30年代，中国体育界发生了一场“土洋体育之争”。有人提出，欧美日本流行的运动竞赛，是有闲的国民的游戏且有害身体。拿到中国后，这些“洋”方式不能奏效，所以以武术、养生为主的“土体育”加上练兵操、多劳动最适合国情。吴蕴瑞看到后，便站出来为“体育”正名：竞赛损害健康缺乏科学统计依据，而且“凡主张偏重竞赛运动者，大都为少数不明体育之徒耳”。“在他看来，虽然国难当头，但参加体育锻炼可以恢复人的精力，提高工作效率。另一方面，社会越发达，闲暇越多，是自然之理，通过运动可以消磨余暇，达到‘体养精神’之功效，是未来社会发展的一种趋势”。上海体育学院教授舒盛芳认为，吴先生看到了体育在未来社会中的重要性，与他在美国留学并亲身感受到美国工业社会的发达不无关系。“他后来明确提出，发展国民体育应该从两个方面去着手：适应个性发展需要、适应社会发展。可以看出，他不是简单比对‘土体育’‘洋体育’谁优谁劣，而是站在更高的角度来看待中国体育的发展问题。”留学的经历让吴蕴瑞学到了国外的先进体育理论，但这些理论如何用于国内他有着自己的判断：“不能因其国粹而提倡之，亦不能因其舶来而鄙弃之，当以其是否合乎生理心理及个人社会之需要而定其取舍之方针。”如舒盛芳所说，吴先生的这一提法对于中国体育的整体发展，尤其是怎样正确地认识西方近代体育在中国的发展，无疑具有深刻的历史和现实意义。“‘土洋体育之争’是在‘九一八’事变之后全民族极力捍卫自己民族的生存和独立意识的氛围中开始的，吴蕴瑞先生为中国体育发展前途计，能第一个站出来理论，足见其个人的胆量和开放态度。他从世界体育发展的趋势中理性地思考中国体育的发展方向，在今天看来，不愧为对中国体育发展的一种正确引导。”

要实现对一个人的完整教育，普及体育不可少

吴蕴瑞曾说：“体育主旨不在于练成粗腕壮腿，重在团体道德的培养，吾们在今日提倡体育，不仅在操练个人的身体，更要借此养成团体合作精神，体育运动最突出的特点是以培养人为目的。”

体育是什么？按当时流行的说法，体育就是身体的教育。但在吴蕴瑞看

吴蕴瑞任上海体育学院院长期间，通常一早就来到操场，察看学生锻炼情况，有时还和学生一起跑步。那时，大多数学生家庭经济不宽裕，往往光着膀子锻炼，见院长来了觉得不礼貌，有的便忙着去穿运动衫。此时，吴蕴瑞总是笑着说："继续跑！继续跑！"甚至也加入其中"赤膊上阵"，学生都说，吴院长"一点院长架子也没有"。学生黄良友去北京听学，忘了带钉鞋，吴蕴瑞便趁去开会之际，专程到黄良友处送鞋子。

20世纪30年代，南京市举办中小学第二届运动会，大会总裁判长就是当时的中央大学体育系主任吴蕴瑞。吴蕴瑞为办好这届运动会出谋划策，制定规则，甚至连跳远沙坑的沙子质量、跳高木杆质量都一一亲自检查。比赛中，他公正严明，出力颇多，几乎放弃了全部休息时间。运动会结束后，有人提出给他津贴，吴蕴瑞却说："我们能为孩子们的体育运动出些力本是理所当然的。"

来，体育是教育的一种手段，着眼的不仅仅是"强健之身体"；"合作之精神"也"须于体育训练中得之"。因此他认为，体育，更重要的目的是人的全面发展。只不过这种教育方式有些特别，不是读书写字，而是以身体大肌肉活动和适应环境为工具——"体育之意义，乃以身体活动为方式之教育也"。在《体育原理》一书中，吴蕴瑞将体育的目标归结为三方面，第一是机体之充分发达；第二是各种技能与能力之培成；第三是品格与人格之陶冶——最终指向的都是育人。在吴蕴瑞看来，缺失了体育的教育，并不完整，而要实现对一个人的完整教育，普及体育不可少。

1927年，吴蕴瑞任教中央大学体育系时，就试图通过课程设置，实现体育普及。他曾经翻译介绍过弗斯脱氏的体能测验方法，并把其中的体能分级方法运用到具体教学中，当时体育系为非体科和非运动班学生开设了普通体育课程，每周必修两三个小时，吴蕴瑞依学生的体能分为三级编班上课，其教材涵盖各种体操、球类和田径等，因材施教地锻炼学生。目的"并非仅仅为学校争一时之荣誉"，而是帮助学生"养成运动之习惯、良好之消遣、健全之身心、愉快之精神、展用其所学，担负国家建设之责任"。1929年，吴蕴瑞在《普及体育之意见》一文中明确提出体育普及化思想，发表在当年的《体育季刊》第二期。在文中，吴蕴瑞提出，参与体育者的层面要广，要普及到社会各阶层。他提倡人人参与体育活动，从小培养运动兴

趣，养成运动习惯，同时也探索改良运动教材，用活泼有趣的运动代替索然无味的体操。吴蕴瑞曾先后担任三本体育刊物的负责人，撰写文章累计十万余字，以此大力推广体育理念，传播体育思想。有后来人评价，吴蕴瑞所阐述的普及体育思想与1995年国家制定的《全民健身计划纲要》有异曲同工之妙。

虽是留美归来，倡导的也是自然主义体育，但吴蕴瑞并不迷信欧美体育。当时的西方体育过度倡导运动训练、比赛成绩，极端的"选手制"一度盛行，吴蕴瑞却唱起"反调"，认为从西方传入我国的近代体育注重运动赛会，但开运动会纯系一种手段，并非目的，他力揭弊端：选手教育只是造就少数技能优越的选手，而于一般身体衰弱、需要体育训练的学生，反被少数人剥夺了机会。这样畸形发展的选手制，在教育机会均等的原则下，绝无存在的理由。

1932年，吴蕴瑞参与了《国民体育实施方案》的起草，吴蕴瑞"体育普及"的思想也从纸上落到了实地。值得一提的是，吴蕴瑞提倡体育普及，特别强调不得忽视女子体育，在他看来，美德等国家体育兴盛的原因在于男女体育并重，男女体育平均发展才能复兴民族的体格。

首倡体育学术化，以科学构建体育理论

1930年，吴蕴瑞的体育理论专著《运动学》出版，60年后《中华体育之最》

吴蕴瑞

在提到这本书时给出这样的评价:"不仅在当时体育落后的中国视为首创,亦远远超过同期国外其他运动学著作。"

哪怕是今天翻开《运动学》,都觉得它与一般认识中的体育用书不太一样——里面是大段的力学公式、定律,以及描述发力与角度关系的图解——倒很像是一本物理书。

这也不难理解。吴蕴瑞的学生刘汉明曾在纪念文章中提到《运动学》的写作始末:"余尝聆吴师言,其著《运动学》一书也,曾专向理学院物理系听课四年,复结合人体解剖学的知识,在运动场上,细心观察各种运动动作,深入思维,每有所得,即援笔记之,经长年积累,反复验证,始写成此书。"那是1922年,吴蕴瑞30岁,他那时就意识到了体育与科学理论之间的重要联系——"应用力学之于运动,犹工程学之于建筑,土壤及肥料学之于耕稼,其重要可知"。

留学美国期间,吴蕴瑞发现美国体育源于欧洲,便决心追本溯源,到英、法、德等国收集运动力学的资料,但并没有找到相关学术著作。只有在考察法国陆军体育专门学校时,遇到一位有相同见解的体育老师,吴蕴瑞特地请当时在法国攻读数理的严济慈代翻译,共同探讨运动力学问题。回国后,吴蕴瑞便提出"体育学术化"的主张,在《运动学》的序里更是冀望科学家与体育家携手,解决体育上的科学之问——《运动学》一书成稿后,吴蕴瑞便邀请了同校的物理学教师胡刚和物理系学生倪志超校阅。

吴蕴瑞身体力行,以学术开道,课程奠基,将体育学术教研建立在解剖学、生理学、生物学、心理学、社会学等学科基础之上。他任教中央大学体育系后,规定体育科与其他本科专业一样,学期四年,开设生物学、生理学、应用解剖学、体育原理、急救术等必修课程,还特意将物理一科列为体育科必修科目,在当时的各校体育系中"只此一家",这样的课程设置也为后来高等体育教育课程设置提供了模板。

当时的体育是以解剖学为出发点,盛行的是"心身关系二元说"。吴蕴瑞曾慨叹"在今日思想及科学,均已打破此种见解,而体育尚在其阻碍之下,不能摆脱,诚可悲哀矣"。在他的体育教育思想中,"身心一元论"是思想核心。但"身心一元论"绝非一个形而上的理论,它有着扎实的科学基础——"每群肌肉必有神经系统管理之,做大肌肉之活动时,凡脊脑、延脑、小脑、基底神经节(Basal Gang)及大脑皮质部之司运动区,莫不参加活动,常练习之神经系统是上举各部分(脊脑、延脑、小脑、基底神经节、大脑皮质部）与肌肉同时发达……故专谋肌肉发达，不顾神经系统者，大不通也，神经系统之各部分与其他各区域，均有神经纤维使之互相联络"——这段满是生命科学专业术语的文字，就出现在1933年吴蕴瑞所写的《体育原理》相关章节里。"人们对自己的大脑进行深入研究始于20世纪初。吴蕴瑞先生在20世纪30年代就运用脑科学和神经肌肉学说方面的知识与原理，对体育教育思想和方法进行了一定的研究，在当年人们只重视身体的肢体体育的情况下，首次从脑功能和肌肉神经系统的角度来阐述体育锻炼的功能和价值"，上海体育学院教授徐本力说，从脑科学的角度对体育之功效及由此引发的体育教育思想进行深入研究是从20世纪八九十年代开始的，而吴先生早在70多年前就开始从脑神经功能的角度指出了体育对于发展脑神经功能的积极作用，实属难得。

新中国第一所体育高等学府的第一任院长

1952年，吴蕴瑞接到了一个新的任务——在南京大学体育系、华东师范大学体育系和南京金陵女子文理学院体育科的基础上，筹建华东体育学院，这是新中国成立后创办的第一所体育高等学府。

"作为新中国第一所体育学院，没有现成的经验可以借鉴，吴蕴瑞白手起家，从抓教学计划、教学大纲的制订、教材的编写开始，到引进高水平的师资，重视学科建设、提高办学水平，呕心沥血，做了大量的开创性工作。"戴炳炎曾供职上海体育学院期刊社，在校史里他看到了吴蕴瑞在上海体育学院成长发展路上留下的足迹：当学校从万航渡路的圣约翰大学旧址搬到清源环路，吴蕴瑞同绿化工人们商量，建荷花池，造六角亭，在绿瓦大楼前，用小冬青栽培成"发展体育运动，增强人民体质"字样，"他常说，校园环境整洁、优雅，学生才能有好心情去读书、训练"。他特别重视培养教师和师资队伍建设，"多次论述'体育教师应为人格导师，青年模范'，要有仁爱之心。1953年中央体育学院（今北京体育大学）成立后，他陆续派青年教师去参加研究班，听苏联专家讲学。在'派出去'的同时'请进来'，苏联体育理论专家凯里舍夫等就是那时请来的"。

而即便是一院之长，吴蕴瑞更常出现的地方是学校的操场。戴炳炎记得几位学院老教授说起吴先生的故事，那几位老教授都是吴蕴瑞的学生。黄良友记得，吴先生在讲解下肢运动时，用奔马跑动时的趴地动作启发大家思考，训练时反复体验髋关节、膝关节、踝关节以及足部各关节的活动，短跑时想象奔马的形态，理解短跑的特点，理论上懂了，短跑成绩也提高了。陶心铭则记得另一段课堂插曲：一次体操课练习单杠屈伸上，很多同学都上不去。当时吴蕴瑞在一旁看课，对学生说：体操光靠力气不行，你们的动作不符合力学原理，所以老是上不去。接着，他在单杠前讲了力点、支点的原理，边讲边做，动作轻松而漂亮，令同学们惊叹不已："这么大年纪还做得这么轻松、这么好！""在教学训练中，吴先生不只是讲怎么练，更告诉学生为什么要这么练，目的是让学生明白体育训练中原理的重要性"，戴炳炎说。

学校的老师曾将吴蕴瑞的体育教育思想总结为16个字："身心一统，德技相长，文理兼修，服务社会。"而在此基础上形成的"身心一统、兼蓄竞攀"8个字已成为师生们引以为傲的校训。

大

城

披沙拣金
在中国的思想长河里

蔡尚思

蔡尚思

（1905—2008）
历史学家、思想文化史家

大师简介

号中睿，福建德化人。中学毕业后到北京自由听学，并向海内诸文史名家问学，学业大进。1929年起，任教于大夏大学、复旦大学、华中大学、沪江大学、东吴大学和无锡国专。中华人民共和国成立后，一度为沪江大学代校长。1952年调复旦大学任教授，历任历史系主任和副校长。1953年加入中国共产党。任国务院古籍整理出版规划小组顾问。于中国思想史、学术史和文化史研治尤深。著有《中国思想研究法》《王船山思想体系》等，有《蔡尚思全集》。

1939年，蔡尚思的第一部代表性学术著作《中国思想研究法》出版。为书作序推荐的是蔡元培、柳诒徵、蒋维乔、顾颉刚，全是学界赫赫有名的人物，其中，柳诒徵在序尾引了一句蔡尚思最喜爱的句子作为勉励："创天下之所无，而反对得人之得而不自得其得"，这两句表露了青年学者蔡尚思的志向，后来也成为他治学一生的写照。

蔡尚思的治学之路很不一样。他以常人不能及的苦读实现博通，大规模地在历代文集中把中国数千年来，尤其是宋以后宝贵的思想材料发掘出来；又在博通之上追求创新，"详前人所未详，或发前人所未发"，成一家之言。他重点研究中国思想史，20多岁起笔，90多岁仍笔耕不辍，跨越了一个世纪的人生里，为中国思想史研究领域留下了丰富著述，

116

更留下了他"自得"的独到见解。

师名家，研思想，
做对人民有利的学问

　　蔡尚思的求学经历是特别的，跟随的老师每一位在文化史上都可圈可点。1905年出生于福建德化的蔡尚思，因看到报上一则清华学校研究院的招生信息，便不顾家庭宗亲的反对，只身离乡求学，而且求学的地点一定要是北京，因为当时北京是时贤最为集中的地方。蔡尚思家境清寒，德化到北京路途又远，北上之行也无熟人照拂，结果如何更是难以确定，赴京读书的举动在当时不到20岁的蔡尚思身上颇有些破釜沉舟的意味。"不勤学即自杀，不自杀即勤学，无必死之精神，则无必成之事业"，这些话里可见他的决心。然而受闽南战事影响，蔡尚思到京时已经错过了清华招生期限，经引荐，他见到了王国维，于是拜王国维为师。一开始可能只是千里赴学的志气打动了王国维，真正的"敲门砖"则是蔡尚思在福建永春苦读古文、钻研韩愈文章练就的笔力——王国维看过蔡尚思寄送的文稿后大为赞扬："……具有思致笔力，亦能达其所言，甚为欣喜！年少力富，来日正长，固不可自馁，亦不可以此自限。"自此，蔡尚思展开了国学研究的新一页。其后拜梁启超为师，则是通过

一部书稿。1925年秋，蔡尚思把一部关于先秦诸子的书稿《百家思想》寄给梁启超请教。梁启超颇为欣赏："其见精思，更加覃究，当可成一家之言。"梁启超的鼓励，使蔡尚思更加努力研究先秦诸子思想，这也是他决心研究中国思想史的正式开始。

　　蔡尚思是非常果敢的，在20来岁的年纪，就非常清楚自己追求什么，并不会为权威之语左右。他在北京自由听学的同时，考上了孔教大学，校长是前清进士、美国哥伦比亚大学哲学系留学归来的陈焕章。陈焕章要求学生对"孔学"先信后学，蔡尚思却不以为然，认为先信后学是主观的，是宗教家的语言；先学后信是客观的，才是科学家的语言，于是毅然离开孔教大学，从那之后，弄清楚孔子思想的真实面貌成为他一生的研究课题。蔡尚思"学问欲日益大"，而后又考入蔡元培主持的北京大学国学门研究所，研究所鼓励学生自由深入研究乃至"开展争鸣"，不设年限，非常对

沪江大学旧址
地址：杨浦区军工路516号

大师纪念地：沪江大学旧址（今上海理工大学）

🚇 地铁12号线爱国路站

小故事 **以师语为座右铭**

蔡尚思的书房里挂有一张顾廷龙的书法条幅，上面抄录着蔡尚思作为座右铭的王国维、梁启超、柳诒徵、顾颉刚四位师友对他的鼓励支持之语。顾廷龙书后有跋，写道："忽忽四十多年，先生年高学进，著述日新，益弥钦挹，叩其修养之道，则曰：得力于往时师友箴语，终身服诵不懈……"

小故事 **为治学强身健体**

蔡尚思曾说，锻炼贵野蛮，不避高山，不避冷泉。他晚年登高健足都似年轻小伙子，一马当先，不肯落于人后。游历时，看到山水秀丽，兴致一来，也不管是否寒冷，便下水游泳，常引得同行人惊愕。为了在家中泡冷水浴，他买来一只莲花缸，每天泡上几分钟甚至半小时，坚持了几十年，直至95岁那年，经家属劝阻才罢休。

蔡尚思的胃口。那段时间，他经常去北京大学和北京图书馆看书；访问各导师，同他们交谈学术问题；自由地间断地去听一些课和学术报告。研究所师资雄厚，权威硕学集一时之盛，蔡尚思经常向陈垣、朱希祖问史学，向陈大齐问西洋哲学，向梅光羲、李翊灼问佛学及孔学，与蔡元培通信求教……陈垣更是指导他做文章须要言不烦，拒浮词，这对蔡尚思以后的行文风格产生了很大的影响。当时跟随的老师都是史学、哲学界的大咖，在学习过程中蔡尚思尤其体会到只研究哲学而不研究史学，会失之玄虚而欠缺史实，只研究史学而不研究哲学，会失之烦琐而欠缺理论，而他的志向是学有所得，用之于世，因此他决心将史学与哲学结合起来研究，逐渐摸索出了以文学为基础，史哲结合为专业，以思想史、学术史、文化史为重点的治学道路。

1928年，作为一个经常靠一个小馒头撑一天的穷学生，蔡尚思迫于生活压力结束了北京的求学生活，南下谋事，至此，他并未有一个盖"章"定论的文凭，蔡尚思也不看重这些。他曾坦言，老师王国维只有大学问而没有什么大资格大名气，可见一个学者在实学而不在什么虚名。

读书不为学历，又是为了什么呢？他的学生李妙根说出了缘由：老师的哲学是"平民哲学"，他做学问的标准是是否对人民有利。这也在蔡尚思的文章中得到印证，他曾写道："我的思想主要原则始终不变，如主张人民至高无上，一切都要为人民。"这一思想源自他幼年半农半读，吃过许多苦，几乎丢了性命的经历，更源于他的母亲——他晚年反思自己"能有今日，首先要归功于母亲"，"母亲是我的唯一无二的家庭教师"，也曾说"要了解我，就先要了解我的母亲"。深受封建礼教压迫的母亲教育十几岁的蔡尚思"为老百姓而读书""为老百姓打不平而读书"，蔡尚思一直以这两句话为母亲对他最重要的教导，在他心中其重要性远远超过了许多儒家经书。他犹记得读书人都以做"人上人"相勉励，母亲却教他做"人下人"，认为不愿做在百姓之下的人，便不可能想到老百姓的一切事。母亲在他心中种下的"唯民思想"，势所必然地成为他追求和接受马克思主义的桥梁。1931至1934年，蔡尚思在武昌华中大学任教，与几位学生秘购马克思主义理论相关书籍约100种，互相借阅，也是在那时，他接受了马克思主义新理论新方法，治学水平上了一个新的台阶。1939年出版的《中国思想研究法》，正是蔡尚思以武昌期间学习马克思主义所作的笔记为基础写成的，是在旧时代敢于公开宣传马克思主义立场、观点、方法的一本新著作，也是较早运用辩证法唯物论的著作之一。《中国思想研究法》涉及了海量的史学材料，这里则要提到蔡尚思的另一个治学特点：苦读，而且是少有人为之的开矿式的苦读。

大图书馆是老师的老师，是大学的大学

"我从前只知大学研究所是最高的研究机构，到了30年代，入住南京国学图书馆翻阅历代文集之后，才觉得进研究所不如进大图书馆，大图书馆是'太

从苦难走出来的蔡尚思推崇墨子，认为墨子的一部学说史就是贫苦之人刻苦奋斗的学说史。他身体力行，年轻时以墨子"日夜不休"精神苦读苦思。生活上践行"节用"，不抽烟、不饮酒，只喝白开水；穿衣更是从不讲究，只要达到冬暖夏凉就很满足；有学生造访他家，想请他到小饭店吃饭，他坚决推辞，转而热一些包子菜汤作为招待。

上研究院'。"

1934年，因为校长失信，蔡尚思愤而辞职，变成一个"失业青年"。而这段失业经历却促成了他平生治学的"黄金时代"——一整年，他在大学问家柳诒徵主持的南京国学图书馆里住读，把图书馆当作自己的书房，每天十六七个小时，"竭泽而渔"式地读尽了馆藏历代文集，"该馆所有文集三千种通通过眼，然后稍稍放心"，"企图把古来的优秀思想集成为一书，打破几千年来的限于旧传统旧统治的那一套"。

一年时间，在柳诒徵的特别关照下，蔡尚思完成了汉代到民初除诗赋词曲以外的全部前人文集的阅读，摘出研究资料达200多万字，他的"结业证书"就是他手批的南京国学图书馆《图书总目·集部》5大册。蔡尚思这一在今天看来也近乎疯狂的举动并非心血来潮，他读了所有关于中国哲学史、思想史、伦理学史、政治思想史、经济思想史等类著作，觉得书中的人物都是寥寥无几，于是发愤要从内容包括各方面的历代文集中去补充搜集，而且他坚持认为"学问必须掌握全面资料，从自己研究的心得中得出初步的论点。除了前人、他人的研究成果必须随时吸收以外，都是以不盲从为好的"。辞职后的空档期对蔡尚思来说，是践行这些想法的绝佳时机。

正如皇家图书馆之于司马迁、班固，天一阁之于黄宗羲，欧美众图书馆之于马克思……蔡尚思坚信学者的博学多才与大图书馆是分不开的："大图书馆是老师的老师，是大学的大学""学问从老师中来，而思想则要从非老师来"——非老师就是书、就是大图书馆。一年住读结束后再回教席，蔡尚思仍利用寒暑假专程赴南京住读。南京住读并非开始，也非结束，为搜集中国思想史的材料，"务使最重要的材料，不致多数逃出我目之外"，十余年时间，从上海到武汉到北京，蔡尚思是各家大图书馆的常客。新旧学者通常的搜集材料法，或是信任目录学书或是请大学问家框定一个范围，相比之下，蔡尚思的方法"又苦又笨"，但他却认为"最可靠可喜"，因为付出心力和挖到的矿也是成正比的，"真如古人所谓：'披沙拣金，往往见宝'"。蔡尚思从中觅得的"珍宝"实属不少，有新的学术发现，也有治学思想的转变——他反驳了古来学者"汉后除宋明理学、隋唐佛学、魏晋玄学外，几无思想之可言，尤以清代为最甚"的异口同词，认为就社会科学及其他思想方面而言，在先秦诸子以后，实以明清为最盛，亦最有价值……他自省过去对一些国学大师、史学专家过于盲目崇拜，经此番搜集，才发觉他们也未必正确：章太炎考据均田井田思想，以为历史上只有几个人，他却查出几十个；而对于老师陈垣的《史讳举例》一书，"此时就为它补出好多类例来"。他总结心得：上流研究和专门研究者，与其请人家指导，不如请自己博学广查来得可靠。而在此基础上专研小问题，才可以算是"真的专精"，不然会变成浅陋，变成"小足式"地做学问。

苦读的习惯伴随蔡尚思一生，哪怕耄耋之年依然不辍，20世纪80年代末，80多岁的蔡尚思为编著《中国礼教思想史》，每天"打卡"复旦图书馆，后来又为编著《周易思想要论》多次挤公交车去上海图书馆等处查阅资料。一度早上7点半到图书馆，一直坐到图书馆关门。

《王船山思想体系》便是蔡尚思晚年苦读的结果。1981年底蔡尚思不小心摔坏了膝盖髌骨，医生嘱咐他静养，这段时间他便用来读书。王船山的遗书有500多万字，连梁启超都"自认未读王船山全部遗书"。李妙根记得，当时每一两周就拿几册线装的太平洋书店版《船山遗书》到老师处，再将读过的几册取回。半年专读加上之前断断续续数十年的阅读，蔡尚思攻下了全套遗书，用三年时间写就《王船山思想体系》，得出无人能驳倒的王船山哲学思想可取、政治思想多不可取的结论。《王船山思想体系》成书后，谭其骧作序推荐称：不仅是王船山研究著作中的一个典范，也是整个中国学术思想研究领域中的一个典范……无疑是值得广大学习思想史的研究工作者学习的。

　　"治学之道，首要的在于多读书"是蔡尚思做学问的体会，也是他传授给学生的宝贵经验。李妙根记得，老师对研究生的主要授课方式就是，基于《中国文化史要论》一书的"中国思想史原始资料选要"开书单，让学生写读书笔记。"他叮嘱我们读书要读得仔细，要读原始资料，曾举例说，人们常引用孔子的话'仁者人也'然后大加发挥，然而在《中庸》里明明还有下句'亲亲为大'，只看前一句理解起来是片面的。"

唯信真理、坚持争鸣、提倡创新

　　"学问是'学'和'问'连在一起的，不学不问怎样能成为学问家呢？"蔡尚思认为，光好学读书是不够的，还要善疑好问。因此他坚持争鸣，也提倡创新。

　　蔡尚思研究中国思想史，十分崇尚先秦时代的学术之风，认为先秦诸子最具原创意识，而这种意识正是在各家各派相互辩难、相互争鸣之中被激活的。自由争鸣的精神和学术民主作风从北大时期就浸透于蔡尚思的血液之中，他一直相信学术只有展开百家争鸣，才能向前发展，也曾说过"学术研究和创作没有自由争鸣的空气，便出不了大家，也出不了名著"。当有人以"大师""大家"来称颂他时，他自谦不是"大师"而是教师，不是"大家"，而是"百家争鸣"中的一家。他敢于争鸣，也欢迎争鸣，晚年著作等身、桃李天下，而他没有视自己为"权威"，在他看来，"对一切都应当只

蔡尚思

有是非之分，而没有人我之别"。

　　蔡尚思一生唯信真理，而不问一切宗派门户，以"不迷信前人，不害怕孤立，不随风使舵，不曲学阿世"为治学原则，一切凭自己的学习心得作出判断和结论，这恰恰展现了他在付出巨大心力治学后建立的学术自信与实现的学术独立。在他的著作里，经常会看到他对一些大学问家的观点提出异议，比如在《王船山思想体系》一书中，反驳了章太炎、梁启超、熊十力等人对王船山的片面夸大之词；再比如对清人袁枚"翻案"，认为袁枚是秦汉以后不多见的伟大思想家，"只列入文学史中，称为诗人、文人，这未免太小看他了"，这与许多前辈学者的观点也大相径庭。作为蔡尚思的学生，姜义华在接受采访时也给出了类似的例子："蔡先生的《中国传统思想总批判》及续编，是一部论战性的著作，论战的对象都是他的同时代名家，政治性、学术性都很强，旗帜鲜明。他所讲授的《中国现代思想史》，重在群体性分析，所研究的对象近百人，其中很多人是他的老师、朋友或经常打交道的人，因此，常常能够道他人所未道。蔡先生是中国现代思想史研究的开拓者。"尽管会质疑、会反驳，事实上，蔡尚思非常尊重老师，常以师友们的鼓励之语自勉，甚至请顾廷龙手书这些鼓励之语，装裱挂墙，以时时提醒自己。只不过，他的学术

与感情是分开的，此处可参见他的一句名言"我爱孔子，我尤爱真理"。

蔡尚思一直试图将争鸣的学风传递下去，甚至为人不解，被贴上"好辩""偏激"的标签。但他依旧"自甘做异端，不愿效尤、不易守残"，为的是多听不同声音，择善固执，从善如流，因为"学术上的真理与谬论不是一时分得清的，必须经历时间与实践的考验，不宜匆忙下结论"。所以他主张学术研究没有禁区，学术面前人人平等，尊重不同意见，反对"为尊者讳，为贤者讳，为亲者讳"等"春秋"笔法。他曾主动将一篇在学界引起争议的学生文章发表在自己主编的《复旦学报》上，并鼓励那个学生"论文引起争议，是好事，就怕文章写得不痛不痒，敢于纠正前贤及时贤的论点，很有说服力"。

争鸣贵在创新。袁枚称著书立说最忌"得人之得而不自得其得"，这句话对蔡尚思影响至深。他曾说，做学问，就是应当有创见，一部书至少要有一半是自己的观点，否则，东抄西摘，弄些空洞无物的大部头书，何异于骗子。因此尽管辛苦，他乐于走别人没走过的路，做别人不做的事，也因此才有了一部部著述

背后"前不见古人、后不见来者"的书海拣金，也有了他"略人之所详，详人之所略；揭人所未揭，言人所未言"的著述原则。

"我不记年龄！只记读了什么书，还要做什么事。"蔡尚思晚年一直以"忘年人"自称，倒不是忌讳年纪，而是在学术研究的舞台上，他愿做"永不毕业的研究生"，忘却年纪，多做学问。80岁以后，他仍思考不断，笔耕不息，《蔡尚思全集》收录著作 20 多种，文章 300 多篇，相当一部分是他 81 岁退休之后完成的，90 高龄还撰写了《论语导读》《墨子思想要论》等论著。对此，他自有说法："学术是学者的生命。活着一天就要做一天学术研究；不搞学术研究，等于行尸走肉，活着又有什么意思！"蔡尚思深知身体对研究学问的重要性，因此拒绝做文弱书生，而要做业余体育家，多年泡冷水浴，自编体操锻炼身体，为的是"延长其学术生命，因为学术生命是第一生命，肉体生命是第二生命"。

蔡尚思常说"学问永不毕业，思想长葆青春"。他之所以可以永远"正当年"，正是因为胸膛里那颗为学术、为人民的赤子之心罢。

德化县蔡尚思励志馆

「我的毕生只做了教学、翻译两件事」

方重

方重
（1902—1991）
翻译家、英国文学专家

大师简介

字芦浪，江苏常州人。1923年毕业于清华大学。后留学美国，并获学士及硕士学位。1927年归国，参与筹建武汉大学，并任外文系主任。1944年，赴英国讲学并任英国三一学院客座教授。1947年回国后，先后在安徽大学、浙江大学、华东师范大学、复旦大学任教。1956年调入上海外国语学院，曾任英语系主任、外国语言文学研究所所长等，兼任中国外国文学学会顾问、上海外文学会会长等。著有《英国诗文研究集》，译有《乔叟文集》《陶渊明诗文选译》《坎特伯雷故事集》等。

方重，1902年生于安徽芜湖，乃家中独子，自幼家境贫寒，其父为人厚实，"受过张之洞时候的那种'新式教育'"（方重语），精通古文，后供职于商务印书馆编辑部，从事国文字典的编纂工作，编有《白话词典》。其母出自常州书香世家，外祖父曾创办县立"冠英小学"。七岁那年，外祖父便携着方重的小手，亲自将其送入了校门。校园里，除了语文、数学、史地、写字、画图外，方重开始了英文的学习。

1916年，14岁的方重只身离开江南，考入北平清华学堂中等科二年级。亲见北洋政府之卖国行径，目睹其腐朽统治下山河破碎、民不聊生之惨状，体味着洋人教师的傲慢自负，受够了卖国校董的曲意逢迎，少年胸中愤懑之气难平，暗自许下救国、兴国的誓言。

大城

122

唯一的动力是爱国主义

1919 年 5 月 4 日，愤怒的学生冲进了"卖国贼"曹汝霖的家，方重便在队伍之中，"当时我只是凭着凡有志热血男儿都有的爱国热情参加了这次运动，没想到，从此奠定了我一生的道路"。就此，读书人"一心只读圣贤书"的幻象破灭，"方重们"的个人前途和国家命运牢牢地绑在了一起。从此，国计民生长牵心头。

几十年后，那一天所发生的种种依旧刻在他的脑海里，他常常问自己："你为祖国的繁荣、民众的进步做了些什么？"用文学作匕首、作投枪，不能让民族五千年文化瑰宝埋没在尘埃之中。开启民智，方能救国。方重用实际行动给出了自己的答案。

1987 年，85 岁高龄的方重在《青年报》上发表了一篇题为《愿后辈少一些老来的遗憾》的文章，他写道：

一些研究生和大学生很喜欢问我这样的问题："当年您是怎样走上这条翻译家之路的？""什么是您自强不息的动力？"我总是回答一句话："不论是学生时代，还是成为教授之后，唯一的动力是爱国主义。是五四运动造就了我方重，爱国主义精神是我赖以生存的精神曲线。"

1923 年，怀揣着"把中华文化精华传播海外，以振国威；把西方科学文化精华吸收进来，以振民风"的理想，方重远赴大洋彼岸求学，先后前往斯坦福大学、加利福尼亚大学，师从国际著名的乔叟研究学者塔特洛克教授等，从事英国文学及语言研究。其间，与南加州大学师范学院留学生叶之蓁喜结连理。

身在异乡，游子饱尝国家落后致其国民所遭受的轻侮。题为《十八世纪的

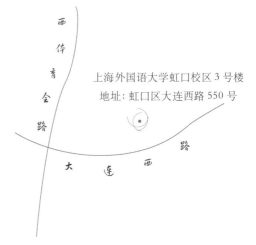

上海外国语大学虹口校区 3 号楼
地址：虹口区大连西路 550 号

大师纪念地：上海外国语大学虹口校区 3 号楼

🚇 地铁 3 号线赤峰路站

英国文学与中国》的博士论文完成，博士学位即将入手之际，方重一家却愤然选择提前回国。

1931年2月，受好友——时任武汉大学文学院院长闻一多之邀，方重出任武汉大学文学院教授兼外系主任。以提高学校第一外国语（英语）水平为己任，他提议将英语列为与语文、数学并重的全校性必修课。

那些年，方重是珞珈山上出了名的严师。他作风严谨、要求严格，学生对他的课便不敢怠慢。语法学家章振邦对恩师不曾忘却：先生奉行启发式的教学方法，教授作家作品时，并非照本宣科，布道式讲学。而是从作品产生的时代背景入手，择其精彩部分深入研读，其余则留作学生自学，所谓"深入浅出、以点带面、举一反三、授之以渔"。大师的学识修养和为师之道可见一斑。

时光走过了一个甲子，章振邦对于武汉大学图书馆中的英文藏书记忆犹新。那些书都以作者的出生年代为序进行排列，可谓井井有条、一目了然。英国文学藏书尤为齐备，各个时代的重要作家作品可谓应有尽有。这一切与外文系主任方重的努力显然是分不开的。

1937年，日本侵略军南下，武汉大学迁校。于是，从珞珈山到乐山，满目国家政局与经济形势之乱象，教师群众与行政当局之间矛盾日益尖锐，方重被举为"教授会"主席，然此"教授会"在诞生之前便无奈作罢。

教授英美文学的同时，方重从未放弃中国古典名作的译介工作。汗水不会白流，心血不会白花，他的作品引起了海外学术界的高度重视。1943年至1944年间，受英国文化协会之委托，英国近代生物化学家、科学技术史专家李约瑟教授及英国牛津大学某古典文学教授来到中国后方的几所大学里邀请五人赴英讲学，是时正埋头英国中世纪诗人乔叟著作翻译工作的方重便在其中。

于是，1944年夏秋之间，方重告别武汉大学，自此结束了他在这里13年的教学及行政管理工作。

1947年冬，方重提着书箱从英国归来，在安徽大学短暂停留后，很快便应时任华东教育部部长的清华学长孟宪承来电邀请，赴浙江大学任教。

20世纪50年代，方重辗转于浙江大学、浙江师范学院、安徽大学、华东师范大学、复旦大学，最终于1956年扎根在了上海外国语学院（上海外国语大学前身），任西语系主任、英语系主任、外国语言文学研究所所长等职。

"中国人还是以本国文学为主要研究对象较妥"

"我以为我们中国人搞比较文学，就应当以中国文学为主要研究对象。比较文学这个词是从西方传来的，但'比较'这种方法却是中国古已有之。"方重曾说，如果我们建立比较文学这门学科，连比较的方法、对象都一并从外国"引进"，光搞欧洲文学之间的比较、欧美文学之间的比较，而将中国文学这个富饶美丽的园地弃之不顾，"且不说是扬短避长，就是对我们又有多大实用价值呢？外国文学之间的比较，有外国人搞去。中国人还是以本国文学为主要研究对象较妥，如搞中西比较，搞中国与其他亚洲文学的比较或同非洲文学的比较，等等，其主要目的还是促进本国文学的发展"。

方重出任外国语言文学研究所所长时，该研究所的常务副所长一职便由俄国文学专家廖鸿钧教授担任。廖鸿钧曾表示，方重很早就有了比较文学的眼光，他不赞成各学科闭门造车、自谋发展，提倡不同语种学者间广泛交流，互通有无，互助共进。上海外国语大学副校长查明建教授则评价，对于中国比较文学学科而言，方重可谓开疆辟土的力

方重

将功臣。

20世纪80年代，作为《中国比较文学》杂志副主编，已是耄耋之年的方重常常到编辑部坐坐，跟编辑部的年轻人"随便谈谈"，著名翻译理论家、上海外国语大学高级翻译学院谢天振教授便是其中的一位"年轻人"。都说，年长的人爱讲"故事"，谢天振的记忆中方重却是对于过去闭口不谈的，辉煌也罢、伤痛也好，似乎都不值一提。于是，谈话内容便仅仅、紧紧围绕着"学问"和"做学问"：比如"比较文学长期以来，在国内是被忽视的，现在重新开始研究是很有必要的，也是很有前景的"；比如，"研究比较文学不那么容易，是要花大功夫的"。至于什么是"花大功夫"？是时，年轻人心里也并没个准儿，直到后来谢天振拜读了方重早年的长篇论文《十八世纪的英国文学与中国》。从题目可知，文

章写的是18世纪的事情，作者却从《英国十六世纪的航海业》一书中所透露出来的英人对于"震旦古国"的期待与求索写起，内容包罗万象：17世纪耶稣会士书信中对于中国的描述，英国散文家波顿在作品《忧郁的分析》中对于中国及中国国民的想象，17世纪后期英国舞台上上演的中国题材戏剧，《旁观报》上刊载的散文家司蒂尔·爱迪生关于中国的文章，18世纪英国著名诗人蒲伯发表在《守护报》上推崇中国式花园建筑的文章，法国法学家孟德斯鸠的《波斯通信》，法国作家阿雄的《中国通信》，法国耶稣会士杜哈德的《中国全记》，以及《鲁滨逊漂流记》第二部中鲁滨逊由荒岛归来取道中国回国的一段描写，笛福在另一部鲜为人知的作品《新路程环游世界记》中提及的中国沿海贸易及国人之面貌，元杂剧《赵氏孤儿》自

1990年夏，耄耋之年的方重作诗一首："八旬半盲方重老，山光水色梦中绕。喜闻桃李满园开，尤怜落英墙外飘。"字里行间诉说着一位长者对于祖国深深的眷念，言说着一位教育家对于毕生事业真挚的热爱，讲述着一位为人师者对于海外未归学子切切的牵挂。

一日，何寅接到方重打来的电话，要求他朗诵陶渊明诗给自己听。何寅一时摸不着头脑，不知其用意何在。方重解释道，朗诵能助其翻译，他听着听着，英文的句子就会一串串地冒出来。何寅恍然大悟，便跑去学校录音室帮其录音了。

法国而至英国的过程和其中的变迁，等等。

作此文时，方重不满30岁。他在材料搜求和梳理上所花功夫之深，令人钦佩。然作者并没有停留在材料的钩沉和堆叠上，而是透过这些材料的比较分析，透视那个时代社会的心态。其深厚的学识与开阔的视野，即便在一个世纪后的今天，依旧让人叹服不已。

几十年后，谢天振忍不住询问方重，为什么没有沿着比较文学的路走下去？先生笑而不语。背后的种种便不得而知。

而后，方重的研究重心显然转移到了翻译上。在这一领域，不光他所进行的学术活动和所取得的成就独步国内译坛，他所从事的乔叟作品汉译和陶渊明诗文英译工作，都取得了令国际学界瞩目的成就。从某种意义上说，这也是方重作为老一辈学者对中国比较文学作出的特殊贡献。

作为翻译家，
他真正做到了"贴着人物译"

乔叟作品皆用中古英语写作而成，而国内懂中古英语的人屈指可数。方重是第一位把乔叟作品翻译成中文的学者，也是一位乔叟专家。

着手翻译乔叟作品前，方重已潜心研究乔叟十余年。1943年，他译著的《乔叟故事集》出版了。此书后经多次整理、修订、补充而成两卷本《乔叟文集》，于1962年出版，而后再版。1977年，乔叟专家、美国学者罗明斯基访问中国，还专程拜访了年逾七旬的方重，交流研究乔叟的心得。

方重对于陶渊明诗作的英译工作则始于1944年。方重曾说，"我在英期间，为了使英国人士对我国文化有深入了解，曾对照我国古代诗歌的许多英译本，发现不少译文不甚确切，深感这类汉译英工作之重要不亚于英译汉。因此，我在研究乔叟之余，倾力翻译陶的诗文，为中英文化交流做些努力"，意在为世人生动展示一位中国古代伟大诗人的"高风亮节"。

"我始终认为，只有了解作者，才有可能全面了解作品。譬如陶渊明，他有《闲情赋》，有《归去来兮辞》，有《桃花源记》，还有《五柳先生传》。就有人据此称他为田园诗人，将他归类比较。但如果我们纵观他的一生，就会发现对他冠以这个称号是不合适的。即便他那些归田退隐、描写田园生活的诗歌、散文，也常常闪烁着'济苍生'的抱负，流露出关心世事与忘怀得失的矛盾心情，只有在对作者的思想充分认识的基础上，我们的作品比较才可能深刻而有分量。"

上海外国语大学何寅教授与方重的认识便缘起陶渊明诗集的翻译。为了译好陶诗，方重四处寻求中国文学研究者的帮助，后经人引荐，找到何寅。在那个特殊的年代，一书难求，接过何寅递来的鲁迅的《魏晋风度及文章与药及酒之关系》，老先生喜出望外，自此二人交情渐笃。在方重的要求下，何寅还以朗诵的方式帮助方重翻译陶诗。

查明建与陶渊明同属安徽东流（今东至县）人，对陶公诗颇为喜爱，他对于方重最初的仰慕便缘于此。在一次"纪念方重先生座谈会"上，查明建曾表示，译者的境界分为三种：文字翻译、文学

小故事 力求风格统一，毅然放弃莎剧诗体译本

朱生豪是翻译莎士比亚剧作的大师，可惜莎剧尚未译尽，便英年早逝。人民文学出版社拟出版《莎士比亚全集》时，请方重补译其中的《理查三世》。为了表达对于故人的敬意，力求与其译作风格统一，方重毅然放弃了已完成的诗体译本，重新以散文体翻译此剧。此等胸襟，恐非常人可及。

翻译和心灵翻译。方重的翻译，既是达至化境的文学翻译，也是与作者惺惺相惜的心灵翻译。在他看来，方重的陶诗译文真正抓住了原作之灵魂，译得境界全出。译者行至此，原因有二：其一，40年精益求精，不断修改，以求臻于完美；其二，方重乃研究型翻译家，凡其所译，必从花大力气研究开始。因此，方重的译本，既是文学性强、与原著了无隔阂的文学译本，也是学术研究译本。作为翻译家，他真正做到了"贴着人物译"。

方重曾告诫后辈："外译汉诗要做好不同民族和国家之间的文化交流事业，必须先将诗人或思想家的历史地位与生活背景搞清楚，然后认真钻研其著作，才能译出好作品。"他广泛收集国外出版的各种陶诗英译本，只要能买到的，便千方百计地托人去买。买不到的，"哪怕是借来看几个小时也好"。

"通识为本，专识为末，学为所用"

1986年，方重受命成为上外第一位博士生导师。这一年，他已是84岁高龄的长者。在外语人才培养上，方重坚持"博雅之士、通才教育"的理念，主张学生要了解西方文明精神，具有汇通东西方精神思想且互相介绍传播的能力。他认为，"通识为本，专识为末，学为所用"才是人才培养的合理途径。在校大学生不应该被训练成为仅有一技之长的专业人才。归根结底，教育还是要着眼于人类的发展和文化的进步。

他倡导阅读经典，认为多读书、多读好书，如攀登高峰，使人眼界大开、胸襟大展。学外语的人尤其当从大量的文学作品中汲取营养，滋养心灵。他常常推荐学生阅读《莎士比亚戏剧》《圣经》两部英文书籍，认为它们对于读者内心世界的延展和知识结构的拓展大有裨益。他曾说，《圣经》最打动人的一点就是"同情"；而莎士比亚作品则是想象力的集结，字里行间跳跃着大师的思想张力，带领读者体验别样的人生。

他说："我一生致力于中外文化交流，总觉得有许多事情没有来得及做，总后悔年轻力壮时为何不再努力一把。因此，虽然年届80高龄，我仍在带博士研究生，从事繁忙的翻译工作，以及外文学会的工作，可叹自然规律无情。唯寄希望于后来人，能珍惜今日优裕的学习条件，能把国家富强、人民幸福看作是自己的事；愿今日的大学生、研究生能取得比我更高的学术成就，到我这样的年龄回顾一生时，会比我少一点遗憾。"

论学术，他中外文修养深厚，尽心为学，是当时国内绝无仅有的中古英语专家，是赫赫有名的"二级教授"；谈为人，他"闲静少言、不慕荣利"，只是一位中等身材、皮肤白净、头发花白，戴着眼镜，常常去学校的开水房打热水的长者。他神色淡定，给人一种超然物外的感觉。

查明建曾说，他"绚烂至极而趋于平淡"，身上散发着古代学者特有的气质。

他自己却说，"我的毕生只做了两件事——教学、翻译"。

"闲静少言、不慕荣利"是《五柳先生传》中的两句，谢天振认为把这两句用在方重身上，也并不为过。

历史是维新的证佐，
不是守旧的护符

吕思勉

字诚之，江苏武进(今属常州)人。曾任上海光华大学教授、历史系主任。1951年起，任华东师范大学教授。生平从事中国古代史研究，1921年出版《白话本国史》四册，是较早的一部有系统的中国通史，对当时史学界有一定影响。后又著成《中国通史》两册。晚年从事断代史研究，先后出版有《先秦史》《秦汉史》《两晋南北朝史》《隋唐五代史》等。另著有《中国民族史》《史通评》《燕石札记》等书。生平勤于写读史札记，着重综合研究，讲究融会贯通，有《吕思勉读史札记》。

吕思勉

(1884—1957)
历史学家

吕思勉是 20 世纪的史学名家，与陈寅恪、陈垣、钱穆一起，被著名历史学家严耕望举为"中国史学四大家"。华东师范大学历史系张耕华教授曾比较陈寅恪和吕思勉史学风格的相异之处，谓"陈寅恪的史著蕴含着一种惋时抚事的感伤和深沉悲凉的情怀"，而"吕思勉的史著常带有一种强烈的乐观主义"。（张耕华：《历史哲学引论》）

与绝大多数学者不同，吕思勉是自学成才，所谓"生平并无师承，皆读书而自之"。他平心静气，埋头枯守，熟读二十四史，留下身后文字近千万言。顾颉刚在闻知吕思勉逝世后，于日记中留下了这样一行文字："全国中精熟全史者唯此一人。"

严耕望曾评价吕思勉："无道学气，也无领导社会的使命感。"张耕华继之曰："虽无领导社会的使命感，却有强烈的推动社会进步的责任心。"而吕思勉自己曾言："历史是维新的证佐，不是守旧的护符。惟知道历史，才会知道应走的道路，才知道自己所处的地位，所当尽的责任。"

《白话本国史》为通史写作开了一个新的纪元

光绪十年甲申二月初一（1884年2月27日），吕思勉生于江苏常州十子街。"予生于中法战争之时，至甲午中日战争，年十岁"，"家世读书仕宦，至予已数百年矣"。治史一辈子，聊起自己儿时那些事情，史学家的叙述中也充满了家国情怀。"少时尚无公私立学校，十五后稍有之，然时视外国文及技术，均不甚重；故生平未入学校"。据吕思勉自述，12岁以前皆延师于家，而后师于其父，"予母及姊。皆通文墨，亦相助为理"（吕思勉：《吕思勉论学丛稿》）。23岁时，吕思勉已遍读二十四史，并做了大量札记，为日后为学生涯打下了扎实的基础，也就此明确了治史之前途。

此后，吕思勉辗转于常州、苏州、上海、沈阳等地，教授国文。著名历史学家钱穆早年入读常州府中学堂，就曾受业于吕思勉。"不修边幅，上堂后，尽在讲台上来往行走，口中娓娓不断，但绝无一言半句闲言旁句屡入，而时有鸿义创论。同学争相推敬"，这便是定格在钱穆脑海中先师的模样。彼时，吕思勉大致25岁的样子。

而后，吕思勉先后在中华书局、商务印书馆做过编辑，其间丝毫未曾怠慢

大师纪念地：吕思勉旧居

吕思勉旧居
地址：虹口区山阴路165弄66号内

四达路

山阴路

吉祥路

地铁3号线虹口足球场站

史学研究的工作,终于在 1920 年岁末完成《白话本国史》的写作。

《白话本国史》原名《自修适用白话本国史》,是第一部用白话文写成的中国通史,1923 年 9 月由上海商务印书馆出版,而后一再重印,成为 20 世纪二三十年代发行量最大的一部中国通史。顾颉刚曾言:"编著中国通史的,最易犯的毛病,是条列史实,缺乏见解,其书无异为变相的《纲鉴辑览》或《纲鉴易知录》之类,极为枯燥,及吕思勉先生出,有鉴于此,乃以丰富的史识与流畅的笔调来写通史,方为通史写作开一个新的纪元。"(顾颉刚:《当代中国史学》)

虽为学术专著,《白话本国史》却是吕思勉写给青年学生,用以自习、自修之作。魏晋南北朝史学者唐长孺曾说:

"我初知读书,实受《白话本国史》的启发,特别是辽金元史部分,以后治魏晋南北朝隋唐史,也受《两晋南北朝史》的启发。拙撰《唐代军事制度之演变》一文,深得先师奖誉,并节录入《隋唐五代史》,其实此文一个基本观点,即唐代募兵制的代替府兵制,由于当时形势所迫,也是聆教于先师的。"(唐长孺:《唐长孺致吕翼仁信》)

《白话本国史》被习史者赞为"门径之门径,阶梯之阶梯",足见其启蒙与开示之功劳。

一本书,一方银砚,一支笔,
一杯茶,一管水烟袋

日寇铁蹄践我中华,上海沦为"孤

吕思勉(右一)与家人

岛"，很快常州亦失守。常州城门口设日兵岗哨，出进城门的人必须脱帽鞠躬。于是，吕思勉便不再回乡，任凭老宅残漏、剥蚀、倾倒，木料和砖瓦被盗一空，也不顾惜。他说："我已年过半百，大半辈子过去了，决不向日本鬼子低头。"困居"孤岛"租界，吕思勉潜心治史，先后完成《吕著中国通史》上册和《先秦史》。

1940年起，范泉在上海一家挂着洋商招牌的抗日报纸编副刊。他向先生组稿，且事先声明"稿费很低"。吕思勉一口应下来，还说："即使不给稿费，我也写。"后来，范泉在《回忆"孤岛"时期的文艺战友们》一文中写道："谁都不会相信：一位年老体弱，成天钻研古史的著名历史学家吕思勉先生，竟在'孤岛'时期变得那样年青，用'野猫''六庸'一类的笔名，写下了一系列富有文艺气息的文章，如《武士的悲哀》《眼前的奇迹》等，为中国民族伸张了浩然的正气。"

事实上，这一时期吕思勉一家的经济状况并不乐观。为了给夫人治病，他甚至卖掉了自己的大衣。恰恰此时，汪伪报刊以优厚的稿酬向他组稿，甚至派来一个"落水"的学生游说老师，吕思勉不为所动，只是搬出"为开明书店订约写书"的理由搪塞过关，一次次地"谢绝"了。

据女儿吕翼仁回忆，家人得病，吕思勉皆日夜亲自护理，无微不至，"拿着一本书，一方银砚，一支笔，一杯茶，一管水烟袋，就坐在病人房里工作"。

1942年8月，进出常州城门的人终于可以不再弯腰鞠躬了，但是那些戴帽子的人要向日兵岗哨脱帽致敬才可通过。于是，吕思勉索性剃了光头返乡，"不到抗战胜利，我决不再戴帽子，光头到底"。

回乡后，吕思勉至离城不远的湖塘桥镇上的私立青云中学——一所"地下"学校教书。那一年，黄永年读高二，慕先生之大名，特转学至此。在这位唐史专家的记忆中，虽当时吕师已是58岁的长者，课堂上却从不设座，总是从容

不迫地边踱方步边讲说，且讲说言词清晰，语气平和，内容处处引人入胜，"记起来也很省力"；板书文字不长，要言不烦，"抄起来也不吃力"。于是，单凭少年黄永年的笔记，日后竟整理出版了《吕思勉文史四讲》一书，得以与今人分享。与此同时，吕思勉完成了《吕著中国通史》下册的写作，并续写《秦汉史》和《两晋南北朝史》，还发表了大量论文和读史杂记，被叹"此亦寓先生书生报国之深意"。

吕思勉的另一部通史著述《吕著中国通史》，特为满足大学文科教学需要而作。受当时艰苦的出版条件所限，上册于1940年由开明书店出版，下册却足足拖了四个年头，才与广大学生见面。出于教学的考虑，该书并未采用常规的通史体例。全书分上下两册，上册分门别类地叙述了社会经济制度、政治制度和文化学术的发展情况；下册则分章按时间顺序有条有理地叙述了政治历史的变革。在吕思勉看来，当时流行的通史著作，在叙述理乱兴亡的过程中，夹叙一些典章制度，往往缺乏条理与系统，上下不够连贯，易使初学者摸不清头绪，或难以构建系统的历史认知。尤其对于大学文科学生而言，自成体系的历史知识架构才是求得进一步钻研之基础，因此才有其采用这种特殊体例来编写通史的必要。在今天看来，体例如此的中国通史，对于初学者而言，或许也是一个不错的尝试，它对帮助读者初步较为系统地掌握社会经济、政治制度以及学术文化等中国历史的各个方面大有裨益。顾颉刚曾评《吕著中国通史》："纯从社会科学的立场上，批评中国的文化和制度，极多石破天惊之新理论。"

对于中华民族的前途，吕思勉始终充满了信心。他在《吕著中国通史》的最后一章中，批判当时沦陷区和蒋管区广泛流行的对于抗战前途的悲观论调，坚决和悲观论划清思想界限。他说："悲观

作"史"当以"实"为先，吕思勉对传统史籍有着系统而严格的研究考辨。他强调"理由事出，事理不违"。道理要根据事实来说，要讲生动的故事，历史本来就是故事；事情和道理要互相契合，不能离开事实来说理。其次，把历史串起来，要做到以点带面，点、线、面三者兼顾。

吕思勉曾说：有志于学问者，当绝去名利之念，如此，才可以做一个"真正的学者"。其生平最敬佩康有为、梁启超，在思想上受康、梁影响大至深。但于"康、梁两先生，皆不识面"，认为思想学问多可以从文章上去体会，与见面不见面并无关系，而泛泛访问，无益于学问修养也。

主义者流：君歌且休听我歌，我歌今与君殊科。"他还引用英国诗人拜伦的诗："如此好山河，也应有自由回照。……难道我为奴为隶，今生便了？不信我为奴为隶，今生便了！"为学者之不屈的民族气节跃然纸上。

1945 年 8 月，日本投降，光华大学复校，吕思勉回沪重执教鞭。寒假开始的那一天，他特地买了顶六合帽。第二天一早，便"戴之昂然归故乡"，堂堂正正地回乡过年去。

"为学生、为职业青年立言"

用学人程念祺的话来说，吕思勉强调"合同而化"，不是发思古之幽情，而是为了把现实作为理解历史的钥匙，增进对于今日的认知。唯此，"合同而化"，不仅仅是一种方法，更是一种史观。

张耕华对此说法十分认同。他认为，就介绍方法论而言，这便是吕思勉与其他诸家不同之处。诸家多为"未来的历史学家"立言，讲的都是比较高端的史学方法。吕思勉则是为学生、为职业青年立言，强调"合同而化"，将古典与今事相互参照。此点素养，其实职业历史学家也需要的。一般人可以没有学会训诂、校勘、辑佚等考证方法，但不能不掌握"通过现实看历史"或"通过历史看现实"的视角。

作"史"当以"实"为先，吕思勉对传统史籍有着系统而严格的研究考辨。他强调，"理由事出，事理不违"。对于历史教学，吕思勉则认为，历史的教授和学习，不在于记住史事的多少。他认为：史学是说明社会之所以然的，即说

明现在的社会为什么成为这个样子。对于现在社会的成因，既然明白，据之以推测未来，自然可有几分用处。社会的方面很多，从事于观察的，便是各种社会科学。前人的记载，只是一大堆材料。我们必先知观察之法，然后对于其事，乃觉有意义，所以各种社会科学，实在是史学的根基，尤其是社会学。因为社会是整个的，所以分为各种社会科学，不过因一人的能力有限，分为各方面观察，并非其事各不相干，所以不可不有一个综合的观察。他说："历史的可贵，并不在于其记得许多事实，而在其能据此事实，以说明社会进化的真相。……所以我主张历史教学，必须以社会学所说的社会进化作骨干，给学生一个清楚的社会进化观念。最好是史学与社会学相辅而行，否则一部十七史，从何说起？"

治学问者往往并不热衷于编写教材，原因很多。教科书并非学术专著，这或许就是其中一项。学界看淡了教科书、通俗读物的学术含量，这种情形今日亦然，史学界尤甚，此实为偏见。而在《吕思勉全集》26 册之中，近半数为教科书，不少学术著作的初稿都曾是为适应历史教学需要而写的讲义；研究成果又不断反馈到教学之中去，深入浅出，逐渐引导学生走上治学的道路。

《新式高等小学国文教科书》编写于 1916 年，采用浅易的文言文，内容覆盖道德、历史、地理、理科、实业、日用知识六个方面；就其性质而言，主要涉及军国民教育、实利主义教育、公民道德教育、世界观教育和美感教育，即蔡元培提倡的"五育"主义。

出版家范泉在光华大学念书时，最爱吕思勉的历史课，脑海中便留下了先生讲课时常常眼望天边，来回踱步的模样，他"用带有常州口音的普通话，谈论史事兴衰，沧桑巨变，夹叙夹议，爱憎分明。在谈到胡夷侵凌华夏时，一种民族的正义感溢于眉睫，流露出一股浩然的正气"。

"先生治史，尽心而平心"

据黄永年估算，先生研读二十四史，或逾四遍，尤其前四史，读得更为仔细些。此处所谓之"读"，并非我们平日的通读与浏览。先生读书，往往圈圈点点，摘抄的史料一笔不苟地写在自印方格稿纸上，既清晰又好看。先生治史，尽心而平心，他曾说："予谓遇事弗克尽心，皆其心不能平，故平字已摄尽字之义矣。"

说到批注之事，钱穆在80岁高龄之时，清楚记得一个甲子以前，吕思勉在常州府中学堂授历史、地理两门课时的情形："其上地理课，必带一上海商务印书馆所印中国大地图。先将其各页拆开，讲一省，择取一图。先在附带一小黑板上画一十字形，然后绘此一省之四至界线，说明此一省之位置。再在界内绘山脉，次及河流湖泽。说明山水自然地理后，再加注都市城镇关卡及交通道路等。一省讲完，小黑板上所绘地图，五色粉笔缤纷皆是。听者如身临其境，永不忘怀。"

一次考试，先生出四题，而钱穆尤爱第三题"吉林省长白山地势军情"。乃首答此题，下笔竟不能休，终成仅答了此题。同窗顽劣，偷窥先生阅卷，至钱穆卷，吕师卷后加批，一纸接一纸，竟没了休止，"手握一铅笔，写久需再削。诚之（按：吕思勉先生字）师为省事，用小刀将铅笔劈开成两半，俾中间铅条可随手抽出，不断快写。铅条又易淡，写不出颜色来，诚之师乃在桌上一茶杯中蘸水书之。所书纸遇湿而破，诚之师无法粘贴，乃以手拍纸，使伏贴如全纸，仍书不辍"。虽然只答了一题，钱穆还是取得

了75分的佳绩，难免得意。此虽百年前的一件趣事，却足见吕思勉先生治学、为师的严谨。教学不拘泥于形式，亦不小视学生的真知灼见，即便对方还是个孩童。

吕思勉主编的《新式国文教科书》中，一篇名为《益鸟》的文章中写道：

鸟之有益于农务者，以其食虫也。……若麻雀一物，或食葡萄，或食麦穗，不无小害，然樱桃、苹果、梨树之被其保护者，亦不少也。且每杀一害苗之虫，即三四十麦穗可保无恙，岂得因其偶一食谷，遽斥为无益之鸟哉？

麻雀是否该被斥为无益之鸟？吕思勉寥寥数语，学生自有判断。一方面是语文学习，一方面又是公民教育，培养孩童环保意识的形成，可谓事半功倍。

教育之为"树人"，所谓"晓之以理""授之以渔""绳之以法""导之以行""勉之以恒""持之以恒""学之以恒""行之以德""道之以德"。语出《论语》，千百年来启发有志之士效之、行之、教之、育之，而吕思勉当列其中。

以口以笔,探求救国道路

王造时

王造时

(1903 — 1971)

政治学家、历史学家

江西安福人,原名雄生。1917年考入清华学校(今清华大学),是五四运动清华学生领袖之一。1925年去美国威斯康星大学学习,1929年获政治学博士学位,转赴英国伦敦政治经济学院,师从拉斯基研究国际政治。1930年回国后任上海光华大学教授、文学院院长兼政治系主任。九一八事变后,参与组织上海各界抗日救国团体联合会,创办《主张与批评》《自由言论》等刊。1933年加入中国民权保障同盟。1935年底参与组织上海文化界救国会。1936年任全国各界救国联合会常务理事兼宣传部部长。同年11月与沈钧儒、邹韬奋等被国民党政府逮捕,为救国会七君子之一。抗日战争全面爆发后获释,任国民参政会参政员。创办《前方日报》、自由出版社。中华人民共和国成立后,任华东军政委员会委员、文教委员会委员,复旦大学教授,上海市政协常委。著译有《国家的理论与实际》《现代欧洲外交史》《历史哲学》《荒谬集》等。

1936年11月至次年7月,"七君子"身陷囹圄逾半年,虽有个浴室,却不堪用。这些"难兄难弟"只能每周一次,在餐室的火炉边,一个接一个洗澡。邹韬奋说:

第一次这样"公开"洗澡的时候,王造时先生轮着第一,水很热,他又看到自己那个一丝不挂的胖胖的身体,大叫其"杀猪"!以他那样肥胖的体格,自己喊出这样的"口号",不禁引起了大家的狂笑!

邹韬奋称王造时为"胖弟弟",说他生得胖胖白白、和蔼可亲,说他的性情天真烂漫、笃实敦厚。王博士甚至觉得"在这里,物质方面的享受,实在比我在家里好得多,可以说是回国七年以来所没有享受过的舒适生活"。新中国成立后,同"七君子"中另几位健在的同仁不一样,他没有进京任职,而是在上海复旦大学任教。

**"爱国主义深入我心,
反帝运动我无役不从"**

　　王造时 1903 年出生于江西安福县一个经营竹木生意的家庭,原名王雄生。八岁发蒙时,先生给他改名"造时",寄望他树立雄心壮志,力争上游。私塾三年,高小三年,其间世界大变。辛亥革命、一战爆发、"二十一条"、袁世凯称帝这些时事刺激着小小少年,民主、共和、正义、人道、公理的思想在他脑袋里生根。

　　1917 年,成绩优异的王造时考入清华学校。念到二年级时,五四运动发生。当日正值清华八周年校庆,还穿着童子军制服忙得不亦乐乎的王造时,至傍晚听说游行事,便立即找学长罗隆基、何浩若商量。接下来,清华有了全校性的学生代表团,在酷热暑天,学生们舌枯唇焦地进城奔走,反对凡尔赛和约。一个月后,王造时领队到北京最热闹的东安市场演讲时被捕。待到他随各校被捕同学获得释放的那天,从关押所到学校,内外都是齐声欢呼,声震天地,他说"我此时感动得只是流热泪"。

　　8 月 28 日,王造时参加学生代表团向徐世昌总统请愿再次被捕。他后来自述:"通过五四运动和两次拘捕,爱国主义深入我心,从此以后,反帝运动我无役不从,几十年如一日。"

　　同学潘大逵回忆,王造时在清华八年,爱读书,爱踢足球,热心校内外的政

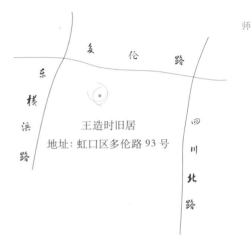

王造时旧居
地址:虹口区多伦路 93 号

大师纪念地:王造时旧居(虹口区多伦路 93 号)　　　　　　　地铁 3 号线东宝兴路站

135

治活动。他参加并领导学生会，编辑《清华周刊》，组织"仁社"，社员有王国忠、贺麟、彭文应、林同济、陈铨等。他撰文批评梁启超对政治的看法；邀请苏联驻华公使加拉罕来校演讲；他"笔血墨泪以吊中山先生"；甚至写新诗，吟的也是政治："忽然东邻的黑云蚕食你，点点的星光耻笑你，簇簇的天河不顾你，我欲救不能望着你。"那时候，罗隆基、王造时、彭文应，被同学们称为"安福三杰"。

1925 年 8 月，王造时往美国威斯康星大学攻读政治学。五四运动以前，清华留美的学生多主修自然科学，五四以后，学社会科学者渐多。王造时决定在留学期间"埋头好好读几年书"，每年暑假的三个月则入芝加哥大学。他省吃俭用，以便将打小定亲的未婚妻朱透芳接来，自费留学，共同进步；还发动同学们一起储蓄，作将来回国办爱国刊物的基金；不多的娱乐就是在湖上划独木舟。苦读五年，王造时"连中三元"，接连取得政治学学士、硕士和博士学位，博士论文题为《1919 年以来大国对外政策纲领中的裁军问题》。1929 年 8 月，王造时由纽约到英国，入伦敦政经学院，作为研究员，跟随拉斯基学习。拉斯基是当时著名的资产阶级改良主义政治思想家、费边社会主义的阐述者，后担任英国工党主席。在英国一年中，王造时除跟随拉斯基研究外，便是埋首在大英博物馆阅览室（当时大英图书馆馆藏所在地）——马克思寄居伦敦时经常去的地方。

分析中国问题，择历史政治外交主题且作且译

张君劢在回顾自己由社会科学而至哲学的道路时曾说："由清末至民国初年，吾国知识界对于学问有一种风气：求学问是为改良政治，是为救国，所以求学

王造时

问不是以学问为终身之业，乃是所以达救国之目的。……真正研究纯粹学术的人，可以说是绝无仅有。"

王造时回国后，也是为了谈政治、发议论，而选择了往上海私立大学任教。1930 年秋，他开始担任上海光华大学和中国公学等校的政治学教授。

一年后九一八事变发生，王造时眼见当局一再误于不抵抗主义，去"忠实信赖"国联，忧心如焚。他写成《救亡两大政策》的小册子，主张对外抗战，对内实行民主；在《新月》上发表批判文章直指蒋介石，结果差点让新月书店被勒令关门；他在国难会议上斥责汪精卫把中山先生的遗教"天下为公"变为"天下为私"。部分新月同仁组成的另一团体"平社"，以各自专业所长，评析中国社会现状；王造时发表多篇探讨中国问题何以发生，在物质、社会、思想和政治上有何背景，以及中西接触后各方面变化的"中国问题"系列论文。同时，他关注农村复兴、学生出路，呼吁大家提振精神，让中国在优胜劣败的现代生活里站稳脚跟："何不让我们把一切粪土之墙及不可雕的朽木，都拆毁下来。同时打好模样，如工程师一样，一步一步地努力去建造

一所新的大厦。"他以一支笔（撰文与办报）、一张口（演说）代表民意："唯有抵抗才可以救国!""如果有决心抗战，为什么还不见全国总动员的措置，而全国还是这样分崩离析，泄泄沓沓?""若口头上说准备，而实际行动仍极力压迫爱国分子及势力，请问这是什么准备? 这简直准备我们做亡国奴!"

王造时出言尖锐，匿名恐吓信、带子弹炸药的包裹相继而至。他先后办起的《主张与批评》《自由言论》两种刊物被国民党当局以言论"荒谬""肆意诋毁本党"等罪名查禁，书也教不成——当局通令全国各大学不许聘请王造时，光华、大夏、上海法学院也都收回原有的聘约。王造时一时生计无着，幸得章士钊请他在自己的律师事务所做挂牌律师；商务印书馆总经理王云五也约他译书，每月交稿六万字，得三百元。此外，1935 年，他将诸篇论文结集为《中国问题的分析》出版；九一八以来的政论文章，则干脆以"罪名"作题，辑成《荒谬集》。

翻译方面，王造时在短短几年间，陆续完成《现代欧洲外交史》(1936)，《美国外交政策史》(1936)，黑格尔《历史哲学》(1936，与谢诒微合译)，拉斯基《国家的理论与实际》(1937)与《民主政治在危机中》(1940)，《社会科学史纲》(1944，与谢诒微、向达等合译)等译著。其中《美国外交政策史》系美国课堂上的标准教科书，王造时认为值此外交关系紧急的时刻，正可介绍给中国读者，以鼓励民众国家必可独立而强盛的决心；翻译自己在威斯康星大学的老师，"一位奇怪的教授"莫瓦特的《现代欧洲外交史》，亦是出于相信各国的内政与外交不可分，"做一个国家的公民应该有相当的外交常识"。而对于《历史哲学》，这位译者也和后世学子的感受一样："这本书不但是难译，并且是难读。我们与英译者的意见一样，劝读者先读

本论，后读绪论，或者可以使读者容易了解。"

《荒谬集》中，有《领袖的条件》(1933)一文，王造时在文中呼吁，各方面都拥有良好的领袖，方能在社会生活大转变中打开一条生路。此外，"新中国的工程师（领袖）……除了须具领袖普通的元素外，还须特别有为公牺牲的精神。……非有极端为公的精神，不能感动人心，改变风气；非有绝大牺牲的精神，不能排除困难，达到目的。"

"自由与平等是争取得来的，不是赠送品"

蒋介石欲拉拢王造时，屡次以高官厚禄为饵。1932 年秋，蒋又派蓝衣社刘健群到上海，软硬兼施，要求他去南京工作。刘说政府正在准备抗战，而抗战必须全国统一，统一就要先剿灭共产党，并恐吓道："不要在上海哇啦哇啦地发空议论，妨害国家大计。蚊子嗡嗡叫有什么用呢? 只要举手一拍就完蛋了。"不久，王造时果真在朋友家里看到了盖有骑缝印的蓝衣社暗杀名单，竟有 50 多人，自己亦"榜上有名"，此时他尚对名单半信半疑。1933 年 6 月，中国民权保障同盟总干事杨杏佛为蓝衣社所杀，王造时当下决定，逃无可逃，不如将此事在报上揭露出来，于是将暗杀名单交与《大美晚报》总编辑张似旭。名单中英文版在报上公布后，舆论哗然，反动派不能不有所忌惮令暗杀空气有所缓和。

1935 年，中国共产党发表《八一宣言》，呼吁停止内战，一致抗日。一二·九运动后不久，沈钧儒、邹韬奋、王造时等组织起上海文化界救国会。1936 年，王造时又先后参与组织上海各界救国联合会和全国各界救国联合会，主张全国各党派彻底团结，共赴国难。救国会运动风起云涌。当年 11 月 23 日，王造时和沈钧儒、章乃器、邹韬奋、李公朴、沙千里、

蒋介石欲拉拢王造时，数度以高官厚禄为饵。1932年秋，蒋又派蓝衣社刘健群到上海，软硬兼施，要求他去南京工作："不要在上海哇啦哇啦地发空议论，妨害国家大计。蚊子嗡嗡叫有什么用呢？只要举手一拍就完蛋了。"1933年6月，中国民权保障同盟总干事杨杏佛为蓝衣社所杀，同张"钩命单"上，王造时亦在其列。后经王造时机智周旋，将名单发表，让暗杀空气有所缓和。

邹韬奋撰文逐一介绍"七君子"时说，王造时求学经历一帆风顺，但因为参加救国运动，屡陷逆境："王博士具有演说的天才，尤其是在广大群众的大会场上，他能抓住群众的心理，用明晰有力的话语，有条理的说法，打动他们的心坎。王博士屡有做官的机会，但是因为忠实于他自己的主张，不肯随便迁就，宁愿过清苦的生活，行其心之所安，这是很值得敬佩的。"

史良等七位救国会领导人以"危害民国罪"被捕，此即轰动全国的"七君子"事件。1937年6月11日，"七君子"案公开审理。王造时是第三被告，他在法庭上以演说家的姿态侃侃而谈，沙千里说"好像在大学的课堂上讲课一般"。

邹韬奋曾撰文逐一介绍"七君子"，他说王造时求学经历一帆风顺，但因为参加救国运动，屡陷需要艰苦奋斗的逆境："王博士具有演说的天才，尤其是在广大群众的大会场上，他能抓住群众的心理，用明晰有力的话语，有条理的说法，打动他们的心坎。王博士屡有做官的机会，但是因为忠实于他自己的主张，不肯随便迁就，宁愿过清苦的生活，行其心之所安，这是很值得敬佩的。"曾任《文汇报》总编辑的徐铸成则说，"七君子"中，"切切实实组织群众、身临第一线的是李公朴、章乃器，而写出一篇篇犀利的战斗文章的，主要是王造时。在苏州法庭上，侃侃而谈，据法据理，质问得法官目瞪口呆的，也是王造时。现在如翻阅当时的报刊，还可以看到他的演词和文章，虎虎有声，闪闪发光"。

至日军发动七七卢沟桥事变，蒋介石终于在庐山发表谈话，宣布对日抗战，并于7月底电令苏州高等法院将"七君子"释放。翌日，王造时激动手书："历史告诉我们，民族的自由与平等是争取得来的，不是赠送品。"出狱后，王造时任职江西政治讲习院，培训抗战时期的地方行政干部。南昌沦陷后，王造时转赴吉安，办起《前方日报》，在枪声隆隆中，每日不懈，体贴战时民间疾苦，传递抗战消息。

在一篇未刊稿《泛论爱国心》中，王造时深情论述这种"不可磨灭的感情"：

不但国家的公共生活有赖爱国心为之洗除污秽，引向奋发有为的高尚领域，就是个人生活有它以后，也可得到无穷尽的"烟士披里薰"。人生本来是像一张白纸；若是不假定一个高尚的目的做活动的最高准绳，那么生活只觉得无意义……

爱国还是爱人类的桥梁。个人太弱小了，人类太广大了。布勒塔尼的海员启程航海时候祈祷说："我的天哪，请你保佑我，我的船那么小，而你的海这么大！"如果个人与人类中间没有国家那个桥梁，那么上头说的祷告也就可以代表我们个人的感叹了。你要对人类有所贡献，有所影响，那么国家便是一个不可缺少的工具。……

真正的爱国心决不是偏见，决不是疯癫，决不是蛮横无理，更不是夜郎自大。真正的爱国心必须谦虚……真正爱国的人必能对于人类有深切的同情。

"个人的一生乃是无愧于中华"

抗战胜利后，王造时从1946年5月来上海起，就没有实际工作；他曾建议民盟改组壮大，形成中坚力量，但未获采纳，因而没有参加；而长子自1946年夏患上精神病，更让他备尝苦难。当年7月，亲密战友李公朴和清华同学闻一多先后被国民党特务暗杀。王造时心情沉重。

他一度设法把自己的报纸搬来上海，可惜申请来的报馆房屋狭小，便转而办书店，售卖进步图书杂志。他也支持大女儿参加中国共产党地下组织。此时老同学、老战友潘大逵回忆说，王造时一生的生活极为严肃简朴，一贯好学、爱写、爱读。复旦大学李天纲在影印重刊民国西学文献时写道，王造时在"西学"翻译领域作出重要贡献，然后借此"西学"，主编报纸、杂志，在"反独裁""争民主"和"抗战救国"等舆论中取得重大影响。译著之外，王造时还有大量存文。

的王造时渴望有所作为。

1951 年夏，陈望道两次来他家邀往复旦大学任教，政治学系主任胡曲园亦送来聘书，王造时由此再续十八年前的教授生涯。1952 年院系调整后，王造时改任复旦大学历史系教授，讲授世界近代史。他说自己很满意教书生活，并且颇自豪于既能担当政治工作，又能教书；还预备"把马恩列斯毛的全部著作，有计划地系统地重新来研读一遍，一面读，一面思，再一面做笔记，不求速成，但求深入"。他一度很爱打小麻将、下象棋，而棋技不高，输了一定要求再下；不满 10 岁的长子偶尔与他对弈，他也会败下阵来。然而，继长子罹病后，长女、次子相继出现精神病症状，1956 年 3 月妻子病逝。他"痛心于家庭的遭遇，往往浮沉于哀念于伤感之中而不能自拔"。1957 年他被错划为右派。"反右"刚一开始，王造时生怕连累别人，赶紧把十多封外地读者早前写来回应他发言的信撕毁。而他天性坚强乐观，挨批后回到家还是能吃一大碗蛋炒饭，食量不减，相信党会公正地解决他的问题。他还计划每日工作十小时，上下午各四小时，晚间两小时；计划每天下午钻研马列经典，并继续手上的翻译工作，"争取在五年内达到候补党员的政治水平"。劳动改造期间，他与复旦大学外文系教授潘世兹、民族资本家李康年相识。1960 年国庆前一天，王造时"摘帽"，重新走上复旦大学讲台；次年经潘世兹介绍，与李康年外甥女、上海绒毯厂女工郑毓秀女士结婚。他加入历史系几位老教师开设的"史学评论"课，讲授黑格尔历史哲学；同时参与世界史教材编

写和资产阶级史学流派资料的编译，译有卡尔·波普尔《历史有意义吗？》和卡尔·贝克尔《人人都是他自己的历史学家》；给研究生开设欧美社会政治思想史、美国外交政策史课程，还准备要带三个研究生。

同时，商务印书馆请王造时将以前所译《民主政治在危机中》《美国外交政策史》加工和补译；上海人民出版社请他参译汤因比《历史研究》；上海社联的《文摘》杂志亦请他摘译资产阶级法学方面的论文；他还参加了《辞海》近代国际关系史部分的编写。这几年中，王造时改译、翻译在 100 万字以上。他甚至还计划在有生之年，完成三部历史著作：世界史、中国史、个人史，以这三部历史证明，社会总是前进而绝不会后退，个人的一生乃是无愧于中华。

王造时与郑毓秀"同是天涯沦落人"，婚后互相照顾，感情甚笃，对对方子女都视如己出。1966 年王造时蒙冤入狱，1971 年 8 月去世。次女 1973 年亦因癌症病故。至此王造时的四个儿女均已亡故，后由郑毓秀及其儿女同老友们一起为他的平反奔走。1978 年底，王造时获得平反。

2002 年末，复旦大学历史系举行"王造时藏书捐赠仪式"，郑毓秀及其子女捐赠王造时的 284 册藏书，其中多为法律方面外文书。

播下『语言研究必须中国化』的种子

吴文祺

吴文祺
（1901－1991）
语言学家、文学评论家

国学基础和革命信念

吴文祺出生于1901年，是浙江海宁县袁花镇人。他原来随父朱起凤姓朱，字问奇，曾用笔名甚多，包括文、立生、寒风、朱凤起、吴敬铭、吴齐仁、陈宗英、王微明、司马东等。

吴文祺一岁多时，母亲吴彩霞不幸去世，他由新仓镇的外曾祖吴浚宣领养为嗣曾孙，改姓吴。吴浚宣是清代进士，曾任翰林院检讨，外曾祖的蒙学教养为他打下了扎实的国学基础。到九岁，吴文祺来到硖石镇，在父亲朱起凤任教的米业学堂读书。朱起凤颇有济世情怀，早年加入同盟会并参加过辛亥革命和二次革命，且家中有《民报》《浙江潮》等进步刊物。吴文祺常背着父亲翻阅，开阔了视野，也塑造了更开放和进步的认知体系。小学毕业后，吴文祺进入海宁师范讲习所学习，学制一年，学习了国文、数学、地理、心理学等课程。1916年毕业时，其父正在编纂《辞通》，吴文祺一边在硖石米业学堂担任教员，一边在父亲指导下参与《辞通》编纂，协助搜集材料、整理卡片，由此打下音韵、训诂和古典文学等方面的扎实基础。

1924年，吴文祺离开海宁前往杭州谋生，任职于一家保险公司，兼任浙江书局编辑。当时的中共党组织注意到了这位正直进步的年轻人，吴文祺很快便加入了中国共产党，此后在杭州先后担任中国共产党浙江地区共青团经济口和宣传口的负责人。

1926年1月，吴文祺来到上海商务印书馆工作，任国文函授部编辑兼

教员。当时中国共产党中央机关设在上海，吴文祺以出版工作为掩护，秘密从事党中央交通员的工作，并通过沈雁冰，介绍来沪的各地党员与有关同志联系工作。不久，吴文祺因交际太多而引人注意，被商务印书馆解聘。恰逢恽代英要为武汉中央军政学校物色政治教官，经沈雁冰的介绍，吴文祺前往任职，并协助恽代英开展党务工作。在此过程中，吴文祺深深服膺于恽代英严于律己、艰苦朴素的共产党人风范，坚定了自身的革命信念。

第一次国共合作期间，武汉是当时国民政府所在地，而共产党员也有较大活动余地。吴文祺利用教官身份到各兵种大队轮流讲授《社会发展史》《帝国主义侵略中国史》等内容，并宣传马列主义。武汉革命气氛浓烈，但缺少一份文艺副刊。应沈雁冰之约，吴文祺与郭绍虞、傅东华、宋云彬、陶希圣、孙伏园等十人组成"上游社"，创办《上游》周刊，作为武汉《中央日报》的一种文艺副刊。《上游》对当时麻痹斗争意志的文学加以抨击，力争在文化阵地鼓舞革命青年的斗志。沈雁冰晚年时有条幅赠予吴

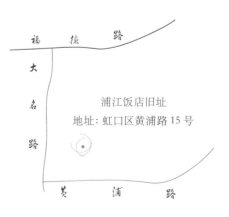

浦江饭店旧址
地址：虹口区黄浦路15号

大师纪念地：浦江饭店旧址

地铁10号线天潼路站

1926年1月，吴文祺来到上海商务印书馆工作，以出版工作为掩护，秘密从事党中央交通员的工作，并通过沈雁冰，介绍来沪的各地党员与有关同志联系工作。1928年，吴文祺为商务印书馆选注《资治通鉴》，他使用笔名"吴敬铭"，意在要"敬重地铭记党对自己的教育"。

1936年，吴文祺的《新文学概要》出版，这部作品涉及五四运动、文学革命及其反响、文学研究会与创造社、五卅运动在文学上的影响、新诗等几个方面内容。全书多处引述苏联早期文艺理论家弗里契的文学批评观点，是力图在历史唯物主义框架中研究新文学的开山之作。

文祺，回顾这段并肩奋斗的岁月："眼前非复旧吴郎，岁月艰难两鬓霜。尚忆两湖风月否？人间无奈是沧桑。"（"两湖"指当时中央军事政治学校所在地两湖书院）

1927年大革命失败后，遵照恽代英的安排，吴文祺和沈雁冰一同回到上海。由于当时党组织被破坏，原待联系的线索中断，且恽代英在1931年遇难，吴文祺与党组织失去了联系。当时，周佛海从武汉逃到上海后，写了一本名为《逃出了赤都武汉》的小册子，作为递予蒋介石的"投名状"，其中一一点出了在分校担任政治教官的人名。为免遭迫害，吴文祺改名"朱凤起"。1928年，吴文祺担任商务印书馆馆外编辑。1929至1932年间，他又先后在厦门集美高级中学及高级师范、上海浦东中学、浙江温州第十中学等任教。在中学课堂里，吴文祺开设"国语文法指要"等专题课，结合学生作文讲解语法，深入浅出，很受欢迎。

1932年夏，吴文祺赴北平，先后在燕京大学、中国大学、北平师范大学任教，同时坚持宣传马列主义，开展革命活动。在此期间，继续进行中国文学和语言文字的系统研究，编注出版了《侯方域文》、《曾巩文》、《资治通鉴选注》（与宋云彬合作），著有《论文字的繁简》《考证与文艺》等学术论文。

1935年8月，吴文祺回到上海，任暨南大学中文系教授，讲授"基本国文""语言文字学概论""中国新文学史"等课程。执教之余，他继续致力于新文学的研究，参加左联活动，并赞助出版鲁迅为瞿秋白整理的《海上述林》，为复社主持的鲁迅全集出版委员会标校《嵇康集》《会稽郡故书杂集》等。

在政治经济变迁中研究文学的演变

整个20世纪30年代，吴文祺最大的学术兴趣和最显著的成果主要集中在文学史领域。这一时期，许多大学开设文学史课程，因授课需要，各大学教员尝试编写各种文学史，文学史写作的热潮由此兴起，尤其是出现数种独立评说新文学的专门文学史。1936年，吴文祺多年研究成果《新文学概要》出版，全书多处引述苏联早期文艺理论家弗里契的文学批评观点，是力图在历史唯物主义框架中研究新文学的开山之作。1940年起，吴文祺又连载发表长达10万字的近代文学论著《近百年来的中国文艺思潮》。这两种著作都是当时新文学的重要著作，得到广泛认可，因此，吴文祺堪称我国新文学史研究的奠基者之一。

与一般新文学史著作不同，吴文祺的这两种著作不只是从"五四"新文学运动谈新文学，而是把新文学放在中国文学的整个背景中，从中国文学发展的整体脉络来探讨新文学的产生及其形成的必然过程。此外，他以亲身参与革命和新文学运动的经历，对文学与社会政治经济的联系保有敏锐的思考，提出"文艺思潮的变迁，往往和政治经济的变迁有密切的关系"的观念。

在《新文学概要》中，吴文祺开宗明义地写道："五四以来的新文学的产生，并不是突如其来的。文学的进化，也和社会的进化一样，是由渐变而至突变的。从渐变的过程看，便是所谓进化；从突变的过程看，便是所谓革命。假使没有先前的渐变，那后来的突变也不会发生。而且文学的变迁，往往和政治经济的变迁有连带的关系。因此，我们吴文祺的学术生涯，可谓少年时从《辞通》开始，晚年又归于《辞通续编》。他人生的两端全面参与这两部著作的编撰，与其深厚的旧学功底和潜心问学的心性，都是分不开的。其父朱起凤在《辞通·释例》中写道："儿子文祺颇究心音韵训诂之学，有所陈述，间亦采录。"并非虚捧。

要研究五四以来的新文学，一方面要知道五四以来的文学的演变，一方面还要从政治经济的变迁中，去探究近代文学的所以变迁之故。"

由此观点出发，吴文祺进一步阐释：中国文学的真正变革，应当从康有为、梁启超的戊戌维新运动算起。他认为康梁等在政治上虽然失败了，在文学上却影响甚巨，特别是梁启超，以"条理明晰，笔锋常带感情"的文章，打破了古文的义法，"纵笔所至不检束"，是文体的大解放。梁启超所主张的"古人语言与文字合"，俗语的文学（如语录、小说）胜于古体的文学，大力提倡"小说为文学之最上乘"等，都为文学的革命准备了很好的条件。此外，梁启超与夏曾佑、黄遵宪等人倡导的"诗界革命"，也对于新文学的产生起了很大的推动作用。在这些分析的基础上，吴文祺作出明确的判断："新文学的胎，早孕育于戊戌变法以后，逐渐发展，逐渐生长，至五四时期而始呱呱坠地。胡适之、陈独秀等不过是接生的医生罢了。"

在宏观判断之外，吴文祺对文学史的个案的分析也相当精彩。比如，他对王国维、章炳麟、林纾等人的分析，在后来的文学史、文学批评史中也具有典范意义。吴文祺是最早搜集王国维佚文的学者，收录的几篇佚文收入郑振铎选编的《晚清文选》，对抢救流布王国维的作品颇有贡献。他在《文学革命的先驱者——王静安先生》《再谈王静安先生的文学见解》等文章里，首次标举出王国维的文学批评是戊戌文学运动有所前进的路标。时隔半个世纪左右，叶嘉莹著《王国维及其文学批评》时，还引述了吴文祺文章的不少内容。关于章炳麟对待新文学的态度和影响，吴文祺的看法是：章炳麟虽然不一定赞成新文学，但对新文学的发展影响甚大。首先，他的修辞立其诚、力戒浮夸的主张，为其弟子钱玄同攻击"肉麻辞藻""垃圾典故"之本；其次，他认为古代言文合一，典谟训诂在古代都是白话，这对抬高白话的地位起了作用；第三，他看不起桐城派、《文选》派，而钱玄同以"桐城谬种""选学妖孽"扬起批判的旗帜，有助于扫除文学革命的障碍。总体而言，章炳麟替古文放出了最后的光芒，又给新文学运动以极大的帮助，其弟子钱玄同、鲁迅、周作人等成了新文学运动的先锋，实非偶然。吴文祺对于特定历史时期人物的独特见解，与其文学与政治、经济、社会、思想密切相关的判断也是一脉相承；而他注重新文学与传统文学承袭关系的学术视野也开创了当时新文学研究的新局面。

40余年语言学教研生涯

1941年，日伪政府所办大学请吴文祺赴任教授。他坚决拒接，并改名换姓，开设了一家云裳旧书店以维持生计。其时积极参与爱国民主运动的马叙伦为此写条幅赠与吴文祺："细雨蒙蒙欲染巾，独行不是为寻春。陌头门闭花千树，撩出杨丝绾甚人。"

抗战胜利后，吴文祺出任《前线日报》副刊及《时事新报·学灯》的主编，又在暨南大学继任中文系教授。这期间，他还参加了"上海大学教授联谊会"，为反对内战、争取民主做了许多工作，并写了不少针砭时弊的文章。《语言的化装及其他》《从"胜利月饼"谈起》《应严惩为虎作伥的保甲人员》《我们要学习鲁迅的战斗精神》《纪念五四运动》等笔锋犀利的文章，都表达了他追求进步的奋斗精神和振兴中华的热切渴望。

1949年1月，国民党策划将暨南

大学迁往台湾。学校教授们得知消息后，团结起来组成教授会，阻止迁校计划。吴文祺与刘大杰、刘佛年等教授秘密会商，召开国立暨南大学教授会成立大会，与会教授有近90人，吴文祺被选为监事。教授会成立之后，与进步学生合作，参与校务决策，开展了"反破坏、反迁校"护校活动，教授们的奋力斗争，为暨南大学最后能完整回到人民手中，作出了卓越贡献。

新中国成立后，吴文祺被任命为暨南大学校务常务委员，兼任文学院院长。1951年，吴文祺被调至复旦大学，此后40余年，一直在复旦任教，先后担任汉语教研室主任、语法修辞逻辑研究室副主任、语言研究室主任、一般语言学教研室主任等职务。当时复旦中文系缺少语言类专业教师，在教学研究上转向以汉语言文字学为主，先后开设了语言学引论、文字学、音韵学、汉语史专题研究等一系列语言学课程。其中，语言学理论课运用马克思主义的观点和方法，结合汉语实际，对语言的一些理论问题进行了系统全面的阐述。这些教研活动为复旦大学中文系作出了奠基性的贡献，也为各高校培养了一大批语言学概论的教师。

作为一名语言学学者，吴文祺对于汉语规范化、文字改革、汉民族共同语等重要问题，都积极地在各种会议上提出自己的看法，也为一些语言问题的解决提供了有价值的建议。1955年10月，吴文祺随陈望道赴京参加"全国文字改革会议"，商讨修改《汉字简化方案》（草案）和推广普通话问题。根据当时规定，北京话就是普通话。陈望道和吴文祺认为这一规定并不符合普通语言学原理。他们的观点后经专家会议进一步讨论，才有汉民族共同语的科学概念——"以北京语音为标准音，以北方方言为基础方言，以典范的现代白话文著作作为语法规范"的普通话。

在日常教育工作中，吴文祺始终注重将语言学理论中国化、传统语言学现代化。他与学生濮之珍一起，培养了多名学生，并把复旦大学中文系"语言学概论"课程做成了特色精品课程。吴文祺本人并没有语言学方面的专著流传，但他和陈望道、张世禄等诸位复旦中文系前辈学者播下的"语言研究必须中国化"的种子，经过几代学者的不懈努力，已经开花结果，形成了优良传统，即在普通语言学理论中注重阐发汉语汉字的理论，注重继承和发展中国古代语言学理论。

在1961年的"全国高等学校教材编写计划会议"上，吴文祺被任命为《语言学概论》教材的主编。他做了大量准备工作，撰写《语言学引论参考资料》《语言学专题讨论》等材料，并与陈望道一同商定了编写方针：体现"语言研究必须中国化"的精神、"对汉语应特别加强"、"伸出一只手向古代要东西，伸出另一只手向外国要东西"等。可惜的是，这部教材的编写因后来治学环境变化而中断，文字材料一宿遗失，仅书目存于复旦大学图书馆。

从《辞通》开始，回到《辞通续编》

20世纪70年代末，吴文祺的学术工作得以逐步恢复，在继续活跃于语言学教学园地之外，他展开了《辞通续编》的整理工作。

《辞通》是吴文祺父亲朱起凤编纂的大型工具书，收录词类4万多条，计300余万字，与《辞海》《辞源》并称"三辞"。《辞通》有较强的学术性，编纂目的在于"究明双音节词或词组的同、通、讹、变，指明同一词语可以具有的若干种不同的写法"，对古籍整理和阅读，具有工具性和参考价值。1934年《辞通》出版，士林交誉。在此之后，朱起凤仍"目有所见，随手札录"，在零散小纸片上做

吴文祺主编《辞通续编》

札记,计有五六十万字,有些是改正前编错误,有些是补充前编书证,也有一些新增条目。在父亲去世之后,吴文祺始终珍藏着这批字迹潦草的卡片。

从 1979 年开始,吴文祺在助手配合下,耗费六年时间,从父亲留下的卡片札记中整理出 70 万字,编成《辞通续编》,于 1984 年由上海古籍出版社出版。《辞通续编》保持《辞通》原有宗旨,承袭基本体例,但适当进行了更为读者需求考虑的改进。新增条目组仍以习见写法作为正条领首,其余作为次条罗列于后。所补为次条者,列于正条之后。按语新增或做修改的,也多做注明。新增内容若与《辞通》相互关联,则掇引《辞通》的相关条目,并详细注明见《辞通》某页某栏。《辞通》引书不列著者姓名,《辞通续编》考虑到一般读者的使用需要,对引书注明著者姓名及时代。

《辞通》和《辞通续编》两部著作的突出特点,是利用音韵的线索把历史上同通讹变的语词分类汇合起来。吴文祺的学术生涯,可谓少年时从《辞通》开始,晚年又归于《辞通续编》,从中反映出他在音韵训诂之学上的造诣。吴文祺有关音韵知识的应用和研究,可参看的留存文章是为评析王力《诗经韵读》而写作的《上古音中的几个问题》。他文中对王力上古韵部、照二、照三、双声协韵等的处理作了精彩评论。

在晚年难得的学术时光里,吴文祺还参与了《辞海》的编订工作。早在1959 年《辞海》编辑委员会成立时,吴文祺就担任了分科主编的任务。1986 年3 月《辞海通讯》中有这样一段记录,特别介绍了吴文祺对《辞海·语言学》分册所作的修订工作:"总副主编兼分科主编、复旦大学中文系吴文祺教授已八五高寿,他在政协和农工党中担任领导职务,社会活动十分繁忙,又在紧张地从事《辞通·补编》的编纂工作,但他收到稿件后,便放下手头的工作,抓紧时间逐条逐句地审改起稿子来,从条目的立论、字句至修订人的偶尔笔误,他都一一审核订正。唯恐编辑不明他审改意图,他还在条目之下写了许多审改说明。"

此外,吴文祺还完成《语言文字研究专辑》上、下两册(《中华文史论丛》增刊)主编工作;与张世禄一起主编《中国历代语言学论文选注》;并担任《汉语大词典》第一副主编。

1991 年,吴文祺以九十高龄辞世。在去世的前一年,他将一生省吃俭用积攒的 2 万元存款悉数交给复旦大学,作为奖学金使用。

以园林为引，勃发中国传统文化之美

陈从周

陈从周
（1918－2000）
古建筑园林学家

原名郁文，以字行，晚年自称梓翁。浙江绍兴人。擅长文史，兼工诗词与绘画。1942年毕业于之江大学。1948年成为画家张大千的入室弟子。曾任之江大学副教授、同济大学教授，兼任中国园林学会顾问、中国建筑学会建筑史委员会副主任、美国贝聿铭建筑事务所顾问等。在其代表作《苏州园林》中指出文人园林的诗情画意是以苏州园林为代表的中国园林的重要特征。曾将模制苏州园林"明轩"输出于美国纽约大都会艺术博物馆，开创中国园林文化输出世界之先河。其代表性园林作品有上海豫园东部、江苏如皋水绘园修复设计，云南昆明楠园设计营建等。著有《说园》《苏州园林》《梓室余墨》等。

不到园林，怎知春色如许。

苏州的网师园、上海的豫园、如皋的水绘园、昆明的楠园……无论是留下的老园还是再造的新园，仍在为今天的人提供一个古代士人观察春色的视角。要不是有一个人在其中起承转合、修复保护，这样的景致或许只能更多停留于二维的诗画中——正是陈从周，第一时间注意到了中国古典园林这一集纳中国传统文化精髓于一体的艺术形式，总结了园林，保护了园林，也输出了园林。

而除却中国古典园林大师的身份，通观陈从周的学术一生，园林是一根线，另一头牵着诗词绘画、牵着昆曲历史，中国的传统美学尤其是江南文化在他这里融合、延续。

从《苏州园林》到《说园》，他是大师口中的大师

提及园林，陈从周是大师口中的大师，无论是冯其庸，还是贝聿铭，都不吝用最高级别的词来形容他，甚至沈从文在来往信件中自谦，在他面前谈园林，自己当与大学生一道学习。

1956年，一部《苏州园林》让陈从周有了盛名。陈从周与园林的结缘，可以归纳为四步：记园、护园、说园、造园，这《苏州园林》便是第一步的呈现。《苏州园林》是陈从周利用闲暇在苏州的园林古建里泡出来的，20世纪50年代，在上海教书的同时，陈从周周末也在苏南工业专科学校兼职教授建筑史，课余时间就扎进了园子里，那几年时间，苏州的典型园林，陈从周都进行了十几次甚至几十次的勘察，"午梦初回，我信步园林，以笔记本、照相机、尺纸自随，真可说：'兴移无洒扫，随意坐莓苔'"。

《苏州园林》一书中，陈从周"不仅用传统文人的方式作'园记'，而且引入了当代专业方法"。最妙的是，书中的每一张照片，陈从周都配上了一句适情适景的宋词，园林的意境便跃出了纸面。《苏州园林》在业内业外收获了不少"书粉"，其中不乏大牌，远在美国的贝聿铭因此书知道了陈从周，1977年第一次回国便专程拜访，将后者视作相见恨晚的挚友；而在圈外，这本书更是得生长于苏州的叶圣陶赞许："工作余闲翻开来看看，老觉得新鲜有味，看一回是一回愉快的享受。"

此后，从苏州写到扬州再到其他地方，陈从周对园林的认识在不断加深，他的百十篇园记也为中国园林的系统研究开创了一种范式。20世纪70年代末，"说园"5篇问世，洋洋洒洒万言，归纳了中国古典园林理论，"它从诗情画意的角度来认识中国园林，是对中国园林的一种认识论，在当时非常难得，而且也是指导实践的造园理论，还是园林评论的美学原则"，现任同济大学建筑与城市规划学院院长的李振宇，正是在这本书的启蒙之下，投于陈从周门下，书中提到的"因地制宜""大园与小园""动观与静观""借景与对景"等将中国的造园技法一一道尽，更是提出了叠山理水要"虽由人作，宛自天开"的"境界说"。这些理论，直到现在还被他的学生运用

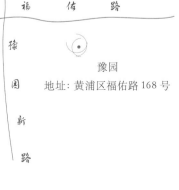

豫园

地址：黄浦区福佑路168号

大师纪念地：豫园

🚇 地铁10号线豫园站

陈从周的第一本著作跟园林古建完全无关，而是断断续续用了十五六年时间完成的《徐志摩年谱》。陈从周对徐志摩一向崇拜，两家又是姻亲。徐志摩空难身亡，陈从周十分痛惜，于是萌生出为徐志摩立传的心愿。这部年谱，是第一部有完整意义的中国新文学作家的年谱，如今已成为研究徐志摩和中国现代文学史的宝贵资料。

陈从周也有着"天才的比喻"，评价朴素空间的设计是"贫女巧梳头"，经费不够，但要做得干净；用相亲时"男看皮鞋，女看头发"，来比喻设计收头的重要性；说到艺术口味，会开玩笑"学建筑的女生第一学年可能会买双红皮鞋，毕业了要买双白皮鞋"，因为懂得了"少即是多"。他的比喻在雅俗之间转换，有着专业的思考，也有着生活的智慧。

于现代住宅的设计当中。

陈从周的研究之所以能在当时脱颖而出，一是补足了之前对包括园林在内的民间住宅的研究的不足，更在于他的选点：园林文化——关注的不是西方的建筑概念、空间理论在园林上的体现，而是提出"中国园林，名之为'文人园'"，将重心放在那些生活在园林之中的文人如何通过诗词绘画等表现出他们的生活观念，那是园林的精神所在。这恰恰结合了陈从周本来的文史专业，让他发挥所长。对于学术的选点、布局，如同造山水一样，陈从周胸中自有丘壑，常能做到眼光独到，这与他的勤奋是分不开的。"他说做学问，两点最重要，即观点和资料。总会带着我们寻找一手资料，正史被挖掘得乏善可陈，就到明清笔记小说里寻找中国园林的脉络"，李振宇印象里，陈先生并不给学生指点捷径，反而告诫"聪明人要做笨事，才能有长进，否则容易不扎实"，这句话他至今铭记在心。

1978 年到 1979 年两年间，陈从周写了 30 多篇文章，在学界反响很大，可谓是学术成果高产期。学术活力得到了释放，学术造诣为人认可、给人影响，世界各地都有人来求教——那时，陈从周的精神是前所未有的愉悦。而他的小女儿陈馨知道，这些文章都不是凭空而出的，"'文革'期间，他也从没停过。写好的书稿被抄掉了，他就在心中打着腹稿。那段时间一下子写出来的那些文章，正是他多年的厚积薄发"。

诗词书画昆曲无所不通，他是文化的时空连接者

陈从周说，中国园林首重意境。意境如何体现出来？

"远山无脚，远树无根，远舟无身（只见帆）"，"园林的每个观赏点，看来皆一幅幅不同的画，要深远而要有层次。小至一树的修剪，片石的移动，都要影响风景的构图"。这是陈从周从画理中悟出的造园之理。

他曾以宋词喻苏州诸园：网师园如晏小山词，清新不落俗套；留园如吴梦窗词，七宝楼台，拆下不成片段；而拙政园中部，空灵处如闲云野鹤去来无踪，则姜白石之流了；沧浪亭有若宋诗；怡园仿佛清词……这是陈从周在园林与诗文之间找到的共通。

他写过一篇《园林美与昆曲美》，认为园与曲不可分割，园境即曲境。更说汤显祖《牡丹亭》的"游园""拾画"不仅是戏曲，而且是园林文学，教人怎样领会中国园林的精神实质。这是陈从周从昆曲中得到的领悟。

他的《说园》虽是本专业书，却并无枯燥的说理，词句清丽如晚明小品，其间，意境相同的诗词、绘画信手拈来。

在他看来，"学问之道，息息相通"，文学艺术的意境与园林是一致的，表现形式不同而已。换句话说，陈从周虽因园林声名在外，但是园林只是他沉醉其中的中国传统文化的一部分，是一个集齐各种中国传统艺术形式的载体。用他的话来说，中国园林是"集建筑、书画、文学、园艺等艺术的精华"。所以，在他眼中高明的造园者，可以"运文学绘画音

陈从周认为物是有情的，在设计上尤其注重这一点。例子有不少：为日光灯做配光曲线，灯顺着摆效率更高，但陈从周认为不对，顺着摆，就只讲了配光曲线，没有讲人情——人的眼睛是横的，日光灯直对着眼睛，不合情。又如，他和学生聊"宾馆菜"和"朋友菜"的区别，说宾馆菜是套路，是没感情的，而朋友菜，是朋友亲自下厨，里面有感情。

乐诸境，能以山水花木，池馆亭台组合出之，人临其境，有诗有画，各臻其妙"。也怪不得叶圣陶总结他的园林之道是"熔哲、文、美术于一炉"。

同济大学常务副校长伍江本科时曾上过陈从周的课："他的课是说园，但大部分都不是在讲园林，而是书画、文化、戏曲、花鸟、诗文，一开始很不理解，最后才醒悟到他将文化糅在了一起。只有懂他讲的东西，才懂什么是园林。所以你说陈先生是'什么家'，他什么都是，又什么都不是。"关于"家"，陈从周自己给自己下了个定义——"杂家"，"在中学教过语文、史地、图画、生物等，在大专院校教过美术史、教育史、美学、诗选等，建筑系教过建筑设计初步、国画、营造法、造园学、建筑史、园林理论等，并且还涉及考古、版本、社会学等多方面的兴趣与研究"，连他的诗词老师夏承焘都说"陈君古今焉不学"。这"杂"也是有传承的。陈从周读书的之江大学，校长李培恩"是经济学博士，写得一手好隶书"，经济系胡继瑗教授"既能诗词，又工书法"，政治系顾敦鍒教授"是曲学专家，小楷楚楚有致"……在这些老先生的书斋里，陈从周接受文化，见闻知识，阅读到很多市面上见不到的书，"比课堂教育不知胜过多少"，也通过帮老师抄文章、跟随拜访，得到了最直接的治学方法。他曾感慨："《文心雕龙》说'积学以聚宝'，学问在于积累。我很感激当年学生时代的老师们，都有着这种功夫，耳濡目染，熏陶成我这种如杂货摊的一个学者。"

在伍江看来，陈从周之所以看起来

"杂"，是因为他面向的是中国传统文化的大范畴，"所以对陈老师来说，从文史到建筑园林，其实算不得'转行'，还是在这个范畴内"。李振宇认为，陈从周的"杂"是完成了一种文化的时空连接，也因此他的影响已经远远超出了古建筑和园林范畴。"他青年时期，正是社会动荡、当代生活与传统文化碰撞的年代，他选择做一个中国传统文化的坚守者，连接了古和今；他有传统文化的眼光，又接受过西式教育，连接了东与西；他身体力行，将诗词绘画等各种艺术在园林之中进行连接；他常强调通达，不仅是文理相通，更要打通物质和精神的连接。"这种境界是在特殊时代背景下生长出来的，"不可有再"。

在老先生书斋里成长起来的陈从周也将传统的师徒"从游"沿袭了下来，"从游讲究的是待在老师身边接受熏陶，而不是一字一句地教，求的是一个化学反应"。李振宇就是"从游"的受益者，他读研究生当中有一年，每周总要三两次去老师家练字画，或听他讲造园之理。有客人来了，就在一边旁听。"陈先生的客厅常常是一屋子人，有名家、文艺爱好者、来学书法的青年工人……先生跟他们谈话，经常穿插学界掌故、

陈从周

陈从周（左）与梁思成

时事评论，非常有趣，这种景象是非常美好和难得的。我在带研究生时也沿用了这一方式。"一个"杂学家"老师，对学生的要求也自然不同，尤其是那些对建筑课抱有"应该是直来直去谈概念、讲理论"印象的同学，上陈从周的课真有一种"走错教室"的错觉：他给研究生指定的阅读书目从四书五经罗列到明清笔记，会请诗词家开古文课，修豫园时也请过昆曲名家梁谷音唱昆曲，他觉得，经梁先生这么一唱，学生就可以理解廊为什么这么修，亭为什么这样造。甚至，他当年还希望在园林专业的考试科目里加上"百科知识"，因为园林"是一门综合性艺术，又是综合性科学"。当上他的学生更不容易，要有古文根底，更要知道家乡的名人典故——这是他招研究生的面试题，里面暗含着学习中国建筑和园林的本心。

**留下建筑的文化，
在大地上留下古老而持久的美**

伍江印象里，陈老师的第一堂课就提了一个大多数人回答不上来的问题：建筑学与建筑工程有什么区别？"刚入学，我们好多人还都以为学建筑就是造房子，但陈老师告诉我们这当中是有区别的，古代没有建筑师，房子也有好坏之分，原因不在于工程，而在于文化。"时间越长，伍江越能感悟出陈老师话中的道理——建筑根本上是文化创造。

"这里有一对反向发展的价值：现实价值和文化价值。建造之初，文化价值很小，人们一般感受不到，但它会随着时间推移逐渐呈现出来，现实价值却在一开始是最大化的，但缺少了文化，以后可能就沦为废墟。"伍江说，陈老师早就看到了这一点，因此很早便提出要保护历史文化建筑。

陈从周倡导中国文化的延续，为文化古迹的保护四处奔走呼吁，大江南北都留有他的足迹。平日里，他是个温和的人，但是碰到破坏文化遗产、自然环境的事，就难免怒发冲冠，许多老报纸上还留着他为救园林古建而发出的批评、呼吁，对此，他说"我无坏心，拳拳之意而已"。在他的奔走下，得以保留的古建筑难以尽数，上海徐家汇藏书楼、苏州的曲园、宁波的天一阁今天还能齐整地立在世人眼前，有他不少功劳。陈馨记忆里，父亲总是特别忙，经常带学生到江浙一带给他认为有价值的古建筑、园林做测绘，保存了园林建筑的布局、用料、图案、诗文等珍贵信息。1955年前后，国家号召对历史文化建筑进行梳理，陈从周还领衔了其中少人问津的"近代建筑研究"，贡献非常大，但由于时代原因，知道这一成果的人并不多。"这也说明，他的贡献不只在园林，只不过对于圈外的人来说，他对园林的研究影响更大"，伍江补充。

1978年，借助"明轩"，陈从周第一次把中国的园林文化输送到海外。当时纽约大都会博物馆希望为收购的一套明代家具设计展馆，于是找到陈从周。陈从周认为明代家具应该放在明代建筑里面，因此以恩师张大千曾居住过的苏州网师园殿春簃为蓝本，设计打造了一套小庭院，称为"明轩"。"明轩"落户大都会博物馆后，在当地引起轰动，甚至在北美等地掀起了一阵中国园林热。对于陈从周来说，"明轩"是具有新意的模仿，上海豫园东部的修复则是有所寄寓的续笔，但目的都是为了文化的传播和延续。1986年，68岁的陈从周第二次参与豫园的修缮，这一次是负责主持豫园东园的设计修复。

陈从周常讲"得体"，做人、造园都要得体。在古园的修复中，陈从周将"得体"诠释得淋漓尽致，"古迹之修复，非仅建筑一端而已，其环境气氛、陈设之得体，在在有史可据"——只有有了理论根据，才能下笔，才能做到恰到好处，因此陈从周修园，必细征文献图集，首究园史；详勘现状，对山石建筑等作出年代鉴定，概括特征所在；然后考虑修缮方案，"如装裱古画，缺笔处，必以原画之笔法与设色续之，以成全璧"。据他的女儿说，豫园的黄石大假山由江南造园高手张南阳所叠，便是他在这一套前期准备工作中考据出来的。再及，镇园之宝"玉玲珑"及立于两侧的稍低次峰，为造园"对景"，则是他根据潘允端《豫园记》所记而建。在他手中，豫园的明代古井及古井亭均完整保留；而占据景点的书场、茶馆及杂屋乱棚全部拆除，绝不心慈手软。但陈从周又不只做纸上功夫，他的子女看过他的一些笔记，小小本子上记录着选用什么树种、沙石比例怎么拌，这些他心里都一清二楚。"所以他做园林，要自己做。这棵树种在哪，两块石头怎么拼，现场看、现场做。"陈从周一位学生说过，豫园是一个工程，但实际上对老师来说，更是一种安身立命的"文化"。

生活里的他，学术里的他，根本就是一体的

陈从周常常是一袭长衫配布鞋，养花鸟鱼虫，爱赏云、听风、看影、幻想、沉思。中国文化的延续也在他的生活里。如他的学生所说"他学问和专业，都跟个人的思想生活融在一起，分不清彼此"。

他喜欢含蓄委婉，画竹兰，三两笔，求一个意境，有着典型的中国传统美学特性。他崇尚明代作品，认为园林虽经清代留下，但最有价值的是明代形成的思想，是源头，做人、造园也当跟随这一源头讲求干净。他一直把小小的网师园奉为园林经典，因为园子虽小，但造园的基本原理都在，主人的思想生活、文化倾向也都在，保留了苏州园林的精髓，而对于那些追求繁琐、落入世俗的园子，哪怕名气再大，他都不喜欢，认为背离了初衷。

他提倡造园"有法而无式"，不然就成了画谱之芥子园，文章之有八股。这恰如他生活中的随性，讲课不设条框，希望学生走自己的路；对子女也不限定发展方向，只要求多读书、多练笔头。"各具一格"才是他乐见的结果。

他心中有山水，但他又是入世的、积极的，绝不独善其身。平日里"谈笑有鸿儒，往来有白丁"，亲切随和就像一个邻家老伯，每天都在释放热情，"一出门就打招呼不停，有门卫、学生、教授、花匠……偶尔起劲了还要与人抬抬杠"。

陈从周曾说，老师传的是精神、气息，因此他喜欢送学生字画，认为人去后，字画还能继续留有气息。先生离开20年了，如今在那些江南园林、活下来的古建筑里，在学生、子女的记忆里，又有哪里没有他的气息呢？

徐森玉

从未夸耀居功的『文物守护神』

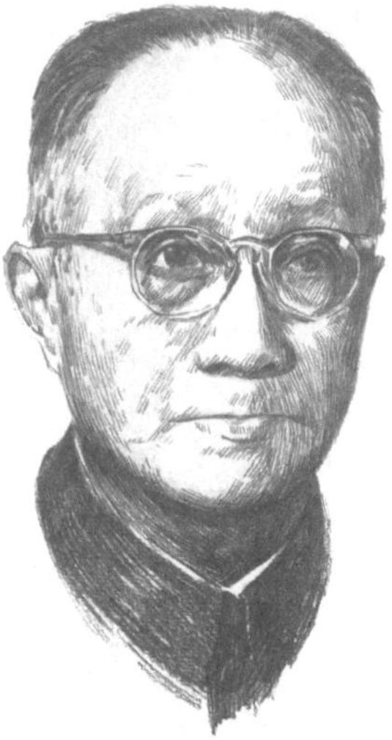

徐森玉

（1881—1971）

目录版本学家、文物鉴定专家

大师简介

名鸿宝，字森玉，以字行，浙江吴兴（今湖州市）人。清末山西大学堂毕业。历任北京大学图书馆馆长、故宫博物院古物馆馆长、北平图书馆部主任、合众图书馆常务董事等。抗战时期，参与主持故宫文物南迁，协助搜购珍籍善本。中华人民共和国成立后，任上海市文物保管委员会主任，上海博物馆馆长、国务院古籍整理三人领导小组成员、中央文史馆副馆长、全国第二中心图书馆委员会主任委员、《辞海》编辑委员会委员。曾当选全国人大代表。

常人心中，既是大师，自当著作等身。徐森玉先生鲜有著述，确是真真实实的大师。

徐森玉祖籍浙江吴兴，母亲闵氏出自浙江名门，世代以刊刻古籍为业。少年徐森玉就读于家塾，后入白鹿洞书院。光绪二十八年（1902），考取山西大学堂。

有人说，徐先生是文博界的翘楚，故宫博物院的开山，却不想其学问之路的起点，并不在金石学、版本学，也不在目录学，却是在风马牛不相及的化学。求学山西大学堂期间，徐先生便著《无机化学》《定性分析》等书。据说，这是中国最早的相关课程教材。

徐森玉因此被称作“奇才”，不想他的学问之路却从此转了个大大的弯。时任山西学政、清朝宗室爱新觉罗·宝熙对徐森玉格外赏识，尽出所藏供其研习。山西大学堂毕业后，徐森玉历任奉天测图局局长、清廷学部图书局编译员等职。中华民国建立后，他出任北京大学图书馆馆长。当时图书馆、博物馆和文化艺术工作由社会教育司管理，鲁迅为该司一科科长。在这段时间，因两人都对摆弄"黑老虎"（古碑拓片）有着浓厚的兴趣，便经常结伴浏览书肆鳞次栉比的琉璃厂。

从此，文献、古物成就了徐森玉。

徐森玉同样也成就了这些文献与古物。

故宫博物院的开山

1924年11月，末代皇帝溥仪被赶出紫禁城，随即由摄政内阁组织了清室善后委员会，徐森玉作为教育部佥事参加此项工作，与马衡、庄尚严等十余人负责清点、接收清宫的文物和财产。此后又任古物保管委员会顾问、东陵盗案审查委员会委员、故宫古物馆馆长，直到1950年任职于上海市文物保管委员会（即后来的上海市文物管理委员会），才结束了其故宫古物馆的相关工作。

20世纪30年代，中瑞西北科学考察团的瑞典团员贝格曼，在中国西北地区发掘出一万余枚汉代简牍。这是首次大批量出土的汉简，依古地名而得名"居延汉简"，被公认是东方考古的重大发现。1931年，居延汉简抵达北平，转存于北京大学文科研究所。1937年7月底，日军入北平，即派兵把守北大。森玉先生与北大助教、西北科学考察团干事沈仲章先生将万余枚居延汉简设法运出北大，后经天津、青岛，辗转入藏香港大学冯平山图书馆。次年1月27日，徐森玉再次赴港，以西北科学考察团常务理事的名义向香港大学借用港大图书馆之大波楼，以便沈仲章进行汉简资料拍照、剪贴、编号、排

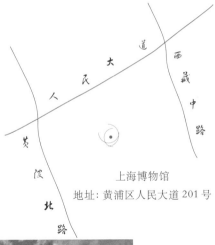

上海博物馆
地址：黄浦区人民大道201号

大师纪念地：上海博物馆（人民广场馆）　　　　地铁1号线人民广场站

作为知名的文物鉴定家、金石学家和版本目录学家，徐森玉的学术造诣备受方家推崇，郑振铎在1950年致唐弢的信中说："森老为今之'国宝'……他乃是真真实实的一位了不起的鉴别专家……他是一个全才，他的一言，便是九鼎，便是最后的决定。"

这样一位被称为国宝的专家却极其淡泊名利，且乐于提携后进。傅振伦撰有《徐森玉的嘉言懿行》一文，在回忆当年安顺华严洞期间的生活时这样写道："我们向之聆教版本目录、金石之学，但从不以前辈专家自居而自炫自矜，不好著书立说，唯后生求教，则有问必答。"

比、编写索引等整理事项。此项工作持续约两年之久。

在此期间，无论是整理工作本身，还是这些活动所需要的经费、工作人员薪水等事，以及汉简最终出港，全由森玉先生出面联络协调，并在傅斯年、胡适等人的大力协助之下完成。

2016年4月11日，王圣思女士在《文汇报》刊登外公徐森玉先生写给其母徐文绮女士的家书，题为《徐森玉给女儿的家书十二通》。十二通家书均写于1938年至1940年间，正值抗日战争期间。文中作者道，"在此之前，'七七'事变后，外公指导并协助西北科学考察团干事沈仲章先生把藏在北京大学文科研究所的万余枚居延汉简冒险从北京大学运出。为妥善安置，他赶去香港，与香港大学许地山先生、冯平山图书馆馆长陈君葆先生等联系、筹划、落实此事。在与女儿通信期间，他又去香港为影印居延汉简之事操劳，以至无法参加女儿的订婚、结婚仪式。他为保全中华珍贵文物古籍而到处奔波，费尽心力。难怪父亲20世纪70年代初悼念老丈有诗云：'许国何须惜此身，此身虽在亦堪惊。百年终是匆匆客，一例龙华道上人。'"

卢沟桥的枪炮声惊醒了国人，让国宝守护人无眠。1937年12月9日，也就是南京沦陷的前4天，马衡、徐森玉、欧阳道达等押运第三批"中线"文物，随英国轮船"黄浦号"驶离浦口码头。

春入蜀，夏入陕，秋入黔，冬入滇，森玉先生不仅要协助院长马衡全面把握文物西运，且亲自带队运送一批文物入川。就在文物安全运抵西南之际，森玉先生却在四处探访文物储存地点的途中，在1938年冬天于昆明白龙潭不慎车覆

折股，不得不居昆明治疗长达5个月。

次年初的1月18日，西迁南线存贵阳文物起运，23日抵达安顺读书山华严洞。2月下旬，徐森玉亲身前往读书山，守护文物，居陋室却奏高山流水。

20世纪30年代末，上海已是"孤岛"，人心散乱，不少藏家为生计所迫，开始抛售善本书籍，上海成为南方最大的古籍市场。在这种情况下，刚刚经历了故宫文物南迁奔波的徐森玉不辞劳苦，于1940年应重庆国民政府教育部之命，回到上海，与张元济、郑振铎、张寿镛、何炳松等人组成文献保存同志会，多方寻访、购置散落于坊间的珍籍善本，以避免其流失海外。徐森玉和郑振铎遍访刘氏嘉业堂、邓氏风雨楼、沈氏海日楼等江南著名藏家，有计划地选购了一大批珍贵古籍，然后将嘉业堂善本捆扎成257个邮包，其余的明善本捆扎成1710个邮包，外加3200余部明刊本、抄本等，陆续寄交香港大学图书馆，由许地山、叶恭绰先生负责收存。这项工作耗时七个多月，徐森玉还在离开时担当起了保护和携带两大箱"可列入'国宝'之林的最珍贵古书"的艰巨任务。当年7月25日，由郑振铎先生执笔，郑、张、何三人化名联署致蒋复璁的信中提到："森公最为谦抑，且富苦于精神，处处愿意自己吃亏，而不肯妄耗一文公费，诚今之圣人也！得聚首多时，实为平生幸事。"

文博界的翘楚

新中国成立后，徐森玉不顾年迈，全力投入了上海市文物保管委员会的工作，先后担任副主任委员、主任委员，兼

徐森玉学识渊博，不计名利。其一生行迹，在香港中文大学牟润孙教授写于1970年的《徐森玉先生九十寿序》一文中有着极精到的叙述，文章最后这样结语："知雄守雌，为而不有，方之古人，盖诚有得于柱下史之传者也，先生之德其犹龙乎？"

华东军政委员会文化部文物处处长，负责筹办上海博物馆和上海图书馆。之后又担任上海市人民政府委员、上海市文史馆馆务委员。1960年，兼任上海博物馆馆长及全国第二中心图书馆委员会主任，同年7月被聘任为中央文史研究馆副馆长，还当选为第二、第三届全国人民代表大会代表。

其间，徐森玉先后主持了苏州潘祖荫滂喜斋、顾氏过云楼等重量级文物的捐赠工作，并收进大量稀世珍品，包括王献之《鸭头丸帖》、怀素《苦笋帖》、孙位《高逸图》、赵佶《柳鸦芦雁图》、米友仁《潇湘图》、孤本《萝轩变古笺谱》等，对上海文物收藏事业作出了巨大贡献。

他主持上海文博事业期间，目光从未局限于上海、华东。有人说，今日京、沪、宁三地及海峡两岸的文物收藏格局之形成，都与徐森玉先生的工作分不开。

"虚斋"藏画

民国的中华收藏界曾流传着"南庞北张"之说，"北张"即为"民国四公子"之一的张伯驹，而"南庞"指的就是庞莱臣。

庞莱臣先生生前已将收藏赠予其养子庞秉礼与孙辈庞增和、庞增祥三人，1949年去世之后，"虚斋"藏画渐有散佚，但主体部分仍在庞家手中，觊觎此收藏者极众。

主管上海文物工作的徐森玉因与庞莱臣同是湖州老乡，是"虚斋"藏画的"知情人"。

1950年初，森玉先生先后三次拜访居于上海的庞秉礼与庞增祥。而后，文管会两次以7万元经费为"代价"，将包括任仁发《秋水凫鹜图》、钱选《浮玉山居图》、柯九思《双竹图》、倪瓒《渔庄秋霁图》和王冕《墨梅图》等名迹在内的众多"虚斋"藏画精品收入囊中。

1952年秋，文管会又斥资16万元，再次从上海与苏州庞家约600余件藏画中，得精品数件。

1952年12月，庞氏后人将又一批"虚斋"藏画以三人联名的形式捐予上博，其中最著为长宽均达1米以上的宋代朱克柔的缂丝画《莲塘乳鸭图》。

一来二去之中，徐森玉与庞氏后人之间经历了怎样的情理与商榷？

旁人不得而知。

"二希"

《伯远帖》是东晋著名书法家王珣书写的一封信，行书，5行47字。《伯远帖》上有宋徽宗赵佶的御题和收藏印，北宋时由宫廷收藏。

辗转六百多年后，清代乾隆皇帝得到《伯远帖》，又得王羲之的《快雪时晴帖》和王献之的《中秋帖》，是为"三希帖"。

辛亥革命后，《伯远帖》与《中秋帖》流出宫外，被袁世凯手下郭世五所收藏。郭世五死后其子郭昭俊因经济困窘，将"二希"带至香港，抵押给某英国银行，赎期限定为1951年底。若未被赎回，此稀世之宝将按惯例被银行拍卖。

1951年9月，时任新中国第一任文物局局长的郑振铎奉周恩来总理之命，率领中国文化代表团出访印度、缅甸。在途经香港时，得知国宝"二希"的情况，紧急向中央报告。国家文物局副局长王冶秋、故宫博物院院长马衡和上海市文管会主任徐森玉亲往鉴宝，明确真迹无疑。郑振铎叮嘱香港著名的鉴藏家徐伯郊，想办法稳住郭氏，以待内地汇款抢救。

徐伯郊即向郭昭俊申明了大义，又利用其在香港银行界的关系，疏通了那家英国银行，答应郭氏之贷款由徐氏偿还，并亲自出面担保，将"二希"取了出来，然后同郭昭俊一起带着"二希"，按上级安排离开香港，去了澳门。

"二希"的成功购回揭开了香港文物回购的序幕，此后越来越多之重宝得以重回大陆，不致流失海外。

而这位回购"二希"的有功之臣徐伯郊，即为徐森玉先生之长子。

如此牵扯巨款出入，而又疏于监控的回购工作，仅由徐伯郊这样一位党外人士独立运作，难免让人心生惶恐。

为此，徐森玉曾函致其子：……此间谢、刘均成贪污犯。赵斐云来信，渠被检举，甚严重……南北隔绝，无从探听也。为公家办事，浪费、贪污均宜切戒，宜时时自警惕……

徐森玉

《萝轩变古笺谱》

国内最出名的"笺谱"是崇祯年印制的《十竹斋笺谱》，印得相当精致。比《十竹斋笺谱》年代更早，印得更精良的则是《萝轩变古笺谱》——目前传世的"笺谱"中，年代最早的一部。

《萝轩变古笺谱》是明朝天启年间印制的，饾版套色，套色多达七八十种。书印好近四百年了，饾版拱花凹凸之处一点没变。

据前上海市文化局副局长方行同志回忆：

一日，浙江拿来一部书，请徐森玉鉴定。徐森玉是上海博物馆老馆长、版本专家，老夫子那时已经八十多岁了，一看到书竟跳了起来，叫道：此书居然还在人间！那书就是《萝轩变古笺谱》，是明朝天启年出版，这可是孤本了。

书鉴定完，徐森玉不肯还了，要留在上海。人家是来鉴定的，不是来卖书的，但老头子无论如何不肯还。当时浙江宣传

部的部长是上海调去的，我建议去找石西民，因为石西民原来是上海市委宣传部的部长，浙江的那个宣传部部长先前是他的部下。徐森玉就说要去拜望石西民，我说他很忙啊，徐森玉说没关系，我六点钟到石西民家门口去等好了。后来石西民找到我，说老方，那个老头子找我要干吗？我讲了书的事情，请他和浙江讲讲看。浙江省委和对方商量后说，实在不行就交换吧。开价大得很，要十六张明清书画，郑板桥是最起码的档次。我们"上博"竟一口答应。这才换来了这本《萝轩变古笺谱》。

被称为"国宝"的老夫子

徐森玉先生一生从事文物工作，学识渊博，与许多收藏家都建立起了真挚的友谊，这对他开展文物征集工作，发挥了非常重要的、积极的作用。但徐森玉先生在工作中，在有可能的情况下，尽量为收藏家争取利益。20世纪40年代

在上海收购刘承幹嘉业堂藏书时，因法币不断贬值，双方进行了讨价还价，徐森玉先生的态度是："为爱书计，我们不能不吃些亏。"又本着对藏家宽厚的立场，表示善本佳抄"以少收为宜"。

徐森玉主持上海市文物保管委员会工作，每月都要召开文物收购小组会议，20世纪60年代初文管委与上海博物馆合署办公后，会议还是每月召开。经徐森玉之手收购的书画、碑帖、青铜器、陶瓷器、玉器等珍贵文物不计其数，其中书画、青铜器、玉器、石刻、陶瓷器等归上海博物馆收藏，图书、碑帖则归上海图书馆收藏。

那个时代，收藏家大多家境不佳，有些急需将文物脱手，徐森玉特意向陈毅市长提出，请政府拨款收购，从不亏待收藏家。他要求文物征集人员在工作中"不要乘人之危而压价收购，收购的价格要公平合理"。

1957年，徐森玉与周叔弢联合提案，建议设立古籍修复技术班，培养修复专业人才，以使公藏善本修复后继有人。这项提案获得通过，由国家图书馆和中国书店各自办班，前后两届。如今全国各地图书馆的一流古籍修复师大多出自此班。两位老先生之思泽被后世。

王圣贻女士在悼念文章《情牵大鼎》中这样写道："外公是那样地爱中华瑰宝。每次外出归来，总是如数家珍般地讲着各地的古迹：那隐没在盘山秀色中被岁月剥蚀的唐代寺庙、三门峡'画廊'中的巨石峭壁上残留的摩崖石刻、山西赵城简朴的元代戏台、有着异域风格的大同城内辽代古寺……就在外公那赞不绝口的情感投注中，我看到时间的纽带由古久之往昔伸向未来，感受到了生命源头的那份灿烂辉煌。"回忆起祖孙间的天伦之乐时，则说："其实，外公很少像这样流露他对我们第三代的爱，他的心完全让文物牵住、占据了。"

综观徐森玉先生的一生，为查访、

发掘祖国文物奔走于天南地北，在数十年的奔波生涯中，先后发现了辽代古寺、元代戏台、唐代地契、元代阿拉伯式浴池、汉代巨型碑刻，还有周代墓群、楚国木椁等无数中华瑰宝；山西赵城郊区的广胜寺藏有一部刻本大藏经，系金代遗存，学界称之为《赵城藏》，经徐森玉先生的大声呼吁，而得以入藏北京图书馆。除此之外，先生还为国家征集、鉴定了大量具有重要价值的文物，其中有晋代王献之、宋代司马光、苏轼的真迹，春秋、战国和商代的青铜器，殷墟出土的一批甲骨片，秦汉以来的不少帝皇印玺等，苦心孤诣，功勋卓著，无愧学界"文物守护神"的称号。

慕周在《敬悼徐森玉先生》一文中则说："（森玉先生）为国家保护古物、搜罗图书则出力甚大，而未曾稍微夸耀居过功。"

这就是徐森玉，那个当年常常泡在北京琉璃厂书店里赏鉴碑帖字画的读书人。

这就是徐森玉，有人说他就是《钱玄同日记》中的"徐僧"。

这就是徐森玉，沈亚明记忆中"坐在黑色大大书桌那边，露出上半身"的徐公公。

这就是徐森玉，沈仲章眼中的那位"纯"学者。

这就是徐森玉，郑重先生言语中那个"在文物界，一言九鼎的人"。

这就是徐森玉，那个穷尽一生，为国家征鉴文物无数，被称为"国宝"的老夫子。

这就是徐森玉，一位真真实实的大师。

穿越硝烟，探索中国历史的发展规律

李亚农

李亚农
（1906—1962）
历史学家

大师简介

一名旦丘，四川江津(今重庆市江津区)人。中国共产党党员。早年留学日本，回国后曾任中法大学教授，上海孔德研究所研究员。1941年，赴苏北抗日民主根据地，历任新四军政治部敌工部副部长、华中建设大学校长兼党委书记、华东研究院院长。中华人民共和国成立后，任中国科学院哲学社会科学部委员、上海社会科学院历史研究所所长。对甲骨文、金文和中国古代史的研究有一定贡献。早年著有《铁云藏龟零拾》、《殷契摭佚》(正续编)和《金文研究》等书。后著有《中国的奴隶制与封建制》《西周与东周》等五部专著，汇辑为《李亚农史论集》。

李亚农的朋友陈同生曾写过一篇《悼亚农》，回忆两人的交往点滴，其中谈及1943年战争期间的一个片段：

他已到新四军军部，担任瓦解敌伪军的工作。我在苏中，常有人往来上海，他来信要买些书籍，其中大部分是日本书和一些中国历史书，从此我知道他仍在继续研究中国历史。那年冬天我到军部，亚农住在军政治部所在地大王庄，他住的一间茅草房，四面墙用土砖砌成，南北开了两个窗户，墙壁用旧报纸裱糊，书桌上笔墨纸砚俱全，还有一个大花瓶，插了一些山花，桌子上或围壁的木制书架上，有不少线装书和日文书。他在戎马倥偬之余，总是挤出时间来刻苦地读书和治学。

这个片段就像李亚农一生的剪影：他是一位革命者——告别书斋投身于

158

抗击外侮和社会进步事业，直至战争结束；他也是一位历史学家——探究中国历史的兴趣中断于烽火硝烟，又在战后得到延续，直至生命终点。

"抗战军兴，书斋中坐不安稳了"

1906 年 6 月 26 日，李亚农生于四川江津县。年仅十岁，他便随三哥李初梨赴日求学，先学小学课程，随后进入东京第一高等学校特设预科和京都第三高等学校学习。1927 年，李亚农到京都帝国大学学哲学，但他也熟读河上肇的马克思主义经济学著作，对文学、史学和美学也有浓厚兴趣。这一年他加入了中国共产党，他和留日的进步青年秘密阅读马列主义书报，收集传阅日本共产党的传单，成立了一个叫"社会科学研究会"的读书会组织，在中共日本支部领导下从事革命活动。

1929 年，世界经济危机爆发，深陷危机的日本，军方势力大为抬头，政府于当年冬发动凡与"皇道主义"意识形态有违即予检举的全国性行动，在日党组织被一网打尽，李亚农等三十多位中国

留学生被捕。他被监禁三年之久，饱受监狱生活折磨，终至极度虚弱，于 1932 年被保释出狱。不久，经好友帮助，几经辗转，取道神户，在 1933 年搭乘邮船回到祖国。当时上海的中共中央机关已遭破坏，李亚农失去了党的组织关系。他通过京都帝国大学校友沈尹默介绍，前往北平中法大学暂时执教。

1937 年，李亚农重返上海，改名旦丘。"旦"是后世为政者楷模周公姬旦之名，"丘"即圣人孔子之名，这依稀体现了他的自我期许和抱负。彼时沈尹默正主持孔德图书馆——法国人出资的中法文化出版委员会下的一个汉学研究机构，便邀请李亚农来共事。

李亚农在日留学时曾对古文字和中国古代史感兴趣，且受到郭沫若影响，曾试图以古文字研究来探讨中国古代社会的历史规律。进馆工作后，在进一步涉猎了甲骨文、金文等相关书籍后，对于古文字学的更纯粹的兴趣一时占了上风，开始研究起古代文字学本身来了。于是，从 1937 年开始，李亚农利用孔德图书馆的资料，先后写了《铁云藏龟零拾》《殷契摭佚》《金文研究》和《殷契摭佚续编》等四本古文字学著作（后以《李亚农古文字研究四种》合集出版）和一些单篇论文。

1937 年七七事变爆发，中国进入全民族抗战阶段，李亚农逐渐不安于平静

大师纪念地：上海博物馆兼图书馆旧址
（今上海市历史博物馆）

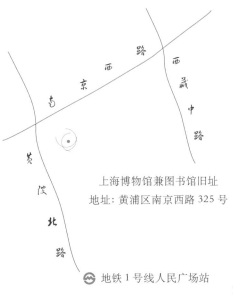

上海博物馆兼图书馆旧址
地址：黄浦区南京西路 325 号

地铁 1 号线人民广场站

李亚农曾感慨："抗战前，本来打算在认识几个契文、金文之后，从这些最古老的文字中去研究一点古代社会情况。谁知道一钻进这些甲骨、鼎彝堆中，便乐而忘返，竟把古代社会的研究置诸脑后，研究起古代文字学本身来了。"

解放战争期间，根据陈毅部署，李亚农将部队收集到的文物装满两大车，共计2853件。这批文物随军转战南北，一直被带到上海，成为上海博物馆第一宗奠基性的藏品。1962年他病危时，还念念不忘这两大车文物。

的书斋生活。1941年冬，他来到苏北抗日民主根据地的新四军军部，找到了他在京都帝国大学学哲学时的学长、时任中共华中党校副校长的彭康，投笔从戎。陈毅代军长接待了这位纵身投入战场的书生。李亚农后来回忆这一决定时说："抗战军兴，书斋中坐不安稳了，只好跑到新四军去跟着同志们打游击；光阴荏苒，一打就是十余年，手不握卷者也是十余年。"

新四军在对敌作战中俘获不少日本战俘，需要精通日语、熟悉日本国情的人开展对日宣传。李亚农留日多年，日语流利，且政治立场坚定，被任命为新四军政治部敌工部副部长，并于1942年重新加入了中国共产党。当时华东战区已有不少正在接受我方教育的日本人、朝鲜人，解放区精通日语的人不多，李亚农工作任务极重。他经常需要冒着严寒酷暑，在不同的根据地之间移动开展工作，如此日复一日，直至抗战胜利。

1946年春，李亚农调往解放区培养革命干部和建设人才的新型大学——华中建设大学，任校长兼党委书记。他对大学作了长远设想，认为学校要设工、农、文、医、师范、社会科学等六个学院和预科，并把工作重点放在团结知识分子上。然而，内战的硝烟中断了这个设想，李亚农带领教职员队伍随部队向北转移，到达当时由苏联红军占领的大连。李亚农在大连继续进行教育日俘、救济日侨的工作，与此同时，为防止文物流散，还负责中共地下组织开设的文物商店"博古堂"的具体事务，收购保存了包括罗振玉所藏甲骨等在内的一批珍贵文物。

1948年9月，李亚农奉命离开大连，回到陈毅身边工作。中共华东局决定，要以原临沂山东大学的一些教师为基础，会同华中建设大学的部分干部教师，组建华东大学。在东北解放军发起辽沈战役之前，李亚农来到了华东解放区，为日后接管上海作准备。

对新中国成立之初上海文化事业的奠基之功

1949年5月27日，上海解放，李亚农以军管会代表身份随军入城，并在9月成立的上海市文物管理委员会担任主任委员。自此，他在上海开展了一系列科学文化相关工作。履任后的第一件大事就是对旧有科学文化机构逐一接收，在此过程中，他的干练作风和勇于担当的个人气质促进了接收过程的顺利推进。李亚农领导参与了几件对日后上海文化事业而言具有奠基意义的大事，分别为筹备上海图书馆和上海博物馆，以及筹建上海史学会和上海历史研究所。

早在上海解放前夕，陈毅同志就已经在考虑解放后的各项事业，他指示进军上海的部队要加强对图书的保护。1949年6月被接管的上海市立图书馆，由原来江湾的上海市图书馆、南市文庙的上海市立图书馆、福州路前工部局的公众图书馆三馆合并而成。自1950年起，社会各界知名人士及其后人纷纷向新生的上海市立图书馆捐献藏书，其中不乏善本。藏书由文管会下属图书整理处负责整理，清点造册后由李亚农呈送陈毅市长过目。

尽管如此，李亚农认为，当时的市立图书馆，无论藏书量还是设施，都远不能和上海的政治经济地位相称，因此在中古史研究告一段落之后，他又写成了一篇两万字的论文，讨论钱舜举的画。他曾考虑过中国美术史方向的研究计划，因为"在这方面很有些见解想要写出来"；他在临终前还表示，"希望再活三年，完成我目前预定的研究和写作"。

决定成立全新的上海图书馆。除了积极网罗人才，李亚农主持的文管会还拨出专门经费购藏图书。1951年初，文管会决定成立图书馆筹备委员会，徐森玉、顾颉刚等参与，李芳馥为召集人。当时除了设有专门收集整理古籍的部门外，还重视向国外订购书刊，由李亚农出面，聘请冯德培等15位著名科学家组成选书委员会。到1952年7月上海图书馆开馆时，藏书已达70余万册，初步奠定了馆藏规模。

上海博物馆由原来虹口横浜桥规模不大的上海市博物馆、法国人的震旦博物院和英国人的亚洲文会博物馆三处接管后合并筹建而成。当时博物馆藏品单薄，大量珍贵文物都在私人藏家手中。

早在解放战争期间，陈毅同样意识到搜集出土文物和流散文物的重要性，委派李亚农负责这项工作。解放军战士在挖战壕的过程中，或在南下途中，收集的文物越来越多。李亚农将部队收集到的陶瓷器、青铜器、玉器、漆木器以及书画等装满了两大车，共计2853件。这批文物随军转战南北，一直被带到上海，后来拨交上海博物馆，成为上博第一宗奠基性的藏品。1962年李亚农病危时，还念念不忘这两大车文物，说："我总算对得起陈老总，没有把这两大车文物在战争中丢失。"

上海甫一解放，即有人报告海关码头有一批待运国外的珍贵文物。这批文物是当时上海古董商张雪庚打算走私到美国的。消息传出后，杨宽等文化界人士撰文披露，引起公众义愤，文物遂被暂时扣在海关。上海文管会成立后，聘请了一批文化人士进行古代文物的调查、鉴别工作。李亚农在接管上述三个博物馆的过程中也领导相关人员验收了这批文物并成功截留，把包括山西浑源出土的春秋晚期牺尊等在内的重要文物留在了国内。此外，文管会还接收了一批外国人士因汉学研究等需要而搜集保存的中国文物，如孔德图书馆的甲骨文和安特生收集的仰韶文化彩陶。

在充分调查解放初上海文物"家底"的基础上，利用当时文物价格低廉的条件，文管会收购了大量私人收藏的文物。民国著名鉴藏家庞莱臣于1949年逝世后，文管会展开了对"虚斋旧藏"的征集，徐森玉、李亚农和谢稚柳等具体参与了对庞氏后人的动员，制定了详细的征集目录，共计用7万元经费，先后征集了包括倪瓒《西山图》轴、董其昌《山水图》册、钱选《浮玉山居图》卷、王冕《墨梅图》轴、唐寅《古槎鸜鹆图》轴、仇英《柳下眠琴图》轴等在内的精品，入藏上博。此外，李亚农十分重视对收藏家的统战工作，接受了不少著名藏家捐赠的珍贵文物，包括"攀古楼主"潘祖荫后人捐献的举世闻名的"大盂鼎"（后调拨北京）、"大克鼎"等，极大丰富了上海博物馆藏。

新中国成立后，郭沫若受命担任中国科学院院长，在他倡导下，1952年，上海成立了中国史学会上海分会（上海史学会），李亚农任会长，周谷城任副会长，这是上海哲学社会科学界早期成立的学术团体之一。1956年，中国科学院成立上海历史研究所筹备处时，李亚农又出任主任，至1959年，历史所划归上海社会科学院，李亚农任所长。从历史所筹备时起，李亚农就说："办历史所一定要找有真才实学的人，不能要滥竽充数的人。一个研究所人不在多而在精。每个研究人员进来都要经过严格的选择。办好历史所的方针有两条：一是要搜集人才，一是要建设一个好的图书资料室。此外，他还提出要出研究集刊，以发表学术成果，造就科研人才。"

汤志钧先生是较早一批历史所研究人员之一，他出身于书香世家，后就读于无锡国专，得到过吕思勉、周谷城、周予同、王蘧常等先生的教诲，国学基础深厚。1955年，他刚过而立之年就出版了论文集《戊戌变法史论》，可谓年轻有为。早在历史所筹备之初，他就拜访过李亚农。他记得李先生见面便对他说："清朝秀才到了50岁才出集子，你才30岁就出了，太早。"年轻的汤志钧自是不服气也不理解。他后来才知道，李亚农的话虽是"当头棒喝"，但其实《戊戌变法史论》正是在李亚农的推荐下才出版的。而多年之后，随着大量史料的发掘和学术研究的深入，他重新审视自己年轻时出版的论文集时，才发觉自己过去的著作中，有不少粗糙疏漏之处，也终于理解了当年李亚农先生对待年轻学者的一番苦心。谈及这段往事，汤志钧喟叹不已："真正学问好的人，是君子爱人以德，不以姑息，李亚农先生这是不姑息我啊，所以我是非常感谢的。"

以抱病之躯勤奋笔耕的十年

在初步开启了新中国成立之初上海的文化事业后，李亚农终于能挤出时间，重拾他的历史研究兴趣。他制订了宏大的计划，试图通过对中国古代史的研究，探索中国历史的发展规律和发展阶段，尽可能根据可靠资料，阐述各个阶段的社会生活状况，并分析其特点。用他自己常说的话，"就是要替中国历史划出一个大体的框框"。同时期的历史学者杨宽认为：这是亚农同志科学研究上的雄心大志，也就是他终生坚持不懈的奋斗目标。

李亚农到上海工作后不久便罹患风湿性心脏病，他在繁忙的行政工作和长期的病痛中，争分夺秒地研究和写作。每当病情严重，不得不停止工作时，还念念不忘研究计划。从1952年直至病逝，他在10年间先后完成了5本学术著作，分别为《中国的奴隶制与封建制》《周族的氏族制与拓跋族的前封建制》《殷代社会生活》《西周与东周》《中国的封建领主制和地主制》，后合编为《欣然斋史论集》（再版时改为《李亚农史论

集》）。这一系列著作尽管有不可否认的时代特征，但切实反映了李亚农对中国古代的宗法制度、土地制度、奴隶制度转变为封建制度的具体过程，对中国古代史的分期等学术问题的系统性思考。

在1952年写成的《中国的奴隶制与封建制》一书中，李亚农提出了自己对中国古代史分期的见解。他在吸收各方意见的基础上三易其稿，直到1954年才出版。李亚农深知，这部书只是他古代史研究的一个开端，接下去，他要继续探索，把即便在战争年代也一直盘旋于脑海中的问题和见解一一呈现出来。他认为："作为一个科学工作者，必须这样做，才不算白活一世。"

1954年，《周族的氏族制与拓跋族的前封建制》写成。按照杨宽的评价，"主要贡献是开创了研究中国氏族制历史的新途径"。在当时的学术条件下，要研究我国远古时期的氏族制，很不容易。李亚农的研究认为，周族的宗法制度是从父系家长制时期保留下来的，"礼"也是从那时沿袭下来的，因此，"三礼"中就保存有不少原始史料，可以用来探索周族的氏族制的特点，还可以由此说明宗法制度的起源、作用及其在中国社会得以残存两三千年的缘故。而在对拓跋族的研究中，他同样提出了独特见解，认为均田制的内容带有"村社"性质，起源于"计口授田"。值得一提的是书中的比较视野。裘锡圭先生曾在一次学术访谈中提及，应该通过和其他民族的思想、风俗习惯、制度等的比较，来研究中国古代，也要注意跟古今的边裔民族比较。他举例谈道："李亚农先生，他研究西周社会时也将其与拓跋魏社会的变化联系起来。"

20世纪初，梁启超批判传统史学只重视帝王政治，于国家人民、现实社会毫无关怀和助益，因此呼吁"史学革命"，提倡以"民史"取代"君史"的"新史学"，提倡"社会生活研究"。以此为开端，又经过二三十年代的社会史大论战，中国社会史的研究取得了初步成果，并在新中国成立后继承传统进一步发展。

李亚农

李亚农著作

李亚农的《殷代社会生活》成书于1955年，也可视为该大背景下的成果之一。是书力求在考据的精确和叙述的晓畅之间寻求平衡，运用甲骨文和出土文物来呈现殷代社会的各种面貌，认为殷代是发达的奴隶制社会，殷人征服东夷，足以证明殷代社会还是富于生命力的，奴隶制度并未达到崩溃阶段，所以周人灭殷之后，奴隶制也延续下去，而并非在朝代更替的同时建立了新的制度。

次年，李亚农又写成《西周与东周》一书，试图以西周和东周之际的变革，来说明奴隶制向封建制转变的具体过程。他认为，从西周周厉王开始到春秋齐桓公时代的两百年是奴隶制社会到封建制社会的转型期，春秋时期是诸侯割据的封建领主制，到春秋末年，开始向中央集权的封建制度转变。写作过程中，

李亚农广搜资料，他常常不满足于已有的观点，因此不断反思和补充，力求完善。当他写作下一本书，即《中国的封建领主制和地主制》时，健康状况已经不容乐观，时常需要吸着氧气翻查资料和书写。但他坚定地按照研究目标推进，日有寸进之功，终于"一次一次地把阎王差遣来的无常赶回去了"，在1961年春天完成了写作。书中对春秋、战国之际的变革进行了详细探讨，着重阐述领主制向地主制的过渡问题，指出从鲁宣公"初税亩"、鲁成公"作丘甲"开始，领主制已经向地主制过渡，并以战国初年魏国的社会经济情况和田赋制度为例，论证了封建地主制的形成。

到此为止，李亚农的中国古代史研究已经基本完成了既定目标，他又急着回过头去通盘整理，改订旧作。他担心的是，"假如在纠正旧著的乖谬之前，竟淹忽下世，则贻误后来读者的责任，是逃不了的"。于是，又经过一年左右时间，作了大幅修订增补，将这五部作品合编为《欣然斋史论集》，并请唐长孺和杨宽两位校阅。此时的李亚农又兼罹患肺癌，在严重咯血的情况下，专门写了一篇很长的序言，谈论科学研究如何承前启后的问题。

他早已意识到自己时日无多，于是更加争分夺秒，在中古史研究告一段落之后，又写成了一篇两万字的论文，讨论钱舜举的画。他曾考虑过中国美术史方向的研究计划，因为"在这方面很有些见解想要写出来"；他在临终前还表示，"希望再活三年，完成我目前预定的研究和写作"。只是，这些清晰而恳切的渴望，终究随着他于1962年9月2日不幸离世而永远无法实现了。

李亚农在最后一本单行本著作《中国的封建领主制和地主制》序言中写道："有生之日，皆为人民服务之年；只要一息尚存，今后仍然准备为祖国的科学事业继续努力。"以抱病之躯勤奋笔耕十年，可谓将生死置之度外，无论是对历史还是对自我的诺言，他其实都已经实现了。

戏曲小说研究的拓荒者

赵景深

赵景深
（1902－1985）
戏曲史家、戏曲理论家

20世纪七八十年代，若想在戏曲小说研究上有一番作为，上海有一个地方非去不可，那就是淮海中路四明里6号——戏曲研究家赵景深的住处。只要是有心从事戏曲、小说研究的人，踏进这道门，总会有超出预期的收获，或者是任意取用的珍贵资料——有些连图书馆都没有收藏，或者是赵景深一席令人醍醐灌顶的专业点拨，再或者，在这里听听"赵师"像"活字典"一般将戏曲源流、作家生平等等娓娓道来……走出这道门，许多人继续沿着赵景深开辟的研究道路，成了戏曲、小说研究的专家学者。

事实上，赵景深是文学领域的"多面手"，早年是新文学的积极参与者，写过小说、出过诗集、翻译过童话和契诃夫的小说，还曾在新文学重要阵地——北新书局担任过总编辑，二三十岁就在文学界崭露头角，却"急流勇退"，转入了戏曲小说研究这个在当时可谓"杳无人烟"的领域，成为戏曲、小说研究的前期开拓者和卓然大家，被人尊称为"曲海宗师"。

带着一颗童心，
驰骋于文学的各个领域

赵景深著作等身，在文学的多个领域都有深深浅浅的涉足，16岁时就开始在杂志上发表故事、散文，28岁时已经出版了35部著作，有翻译文学、童话、散文，有诗集、民间故事研究。其中一本《中国文学小史》是当时清华大学入学考试唯一指定的参考书，因为运用了诗歌般的语言，突破了过往同类书籍的枯燥，畅销20余版。然而年纪轻轻就有着这般成绩的赵景深并非科班出身，也没有接受过文科大学的正统训练。他走入文学研究完全是靠着一颗童心，由兴趣引路，通过坚持和毅力在文学世界里自学成才，如他后来所说："我对于文学，只是觉得好玩，日久就成为嗜好，如同吸烟喝酒的人喜欢烟酒一样。烟酒也与我无缘，我是拿文学来替代烟酒的。至今我仍然觉得文学好玩，所以我对于我所做的工作只感到趣味盎然，不大会感到疲倦。"爱好文学，或许多少与赵景深的出身有关系。1902年，赵景深生于浙江丽水，祖父在当地任地方官，衙署内书架无数，赵景深从小就生长在这书堆里，又跟着家里人学吟诗作对，自小打下良好的文学功底。后来迁居安徽，在教会小学、教会中学读过书，锻炼了英文书写的能力。1919年夏天，赵景深北上进入天津南开中学。当时，五四运动刚过去不久，师生们都受新思潮影响，国文教师洪北平常会选胡适、陈独秀、蔡元培、梁启超诸家的白话文给学生读，从他那里，赵景深第一次知道了浪漫主义和自然主义，也第一次知道了托尔斯泰、莫泊桑。

在赵景深的身上，很能印证一句俗语："命运掌握在自己手里。"因为经济困难，在南开中学读了一年，赵景深就无力继续学业，转而报考了更为经济的天津棉业专门学校。然而纺织并非赵景深的兴趣，入学第二年，他就把大部分精力用到他喜欢的文学领域，"每天都忙着翻译。一方面向《上海妇女杂志》投童话稿，一方面在天津《新民意报》投故事稿"。当时写文章、办刊物在青年中风行，赵景深又与志趣相投的朋友帮《益世报》编辑副刊；还"与周作人先生讨论

大师纪念地：北新书局旧址（今四明里绿地）

北新书局旧址
地址：黄浦区淮海中路417号

地铁1号线一大会址·黄陂南路站

165

大

城

小故事 请老舍提"兵"救"赵"

赵景深任北新书局总编辑26年,与许多文化名人都有来往。有一次为《青年界》向老舍约稿,赵景深效仿古人,大书一"赵"字,用红笔圈起,旁边写道:老赵被困,请发救兵(小说也)。老舍的回复也是戏腔十足:"元帅发来紧急令,内无粮草外无兵!小将提枪上了马,青年界上走一程。吠!马来!'参见元帅。''带来多少人马?''两千来个字,还都是老弱残兵!''后帐休息!''得令!正是:旌旗明日月,杀气满山头!'"

小故事 登辉堂上的"赵家班"

赵景深是编导演唱俱佳的戏曲通才。20世纪50年代,他曾带夫人与女儿在复旦大学校内献演《长生殿》里的《小宴》,自饰唐明皇,夫人饰杨贵妃,女儿饰宫女,在复旦大学有"赵家班"之誉。他还请俞振飞、言慧珠等名家来复旦举办过昆曲观摩会,两名家先后演了《惊鸿记》中的《醉写》和《南柯记》中的《瑶台》,赵先生则饰吕洞宾,演出《邯郸记》中的《扫花》。赵景深还曾组织过上海昆曲研习社,培养了许多昆曲爱好者。

童话"。1922年,赵景深向郑振铎主编的《儿童世界》投稿,从此结识了郑振铎。郑振铎是赵景深最要好的"曲友",也是影响他后来治学走向的重要人物。从学校毕业后,原本要被安排到纱厂的赵景深,因为学生时代的积累,得到了一个《新民意报》文学副刊编辑的职位,从此"一直不曾离开文学"。那时的赵景深怀抱热情与诗趣,"跟随着新文学浪漫运动的巨潮向前推动",办文学社、追随徐志摩为老师、加入文学研究会……人生轨迹里,文学的印迹越来越重。

因为生活窘迫,在郑振铎等朋友的介绍下,赵景深赴湖南长沙教书,无意间开启了他之后的研究之路。"教给学生一杯水,自己预备一桶水"是赵景深的为师之道,从站上讲台起,他就有意识地进行知识积累,从博到精。做国文教员期间,除了讲书改文,他的精力都用在了中国古文学上,绍兴古庙式的县立图书馆里、汕尾到海丰的轿子里、绍兴逃难出来的乌篷船里……无论身处何地、环境如何,他总能沉稳地手执古书,期待着学问上的灵光乍现。

声名鹊起时走入戏曲研究的荒原,自此一往情深

28岁时,赵景深在文学界已经崭露头角,此时的他遇到了又一次身份上的转变——复旦大学以中文系教授的席位向他发出邀约,也是从那时开始,赵景深对学术研究倾注了更多的心力。正式

从事中国古代戏曲的研究是自1933年开始的,原因是郑振铎的鼓励,而事实上,赵景深从少年时代就爱好戏曲了。他童年和少年时代生活过的地方演剧风习繁盛,常跟父亲去看京戏、看机关布景的连台本戏,也曾跟着舅父学一些咬字行腔之法。最喜欢的游戏是把板凳翻转至四脚朝天,三面糊纸,作为一个"戏台",用纸张、木棒做成生旦净丑的纸演员和刀枪剑戟一类道具,演出儿童剧,一直玩到十五六岁。

兴趣归兴趣,但转入戏曲研究,对于当时已经小有名气的赵景深来说,很有些自断前程的意味。中国传统观念历来把诗文看作文学的正宗,而小说、戏曲被视为小道末技,不登大雅之堂,更不论那些说唱如弹词、大鼓、民歌、宝卷、民间故事了。因此肯下功夫研究戏曲小说与俗文学的人少之又少,王国维曾试做研究,但应者寥寥。赵景深自知这是口"冷门饭",初进门时便感到"人才稀少,气象萧索",很多人觉得他此举"不合算"。但赵景深看到的是,宋元以来,诗文已然衰微,而随城市繁荣、手工业兴起的戏曲小说却以蓬勃的生命力担负起反映社会的任务,与千百万群众声息相通。"学习中国文学,应该对13世纪文学的发展用力狠下功夫。只有这样才能认识清楚中文发展的动力,认识清楚文学创作与时代和社会的关系。"赵景深开始有计划地就宋元南戏、北曲杂剧、明清传奇直到近代民间广泛流传的花部诸腔等进行细致探索,使人们认识到它们真正的价值。他的学生江巨荣

在北新书局与赵景深共事三年的陈伯吹曾说过，在中国一座儿童文学的金顶高塔上，飘扬着彩色缤纷的旗帜中，就有赵景深先生的一面。

赵景深是较早将安徒生童话介绍到国内的人之一，还曾与李小峰合作翻译《格林童话全集》。同时他自己也创作了许多童话故事，他的带有童话色彩的散文《纸花》《一片槐叶》曾入选语文教材。

说，在这样的研究中，"赵先生看到这些文艺反映了底层民众的真实生活，人民的喜怒哀乐，有血有肉，生动活泼，有别样的趣味，从而终其一生把精力投入戏曲小说和俗文学的研究工作中"。20 世纪 30 年代著《中国文学史新编》时，赵景深就将诸宫调、戏文、散曲、传奇、花部戏放了进去。

选择戏曲小说研究，其实跟赵景深的性格也有关。在众人眼里，赵景深是个有着圆圆脸、矮墩墩身材的老好人，从不疾言厉色，甚至有人把他比作中药里的甘草，因为他跟谁都合得来。但是在学术上，赵景深是有性格的，他从不肯随波逐流，曾说过"我的癖性是如此，我喜欢做一点别人所不曾做过的事，我不愿浪费写作和出版的精力"。做的事只要确有填补空白的价值，即便再艰苦，赵景深也愿意投入进去。戏曲、小说的研究正是这样一块"空白"。他曾把中国文学的研究比作一片绝大的有待于开垦的荒原，而古典戏曲史、古代小说史及古代民间文艺发展的历史情况等细分领域的研究"如同荒原上有一大块原地，简直蔓草丛生，荒之又荒"。"荒"会导致文学遗产逐渐流失——因缺乏整理和保存措施，古代文学作品大量丢失是事实。赵景深心里绷着一根弦，随着时代不断地向前推进，中国文学的研究可能会"远远落后于时代，远远落后于文化教育的需要"。

宋元戏文辑佚是赵景深的一块重要工作。南戏是我国最早成熟、定型的戏曲，剧目丰富多彩，对于我国整个戏剧史的发展，是极重要的一环，可当时学界只能见到《永乐大典》所录戏文三种和极少数南戏名作。赵景深埋头《南九宫谱》《新编南九宫谱》《雍熙乐府》《九宫大成南北词宫谱》诸书，辑得 50 余种南戏剧目佚曲 260 余支，在 1934 年出版了《宋元戏文本事》，是这一研究领域的开山之作。担心专载佚文太枯燥，断简残篇凑在一起会让人摸不着头脑，于是大胆地根据《曲海总目提要》及人物传记、话本小说等文献，考证剧目本事，把残文贯串了起来，"使得读者看这一本书不像是摹挲古董，而像是在读几篇很有趣味的短篇小说"。《元人杂剧辑逸》的成书在挖掘、梳理上经历了同样的过程，在这本书基础上增订的《元人杂剧钩沉》，在当时是元杂剧研究中唯一的佚曲辑佚之作。赵景深曾说："我们研究古代戏曲，必须广收博采，先占有许多资料，才能谈得上研究。"然而站在我国现代戏曲研究的初始阶段，资料的整理和考证难度如同汪洋里摸珍珠，尤其是戏曲家生平的钩稽——因为轻视小说戏曲，许多作者不署名或不署真名，导致资料扑朔难寻。而要了解一部作品，作者的生平思想、时代背景是绕不开的。1942 年，赵景深钻到图书馆翻捡了千卷以上的方志，寻出王国维《曲录》、姚燮《今乐考证》等书未曾说及的 100 位明清曲家的生平著作史料文献，经过比勘考证，撰写了《方志著录明清曲家考略》一文，为曲家研究作出了开拓性贡献。

不止如此，赵景深为后来人进入戏曲小说及俗文学研究领域作了许多重要铺垫。1941 年，他主编了《俗文学》《通俗文学》两种周刊，创造性地将俗文学的研究领域放宽，对俗文学的繁荣起了很大的作用。他的戏曲论著《曲论初探》开创了戏剧理论批评史的先河，被后学视为摸索古代戏曲理论的一把钥匙。他早早看到小说与戏曲常有互相取材与影响之处，因此对小说和民间故事也非常痴迷，喜欢听故事、讲故事、研究故事。早年翻译童话，喜欢刨根究底的赵景深就顺带翻译了许多关于童话版本流变的文字。到了戏曲研究，又看见了他的这一

赵景深与学生在一起

习惯——他非常重视戏曲本体的研究，尤其是对戏曲本事源流与流变的考述，心细如发的他总能从浩瀚的作品中梳理发现彼此之间的传承关系。赵景深曾对《英烈传》进行过专门考证，从32种史书中一一找到《英烈传》各回故事在历史上曾有的记载。他被同道们誉为"活字典"，但凡涉及戏曲故事的来龙去脉，典故曲词，无不如数家珍。

值得一提的是，赵景深是国内少见的重视民间戏曲的戏曲史家。江巨荣说："赵先生治学的特点之一就是眼睛朝下，始终关注下层民众喜欢的文学形式。"在赵景深眼中，民间戏曲"蕴藏着一部活的戏曲史"，"忽视民间戏曲，不可能把握中国戏曲发展的全貌"，因为"民间戏曲，大多是来自民间的艺人创制或改编的作品，它们必然要反映那个时代人民的生活、思想、感情和愿望"。然而令他有些遗憾的是，"民间戏曲的财富仍然像一片待开发的原始森林存在，却很少有人知道重视它的价值"。于是，他多方搜集抄录民间抄本，经常下乡调查民风，采集民间故事，从老艺人的口里抢救剧本……《戏曲笔谈》中足可见出他对昆、苏、绍、婺剧的历史、剧目与声腔、表演，甚至场面使用的器乐，都做过研究。

"少年易老学难成，一寸光阴不可轻。未觉池塘春草梦，阶前梧叶已秋声。"在赵景深的书桌对面，挂着一首朱熹的《偶成》，赵景深亲手写就，抬头就能看见，为的是警醒策励自己。赵景深天资聪颖，却自谦在戏曲研究上是一只行路迂缓的笨骆驼，他把大部分时间都给了学术研究，以至于他的孙女给他起了个外号"写人"，除了写，什么也不顾。他将自己的治学心得凝练成"五心"：乐于献身的热心，锲而不舍的恒心，排除干扰的专心，取长补短的虚心，慎于下结论的细心。纵观他的学术研究，处处可见"五心"的痕迹。

江巨荣记得，因为注重资料，用资料说话，赵先生的文章大多短小精干，要言不烦。"我们看他的书，许多论文都取随笔和札记形式，以资料说明问题，有一说一，从不喋喋不休。文章虽然短，但文笔流畅，清新好读，与堆砌资料、佶屈聱牙的文字大异其趣。"然而，发表这种短文在当时并不讨喜，曾有人调侃赵景深的文章是"豆腐干"，他一笑置之，继续写他的短文，特别是考证之类的说明文，不矜才使气，不炫博争奇，只老老实实地说他所要说的。

他也不肯躺在老本上，教书不喜欢用老稿子，新学期上课总要用新的大纲；写作怕重复，即便见解没有变化，例子总要换一换。《宋元戏文本事》出版后，赵景深一直抱着谦虚的态度跟进新的内容，用20多年时间，订正了原著中的谬误，增补了新剧目，以《宋元南戏考略》为名重新出版。

有趣的是，为了学术研究，赵景深成了一名真正的昆曲艺术家。他坦言，一开始对音乐什么都不懂，学昆曲，正是为教中国文学史和戏曲史，为的是讲课时能形象化一些、有趣一些，"特别像讲到关汉卿、汤显祖、洪昇等元明清戏曲大家和他们的作品时，要是讲得枯燥无味，甚至使学生昏昏欲睡，那是大煞风景的"。抱着这一目的，赵景深拜昆曲名旦尤彩云、张传芳为师，学了多年。往后的教学时常根据需要连做带唱来一段，他的课也因此声名在外。用舞台带动课堂，绝非单图一个热闹，在赵景深看来，其意义更在于昆剧能够唱出古典名著原来的词句，"一面看古典戏曲名著，一面听到名著中的原句，欣赏起来，就可以有更多的体会"。

赵景深在复旦大学演出《长生殿》剧照

书库有三万册藏书，是学术圈子里的专业图书馆

当年的戏曲研究者中，流行着一句话："要找一本市面见不到的中国戏曲小说方面的书吗？你去问赵景深先生借好了。"几乎所有人提起赵景深，都会提到他的书库，藏书最多时曾达三万余册，几乎覆盖了赵家从一楼到三楼包括亭子间的所有墙面。跟正统的藏书家有所不同，赵景深收藏最多的是与他研究和教学相关的戏曲、小说、俗文学、现代文学作品和论著，有不少公共图书馆都未收藏的珍本和稀本，堪称学术圈子里的专业图书馆。赵景深虽然惜书，跟他借书却几乎不难，他的书库是向研究者开放的。每每有人借书，不问出处，只要有心相关的研究，登记一下，就可以借走。甚至有人只是拿了一个题目上门求教，赵景深就敏锐地察觉出对方的兴趣和研究时的新意苗头，迅速地整理出一套针对性非常强的参考书目。他的脑袋就像台电脑，熟悉每本书的位置摆放，能根据求教的内容，毫不迟疑地说出对方想要的答案，甚至精确到在哪本书的第几页第几行。"我自己年老多病，我所搜集的书应该发挥最大的用处。我常觉得，中年和青年的同行，他们的精力更为充沛，我应当使他们能有更好的条件来完成他们的著作。"正是抱着这样的热忱之心，赵景深一直坚持让藏书流动起来。他去世后，藏书按照遗愿全部由家属捐赠给复旦大学校图书馆及古籍研究所。让人不禁想起他80岁寿诞时说的那句话："我要尽我的力量，至少可以作为一个运输队员，把研究用的'枪炮子弹'运送给大家。"

80岁寿诞，赵景深还说过一句话："我们中国的戏剧并不比外国人差，中国的关汉卿、汤显祖并不比莎士比亚差。外国现在有斯坦尼斯拉夫斯基体系，有布莱希特体系，我们也应该有我们自己的体系。"他从心底里希望有更多的人一起努力把中国戏曲发扬光大，因此从不吝啬所学。他的学生有两类，一类是"正统"的科班出身的弟子，还有一部分是慕名而来的私淑弟子。指点两类学生，赵景深都同样用力，只要他们肯上进，他都乐意提携。他忙着给学生们看稿、提建议、写序跋，书桌上经常堆满学生送来的校样。有学生记得，赵先生留在自己笔记本上的批阅意见，粗略估计有近万字。赵景深很愿意"浪费"精力去帮助别人：孔另境修订重版的《中国小说史料》、胡士莹的《话本小说概论》、庄一拂的《古典戏曲存目汇考》……其中都有他的贡献；甚至为了帮助好友的遗著早日问世，他宁愿拖后自己著作的出版，帮助联系出版社、整理稿件、修改稿件……

很多接受过赵景深帮助的人，脑海里都有一个相似的场景：周末去"赵府"听课，到了楼下，赵家人会从楼上用小篮头吊下来钥匙，让他自己开门进去。那个情形如同一个隐喻：站在戏曲研究始端的赵景深，正将进入这个领域的钥匙递给后来的人。

站在国家和民族的立场上思考

李平心

江西南昌人。曾任《自修大学》《现实周报》主编。1945年与马叙伦、周建人、许广平等发起组织中国民主促进会,任该会中央委员。中华人民共和国成立后,当选全国政协委员,并任华东师范大学历史系教授。20世纪30年代即从事史学研究,著有《中国近代史》《中国现代史初编》《各国革命史》及《人民文豪鲁迅》等书。后又致力甲骨文、金文的考释,著有论文多篇。对政治经济学亦潜心研究,发表十论生产力性质的专论,颇多创见,在学术界有一定的影响。

李平心
(1907—1966)
历史学家

在中国当代史家中,李平心是一位极具个性的人物。他毕生追求光明,以笔作剑,积极投身争取民主和民族解放的事业,并从事中国近现代史的开创性研究。他始终在党的领导下,挺立在思想文化战线上,"为真理与胜利而呐喊,而宣传,而歌唱"。

李平心原名循钺,又名圣悦,笔名李鼎声、平心、青之、李悦、李圣悦、邵翰齐、万流等。

1907年3月4日,李平心生于江西南昌,7岁时入南昌市千家后巷私塾读书,两年后转入南昌市模范小学。1922年,他考入南昌市心远中学。这所重点中学里,曾走出了方志敏、邹韬奋、夏征农等革命者,有不少进步教员和青年学生。

1925年,李平心入上海大学社会

学系。上海大学是第一次国共合作时期中国共产党在上海设立的一所新型革命大学。瞿秋白、恽代英、邓中夏等先后在该校任教,并从事马列主义宣传活动。在革命思想的熏陶下,李平心开始以马克思主义的立场、观点和方法观察和分析社会问题,并用于社会学研究。入学不到半年,他便作文《现代妇女与现代家庭制度》,从社会思想、道德观念、家庭婚姻等角度,对封建旧思想大张挞伐,启发妇女觉悟以谋求自身的解放。

在革命低潮时期,
站在文学战线上鼓舞士气

1927 年 1 月,受中共党组织的安排,李平心肄业离校,赴浙江第六师范学校

任社会学和哲学教员,并与曹亮一起编辑出版《世界月刊》,宣传马克思主义思想。同年 2 月,李平心加入了中国共产党。

不久,"四一二"反革命政变令白色恐怖笼罩全国,李平心亦遭通缉。6 月,他由临海转道上海,开始了他在中共上海沪东区委的宣传工作。6 月 2 日,李平心在《文学周报》上发表文章《〈惨雾〉的描写方法及其作风》,呼吁文艺工作者"打起精神来描写一般被压迫的人类",力图在革命低潮时期,站在文学战线上鼓舞士气,激励劳苦大众站起来,反对蒋介石的反动统治。

1928 年 2 月,李平心加入了蒋光慈、钱杏邨等人发起的太阳社。太阳社倡导无产阶级革命文学,以反映工农大众的真实生活与斗争精神。其主要成员大都

大师纪念地:李平心旧居

李平心旧居
地址:黄浦区淮海中路 469 号内

"近时的中国农业经济和土地关系虽然还保持着它主要的历史特点",但是"资本主义的侵入中国和国内都会工商业的发达,破坏了农业经济的均势,使农村的经济组织和土地关系成为畸形的状态,地主豪绅对于农民的压迫只有一天一天的加紧,农民所受的经济痛苦随着土地所有权的集中,农业资本的集中,利贷资本的发达,只有一天一天的增加。"(李平心:《中国土地问题与土地革命》)

"革命史是过去革命斗争的总结,它的最大作用在于激发被压迫大众为变革人类历史及改造自己的命运而奋斗,贯通丰富的经验与战斗教训,使革命指导者与革命大众有所借鉴。目前我们是在进行神圣的民族义战,根据'抗战即革命'的真理,我们自然有取法革命的必要。固然我们要研究中国的革命传统,但是外国革命历史同样也能给我们以许多珍贵的启示和教训。"(李平心:《各国革命史讲话》序言)

是第一次国内革命战争失败后,从斗争实践中转移到上海从事文化活动的中国共产党党员。很快,李平心在《太阳月刊》上发表了小说《巴里亚的胜利》。小说以上海工人武装起义为题材,歌颂了无产阶级英勇善战的革命精神,鼓励无产者认识到只有靠自己的力量才能够主宰自己的命运。

这一时期,李平心立足中国国情,试图从理论上求索民族的出路。他在《布尔什维克》杂志上发表了《中国土地问题与土地革命》一文,对中国农业经济和土地关系的特点及农村的阶级矛盾进行了深刻分析。他指出,资产阶级和地主豪绅阶级与他们的总代表——军阀官僚,像铁链一样结成一条联合战线。因此,无产阶级与农民阶级应结成巩固的联盟去锤碎这条铁链。他在文章中宣传了中国共产党发动农民运动,进行土地革命,建立农村苏维埃的主张,提出了土地革命的原则及其具体方案的设想。这是一个共产党员在大革命失败后,对中国革命经验的总结和对革命道路的探索,表现了其忠贞不渝的革命精神。

1928年5月,因叛徒出卖,李平心在上海被国民党当局逮捕入狱,10月经保释返南昌。在故乡,他翻译了《政治思想史大纲》一书,并于1930年5月出版。然而,家乡的空气过于沉静,早已不适合那个从波澜壮阔、血雨腥风的斗争实践中成长起来的革命者。

1929年6月,李平心返沪,继续党的工作。7月,应光华书局约译《资本论》第一卷,后因光华书局毁约而未能出版,却成就了他根据《资本论》的理论,并参引《家庭、私有制和国家的起源》《唯物主义和经验批判主义》等马列经典著作,编写的《现代社会学理论大纲》于1930年6月出版。这一时期,经恽代英推荐,李平心在党中央领导的全国苏维埃代表大会中央准备委员会担任秘书工作,参加了全国苏维埃代表大会《土地改革法》《教育改革法》《苏维埃选举法》等文件的起草工作。

庆云里"李老板"的"表妹夫妇"

1931年11月7日,中华苏维埃第一次全国代表大会在江西瑞金召开,会议宣布成立中华苏维埃共和国临时中央政府。然而,党领导创建的第一个红色国家政权的许多筹备工作却是在上海进行的。

1930年5月下旬,在上海秘密召开的全国苏维埃区域代表大会上,成立了第一次全国苏维埃代表大会中央准备委员会临时常务委员会。9月中旬,苏维埃代表大会中央准备委员会在上海召开第一次全体会议(简称"一苏大"),正式成立中央准备委员会(简称"中准会"),领导"一苏大"的筹备工作,负责起草中华苏维埃共和国宪法大纲和一些法令草案。

"中准会"临时常委会由李求实担任党团书记,林育南任秘书长,工作人员则有李平心、胡毓秀、张文秋、彭砚耕、冯铿等。机关设于上海愚园路庆云里

"鸦片战争以来的历史只是展开了国际资本主义对于中国的榨取与掠夺，只是加深了中国民族的奴隶状况。旧有的农业经济虽是为国际资本的铁爪抓破了，而新的资本主义的生产方式却没有支配国民经济，……中国的民族资本主义虽然是局部地兴起来了，而它并没有占绝对的优势，并且是受着国际资本的桎梏与奴役的。"（李平心：《中国近代史》绪论）

31 号，这幢三层石库门建筑位于静安寺不远处，是林育南以"李敬塘"的化名租下来的，面积 160 多平方米。为了掩人耳目，房子按照阔绰皮货商人的排场布置。表面看起来，这里就是个"大家庭"，工作人员对外皆以亲戚相称，李平心、胡毓秀夫妇则以"李老板"的"表妹夫妇"名义寓居于此。在险恶的环境下，"家庭成员"配合默契。有一次，上海公共租界巡捕房到庆云里搜查，李平心便和"家人们"坐成一圈，搓起了麻将。

1931 年 1 月 17 日至 21 日，一些党的重要干部和左翼作家先后在上海东方旅社等处被捕，很快被转押到位于龙华的国民党淞沪警备司令部。林育南、李求实等，在"魔窟"受尽酷刑，英勇就义，被称为"龙华二十四烈士"。自此，李平心也失去了与党组织的联系。

尽管如此，"中准会"临时常委会负责起草的文件最终仍被完整地送往中央革命根据地，并由同年 11 月在江西瑞金召开的"一苏大"审议通过，对苏维埃政权的建设发挥了重要作用。

"读书由少数人书斋里的
游戏奇迹变成为众多人所必需的
粗衣淡饭"

九一八事变后，民族矛盾空前激化。李平心把自己的智慧和知识凝聚在笔端，办进步刊物、著书立说，积极宣传马克思主义和爱国民主思想。事变当月，他与友人在上海创办《现实周刊》，宣传抗日救亡。

如邹韬奋所说："平心先生的文字，结构细密，婉转曲达，最擅长于说理，无论怎样艰深的理论或复杂的内容，经他的笔端以后，总使人感到豁然贯通，条理分明。"

与 20 世纪二三十年代史学界和大学历史系普遍热衷于古代史尤其是先秦史的讨论不同，李平心的历史研究，一开始便把眼光投向了中国近现代史的领域。1933 年起，他先后在这方面发表了多部论著，系统阐述了对该时期中国历史演变及其总体趋势的认识。其中《中国近代史》出版于 1933 年，署名李鼎声，全书分 18 章论述了自鸦片战争至 1933 年日本侵占热河、察哈尔的近百年历史，是我国较早运用唯物史观撰写的一部完整的近代史著作。绪论中，作者言，"鸦片战争以来的历史只是展开了国际资本主义对于中国的榨取与掠夺，只是加深了中国民族的奴隶状况。旧有的农业经济虽是为国际资本的铁爪抓破了，而新的资本主义的生产方式却没有支配国民经济……中国的民族资本主义虽然是局部地兴起来了，而它并没有占绝对的优势，并且是受着国际资本的桎梏与奴役的"，中国近代史并不像有些人所想象的那样是中国资本主义的独立发展的历史，"却是一部中国民族沦为半殖民地及国民经济受着帝国主义破坏的历史，这部编年史是用血与火来写成的"。此书自初版印行后，至 1949 年 7 月即发行了"胜利第七版"，它鲜明的进步倾向受到了读者的欢迎，曾被解放区翻印作为八路军、新四军的历史教材。

传播和推广无产阶级大众文化，李平心视此为己任。1934 年起，他编辑出版了《现代语辞典》。次年 5 月，又负责编辑《读书与出版》刊物。他在"创刊漫谈"中说，"如果说我们出版这刊物有什么宗旨，那只有两点值得宣布一下的：头一是要替读者和出版界做一个老实的媒婆；还有一点，我们很愿尽力告诉读者一点读书的'门槛'，报告一些新书或出版消息"，将"读书由少数人书斋里的游戏奇迹变成为众多人所必需的粗衣淡饭"。1935 年 11 月，生活书店刊行了李平心编辑的《全国总书目》——我国现代目录学史上较早且有影响的一部全国总书目，收录了 1921 年至 1935 年间出版的书籍约二万种。它以马克思主义为指导，批判地吸收了当时流行的杜威分类法，尽可能按照学术与知识系统建立图书分类法。其所收书目不论学派，唯以内容严正为尚。该书目的出版在一定程度上反映了当时社会的政治、经济、文化状况，填补了我国缺乏较完整的全国总书目的空白。

学习和实用、理论与实践，该是怎样的关系？1936 年，李平心编写出版了介绍和指导读者学习社会科学的通俗读物《社会科学研究法》，阐释了理论联系实际的科学思想。他指出："学习和实用，理论与实践，不是机械地可以隔开截断的，它们必须统一起来，唯一面努力学习理论，一面随时参加实践，才能够使社会科学成为有用的知识。"明确反对那些夸夸其谈、脱离实际的"理论家"和否定理论的所谓"实干家"，启发读者"对社会和历史的认识"，"以便能够适应时代的需要而生存，不致背反或乖离现实"。主张培养和锻炼读者"变革现实的能力，以便为争取民族解放和创造新生活而努力"。此书出版不久，即被国民党政府列为重点查禁之书。

为了"有助于大众对于祖国进步的认识"

如何唤醒民众？李平心认为唯一的途径就是提倡民主与科学，继续五四运动以来的文化启蒙，并将此与抗日救亡相结合。这一时期，李平心的很多文章都紧扣这一主题。如《青年的修养与训练》一书，以青年的自我教育与自我训练为目的，力避"说教布道"的写法，采用启发、商榷的口吻，以求帮助提升青年理解和分析问题的能力。同时，书中还选引了很多古今中外著名文学家、思想家、科学家、革命家的奋斗事迹，作为青年自我修养与生活言行的范例，鼓励年轻人百

折不挠，积极向上，向其宣传马克思主义世界观。

随着民族矛盾的日趋尖锐和抗日救亡运动的逐渐深入，1936 年秋，李平心又着手主编了《自修大学》，第一期于次年 1 月发行。该刊内容广泛，举凡"时论""百科知识""文学研究""知识往来""书刊介绍""问题解答"，无不应有尽有。它既是宣传马克思主义和爱国民主思想的通俗读物，又是传授科学基础知识的自修读本，引导广大青年奔向革命道路。不久，《自修大学》亦遭查封。

七七事变后，抗日战争全面爆发。李平心的学术活动再次与中华民族的生死存亡紧紧地联系在了一起。他为民族解放而大声疾呼，先后编写出版了《抗敌战略论》《民族统一战线论》《战时的青年运动及青年工作》《各国革命史讲话》（再版后改名《各国革命史》）等著作，在理论上就如何开展抗日民族运动进行了深入探讨和阐发。同时，又结合民族救亡运动研究历史，对民众进行爱国主义教育。

上海沦为"孤岛"后，上海党组织根据党中央关于就地组办"抗大"培训干部的指示，以中华职业补习学校（简称"四补校"）为名，举办了"现代知识讲座"，聘请陈望道、周谷城、李平心等进步学者担任教师。李平心主要负责哲学部分，其哲学讲座深入浅出，长于说理，深受广大青年欢迎。"四补校"的"现代知识讲座"时有"上海抗大"之称，为轰轰烈烈的抗日民族运动培养和输送了大批优秀干部。

国民党反动政府置民族危亡于不顾，对陕甘宁边区实行武装封锁，并发动皖南事变，激起了民众的愤怒。为了针锋相对地揭露和谴责国民党反动派摧残民主、危害团结、勾结日寇、破坏抗战的罪状，驳斥反动派对中国共产党的种种诬蔑，抨击当时流行的各种反动政治说教，李平心挥笔疾书，为《民族公论》《学习半月刊》《上海周报》《求知文丛》等刊物撰稿；为了"有助于大众对于祖国进步的认识"，他又相继编写出版了《中

国现代史初编》和《论新中国》。在这两部著作中，李平心根据毛泽东同志的新民主主义理论，从近百年中国民主革命运动的历史事实中，较全面、系统地论证了新中国成长的道路。他说："'新民主主义'口号的提出，在今天显然有着重大的历史意义。我在上月间看到了一则印刷模糊的通讯，其中刊出了当代一位大政治家关于'新民主主义的政治与新民主主义的文化'的演讲提要，不禁喜狂，因为在简短的提要中，已经闪耀了演讲者天才的光辉，发掘了中国现代历史的真理。"

1941年，李平心著《论鲁迅思想》（再版后改名《人民文豪鲁迅》）出版。它用历史唯物主义的观点，简要地刻画了鲁迅思想的发展过程，即从受进化论、尼采主义的思想影响到成为确信"唯有新兴无产者才有将来"的社会主义者，并以鲁迅的这一思想发展变化反映中国现代史的转变与进展。

太平洋战争爆发后，上海沦陷。不久，李平心再次被捕入狱。在日寇监狱中，他遭受种种酷刑，留下宿疾，后经党组织营救出狱。后住上海法藏寺休养，其间阅读和整理了大量经史资料，并完成了《中国通史》初稿百余万字，但在战乱中不幸散失。

把胜利的欢喜化为建国的力量

抗战胜利后，蒋介石顽固地推行卖国、独裁和内战的反动方针。上海人民掀起了爱国民主运动。李平心与马叙伦、周建人、许广平、赵朴初等进步人士于1945年底在上海成立了中国民主促进会，并在《民主》《周报》《文萃》《时代》《文汇报》《联合晚报》等进步报刊上发表了大量文章，或通过学联、小学教师联合进修会、中等教育研究会、妇女联谊会等群众团体举行集会演说，严厉抨击蒋介石的法西斯统治和内战阴谋。这一时期，李平心先后完成了《战后的萧条与安定民主》《以团结克服分裂》《论党争与统一》等十余篇文章，后

汇辑成书《从胜利到民主》，以实际行动投入日益高涨的爱国民主运动。

1946年，国民党反动派公开破坏和谈，悍然向解放区大举进攻。一些"幼稚病患者"仍然对美蒋反动派存有幻想，企图以"第三种人"自居，在革命与反革命、民主与独裁、正义与邪恶之间搞折中。为此，李平心在《文汇报》上发表了《论"第三方面"与民主运动》，剖析了"第三方面"的社会性质、政治地位、特点与弱点、任务与前途等问题，批评中间路线的幼稚和糊涂，呼吁广大人民为争取一个光明、民主、自由的新中国而奋斗。

上海解放后，李平心以似火的激情、绚烂的文采，写下了《上海解放的意义》《把胜利的欢喜化为建国的力量》等文章，满腔热忱地歌颂新中国，并表示愿把自己的一切献给社会主义革命和建设事业。在担任《文汇报》特约主笔时，他配合全国解放的新形势、新任务，在报上发表了大量的政论文章。

1952年8月，受华东师范大学之聘，李平心出任历史系教授。他整理积年考史资料，着重研究中国古代史与甲骨、金文等古文字学，先后在《华东师范大学学报》《文汇报》《学术月刊》和《中华文史论丛》等报刊上，发表了《伊尹迟任老彭新考》《卜辞金文中所见社会经济史实考释》《从姘妌与商国的关系看殷代社会性质》《周伐商唐新证》和《商代彗星的发现》等数十篇文章，在许多问题上提出了自己独特的见解。

1959年至1961年，李平心先后在《学术月刊》《文汇报》等报刊上发表了十论生产力性质的专论，颇多创见，在学术界有一定的影响。李平心说："学术讨论是严肃的、细致的思想劳动。唯有崇尚事实，坚持真理，诚意助人，虚怀纳善，才有益于学问，有利于争鸣。"

李平心的史学研究在中国现代马克思主义史学事业的田野里，留下了一行深深的足迹。

大

城

爱祖国，爱上海，
爱社会科学

张仲礼

张仲礼
（1920 — 2015）
经济学家、经济史学家

大师简介

江苏无锡人。1941年毕业于上海圣约翰大学，1952年获美国华盛顿大学经济学博士学位，后在该校任副研究员、副教授等职，主研中国绅士问题和太平天国史。1958年回国，曾任上海社会科学院经济研究所研究员，上海社会科学院院长等。兼任中国国际交流协会上海分会副会长、中国经济史学会副会长、上海市社会科学界联合会副主席等职。1952年获得美国社会科学研究理事会奖。1982年获美国卢斯基金会中国学者奖，2008年获美国亚洲研究学会"亚洲研究杰出贡献奖"，成为中国大陆获此殊荣的第一人。著有《中国绅士》《中国绅士的收入》等；另有编著《英美烟公司在华企业资料汇编》等。

《中国绅士》：用西方看得懂的方法，讲述中国故事

"他是真正有世界影响的中国学者。"这个"他"，就是张仲礼。2008年，他获得美国亚洲研究协会颁发的最高荣誉"亚洲研究杰出贡献奖"，也是首位获此奖项的中国学者。其实，早在20世纪50年代，在美国华盛顿大学攻读博士学位时，凭借着学术处女作《中国绅士》的开创性研究，就一举奠定了他在中国学研究领域的独特地位。

多年来，海外中国学特别是美国的中国学研究，几乎没有不参考张仲礼的这部著作，其影响力之大，不可估量。为什么一部著作会产生如此广泛的国际影响？《中国绅士》用西方的研究方法，把经济史的研究和经济计量结合起来。

176

有学者认为，这是用西方看得懂的方法和术语讲述中国故事，因而让中国学者在海外中国学研究中有了话语权和影响力。

上海社会科学院原院长张道根进一步解析道，《中国绅士》专门研究儒生尤其是科举功名制度有成就的独特社会阶层，分析中国封建社会晚期这个社会阶层的作用及收入。虽中外学者很关注这个独特而重要的群体，有论著描述过中国绅士，但深入系统研究尚属空白，张先生乃深度开拓者和系统研究者。他查阅中国19世纪甚至整个清朝大量历史资料，包括官方文献，中国省、府、县志以及家谱和族谱，中国、日本和西方学者众多著述，长期积累，潜心研究，综合比较，数年磨一剑，成其大作。

"学习张仲礼先生，就要像他那样潜心治学。当代中国，我们比以往任何时候更需要功底扎实、思想深刻、创新开拓的哲学社会科学理论，哲学社会科学工作者要像张仲礼先生那样，聚焦新时代中国现代化建设的重大实践和理论问题，拒绝浮躁、专心致志、勇于创新，拿出具有中国特色、中国风格、中国气派的哲学社会科学研究成果。"他这样说。

历史学家王家范也认为，选择"绅士"作为研究对象是非常有智慧的。"在中国特殊的社会背景下，绅士是传统中国社会关键性的、枢纽性的社会阶层，这个群体能够联动上下、带动四周，无疑是研究'社会运作'问题非常理想的研究对象。"但是，进行群体研究又是颇为需要勇气的，必须扩展到尽可能多的人，把这个课题的重要资料全部梳理。在张仲礼那个时代，将数量分析应用于处理丰富而复杂的中国史料还并不常见，因此，今天翻阅这本书的读者，很难不被其中旁征博引的史料所折服，研究中所用的每一个看似简单的数据，其实都是建立在对卷帙浩繁的地方史乘"进行细心钩沉和爬梳之上"。

对于《中国绅士》的写作过程，张仲礼曾回忆，华盛顿大学图书馆当时丰富的资料储备为他的研究带来了便利条件，如获至宝的他，几乎天天都泡在那里，一本本翻阅摘抄。1952年，张仲礼荣获美国社会科学研究理事会奖金，他得以用国家级学者的身份造访美国主要学术机构，获得了更丰富的馆藏史料。"做学术研究一定要能坐得下来，要认真、严谨，还要对国情、世情、史情都能了解。"这也成为他日后从事学术研究的座右铭。

也正因为如此，这样一本研究对象新颖、资料翔实、方法先进的学术成果，自1955年一经出版，就引起了国际学术界的巨大反响。

"这些研究为19世纪中国绅士在

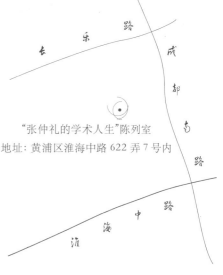

"张仲礼的学术人生"陈列室
地址：黄浦区淮海中路622弄7号内

大师纪念地："张仲礼的学术人生"陈列室（上海社会科学院内）　🚇 地铁13号线淮海中路站

社会中的地位勾勒出了一些大纲。"他的导师弗兰兹·迈克尔在该书导言中指出其作为"开山作"的历史地位。后来，美国著名的中国问题研究专家费正清教授在《美国与中国》所附文献选读中也对这本书赞赏有加："《中国绅士》是一本从有功名的人的意义来研究中国绅士的最透彻的统计研究著作。"《美国历史评论》更是称此书是"一本对中国近代制度史做出重大贡献的研究著作"。

在学术界一举成名，使张仲礼很快当上了华盛顿大学的副教授，并成为中国学研究的中流砥柱：华盛顿大学出版社推出的第一批四本有关中国问题的书《中国绅士》《太平天国史》《19世纪中国重要官员的奏稿提要》《中国绅士的收入》，都出自他之手。到1958年底，38岁的他已经获得终身教职。同年，美国国会通过了《国防教育法案》，美国许多基金会开始大力赞助对中国的全方位调查研究，以培养为其服务的"中国通"。可以预见，张仲礼未来的学术前景会是多么璀璨。

但也是在这一年，他做出了一个"惊人"的决定：回国。

推动社科院的国际化，让上海研究走向世界

多年后，总有年轻人问张仲礼："你在美国有名有利有地位，为什么还要回到中国？"而对于历经旧社会风霜、渴望祖国强盛的他来说，这个今天年轻人或许会难以理解的问题，是不难作出抉择和回答的。

"知识总是可以报效祖国"，这是他毕生的信念。他说，早年在上海读中学和大学时，自己就已经立下了报国之志。中学是育才中学，大学是圣约翰大学，这些"都是与外国人合办的名校。在学校我学习外语，但没有忘记我是中国人"。1941年，毕业后的他满怀干劲地奔向社会，却发现经济落后的中国并不需要经济系毕业的大学生，整整五年，他同经济理论没有打过交道。恰好1946

今天翻阅《中国绅士》的读者，很难不被其中旁征博引的史料所折服。对于该书的写作过程，张仲礼曾回忆，华盛顿大学图书馆丰富的资料储备为他的研究带来了便利条件，如获至宝的他几乎天天都泡在那里，一本本翻阅摘抄。"做学术研究一定要能坐得下来，要认真、严谨，还要对国情、世情、史情都能了解"，这成为他日后从事学术研究的座右铭。

年夏，国民政府在上海举行了一场赴美留学生选拔考试，张仲礼参加了这场考试，他想，"要是我能出洋留学，得个硕士、博士学位回来，或许我的经济专业就可以被用上了"。1947年初，他如愿乘上前往美国的轮船，来到位于西雅图的华盛顿大学经济系，攻读硕士、博士，继而留校任教……

但远在异乡的张仲礼，始终惦念着大洋彼岸的这头。祖国，新生了！为了解新中国的情况，他常常去图书馆翻阅经常报道祖国讯息的《华侨日报》。怀着对新中国的憧憬，他和夫人还给家里新添的两个孩子，取名为"国亮"和"国强"。1955年后，中美关系有所松动，张仲礼收到了父亲的来信，信中详述了新中国的变化，以及党中央"向科学进军"的号召，自此，他下定决心要回到祖国。

1958年底，完成了在美国全部工作的张仲礼，不顾学校的劝阻，放弃终身教授的职位，卖掉刚刚分期付款购买的房子，只用了三天时间整理行装，按美方规定忍痛留下他辛勤搜集的全部史料，就和夫人带着三个孩子踏上了回国的路。当时，归国的人还是凤毛麟角。他在美国的同事、朋友疑惑不解，甚至连移民官也觉得不可思议，以至于回国前还发生了一个小插曲：美国移民官将他们夫妇分开征询是否真的"自愿"回国，只要一方承认"不自愿"，就不放人。

回国后不久，张仲礼就加入了刚成立仅三个月的上海社科院。由于社科院的建院与他的回国几乎是前后脚，晚年他不止一次说过，他仿佛就是为了它才回来的。在上海社科院从无到有、从小

20年间，作为全国人大代表，张仲礼提交了61个议案，8个是年度的"一号议案"，因此获得了"议案大王"的称号。他说，"社会科学工作者主要研究的是人文社会科学，这涉及人的问题、民生问题、法治问题，需要不断推进它们的建设，人代会有很好的机会来发挥他们的潜力。"他在80多岁高龄时还坚持自己上菜场买菜，实地调研民生问题。

2004年，张仲礼荣获上海市哲学社会科学学术贡献奖，奖金有5万元。生活节俭的他将全部奖励贡献出来，设立了"张仲礼学术奖励基金"，用来奖励从事社会科学研究的中青年学者，促进科研后备力量的成长。那些在学术道路上曾获得过"张仲礼奖"的学者也如他所愿，大部分都成长为今天的学术骨干、学科带头人。

到大的发展历程中，张仲礼也从经济所研究员开始，一直做到副院长、院长，共同度过了"风雨同舟的半个世纪"。

最初，张仲礼被分配到的是史料整理工作，一开始进行无锡荣氏家族企业史料的研究，后来着手英美烟公司在华企业档案的整理。面对一箱箱积满灰尘的史料，整天的工作就是记录、查阅、再记录的无限反复，旁人看来很无聊的事情，张仲礼却说，要有坐冷板凳的习惯。当年与他共同参与史料整理工作的陈绛教授曾回忆，他还将自己在研究《中国绅士》时得到的经验与方法传授给同行，运用到当时的企业史料，提高效率，更加务实地研究中国近代经济史的发展轨迹。

"文革"中，张仲礼比常人受到更大的冲击。即便这样，回来报效祖国的信念，从来没有因为自己所受到的不公正待遇而减少过。

1978年，张仲礼重新回到复建后的上海社会科学院。再次拿起《英美烟公司在华企业史料》的案卷，上面已蒙上了厚厚的灰层。整整十年浪费了，但"惋惜是无济于事的。唯一的出路，是把失去的时间补回来"。当时的社科院提倡以集体的力量做资料工作。集体完成任务，不允许有出头者，但张仲礼丝毫不在乎名誉，通宵达旦地工作，很快，他们在"文革"前从事的《英美烟公司在华企业资料汇编》《沙逊集团在旧中国》等史料整理工作相继完成，并陆续出版。

1984年1月，张仲礼任上海社会科学院副院长（主持工作）；1987年6月，升任院长。展望未来，他非常激动，这并不是源于他的个人野心，而是因为，这个新的职位，能够更好地实现他想为上海社科院的复兴竭力贡献的愿望——

他也的确为社科院注入了新的活力，让它发挥出了全部的学术潜力。担任院长后，他发动经济所和历史所的中青年骨干，组织了一支长期合作的研究团队，开展"近代上海城市研究"，综合研究了上海经济、社会、文化等多方面的问题，成果被业内一致评为我国改革开放以来第一批单个城市研究的代表作。以上海为起点，他又将研究范围拓展到东南沿海城市，又进一步扩大到长江沿岸，先后出版了《近代上海城市研究》《东南沿海城市与中国近代化研究》《长江沿江城市与中国近代化》。这三本著作，被海内外学术界称为"中国城市研究三部曲"。"做研究就是要有团队精神"，他所开创的"跨所结合"的团队研究方式也就此成为社科院的传统。

与此同时，他还不遗余力地推动社科院的学术国际化，利用自己在国外的人脉与学术成就影响，当起了中外学者的"红娘"。他说："年轻学者多到世界各地去接触比较好的学院，接触他们优秀的教授，面对面地听课，参与他们的学术讨论会，对进一步提高学术水平和研究能力都有帮助。尤其是学习国外是如何研究问题的，学习他们探究问题的精神，从而加以借鉴，对年轻人进一步开展研究绝对有好处。"当时出国的条件有限，为了将更多的青年人送出国，张仲礼坚决不坐公务舱，"我每坐一次经济舱，等于是三个人可以出国。我要把这笔钱省下来，给我们的青年人去美国用"。

张仲礼

学术交流是双向的，在鼓励并派遣中国学者去国外交流的同时，张仲礼也着力邀请国外的大咖学者到中国来，实地考察中国，加强合作。在亚洲研究学会授予张仲礼"2008年亚洲研究杰出贡献奖"的表彰信中，除了提及他的中国绅士研究以及后来对上海外国企业的研究之外，还有以下一段话："被任命为上海社会科学院院长后，在他慷慨包容、充满激情和前瞻性的领导下，上海社会科学院向外国学者敞开了大门，使上海研究的光辉从伯克利延续到了剑桥，从巴黎延续到了东京。"

在美国，他让世界认识了中国；在中国，他让上海走向了世界。

让社会科学在重大现实问题上发出智库的声音

"1958年，我决定离开我的第二故乡西雅图，回到我的第一故乡上海，希望能对新中国的经济发展做出贡献。今天来看，我从小就有的，以及回国时的为国为民服务的愿望，已经实现了！"2008年，年事已高的张仲礼不便亲自前往领受"亚洲研究杰出贡献奖"，在事先录制

的答谢词里，他这样动情地说道。

他确实实现了毕生的夙愿。毕竟，对于从小就胸怀强国之志的张仲礼来说，他"注定是要创造历史，而不仅仅是研究历史"。

1984年，刚刚"新官上任"的张仲礼，接到了时任上海市市长汪道涵分派的任务——接待前来上海考察经济发展的中央经济学家智囊团。正是在这次会议上，他们第一次提出要开发开放浦东的设想。他曾回忆："当时，我们开了整整两天的研讨会，讨论很热烈。当时浦东还是一片农田，我们坚持认为在此基础上新建一个中心要比在浦西改建好得多。"

也就是从参与开发开放浦东的决策开始，上海社会科学院被赋予了思想库和智囊团的功能，其角色不仅仅是"大讨论"，而是直接为政府绘就发展草图了。这意味着张仲礼也有了更能"大展拳脚"的舞台：他主持了多项咨询项目的研究，为上海在当时的发展战略定位和浦东开发提供智力支撑，如1994年的《浦东开发与上海贸易中心的重建》，1996年提出的《应及时制定"保税区管理法"》的"一号议案"，还

为上海建设生态城市"疾呼",提出举办世博会的设想……这些卓有远见的建议献策,毫无疑问,都融入了上海这座城市日新月异的发展轨迹里。

在"亚洲研究杰出贡献奖"的答谢词中,张仲礼还提及了自己从1983年到2003年作为中国全国人大代表的经历,他心满意足地说,终于"实现了我年轻时报效国家的理想"。20年间,他提交了61个议案,其中有8个是年度的"一号议案",他也因此获得了"议案大王"的称号。

回过头来看,当年张仲礼提出的那些议案,在今天有的已转化为法律载入史册,有的则成为公民普遍的社会意识,影响深远。但他也坦言,参政议政是一个学习的过程。最初,他也不过认为当选人大代表"是一种荣誉感",直到1987年他第一次提交议案——那时,知识分子队伍人才老化的状况十分严重,其原因是职称评定周期的不确定。在六届全国人大五次会议上,张仲礼提交了《关于科学技术专业职务聘任经常化制度化的建议》,后被列为"一号议案"。提出后不久,有关部门就落实决定,以后专业职称评定每年都进行一次。这让他真正意识到,"当人大代表更是一种职责"。

20年间,无数次被问起当人大代表的感想,张仲礼总是说:"社会科学工作者主要研究的是人文社会科学,这涉及人的问题、民生问题、法治问题,需要不断推进它们的建设,人代会有很好的机会来发挥他们的潜力。"正因为这样,人们也看到了他极为"接地气"的另一面:为了更好地了解民意,他在80多岁高龄时还坚持自己上菜场买菜,实地调研民生问题。

张仲礼特别注重理论研究和应用研究相结合,利用自己的学术研究,在国家重大战略上发出智库的声音,发挥哲学社会科学的决策咨询作用。有学者认为,虽然那个时候还不叫"智库",但实际上从20世纪八九十年代开始,他就已经有意识地在这样做,这为我们今天加快构建中国特色新型智库开辟了先风和先河。"智库之宝",张仲礼也因此在上海社科院有了这样的美称。

即便是卸任院长职务后,张仲礼仍会坚持每周到社科院上班两天,亲自布置、讨论学术事宜。晚年,他牵挂最多的是人才的培养。谈到年轻学者的发展问题,他毫不讳言自己的要求:"不能不费多大功夫,也不进行多少思考,就开始写东西。一定要扎扎实实地进行研究,并且一定要有创新精神,有新的资料、新的研究方法、新的思路,才能开始写。东抄西抄、匆匆忙忙,肯定是站不住脚的。既然写,就一定要写有生命力的著作。"

张道根认为,学习张仲礼先生,要像他那样实在做人。先生宅心仁厚,朴实无华,很关爱年轻人,对年轻科研人员宽容有加、厚爱有加、指引提携有加。他回忆说,20世纪80年代末他在上海社科院读博士学位期间和在经济所做研究期间,有机会去美国斯坦福大学做访问学者,有机会多次同国际著名学者包括诺贝尔经济学奖得主一道学术交流,都靠张仲礼先生支持、帮助和安排。

在提携后辈上,张仲礼还做了一件令所有人感动的事情。2004年,因19世纪中国社会绅士阶层的原创性研究及学术成果的国际声誉,张仲礼荣获上海市哲学社会科学学术贡献奖奖金有5万元,这在当时是一笔不小的收入。生活节俭的他却将全部奖励贡献出来,在院领导、全院职工和部分院外人士的支持捐助下,设立了"张仲礼学术奖励基金",用来奖励从事社会科学研究的中青年学者,促进科研后备力量的成长。那些在学术道路上曾获得过"张仲礼奖"的学者也如他所愿,大部分都成长为今天的学术骨干、学科带头人。

每年的社科院研究生开学典礼,张仲礼都会被邀请去为新生讲话。每年,他都会勉励师生,"热爱祖国、热爱上海、热爱社会科学事业"。在这"三爱"里,包含了他全部的人生选择,而他对后辈和未来中国社科事业的期许,也完全凝结在这句朴素的格言中了。

「不能守旧，不怕守旧」

蒋学模

蒋学模
（1918 — 2008）
经济学家

大师简介

浙江慈溪人。1941年毕业于四川大学经济系。1946年翻译出版大仲马小说《基度山恩仇记》(后改名《基度山伯爵》，现通译《基督山伯爵》)。1949年起在复旦大学经济学系任教，后为教授、博士生导师。1959年加入中国共产党。曾为国务院学位委员会第二届学科评议组、国家教育委员会评议组成员。历任复旦大学社会主义经济研究所所长，《复旦学报（社会科学版）》主编，《辞海》编委、分科主编，《中国大百科全书·经济学》编委，上海经济学会副会长，中国国际交流协会理事，中国保险学会理事等。2014年获上海市哲学社会科学学术贡献奖。著作有《政治经济学教材》（主编）以及《社会主义分配》《论社会主义经济》《社会主义所有制研究》《社会主义经济十论》《蒋学模文集》等。

回顾自己的人生，蒋学模是心满意足的。他曾经说："人的一生能经历如此波澜壮阔的历史巨变，是难能可贵的，特别是，当历史演变的脚步同个人追求的价值目标相一致的时候，其欣慰与满足，更是不能用言语来表达的了。"作为我国政治经济学的奠基者之一，出生于1918年的蒋学模目睹了中国的满目疮痍，等来了新中国的成立，见证着中国如何一步步向社会主义现代化强国迈进，而他也把自己的学术生命，全部融汇于中国近一个世纪以来波澜壮阔的时代变革中，"为这理想的大厦添上了一砖一瓦"。

与老一辈的经济学家一样，蒋学模最初也是出于"朴素的无产阶级热情"，与马克思主义政治经济学结下了不解之缘。"不能守旧，不怕守旧。"正如他的座右铭，从传统中走来，他终生坚持马克思主义，但并不拘泥于传统，而是根据中国的实践经验不断创新，为马克思主义的发展注入了时代养料——首版于1980年，面世以来不断修正，再版13次的《政治经济学教材》便是最好的例证。这本教材累计发行达2000万册，创造了社会科学教育普及成果之最，是改革开放40多年来数代大学生必读的教科书，直到今天仍在使用。

为"人人都有工做，
人人都有饭吃"
而走向政治经济学

蒋学模曾说："以政治经济学的教学和研究作为毕生的选择，不是偶然的，这同我所处的时代条件有关。"

1918年，蒋学模出生于浙江慈溪。6岁时，随父来到上海。他的父亲是一个普通的银行职员。这份工作固然让他家不愁温饱，但成长于半殖民地半封建的近代中国，积弱积贫的现实让年幼的他感到异常苦闷，期盼着"中国这头睡狮早早醒来，不再受帝国主义的欺侮"。

同时，他还有另一个烦恼，那就是害怕家人失业。一次，他的父亲算错了一笔账，虽然只是几分钱的事，但还是受到了银行的警告处分。这也引发了家人的恐慌，因为万一父亲因此失了业，他们兄弟姊妹3人都得失学。虽然最后是虚惊一场，但家里常常有失业的亲戚和同乡来访，请求为他们介绍工作。身边亲人们的际遇，也让他期望着能有那么一天，"中国人人都不愁失业，人人都有工做，人人都有饭吃"。

儿时的两个苦恼和愿望，最终演变成了四个问题：中国往何处去？中国的出路在哪儿？个人往何处去？个人的出路在哪儿？为蒋学模答疑解惑的途径，是读书。首先引起他兴趣的是孙本文的《社会学ABC》，让当时只是中学生的他惊奇地发现，"原来错综复杂的社会现象，是有人专门把它当作一门学科的对象来研究的"。后来，一本波格丹诺夫关于社会意识形态发展的书，更让他豁然开朗："原来人类社会的发展是有规律可循的，现在世界上以私有制为基础的社会，都是要发展到以公有制为基础的社会主义社会和共产主义社会去的，而在未来社会里，将不再有民族压迫和阶级压迫……"

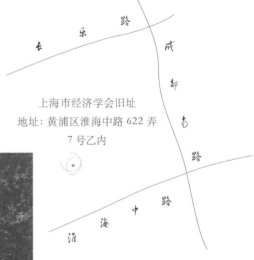

上海市经济学会旧址
地址：黄浦区淮海中路622弄7号乙内

大师纪念地：上海市经济学会旧址

地铁13号线淮海中路站

183

1958年毛主席在上海接见教育、卫生、艺术界人士，谈家桢、蒋学模、孙怀仁、章靳以等六位教授受到接见。蒋学模当时40岁，是副教授，与谈家桢等资深教授一起与毛主席面对面进行了交谈。1964年7月17日，毛主席同党和国家其他领导人接见高、中等学校政治理论课工作会议代表，蒋学模位列首排。

著名翻译家陆谷孙曾这样评价蒋学模翻译的《基度山伯爵》："虽然蒋先生翻译的《基度山伯爵》是从英译本转译而来，但这丝毫不影响他的译本的可读性，我认为翻译得很好，读上去很舒服。至今我依然记得小说中基度山伯爵伪装成英国人，蒋先生这样翻译道：'他迈着大不列颠子孙特有的步伐……'非常妙！"

从此，他更是如饥似渴地阅读马克思主义经济学著作。但在20世纪30年代的上海，能找到的只有河上肇的《〈资本论〉入门》和里昂节夫的《政治经济学基础教程》等寥寥几本书。后来在四川大学经济学系，老师在课堂上讲资产阶级经济学，他自己却私下硬啃1938年在重庆出版的郭大力和王亚南翻译的《资本论》第1卷。

1941年，大学毕业后的蒋学模先是在香港的《财政评论》社当编译，但不久太平洋战争爆发，香港沦陷。他几经流离颠沛，回到重庆进入财政部的财政研究委员会当编译。但国民党政府的研究机构官僚气息浓重，每天上班就是喝茶、抽烟、看报纸、聊天，初出校门不久的他，"在那样的气氛中，简直感到要窒息了"。

所幸不久后，复旦大学的《文摘》社递来"橄榄枝"，蒋学模毫不犹豫地辞去财政部的工作，成为该社的编辑。从1945年进入《文摘》社到1949年《文摘》社解散，除了每月承担两期《文摘》约10万字的翻译任务外，他还翻译了多部文学古典名著、长篇小说、人物传记和历史著作，完成的译作总计9部约230万字，平均每年46万字。其中，使他一举成名的《基度山恩仇记》的翻译工作，便是在这一时期完成的。20世纪80年代，该书改名为《基度山伯爵》重新出版时，一时间洛阳纸贵。今天，市场关注度最高的仍是他的译本。

在儿子蒋维新看来，回过头来看父亲早年的这段经历，从事翻译工作可以说是当初动荡时局下的谋生之举，尽管父亲表现出了惊人的天赋，他简明轻快的文笔成就了《基度山恩仇记》，也让29岁的他因此"一炮而红"，但这只是他璀璨人生的一面——大学毕业后谋生的不易、抗战时期的颠沛流离、国民党统治下的社会动荡，都让他深深感到，儿时的愿望非但没有解决，反而愈发严峻迫切，这也使得他并没有继续走上翻译家的道路，而是选择了政治经济学作为他的终身事业。

正如《基度山恩仇记》的结尾写道："人类的一切智慧是包含在这四个字里面的：'等待'和'希望'。"终于，蒋学模等来了新中国的成立，他毫不犹豫地投身于中国社会主义政治经济学研究，为之奋斗终生。

"他很早就红极一时、名声远播"

上海解放后，蒋学模进入复旦大学经济学系任教。他先是开了两门新课"苏联经济建设"和"东南欧经济"，不久便转而教授政治经济学。解放初期，我国的政治经济学几乎是亦步亦趋地学习苏联。1950年，党中央建立中国人民大学，邀请苏联专家来讲课，并要求全国各地的高教局选派高校青年教师来学习，蒋学模便是其中之一。

在人大的两年，蒋学模认为最大的收获就是"有整整两年的时间来读原著"——尽管在新中国成立前，他已经对马克思主义的政治经济学产生极大兴趣，但完全是出于"零敲碎打"的自学，也从未接触过马、恩、列、斯的原著。这期间，通过阅读原著，尤其是仔细研读《资本论》，使他"初步树立了马克思主义经济学的基本观点"，奠定了学术的

小故事 做学问的"秘密武器"

做学问时,蒋学模有个"秘密武器"。那是一个木制卡片箱,四个小抽屉装了3000多张资料卡片,卡片上是密密麻麻的蝇头小字,按照规律进行了编排。这是他几十年研究工作的见证。他说:"一个人的研究只能在有限的领域内开展……每天都会有新的观点、新的数据出来,我做这些卡片就是为了积累各方面的资料和数据,在必要的时候就可以用上。"

根基。

学习的同时,蒋学模也笔耕不辍。两年光阴的另一项收获,是1952年由开明书店出版的《政治经济学讲话》。回到复旦后,他还与同事们一起编写了供大学本科使用的《政治经济学讲义》。由于这两本书是国内第一次撰写包括有社会主义部分的政治经济学读物,受到了社会的普遍关注。1955年,蒋学模更是因此受邀进京和王惠德、陈道一起编写了《政治经济学常识》,以配合当时全国学习政治经济学的热潮,该书一年之内印行了280万册。只是这段时间,苏联教科书的观点在我国社会主义政治经济学的教学与研究中还是处于支配地位。

但"分歧"很快开始出现——中国革命与俄国革命的不同、中国工业化道路和社会主义改造途径与苏联的不同,以及苏联教科书中关于变革生产关系时只讲物质前提不讲上层建筑的问题……这些都使得无法将苏联的理论"生搬硬套"到当时中国的社会主义经济建设实践中去。基于这样的矛盾,编写一部"国产"的社会主义政治经济学教科书,成为当时学者的努力方向。

于是,这一时期全国各地掀起了以毛泽东思想为指导编写社会主义政治经济学教材的高潮。编写教材期间,"毛泽东读《苏联政治经济学教科书》的谈话记录"成为各地编书组的理论指导,也让时为上海编书组成员的蒋学模"如获珍宝"。在晚年的回忆中,他写道:"我当时觉得,毛泽东给社会主义政治经济学注入了辩证法,注入了革命精神,注入了主观能动性。"

当时,13个省市编写了14个版本的教科书,1960年到中央党校讨论,会后有两本教材公开出版,蒋学模与姚耐、雍文远等主编的上海版教材是其中之一。后来华东局组织的教材评比会中,这一版教材被推选为范本。有学者曾评价:"这本教材的出版是当年政治经济学建设中的一件大事,是解放以来我国自创全新系统以崭新面貌正式出版的第一本社会主义政治经济学教科书,至此才打破了苏联教科书一统天下的沉闷局面。"

在政治经济学领域的突出成就,让蒋学模两次受到了毛泽东主席的接见。1958年毛主席在上海接见教育、卫生、艺术界人士,谈家桢、蒋学模、孙怀仁、章靳以等六位教授受到接见。蒋学模当时40岁,是副教授,与谈家桢等资深教授一起与毛主席面对面进行了交谈。1964年7月17日,毛主席同党和国家其他领导人接见高、中等学校政治理论课工作会议代表,蒋学模位列首排。可以说,作为新中国培养的第一代政治经济学大师,他"很早就红极一时、名声远播"。(周秉腾语)

但很快,"文革"开始了。20世纪50年代末60年代初的政治经济学研究热潮和体系构建工作基本被打断。蒋学模的学术之路,也因此耽搁了10年。

"他一直站在
他们那一代人的前面"

改革开放后,包括蒋学模在内的老一辈经济学家们面前,一段崭新的历史徐徐揭开序幕。尽管"改革"已成为社会共识,但很长的时间里,怎么改?改到什么样子?这场没有脚本的改革里,他和当时其他人一样,只能"摸着石头过河"。

1979年,我们党拨乱反正,确立了以经济建设为中心的基本路线,政治经济学新教材的编写工作被提上日程。蒋学模再次被委以重任。这年夏天,接到了高教部政治经济学教学大纲的编书任务后，他立即组织复旦的政治经济学教师编写教材。

当时，身为主编的蒋学模已经62岁。为了完成《教材》的统稿任务，开不动"夜车"的他一改年轻时的工作规律，开起了早车。每天凌晨4点左右起床工作，泡一杯茶，书桌上放一些干点心，这样一直工作到中午12点。经过一个月左右紧张的统稿工作，1980年7月，第1版《政治经济学教材》终于横空出世。此后，为了及时反映我国社会主义经济建设理论和实践的新观点、新经验，教材每两年就要作一次较大的修订，从1980年到2005年，一共出了13版。

思想大解放的氛围中，蒋学模把过去长期郁结在心头的问题大胆提了出来，对以往马克思主义理论中看似"真理"性质的判断提出了质疑。1978年，他发表了两篇颇具争议性的文章，引发学界广泛讨论：其一是关于"无产阶级绝对贫困化"，他指出苏联教科书将资本主义国家的无产阶级绝对贫困化作为一个经济规律来表述，是不符合实际的；其二是关于"社会主义社会也可以发生经济危机"，对长期在社会主义各国流行的"社会主义经济是无危机不断增长"的传统观点发起了挑战。

对此，有学者批评他是"马克思主义的经念歪了，自由化了"，甚至将他的思想歪解为"资本主义无贫困，社会主义有危机"。蒋学模却不以为然，并且提出，"在理论研究工作中应该提倡实事求是的好学风，避免对社会主义'肯定一切'和对资本主义'否定一切'的形而上学"。

类似的这种对政治经济学传统观念的"拨乱反正"，在蒋学模那里是一个无止境的过程。在他看来，"不破不立"，"对'左'的指导思想下形成的传统观点不破除，就不能接受根据新的历史条件下把马克思主义推向前进的邓小平理论和党的改革开放的方针政策"。或许，正是这种与时俱进的开放心态，让他得以"站在他们那一代人的前面"，很快跟上了日新月异的新形势——

蒋学模

早在1978年，蒋学模就接受了"社会主义经济是商品经济"的观点。1992年，在邓小平的南方谈话和党的十四大之后，曾经把计划经济是社会主义基本经济特征奉为真理的他，在看到私有制经济在增加就业、社会产品供应、国家税收等方面的积极作用后，也逐渐想通并接受了"社会主义市场经济"的论断。随后不久，他还进一步撰文探讨了我国的国有制和国有企业的改革如何与市场经济相容，回应实践提出的新问题。

提出"市场经济"后，"劳动力是不是商品"一度成为当时学界讨论的热点话题。蒋学模撰文认为在社会主义社会中也应该承认劳动力的商品性。当时，同为著名经济学家、蒋学模的一位关系非常要好的同学看到后，立刻回信"质问"："你今天说我们社会主义条件下，劳动力也是商品，我们社会是什么性质？"甚至还开玩笑地说，"如果你坚持这个观点，朋友情谊也要'一刀两断'"。

回溯这段历史，思想解放是一个长期而艰难的过程，也恰恰印证了那句话，"改革没有完成时，改革只有进行时"。正如蒋学模所说："改革实践不断向传统的理论观点提出挑战，要求经济理论界根据新情况，研究新问题，提出新的理论观点以适用和指导社会主义经济建设实践。”

多年来，这些思想修正和理论创新全部反映在了《政治经济学教材》的一次次修订中，每一版的改动都吸收了最前沿的学术动态和理论共识。复旦大学资深教授伍伯麟就认为，"蒋先生的教材修改，伴随着中国改革开放的实践进程，及时地将实践证明是科学正确的经验转换为教材建设的鲜活素材"。这部教材的编写工作，也是中国特色社会主义理论不断演进的一个缩影。

"深入浅出"本身就是重要的治学过程

蒋学模曾经说，有两本书代表了他的一生，那便是《基度山伯爵》与《政治经济学教材》，这两本广为流传的著作，也是数代人的共同记忆。无论是《基度山伯爵》还是《政治经济学教材》，为什么"蒋学模版"总能从诸多版本中脱颖而出，被首推为经典并广泛普及？

正如马克思所说，"理论的威力就在于能够武装大众"，蒋学模正是把握了经济学理论研究使命的精髓，其明快流畅的文笔和严密的逻辑结构，总是能把深奥的经济理论讲得浅显易懂、引人入胜。他经常告诫学生，做学问不能"深入深出""浅入深出"，那是自我清高和卖弄风骚；而是要"深入浅出"，这本身就是一个重要的治学过程。在对所研究问题有深刻认识的基础上，还必须做到"浅出"，以明白易懂的方式传播给大众。能否"浅出"，实际上是对学者所研究问题有否真正掌握的检验。

这种"深入浅出"的治学智慧不仅落于笔尖，也反映在他的教学风格上。"蒋先生讲课条理清晰，口才非常好，也很幽默。"许多学生的回忆里，他的课总是座无虚席，外系的学生也来旁听，迟来的学生只能站在后面过道上；当年他开一次讲座，蜂拥而至的人群像现在的明星开演唱会。有学生至今对他的一场讲座记忆犹新，讲座的内容是关于20世纪80年代初期的商品经济，蒋学模

在开头提到了当时被列为"禁曲"的《乡恋》。"老师的思想很开放，李谷一的这首歌因缠绵悱恻被批判为'靡靡之音'，他却觉得没什么问题。"

"开放"，这也是学生们提及最多的老师身上的特质。复旦大学经济学院教授张晖明谈到，1977年到1978年，上海几家大型图书馆的经济学科领域藏书都少得可怜，外文图书更是非常少，蒋学模就组织青年教师去北京图书馆查阅，并安排相关的资金复印材料。20世纪80年代初，蒋学模是当时少数代表中国经济学家参加国际会议的学者，一回校就组织向全系师生作考察报告，将所见所闻分享给大家。"老师很喜欢与年轻人对话交流，也很善于接受新的学术成果。在教材的修订过程中，也充分尊重和听取年轻人的意见，宽容地吸纳了西方经济学的一些范式和内容。"张晖明这样说。

晚年的自传中，蒋学模将自己的治学之道总结为"不能守旧、不怕守旧"。对于自己的理论研究工作，他也曾这样自我剖析道："像我这样年龄的理论工作者，受高度集权模式的影响较大，一般把我归为'保守派'之列，但我自信还不是顽固派。不是先知先觉，但还不是死硬派，是随着时代脉搏前进的人。"他还说，"但我又绝非'风'派，我讲课或写文章中的观点，总要自己想通了才写，自己没有想通，人云亦云，这样的文风是没有的"。

这不免令人回忆起20世纪80年代，两位经济学家蒋学模和于光远之间的一段著名对话：一次学术研讨会上，于光远戏称自己是"死不悔改"的马克思主义者，而蒋学模随后回应，宁愿把自己称作"是一个不断改悔的马克思主义经济理论工作者"。

"用今天比较时兴的表达语言就是'与时俱进'。"张晖明这样理解老师的"不断改悔"，"以问题为导向，思考马克思主义在中国新时期如何保持活力，能够联系中国改革的实践，做到不断丰富发展，这是他一直在做的事情。"

为教育、为出版的一生

舒新城

舒新城

（1893－1960）

出版家、辞书编纂家

大师简介

又名维周、心怡、遁庵,湖南溆浦人。曾任中国公学中学部主任、成都高等师范学校教育学教授,研究和介绍道尔顿制。1928年应中华书局约请主持《辞海》(第一版)编纂工作。1930年任中华书局编辑所所长,后一度代理总经理。1957年向毛泽东提议修订《辞海》,得到支持,任中华书局辞海编辑所主任、辞海编辑委员会主任委员,主持修订。先后当选第一、第二届全国人大代表,上海市政协副主席。编著有《中华百科辞典》《道尔顿制研究集》《近代中国教育史料》等。有《舒新城日记》。

立志研究教育学

1893年,舒新城出生于湖南溆浦县东乡的一个小村落。曾祖父和祖父都以佃田力耕为生,生活清苦,后来家中于务农之外经营一些副业,家道稍微好转。他是家族里颇受重视的孩子,又因父母钟爱,五岁不到便入私塾读书。母亲尤其重视他的教育,且有意培养他的"君子之风",为的是他成年后能立于士林而不再做胼手胝足的农人,因此难免管教过严,但他认为自己"数十年治事做人的基础,却都是在那个时代建立的"。

幼年的舒新城在私塾和书院里度过了一段美好时光,读过四书五经,也学过八股文和应制诗。1908年,他踏入新式学堂。当时新式学堂是草创期,对学龄无所限制，他以 15 岁"高龄"成了一名小学生。但他的学力毕竟已经够得上中学了，没多久便嫌课堂上先生们所教太少、太平常。他给自己安排了充实的课外自学内容：其一是多接受新知识，阅览室中的《时报》《新民丛报》《猛回头》《黄帝魂》《中国魂》等，他都孜孜不倦地阅读，章太炎致康有为《论革命》等几能成诵；其二是看小说，《东周列国志》《聊斋志异》《儒林外史》和四大名著等，"看的东西漫无系统，可是对于社会各方的知识却增长不少，文章也无形中进步了许多。而扶弱不依强、傲上不傲下的习惯，也大半由这些小说养成"；其三是看理学书，曾文正公的日记囫囵吞枣看了一遍，作了许多札记，且仿其办法写日记，随时反省言行功课，还学了《朱子学的》，打下了做事负责任、待人以忠恕的基础；此外还自学了字画和武艺。如此自学许久，不仅充实了头脑，也养成了自律的习惯。

此后，他又辗转求学于常德、长沙、武昌等地的学校，并幸运地考上了湖南高等师范，在岳麓山野又度过四年平静的求学生涯。此时他已经"充满了一脑子的治国平天下的大道理"，不再汲汲于功课本身，业余除了游山玩水，又在图书馆研读了《曾文正公全集》《庄子》《朱子教条》等书。

湖南在中国新教育史上颇有地位，公学以外，热心办私学者也不少。舒新城读书期间就在一些学校代过课，毕业后顺理成章地继续从事教育本行，对当时中国的教育现状有了初步的经验和观察。他陆续阅读了桑戴克《教育学》《教育心理学》，杜威《民治与教育》等书，进一步打开视野。此时他已立志研究教育学，并从事教育著述。

舒新城在《我和教育》一书中说："我以为人的思想之所以如此如彼，除了他的思想能力是根据他的天禀而外，其余都是为时代的轮子所转移；所以一个人的思想，精密讲来，都是反映时代的

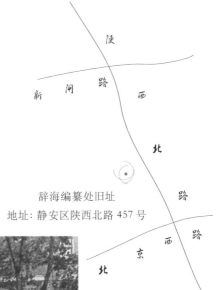

辞海编纂处旧址
地址：静安区陕西北路 457 号

大师纪念地：辞海编纂处旧址

地铁 13 号线南京西路站

舒新城进入福湘女校工作，体会到教会学校的不合理之处，比如，因为国文教育的欠缺，学生对国家常识掌握不足，教员没有阅报关心时事的习惯，等等。对当时中国教育的观察，促使他不断思索，怎样的教学制度才更适合人性成长。

舒新城第一篇全面阐释道尔顿制的长文《什么是道尔顿制》，作为"道尔顿专号"的内容之一，发表在1922年11月的《教育杂志》上。文章详细阐述了道尔顿制的理论及在中国施行的可能性和必然性，鼓励教育界同仁认真研究和试行这一新的教学方法。

镜子……当时社会环境所给予我以重大的影响者有二：一为湖南政局之混乱状态，一为五四运动。"

具体而言，自民国元年以来，湖南政局变化堪称全国最激烈，督军省长更换频繁，军阀割据，党派相争，几无宁日。学校教育也大受影响，此时教育经费的拖欠是全国一贯的情形，湖南难以幸免。舒新城为生计考虑，经人介绍，去一些教会学校任教，主要是在福湘女学任教务主任。从教育经验而言，他原本对私塾书院和新式学堂都有过体会，认为各有其弊。进入福湘工作一段时间后，也体会到教会学校的不合理之处，比如，因为国文教育的欠缺，学生对国家常识掌握不足，教员没有阅报关心时事的习惯，也缺乏同行沟通，等等。凡此种种对当时中国教育的观察，促使他不断思索，怎样的教学制度才更适合人性成长。

在福湘期间，积极的一面是，图书室有杜威、桑戴克、詹姆斯、孟禄等人的各种教育及心理学著作，以及英美文学、社会学科等领域的丰富书籍，他"有如哥伦布之发现新大陆，当时精神上愉快自不可言，而求知的欲望则发展至于极点"。

舒新城自1916年起就不断阅读《新青年》，五四运动以后，各种刊物更是如雨后春笋而出，予人以新思想的熏陶。舒新城认为："那时的我，正当已醒未清之时，对于旧者几乎样样怀疑，对于新者几乎件件都好，所以不论什么东西，只要是白纸印黑字，只要可以买到，无不详加阅读。"在五四新风影响下，舒新城勤阅读，也勤写作发表，然而，一篇分析福湘优缺点的文章《我对于教会学

校的意见与希望》一文，却因难容于教会教育界而使他丢了工作。舒新城从他亲身所经历的教育中，看到了当时中国教育制度的多相扞格，这为他继续从事教育实践和未来进行教育研究著述埋下了伏笔。

倡导并试验道尔顿制

福湘风波前后，舒新城已在教育界颇有影响。1921年春，张东荪推荐舒新城担任中国公学中学部（上海吴淞中学前身）主任，他首先做的工作是整顿教师队伍，即"约请教员——教员之以'声应气求'而来者，有叶圣陶、朱自清、陈兼善、常乃惪、刘延陵、刘建阳、吴有训、许敦谷诸人"，目的是"决心要把这庄严的殿堂，变为理想的学府，努力于实现我的教育主张"。这一时期舒新城的教育工作颇有成就，其一就是对道尔顿制的倡导。

道尔顿制由美国教育家柏克赫斯特女士于1920年所创，因创始于马萨诸塞州道尔顿中学而得名。五四运动后期，继自学辅导法、分团教学法、蒙台梭利教学法以及设计教学法之后传入我国。

这是一种与传统教育中的班级授课制不同的教学组织形式，注重学生个性和群性和谐自由发展。道尔顿制强调三个基本原则，即自由、合作和计划。自由是指教师按学生的能力指定不同作业，鼓励学生自己安排学习计划。合作既有师生之间的合作又有学生之间的合作，鼓励相同或不同年级学生之间基于相似志趣的合作。计划是指打破按照课程表上课的制度，根据教师拟订的作业

1932年，上海爆发一·二八事变，一部分人屈服于日本的压力，主张取消《辞海》中的社会科学条目，更有人提出删除一·二八、九一八、塘沽协定等条目，遭到舒新城的坚决反对，这版《辞海》中才得以保留一批历史政治性词条，也保持了中国人的立场。

纲要，由学生按照师生之间的约定完成学习任务。道尔顿制力图消除班级授课制只重视教师讲授而忽视学生主动学习的弊端，强调学生在教学活动中的主体地位。因此，很快便被介绍到世界各地，掀起一场教学革命。

道尔顿制被介绍到中国来，率先在上海登陆。最先把道尔顿制介绍进来的是当时上海发行量很大的教育类刊物《教育杂志》和《中华教育界》，短期内刊登了《道尔顿制案》《道尔顿制之实况》《道尔顿制实验室计划》等文章。

舒新城第一篇全面阐释道尔顿制的长文《什么是道尔顿制》，作为"道尔顿专号"的内容之一，发表在1922年11月的《教育杂志》上。文章详细阐述了道尔顿制的理论及在中国施行的可能性和必然性，鼓励教育界同仁认真研究和试行这一新的教学方法，明确表示："第一，我希望国内的教育者对于道尔顿制抱试验的态度；第二，我希望国内教育者本此制的精神创造出适合国情的新制度。"

1922年，舒新城在他供职的上海吴淞中学指导试行道尔顿制，开我国道尔顿制之先河，此时距道尔顿制在美国创立仅有两年。继上海之后，许多地区，尤其是沿海经济较发达地区的中小学也积极行动起来。柏克赫斯特女士于1925年来华访问，对于国人进一步了解道尔顿制的初衷和实施有很大的推动作用。

然而，吴淞中学校方从可行性出发，以"外界及学生反对"为由，并不支持这一教学实验，因此，舒新城于1922年末辞职，次年2月，应南京东南大学附中兼主任廖世承教授聘，赴东南大学附中任教并继续试验道尔顿制。

东南大学附中的道尔顿制实验，在实验的提出、设计、实施、结果的分析等方面都比较周全和完整，代表了当时的最高水平，是20世纪20年代我国教育实验追求科学化的典范。当时的实验为"比较的实验"，将智力和学力相似的学生分为两组，一组用道尔顿制，一组不用道尔顿制，比较两组成绩高下。一学期之后，廖世承认为，道尔顿制有利于学生"增进自学能力""能引起个人研究的乐趣和精神，养成独立研究的习惯"，但从实验结果看，教学效果似乎难分胜负，若再从经济角度看，教师人数、教师所费时间、学生所费作业时间都要大幅度增加，此外，还有考核评分无法制定标准等问题。最后，廖世承在《东大附中道尔顿制实验报告》中总结指出：道尔顿制的特色"在自由与合作"，但根据我国具体条件很难实行，因此，在1924年9月决计全部取消道尔顿制的试验。

道尔顿制的实验虽然最终被叫停，但在实验过程中，教育界人士对此教育模式的兴趣颇为热烈。舒新城利用假期举办"道尔顿制暑期讲习班"，到处作关于道尔顿制的公开演讲，足迹遍及南京、上海、武昌、长沙、武进、宜兴等地。1924年4月，在完成学校教学工作后，他自费去江浙皖各地考察教育，两个多月的时间里，走访了芜湖、宁波、绍兴、徐州等11地的35所学校。这段时间的理论思考和实践反思，后来汇总成《道尔顿制讨论集》《道尔顿制研究集》《道尔顿制浅谈》等多部在当时颇有影响的专书。

教育史著述和私人学院教育理想

反思道尔顿制在国内的实验，舒新城认为，"这两次实验道尔顿制并无良好结果，主要原因似乎是人的问题——

舒新城与家人

是教师对于旧方法不怀疑，对于新方法无需要的问题"。他认为，要改变制度，首先要改变对制度有决定力的人，也就是先要教育人。

于是，他决定"不在任何现行学制的学校中作教师，要自创我的新教育制度"，并专心从事教育著述。除了1931年在上海复旦大学义务讲授一学期《近代中国教育史》之外，舒新城再也没有参加其他教学工作。他的事业重心转向近代中国教育史料的研究，希望以此创造出一种新的教育制度，以为立己、达人、救国之用。

舒新城将教育史著述和研究工作分成四部分。一是整理积稿、讲义，最终成书《教育通论》和《现代教育方法》；二是整理自晚清设立同文馆以来中国改行新教育的史料，最终编成《近代中国教育史料》四册和《中国新教育概况》一册；三是写成一部较为完备的近代中国教育通史及若干专史，最终写成《近代中国留学史》《近代中国教育思想史》和若干论文；四是为保存当年的史料而每年编一部年鉴，编有《十四年中国教育

指南》和《十五年中国教育指南》。

幼年接受私塾和书院教育，15岁后接受新式学校教育，24岁以后从事教育事业，32岁以后又专注于教育著述，舒新城自认为："在现代中国教育的舞台上，我曾冒充过各种各色的角儿，同时也曾做过各种各色的观客。把我的生活历程作根线索，去演述近代中国教育的变迁，我想或者比作几篇空洞的教育论文或者一本教育原理的书册，还容易使人感兴趣一点。"

他对于教育研究的热衷，除了要解决近代中国教育的各种问题外，还寄托了当时的理想——创办一种自力更生的私人学院教育。为筹措资金，他除了著述出书，还决意编辑辞典。1926年，约集一个小团队，编辑《青年百科辞典》，本想以版税来应付办学的经费。因辞典既非短时期所能完成和出版，又因时局变乱，最终没有达成心愿。

到1928年，舒新城"已以编辑为职业，所谓私人学院之理想，已经幻灭"，此指他当时接受了中华书局《辞海》主编的职务。这是舒新城事业的一

大转折。

因《辞海》进入出版园地

舒新城从教育园地转入编辑园地，与好友陆费逵息息相关。舒新城早在湖南高师读书时就读过陆费逵的文章，对其倡导男女平等思想的《女子教育问题》印象尤深。1922年秋，舒新城在吴淞中学任教，陆费逵前去演讲，两人"一见如故"，成为莫逆之交。

自1922年初见，陆费逵就力邀舒新城加入中华书局共创事业，前后有五六次，均被他以"实践教育理想"为由婉拒。陆费逵也不心急，一面尽力帮助舒新城当时仍最为热心的教育事业，一面择机不断劝说。民国教育部颁布新学制时，课程标准随之更改，陆费逵邀请舒新城编辑公民课本。这是基于对舒新城教育经历和丰富学识的充分了解："初中学生所需要的是人生常识，而不是纯粹的科学，你的常识就我所读过你的著作及谈话看来，可称一部活的百科全书，只要把你的常识略加整理，即可成为一部好的公民课本。"这本《新中学教科书·初级公民课本》是舒新城第一次参与中华书局的编辑工作。这套教材非常畅销，不断再版，足见舒新城的编辑功力和陆费逵的识人之明。

辞书和工具书的出版是中华书局对我国文化界的一大贡献。1915年，商务印书馆出版了我国第一部大规模语文词书《辞源》，但以旧有的字书、韵书、类书为基础，专业性较强。为此，中华书局决定再编一部对人们的实际生活有用的、百科全书性质的工具书，定名为《辞海》。因种种客观原因，自1915年秋启动后，《辞海》编辑时作时辍，直到舒新城以著述养学的幻想破灭，且经陆费逵多次邀请，终于在1928年接任了《辞海》编纂工作，并于次年担任中华书局编辑所长。

舒新城就职中华书局，与当年担任吴淞中学主任一样慎重，并非仅以出版作为谋生手段，而是将其教育理想融入出版事业。他在日记中写道："现在的职务，其本质固然为经营商业，但对于文化上之影响，当亦不亚于一个教育部长或大学校长。"因此，在任职之前，他就对工作定下周密计划，包括搜集材料和充实图书馆馆藏，努力于辞典、中学参考书、普通读物、专门读物、文艺书籍的编辑，等等，从他日后的出版活动看，多依此计划而行。

入职以前，他还约见和熟悉编辑所同人。据其日记，1929年8月1日，与编辑所教科图书部主任张相谈话，了解教科书的编辑工作；10月，索要同人名单及职务薪俸名单。他对同人的重视贯穿整个出版生涯。1935年，与王酌清等人创立了职业训练所，半年上课，半年派往书局各部门实习，不收学费，视成绩给予奖金，以此吸收人才。对编辑人员，由于其工作性质和对于知识需求的特性，实施六小时工作制，以便知识的学习和补充。于公于私，这些都是周全与合理的考量。

舒新城接手《辞海》后，把重点放在广泛收集新词上，不再以采集旧词为限。他广泛搜罗报纸杂志的流行词语，删旧增新，将五四以来涌现的外来词统一译名予以收入，对古代的白话小说和戏曲中的俗语也进行收集。这些革新使《辞海》在商务印书馆《辞源》的基础上迈出了一大步。

1932年，上海爆发一·二八事变，一部分人屈服于日本的压力，主张取消《辞海》中的社会科学条目，更有人提出删除一·二八、九一八、塘沽协定等条目，遭到了舒新城的坚决反对。"我国积弱，不能与强敌抗衡，敌污我之词不与辩论，已属屈辱，而敌人强加我之事实亦默而不提，未免不近人意。"由于他据理力争，这版《辞海》中才得以保留"塘沽协定"等一批历史政治性词条，也保持了中国人的立场。《辞海》在 1936 年出版了上册，又于次年出版下册，相较《辞源》，堪称"后出转精"之作，渐渐成为人们必不可少的工具书。

作为编辑所所长，舒新城"发展教育文化与维持公司生存兼顾"的出版理念影响了中华书局的出版格局。除《辞海》编辑之外，他在中华书局时期尚有多方面努力，亦不可埋没。

1933 年，舒新城创办半月刊《新中华》，以"灌输时代知识，发扬民族精神"为宗旨，后来成为宣传新思想、发表进步译作书稿的前沿阵地。

陆费逵和舒新城都秉持以书报"开启民智，补充教育"的思想，陆费逵创办中华书局之初就说过："立国根本在乎教育，教育根本实在教科书。教育不革命，国基终无由巩固。"因此，舒新城主持出版书籍极注重实用。提供给中学生的"中华百科全书"自 1934 年起陆续出版，蒋维乔《中国哲学史纲要》、王光祈《中国音乐史》、丰子恺《近代艺术纲要》、左舜生《辛亥革命史》、周宪文《社会问题与社会政策》等都包括在内。1936 年起，集合各大学教授学者的教本讲义和译著，以"大学用书"形式出版，包括常导之《各国教育制度》、郭大力译《经济学理论》及《朗格唯物论史》、黄缘芳译《代数方程式论》、吴虞《因名学》、向达译《斯坦因西域考古记》、林和成编《中国农业金融》等。

在舒新城的主持下，中华书局还出版了一批重要的古籍和古籍选本，又对中华书局图书馆进行大力改造，逐步打造成便于编辑查考的知识仓库。1934 年，舒新城将自己历年所珍藏的各种期刊、杂志及教育学方面书籍低价转让给书局，充实馆藏。在其带动下，书局其他同人也纷纷捐赠藏书。在物资紧缺的情况下，书局在 1945 年仍购入一批郑振铎藏书，使得当时一些有文献价值的书得以保存。

1949 年，中华人民共和国成立，十多年前出版的《辞海》，重新修订势在必行。其实，早在当年 6 月，舒新城就已经制定了《辞海增补本编辑计划》。1953 年，担任中华书局编辑所长长达 23 年之久的舒新城退休了，但念念不忘出版事业，特别是他在职时就已提上日程的《辞海》修订工作。

1957 年，在第一届全国人大第四次会议上，舒新城谈到我国出版工作存在的一大问题即大部头工具书出得不够。毛主席表示，他从 20 年前就使用《辞海》，在陕北打仗时也带着，后来在延川敌情紧急的情况下，不得不丢下埋藏起来，以后就找不到了。他说："现在这部书太老了，比较旧，希望修订一下。"数月后，毛主席视察上海，接见舒新城，两人又谈起了《辞海》的修订和编辑《百科全书》等事宜。毛主席建议舒新城挂帅，于是，1958 年，上海成立了中华书局《辞海》编辑所（上海辞书出版社的前身），舒新城重进书局工作，担负起主编新《辞海》的重任。

1960 年春，修订后的《辞海》初稿基本完成。审阅二稿时，舒新城已罹病住院。据夫人刘济群回忆，此时他仍卧床审稿，逐条逐句琢磨，写下数十条修改意见，直到 11 月病情严重到实在不能执笔，仍嘱咐她代写日记记下意见。遗憾的是，当年 11 月 28 日，舒新城终因癌症病重谢世，未能看到新《辞海》正式出版。

舒新城曾自述：以小农之子，因着遗传环境与教育环境的种种关系，体验一种"无限自觉创造"的人生见解。回望其为教育、为出版的一生，确实可谓在"无限自觉创造"中同时收获了志趣和事业。

披沙拣金，为中国文学批评史学科奠基

郭绍虞

郭绍虞
（1893－1984）
文学家、语言学家、书法家

原名希汾，以字行。江苏苏州人。少时刻苦自学，"五四"时加入新潮社，为文学研究会发起人之一。历任燕京大学、大夏大学、之江大学、光华大学、同济大学教授。中华人民共和国成立后，任同济大学文法学院院长，复旦大学中文系主任、图书馆馆长，中国语言文学研究所名誉所长。致力于中国文学批评史、中国古典文学、汉语语法修辞的研究。著有《中国文学批评史》《宋诗话辑佚》《语文通论》《沧浪诗话校释》《汉语语法修辞新探》《照隅室古典文学论集》《照隅室语言文字论集》《照隅室杂著》等，主编《中国历代文论选》《中国古典文学理论批评专著选辑》等。

人们印象中温和乐善、慢条斯理、浓浓苏州腔的老先生郭绍虞，年轻时是一个标准的五四青年——写新诗，研究民歌谚语，宣扬社会主义。他任职的复旦大学中文系有"斗士"的传统。与一般文学系多名士不同，复旦中文系的老师多关心社会现实，与时代脉搏保持互动。而最早明言"斗士"一词的，正是郭绍虞。

抗战初北平沦陷，站在燕京大学课堂上，郭绍虞讲到《黍离》诗时，泪随声下。之后，拒不附逆的他离开北平回到南方。他反对"伪"、反对"滑"，分析汉奸的思想性情，批判部分文人"乡愿"的特质。他特别喜欢引用"狂者进取，狷者有所不为"，并将"狷性"写进对朱自清的悼念文章：

各人性分所限，未可一致，只须淡泊而不躁进，有正义感而不抹煞良心，自然不会帮凶；处事认真，生活严肃，自然也不会帮闲。不帮凶，不帮闲，虽不曾做到十足的积极的斗士，至少也可以说是不会与斗士背道而驰的。

"狂性"的闻一多先生更英锐、激烈，是斗士，而"狷性"的朱先生则沉潜、雍容，是"不必定以斗士姿态出现而仍不失为斗士的人"。

1985 年，作家、文学理论家唐弢撰文纪念郭绍虞，题目正是《狂狷人生》。

"这好像是个幸运，但是不然"

1893 年，郭绍虞出生于苏州吴县一户清寒的读书人家，因家境窘困，念到中学二年级便辍了学，之后辗转苏州、无锡、上海等地小学任教。1914 年，他来到上海商务印书馆下属的尚公小学。商务印书馆专事古籍善本收藏的涵芬楼，让发愤自学的郭绍虞大大受益。其间，他还结识了 1916 年进入商务编译所的沈雁冰。

在受聘于进步书局（亦称文明书局）后，郭绍虞编撰注释了多部著作，包括《清诗评注读本》《战国策详注》等。他亦在体校兼课，为准备讲义，编成我国第一部《中国体育史》，童年时代的好友叶圣陶为之作序，由商务印书馆出版，后收入"万有文库"。

此时，新文化运动正如火如荼地展开。顾颉刚在北大新潮社，邀请为《新潮》写稿的同乡叶圣陶和郭绍虞入社。郭绍虞与顾颉刚就此相识。1919 年秋，他由顾颉刚推荐为北京《晨报副刊》每日供稿，于是来到北京"勤工俭学"——在北大旁听，同时做一些翻译、写作的工作，他说这样，方才受到了一些大学教育。

郭绍虞对蔡元培提倡的美育产生兴趣，1920 年为《晨报副刊》连作 98 篇"艺术谈"，并先后发表《马克思年表》《记录杜威演讲稿》等作品。他赞赏苏

郭绍虞旧居
地址：静安区奉贤路
148 弄 4 号内

大师纪念地：郭绍虞旧居

🚇 地铁 13 号线南京西路站

俄社会主义，认同社会改造不仅在物质，更在精神，需从文艺改造起来，撰有《社会改造家列传》《从艺术上企图社会的改造》《俄国美论与其文艺》等文，译述日本高山林次郎的《近世美学》。后来，他曾对学生兼助手的蒋凡提起，当时自己是初生牛犊不怕虎，英文、德文、日文都敢翻译——只有五四青年才敢这么做。

于此期间，郭绍虞结识了在北京铁路管理学校读书的郑振铎。郑振铎经常来沙滩春台公寓看望他，两人都不喜欢在斗室中闷坐，于是常常徘徊月下，边走边谈。由于郑振铎的介绍，郭绍虞与瞿秋白、耿济之、许地山等人相识。1920年10月，瞿秋白作为《晨报》驻莫斯科记者离京赴苏，郭绍虞赋《流星》一诗赠别：

你们冲开这云气的沉郁 / 和别的星儿们 / 起新样的化合。

为和上海方面取得联系，郭绍虞又介绍叶圣陶、沈雁冰与郑振铎通信。1921年元旦，他们共同发起成立了中国现代文学史上最著名的文学社团——"文学研究会"。2月，郭绍虞南下任济南第一师范教员。同年结婚，郑振铎为伴郎。

这年秋天，福建协和大学想要创办中文系，胡适、顾颉刚都保荐郭绍虞去。对方为郑重计，特地到济南来见，看到他的《战国策详注》《中国体育史》二书后，定下心来。由此，郭绍虞开始了他的大学执教生涯。对这一经历，他总结说："我在大学教书，还不到28岁，而且一直当教授。这好像是个幸运，但是不然。""自学严格才能抓得住机会，由机会所以更推动自学，加速进度。"之后，他倍加努力，集中精力研究讲授中国古代文学、文字学和语言学。

郭绍虞回忆"文学研究会"的成立，说郑振铎"是我们一班年轻小伙子中最有生气最有魄力的人"。一到晚上，郑振铎就来找他聊天："一谈就扯得很远，言必称希腊的时候比较多，言必称三代的毛病，在当时似乎要犯得少一些（后来则有时不免就要谈到古典文学了）。有时又拉得太近，尤其在一俯一仰，月光如水，人影在地，当前景色成为谈话资料的时候，有时恬适，有时感慨，甚至有时也吐些狂言……"

用科学方法把旧学讲得系统化

北伐军攻克武昌后，沈雁冰在汉口任《民国日报》主编。1927年，他已转用"茅盾"一名。缘于茅盾的推荐，当年2月，郭绍虞离开河南中州大学，抵达武昌第四中山大学任教。8月起，应冯友兰之邀赴燕京大学任教。他在燕大长达14年，开设批评史课程，由此开始致力于《中国文学批评史》的研究写作。至1934年上册问世，1947年下册出齐，前后历时二十余年。他几乎是全身心地投入——儿子郭泽弘说，其间父亲曾经痴迷象棋，连烧掉几副才完成此书。

"在旧时代，诗文评论常被人们视为谈艺小道，地位不高；在目录学领域，诗文评被置于集部之末，没有人对古代文学批评进行系统的历史的论述。"王运熙在为郭绍虞《中国文学批评史》1998年重印版所撰序言里这样写道。国内学者有关中国文学批评史学科的第一部著作是1927年陈中凡先生的同题著作，这也是五四以后受西潮新潮影响，文学批评地位提升的结果。不过这部著作内容简单，材料也属常见的诗文评提要、史书文苑传。郭绍虞则在陈中凡《中国文学批评史》的启发下，另辟天地。涵芬楼此时再次护航。郭绍虞早前买到一部《涵芬楼古今文钞》，曾辑出里面的论文之语，再读编者吴曾祺所著《涵芬楼文谈》，更觉批评史领域大有可为。他尤重文献资料的发掘整理，在燕京大学图书馆、书肆、友人等处多方搜求，广征中国古代各种诗话、词话、乐出身"寒儒"家庭的郭绍虞没有接受"科班训练"的幸运,但他刻苦自学,终于有所成就。1980年,郭绍虞撰文《我怎样研究中国文学批评史的》告诉青年朋友:"我记忆力不强,悟性又不高,所以成就很小。差幸我没有惰性,依靠笔记或纸片,用极笨拙的办法来弥补这方面的缺陷。又因生性木讷,不长交际,于是尽量减少社交活动的时间……即所谓'将勤补拙'。"

唐弢用郭绍虞提倡的"狂狷人生"作为纪念文章的标题,他看到介而有守的"狷性"是郭绍虞以及许多中国知识分子的精神底色:"从狷性,从有所不为出发,不断进取,不断有选择、有辨别地吸收狂性,在现实主义的基础上带一点浪漫气氛,这是中国知识分子走向革命的可贵的性格,在这点上,绍虞先生有许多值得我们纪念的地方,我因此作《狂狷人生》。"

论、论诗等,认真检阅每一个批评家的全部著作,搜找出有关篇章。朱自清先生1934年评价说:"第一个人大规模搜集材料来写中国文学批评史的,得推郭绍虞先生。……在浩如烟海的书籍中披沙拣金……他的书虽不是同类中的第一部,可还得算是开创之作;因为他的材料与方法都是自己的。"这部书后来也被公推为"最有系统、最深入的一部",是中国文学批评史学科"最重要的奠基石"。

郭绍虞谦称自己只是跟随者,而且是因为对编著中国文学史的宏愿"知难而退",才"各照隅隙,鲜观衢路"(刘勰:《文心雕龙·序志篇》)地进入中国文学批评史这一较小也未及照亮的园地。他希望,能"从文学批评史以印证文学史,以解决文学史上的许多问题""在这些材料中间,使人窥出一些文学的流变"。这一注重文学批评,同时不全然因为替新文学理论开道而抛弃中国古代文论的态度,可以追溯到他20岁刚来上海时。郭绍虞说,那时,他幸运地在旧书铺里买到几乎全部的《国粹学报》,读到刘师培如何论文,王国维如何论词,引起他对古典文学的兴趣——用科学方法把旧学讲得系统化;同时,他亦受到胡适的影响,认同胡适"研究问题,输入学理,整理国故,再造文明"的主张。这一对待学问的态度,贯穿他终身。

郭绍虞在中国文学批评史园地所做的系统性工作,以宋诗话的整理和研究最具代表性。针对明人视"诗话兴而诗亡"导致宋诗话多有散失或不确的情况,他着手搜辑与清理:考辨诗话作者及生平,严勘诗话文字异同,辨析著录

情况与版本源流,并对诗话内容及影响加以评述。他先后完成《宋诗话辑佚》(1937年哈佛燕京学社印行,70年代末补充修订后中华书局重版),以及《沧浪诗话校释》《诗品集解》《杜甫戏为六绝句集解》等多部专书研究,1979年著成《宋诗话考》。其中《宋诗话辑佚》成为此后唐宋诗歌与诗学研究者案头必备的文献。在批评史研究的同时,郭绍虞还兼治语法修辞,可谓"照隅"与"通识"兼备,两相促进。就语法修辞这一隅,他说"清儒之治古书,与诗人文人之论诗例文例,均可视为奠定语法修辞之基",由此"法从例出",并且:

语法、修辞、词汇三者相结合,而汉语之特征显。汉语之特征显,然后吸收外人之学,取其分类之长而活用之,则洋为中用,而不为西语陈规所束缚,同时复使昔人《古书疑义举例》《经传释词》以及《文则》一类之书成为科学化、通俗化,则古为今用,亦不致抱残而守阙,斯则最根本、最基础之步骤。

20世纪30年代起,郭绍虞开始研究古代文学的语言问题,背景正是新诗句法越来越欧化,遭人诟病,他希望能从旧文学里为白话文学找到药方——他也是一个写新诗的诗人呀!在《中国语词之弹性作用》和《中国语词的声音美》等文章中,他指出中国旧文学富含语词升缩、分合、变化、颠倒等修辞技巧,而新文学作家如能学习文言文的这一长处,便能让白话文作品更富音乐性,声情并美。他从语言形式出发,认为自由化、散文化和语体化是中国文学的演进趋势,由此试图建立新旧文学之间的传

续关系，解决文白之争，调和而务实。

"吾行吾素耳，谈不到高调低调"

1941年太平洋战争爆发，燕京大学也被日军所占领。日伪曾将郭绍虞关押两日，强迫他到伪北大任教，而为他坚拒。同人中有改至伪北大任课者，讥他不去是"唱高调"，郭绍虞于是撰《高调歌》一首以作回应：

不愿出山也好，便甘下海也好。吾行吾素耳，汝安则为之，谈不到高调低调！

各见平生怀抱，各显本来面貌！"纤缤诚可学，违己讵非迷"，原不关高调低调！

此后，郭绍虞一度在私立中国大学任教。1943年，他匆促南下，将家人安置在苏州，许多衣服用具都弃之不顾，但对自己搜藏得到的清人诗话资料，却不忍割舍。单身一人来到上海后，他为叶圣陶的开明书店编书编杂志，同时在大夏大学等校兼课。曾在大夏念书的儿童文学作家、翻译家任溶溶回忆，郭绍虞这时候一个人住在开明书店编辑部三楼，睡在一张帆布行军床上。

抗战胜利后，他愤怒于蝇营狗苟、无奇不有的社会现实，接连发表《民主与狂狷精神》《论狂狷人生》《论勇与狂狷》等文，号召知识分子不要"中行"，而要"狂狷"，主张特立独行、不说谎话，以肃清汉奸心理：

乡愿之病在于伪，国愿之病在于滑。……呼之为牛可以应之为牛，呼之为马可以应之为马……道家所谓"自然"，佛家所谓"随缘"，都给他们应用到恰好处。……所以自己没有立场，也就变作没有骨气；所以平时无所谓操守，遇变时就无所谓气节。

1946年，同济大学创立文学院中国文学系，郭绍虞任教授兼系主任，同时在多校兼职。他加入了上海大学教授联谊会，即"大教联"，积极投身民主运动。1950年，同济文法学院并入复旦大学，郭绍虞出任复旦大学中文系教授兼系主任，后来还兼任图书馆馆长、古代文学研究室主任、中国语言文学研究所名誉所长等职，在复旦大学度过了后半生的34年。

出任复旦大学中文系主任以后，郭绍虞锐意改革。据唐弢回忆，他约请了不少当时在上海的文学家去讲课，其中有冯雪峰、胡风、李健吾、王元化等。郭绍虞1956年加入中国共产党。入党不久，便将他早年用教书薪酬在苏州建的99间房屋全部捐献给国家。在学术研究上，一直立志用科学方法重述旧学的郭绍虞，也努力根据新的理论来修改《中国文学批评史》。最早，他是站在"纯文学观"的立场来看古代文学批评的，依据文学观念的演变将中国文学批评史分为三个时期：演进期、复古期、完成期。1934年，《中国文学批评史》上册完成时，郭绍虞向胡适求序，胡适虽不满意于这三个分期的命名，并提出若干可议之处，但还是写道："读者的见解也许不一定和郭君完全一致，但无论何人都不能不宝贵这一巨册的文学批评史料……他确能抓出几个大潮流的意义……使人格外明了文学变迁的理论的背景。"序言写成后未用，郭绍虞将序末二段收入自序。书出版后，钱锺书在《大公报·文艺副刊》上作《论复古》一文提出质疑，认为文学领域不存在古今、新旧的冲突，后来者未必比先起者内容结构更高明、价值更好或引起更大美感，历史进化论并不适用于文学；且所谓进化必然包含目标，然而历史演变无穷尽，这一时的顺流逆流将来可能会翻转。郭绍虞再作《谈复古》一文辩驳，他说自己绝不是"为学时髦而敌视复古"，且已在书序中说明："曰复古，曰完成，都是不甚恰当的名词，亦强为之名而已。……复古的结果，正可以创造一种新文学。"

郭绍虞

对此，20 世纪过去后，叶辉、周兴陆在《复旦中国文学批评史研究》一书中评述说："在今天看来，用演进／复古、文／质、形式／内容的对立与转化来概括原本丰富复杂的古代文学批评史，不免失之偏颇、机械，但这种'二元对立'恰恰是 20 世纪前期大部分时间里人文学者的最基本的思维模式。这种思维模式是与革旧布新的时代大势相一致的，也体现出人文学者从旧的文化遗产中寻求新动向、新萌芽的努力。"

50 年代，郭绍虞为方便初学者删改出一卷本的《中国文学批评史》，后来亦曾尝试用"现实主义与反现实主义斗争"的理论、"儒法斗争"的理论来作改写。改得很吃力，自己也不满意，但他并非违心努力，而是真诚地相信："我们研究中国文学批评史，不是为研究而研究，而应该是有利于推动社会主义新文艺的发展。"这与早年发起文学研究会，提倡"为人生而艺术"一贯。60 年代初向郭绍虞请教问学的王元化，后来记下：

在粉碎"四人帮"后，那时的气氛完全不同了。他略带微笑地向我说，他曾经也想用儒法斗争的观点去修改《中国文学批评史》，可是还没有来得及，"文革"结束了。这种毫无掩饰的坦诚，再一次使我惊讶。绍虞先生虽教书多年，但他不是口才辩给的人。他不大会说话，因而就需要从他那近于木讷的谈吐中去发掘寄托遥深的寓意。绍虞先生真诚地相信应改造自己跟上时代的步伐，像许多老一代知识分子一样。

1961 年起，郭绍虞与罗根泽共同主编"中国古典文学理论批评专著选辑"，还与钱仲联等同行专家一起编《中国历代文论选》。唐弢说起这一年大家的填词唱和里，郭绍虞写"犹有壮志雄心，争鸣其放，待创新文物。人在东风忘是老，管他白丝青发。红欲加鞭，专图破的，试作高峰越……"是"一个老学者专心致志地要求进步的胸怀"，他"狂猖人生的天平砝码"有变动了，浪漫的气氛益发强烈；但郭绍虞身上仍有猖性，所以旁人不必为他修改旧著而感到难过，因为"这种猖性必将引导他走上科学道路"。进入耄耋之年后，郭绍虞仍然紧跟时代的跃动，提出要建立具有中国民族特点的马克思主义文艺理论，用学术来参与新思想、新文化的建设。

郭绍虞夫妇

"烈士暮年，壮心未已"

在复旦中文系学习、任教的吴中杰曾在《海上学人》里记说，当时同学们调皮，爱学郭老在迎新会上的一句话："我们今天欢迎新伙伴，我们大家一起来伙伴。"语言学大专家竟不太会说话，但无碍大家亲切地爱戴他。郭绍虞和夫人张方行都宅心仁厚，平素温暖真诚待人，危难时更不吝相助，屡屡帮助同仁、学生摆脱困境，受恩者众多，无不深深感动。

王元化说："绍虞先生似乎最怕直过露。他谈任何问题，总是联系到各个方面，以防片面化和简单化，因此和那种（明白易晓、使人一览便知的）文风恰恰是背道而驰的。"他是"曲折细腻""蕴藉较深"的，同时颇为顶真。"文革"期间，他曾对"反动学术权威"一词提出不同意见。他说没有人会自称为权威——他从未以"上庠师宿"自居，且这到底是"反动的学术权威"，还是"反动学术的权威"呢？总之两者都说不通，不能承认。

郭绍虞晚年仍然笔耕不辍。据蒋凡回忆，郭老每天很早起来，梳洗后即进书房工作；不太娱乐，只是偶尔听听苏州人爱听的评弹。夫人烧得一手好菜，且对郭老体贴入微，让他能一心读圣贤书。书法或许是郭绍虞的娱乐。他的字苍劲又迥秀，早年就享有书名。1933年鲁迅与郑振铎合编《北平笺谱》，即是请沈尹默题写书名，郭绍虞手书郑振铎的序文。新中国成立后，他历任上海市书法家协会副主席和名誉主席。学生楼鉴明回忆，郭老上了年纪以后手抖，就在天花板上穿一根绳子垂下来，将右手套在系于其上的塑料圈里，止住手颤，坚持作书。

1982年，在郭绍虞九十寿辰当日，上海市文联、作协分会和复旦大学举行祝贺郭老执教著述70周年的茶会。150多人欢聚一堂，郭绍虞在答词中说："烈士暮年，壮心未已，我虽然不是千里马，可只要我还能工作，就要与大家一起携手并进，共创四化大业。"欢度生日后，他开始埋首校订毕生心血的结晶《郭绍虞文集》。文集不包括专著，而是汇集他自1913年起发表的文章，分为《照隅室古典文学论集》《照隅室语言文字论集》《照隅室杂著》三种。这位用与名字谐音的"照隅"作斋名的学者，说自己"愿意详细地照隅隙，而不能粗鲁地观衢路"。还说，"我一生在教育界的时间为多，生活单调，思想平凡"。

1984年6月22日，著作等身、桃李满门的郭绍虞以91岁高龄去世。按照生前愿望，他的遗体捐献给老年医学研究。

以求真之精神，在古典文学园地耕耘

王运熙

王运熙

（1926 — 2014）
古典文学研究家

　　在古典文学园地，汉魏六朝唐代文学是历代文史学家们"竞相出入"的领域，前有梁启超、鲁迅、刘师培、黄侃、闻一多、陈寅恪等前辈学者，后有一大批后起之秀，而著名古典文学专家王运熙便是这片土地上辛勤的耕耘者之一。王运熙年少成名，早年以乐府诗研究在汉魏六朝文学领域中奠定学术地位；而后，他的研究转向唐代文学研究，以李白研究著称；随后从文学史转向批评史研究，参与主编《中国文学批评通史》，著有《文心雕龙探索》等。在古典文学园地里耕耘60多年，王运熙为后人留下了诸多学术研究的里程碑。

　　在大师云集的研究领域里占据一席之地，王运熙的治学奥秘却是一个字："平"。他以治学平实而著称，他的文章从不作惊人之语，他始终以求真的精神，力求还原研究对象的真实面貌。也正因为如此，尽管研究旨趣几经转向，但他总能在新领域中做到"个中翘楚"。复旦大学中文系教授陈允吉曾这样评价："王先生是一位性格沉静的学者，也是一个温慎笃厚的长者。他作风朴实，胸无城府，在一般人看起来，似乎身上多少带有一点不谙事务的书生气。但唯其如此使他能够脱心志于俗谛之桎梏，从不计较日常生活中的琐事和得失，而对学问和事业始终保持一种难得的热忱。他数十年来所走过的，是一条看来似乎平静实际上却十分艰辛的道路……他只是依靠自己的勤奋和努力，老老实实地逐步向前摸索，从而把自己深沉的脚印留给后学者。"（陈允吉：《王运熙教授和汉魏六朝唐代文学史研究》）

20 多岁时以乐府诗研究蜚声学界，其学术高度国内外至今没人能超越

1926 年，王运熙出生于江苏省金山县（今属上海）。他家离杭州湾只有几里路，幼时的他常跟大人到海滨去玩，在沙滩上拾贝壳，听涨潮时海上奔腾的声音，这段宁静而美好的时光，在他心中留下了抹不去的印记。他的父亲是中学语文、史地教员，喜欢写旧体诗，关心乡邦文献。受家学的熏陶，王运熙从小就爱好古典文学，熟读经史子集等文史古

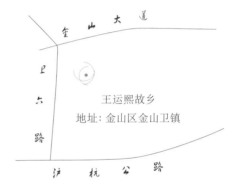

王运熙故乡
地址：金山区金山卫镇

大师纪念地：王运熙故乡

地铁 1 号线莲花路站换乘公交莲卫专线

小故事 **不惧权威的治学态度**

为坚持客观公允的治学立场，王运熙难免会与其他一些学者观点产生矛盾，有时也会与许多名家的意见相左，但他向来是不惧权威的——31岁那年，王运熙发表《试论唐传奇与古文运动的关系》一文，就相关问题与郑振铎、陈寅恪两位前辈学者商榷。文章在当时引起不少争议，但王运熙仍坚持己见。

小故事 **历久弥新的学术生命力**

王运熙的文章从不作惊人之语，但那些初读时觉得过于平淡无奇的结论，回过头来看却往往是最正确的，经得起时间的淘洗。比如，《文心雕龙》这部古典巨著在学界一直被视为古代文学概论，但王运熙却认为："应当说它是一部写作指导或文章作法，而不是文学概论一类的书籍。"这一结论虽似平淡，但后来为学界广泛接受，认为它更接近刘勰的原意，也更能体现中国古代文论的特色。

籍。只是，平静的生活很快被战争打断——1937年冬，日军在金山卫登陆，王运熙一家仓皇逃难，房屋被焚毁，家中不少藏书也付之一炬。不久，他们搬家到上海，一家七口寄居在一间20平方米的房间内，非常拥挤。

沦陷时期的上海，时局动荡，人心惶惶。但王运熙沉浸在《诗经》《楚辞》《左传》《史记》这些古老的文献里——晚年他对学生们回忆："我对其他活动没兴趣，没能力，就是喜欢读读书。"在复旦大学中文系教授骆玉明看来，这或许解释了他性格里安静的缘由："我想他更爱好历史中的宁静；文史的学问于他即是很好的精神避难所，同时他也由研究学问选择和承担了自己对社会与民族文化的责任。"（骆玉明：《王运熙先生》）

1943年，王运熙考入复旦大学中文系。由于家学打下的深厚根基，大学学习对他而言是轻松的，王运熙将大部分时间都用于阅读课外书，他的兴趣比较广泛，古今中外的文学、历史、哲学书籍，都涉猎一些，还喜欢写短篇小说，效仿的是鲁迅和契诃夫的文风，后来自觉生活经验少、缺乏创作才能而放弃。4年后，21岁的王运熙以名列文科毕业生第一的优异成绩毕业并留任助教，成为陈子展先生的助手。陈先生兼通新旧文学，学问渊博，"每次到他家里，总是口若悬河，上下古今地纵谈各种文史知识。他勉励我立志做一个像样的学者，不要做一个仅会教一般课程的教师"。在陈子展的鼓励下，王运熙正式开始了他在古典文学园地的耕耘。

受陈子展启发，王运熙研究文学史的起点是汉魏六朝文学，其中他对乐府诗尤为关注。陈子展认为，研究文学离不开历史，建议他系统阅读史书，并要他从《八代诗选》末尾的"杂体诗"一卷中做些挖掘——陈子展觉得这些诗歌虽然是游戏文学，但反映了当时文人的艺术爱好和创作风尚，值得深入探讨。王运熙接受了这一意见，他从六朝乐府民歌入手，在1948年至1950年的两年内写了七篇论文，后结集为《六朝乐府与民歌》一书；而后又将研究视野扩大到汉魏乐府，以其中的相和歌辞为重点，耕耘的收获，是论文集《乐府诗论丛》一书。

其中，《六朝乐府与民歌》以六朝清商乐中的吴声、西曲为研究对象，这些作品多写男女之情、歌辞俚俗，长期以来为学者们所轻视。五四以后，学者们虽然日趋重视，但也将其视为纯粹出自下层的民歌，同当时贵族文人的生活和创作没有多少联系。而王运熙通过穷尽相关材料，以及审慎严密的考证，证明现存作品大抵出自贵族文人之手；并对吴声、西曲的产生时代、地域、渊源也都进行了详细考证，解决了乐府研究史上诸多悬而未决的疑团。

值得一提的是，以乐府诗研究蜚声学界、奠定学术地位之时，王运熙还只是一个20多岁的青年——但他在那个年纪作出的里程碑式的工作，至今难被超越。正如复旦大学中文系教授陈尚君在一篇文章里所说："他在20世纪50年代出版《六朝乐府与民歌》《乐府诗论丛》，成就可与前辈余冠英、萧涤非王运熙的为人平实如水、淡泊名利，始终保持着学者的本色。他患有眼疾，从二十多岁起就只能在白天光照充足时读写，一到晚上便无法伏案。为了争分夺秒地工作，对于社交性质的活动，他一概谢绝。王宏图曾经问父亲："那么多邀请你出席的活动，为什么一个也不去？"王运熙微笑回答："一次两次不去，就不会有人叫你了，省下来的时间实实在在多做点事。"

相颉颃。近年首都师大吴相洲教授成立乐府学会，主办《乐府学》，闲谈中说到王先生汉魏乐府达到的学术高度，至今国内外还没能超越。"（陈尚君：《学问是天下最老实的事情》）

但对王运熙本人来说，早年的乐府诗研究只是他众多学术成果中的"冰山一角"。20世纪50年代中期，王运熙转向唐代文学研究，曾主编《李白研究》与《李白诗选》，这两本书被学界誉为"李白研究中的重要收获"；他还连续发表大量学术论文，或是对某一作家、作品作微观考证，或是对某一时期的创作风格作宏观研究，许多见解都是发前人之未发。从60年代初开始，以参与刘大杰先生主编的教材《中国文学批评史》为契机，王运熙的研究重点从文学史转向批评史。20世纪80年代，他与顾易生先生共同主编《中国文学批评通史》七卷本，历时十余年完成，被誉为"代表了当代中国批评史学的最高水平"，其中，由他亲自执笔的《魏晋南北朝文学批评史》《隋唐五代文学批评史》，更是在学界广受赞誉，《文学遗产》主编徐公持将《魏晋南北朝文学批评史》列为"学科成熟的标志性成果"之一。此外，对于这一时期的许多重要文论家和文论著作，他都进行了深入的专题研究。如刘勰的《文心雕龙》，他几乎能全文背诵，并前后共发表过二十余篇单篇论文，后汇集为《文心雕龙探索》一书。

据学生回忆，王运熙一生喜欢写论文，也擅长写论文，一次填表格，他在"有何特长"一项，填入"写作论文"。晚年他也曾这样总结自己的著述特点："我一直喜欢写单篇论文，不大喜欢写有系统的素材一类的著作，因为前者便于以较精练的文字发表自己的见解，无须为了表述得全面系统，说许多人家已经说过的话。"正是这样的学术态度，让这些文章成为相关研究领域后来者绕不开的经典之作，也让王运熙在学术史上占据了自己独特的位置。

毕生的研究宗旨是"求真"，
他的文章从不作惊人之语，
也因此经得住时间的淘洗

谈起从事文学史研究的方法，王运熙曾说："'五四'以来，中国文史哲研究界从治学态度、方法看，有所谓信古、疑古、释古等派的区别，我比较赞同释古一派的做法，学风也与其相近。"他把《礼记》中的"博学之，审问之，慎思之，明辨之，笃行之"，和《史记》的"好学深思，心知其意"，作为自己治学的座右铭。

王运熙曾这样概括自己的研究特点："我研究中国古代文学，包括古代文学创作和古代文学理论批评，一贯的宗旨是求真，从大量文献资料出发，尊重事实，实事求是地进行考订和分析，力求阐明所研究对象的真实面貌。"这在他的研究中很容易找到例证：正如有学者指出，他早年的乐府诗研究就显现出鲜明的史学考辨色彩——他将相关的材料一网打尽，除了读正史中的《音乐志》外，还读了政书、会要、类书中的音乐部分和若干古地理志，并从汉魏六朝的古小说里寻找线索；再如他的李白研究，李白的诗歌有两个面相，有关怀民生疾苦的一面，也有遗世独立的另一面，后人常常只看到其中一面而得出截然不同的结论，而王运熙通过对其全部作品的全面考察及结合后人的不同评价后，作出了实事求是的分析。

也正因为如此，"求真即创新"，王

王运熙

运熙对学术创新有这样独到的见解。正如复旦大学中文系教授杨明曾这样总结"先生告诉我们，做学问当然要追求创新，但创新是为了求真。必须尽可能广泛地占有原始材料，并且一字一句地精读深思，准确理解，才能获得新知。若抓住一点随意发挥，过度阐释，或是削足适履地牵和于某种时髦理论，那样的'新'并不可取。"因此，在许多学者看来，王运熙的文章从不作惊人之语，但那些初读时觉得过于平淡无奇的结论，回过头来看却往往是最正确的，经得起时间的淘洗。复旦大学中文系教授黄霖曾这样评价，王先生的研究成果达到了文学批评与研究的最高境界："平"。"《文心雕龙》曾指出，文学研究者'务先博观'，既充分、全面地掌握材料，又要'无私于轻重，不偏于境界'，一切从事实出发，才能达到'平理若衡，照辞如镜'的境界。王先生就达到了这一境界，他的研究成果不故弄玄虚，不哗众取宠，'论议正平'，能经得起历史的检验。"（黄霖：《平实治学，平和为人》）其中

一个典型的例子就是王运熙对《文心雕龙》的研究。

《文心雕龙》这部伟大的古典巨著在学术界一直被视为古代文学概论，但王运熙在通观全书、认真辨析后指出："应当说它是一部写作指导或文章作法，而不是文学概论一类的书籍"，"它的宗旨是通过阐明写作方法，端正文体，纠正当时的不良文风。"当然，这并不意味着低估《文心雕龙》的价值，他认为，由于全书广泛评论了历代作家作品，涉及不少重要文学理论问题，论述系统而深刻，使得该书具有重大的理论批评价值。不过，与一些学者对《文心雕龙》毫不吝啬溢美之词的评价相比，王运熙将该书定性为"写作指导"的结论虽似平淡，但这一观点后来为学界广泛接受，认为它更接近刘勰的原意，也更能体现中国古代文论的特色。

此外，在对《文心雕龙》中"风骨"这一重要概念的理解上，王运熙也提出了自己平允的见解。据杨明介绍，20世纪五六十年代，"风骨"的含义曾引发学

206

界热烈讨论。在当时的历史条件下，受文学艺术是为政治服务的文艺观影响，学界普遍认为"风骨"的内涵包含着内容思想的纯正、教化作用等。但在王运熙那里，所谓"风"，是指思想感情表现得明朗；"骨"，是指语言质素精要而劲健有力。合起来，就是指一种鲜明生动、精健有力的优良文风。他特别强调，无论"风"还是"骨"，都不是就思想内容的高下邪正而言，而是就作品的艺术风貌、表现效果而言。"王先生当年提出自己的观点，几乎是'孤军奋战'，但先生一以贯之，从未有过改变。"（杨明：《忠于学术，典范长存》）

在骆玉明的印象里，"王先生看上去很文弱，说话慢声细气，与世无争，其实他很明白，很自信，很稳定，也很强韧"。为坚持客观公允的治学立场，王运熙难免会与其他一些学者观点产生矛盾，有时也会与许多名家意见相左，但他向来是不惧权威的——31岁那年，王运熙发表《试论唐传奇与古文运动的关系》一文，就相关问题与郑振铎、陈寅恪两位前辈商榷。郑振铎认为"传奇是古文运动的一支附庸"，而陈寅恪则强调传奇对古文运动的作用。这两种意见王运熙都不苟同，他用史实来说明"唐传奇的文体是在汉魏六朝志怪小说的基础上发展起来的"，"传奇不是古文运动的支流。古文运动也不可能依靠试作传奇成功而兴起"。文章在当时引起不少争议，但王运熙仍坚持己见。在黄霖看来，类似的这些挑战"完全是以事实为基础，用平视的眼光、善意的态度，和风细雨式地进行的，从另一个角度显示了王先生平实治学的风范"。

这样的治学态度也诠释了其学术成果历久弥新的生命力——正如骆玉明这样回忆："陈允吉先生曾经郑重其事地跟我说过：王先生从1949年开始发表学术论文，数十年间，不管哪一时期的，现在拿出来都有用，可以坦然地

编入文集。几年前我和杨明、陈尚君一起在先生家中谈一些话题，陈尚君也曾特地问起：'先生的文章后来结集、重印时有没有改过？'王先生明确回答：'没有改过，我的文章发表后没改过。'"

"学问是世界上最老实的事情"，这是对学生的告诫，亦是他一生的写照

尽管王运熙在多个学术领域颇有建树，在诸多学术团体中身兼要职，但和他笔下的文字一样，他的为人平实如水、淡泊名利，始终保持着学者的本色。对他来说，学问不是工具，带给他的是真正的人生满足。直到逝世，王运熙始终住在20世纪70年代末迁入的旧居中——房子不大，不到50平方米的空间堆满了书橱书箱，也从来没有正儿八经地装修过，但他毫不在意，在此完成了《中国文学批评通史》及一系列其他研究著作。窗外是火车站车水马龙的热闹，是城市日新月异的变化，但王运熙如同一个隐士一般，始终与时代的喧嚣保持距离。尽管看不到海，他还是给自己的书房取名为"望海楼"，用他自己的话说，是为了怀念幼时去海滨游玩的时光，"寄寓怀旧之情"。但骆玉明这样理解："'海'是先生内心深处的辽阔与宁静，而'望海'正是一个走出尘世喧嚣的姿态。"

"做一件事要专心，不要像三脚猫。"这是王运熙常常挂在嘴边的话。据学生们回忆，王运熙经常跟他们谈起自己的一段经历：1947—1948年间，物价飞涨，他曾在私立学校兼职教语文课，收入不菲，陈子展知道后，竭力阻止他去兼课，因为出去代课，经济上暂时富裕了，学术上却会长期贫乏。"二十多年前，市场经济大潮汹涌而来，人心浮动。父亲不止一次地告诫我们，不要心猿意马，更不能三天打鱼两天晒网，要

《中国文学批评通史》

持之以恒地将一件事情做好。"儿子王宏图也这样说。受父亲的影响，王运熙的两个儿子也都走上了学术道路。长子王宏图在复旦中文系研究比较文学，次子杜巨澜在香港中文大学研究经济学。尽管专业方向不同，但王运熙对学术的热忱仍让儿子们备受感染。

在古典文学园地里勤恳耕耘60多年，王运熙著作等身，但这些学术成果，却是在有效工作时间比常人少一半的条件下完成的。王宏图说："父亲体弱多病，特别是眼部血管很细，视力很弱，从二十多岁起就只能在白天光照充足时读写，一到晚上便无法伏案。"每每谈及此事，王运熙也总是掩不住的失落和叹息："如果我的眼睛正常，研究工作应该能做得更多一些、更好一些。"

但眼疾也丝毫无损王运熙在学术上的"较真"——复旦大学中文系教授邬国平至今仍对他协助老师审稿的一段经历记忆犹新："王先生视力不好，看书时鼻子贴着书本，经常使用放大镜，七卷本批评通史写出后，审稿对他来说相当艰难。先生让人给他念稿子，逐字审读……书稿引文很多，我问先生引文是不是可以跳过去不念，先生说不行，那

样会影响对分析文字的判断。他听得非常仔细，有一次我念到毛声山曲论的一段引文，不知怎么跳了一二行，自己还没有察觉，王先生示意停一停，问我前后文为何连不上。"（邬国平：《王运熙先生主编文学批评史》）

在学生身上，王运熙也从不吝啬自己的时间。有学生回忆说，因看不清手写体字，王运熙要求学生将写好的各篇文章从头至尾读给他听，有问题，他总能当场指出。凡有人写信来求教，王运熙只要精力尚可，总是在早上就把信件回了。他悉心培养了一大批学生，其中许多都成长为学界的中流砥柱。"种树类培佳子弟，拥书权拜小诸侯"，这是王运熙悬挂在客厅的一副对联，也映照了他教书育人、追求真知的一生。

2014年，王运熙与世长辞，享年88岁。陈尚君在为悼念先生而作的文章里这样写道："在王先生身上，我始终感受到学术的庄严和真诚，体会到学问是天下最老实的事情，来不得半点的虚伪和作假，也不应有任何的矫情与夸张。""学问是世界上最老实的事"，这是王运熙留给学生的告诫，亦是他一生的写照。

推进中国社会学 创建与复兴

李剑华

李剑华

（1900 — 1993）
社会学家、法学家

大师简介

四川大邑人。1921年至1925年在日本进修社会学。历任上海法科大学、国立劳动大学等校教授，《流火月刊》《现象月刊》主编，《大众夜报》总编辑。1934年加入中国共产党。曾参与东南社会学会筹建工作，当选该会编辑委员。中华人民共和国成立后，任上海市劳动局副局长、华东军政委员会劳动部副部长，上海财经学院教授兼工业经济系主任等职。1979年后，任上海社会科学院社会学研究所负责人、中国社会科学院法学研究所顾问、中国社会学会顾问。较早运用马克思主义观点和理论研究社会问题、犯罪问题、劳动问题。著有《社会学史纲》《监狱学》等。

在我国老一辈的社会学家里，李剑华教授可以说是一位最具传奇色彩的学者。他曾因主编《流火月刊》《现象月刊》等左翼进步刊物，被国民党反动派投入牢狱，身陷囹圄而坚贞不屈。他也曾衔命深入虎穴，打进国民党政府上层从事隐蔽战线的革命工作，以一个革命者的忠诚和胆识，掩护革命战友，卫护工友兄弟，临危不惧，处险不惊，孤军战斗在敌人营垒里直至迎来解放。更为难能可贵的是，这位智勇双全的革命者，同时也是一位著作等身的著名社会学家。他不仅是中国社会学的开创者之一，而且始终与中国社会学的成长、发展和复兴相依、相连。

跋涉于艰难的中国社会学创建之路

社会学是近代西方社会的产物，是一门晚起的社会科学。19 世纪末至 20 世纪初，社会学的某些理论开始传入中国。当时仅有寥寥数本译著，"研习者甚少，而普通学者更不知社会学为何物"。辛亥革命以后，欧美的新思想、新文化陆续被介绍到国内来。中国知识分子学习西方，不但学习自然科学，而且渐渐开始注重于西方的社会科学。五四运动则在中国的思想界尤其是青年知识分子中间掀起了一股追求进步、寻求真理、学习国外新思想、新学科的热潮。

1915 年，青年学子李剑华在成都写下的《偶感》诗就说："兵乱连连喜再生，居乡未必胜蓉城。哪堪夜静更阑后，又听邻家哭子声。"近代中国的积贫积弱深深刺激了李剑华，让他树立了学业报国的思想。他深受爱国、进步、民主、科学的五四精神熏陶，中学毕业后，即在家人的支持下，东渡扶桑留学。在选择所学专业的时候，他看到"日本大学设有社会学，觉得名词新鲜"，当即就决定以这门新学科作为自己的研读方向。从此以后，李剑华便与社会学结下了不解之缘。

1925 年上半年，李剑华学成回国，并先后担任上海学艺大学，安徽法政专门学校、上海法科大学、上海法学院、复旦大学、国立劳动大学等多所院校的社会学教授，讲授社会学史、劳动法以及犯罪社会学等课程。当时，中国社会学尚处于步履维艰的创建阶段，除了国外社会学译著的出版数量有所增加外，社会学还难以被人们接受和承认。诚如与李剑华同时代的吴泽霖教授日后所回忆的那样："尽管任何新兴学科总是时代需要的产物，但它在初建时并不都是一帆风顺，它不免会遭受责难、阻挠而被人摒弃或忽视。因此，需要创造条件扶植它，推广它。首先，学科本身除须具备一定的创见，经得起核实、考验或实践外，还要获得一定人数的拥护。其次，要有一定数量和不断的著述，既要出版书籍，也要出版定期刊物，借以扩大

中共江苏省委旧址
地址：徐汇区永嘉路 291 弄 66 号

大师纪念地：中共江苏省委旧址

地铁 1 号线陕西南路站

与李剑华同时代的吴泽霖教授日后回忆："尽管任何新兴学科总是时代需要的产物，但它在初建时并不都是一帆风顺，它不免会遭受责难、阻挠而被人摒弃或忽视。因此，需要创造条件扶植它，推广它。"李剑华会同其他一些陆续留学归来的青年社会学者一起，在繁忙的授课之余抓紧点滴机会埋首写作。1928年，李剑华的第一本社会学著作《劳动问题与劳动法》问世。

李剑华明确断言："我以为中国劳动问题，同时也就是民族问题，而民族问题，不可不是劳动问题中的先决问题。"虽然身处当时那样险恶的社会政治环境中，李剑华心中装的只有民族忧患和国家兴亡，所以他敢于仗义执言，公开申明自己的学术观点和政治主张。李剑华后来也因此被国民党逮捕入狱。在龙华看守所，他依旧作诗，不放弃希望。后经党组织营救脱险。

影响。再者，要设立机构，在同好中组织学会，交流思想；在学校里设置课程，建立学系，俾能承上启下，传播苗种。"

正是基于这样的认识，李剑华会同其他一些陆续留学归来的青年社会学者一起，在创建中国社会学的道路上开始了艰难的跋涉，在繁忙的授课之余，他抓紧点滴机会，甚至不惜"割出拼命求活的时间，动手搜集材料"，埋首写作。1928年，李剑华的第一本社会学著作《劳动问题与劳动法》问世。书中详细阐述了劳动问题和劳动法产生的时代和阶级背景。进而专门列出儿童劳动问题、妇女劳动问题、劳动时间问题、工资问题、工会问题和劳动保险问题等作深入的探讨。作者在每一个专题上列举出中外各国的有关资料和统计数字展开深入的比较和分析。材料翔实，观点鲜明，读来令人耳目一新。在分析中国劳动大众遭受深重压迫的根源时，他一针见血地指出："帝国主义者袭其掠取殖民地的传统政策，挟政治势力为经济侵略的向导，于种种口实之下，强迫订立许多不平等条约，因此有了租界，有了领事裁判权，有了关税管理权，有了发行纸币权……一方面助长国内军阀的内争，不惜以枪支、弹药、军事等供给他们，使他们不得动弹，而东交民巷的洋人，便成为军阀政府的太上皇帝。长此下去，则中国实业必永无发展的希望，所以不打倒帝国资本主义，不但中国民主政治，不能成功，即中国的劳动者与资本家，也无出路。"李剑华在书中明确断言："我以为中国劳动问题，同时也就是民族问题，而民族问题，不可不是劳动问题中的先决问题。"虽然身处当时那样险恶的社会政治环境中，而这位年轻的大学教授心中装的只有民族忧患和国家兴亡，所以他敢于仗义执言，公开申明自己的学术观点和政治主张。与此同时，作者站在劳动大众的阶级立场上，对西方社会学家鼓吹的劳动法是雇主和被雇者之间立于平等地位的个人与个人之间的契约关系的观点，进行了驳斥："劳动立法的目的，就是要免除或限制在理论上应该平等而事实上却不平等的雇主与劳动者关系，及由这种不平等而产生社会的不公正的事实。"难怪当时获悉此书即将出版的消息时，李剑华教授昔日留学东京时的同窗学友、日本社会学家浅野研真特地为此书作序："李君在动乱未已的中国，从20世纪国际的课题上，为指导新中国之有为的青年学者，他时而在学园讲授劳动问题，时而在政界讨论劳动立法，本其体验的见地，于今写成这样一部好著作。这一部著作，对于中国社会将予以很大的文化史的意义。"

让中国学生用上符合国情的教科书

当《劳动问题与劳动法》公开问世时，李剑华的另一部社会学专著《社会学史纲》业已杀青，准备付样。1930年，该书由上海世界书局正式出版，作者写作此书出于两个方面的原因：其一，社会学传入中国已经多年，然而这门新学科仍然处在被误解、遭排斥的境地，其原因在于一般人常常把"社会科学""社会运动""社会问题""社会政策"等名

小故事 重返上海重建社会学科

1981年李剑华已经在中国社会科学院法学所任顾问，但他早年的社会学研究与社会活动经历让他放不下社会学。20世纪30年代，他曾经以共产党身份坚持革命工作的中共江苏省委旧址就在现在徐汇区天平街道辖区内的永嘉路上，他也因此怀念上海。这两重情感让他放弃了中国社科院的顾问身份，回到了上海，回到了上海社会科学院。

词和社会学等量齐观，混为一谈，从而使社会学成为"不明白的东西了"。李剑华为此深感痛心，决心要为社会学正本清源，匡正谬传。其二，当时社会学已经在一些大学里开课设系，但是所采用的教科书则无一例外都是欧美读本，学生对社会学教科书里的个案和理论产生很大困惑，就连当时燕京大学社会学系主任许仕廉也忧心忡忡地指出："班级里有一半以上的学生不是把美国的教材当作社会学论文，而是当作文学写作来阅读的。"为了让中国的学生能够用上符合本国国情的社会学教科书，由孙本文发起，李剑华等一批学有专长的年轻教授积极参与，各人承担一个专题，分工合作，撰写一套包括普通社会学各方面内容的丛书。《社会学史纲》即是该套丛书中的一本。由于参加丛书编写的执笔者"均系国内专攻社会科学之人，对于所任各书，尤擅专长，差堪自信"。因而这套十五本之多的丛书至1931年全部出齐，并由孙本文将它合编成《社会学大纲》。这本上下二册，计有90余万字的社会学巨著很快被列为大学部定用书，受到各大学教师和学生们的欢迎。李剑华在《社会学史纲》一书中，一扫以前那种照搬欧美学说，缺乏独立见解，"内容取材，往往不加选择，至为芜杂"的风气，运用自己丰富的学科知识，汲取国外学者的长处，在充分占有材料的基础上，提出自己的学术观点。作者认为，从孔德创立社会学以来，出现了纷繁复杂的社会学流派和学说，纵观80多年来的社会学变迁和发展的过程，主要有两大思潮：一是综合的社会学；二是

特殊社会科学的社会学。"综合社会学者定要把社会学捧上社会科学的王座，却不知不觉间把社会学没落到哲学的鬼门关里去了。特殊社会科学的社会学者，要把社会学从社会科学的王座上请下来，和各种社会科学分庭抗礼……获得和各种社会科学同等的生存权。"作者进而提出自己的观点："由百科全书的社会学到特殊社会科学的社会学，由综合社会学到纯正社会学，这是社会学史上发展的途径。"李剑华的这一精辟分析，可以说是一把打开社会学史迷宫的钥匙，无论当时还是现在，都具有一定的理论影响。

从1928年到1930年，在这短短的两年时间里，年轻的社会学教授李剑华先后出版了四部著作，发表在报纸杂志上的论文不计其数。李剑华的这些著述为荒芜的中国社会学园地栽下了一批清新茁壮的幼苗，为社会学学科在中国的发展作出了重要的贡献，他不失为中国社会学的创建人之一。

1928年9月，作为发起人之一，李剑华参与了中国社会学界第一个地区性的学术研究团体——东南社会学会的筹备工作，并且倾注了极大的热情和精力。李剑华几乎期期都给学会刊物写稿。在《社会学刊》创刊号上，李剑华发表了《社会学在科学上的地位》的学术论文。紧接着在第二期上，又发表了《社会学体系论》和《孔德的生平及其学说》两篇文章。东南社会学会的成立，对建立一个全国性的社会学组织起了直接的推动作用。1929年冬，北京的一批社会学家许仕廉、陶孟和等人提议，在原有的东南社会学会的基础上扩大范围，成立一个全国性的社会学团体，获得东南社会学会的响应和赞同，于是共同商定成立"中国社会学社"。1930年2月，中国社会学社在上海青年会礼堂举行成立大会暨第一届年会。李剑华教授被推选为《社会学刊》的编委。1947年，李剑华又在中国社会学社的第八届年会上当选为候补监事。

李剑华、胡绣枫夫妇

剑胆琴心，做秘密工作的同时坚持做学问

从 20 世纪 30 年代中期开始，李剑华投身于党的秘密工作。他和他的夫人胡绣枫都充满传奇色彩，有秘密工作的经历，李剑华严守机密一直不对外吐露。胡绣枫的亲姐姐，便是打入敌伪 76 号特务机关大名鼎鼎的关露（原名胡寿楣）。

即使在那种与虎狼相伴的艰险岁月里，他仍然保持着一位学者的本色。1935 年和 1936 年间，李剑华接连出版了《犯罪社会学》和《监狱学》两本著作。此时的李剑华不仅是位学者，更是一名斗争经验十分丰富的革命者，其对马克思主义唯物辩证法的运用越加娴熟，洞察社会现象的眼光越加敏锐，对当时社会层出不穷的犯罪问题，李剑华尖锐地指出："我国因受封建制度底剥削，帝国主义底经济侵略，和天灾匪祸底压迫，以及世界经济恐慌与东北失地底影响等等，已经变成了一个贫穷的国家。……'大贫'往往是犯罪底发酵母，从这一点讲来，可以说大贫不灭，犯罪不止。"犯罪不是出于犯人之自由意志，而是因为社会本身的不健全，使其不得不陷入于犯罪的歧途。故不从社会本身去清算犯罪的一切原因，即使"囹圄成市，犯罪问题还是不能解决"。作者的锋芒所向，直指帝国主义侵略者和反动的国民党统治集团。对《监狱学》一书的写作出版，作者在"自序"里一再强调："我的目的，主要的不是为了向监狱当局提供如何管理犯人，如何镇压犯人，如何防止犯人脱逃的政策，而是为了引起大家对于监狱的关心，进一步要求监狱的彻底改良。"书中几乎每一个章节中都把建立了社会主义制度的苏联作为样板，进行对照评判，使读者能够十分清楚地了解到在两种不同的社会制度下，对犯人实行的不同管理方法，以及产生的不同效果。作者的阶级意识和立场观点非常鲜明。

抗战胜利后，李剑华又以劳工问题专家的身份，出任上海社会局劳工处处长。当时，上海的工人运动蓬勃发展，而劳资纠纷层出不穷。他遵照党的指示，在处理"工潮"的过程中，充分利用民族资本与官僚资本之间的矛盾，巧妙凭借自身的"处长"职权，促使资方接受工人的要求，配合工人取得斗争胜利。不仅如此，李剑华还以"劳资纠纷频繁发生全在于经济原因"为由，积极建议采纳按生活指数计薪的方法，并建立起编制和发布生活指数的专门机构。1946年春，上海的企业已广泛推行这种计薪方法，保障了工人的生活。

杖朝之年扛起重建社会学的重担

由于历史原因，社会科学在20世纪50年代之后的相当长时间并不受到重视，李剑华的研究也并不受到重视。再加上受到一些冤案的牵连，李剑华不得不"靠边站"。但作为一名老党员的严于律己的品质，让他并没有放弃对党的信赖和希望，服从工作分配，毫无怨言。

漫长的等待，终于有了春天。

1979年3月30日，邓小平在党的理论工作务虚会上作了题为《坚持四项基本原则》的著名报告，提出了社会学和其他社会科学一样"需要赶快补课"的问题。这可以说改变了中国社会学此后的命运。八十高龄的李剑华蒙受的冤案也得到彻底平反。"双喜临门"使李剑华重新恢复了学术青春。他全然不顾自己年老多病，毅然出任上海市社会学会理事和上海社会科学院社会学所负责人。在中国社会学百废待兴、"缺衣少食"之时，李剑华扛起了重建社会学的重担，开始了一场艰苦的社会学"创业"。

1980年1月25日，上海社会科学院社会学研究所成立。翌年3月13日，李剑华担任上海社会科学院顾问，兼管社会学所工作。其时，李剑华已经在中国社会科学院法学所任顾问，但他早年的社会学研究与社会活动经历让他放不下社会学。20世纪30年代，他曾经以共产党身份坚持革命工作的中共江苏省委旧址就在现在徐汇区天平街道辖区内的永嘉路上，他也因此怀念上海。这两重情感让他放弃了中国社科院的顾问身份，回到了上海，回到了上海社会科学院。

在人才方面，李剑华积极地从社会上招募早年毕业于社会学专业的大学生，以及各行各业的外语人才，并与中国社科院合招青年人才。他还延请了著名的老社会学家作为社会学的第一批特聘研究员，包括应成一、范定九、言心哲几位先生。他们都是早年留学海外，在20世纪二三十年代即活跃于国内外社会学界的老前辈，彼时都已退休。这些老先生成为特聘研究员后，所里的后辈们得以常常请教，受益匪浅。

在科研方面，李剑华教授组织了科研人员翻译国外社会学方面的相关文献资料，并组织编辑《社会学参考资料》，刊登国内外社会学的最新研究动态。更重要的一项工作是，李剑华与特聘研究员之一的范定九共同主编了《社会学简明辞典》，言心哲等三十余人撰稿。李剑华作为主编，从条目框架到具体释文均亲自过问、逐条审阅，其间因用眼过度而使眼疾加重，眼底出血，他对此的用心尽力之深由此可见。全书约32万字，收录社会学常用词目和相关学科词目1086条，于1984年由甘肃人民出版社出版，是我国社会学学科恢复重建后的第一本社会学专科工具书，具有里程碑式的意义，它的出版有力地推动了我国马克思主义社会学的发展，为重建中的中国社会学献上了一份厚礼。

1989年，在上海社会学所建所十周年的庆祝会上，九十高龄的李剑华语重心长地对青年学者提出希望："社会学不应该是空洞的理论。""对社会学要多加关照，因为这门学科现在的基础尚很薄弱，要给予扶持。社会学对党和政府的决策有很大的参考作用，大家要埋头苦干，做好党和政府的参谋和助手。"

大

师

贺绿汀

不断从民族音乐汲取养分的人民音乐家

贺绿汀
（1903 — 1999）
作曲家、音乐教育家、音乐理论家

湖南邵东人。1926年加入中国共产党。曾参加湖南农民运动和广州起义。卢沟桥事变后，参加上海救亡演剧队第一队，后在重庆育才学校任教。皖南事变后，参加新四军，在军部和鲁迅艺术学院华中分院从事音乐创作和教学工作。1943年赴延安，任陕甘宁晋绥联防军政治部宣传队音乐教员、延安中央管弦乐团团长。1945年后在华北联合大学任教。曾任华北文工团团长。中华人民共和国成立后，任上海音乐学院院长、全国文联副主席、中国音乐家协会名誉主席等，并创办上海音乐学院附中和附小。作有歌曲《天涯歌女》《四季歌》《嘉陵江上》，钢琴曲《游击队歌》《牧童短笛》等，管弦乐《森吉德玛》《晚会》等。还撰有大量论文。

中共一大纪念馆中，陈列着一份馆藏国家一级文物——《游击队歌》原谱。"我们都是神枪手，每一颗子弹消灭一个敌人"，这首抗日歌曲不仅曾在烽烟滚滚的华夏大地广为传唱，而且流传至今，已成为中国民族音乐的经典曲目之一。

1938年，贺绿汀跟随上海抗日救亡演剧队来到山西临汾八路军抗日前线，炮火在头顶轰鸣，窑洞中的他心念如潮，一气呵成了这首明快有力的《游击队歌》。苦难中的乐观，绝境中的顽强……这首歌曲，在中华民族苦难辉煌的历程中，在作为人民音乐家的贺绿汀漫长而倔强的一生中，都奏出了最强音符。

贺绿汀，原名安卿，又名抱真，生于湖南邵阳市邵东县东乡罗浮岭附近农村。贺家祖辈都是背负青天、面朝黄土的农民。20世纪初的中国，内外交困，山沟里的贺绿汀在连年的灾害、饥荒里勉强生存。此时的他完全不知五线谱和钢琴为何物，更不会预料到自己的一生将在20世纪中国波澜壮阔的历程中，和中国现代民族音乐筚路蓝缕的探索，联系在一起。

贺绿汀最初的音乐熏陶来自乡间的山歌和送葬时哀哭的挽歌。据他晚年回忆，父亲喜欢唱祁阳戏，业余与亲族组织祁剧清唱团体，以锣鼓胡琴为伴奏，遇亲友去世时，彻夜在死者停柩处唱，以示诀别。贺绿汀小时候，常于田边山上听此"高腔"以及山谷中的回声，如泣如诉，凄婉悠扬。受父亲影响，他从小就对祁剧发生兴趣。当时，以梁启超为代表的文人提倡诗歌音乐教育，贺绿汀入私塾就读时，国内学校设唱歌课程的蔚然新风，也已吹到了邵阳。

1921年，贺绿汀从邵阳县立中学毕业，到东乡灵山寺小学教了一年半书。三哥留学法国，留给他许多在长沙第一师范学习时用过的音乐讲义。这是他第一次接触五线谱。1923年春，贺绿汀考入长沙岳云学校艺术专修科，课程以数理化为主，也十分重视艺术教育，特设艺术专修科，以培养小学音乐、美术教师为宗旨。贺绿汀主修音乐，学习钢琴、小提琴、音乐理论及民间乐器和民间音乐。这一时期他沉醉于钢琴练习，毕业后以第一名的成绩留校。正是风起云涌的革命年代，贺绿汀也投身其间，任湖南邵阳总工会宣传部部长。三哥贺果是中共早期党员，毛泽东的师范同学，蔡和森、向警予的留法同学，在其影响下，贺绿汀加入了中国共产党。

1931年，贺绿汀连考两次，以28岁"高龄"考入国立音乐专科学校(简称"国立音专")。这所中国最早的高等音乐学府由蔡元培于1927年创办，地处中西方文化交融碰撞的上海，在时任校长萧友梅的努力下，国立音专虽仅有师生百人左右，但教学水平并不逊色于欧洲一流的音乐教育。贺绿汀随留美回国的黄自先生学和声，黄老师比他还小一岁，任教务主任和作曲理论教授，是中国最早引进西方音乐体系的学者。黄自一辈子致力于振兴民族音乐，他启发贺绿汀，中国的新音乐绝不是抄袭国外作品，而必须具有中华民族自身古老音乐传统的灵魂，应当用西方先进的音乐方法整理中国的民谣旧曲，以发展中国新的音乐。黄自这种具有强烈民族性的音乐理念和教育思想，指引了贺绿汀一生的音乐道路。

大师纪念地：贺绿汀音乐厅（上海音乐学院内）

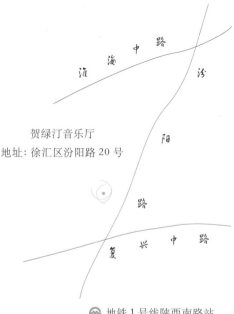

贺绿汀音乐厅
地址：徐汇区汾阳路20号

地铁1号线陕西南路站

1931年，贺绿汀连考两次，以28岁"高龄"考入国立音乐专科学校，随留美回国的黄自先生学和声。黄自一辈子致力于振兴民族音乐，他启发贺绿汀，中国的新音乐必须具有中华民族自身古老音乐传统的灵魂。这种具有强烈民族性的音乐理念和教育思想，指引了贺绿汀一生的音乐道路。

1934年，俄罗斯著名钢琴家车列蒲宁在上海举办"征求中国风味钢琴曲"比赛。贺绿汀的《牧童短笛》和《摇篮曲》同时获奖。《牧童短笛》中，贺绿汀用钢琴模仿竹笛，将西方音乐方法与中国音乐风格结合，是一首具有示范意义的作品，也是我国第一首登上国际乐坛的钢琴作品。

贺绿汀珍惜来之不易的学习机会，他租住在一个嘈杂的裁缝铺楼上，起早贪黑，借昏暗的路灯光或晨光刻苦学习。因生活拮据，只能在学校旁的一所弄堂小学里，和其他同学合租一架钢琴，轮流练习。

1931年九一八事变之后，日本快速占领东三省。国民党政府的不抵抗政策压抑着中国人民的抗敌情绪。1932年淞沪抗战爆发，黄自写下第一首抗战歌曲《抗敌歌》，呼吁四万万同胞团结起来，做"中华锦绣江山的主人翁"。黄自的理念进一步深化为，为了整个中华民族的生存，要把音乐变成武器，去武装千万个同胞。

这一时期，贺绿汀在武昌艺专任音乐理论教师，当时学校请来居留在汉口"租界"的外国音乐家兼课，使贺绿汀认识到名家名师以及欧洲音乐家对于音乐教育融会贯通的重要性，这极大影响了贺绿汀以后的办学思路。同时，他翻译了英国音乐理论家劳特的《和声学理论与实用》，这是中国第一部把欧洲近代和声理论完整系统地引进中国的教材，因故直到1936年才出版。

1934年，俄罗斯著名钢琴家车列蒲宁在上海举办"征求中国风味钢琴曲"比赛。贺绿汀写了三首钢琴曲参赛。11月结果揭晓，他的《牧童短笛》和《摇篮曲》竟同时获得唯一的一等奖和名誉二等奖。《牧童短笛》中，贺绿汀用西洋乐器钢琴模仿了中国乐器竹笛，在单薄的传统中国旋律中加入了西方呼应、对答式的二声部复调旋律。中国音乐的风格和钢琴这种外来乐器如何结合？贺绿汀的作品无疑提供了示范意义。在颁奖演奏会上，贺绿汀现场演奏了《牧童短笛》，简单的和声淋漓尽致地传递出亲切质朴的旋律和鲜明的东方韵味，给当时的乐坛吹来了一阵清新的风。

《牧童短笛》是黄自音乐理论思想的呈现——用西方音乐方法发展民族的新音乐。曲子很快传到西方国家，成为我国第一首登上国际乐坛的钢琴作品，贺绿汀一举成名。在频繁的音乐实践中，贺绿汀不断从民间曲调汲取养分，不断强调民族性的创作方向。他在《民族音乐问题》的论文中指出："在全国各地民间所蕴藏的民间音乐之丰富，是世界上没有任何别的国家可以与之相比的。一般欧洲音乐家的概念，认为中国音乐无非是五声音阶的东西，每当他们亲自到了中国之后，才发现并不如此：不但音阶、调式各种各样，而且整个中国实际上是民间音乐的海洋。"

高扬平民化，这是贺绿汀的音乐在民族性之外的又一个鲜明特征——"音乐要为民众服务，新的中国音乐必须是能被中国人民所接受的"。他曾在《中国音乐界的现状及我们对于音乐艺术所应有的认识》中写道："劳动阶级的人总是很可爱的，他们不知道音乐是什么，但是他们实在是最好的作曲家。他们的口头存在着千百年遗留下来的丰富的活的音乐遗产。"1936年，贺绿汀应邀为反映都市底层人民生活的电影《马路天使》谱曲。贺绿汀了解并同情这种卑微而痛苦的命运，真诚地用音乐表达人们内心质朴而丰富的情感。他搜集了许多苏南民歌加以改编，用传统民族乐队伴奏，用西洋和声技巧处理，为电影创作了《天涯歌女》《四季歌》（均为田汉作词）等脍炙人口的作品。当时国民党政府不允许公开提及"抗日"，艺术家只在上海音乐学院,贺绿汀抱着板胡亲自上课,从陕北的《信天游》《走西口》唱到贵州、湖南的民歌。为了让师生接触地道的民间音乐,他四处奔走,请民间艺人到校园里示范演奏,中国各地风格多元的民间音乐荡漾在上音校园。他要让每一位走进上音的孩子,都在内心扎稳民族音乐的根基。

能通过作品含蓄地表达家国情怀。歌词中,"家山呀北望,泪呀泪沾襟""江南江北风光好,怎及青纱起高粱",无不寄托了国土沦丧后的悲愤心情。此后,更多电影找贺绿汀作曲,短短三年,他有几十首电影配乐作品问世。

在动荡的年代,
音乐家磨炼自己的意志品质

　　1937年七七卢沟桥事变后,全民族抗战爆发。"国家兴亡,匹夫有责",贺绿汀撇下小家,报名参加了上海文化界救亡演剧队,奔赴武汉、开封、西安、临汾等地,鼓励群众全民抗日、坚定抗日的信心和决心。11月,在抗日前线山西临汾,贺绿汀见到了八路军总司令朱德和抗日名将彭雪枫,他们向演剧队介绍了游击战:高山密林,神出鬼没,游击战士与日寇巧妙周旋到底。

　　贺绿汀从部队行军生活联想到小军鼓的节奏,提炼成贯穿全曲的主导音型,连词带曲,《游击队歌》在窑洞里一气呵成。"没有吃,没有穿,自有那敌人送上前,没有枪,没有炮,敌人给我们造。"这首歌的和声非常简单,易于传唱。贺绿汀曾经写文章讨论音的繁易:"音要用得得当,每用一个音都要考虑,但是简洁又不等于单调,简洁与有变化是不矛盾的。最好的曲子都是简洁而又有变化的。"

　　《游击队歌》写于中华民族生死存亡之际,写于艰苦卓绝的御敌前线,但曲风明快昂扬,无忧无惧,充分体现了中华民族抗击外侮的乐观顽强和必胜信念。1938年春,八路军总部在山西临汾城西刘庄召开高级干部会议,救亡演

剧队在会议晚会上第一次演唱了这首歌曲,得到朱德、任弼时、贺龙、刘伯承等军队领导的赞扬。歌曲迅即广泛传唱于中国军民之间,带给每一个不愿当亡国奴的中国人极大的安慰和勇气。这首歌也充分体现了贺绿汀鲜明的个人风格,正如上音教授、音乐史学者戴鹏海所言:"他这个人不屈服于命运,不沉浸于痛苦,永远和降临在他头上的厄运斗争,永不屈服。"

　　敌人压迫愈深,民众愤怒日炽,歌以咏志,在中国共产党积极组织下,各种歌咏团体相继成立,爱国歌曲传播愈广,激起了整个民族的抗战的热情,也动员了千万同胞直接或间接投身抗战。贺绿汀在1939年4月的文章《抗战中的音乐家》中指出:"在这个暴雨动荡的年代,音乐家更加要认识所处的国家、社会环境的实际情况,这个时代对音乐家来说不是无益的,正是处在这个风雨交加的年代,音乐工作者才有机会发现自己的缺点和错误的观点,才有机会为这个时代而服务。正是处在这个动荡的年代,音乐家才能磨炼自己的意志、品质,才能为将来成为更完整、成熟的艺术家而做好准备。"

　　1939年,应教育家陶行知的邀请,贺绿汀来到距离重庆百里之外、专为战时贫苦孩子和孤儿创办的合川育才学校任教。学校经费靠陶行知到处募集,整个学校只有极少数乐器,即便如此,贺绿汀也像自己的老师黄自那样,为学生制定严格的教学计划和学制,坚持用最正规的教材,旨在培育专业的音乐人才。有一次,贺绿汀在重庆搜集到多本钢琴谱,乘小客轮返回育才,途中遭遇翻船事故,侥幸逃生。他浑身湿透,瑟瑟发抖,紧紧抱着这些乐谱,走了几十里路才回到学校。

　　1940年12月26日,贺绿汀培养的育才学校音乐组学生在重庆中国电影制片厂举行首次音乐会,休息时各界人士题词留念,周恩来的题词是"为新中国培育出一群新的音乐人才";邓颖超的题词是"以歌声唤起大众"。在抗日救亡

贺绿汀（左）与才旦卓玛

实践中，贺绿汀不断思考音乐教育的意义及其时代责任，他深深意识到：只有人民、民族和时代需要的音乐教育才是真正的音乐教育。

这时的贺绿汀，除了培育人才，也迎来第二个创作高峰。1939年春，在重庆教书的作家端木蕻良沿嘉陵江散步时，创作了散文诗《嘉陵江上》，寄托了对失去的家园东三省的眷恋，后经贺绿汀谱曲，吸收融汇了西方歌剧的朗诵调及咏叹调的艺术形式，成为又一首不朽的抗日救亡歌曲。这一时期，他还陆续创作了以湖南花鼓戏音调为底色的《垦春泥》，以及《保家乡》《中华儿女》《空军进行曲》等一系列独具表现力的作品，把满腔热血和昂扬的斗志都化为了五线谱上跃动的音符。

相对平静的环境并不长久。第二次国共合作的局面随着"皖南事变"的发生而彻底遭到破坏。1941年，贺绿汀离开育才，前往苏北盐城新四军军部，刘少奇、朱德热情邀请他到延安鲁艺华中分部开展战地音乐教育。1943年7月，贺绿汀来到延安鲁艺。他亲自编写教材《和声学初步》，这是当时抗日根据地第一部专业的、系统的初级和声教材，

由于它适合前方培训军队文艺干部的需要，曾三次油印出版。此外，《凯旋》《出征》《出钱劳军》《选种歌》《官兵团结一条心》《自卫军歌》《前进，人民的解放军》，轮唱《哨兵歌》，大型合唱《1942年前奏曲》，民歌改编《东方红》等作品相继诞生，作曲事业又臻高峰。

1946年后，贺绿汀遵照中共中央的指示，在延安组建我国第一个管弦乐团——中央管弦乐团，担任第一任团长。他根据艺术规律和扎实的专业知识，创作了《晚会》《森吉德玛》《胜利进行曲》等管弦乐作品，在火热的土改运动中，还排练了莫扎特的《小夜曲》。同样从国立音专来到延安、后来成为中国著名指挥家的李德伦曾回忆："（我们）对管弦乐的看法始终没有走样，贺绿汀起了很大的作用。"

让每一位走进上音的孩子
扎稳民族音乐的根基

1949年新中国成立后，贺绿汀南下担任上海音乐学院（简称"上音"）院长，这里正是他原来的母校国立音专。贺绿汀认为，音乐学校建设关系祖国音

乐文化发展前途，因此，在此后半个世纪，他几乎将全部工作重心转移到教育领域。

这所中国最早的高等音乐学府，此时已几近瘫痪，只剩二十几架钢琴和二十几位老师。贺绿汀在办公室悬挂了已故恩师黄自的像，他以此为标杆，鞭策自己的工作，希望母校尽快恢复元气，早日实现萧友梅、黄自那一代音乐人的理想——让"乐声遍及华夏"，也早日实现自己多年来的志向——让中国音乐成为"最有价值的民族音乐之一"。

贺绿汀雷厉风行，要把上音带回正常的教学轨道。他登报求购旧钢琴，短时间内将上音的钢琴数增加到 150 架；他上书市领导，为音乐学院争取到了市中心汾阳路的校舍，方便上海市民欣赏学校开的音乐会，也方便学生参加上海的群众性的音乐活动。多名著名音乐家在他苦口婆心的邀请下回国任教。旅美钢琴家李翠贞、旅法女高音歌唱家周小燕回国分别担任钢琴系、声乐系主任，他自己兼任理论作曲系主任，上音一时人才济济。

与老师黄自一样，对民族音乐的一再强调，也成了贺绿汀音乐思想的灵魂。民间音乐课是各系必修课，他抱着板胡亲自上课，又四处奔走，请民间艺人到校园里示范演奏，中国各地风格多元的民间音乐荡漾在上音校园。贺绿汀反复强调："民歌与民间音乐是伟大的现实主义作曲家们的创作源泉，是劳动人民对于生活的印象的结晶，显示着一个民族特有的气质。"他要让每一位走进上音的孩子，都在内心扎稳民族音乐的根基。

1954 年，上音创设了民族音乐研究室，1956 年创建了民族音乐系，设立了民族乐队指导、民族乐器、民族音乐理论等三个专业。蜚声中外的小提琴协奏曲《梁山伯与祝英台》和丝弦五重奏等就是在持续而严格的训练中产生的。

贺绿汀深知音乐人才的培养绝非一朝一夕之功，须早早选好苗子，因此，他在 1950 年开办了"少年班"，接着又创

办了音乐附中和音乐附小，逐渐形成大学五年、中学六年、小学三年的一条龙音乐教育体制，有利于多出高质量音乐人才。这是贺绿汀用心血经年浇铸的另一座无字丰碑。

新中国成立后的五六年，是上音的黄金时期，学校从摇摇欲坠的困境逐渐跻身世界一流音乐学院行列。中国的音乐教育迎来了"贺绿汀时代"。

经历过特殊时期之后，1979 年，76 岁的贺绿汀复出，再一次担任上音院长，他像三十年前首次履任一样，再次重建教师队伍，再次"背负"起上音前行。1979 年 9 月，在他的率领下，中国音乐代表团第一次参加国际音乐理事会，在会上我国被接纳为这一国际组织的成员。贺绿汀深感民族的美育教育任重而道远，此时的他效仿上音的创办人蔡元培先生，开始提倡全民美育。他带着把母校建成世界级音乐学院的使命感，又为中国音乐事业忙碌了 20 年。

1988 年，贺绿汀 85 岁，自觉精力大不如前，决定退出社会活动。他参加的最后一个活动是关于孩子的，年底，上海的一个青少年钢琴俱乐部筹办"21 世纪中国儿童钢琴曲征集评选活动"，他欣然应邀出任艺术顾问。

贺绿汀晚年曾见到《牧童短笛》获奖时期，日本同类比赛的一等奖获得者，听闻对方一生写了 500 多部电影音乐时，他沉默良久。

贺绿汀的前半生，遵从恩师教诲，以音乐为武器，投身于救亡图存的革命实践；后半生背负起上海音乐学院，背负起几代音乐人的理想，躬身前行。或许可以说，他让渡了一部分宝贵的个人创作空间，献给了更广阔的中国音乐教育事业。而他对自己的评价始终是："在伟大的社会主义音乐文化建设方面，我顶多不过是一块铺路的小石头。"

1999 年 4 月 27 日，96 岁的贺绿汀永别中国音乐艺术。临终前，他对女儿说了最后一句话："我好像听见有人在唱《天涯歌女》。"

为中国文学史书写
奠定重要里程碑

刘大杰

　　湖南岳阳人。曾任上海大东书局编辑，安徽大学、暨南大学教授。中华人民共和国成立后，任复旦大学教授，并曾兼任中国作协上海分会副主席。早年从事小说创作，以及外国文学的翻译和研究，后致力于中国古代文学史的研究。著有《中国文学发展史》《思想与人物》《魏晋文人思想论》等。

刘大杰

（1904 — 1977）
古典文学研究家

　　他被誉为"20世纪最有才气的中国文学史家"，其代表作《中国文学发展史》一经问世，便被视为"文学史研究领域内具有系统性、成就最为突出的一部文学史样本，确定了中国文学史著作的基本范式"；他又是作家，创作过大量短篇小说、剧本、旧体诗集；他还是文学翻译家，托尔斯泰、屠格涅夫、施尼茨勒等多位欧美重要作家的译作都出自他手——这位文学园地里的"多面手"，便是刘大杰。

文学园地里的"多面手"：从作家、翻译家到转入古代文学研究

　　1904年，刘大杰出生于湖南岳阳的一个乡村。和同龄人比起来，他的成长经历异常艰辛，他在自己的一部长篇自

221

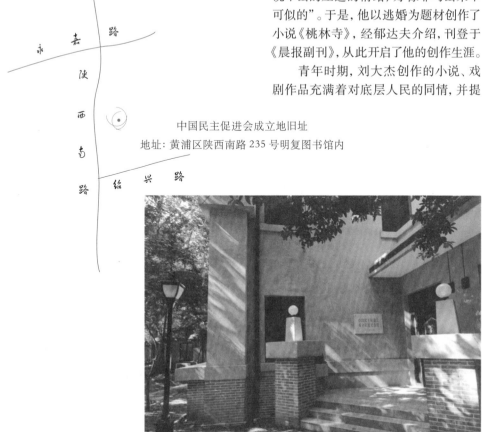

传小说《三儿苦学记》中有过记述：自幼失怙，家境贫寒，没有受过正规小学教育，小小年纪便扛起了生活的重担——种过地、放过牛、做过童工，但在极端艰难的条件下，凭借着自强不息的"苦学"，刘大杰考入免费的旅鄂中学，终于为自己的命运凿开了一扇窗。

但走上文学道路却绝非偶然，正如他所说："母亲死时，我只有十二岁。她在秋夜纺纱的灯光下，教给了我两本书：《唐诗三百首》和《儿女英雄传》，在我穷苦的幼年，得到了文学趣味的培养。"（林冠夫、林东海：《缅怀与思考》）1922年，刘大杰考入武昌高等师范（简称"高师"）中文系。那时的高师中文系群英荟萃，有黄侃、胡小石、郁达夫等著

名学者。在高师，除了研究汉赋、《文心雕龙》、唐诗宋词等"必修课"，刘大杰对新文学更感兴趣，胡适之、鲁迅、周作人、郭沫若、郁达夫等先生的文章和译文都是填充他课余生活的精神食粮。为此，他还被视为"新派"，挨了系主任的一顿"教训"。（刘大杰：《追求艺术的苦闷》）

在高师，对刘大杰影响最深的是郁达夫。郁达夫主讲"文学概论"和"小说创作"，其中不仅有自己从事创作的切身经验，也介绍了国外新潮的文艺思想，对刘大杰很有吸引力。也正是在郁达夫的鼓励下，他正式走上了文学创作的道路。那是在进高师的第三年，当时从家里逃婚出来、手中一文钱也没有的刘大杰寄居在学校一间小房里，"心里充满着说不出的压迫的情绪，好像非写出来不可似的"。于是，他以逃婚为题材创作了小说《桃林寺》，经郁达夫介绍，刊登于《晨报副刊》，从此开启了他的创作生涯。

青年时期，刘大杰创作的小说、戏剧作品充满着对底层人民的同情，并提

中国民主促进会成立地旧址

地址：黄浦区陕西南路235号明复图书馆内

地铁1号线陕西南路站　　　　　　大师纪念地：中国民主促进会成立地旧址

青年时期，刘大杰创作的小说、戏剧作品有《昨日之花》《三儿苦学记》《她病了》《十年后》《渺茫的西南风》《盲诗人》等。他的创作充满着对底层人民的同情，并提出了一些尖锐的社会问题，被称为"问题小说"。郁达夫在《青年界》上发表评《昨日之花》的文章："我看了刘先生的作品之后，觉得风气在转换着，转向新时代去的作品以后会渐渐产生出来了。"

在刘大杰的文学史书写中，张扬个性、崇尚情感的现代意识是贯穿其中的鲜明红线，在他的笔下，一部文学史，就是人类情感与思想发展的历史。他看到了魏晋文学在文学史上继往开来的意义，他高度评价魏晋人身上那洋溢着的"热烈的个人的浪漫主义的精神"："魏晋时代，无论是学术研究上，文艺的创作上，人生的伦理道德上，有一个共同的特征，那便是解放和自由。"

出了一些尖锐的社会问题，被称为"问题小说"。郁达夫在《青年界》上发表评《昨日之花》的文章，对他关注现实的"问题意识"予以肯定。

在文坛里驰骋一阵，刘大杰意识到，"没有深沉的文学修养，没有丰富的人生经验，想在文学上有什么大的成就，这是一件极难的事情"。（刘大杰：《追求艺术的苦闷》）在郁达夫的鼓励和帮助下，他于1926年初赴日留学，专攻欧洲文学。在日本的六年让刘大杰系统性地掌握了世界文学知识，深入研究托尔斯泰、陀思妥耶夫斯基、易卜生、左拉、萧伯纳等大文豪的思想和作品，"愈是读他们的作品，愈是爱他们，也愈是爱文学，想把自己的生命，献给文学的决心，也就一天天地坚定了"。他将研究重点转向外国文学的翻译与介绍，先后翻译了托尔斯泰的《高加索囚人》、杰克·伦敦的《野性的呼唤》、显克微支的《苦恋》、陀思妥耶夫斯基的《白痴》、屠格涅夫的《两朋友》、雪莱的《雪莱诗选》等世界文学名著，并撰有《托尔斯泰研究》《易卜生研究》《德国文学大纲》《德国文学简史》《表现主义文学》《东西文学评论》等专著。（林冠夫、林东海：《缅怀与思考》）

早年的文学创作经历练就了刘大杰的一支生花妙笔，世界文学翻译与研究经历赋予了他开阔的文化视野和深厚的理论功底，但这些都不是刘大杰最终的学术归宿，而是他转入中国古代文学和中国文学史研究的"铺路石"——正如复旦大学中文系教授陈尚君所说："刘大杰先生既有文学创作的丰富积淀，

又有对新旧文学和东西文学的融通理解和透彻体悟，涉足中国文学史这一开垦未透的领域，他的文学才华和学术识见，得到了充分施展的广阔空间。刘先生晚年曾对友人说，他在涉足众多领域，最后转入研究中国文学史，才找到了'自己'。"（陈尚君：《刘大杰先生和他的〈中国文学发展史〉》）

回国后，刘大杰辗转于复旦大学、四川大学、安徽大学、大夏大学、暨南大学等校任职。抗战时期，滞留上海、处于半失业状态、生活拮据的他拒绝了一些学校要他讲授日语的聘请，潜心闭门著书。20世纪30年代后期，因觉得"文学思想的发展，魏晋时代是带着革命的意义的"，刘大杰对魏晋时期的思想流派及演变进行了专题探索，著成《魏晋思想论》一书；而后，经历数个寒冬酷暑的辛勤写作，终于铸就那部80多万字的传世之作《中国文学发展史》（上下卷，分别出版于1941年、1949年），由此奠定了他在中国古代文学领域的学术地位。

理论特色、时代立场、个性化审美趣味，共同铸就了一座文学史上的丰碑

关于《中国文学发展史》的学术地位，陈尚君这样高度评价："博大深沉的刘著，正好为民国时期的文学史撰写，画上了一个圆满的句号，也为发轫于世纪初的中国文学史史学走向成熟，建立了重要的里程碑。"将时钟拨回20世纪初，自"文学史"概念引进以来，思考如

若是放在今天，刘大杰一定是当之无愧的"网红教授"，渊博的学识、出口成章的文采，让他的课总是场场爆满，深受学生欢迎。"讲课时，他能随口背出很多诗句，引用又恰到好处，令人折服。他讲《红楼梦》，也能随口背诵很多东西，就连黑山村庄头乌进孝上缴贾府的货物清单，他都能背诵如流。"复旦大学中文系教授吴中杰这样回忆。

何将西方文学理论与中国文学传统相结合成为一代学人的努力——自1904年首部国人撰写的文学史著作问世到刘大杰开始写作的20世纪30年代，林林总总的文学史版本已达80多部。为什么刘大杰的《中国文学发展史》能够从中脱颖而出，并产生如此深远的影响？

在复旦大学中文系教授骆玉明看来这部著作的成功有三方面的原因——首先是其"理论上的特色"："在刘大杰先生之前，还不曾有人仔细和深入地研究过西方的文学史理论，并将之恰当地运用于中国文学史的写作。"其次是鲜明的时代立场："在刘先生看来，中国古代文学中蕴藏着与'五四'新文学精神相通的东西，这是它最可珍贵的内容。"最后是刘著的"个性化特征"："《中国文学发展史》正是各种文学史著作中最能显示个人学术风格和个人审美趣味的一种。不仅语言富丽，叙述生动，富于感染力，书中的议论也每带有激情。可以说，史家的理性与诗人的感性在此书中是共存的。"（骆玉明：《刘大杰〈中国文学发展史〉（复旦版）感言》）

晚年刘大杰曾谈起对自己影响最大的几本著作：泰纳的《艺术哲学》和《英国文学史》，朗宋的《文学史方法论》，佛里契的《艺术社会学》和《欧洲文学发展史》，勃兰兑斯的《十九世纪文学主潮》。但对这些理论的应用不是生搬硬套，用他自己的话说，是"把这些理论组织成为自己的体系，来说明中国文学的发展"。受西方的进化论和社会学影响，他认为既然人类社会在不断进步，那么作为社会生活的反映，文学也必然是进化的。探讨造成每一个时代的文学

思潮的"政治状态、社会生活、学术思想以及其他种种环境与当代文学所发生的联系和影响"，是他所认为的文学史家的任务。可见，在刘大杰那里，文学史写作不是对文学史实的简单时序罗列，不是主次不分的材料堆砌，而在于"求因明变"，寻找文学发展的内在规律。这样的文学史观超越了他之前的文学史撰写者，也为后来者确立了研究范式。

深受五四新文化熏陶，在刘大杰的文学史书写中，张扬个性、崇尚情感的现代意识是贯穿其中的鲜明红线，也是他审视历代文学思潮的标尺——他看到了魏晋文学在文学史上继往开来的意义，在《魏晋思想论》中，他高度评价魏晋人身上那洋溢着的"热烈的个人的浪漫主义的精神"，对于这个"浪漫主义"的内涵，他进一步指出："魏晋时代，无论是学术研究上，文艺的创作上，人生的伦理道德上，有一个共同的特征，那便是解放和自由。"在他看来，魏晋以来的浪漫主义为后来的唯美主义埋下了种子，因而他不顾传统观念的偏见，充分肯定唯美主义文学的进步作用；到了盛唐时代，他高度评价李白是"当代浪漫生活、浪漫思想、浪漫文学的总代表"；而晚明公安竟陵派文学的浪漫精神，在他看来是"与五四时代的文学运动精神完全相同"……在他的笔下，一部文学史，就是人类情感与思想发展的历史。

在刘大杰的文学史书写中，他作为作家的个性与才情也显露无遗，他生动活泼的笔法，让他在评述那些伟大作家时，能够将他们的经历和性格刻画得入木三分，有血有肉。他笔下的屈原，是"一个多疑善感的殉情者，缺少道家的旷达，墨家的刻苦，和孔、孟的行为哲学的奋斗精神，加以他少年得志，一旦遭受着重大的打击，就不容易自拔，于是牢骚郁积，发泄于诗歌，而成为千古文人了"；他笔下的李白，"是天才、浪子、道人、豪侠、隐士、酒徒、色鬼、革命家。这

一切的特性，都集合地在他的诗歌里表现出来。他的脑中有无限的理想，但任何理想都不能使他满足，他追求无限的超越，追求最不平凡的存在"；而他笔下的杜甫，"不是屈原式的殉情主义者"，"也不能在虚无空渺的神仙世界找着快乐"，"因此，他能用他的理智，去细细地观察人生社会的实况，从自己的生活经验，去体会旁人的苦乐"……

但是，作为诗人的感性和热情没有湮没作为史家的理性与冷静，"写文学史的人，切勿以自我为中心，切勿给予自我的情感以绝对的价值，切勿使我的嗜好超过我的信仰"，朗宋的这段话，刘大杰在写史的过程中时时刻刻铭记于心。他说："在文学史上的叙述上，你必得抛弃自己的好恶偏见，依着已成的事实，加以说明。那些作家与作品，无论你如何厌恶，是如何僵化，他们在当时能那么兴隆地发展起来，自必有他发展的根源环境，存在的理由和价值。文学史的编著者，便要用冷静的客观的头脑，叙述这些环境、理由和价值。"他将文学看作是"一种有机体的生命"，有其生老盛衰的规律，因而即便是在他看来"简朴无华、干枯无味"的《周颂》、在现代人看来"僵化了的缺乏感情的死文字"的汉赋，他都结合当时的时代背景给予了公允的评价。

这种客观但又不失感性的写法，仿佛让读者真正进入了他所研究的文学家的时代，站在了他们的视角。这也铸就了《中国文学发展史》这座文学史上的丰碑，正如陈尚君的评价，"它是本世纪最具才华和文采、最客观冷静、体系完整而又具有浓厚个人色彩的文学史著作之一"。骆玉明也认为，"此书不仅影响了后来多种同类型著作的撰写，其自身也一直没有完全被替代、没有停止过在高校教学及普通读者中的流行。总之，要论影响的广泛与持久，至今还没有一种文学史能够超过它"。

听他讲课是艺术的享受，
"学生们都怕下课，
希望他讲得越长越好"

上海解放后，刘大杰来到复旦大学，担任中文系教授、中文系文学教研组组长、中文系代理主任等职。这是刘大杰人生中最后的也是停靠最久的"驿站"——他在复旦工作长达 29 年，直到 1977 年因病去世。其间，中国文学史的教学和研究是他学术工作的"主旋律"，他多次主讲"中国文学史"，还作过"唐代诗歌"和《红楼梦》的专题讲座。在复旦中文系，刘大杰的才气是有口皆碑的。若是放在今天，他一定是当之无愧的"网红教授"，渊博的学识、出口成章的文采，让他的课总是场场爆满，深受学生欢迎。

在复旦大学中文系教授吴中杰的记忆里，"读大杰先生《中国文学发展史》，能使你感到一种审美的愉悦，听大杰先生讲课，更是一种艺术的享受……讲建安文学，他从世积乱离的时代背景，讲到慷慨多气的文风，一直讲到甄后如何漂亮，曹植如何倾倒，刘桢又如何以平视而获罪。讲课时，他能随口背出很多诗句，引用又恰到好处，令人折服。复旦大学中文系教授吴欢章曾这样回忆："听大杰先生讲课，同学们都形成了一个心理习惯，就是怕下课，希望他讲得越长越好，以致他的课总是上到下一节课的老师已经等在教室门口才不得不打住。"20 世纪 50 年代中期，他受邀到北京大学作《红楼梦》的专题讲座，听众极为踊跃，连窗台上都坐满了人。学生们都说，从来没有听过这样生动的学术报告。

1957 年，刘大杰因肠癌动了手术，元气大伤，以"断肠人"自嘲。但他仍然坚持著书立说，出版的著作有《〈红楼梦〉的思想与人物》《中国古代的大诗人》等，译作有屠格涅夫的《一个无可

刘大杰

救药的人》，并在各类报刊上发表大量学术论文，如《鲁迅的旧诗》《杜甫的道路》《古典文学巨著〈红楼梦〉》《〈儒林外史〉与讽刺文学》《关于曹操诗歌中的人道主义》《论陈子昂的文学精神》《黄庭坚的文学批评》等。其中，"他的《中国古典文学的现实主义问题》一文，在国内最先针对把整个中国文学史归纳为'现实主义与反现实主义'的公式提出质疑，在学术界引起过广泛的关注，在国外也有一定的反响"。（陈允吉：《刘大杰传略》）

中国古代文学的专题探索之外，刘大杰同样精进着自己的文学史研究。作为一位与时俱进的文学史家，他一直在试图学习先进的理论方法、寻找更为合理的理论范式来解释中国文学史。从20世纪50年代开始，当进化论史观变得不合时宜，刘大杰开始反省自己先前的学术思想，力求用马克思主义作为自己研究工作的指导思想，加上"看到了一些从前没有看到过的史料"，这就有了之后他对旧著的反复修改和补充。1957年，刘大杰出版了《中国文学发展史》的第一次修订本，但在当时"左倾"思潮影响下，这部著作不仅没有得到承认，反而遭到猛烈的批判。但刘大杰仍在政治夹缝中坚守着自己的研究立场，上述提及的《中国古典文学的现实主义问题》一文便是发表于这一时期。1962年，《中国文学发展史》第二次修订本出版，相比初版，这两次修订使得全书的结构更加完整、材料更加丰富，如1957年版本就增补了之前忽略的"司马迁与史传文学"的重要章节，再如增幅最大的清代文学部分，从初版的5万字增至1957年版的8万多字、1962年版的20多万字，得到了显著的扩充。尽管初版中刘大杰最显才华个性的评论在后来的修订中已改为严谨规范的叙述，但在许多学者看来，与这前后多种集体编写的《中国文学史》相比，刘大杰的版本仍然是最富个性的。1983年，教育部将《中国文学发展史》1962年版本重印，作为全国高等学院文科教材。

因为《中国文学发展史》的巨大影响力，晚年的刘大杰得到了毛泽东主席的赏识。1965年，刘大杰在复旦大学受到毛主席的接见和鼓励，后来二人保持通信，"今存于湖南韶山毛泽东故居的生前最后一封信，就是与刘先生谈李白、李商隐诗歌的"。（陈尚君：《二十世纪最有才气的中国文学史家——记刘大杰先生》）"文革"中，刘大杰对《中国文学发展史》进行了最后一次修订，作为特殊政治时期的产物，这一版本并不成功，"不仅受到了许多朋友严肃的批评，也使他自己在临终时感到十分痛苦和遗憾"。（陈允吉：《刘大杰传略》）

1977年，刘大杰因病逝世，享年73岁。纵观刘大杰的一生，他的学术道路是极不平坦的。在那个特殊的年代，他倾注毕生心血的《中国文学发展史》不可避免地被打上了时代的烙印，但他为中国古代文学和文学史研究所作出的不可磨灭的贡献，仍为后人所铭记——他的为人为学，常为复旦中文系的老先生们谈起，化作一段段学术佳话在校园里流传；他的著作，被当作教材在复旦的课堂上使用，至今润物无声。

顾廷龙

专为前贤行役，

不为个人张本

顾廷龙

（1904 — 1998）

版本目录学家、图书馆学家

顾廷龙晚年曾说："我的光阴在收书、编书和印书中穿过。"这句平平淡淡的话，凝结了他对我国图书和图书馆事业难以估量的贡献。

从1932年与图书馆结缘，到1998年谢世，顾廷龙为这份事业付出了66年。如果没有他，今天我们也许就见不到那本封面误为《共党产宣言》的珍本，一大批家谱、朱卷可能早在十年浩劫中被付之一炬。如果没有他主编的《中国丛书综录》《中国古籍善本书目》《续修四库全书》等，没有他主持翻印的那些"孤本"，我们研究中国传统文化的效率或许会大打折扣。

顾廷龙是当代海内外学界公认的古籍版本目录学家。很多人评价他"大叩大应、小叩小应、有叩必应"，这不仅是对他乐于成人之美的感佩，更是对

227

他广博扎实学问的赞誉。如若不是为他人作嫁衣而是自己做研究，收罗了大量"独家"资料的顾廷龙，本可以成为一名大学问家。按照他对自己学术能力的排序，著称于世的版本研究才排第三。

但顾廷龙却偏偏"专为前贤行役，不为个人张本"。

收书——片纸只字皆史料

1932年夏天，顾廷龙从燕京大学研究院国文系毕业，应校图书馆馆长洪业邀请，留校做图书采购工作，开始了"收书"生涯。当时，燕京大学有一个采购委员会专门指导图书采购业务，委员们个个学识渊博又各有专长，时常对图书采购提出指导意见。像顾颉刚就写过一份《购求中国图书计划书》，详细列举了许多应当收购而容易被人们忽视的资料，如哀启、账簿、戏本、歌谣、宝卷以及有记载性的图书照片等。顾颉刚的这些独到见解，对顾廷龙日后搜集、整理图书资料影响颇大。

1937年七七事变爆发后，顾廷龙受叶景葵的再三邀请回到上海，于1939年8月协助张元济、叶景葵等创办了私立合众图书馆，并担任图书馆总干事。在其任职的十余年间，"合众"成为中国近代以来私立图书馆的典范。最为人称

道的事，是新中国成立初期，中共中央宣传部派员到上海征集有关革命史料，在许多地方空手而归的他们，却在"合众"觅得了一大批珍贵资料，且品种与数量在国内外均首屈一指。原来，新中国成立之前，顾廷龙顶着被杀头的风险，千方百计收集和保护了一批传播马列主义、宣传共产党的书刊资料。迫于形势，有些书还被秘密藏在了书架顶端与天花板的接合处。在这批宝贵史料中，就有由陈望道翻译、1920年8月由社会主义研究社出版的那本封面误为《共党产宣言》的《共产党宣言》珍本，还有1921年版《列宁全书》第一种《劳农会之建设》、1926年版《中国农民运动近况》、1927年版刘少奇著《工会经济问题》《工会基本组织》等百余种珍贵史料。

顾廷龙纪念馆
地址：静安区长乐路746号

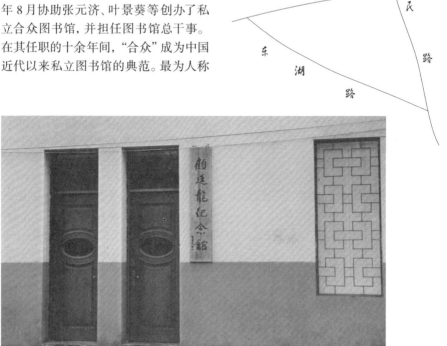

大师纪念地：顾廷龙纪念馆（合众图书馆旧址）

地铁1号线陕西南路站

据原上海市历史文献图书馆工作人员李文回忆，当年图书馆购书经费有限，顾廷龙先生就带头捐献图书。常常是前一晚才在逛书店时买下的中意书籍，第二天他就让人登记入库，"明明是顾先生自己花钱买的书，却转眼就贴上了公家的标签"。

据顾廷龙的儿子顾诵芬回忆，父亲喜欢书的程度远远超过一般人。合众图书馆有上百扇窗，父亲常常带着他一扇扇地开窗通风、拉窗帘防晒。为了避免虫蛀，父亲多次请教化工专家灭虫方法，仓皇乱世，他主持"合众"期间没出现过一例蛀虫事故。

1953 年，"合众"捐献给了上海市人民政府，更名为上海市历史文献图书馆，顾廷龙任馆长。这期间，流传最广的一则故事，是顾廷龙从废纸中抢救出了大量文献。那是 1955 年秋，上海造纸工业原料联购处从浙江遂安县收购了约 200 担废纸准备送到造纸厂做纸浆，听闻其中或许有线装书，顾廷龙连夜奔赴现场察看，翌日即率人前往翻检。工作现场是纸屑飞扬的垃圾堆，他们不顾尘垢满面、汗流浃背，一大包接一大包地解捆，逐纸逐页地翻阅。经过连续 11 天的劳作，一大批珍贵历史文献被抢救出来，有史书、家谱、方志、小说、笔记、医书、民用便览、阴阳卜筮、八股文、账簿、契券、告示等。如今上海图书馆收藏的传世孤本《三峡通志》、明末版画上品《山水争奇》就是那次觅来的。经过此事，顾廷龙随即在报上撰文，提出了十数种容易被人们忽略的资料，呼吁各地文化教育机关重视古籍图书的保护，同时在群众中做好宣传工作，杜绝将珍贵文献随意废弃的现象。在图书馆办公室，他要求将垃圾先装进麻袋，人们万一想起什么"遗珠"就去翻麻袋，待到麻袋实在装不下了，大家再检查一遍，确认没有遗漏重要的卡片或档案，这袋垃圾才能被倒了。

1958 年 10 月，原上海图书馆和黄炎培等创办的报刊图书馆（原鸿英图书馆）、历史文献图书馆和任鸿隽等创办的科技图书馆（原明复图书馆）合并成为新的上海图书馆。在馆长一职空缺 3 年多后的 1962 年 11 月，59 岁的顾廷龙被任命为馆长。这一当，就是 23 年。1985 年，82 岁高龄的顾廷龙由馆长改任名誉馆长，直到他 1998 年 8 月 22 日在北京去世。

时至今日，拥有"中国家谱半壁江山"馆藏的上海图书馆，是全世界收藏中文家谱原件数量最多的机构。这一切，离不开顾廷龙当年的"力排众议"。"文革"期间，家谱、族谱一开始并不在保护之列，正当"文清小组"准备处理这批"无用之物"时，顾廷龙连连反对——家有谱、州县有志、国有史谱，"家谱是历史研究的参考资料，不可以随便扔掉"。经过上级讨论，他的建议最终以公文形式呈现，随后下发至市级与各区县的清理小组予以落实。

除了家谱，顾廷龙还收集了清代考进士时的朱卷，他认为在这份递交给皇帝的卷子上所写的身份信息，是考证一个人生平最真实的史料；记录白事吊唁来者名姓的哀荣录、客人登门拜访时主人家登记用的门联簿，在他看来都是值得珍藏的史料，这些人际交往的原始记录，为编写一个人的年谱、考察其"朋友圈"提供了实用素材；在他看来，旧的电影说明书也不该被扔掉，汇集整理后能呈现出中国电影事业的发展史……

上海图书馆古籍部原主任陈秉仁说，顾老提出"片纸只字皆史料"，凡是他觉得能记录历史痕迹的都会收集起来，"他观察很细致，能从细微中看到博大的东西"。

编书——甘为他人作嫁衣

顾廷龙出身书香门第，自幼由祖父教读四书五经，随父亲学习书法，先后拜王怀霖、胡朴安、闻宥等为师。若不是机缘巧合从事图书馆工作，顾廷龙曾说自己也许会研究古文字，"小学"（文字无论在哪个图书馆，无论找他的是大学者还是普通读者，顾廷龙都乐意帮忙。钱锺书、顾颉刚、郑振铎、陈寅恪等曾来函找他借书；冯其庸、黄永年在他主持的馆里写毕业论文；周谷城、胡道静、吴湖帆是常客，碰上图书馆下班，他就去书库为他们拿书。

学）一直是他自认为最擅长的学术领域。他在硕士毕业论文《说文废字废义考》中，逐条论述了《说文解字》9000多字中约6000例已废字、已废义的现象，每个字条下清楚记录了该字的字形或字义从什么时候、什么文献开始被废弃以及被什么字代替的情况。后来，他又撰写了《古匋文䈮录》，记录下陶器文字的字形演变。除了古文字学，顾廷龙编纂的年谱也为人称道。其中，《吴愙斋年谱》1935年作为"燕京学报专号"之一发表。

顾廷龙的关门弟子、上海世纪出版（集团）有限公司副总裁彭卫国说："顾老懂的实在太多了，他的学问极好。"他记得，读书时顾老总让他提问，不然以顾老师的知识面，真不知道从哪儿给他讲起。而且，师徒俩一问一答就像敲钟——问得深能得"大鸣"，问得浅只得"小鸣"，从没有"不鸣"的时候。

即使有这样的学术能力，顾廷龙也没有把主要精力放在个人研究上，而是甘为他人作嫁衣。20世纪50年代初，他收下好几箱没人要的"垃圾纸"，从里面找到了真正的《李鸿章全集》，比1905年出版、曾被认为是李鸿章最全的全集《李文忠公全书》多出了近70%的内容。而他竟将这样的"重磅资料"转手他人——他看到李鸿章给潘鼎新写了不少信，就推荐年子敏去研究，年子敏据此重新编注出版了《李鸿章致潘鼎新书札》。

顾廷龙做的"嫁衣"，不仅造福于他同时代的人，而且泽被后世，特别是他主编的一系列丛书。顾廷龙编的第一部书目是《章氏四当斋藏书目》（1938），从草创到问世历时10个月，达30万字。收藏家叶景葵看后对这本目录赞赏不已，便有了后来力邀他同办"合众"之事。

顾廷龙从1959年起主编的《中国丛书综录》，被认为是20世纪以来中国最具影响的大型古籍检索工具之一。这部反映中国41家主要图书馆所藏2797种丛书共计752万字的大型古籍书目，创下丛书目录之最。现今人们所能见到的中国宋元以前的著述，十之八九依赖这部丛书得以传承。该书目还将其7万多条子目分类编次，开创了丛书专目的先河。同时，该书将书名、著者、版本准确著录、归类得当，创造性地解决了中国目录学要么因为机械摘抄导致同一著作同一著者多次重出、要么因为简单归并无法反映原书面貌这一久悬的矛盾。

顾廷龙曾说，一生中编纂过的最费心力、最有意义的书目，当数《中国古籍善本书目》。这本书目涉及781个单位的藏书约6万多种、13万部。在编纂时，不仅著录书名、卷数、著者时代、著者姓名、著作方式、版本时代、版本责任人、版本类别及批校题跋，还著录藏书的存缺情况和收藏单位。在学界，该书目被认为开创了中国古籍全国性书目的先河，是我国当代古籍目录学、版本学研究水平的集中体现。

从1994年起，顾廷龙出任《续修四库全书》主编。该丛书历时8年编纂，共计收书5213种，分装1800册，较《四库全书》多1852种，几近原书的50%。入选之书既包括《四库全书》成书前脱漏、摒弃、禁毁及存目中确实有价值的书，又补选了乾嘉以至辛亥革命以前重要学术著作，而且采用了上乘底本，被誉为"一代旷世盛典"。

印书——让孤本不"孤"

顾廷龙提出："图书馆之使命，一为典藏，二为传布。"他主张利用图书馆藏书便利编印图书，"存亡续绝，使稀见典籍化身千百，既利于保存，又利于传播与弘扬民族优秀文化遗产"。

顾廷龙

在燕京大学图书馆工作时,与吴丰培等先生为禹贡学会编印的《边疆丛书》,是顾廷龙印书之始。创办"合众"初期,他拟就《创办合众图书馆意见书》,提出"务使旧本秘籍刻印流布"。当时上海币值暴跌、物价飞涨,为降低成本,这位大书法家竟当起了"抄书匠"——每夜抄写 3000 小楷,直写到凌晨 4 点才收笔。最终,这些"练字成果"集成了《合众图书馆丛书》一、二集。

在上海图书馆期间,顾廷龙提出使孤本不"孤"的印书计划,并筹建了影印工场。从 20 世纪 50 年代末到"文革"前,上海图书馆影印历史文献的数量规模超过了其他图书馆乃至出版界,30 余种馆藏珍贵文献得以公之于世,其中包括极为罕见的宋刻本《唐鉴》《孔丛子》,明刻本《松江府志》《三峡通志》,清刻本《康熙台湾府志》等。

做事——"不能'拆烂污'"

顾廷龙的儿子、两院院士顾诵芬曾多次表示:"我受父亲教育最深刻的一点,就是做什么事情都不能'拆烂污'。""拆烂污"是上海话,大意是苟且马虎、不负责任。

彭卫国说,顾先生带学生、做研究、当主编,即使到了耄耋之年,也从来没有"拆烂污","顾老总是很关注细节"。1987 年,他跟先生读研时,先生已经 83 岁了。他第一回登门造访,先生就给他开了张书单,让他读《说文解字》《资治通鉴》,补补文史的基础,并要求他每周二去家中汇报读书情况。他的毕业论文打算写关于乾嘉学派中阮元的研究,先生就让他先把《清史稿·儒林传》和《文苑传》里与阮元同时代的那几百个人的传记都抄一遍,以便他了解阮元与哪些人有过交往,并熟悉这些人的情况。先生上校勘课,不讲大理论,直接让学生们用毛笔原原本本照本过录一遍《读史方舆纪要》沈曾植的校勘记。"依样画葫芦后,大家就懂校勘是怎么回事了。"彭卫国说,顾先生用心良苦,在教学上想了很多实用有效的方法。

顾先生晚年住到北京,彭卫国有次去探望,正赶上他在审阅《续修四库全书·经部目录》。先生指着经部里一部帛书《周易》说,这部书是今人解说帛书《周易》的著作,怎么能作为文献收进去呢? 还有次去的时候,先生在编《李鸿章全集》,临走时让他把一堆半人高

顾廷龙创作书法作品

的稿子背回上海，交给复旦大学古籍所的吴格"再查一查"。原来他发现这堆所谓李鸿章的电报很多无头无尾，凭什么认为都是李鸿章的呢？"那时候，他已经90多岁啦。"彭卫国说。

"顾老对古籍整理的认真精神和仔细态度，是我们今天从事学术研究特别需要继承和发扬的。"顾廷龙的弟子、上海社会科学院信息研究所研究员王世伟告诉记者，顾老常说，古籍中有的稿本具名，有的稿本不写名字，整理古籍要识行书，从笔迹进行鉴别，如尺牍、善本题跋、抄校稿本，许多都是用行书写的。鉴别名家手校，首先得看笔迹，继而是印记、纸张与其他因素。没有字迹对比，即使是精于版本鉴定的前辈也容易失误，"如果连字都不识，研究从何谈起？"顾老曾要求他先从六体《千字文》入手，后又找来清代藏书家潘祖荫和金石学家吴大澂的信札，要求将其中的篆字行书翻成楷书。由此他认识了不少行书和古字。而且，对于字体鉴别，顾老特别有经验。比如，他曾告诫学生们，科举出身的人与普通人不同，他们不写破体字，如出现破体字，就要怀疑其是否是亲笔。

顾廷龙的学生都提到，顾老对弟子们的教学指导十分严格。王世伟记得，读书时他曾将收集整理的《校勘学文抄》用方格稿纸抄写后送交顾老审阅，顾老看到他有些字较为潦草、有的前后数字连起来，严肃地批评了他，说字要写在格子内。后来，1985年他写研究生论文《孙诒让校勘学研究》时，约5万字的论文他每个字都一笔一画用繁体认真抄写，据说得到了顾老的表扬。顾老对自己也是这样的要求，他平时每有所获就随时记录，即使用小纸写下，也都认真抄写并详细注明出处。顾老曾对他说，不这样做，日后自己都不认得自己写的字或无从考证究竟出于何处，那还怎么做研究呢？"这些话我至今铭记在心并用在文献的收集、整理、研究上，十分受用。"王世伟说。

中国经学史研究的奠基者

周予同

周予同

（1898－1981）
经学史家

　　如果为周予同画像，"不高的身材，知天命后近乎'矮胖'，头发梳得锃亮整齐，脸上总是带着令人如沐春风的笑容，缓慢的步伐，更增添了他温和的气质"，这就是在师友学生的回忆中大家的一致印象。这样平和、儒雅的周予同，让许多人也许难以想象，年轻时的他是一个激进果敢的爱国青年——1919年5月4日，赵家楼的那把大火"引燃"了震惊中外的五四运动，而时为北京高等师范学校学生的周予同便是在场的"主角"之一。

　　但"火烧赵家楼"的革命经历只是他人生履历中的"惊鸿一瞥"，他更重要也更为人们所熟知的身份是经学史家，是中国经学史这门学科的开创者和奠基人。那个曾经一腔热血投身运动、寻求变革的年轻人，与后来在故纸堆里皓首穷经的学者，看似风马牛不相及，但事实上，周予同的经学史研究同样承继着他在五四未竟的理想。

学术上的周予同始终是那个锋芒毕露的战士——以史学为解剖刀，他去除了经学的光环，使其成为手术台上客观的研究对象；在浩瀚的古籍里去伪存真，他还原了孔子和儒家经典的本色，卸下了历代专制政府遮盖在其上的意识形态面纱，以"廓清旧日思想之途径，使后来者不致多走错路"。

他把近代中国的病症归咎于教育，希冀着以昌明教育、开启民智来改造社会

在从事经学史研究之前，周予同和那个年代的许多有志爱国青年一样，首先走上了一条"教育救国"的道路——他把近代中国的病症归咎于教育，希冀着以昌明教育、开启民智来改造社会。

这一学术旨趣的形成与他坎坷的求学之路不无关系。1898年，周予同出生于浙江瑞安一个贫寒的前清廪生家庭。1916年，他以第一名的成绩考入北京高

等师范学校——之所以千里迢迢北上求学，是因为这是当时为数不多的为"穷学生"敞开大门的学校。师范学校提供膳食、免除学费，即便这样，他的几位才高志大的中学同学，还是因经济拮据而放弃深造。切身的经历让他意识到，绝大多数的穷苦人民没有受教育的希望，痛感于当时学校制度的不平等，他想要去研究原因。

很快，周予同清醒地认识到当时社会制度的不平等，"所以在这种社会上建设的学校制度也跟着不平等"，正是抱着这种改造教育必须先改造社会的渴望，他投身于浩浩荡荡的五四运动。澎湃的新思潮激荡着周予同和其同伴们的心，他们在北高师先后发起励学会、工

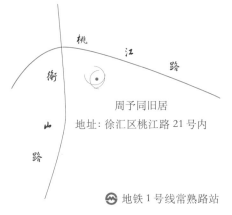

周予同旧居
地址：徐汇区桃江路21号内

地铁1号线常熟路站

大师纪念地：周予同旧居

学会、平民教育社等组织，创办《教育丛刊》《工学》等杂志，从事印刷、木刻、办夜校等活动，天真地进行"工读主义"的实验，试图通过自身的努力，造就出一个平等的社会。他结识了一批进步青年，其中有毛泽东。怀着教育民众、改造社会的热忱，19 岁的周予同写下了这样的诗篇，并在行动上化作了五四那一天的激愤："今我是活泼泼的青年，扫却了悲观和闲愁；本着这肃杀的精神，打破了糊涂的九州! 放出了万千的狱囚! "

经历五四运动之后，周予同想要改造旧式教育制度的信念更加坚定，"再也不能走清末以来'中体西用'的老路了"。1920 年，他以第一名的成绩从北高师毕业，毕业论文的题目是《我的理想的教育制度》。周予同对教育制度的思考有其历史语境，但哪怕放在今天来看，他在当时提出的那些理念依然是振聋发聩的：他批判科举制度的野蛮和扼杀人性，反对一切为了考试的学校教育制度；他揭露资本主义教育的伪善和势利，反对富有者阶层垄断教育资源；他提出应该吸收革命后的苏俄实行义务教育和大战后德国实行"能者升进"的免费教育的经验，在中国普及教育和实施终身教育，使教育成为改造社会的利器……这些思想主张，也成为他日后开展教育研究和工作的主旋律。

走出校门后，周予同辗转来到商务印书馆主编《教育杂志》，后又担任开明书店的编辑，他鼓励兴办教育，曾兼任了 12 所学校的校董。对周予同来说，从事出版工作同样也是为教育而服务：在商务印书馆期间，他就编过国文教科书；在开明书店期间，他与同样坚信"教育救国"的夏丏尊、叶圣陶共事，结下深厚友谊，他们以中小学生和教师为对象，编写了一系列教科书和青少年课外读物，他们主张教育思想独立，要为学生提供"真的知识"，其中最具代表性的便是《中学生》杂志。

周予同是《中学生》杂志的主要撰稿人之一，这本杂志影响了一代又一代青年学子，其中就有周予同后来的学生、著名历史学家朱维铮。他回忆说："我小学是在农村读的，那时就通过这本杂志，认识到原来经学是这个样子，原来经学有它自己变化的一个过程……开明当年为中学生写的这些文章，超过了今天所谓的论文。"（纪录片《大师·周予同》）

"经学之继承的研究已大可不必，而经学史的研究当立即开始"

那么，究竟是什么原因让周予同将研究重点从教育转向经学史，成为后来人们熟知的一代经学史大家? 促使他发生思想转变的，依旧是疾风骤雨的现实。

20 世纪 20 年代，当周予同在对旧式教育发起猛烈抨击、大刀阔斧地进行教育改革时，有一种刺耳的声音却始终"死灰复燃"，那就是北洋军阀政府一再强迫学校添设"读经"课程。从当时的历史语境看，"读经"往往是军阀政府加强专制统治的手段，而周予同也清醒地认识到了这一点。于是，1926 年 8 月，当孙传芳又强令东南五省学校添设读经时，他满怀激愤地写下了著名的《僵尸的出祟——异哉所谓学校读经问题》一文，呼吁："经学之继承的研究已大可不必，而经学史的研究当立即开始。"他说，"经是可以研究的，但是绝对不可以迷恋的；经是可以让国内最少数的学者去研究，好像医学者检查粪便化学者化验尿素一样，但是绝对不可以让国内大多数的民众，更其是青年的学生去崇拜……"

现实的逼促之外，周予同立志要做的这项从历史入手来解剖经学来龙去脉的工作，也恰是当日学术界所需要的。在他看来，经历新文化运动和五四运动后，文史学的情况仍落后于现实。当时学界对待经学的态度有四种：一派主张"废弃经学"，大学时受老师钱玄同影响，周予同原先也趋向否定"经学"，但他认为应该进行历史的研究，不必高呼口号，而使打倒和废弃的理由了然于胸中。另一派则是"抱残守缺"的国粹家们，周予同认为他们不顾经学内部巨大的认识分歧，"经史不分，汉学宋学不分，今文古文不分"，盲目宣扬专经复古，这在当时非常普遍。另外两派则是延续了晚清经学的两大学派，或继承孙诒让、章炳麟的学派坚持"古文"；或宣扬廖平、康有为的论点，专主"今文"。这两派在当时大学讲坛上势均力敌。在他看来，主"今文"的对新事物较易接受，主"古文"的则对新事物每趋抗拒。所以，"使青年学人超脱传统的学派偏见"，在历史中客观、系统地溯清经学的本来面目和演变历程，是当时必要的学术思想工作。

但关于经学史的研究宗旨，周予同自己却始终是谦逊的，在1928年给顾颉刚先生的信里，他说："吾人愚拙，于社会无他贡献，只能廓清旧日思想之途径，使后来者不致多走错路，枉费精神而已。"在晚年的《自传》中，他写道："我是命定的不得已去研究国故学的人。我研究中国的经学与史学，主观上是要从思想上文化上清算长期的封建社会，绝不是恋旧、怀古，也绝对不想赶时髦。"这便是周予同研究经学史的态度。他说，这是自己对社会应尽的义务，结果一发不可收。到1937年抗日战争全面爆发为止，他发表的论著绝大部分都属于经学史范围，包括《经今古文学》、《群经概论》、《经学历史》注释本、《孔子》、《朱熹》、《"孝"与"生殖器崇拜"》、《经学史与经学的派别》、《纬书与经今古文学》、《纬谶中的孔圣与他的门徒》等。经学问题是晦涩难懂的，但因为周予同的多数论著都是写给青年学

朱维铮编《周予同经学史论著选集》

生看的，他写得那样通俗清晰，而又饶有情趣，直到今天，依然是众多学习中国思想文化史青年的案头之书。

恪守一生的治学原则：
研究历史应该"古为今用"，
但必须"论从史出"

作为中国古代学术的主体，经学遗产无疑是庞大而复杂的——自从西汉统治者把儒学当作治国法典而立为官学，宣告它的正式诞生开始，"经"的范围越来越多，解经的注疏也越来越多，发展到清末，经部书籍在数量上已非常惊人，仅《四库全书》经部就收录了经学著作一千七百七十三部、二万零四百二十七卷。但周予同正是从最基础性的整理材料入手，开始了他的经学史研究。

"先生认为，经学是封建时代统治学说的总称，但它绝不是凝固的铁板，而是内部存在着不同学派的统一体，因此整理材料，首先应该注意经学的分派，求同，求异，决不能'混'。"朱维铮这样说。那么，如何区分经学派别？周予同抓住了中国传统经学的中心人物——孔子，他认为历代经学家的一切分歧和争论，焦点便在于此。以此为标准，周予同将经学归为三大派，即"以孔子为政治家，以六经为孔子致治之说"的"西汉今文学"，"以孔子为史学家，以

六经为孔子整理古代史料之书"的"东汉古文学"，和"以孔子为哲学家，以六经为孔子载道之具"的"宋学"。

为什么孔子问题总是争论不休？在周予同看来，这是因为历代经学家们总是用个人的主观的孔子，来代替客观的真正的孔子。从历史的视角探讨孔子，他认为："真的孔子死了，假的孔子在依着中国的经济组织、政治状况与学术思想的变迁而挨次地出现。"他赞同梁启超的说法："孔子渐渐地变为董仲舒、何休，渐渐地变为马融、郑玄，渐渐地变为韩愈、欧阳修，渐渐地变为程颐、朱熹，渐渐地变为陆九渊、王守仁，渐渐地变为顾炎武、戴震"，以适应不同时代的政治需要。于是，面对经学遗产里出现的形形色色的"孔子"，周予同尽心尽力地，通过大量史料的爬梳，试图还原出一个真的孔子的轮廓——历史只证明，"孔子是一位实际的教育家，他是一位不得意的政治思想家，他是一位钻研道德问题的伦理学家"。他还撇清了孔子与六经的关系，认为六经之所以与孔子发生关系，是汉朝实行尊孔政策，以六经为儒家所专有的缘故；另一方面，对于那些"假的孔子"，他特别挑出两汉纬谶中的假孔子形象来示众，因为他认为，在中古时代，孔子由人变成超人，变成救世主的神灵，其源盖出于此，从此，便被专制统治者当作了"宗教教义大全"；并且，他毫不讳言，纬谶家们给孔子穿上奇装异服的伎俩，以后不断在历史中重演。（朱维铮：《中国经学史研究五十年》）

从上述周予同对旧经学的清算不难发现，他的切入点是现实性的。对于旧经学，周予同的态度是鲜明的，可是，在治学方法上，他是以"谨严"而著称的学者，他始终秉承着科学的态度，从整理材料入手，坚持"论从史出"的踏实学风，而不是光喊义愤的口号。正如他自己所说："对于研究对象，首先不要先存

肯定或否定或半肯定半否定的主观，然后在这古往今来，浩如烟海的文献中找论证来替自己的臆说张目……研究历史应该'古为今用'，但必须'论从史出'，牵强比附的影射，主观武断的类比，种种非历史非科学的方法，需要在学术界继续扫除。"这是晚年他在《自传》中对青年学生的忠告，也是他恪守一生的治学原则。

"他有良心，有人类的爱，有贡献自己的力量为人群服务的意向"

然而，历史巨变前夜的中国，已经安放不得一张平静的书桌了。周予同的经学史研究也不得不中断，从全民族抗战爆发到新中国成立前，他的著述寥寥无几。"崭新的社会正在临盆，这东亚的大地正在为阵痛而呼号而拘挛……现在已经不仅仅是说啊写啊的时代，不仅仅是组织的时代，而是要求行动的时代了！"他是这样呐喊的，也是这样做的——

他积极投入民主运动，成了闻名的民主教授。1946 年，当李公朴、闻一多相继被国民党特务暗杀，周予同在课堂上拍案而起："他们要独裁就独裁，要专制就专制，何必还要讲什么三民主义？假如要杀我的头，那么没有法子，我本来就活够了。读书人就是这一点是可以顶天立地的。"（金冲及回忆，来源：纪录片《大师·周予同》）随后，在中共上海党组织的帮助下，他与张志让、蔡尚思等发起成立了反对蒋介石独裁专制统治的团体——上海大学民主教授联谊会（"大教联"）。

他还不遗余力地对青年学生进行爱国主义教育。1937 年，在一篇面对中学生的笔谈中，周予同不仅希望青年一代可以摆脱"士大夫的末运"，并痛切于自己一辈人的堕落："眼看见一批一批

的青年们以革命志士的姿态踏上抗争的路，而终于以腐败的官僚、政客、士劣的身价送进坟墓里去。甚至于借着一切可利用的幌子，在任何机关里，进行其攫夺的私计。变了质的士大夫的丑态真可谓扮演到淋漓尽致了！"他希望青年一代挺起脊梁，"变为知识分子或生产技术人员，对于国家民族有所贡献"。

终于，漫漫长夜过去，周予同和友人彻夜不眠地听了一夜的炮声，等来了上海解放的曙光。周予同的学术生活又重回正轨——解放初期，他担任复旦大学历史系主任、副教务长，后兼任上海社会科学院历史研究所副所长。他重新投入经学史的研究，1959年，他在复旦大学历史学系开设了全国大学中独一无二的"中国经学史"课程，悉心地培育学生。

多年后，学生陈根棣回忆起当时的课堂场景，印象最深刻的是周予同总能通过有趣的比喻，把深奥难懂的经学理论讲得引人入胜。如讲儒家学说的发展史，他用造房子来做比喻：儒学学说打地基的是孔子，砌墙壁的是董仲舒，最后由朱熹盖屋顶。

在师生们的记忆里，周予同的与人为善、宽厚热诚也是出了名的。正如廖梅所说："仪表整洁，谦逊平和，乐善好施，这几乎是师友学生对周予同的一致评价。他信奉'大德不逾闲，小德出入可也'，只要人们不违背道德原则，小缺点可以原谅。他总是尽心尽力替人分忧解难，朋友临危，他更是挺身而出。他支持过困境中的周谷城，还介绍失业的赵景深到绍兴第五中学教书，帮助贫困交加的陈守实找到教席。"（廖梅：《春风中的烈焰——记历史学家周予同教授》）所以，很多人说，周予同性情温和，怎么看都不像当年"火烧赵家楼"的人。

但是，骨子里那个不卑不亢的周予同始终都在。尽管他在"文革"中遭受挫折，但那份学术信念始终未曾泯

小故事 "火烧赵家楼"

1919年5月4日，赵家楼的那把大火"引燃"了震惊中外的五四运动，而时为北京高等师范学校学生的周予同便是在场的"主角"之一。晚年的他仍然保留五四前夜他在北高师的演说稿，里面写道："现在的社会制度是不平等，所以在这种社会上建设的学校制度也跟着不平等。我就是抱着改造教育必须先改造社会的渴望，投身于五四运动。"

小故事 写给中学生的文章

在开明书店期间，周予同与同样坚信"教育救国"的夏丏尊、叶圣陶共事，他们主张教育思想独立，要为学生提供"真的知识"，其中最具代表性的便是《中学生》杂志。周予同的许多学术文章都刊载其中，"经学史"和"甲骨学"这两个学科概念，也都是在他写给《中学生》的文章中第一次提出的。历史学家朱维铮认为，开明当年为中学生写的这些文章，超过了今天所谓的论文。

小故事 教学生做"鸡蛋糕"

谈到论文中"史"与"论"的结合，周予同说大体有三种形式：一种文章立论明确，史料扎实，史料和理论观点是融会贯通的，好似鸡蛋糕，分不出哪个是鸡蛋哪个是糕。第二种在引用资料时用一些经典作家的话，但叙述比较生硬，好比一盘鸡蛋炒饭，虽然拌在一起，但蛋和饭泾渭分明。还有一种论文，整篇文章史料不少，但观点模糊，好似一盘盖浇饭。他鼓励学生写好第一类文章。

灭——拨乱反正后，晚年的他瘫痪在床、无法执笔，却仍然指点朱维铮撰写有关论文，并编辑自己的论著选集，想为中断了数十年的经学史研究留下一些火种。《周予同经学史论著选集》问世后，经学史研究再次迎来了春天，作为海内外研究经学史学者的必读书目，直到今天依然润物无声。生命走到尽头的这年，他口述了《周予同自传》，回顾了他一生的忧虑和主张，并为青年学者指点迷津、提出厚望。

"他有良心，有人类的爱，有贡献自己的力量为人群服务的意向。他注重品性，尊敬学问，看不起投机取巧的家伙，看不惯装腔作势的派头。"这是周予同曾写下的自评，也是他用尽一生诠释的，"没有变质的士大夫精神"。

中国古典文学园地的「楚狂老人」

陈子展

陈子展

（1898—1990）

古典文学研究家、杂文家

原名炳堃，以字行，湖南长沙人。曾在东南大学教育系进修，结业后回湖南从事教育工作。1927年"马日事变"后遭通缉，避居上海。1932年主编《读书生活》。1933年起任复旦大学等校教授。20世纪30年代曾发表大量杂文、诗歌和文艺评论，后长期从事《诗经》《楚辞》研究。著有《中国近代文学之变迁》《最近三十年中国文学》《诗经直解》《楚辞直解》等。

新中国成立后，尤其是20世纪50年代初各大学院系调整之后，复旦中文系蓬勃发展，群星璀璨，集结了郭绍虞、朱东润、陈子展、刘大杰、蒋天枢、赵景深、吴文祺、张世禄等一批名宿，各自开辟了独立而深入的学术疆域。其中包括了陈子展先生倾注大量心力的文学史研究和《诗经》《楚辞》研究。

学问之外，陈子展有极为鲜明的个性。经济史学家钱剑夫曾言："展老为人，刚直不阿，畅言无隐。……然人凡有一善，莫不折节下之，揄扬不释于口。常告我：某也贤，某也君子，某之文甚高，人品更高。"这种刚直又包容的个性，或许与他的经历有关。

早年享誉文坛的是杂文写作

陈子展原名炳堃,字子展,以字行。1898 年 4 月 14 日,出生于湖南省长沙县青峰山村一户农民家庭,幼年入私塾。三湘地灵人杰,曾国藩、左宗棠、胡林翼等深刻影响晚清政治的人物皆出于此;近代受新思想影响的湖南进步青年也云集于此。1912 年,陈子展 14 岁,考入长沙县立师范学校。他迷恋足球,成了校队一员。

当时长沙城里,县立师范和省立师范相距很近,教师在两校兼课,两校学生可谓同门。据陈子展回忆:"当时,我才 19 岁,和许多同龄青年一样似乎对政治都很感兴趣,常常在校外同行出游,在一起开会议论天下大事,而毛润之又是学生中的活跃人物。"(陈子展:《和毛泽东同志同行》)

大革命前夜,毛泽东与一批志同道合的湖南青年在长沙办自修大学,校址就在纪念鼎革之际湖广思想家王夫之的船山学社。自修大学开讲历史唯物论、辩证法、科学社会主义等马列主义课程,学《共产党宣言》《家庭、私有制和国家的起源》《国家与革命》,培养了一批早期共产党的中坚力量。毛泽东常于晚间到自修大学讲演。在陈子展回忆里,"毛润之讲得最多的是农民问题,也讲得很深。毛润之在 1921 年夏秋从上海回湖南后,在搞教育的同时,还在家乡韶山等地发展农民协会"。当时陈子展在师范教书,晚上常被夏明翰约请去一同活动,所以被当成党内同人,有几次还受托去韶山冲给毛泽东送信。

1926 年以后,湖南办了很多有影响的报纸,毛泽东主笔《湘江评论》,李维汉办《向导》《北斗》,谢觉哉办《湖南民报》。陈子展也在《湖南民报》做过新闻编辑。1927 年,大革命形势突变,长沙的国共关系日趋紧张。驻守长沙的国民革命军许克祥部发动"马日事变",陈子展、徐特立、李维汉、谢觉哉等共 41 人被通缉。陈子展仓然逃离长沙,辗转来到上海,留在长沙的家人也由共产党派人护送来沪,从此一家人定居沪上。1949 年全国第一次文联会议在北京召开时,陈子展受谢觉哉邀请前往参会并住在他家中。这是他们长沙一别之后,时隔 22 年的重逢。陈子展曾说,第一次大革命中,国共间短暂合作的突然破裂,使他和毛主席的联系和交往中断了。

1932 年,他应友人力邀,开始在复旦中文系教书,开始了真正意义上的中国古典文学研究。不过,他早年享誉文坛的是杂文写作。陈子展的杂文短小辛辣、词锋犀利,多以"楚狂""楚狂老人""湖南牛""大牛"等笔名刊行。黎烈文主编的《申报·自由谈》、陈望道主编的《太白》、谢六逸主编的《立报·言林》、林语堂主编的《人间世》、曹聚仁等主编

大师纪念地:南国艺术学院旧址

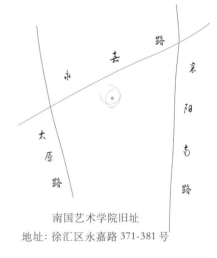

南国艺术学院旧址
地址:徐汇区永嘉路 371-381 号
🚇 地铁 1 号线常熟路站

他通过日文阅读河上肇、片山潜等翻译的单篇小册子,对恩格斯《家庭、私有制与国家的起源》一书非常重视,也熟悉摩尔根《古代社会》所作论述。这些经历都为他后来牢固的唯物史观打下基础。

历史学家主张"近代"断自1840年鸦片战争,文学史家当时的断代也沿用此种与政治事件密切相关的观念,陈子展则对"近代文学从何说起"作出了新的定义:将近代文学断自1898年的戊戌变法。

的《芒种》等,常能见其小品文。林语堂曾评价,鲁迅以下,有两个年轻人也写得甚好,一个曹聚仁,一个陈子展。黎烈文谈及《自由谈》稿酬是依文章质量和社会影响而定,最高者是鲁迅和陈子展两位。(徐志啸:《陈子展的杂文写作》)

在文学史领域的先导作用

复旦大学中文系正式建立于1925年,建系之初,课程设置即以文学理论、文学批评、文学史为研究基础。

陈子展写过五种文学史,分别是《中国近代文学的变迁》《最近三十年中国文学史》《中国文学史讲话》《唐代文学史》《宋代文学史》。后两种合编为《唐宋文学史》行世。

《中国近代文学的变迁》是陈子展1928年9月应田汉之邀于南国艺术学校讲授"中国近代文学之变迁"而作。"初拟用胡适《五十年来之中国文学》而略附鄙见",后因对"近代"认识主张与胡适不同,自铸新见,成就此书。

历史学家主张"近代"断自1840年鸦片战争,文学史家当时的断代也沿用此种与政治事件密切相关的观念,陈子展则对"近代文学从何说起"作出了新的定义:将近代文学断自1898年的戊戌变法。陈子展认为"古旧的中国有了一点近代的觉悟",是从戊戌维新运动开始的。戊戌变法的主要人物既是革新政治家,也是青年诗人。他们鼓吹的诗界革命又是新文学的发端;同时,随着废除八股、思想上接受外来文化的影响,中国文学也因此有了明显的变化。因而陈子展指出:"一时代有一时代之精神,离开时代便失其生命失其价值。"1898年作为中国历史和中国文学发生重大转折

的标志性年份,如今已成为近现代文学界一个常识性判断,陈子展的首创之功不可埋没。

《中国近代文学的变迁》被后世的近现代文学研究界公认为最早以"史"出现的近代文学史专著。其后,陈子展将其扩充、细化并重新设定纲目,于1930年另撰成《最近三十年中国文学史》一书。《中国近代文学的变迁》从宏观上建构框架,《最近三十年中国文学史》则广征博引、细致分析,两部著作互为补充。在这两种研究近现代文学的著作中,陈子展不但把近代文学的起点定在了1898年,更重要的是,以"新文学"与"旧文学"的矛盾运动为主线,从"文学发展是自然的趋势""外来文学的刺激""翻译文学的介入""思想革命的影响"和"国语教育的需要"等方面对文学史进行讨论,把"最近三十年(1898—1928)"视作中国文学史上一个连续的过程和相对独立的发展阶段来观照,架构起一个动态的、开放的文学史体系,从而奠定了近代文学的基本框架。陈先生的两部近代文学研究著作,刚一问世,旋即获得好评。赵景深先生评价:"这本书是我极爱读的。坊间有许多文学史的著作,大都是把别人的议论掇拾成篇,毫无生发,而造句行文,又多枯燥。本书则有他自己的研究心得,并且时带诙谐。书中文笔流畅,条理清楚,对文学大势说得非常清楚,读之令人不忍释手。"

20世纪30年代,陈子展开始在复旦大学中文系任教,真正开始了中国古典文学研究。为教学工作需要,他将学术研究方向定位在了中国古代文学。开始阶段主要关注中国古代文学史,这是他写作《唐代文学史》《宋代文学史》的缘

陈子展利用业余时间查阅逾千种资料，经过二十年整理，最终完成了他自称为"一生所在，唯此两书"的《诗经直解》《楚辞直解》。他认为历代许多学者都没能科学正确地诠解这两部上古时代的诗歌集子，为此，他投身其间，几易其稿。

起。据王运熙先生后来回忆："陈先生很谦逊，新中国成立前夕和我谈到这些著作时，常说这是为了讲课需要，编编讲义，混口饭吃，对其质量不甚满意，这实际也反映出他对学术著作水平的高标准和高要求。"

在研究古代文学史的时候，陈子展使用的理论方法，与奠定其文学史研究盛名的两种近代文学史并无二致。第一，始终从白话文学的视域观照唐宋作家创作上的特点，比如专列出敦煌俗文学的发现和民间文艺的研究、宋代平话等章节。第二，娴熟地运用比较的方法对同类作家作品与相关文学流派分析论证。第三，在征引史料的时候，点出多种不同观点及其材料来源，取精用宏。

《中国文学史讲话》是一部中国文学通史。按照文学发展自身的规律来编排章节，客观地反映文学发展的历史轨迹。陈子展只用了八讲，就清楚地描述了从《诗经》时代到"新文学"运动这三千年的文学发展的历史线索。结合他1935年为文学批评课程所撰写的《中国文学批评讲授资料录要》（油印稿），可以看出陈子展对古代文学史、与文学写作紧密相关的文学批评史的整体把握和内在理路。曾跟随陈子展研习《诗经》《楚辞》的复旦大学中文系教授陈允吉在介绍陈子展对《诗经》的研究时谈及，陈子展强调要"绳索贯穿散钱"，屡引明人笔记中的一段话，用绳索和散钱来比喻观点和材料的关系，指出只有用观点的"绳索"将分散的材料贯穿起来，才能成为一种融会贯通的学问。陈子展在文学史和文学批评史的研究方面，也是如此，正是在观点和材料的结合上，对这份珍贵文化遗产进行系统的整理，试图

从中发现带有规律性的东西。相关作品的发表、讲学和传播，无疑在中国早期文学史领域起了某种先导作用，更奠定了复旦大学中文系在中国文学史、中国文学批评史两大领域的学术地位。

毕生学问之结晶的《诗经》《楚辞》研究

陈子展毕生用力最深、成就最巨的，无疑是对《诗经》《楚辞》的研究。他曾在回忆随笔中写道："从青少年时代起，我对《诗经》《楚辞》开始发生了兴趣。而两书为当今一般人所难懂。所以，我很想作一番解释工作，以便青年阅读。"

陈子展《诗经》研究的成果，最早的是《诗经语译》，后有1957年的《国风选译》《雅颂选译》。中年之后，治学境界日臻成熟，后期有更深入的成果，包括《诗经直解》《诗三百解题》。研究《诗经》的时间，前后超过50年。

陈子展在探讨《离骚》等议题时，曾提出和郭沫若不同的意见，他批评过郭沫若和高亨在研究《诗经》时过分相信和使用假借，从而常得出不够客观的结论。但他对郭沫若评价还是很高，认为"首先用唯物史观来研究三代之书，语言文字，历史文学，这是郭沫若最大的贡献"。陈允吉曾注意到，陈子展先生研究《诗经》，论及《北门》《定之方中》《黍离》《兔爰》《楚茨》《生民》等篇，都汲取了郭沫若的成果。陈子展说过："不读遍世上所有关于这个问题的资料，决不妄下结论。"对于历来争议较大的一些疑难问题，如孔子删《诗》说、采《诗》说、《诗》序作者、风雅颂定义等，他都旗帜鲜明地表述了看法，绝不人云亦云。

王运熙留在复旦中文系任教之初，做过陈子展助手。王运熙曾谈及，当时大家学习《诗经》，用的是余冠英的《诗经选》，但他认为陈子展的《国风选译》《雅颂选译》学术性更强。殷孟伦所写的《诗经》研究论著提要，对陈子展的成果作了较高的评价。台湾"中研院"文

陈子展(左一)与孙女陈祖蓓、陈祖蕾(右一)

哲所的杨晋龙也认为,陈子展可作为"民国以来研究《诗经》的代表"。而陈允吉认为还可补充一句:"陈子展先生的《诗经直解》,当为王先谦《诗三家义集疏》刊出以来最重要的《诗经》研究成果。"

陈子展的《楚辞》研究始于20世纪60年代,那时他已年逾花甲,一千多年来蒙在《楚辞》研究领域的层层迷雾,促使他下决心作一番爬梳剔抉的工作,努力还世人一个近真的楚辞原本面目。为此,他翻遍了历代注本,系统研读了马克思、恩格斯和许多西方理论家的论著,参考了大量文物和文献资料。他不愿无据而否定史有屈原其人,也不愿无据而肯定屈原的任何作品,凡古今人士所揭出的疑问,他都广搜前人成说,并经过独立思考,一一予以爬梳澄清。不仅如此,陈子展还将对屈原认识的视野置于世界文学的高度,认为屈原的作品堪与荷马史诗、但丁《神曲》、莎士比亚戏剧、歌德《浮士德》等世界一流大家作品相媲美。(陈允吉:《刚留校时,陈子展先生指导我阅读〈诗经〉》)

陈子展利用业余时间查阅逾千种资料,经过二十年整理,尤其在苍黄时节之后,仍以八十高龄醉心于《诗经》《楚辞》研究,最终完成了他自称为"一

生所在,唯此两书"的《诗经直解》《楚辞直解》。他之所以会花费后半生的大部分精力于这两部"直解",是因为他认为历代许多学者都没能科学正确地诠解这两部上古时代的诗歌集子,为此,他投身其间,几易其稿,荟萃各家之长,成一家之言,向学界和世人奉献了两部厚重的大著。

在《诗经》《楚辞》研究外,陈子展还有一些自己颇为重视的专题论文:比如《孝经在两汉魏晋南北朝所生之影响》《秦汉隋唐间之百戏》,前者据说金兆蕃读后十分赏识,金老是清末民初诗文大家,他向时为复旦教务长的次子金通尹推荐,金通尹读后也大为嗟赏,遂力荐陈子展从兼职教授成为复旦专职教授;比如《八代的文字游戏》,抗战结束以后,复旦所谓的京派四教授:梁宗岱、方豪、蒋天枢、邓广铭(邓广铭当时是副教授),说陈子展是海派领袖,要掂他的分量,请他为他们所办的刊物写文章,陈子展奋笔疾书,一个星期就交出了文稿。陈允吉回忆,陈子展倒并不自认为是海派领袖,他说自己是不京不海不江湖。其实湘学传统和楚文化,对陈子展的影响非常深刻,王先谦、王闿运、杨树达等湖南前辈学者,都是他一生崇敬的对象,而他自己的文章,也大多带有鲜明的个人特色。(陈允吉:《刚留校时,陈子展先生指导我阅读〈诗经〉》,陈左高:《江山代有才人出》)

文学也能改造人们的落后面貌

陈子展青年时期的理想,就是"做个韩愈《师说》篇里所说的传道授业解惑者"。当时,他目睹国家的落后,科学的落后,认为这种落后局面终究是和人的落后有关,而人的落后就是教育的落后。因此,他认为教育工作或许是救国之道。五四爱国运动爆发时,他在长沙教书,带领学生走上街头,进行演说,希冀将个体的力量汇入唤醒国人、振兴祖国的时代洪流中。

陈子展后来在大学里教的是文学，他认为：文学也能改造人们的落后面貌，鲁迅即因此弃医从文，因而我亦以文学事业为理想，用之奋斗，孜孜不倦。（陈子展：《以人民的理想为自己的理想》）

陈子展执教复旦，有两件事特别能反映他不拘一格降人才的魄力和奖掖识拔后进的惜才之心。一是杨廷福在抗战初报考复旦中文系，英语和语文俱佳，数学考了零分。陈子展排除当时国立大学要看总分的规定，再三争取，学校才破格录取了他。杨廷福后来成了中国法制史学家，对玄奘也特别有研究，相关成果还曾得到季羡林先生的推荐。另一位是鲁实先，陈子展引荐他当教授时，他才二十出头。当时有人不满，称他为"娃娃教授"。陈子展的理由是，鲁实先在文学、考古学上都很有造诣。鲁实先当时写了《殷历谱纠谲》和《史记会注考证驳议》，指出了董作宾《殷历谱》和泷川资言《史记会注考证》中的许多错误，引起很大的反响。陈子展为他撰写了《龟历歌》长诗和《题鲁实先史记会注考证驳议》七言绝句六首，批评了傅斯年、董作宾等京派教授。鲁实先的这两项成果和陈子展为他题写的诗，后来得到郭沫若、杨树达、顾颉刚、胡厚宣等的好评。

陈子展那一辈复旦中文系的老先生们大都受过五四思想的洗礼，追求为学的专精，也崇尚学术自由，鼓励青年有独立的见解，虽重视学问的传承，但并不刻意讲究局限于门户的衣钵相传。

20 世纪 60 年代，陈允吉留校成为中文系的年轻教师后，曾根据系里学问传承的安排，跟随陈子展学习《诗经》《楚辞》，对其为学授业的风格印象深刻。

陈子展非常重视学术研究的基本方法。比如，他强调要多读基本古籍。中国古典文献的要籍是核心部分，要尽可能多读，俾在知识结构中形成一生受用的"压舱石"般的基础，便于融合其他知识，而不是具体需要研究什么问题时，才临时去读这些书。

比如，他提倡"精读与翻阅相结合"。读书不可能也没有必要将每一部都读得很细。他经常引用《魏略》记载诸葛亮读书"独观其大略"，陶渊明《五柳先生传》谓其"好读书，不求甚解"的故事，来说明精读与翻阅要结合起来。

比如，他强调要"博观约取"。观察接触的东西务求其博，而研究的题目必须约束在一个合适的范围以内。博观是手段，约取是目的，博观是奠基，约取是在基础上进行建筑，博观是增加感性认识，约取是经过理性的思考。他自己的研究也贯彻了这一点，为研究《诗经》作了长期积累，经学、史学、文学、语言文学、古代社会研究、文物考古（他特地订阅《文物》杂志随时参考）、生物学等，都有涉猎。

《诗经》学习过程中，陈子展请陈允吉自己选不同的本子对照阅读，他非常开明，认可青年自主的探索。《诗经》《楚辞》是陈子展和蒋天枢教授共同的研究方向。陈允吉特别强调：《诗经》传播史上有三家诗与毛诗之争，陈子展先生倾向三家，而蒋先生独主毛传，尽管门径不同，而他本人的观点也延续了陈子展的观点，但蒋先生对他也予以肯定，可见老先生们的治学态度是实事求是、服膺真理。只有这样的治学环境，才能奠定复旦中文学科的深厚基础和淳正学风，达到学术上的领先水平，也才能孕育出人文学科的大师。

陈允吉系统地跟随陈子展学习《诗经》不到一年时间，对于这段时光，他非常留恋，也从读书过程中体会到这是很好的培养方法。

陈子展先生晚年，大多数时间在家闭门做学问，这令他在复旦园里颇有一些神秘和传奇的色彩。尽管极少带学生，但对于"传道授业解惑"这项青年时期就立志的事业，他保持了一以贯之的谨严和坦诚。

陈子展 20 世纪 30 年代曾在《申报·自由谈》上作诗："挥汗读书不已，人皆怪我何求？我岂更求荣辱，日长聊以消忧。"这是他作为读书人的朴素理想，也可视为其一生的写照。

论贯中西，艺通古今

伍蠹甫

伍蠹甫
（1900 — 1992）
美学家、画论家、画家

大师简介

号敬盦，广东新会（今江门市新会区）人，生于上海。1923年毕业于复旦大学文科。山水画学董源、石涛，得黄宾虹指授。1936年就读英国伦敦大学，并考察欧洲艺术。回国后，曾任北平故宫博物院顾问，暨南大学、上海圣约翰大学教授，复旦大学教授兼文学院院长。中华人民共和国成立后，历任中华全国美学学会顾问、上海中国画院画师、复旦大学教授、《辞海》编委兼美术分科主编，《中国大百科全书》外国文学卷与中国文学卷编委。有《谈艺录》《欧洲文论简史》《中国画论研究》《伍蠹甫艺术美学文集》《伍蠹甫山水画辑》，并主编《中国名画鉴赏辞典》。

如果在今天，有人介绍伍蠹甫，一定会用"斜杠先生"来形容他。他的身份真是太多了：是学者，也是艺术家；是外文系的教授，翻译过数量可观的西文著作，在西方文论的系统研究上开创先河；又工于山水画，既精通西方的艺术理论，也是中国古代绘画理论的集大成者……古与今、中与西、文与画就像伍蠹甫生命里的一道道双螺旋，彼此缠绕促进。

西方文论：开国内系统研究先河

相比他在其他几个领域的研究，伍蠹甫的翻译工作并不被人们熟知，但从某种程度来说，他学术之路的灰线是自翻译开始埋下的。20世纪30年代开始，伍蠹甫便不断有译作问世，翻译经验丰富。中年之后，翻译虽已不是他的主攻方向，但仍然在他的研究中担当了重要的"基石"角色。翻译的才能得益于伍蠡甫的家学传统和幼年启蒙。伍蠡甫是广东新会人，1900 年生于上海，父亲伍光建曾留学英国，是晚清民国时期从事白话翻译的开拓者之一，翻译过大仲马的《侠隐记》（又译作《三个火枪手》），在当时与严复、林纾齐名。伍蠡甫小学到高中读的都是教会学校，早年虽未出国留学，但是对于外文的掌握已是相当熟练，译作之丰富，曾与父亲一同被称为"中国译坛双子星"。

1923 年，伍蠡甫从复旦大学文科毕业北上求职，5 年后受恩师、复旦大学校长李登辉之邀，回到母校执教。讲台之下，伍蠡甫思考更多的是如何为国民的启蒙和社会的进步发挥自己的作用，于是之后与复旦大学另两位教授共同创办了黎明书局，自己任副总编辑，负责文学方面的书稿。历史上的黎明书局在普及人文和科学知识、译介外国学术著作、传播思想文化、服务教育发展与社会进步等方面发挥了积极的作用。其中需要提的是，黎明书局为拓展读者视域、增进社会认识而推出的"英汉对照西洋文学名著译丛"及《世界文学》月刊，两者伍蠡甫都功不可没——他不仅是出版方，而且在"西洋文学名著译丛"中，他翻译或合译了卢梭、歌德、托尔斯泰等名家名作；专门刊载外国文学作品和外国文坛动态及文艺思潮理论的《世界文学》，其中有不少译介出自伍蠡甫之手，在这个过程中伍蠡甫开始了解西方的文艺理论家及相关论著。"所以他不单纯是一个译者，他还是一位西洋文学的评论家。"有人评价伍蠡甫译书一个很大的特点，总是将译述和评论结合起来，这在他根据赛珍珠取材于中国的《大地》而译作的《福地述评》中表现

上海中国画院旧址
地址：徐汇区汾阳路 150 号

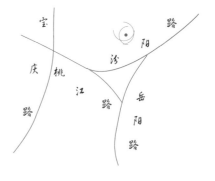

上海中国画院旧址（今上海沪剧院）

地铁 1 号线常熟路站

就很明显。而且他总是不吝啬在译作的序里——自己的也罢，他人的也好——发表对作品的意见和观点。这或许可以视作他踏入西方文论的肇始。

20世纪上半叶，西方文论的研究虽已登陆中国文坛，但完整或者比较完整的相关译作屈指可数，王国维、朱光潜、钱锺书等名家大家都做过相关研究，但总的来说，西方文论的研究还缺乏系统性。从主编《世界文学》到1936年赴英国伦敦大学攻读西洋文学，再到在大学开设西洋文艺批评课程，翻译雪莱的《诗辩》，在《谈艺录》里把西方文论、艺术理论融入中国文论、画论的研究之中，在西方文论的研究领域，伍蠡甫一直做着尝试。有人评价说"在他六十余年的学术生涯里所撰写许许多多论文中，都可见到西方文论的踪影，西方文论常常成为他思想表达的一个坐标，或引述，或参照，或比较，或作证，或融化，成为他组织思想、表达观点的一个特色"。而真正让他在西方文论研究领域做出了超越前人的成绩，当数20世纪五六十年代主编《西方文论选》，此时，西方文论研究进入新的时期，仍在大学讲授西方文艺批评的伍蠡甫意识到教材缺失为教学带来的不便，于是有了编写讲义的想法，开始系统梳理材料。同一时期，文科教材会召开，决定把西方文论选本列入教材编写规划，指定伍蠡甫担任主编。这项工作难度非常大，要选收从古希腊至19世纪西方文学理论、文学批评、创作经验以及涉及文学理论的美学、哲学等代表性较大、影响较深远的论著，包容性大却又不能流于庞杂。对于主编的要求尤其高，若对西方各国历代重要作家、主要论著不具备广博全面的了解和研究，就根本无法从浩如烟海的经典中摘选出最重要、最有代表性的论断。伍蠡甫邀请了朱光潜、钱锺书、缪朗山、郭斌龢等专家来沪共同探讨西方文论的编选事宜，还约请了蒋孔阳、林同济等知名学者参加摘译工作。有些材料来自英文转译，细致的伍蠡甫又请精通原语种的专家根据原文校译。1964年，《西方文论选》出版，这是我国第一部比较完整的西方古代和近代文论选集。而对于伍蠡甫来说，编选《西方文论选》的过程中，他真正全面系统地掌握了这个领域大量的第一手资料，从而开创了我国系统研究西方文论的先河。

20世纪80年代后，是伍蠡甫的学术成果高产期。他相继主编了《现代西方文论选》《西方古今文论选》，还与胡经之合作主编三卷本《西方文艺理论名著选编》，把西方文论的编选从古代近代延伸到现代，从而使西方文论的介绍更见系统；还写成《欧洲文论简史》，这也是我国首次出版的西方文论史著作。这里有一则轶事：该书在出版时其实尚未完成，因为俄国部分伍蠡甫自认不熟悉，还在请其他专家补写。可是人民文学出版社看到了，认为不仅是"缺门"，而且迫切需要，因此破例于1985年出了个"缺章版"，几年之后又出了全书，可见重视的程度。在收到《欧洲文论简史》新一版样书时，伍蠡甫想到的是，他近来对20世纪西方文论中的一些问题有些新的思考，很想把这些思考写出来。这时他已经90多岁了。

翁义钦曾参与过伍蠡甫的学术项目，他眼中的伍先生"十分重视对西方文论采取分析的态度"，"还把对我国文论、艺术理论的思考与西方的文论的研究交融起来，互相印证，并在比较中把握不同文论、艺术理论的特点，努力使外来的文论、艺术理论为我所用"。正如伍蠡甫曾说："我们接触现代西方文论的形形色色流派，目的是扩大视域，增添知识，锻炼加强识别能力，有助于这一方面的研究工作。"也因此，他总能跳出文字作出清醒的判断。他认为"文学流派及其理论批评是和相应的社会历史及哲学思潮分不开的"，在探讨德国启蒙时期主要文艺理论家歌德时，他搜集了大量文论、随笔、箴言后，看到了歌德在探讨文艺理论时，感性经验、知解力和超验理性、主观想象时常在彼此打架。他把矛盾的根源诉诸德国启蒙主义运动的特定背景与历史，既肯定了歌德的成就，同时又指出他的局限，关于后者，国内向来很少论及。

中国画论：根据亲身创作经验的深中肯綮之语

西方文论和中国画论，是伍蠡甫学术研究的一体两面，共同构建起他的学术大厦。伍蠡甫对中国古代绘画的美学理论作了持久的深入研究，这从他对绘画产生浓厚的兴趣开始。伍蠡甫读中学时就钟爱绘画，这份热爱也贯穿着他的一生，并为他的学术研究带来启迪。大学期间，伍蠡甫就借报纸副刊阐发了"艺术之创造与艺术之享乐"的思考，他晚年曾回忆说："哲学老师陈定谟教授课余指导我读了几部柏格森直观哲学著作，使我开始想到一个问题：怎样才能直接而又亲切地领会（也就是直觉）某一画家或某一幅画的构思、表现与风格，而与之共鸣。"可见那时他已经开始了对美学的思考。

大学毕业后，伍蠡甫曾北上求职，正碰上溥仪迁出故宫，北洋政府成立了故宫博物院，陈列故宫所藏历代名画真迹。伍蠡甫见到许多画册中的"真身"，叹为观止，一有闲暇就泡在故宫里观摩研习中国历代名画数年，这样的习惯坚持了数年，为其艺术创作和画论研究打下了深厚的传统基础。这一时期，伍蠡甫个人所藏画册逐渐增多，成了他主要的精神食粮。随着对中西名画的感性认识不断丰富，伍蠡甫想要进一步了解这些字画的艺术魅力和美学原理，于是开始阅读中外画史、画片和美学著作。"我探寻并力图把握中西画论中比较本质的东西，而所凭的武器却是大学读书时所接触到的西方哲学与逻辑给我的那点儿可怜的思维方法。"留学期间，西方文艺理论逐渐成为伍蠡甫的研究重心，他曾赴德、意、比等八国研习西方艺术。这些经历使伍蠡甫对西方绘画有了更深刻的认识，他的头脑中已开始酝酿中西比较美学、中西比较绘画等研究课题。1937

年，伍蠡甫成功在伦敦举办个人画展，继而受邀到英国皇家学会和牛津大学作《中国绘画流派》专题讲演，有人称，这是伍蠡甫的第一次比较美术研究实践。

"比较""创新"是伍蠡甫治学中的关键词。1988年针对西方现代主义文艺给古老的中国画带来的影响，伍蠡甫说："任何国家的艺术与美学研究，不可能撇开它自身的民族文化优良传统，如果隔断历史，在一个真空的世界里对待并迎接任何新流派，将是不可想象的。"因此他诚恳建议，将现代西方美学和中国古典美学的若干重要论点做些比较，从而探讨这样一些问题：受现代派影响的新中国绘画和中国古典绘画，究竟是不是决然对立、水火不相容呢？双方是否可以彼此交流、相互补充呢……这样的思考，一直深植于伍蠡甫的脑海中。他的书中时常可见中与西的碰撞互见，比如将西方的抽象艺术与早此2000年的中国书法联系起来。再如谈到"偶然"不失为"创意的一种途径"，将郭熙的"影壁"、宋迪的"败墙"、郭忠恕的"泼墨于缣"等法与达·芬奇的《笔记》所述作对比。伍蠡甫在比较文艺学、中西画论以及美学理论比较方面贡献卓著，20世纪80年代后更是撰写大批学术论文纷载国内外学刊，用英文向海外介绍中国画理，可以说是较有系统地向西方介绍中国传统绘画艺术者的第一人。

美学家蒋孔阳曾评价伍蠡甫画论研究是有坚实的"创作和鉴赏的实践作基础"，因此其画论成果不仅"言之有物"，更"言之有味"，这句赞赏恰恰归纳了伍蠡甫画论研究的经验。1942年，伍蠡甫被聘为故宫博物院顾问，数月于贵州安顺洪北江读书山山洞内鉴定该院书画名迹数百件，这是伍蠡甫第二次与这些历史真迹近距离接触。除了遍览中国绘画史上无数画家作品，研究他们的理论观点、创作经验，在他的研究体系中，绘画的实践也是重要一环。他曾说，"艺术批评家有必要通晓各门艺术所特有的表现技巧和手法，

伍蠹甫国画作品

辩证的气质、严谨的学风、质疑的精神

有人说，伍蠹甫身上充满了复杂性，或许可称为一种辩证的气质。他的一生几乎见证了整个 20 世纪的新旧更替，对于新与旧始终保持着辩证中和的态度，在他看来："历史上没有纯新的东西。在每一个阶段里，新旧常是并存着，新的不能灭尽旧的成色，正如过去须作现在的前身，现在决定将来的一切。"他的一生也一直在处理着新与旧的关系。伍蠹甫认为，若不善于继承和学习前人的文化遗产，文化必定会出现断层，发展便是空话，他自己愿意努力做继承和发展工作。在爬梳传统画论时，他总在思考这些"老传统"如何在今天发挥作用，如何去批判吸取和发扬。但他也明确反对为了遵从古法，阻隔画家的心与眼同当前生命、周遭世界的联系。所以在 20 世纪 40 年代，他就大胆将洋房、工厂、飞机、枪炮搬入山水画，在当时引起不小争议。岭南派创始人高剑父认为伍蠹甫的画"不泥古不离古""不为法缚，不为法脱"，这是赞画，其实也是对伍蠹甫做一切学问的诠释。

辩证也体现于他的研究方法之中，在 20 世纪三四十年代，伍蠹甫就开始使用马克思主义历史唯物观作为理解艺术、分析艺术、构建美学思想的方法论利器。在《怎样研究西洋文学？》中，他说道："在新方法之下，学生必须先通晓辩证法，再及辩证法与唯物论集合所合成的有机的体系，用辩证法的方法与唯物论的观点来研究整部西洋文学史，随后涉及作家与作品若干个别对象。"这在他的画论研究中也处处可见，"意境"是中国传统绘画中的重要课题，伍蠹甫认为这个'意'，并非脱离客观世界或超越自然美的主观世界，而是本于一定的审美标准来处理自然美时，所必须从属的情思、意境。"他为了创立意境，须通过自然美，尤其是接触自然美"，这正是辩证唯物主义的观点。伍蠹甫曾担任

要有丰富的感性认识的基础"，也曾建议上门求教西方文论的学生学一些绘画，认为学习文论如有艺术或者文学创作做底子，效果会更好。学生后来深味其理："他们那一辈从事文学理论研究的学者，不少都具备文艺创作功底，因而鉴赏力特别强，做起理论研究写出文章来，很少做凿空的理论推演。"正如朱光潜所说，伍蠹甫的画论"都是根据亲身创作经验的深中肯綮之语"。这也是为什么伍蠹甫可以将极其丰富但又深奥晦涩的中国古代画论一一"化法"，形成自己的创新观点——他对中国画论的研究，有着独特的构想和视角，并非一般地对具体的画论著作进行评述，着眼点更在于试图在总体上把握中国绘画美学思想发展的规律。

《辞海》编委及美术学科主编，《辞海》修订本征求意见时，有人提出赵孟𫖯的"民族气节"存有争议，应该写出，而不是淡化处理，伍蠡甫明确反对这一点，"艺术审美并不完全等同于道德判断，美与善并不永远一致"，在他看来绘画艺术的辞典与史书编纂的标准不应相同。

辩证的气质也与他为学的严谨及敢于质疑的精神有关。"严谨""批判精神"是他的学生韦遨宇从老先生身上学到的、至今都受用的精神遗产。"他不会轻易臧否一个学者、一部作品，但是会指出他们有哪些内容值得商榷，或是值得我们重新思考"，在韦遨宇的记忆里，伍先生很喜欢用"假如"开头，"假如某位学者、某位作品在某些方面引起注意，结果可能会不一样"。当一些代表性人物、作品伴随着一些新的思潮出现，伍蠡甫也从来不先入为主地把观点传递给学生，"他会先问我们有哪些看法，了解以后也不会轻易否定，而是循循善诱，告诉我们就这一个问题历史上有哪些学者曾经有过哪些高见或者陋见"。

质疑和批判都是为了达到一个比较客观公允的结论，而为其提供支撑的是治学的严谨。伍蠡甫做学问有着乾嘉学派的风格，面对研究对象，通常会先去考据它的历史，做一番追本溯源的工作，这种"从头说起"，是他最常用的一种治学方法——他相信，当梳理出一个简明的发展线索，很多问题自身就已获得解释。比如关于中国画的线条，他就从原始艺术的彩陶开始考察。再比如他会从词源学的角度来分析文学理论的概念来源、发展变化，翻译到中国被理解接受后又发生了哪些变化。已经烂熟于心的内容一旦提到，伍蠡甫也要翻开书一一确认，对任何一个细节都不掉以轻心。"没有这样扎实的基础建设，任何的概念创新都是不可能实现的"，韦遨宇感叹。与工作上认真负责对应的是，伍蠡甫生活上的俭朴洁净，饮食素淡。他的

小故事 画展收入捐献抗战

伍蠡甫的山水画有董源、石涛之风，曾得近代国画大师黄宾虹指点。抗战时期，他曾先后在重庆、成都、贵阳、昆明等地举办个人画展，于右任、陈树人、沈尹默、老舍、顾颉刚、徐悲鸿、潘伯鹰等都曾观展。徐悲鸿曾引用杜甫诗句"元气淋漓障犹湿"相赞许。郭沫若则为一幅《山田图》赋百字长诗。伍蠡甫还将重庆一次画展所得，悉数捐献抗战之用，被视作抗战时期文化艺术界的大事。

小故事 向西方介绍中国画理的第一人

1937年，伍蠡甫在伦敦举办个人画展，并应邀在伦敦皇家学会和牛津大学讲演，畅论中国画理和中国画派。多年后又以英文撰写《中国山水画》《中国画的想象》《论顾恺之》《论吴道子》等中国画理研究的论著，发表于英美学刊上。因此，较有系统地向西方介绍中国传统绘画艺术者，伍蠡甫堪称第一人。1937年，伍蠡甫还曾出席巴黎召开的国际笔会年会，不久，成为国际笔会中国分会会员。

小故事 第一批博士生导师

20世纪80年代初，国家教委决定在全国重点高校重点学科设立博士点，评选一批学有专长的教授招收、培养博士研究生，伍蠡甫就是其中一位。此后十余年，他培养了一批后来成为国际知名学者的博士生。学校曾念及他年事已高，不便继续招生。为此事，伍蠡甫在保姆陪同下，拄着拐杖去了趟校长室，说明自己继续招生的意愿。西方文论研究方向又列入1991年博士招生目录。

居室窗明几净，各类常用图书排列有序，一张大书桌，一把靠背椅，一席小床，没有多余的摆设。90岁时谈及生活"不外乎读书、论著、作画，年年如此，明年也不例外，不过具体内容有所不同"。那时的他还在坚持每天工作六小时之多，孜孜不倦。

住在伍蠡甫家附近的人常在天气晴好临近傍晚时分，看见他拐杖拄在胸前，坐在一把椅子里，双眼望着夕阳，身前身后是面积不大的菜畦兼花圃。在旁人的眼里，这一侧影饱含诗意——伍先生就是那样的一个人：寄寓自然、世间，一生求索学问。

为中国现代戏剧的大众化开路

熊佛西

熊佛西

（1900—1965）

戏剧教育家、剧作家

大师简介

原名福禧,字化侬,江西丰城人。1924年赴美国哥伦比亚大学研究院攻读戏剧与教育。1926年回国后,长期致力于戏剧教育。曾在河北定县(今定州)从事农民戏剧实验。历任北平艺术专门学校戏剧系、北平大学艺术学院戏剧系主任,四川省立戏剧音乐实验学校、上海市立实验戏剧学校、上海市戏剧专科学校校长,上海戏剧学院院长。在教学中坚持融会中西古今戏剧艺术之所长,艺术实践与理论学习并重,对中国话剧教育基本体制的形成和发展有显著贡献。作有多幕剧《一片爱国心》《上海滩的春天》,独幕剧《王三》等40余部及论著《佛西论剧》《写剧原理》《农村戏剧大众化的实验》等。

他被誉为"中国的易卜生",与欧阳予倩、田汉、洪深一同被视为中国现代戏剧运动的拓荒者和奠基人。他就是戏剧教育家、剧作家——熊佛西先生。"要是不了解熊佛西,就等于不了解中国近代戏剧教育史。"在中国现代戏剧史上,这四位元老的功绩可谓各有千秋,但在戏剧教育上,熊佛西"培育人才的众多、坚持时间之久长,同时代中很少有人能和他相比"。从1926年留美归国后开始,近40年的戏剧教育人生里,他的足迹遍布全国各地:在北京主持艺专戏剧系,在河北定县开展农民戏剧活动,在四川办校培育抗战的"戏剧铁军",新中国成立后任上海戏剧学院首任院长⋯⋯他的戏剧教育事业一再被迫中断,但他始终没有放弃,一次次应着时代脉搏而拾起。戏剧即教育,在茫茫黑夜中点燃火焰，让戏剧真正走向大众、鼓舞大众，这样的思考和探索贯彻了熊佛西的一生。

"戏剧不仅是健康的娱乐，而更是一种有力的教育"

从事戏剧的目的是什么？有人认为，戏剧是高雅的艺术，要"为艺术而艺术"；有人则认为，戏剧不过是开心取乐的"玩艺儿"，其目的在于娱乐。但在熊佛西那里，他的戏剧观既不是"为艺术"或"为娱乐"——"为人生"是他走上戏剧之路的基本出发点。

这与熊佛西的成长经历不无关系。1900 年，熊佛西出生于江西省丰城县罐山村。因为家境贫穷，他 4 岁便开始拾猪粪、打柴火，在长达 13 年的农村生活里，切身地体会着中国大地上广大农民的苦难。或许也是因为这样，当 15 岁的熊佛西第一次在汉口看到文明戏的专业演出——那是著名"正生"郑正秋主演的爱国戏《黄老大说梦》，他扮一个老农，悲愤地诉说我国地大物博却因列强欺凌弄得国困民穷——便从此在少年心中种下了"干戏是为了宣传革命，开通民智"的种子。

熊佛西的表演和创作天赋，在中学时代就展露无遗。就读于辅德中学期间，第一次自编自演的歌颂革命烈士的

《徐锡麟》，便在师生之间反响热烈。1918 年，湖北闹水灾，学校开展赈灾活动，熊佛西以水灾为题材自编自演了《灾民的呼声》。为了使演出效果逼真，他在临上台前往身上泼了一桶水，浑身湿透地站在台中间倾诉灾民之苦，令观众无不为之动容，仅一次演出就募得三百元赈济款。但是在那个时代，父亲坚决反对他演戏，甚至把他锁在房间禁闭起来。不甘屈服的熊佛西趁着夜色爬窗溜出家门，如期参加为灾民募款的公演。

五四之后，随着以易卜生为代表的欧洲近代"社会问题剧"传入中国，知识界大力倡导"为社会现实"的新型话剧。澎湃的新思潮也激荡着熊佛西的心。1920 年夏，中学毕业后瞒着父亲出走的他来到了向往已久的新文化运动发源地——北京。求学于燕京大学的三年，除了完成学业外，他将大部分精力都投身于当时知识界轰轰烈烈的戏剧运动。1921 年，他与沈雁冰、郑振铎、陈大悲、欧阳予倩等十三人一起组织我国现代话剧史上第一个戏剧团体"民众戏剧社"，明确提出"为人生"的戏剧观："'当看戏是消闲'的时代，现在已经过去了。戏剧在现代社会中，确是占着重要的地位，是推动社会前进的一个轮子，又是搜寻社会病根的 X 光镜……"

大师纪念地：熊佛西楼（上海戏剧学院内）

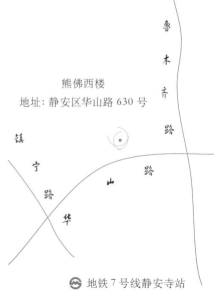

熊佛西楼
地址：静安区华山路 630 号

地铁 7 号线静安寺站

小故事 动荡时局下的坚守

当年四川省剧校的学生演爱国戏，怕国民党的人来捣乱，熊佛西绑了两个手榴弹在身上，整天在剧场门口站岗；上海市立实验戏剧学校时期，反动当局企图以卡经费的手段扼杀学校，穷困潦倒的他和师生们只能每周举行周末公演，卖艺得来几文钱，买点山芋熬稀饭，借以糊口……动荡时局下，他的戏剧教育事业一再被迫中断，但他始终没有放弃，一次次应着时代脉搏而拾起。

1924 年，一次机缘巧合下，熊佛西赴美国入哥伦比亚大学研究院深造，师从美国现代著名戏剧大师马修士教授。当时哥大的留学生济济一堂，熊佛西的同学里有闻一多、罗隆基、梁实秋、余上沅、赵太侔等，这些心有远梦的年轻人一起畅谈国事和艺术，立下"愿以毕生全力置诸剧艺，并抱建设中华国剧之宏愿"。尽管远离国土，他的心却始终为祖国的命运所牵动。看到身边一帮"不学无术、数典忘祖"的"洋博士"，他以近乎闹剧的形式写下《洋状元》，"以期唤醒国内一般迷信留学生的迷梦"；1925年"五卅"惨案爆发后，他愤然写下《一片爱国心》，对帝国主义和卖国政府表达强烈抗议。这部剧作问世后轰动一时，出现连演 400 余场的盛况。

此时的中国，军阀混战、民不聊生。但在熊佛西看来，残酷的现实正是

小故事 培养"通才型"的戏剧人才

熊佛西认为，戏剧是一个综合的整体性的艺术，"剧本、演员、背景、灯光、服装，是剧场上的五味调和"，这意味着戏剧人才在某方面有专长的基础上，还必须对剧场各个部门的工作有整体的认识。"戏校"时期，当时全校师生一律必修"舞台工作实习"课程，新生进来每人发个书包，里面装有锤子、钉子等舞台上要用到的小工具，使他们首先了解剧场的前台、后台每一项工作。

人民迫切需要戏剧的时候。正如他所说，"我一向认为，戏剧不仅是健康的娱乐，而更是一种有力的教育。这种教育的起落，足以影响我们中华民族的兴衰，戏剧是民族精神的最高表现，剧场是衡量民族文化的水准，除非我们不想迈上复兴的大道，除非我们不想把中国建为一个强盛的国家。否则，我们决不能不重视戏剧教育"。1926 年，拿着硕士文凭回到祖国的他接受北京国立艺术专门学校的聘请，担任戏剧系主任兼教授。这是我国第一个把戏剧正式列入国立学校教育中的专业。自此，熊佛西点燃了中国戏剧教育的火种，并终其一生为这一事业鞠躬尽瘁。

"今后的戏剧运动必须转过方向来，朝着大众走去"

和同时代的戏剧运动家相比，熊佛西的戏剧思想有什么不一样？在上海戏剧学院教授丁罗男看来，"大众化"是他思想中最具标志性的特色。"尽管喝了'洋墨水'，但熊先生和当时受国外思潮影响而追求象牙塔艺术的许多戏剧家不同，他是非常'平民化'的戏剧家。一般来说，戏剧的对象是知识分子，但他却觉得戏剧是为大众的，必须向大众走去。如何让戏剧这一外来形式成为中国普通百姓喜闻乐见的新剧种，这是他从美国回来以后一直在思考的问题。"丁罗男这样说。

这在当时熊佛西的戏剧理论探索中也很容易找到例证——在出版于 20 世纪 20 年代末的《佛西论剧》《写剧原理》两部专著中，他就强调戏剧是为

熊佛西雕像

小故事 "爱生如子"的老院长

在学生们的记忆里，熊佛西总是热情洋溢、真性情的："他从来不摆院长的架子，他总是亲切地称呼学生为'孩子们'"；"走在校园里，他总是热情地跟遇到的每个人打招呼，同花匠亲密交谈，和传达室工友嘘寒问暖，想要把学院里的每个人都记住。即便是生命的最后，在华东医院养病的他也要坚持每天到校园里走走。"。

观众服务的，并以此为核心建构起他的理论体系。如在戏剧的本质问题上，熊佛西坚持戏剧的"剧场性"，认为戏剧必须在剧场里演出，而当时有些文学家却往往把戏剧作为文学来看。丁罗男就提及了当年熊佛西与他的同学、莎士比亚专家梁实秋的一场论争："梁先生认为莎翁的作品不应该拿到剧场演，一旦演了就会糟蹋作品本身优美的文辞。熊先生却不以为然，他说如今在文人看来高雅的莎翁剧作，放在当年的伊丽莎白时代其实是很通俗的，有很多买不起票的观众还站在后面看，是非常贴近大众的。"此外，在坚持"剧场性"的基础上，熊佛西还由此提出一系列戏剧创作的特性：他强调"动作性"，他认为适合广大劳动群众的剧本不是莎士比亚式的"充满精神微妙的哲理"，"贯串了缥缈诗意的妙语"，而应当是"粗线条"的、动作性的，既生动又具体，让观众一看就懂。他还提出了在当时广受非议的"趣味中心"和"单纯主义"，尽管他在抗战以后放弃了这两句口号，但对戏剧作品审美要求和对观众审美心理、接受能力的重视，仍是他一直所坚持的。

在熊佛西那里，对戏剧大众化的探索远不止于坐而论道。20 世纪 30 年代，中国共产党领导的左翼文艺运动掀起了文艺大众化的讨论。与某些关在玻璃窗里高谈主义的作家们不同，出身农村、对农民有着深厚感情的熊佛西清醒地认识到，戏剧工作者在知识分子圈里兜来兜去是没有出路的，如果离开农民谈大众化，就是空话。"新兴戏剧的大众化，也可以说要使新兴戏剧农民化"，这是他提出的真知灼见。于是，身为大学

教授的熊佛西放弃优渥的城市生活，奔赴河北定县，到农村去播种戏剧教育的种子，一待就是 5 年。有学者曾评价："这是中国农民和现代戏剧的第一次紧密接触，也是中国历史上第一个自觉地以'实验'为口号的大规模戏剧运动。"

河北定县的 5 年是熊佛西戏剧教育人生里非常重要的经历。他实现了自己的夙愿，希望通过戏剧演出激发农民的"向上的意识"。他说："我们在定县绝不敢摆着传道师的架子，我们只是'戏子'而已。虽然有一个'唤发农民向上的意识'为戏剧内容的准则，可是我尽力应用巧妙的技术，使它成为蕴蓄的，默而不宣的。"农民看不懂高深的、"水土不服"的外国剧，熊佛西发挥自己作为剧作家的才能，深入农村实际生活，以农民为对象连续创作了《屠户》《王四》《过渡》等。这些剧作深刻揭露了农村的黑暗与丑恶，表达了受苦受难农民的真实感受。据他自己回忆有一次《屠户》演出："演到第三幕孔屠户侵占王大的房屋时，台下有一青年农民突然起立，脸红耳热，大声向台上骂道：'揍他妈的老混蛋！'那时我正在台下看戏，看了这种情形不觉深受感动。回忆我当时写《屠户》剧本时，并没有成心要观众反对孔屠户，结果观众倒有了这种反抗的表示。"

除了戏剧内容外，熊佛西还根据农民的喜好和生活习惯，因地制宜地在剧场、演出方式等方面进行革新。他提出"露天剧场"是农民戏剧的最好方式，以青山绿水为背景、以日月星辰为灯光，因为农民所过的就是露天之下的生活，如果把他们圈在一间阴暗的屋子里，像室内剧场那样，反而不能感到心情的舒畅。这在《过渡》的演出中体现得淋漓尽致，这部剧作讲述的是回乡青年带领农民在一条给生活带来极大不便的河上造桥，与劣绅船老大斗争的故事，熊佛西很巧妙地结合故事情节把剧场安排在小河边，利用岸的坡度，让观众可以席地而坐。此外，他还主张"台上台下打成一片，演员观众不分"的新式演出法，目的就是打破幕线，改变观众"隔

岸观火"的态度，使观众不感觉在看戏，而感觉他们在参加表演、参加活动，这样人们才能感到戏剧的亲切。比如在《王四》的演出中，其中有一幕是县政府的法庭，县长在审问被诬陷为土匪而遭逮捕的王四，观众席变为法庭的旁听席，看着王四被逼迫时便不平地高呼"王四冤枉"而要求释放，让观众产生真实之感。

对于熊佛西来说，通过戏剧大众化运动，他要改变的不仅仅是观众"隔岸观火"的看戏态度，更重要的是在深重的民族苦难面前，激发他们对新生活的向往，唤醒他们的革命意识和战斗意识。"我们虽是一群戏子，但我们不愿放弃我们的责任。我们今日是一队战士……在全面抗战的今日，戏剧应该是武器，应该是枪炮，是宣传杀敌最有效的武器，是组织民众训练民众最有力的工具！"1937年，卢沟桥的一声炮响结束了熊佛西在河北定县如火如荼的农民戏剧运动，但他的大众化实验并没有因此而中断——在时代感召下，熊佛西来到成都，担任于1938年8月成立的四川省立戏剧教育实验学校的校长。当时剧校的学生后来回忆："我们每天要操练，要打靶，而熊先生一次也不缺席，他穿起有点过小的学生制服，背起长枪，和我们一起跑步、卧倒……他的有些秃顶的头上冒着汗，他的深度近视镜在闪着光，这情景依然历历在目。"

只是，动荡时局下的戏剧之路注定是荆棘丛生的。当年四川省剧校的学生演爱国戏，怕国民党的人来捣乱，熊佛西不知从哪儿找来两个手榴弹绑在身上，整天在剧场门口站岗。因宣传进步思想，四川省参议会在"皖南事变"后不久便以莫须有的罪名勒令省剧校停办。随后，熊佛西辗转于桂林、遵义等地，在流亡中仍心系着戏剧。1945年11月，怀着建设战后文艺热情的他走进上海市立实验戏剧学校（上海戏剧学院前身），但不久又遭遇"裁撤"风波。在文艺界进步人士和师生的据理力争下，学校才勉强保存下来。1947年，熊佛西临危受命，出任实验戏剧学校校长。不甘心失败的反动当局又企图以卡经费的手段扼杀学校，最艰难的日子里，穷困潦倒的熊佛西和师生们只能每周举行周末公演，卖艺得来几文钱，买点山芋熬稀饭，借以糊口，这样的情形一直延续到上海解放。

以"人"为本，培养面向大众、为社会服务的戏剧人才

熊佛西对戏剧大众化的思考，同样反映在他办教育的理念中，那就是要培养面向大众、为社会服务的戏剧人才。"培养人才的目标，我以为，首先应该注重人格的陶铸，使每个戏剧青年都有健全的人格，是一个堂堂正正的'人'——爱民族，爱国家，辨是非，有情操的人。然后，他才有可能成为一个伟大的艺术家，所以本校的训练的体系，不仅是授予学生戏剧的专门知识与技能，更重要的还是训练他们如何做人。"这一以"人"为本的戏剧教育思想，如今被镌刻在上戏红楼前庭，熠熠生辉，成为无数学子的座右铭。不仅如此，熊佛西当年提倡的许多戏剧教育的具体实践，至今看来仍不过时。

"就像今天我们强调通识教育一样，熊院长在当年便倡导要培养'通才型'的戏剧人才。"丁罗男这样说。这与熊佛西对戏剧本身的理解不无关系。在他看来，戏剧是一个综合的整体性的艺术，"剧本、演员、背景、灯光、服装，是剧场上的五味调和"，这意味着戏剧人才在某方面有专长的基础上，还必须对剧场各个部门的工作有个整体的认识，如戏文系的学生光会编剧却不懂舞台是万万不行的。

当年，演一出戏也是全校出动，而不仅仅是表演系的事情。他还强调要向作为优秀民族遗产的戏曲艺术学习，他教导学生无论发声、吐字、动作、姿势、台风都应该勤学苦练，要有一套过硬的基本功，而这些方面"必须虚心向戏曲艺人学习"。为此，学院先后邀

熊佛西

请周信芳、盖叫天、俞振飞等戏曲表演大师到校示范演出。

在熊佛西看来，要建立戏剧作为一门综合艺术的整体观念，不仅要打破学科之间的壁垒，还必须做到理论与实践的结合。"不到剧场里去而论戏剧，正如研究化学不进实验室一样的隔靴搔痒。"戏剧学校一定要有剧场，除了课堂的理论教学以外，在具体的演出实践中培养学生，是熊佛西的一贯主张。熊佛西反对与世隔绝、关门办学的封闭型教学法，因为戏剧是大众化的艺术，从创作到演出都是社会化的产物。每次演出以后，他都要带着学生和观众沟通，听他们的反馈。他还提出"社会调查"的主张，带学生参加各种社会活动，或到农村，或去工厂、茶馆、酒肆、旅店、码头观察人物及社会百态。

熊佛西留下的这些教学传统，一直延续到今天的上戏。在众多的受益者中，就有他的孙子——熊梦楚。熊梦楚毕业于上戏，如今是上戏的老师。尽管与爷爷素未谋面，但他不仅耳濡目染着爷爷留下的教学遗产，在他的老师以及老师的老师的口口相传中，也收获了关于爷爷一箩筐的故事。从这些记忆碎片里，他还原了爷爷生前的模样，也感受到了一种珍贵的如"大家庭"般温暖的师生关系。

有的故事里，熊佛西是无私的，处处闪现着人性的光辉：学生没有经济来源，无法上学，他就用自己的薪金供他们读书；有的进步学生遭到反动当局迫害，他就冒着风险把他们保护起来，转移出去；学生没有蚊帐，他出钱买；学生食堂缺粮食，就将自己家里的存粮送给食堂。

在更多的故事里，熊佛西是热情洋溢、真性情的：他从来不摆院长的架子，他总是亲切地称呼学生为"孩子们"；他声若洪钟，不时爆发的笑声几可掀翻屋顶；走在校园里，他总是热情地跟遇到的每个人打招呼，同花匠亲密交谈，和传达室工友嘘寒问暖，想要把学院里的每个人都记住。即便是生命的最后，在华东医院养病的他也要坚持每天到校园里走走。

但在另一些故事里，熊佛西却展现了严厉的、一丝不苟的另一面：在排练场上，他是不留情面的"暴君"，你在台上感觉不对，台词吐得不清晰，他一定不会让你过关；即便是一些常人看来的小细节，熊佛西也非常较真。著名配音演员曹雷逢人必讲：当时排演毕业剧目《玩偶之家》，熊院长亲自来执导，她饰演娜拉一角，生活上大大咧咧的她有一次穿着裙裤来排戏，便因为不符合人物形象的穿着而被熊院长训斥，吓得她赶紧跑回宿舍换装。

最令熊梦楚难忘的，不仅仅是前辈们口中的这些故事，而且当他们在讲述这些故事时，总会声情并茂地向他演绎他们记忆中的熊院长。这是"上戏人"纪念老院长特别的方式。

2019年的校庆日上，大师剧《熊佛西》在上戏首演，由四位校友通过他们各自的视角，演绎了不同时代、不同侧面的熊佛西。作为导演，熊梦楚有感而发地说："上海戏剧学院里的熊佛西铜像，每逢毕业典礼和校友返校时都会被学生的鲜花簇拥，我知道，那不仅是晚辈对前辈的怀念，也是学生对老师的感恩；每逢老校友讲起熊院长的事迹时，总会绘声绘色地模仿一段，虽不尽相同，但我知道，那是他们心中的熊院长，更是我们每一个人对中国戏剧教育的希望。"

以心理学在中国的普及为业

张耀翔

张耀翔

（1893 — 1964）
心理学家

大师简介

湖北汉口(今武汉)人。留学美国，获哥伦比亚大学心理学硕士学位。1920年回国，历任北京高等师范学校、北京师范大学、暨南大学、复旦大学、大夏大学、沪江大学、华东师范大学等校心理学教授。晚年任华东师范大学教育系主任。1921年在南京发起成立中国第一个心理学组织——中华心理学会，并任会长。1922年参与创办中国第一种心理学杂志《心理》。主要著作有《心理学讲话》《感觉心理》《情绪心理》《儿童之语言与思想》等。

中国历史上颇有一些可被称为心理学思想的言说，但最终并未发展出独立的心理学学科。在近代中国，科学的心理学传入之际，正是中国社会经历巨变之时，成熟的中国学术传统对接了潮涌而来的西方学术，造就一批学贯中西的博学人才，比如梁启超、王国维、鲁迅、蔡元培、梁漱溟等。他们大多并非心理学家，但仔细研读过心理学方面的知识，将自身丰厚的传统文化素养和西方心理学知识相结合，留下了涓滴心理学思想成果。五四前后是心理学在中国的关键时期，随着一批留美专业心理学学人回国，在北京大学、北京高等师范学校、南京高等师范学校等学校开设心理学课程，这门学科在中国的影响逐渐扩大。这批学者或可被视为中国现代心理学的代表人物，其中就包括了中国第一个心理学组织"中华心理学会"的首任会长张耀翔。

张耀翔曾说过:"人生除去一切情绪,便立刻变为枯燥、狭隘。那些只有思想、认识、判断,而无喜乐、愤怒、忧虑、恐惧者,绝非真实、健全、完备的人。"心理学研究对他而言固然是一门专业,但首先是终身的兴趣。天下科目众多,怎样会选定这一科呢? 他认为与儿时经历有关。

初入心理学门径

1893 年 2 月,张耀翔出生于湖北汉口。父亲张光禄曾考取过秀才,靠教私塾养家,母亲是不识字的农村妇女。家中原本有四个子女,因生活贫困,有两个早夭,只剩下张耀翔和妹妹耀芬。在父亲的教导下,张耀翔自小便积累了一定的文化基础。不幸的是,双亲在他十岁时相继离世。汉口文华学校有一位美国来华传教士,跟随他父亲学过中文,和张家私交甚好,在这位友人帮助下,张耀翔进入文华学校读书。

汉口是个人口稠密的城市,张耀翔小时虽然贪玩,但在窄街陋巷之中,绝少户外活动的机会,据他回忆,"游戏几乎全限于户内,户内有什么可玩的呢? 还不是讲故事,下棋,猜谜等用脑的游戏……后来有人把七巧板、九连环介绍给我,我是更加喜欢了"。他钟爱这类益智游戏,稍长又参加了几次诗宝游戏,即以古人的偏僻诗句挖词填空,从几个答案中选,与原诗相合为胜。他兴趣盎然地看了许多集句诗文,尤爱黄之隽的《香屑集》和苏蕙的《璇玑图》。15 岁那年,他参加了一个常识抢答的游戏,得了第一名,"奖品所值无几,但我的愉快则非笔墨所能形容"。他开始自编游戏题目,编齐一百条,各科常识都有,总其名曰"养脑片",自认为是于脑有益的玩乐。

1913 年,张耀翔 20 岁,投考清华学校,插入高等科三年级。两年后,由清华保送赴美留学。赴美前夕,他和同级友人廖世承讨论未来专业,认为"人为万物之灵,强国必须强民",决心像当时清华校长范源濂先生那样献身祖国教育事业。学校拍毕业集体照和个人照留念,他在个人照后写下一首打油诗,其中两句为:"此身原许疗民瘼,誓把心书仔细研",表达了赴美留学之际内心的期待和读书兴邦的决心。

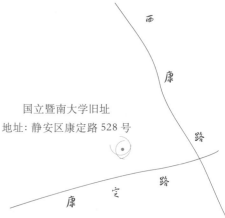

国立暨南大学旧址
地址: 静安区康定路 528 号

大师纪念地:国立暨南大学旧址

地铁 7 号线昌平路站

毕业之际，张耀翔由清华保送赴美留学。赴美前夕，他和友人廖世承讨论未来专业，认为"人为万物之灵，强国必须强民"，决心像当时清华校长范源濂先生那样献身祖国教育事业。学校拍毕业集体照和个人照留念，他在个人照后写下："此身原许疗民瘼，誓把心书仔细研。"

1921年春，张耀翔受女高师教务处盛邀，作了题为"心理测量"的公开讲演，提出中国教育要想走上科学之路就必须走上测验之路。讲演内容后来以《心理测量》为题发表于北高师主办的《教育丛刊》上，产生了较大学术反响。该文被时人推许为教育测验运动在中国的第一声。

抵美后，张耀翔先在马萨诸塞州的安麦斯大学，一年后转学至纽约哥伦比亚大学。求学期间，他修读了普通心理学，领略了几个心理实验的趣味，便进一步选习了实验心理及测验。张耀翔在初入心理学门径之时，仿佛"重逢了许多旧日的游戏"：反应时间试验以及其他有时间限定的试验是抢答游戏，联想试验是集句诗文，九连环已直接被哥伦比亚大学采作思想试验材料，form boards 是改造了的七巧板，等等。自此，他认为"找到我所要学的东西"，"研究心理学的志愿此时乃确定"。张耀翔后来曾自述留学经历，认为："我是拿游戏精神治学的，也曾如此劝导学生。人对所学若得不到像对游戏的兴趣，就当即时舍弃。"他认为心理学"能与天下许多言行事物发生关系"，这也使他对事物有宽泛而浓厚的观察兴趣。

张耀翔在哥伦比亚大学获得心理学硕士学位。1920 年，北京高等师范学校校长陈宝泉先生赴美考察教育，到哥大参观，邀请几位留学生回国任教，张耀翔也在其中。陈校长还托他购买一批心理学图书仪器。张耀翔提出一个条件：只担任专修范围以内的功课，不愿越出本行去勉强上其他的课。张耀翔说："心理学好比是我的宗教。"在之后 40 余年教书生涯中，他也切实印证了这一初衷。陈校长答应了他。是年 9 月，他成了一名留美回国的年轻教师。

中国第一个心理学组织，东方第一种心理学杂志

张耀翔到北高师后的第一件事，就

是筹备一个心理实验室。"好不容易在一座二层楼角上找着了大小两间房。我把小的一间作为仪器室兼预备室，大的一间作为实验室，可容十人。将我带回及陆续添置的仪器勉强装满了两个玻璃柜。这个心理实验室要算中国很早的一个了。"

其时，他在北高师担任四门课，即普通心理、实验心理、儿童心理、教育心理各三小时。他一人住在教职员宿舍一间很清静的房里，"抖擞全副精神，干我预备以后多年要干的事"。每晚要点蜡烛预备功课，要编四种讲义，学校按时发给的几支蜡烛不够用，他得自费添购一些。

初为人师，张耀翔备课时，会把上课要说的话句句写出，如此做了几次，觉得这种教法实在机械呆板，马上放弃，代以使用教学大纲，然后把要说的话充分想好。他也不用课本，因为课本材料太固定，众口难调，不如纲要，可自由修改。他认为，用课本势必连带地要采用背诵法或问答法，这些方法固然可使学生在课堂上时刻紧张着，但对于大学生，不是好的教法。

他欢迎学生在课堂上发问，但不愿意把太多时间用在讨论上，认为："若讨论的问题没有绝对的真伪是非善恶，那更是白费时间。讨论很容易越出题外，把正题或预定的教材耽搁了。上课的时间每次是固定而且很短的，每分钟都相当宝贵。讨论可在下课以后个别地举行。必要时也可组织特别讨论班。"他也不赞成学生在课堂上机械地做笔记，认为影响听课效果。复杂的教学资料，比如统计表、定律、公式等，他主张事前印

1922年11月14日是北京高等师范学校成立纪念日,张耀翔主事的"心理实验室"现场做了一次问卷调查。问话八句,关于国事、地方行政、社会心理、生活改良等方面,希望以此"窥探吾民真正舆论之所在"。这是中国现代问卷调查的开端。

出,而有价值的笔记应当根据各人不同的听课心得来记。

由于张耀翔的教学方法既注重理论又注重实验,形式活泼,内容丰富,又因为是留美回国的"镀金派",他成为各校周知的"教学能手"。对此,张耀翔有清醒的认识,也反对学术上一刀切的崇洋媚外。他说:"我是新回国的,教育界对于新回国的也特别看重,料想准是带了许多珍奇秘术而归。他们说我所讲全是新的,实验的;旁人所讲的太旧,偏于理论。我听了只有暗中发笑。其实我所讲的新材料固有,但都以旧的为基础,固注重实验,但都以理论为出发点及归宿。现代学生太迷信新了。于学问文化不问对不对,只问新不新。以'新'代'真'是他们的通病。……他们把学术和信仰看同少女的服装,要讲究时髦的。"

无论如何,他在教学上颇有声名。第二学期就有三个学约他兼课。他辞谢其二,只到北京女子高等师范学校担任"儿童心理"教学两小时。选女高师是因为,他认为师范学校对心理学更注重一些,而他也有一些实验想要在女校里做。这一选择影响了张耀翔"以后的整个生活",他在这里找到了理想的伴侣,即五四"四公子"之一的程俊英(庐隐:《海滨故人》)。

1921年春,张耀翔受女高师教务处盛邀,作了题为"心理测量"的公开讲演,提出中国教育要想走上科学之路就必须走上测验之路。讲演内容后来以《心理测量》为题发表于北高师主办的《教育丛刊》上,产生了较大学术反响。该文被时人推许为测验运动在中国的第一声。

1921年夏,南京高等师范学校举办暑期教育讲习会,听讲者多为各省中等学校教职员及南高的教育系学生。张耀翔被约为讲师之一,担任"教育测验"及"教育统计"两学程六星期。国内学校设"教育测验"一科,这是第一次,这也是张耀翔彼时正大力提倡的,可谓正中下怀。于是,他拿出全副精神来讲,并做试验给大家看。他把留学时收集的及个人编制的一些测验样张陈列展览,以引起国内教育界对于教育测验的重视。

讲习会快结束时,多名学员签名发起成立"中华心理学会",征请多位心理学教授参加,在南高师临时大礼堂开成立会,通过简章,选张耀翔为会长兼编辑股主任,陈鹤琴为总务股主任,陆志韦为研究股主任,廖世承、刘廷芳、凌冰、唐钺等为指导员,邰爽秋、吴定良、戴应观、胡昌才等为干事。议决总务和研究两股办事处设在南高师,总会及编辑股办事处设在北高师。这是中国第一个心理学组织,比起会长一职,张耀翔更看重编辑股的职务,因为他"久有意在中国创办一心理杂志"。

从南京北返后,张耀翔一面立即组织编辑部邀约专家担任撰述,一面商请上海中华书局印刷发行。他回忆:"在这里我不能不感谢该局主管人陆伯鸿、左舜生二先生的始终热心赞助。经过四个月的筹备,1922年1月,中国第一种心理学杂志,不,东方第一种心理学杂志,在上海出世了。左先生先以快邮寄我一册,外书'先睹为快'四个大字。你想我收到了是如何愉快。"

《心理》杂志内容计分普通心理、实验心理、动物心理、儿童心理、青年心理、社会心理、变态心理、心理学史、应用心理、教育心理、智力测验、教育测验、心理界闻等类,稿件的采用遵从"认文不认人"的原则:使文属平常,虽名家之作不录;使文具特点,虽学生之稿亦刊。杂志的定位一面求适合科学标准,一面又求通俗,偏于科学不能为一般读者了解,太通俗或不免引起专家非议,调和于二者之间颇费周章。至于内容,尽量求适合国情,形式尽量求中国化。

杂志第一期出版不到一月就再版了。这类科学杂志能在极短时期内再版,殊不多见。那时日本还没有这一类杂志,所以很注意中国的出版,订购者踊跃。当时到过日本考察教育的学人,回国后告诉张耀翔:"中国的心理杂志几乎在该国每个大图书馆里都找得出全份。"日本的第一种心理杂志是在一年后(1923)问世的。张耀翔颇为自豪:"吾杂志总算占先,在东方堪称最早的了。"

《心理》杂志共出 14 号,发表论文150 篇,计 140 万字。当时的心理学专家如陆志韦、陈鹤琴、廖世承、谢循初、艾伟、陈大齐、曾作忠、樊际昌、赵演、沈有乾、庄泽宣、余家菊、朱君毅、邱椿、赵迺传、杜元载、吴定良、余天休、卫中等,都曾参加撰述。张耀翔在该杂志上发表 29 篇文章。他在"创刊号"上发表的《中国学者心理学之研究》一文,将过去 16 种著名杂志关于心理学论文凡 113篇,编成索引,摘要介绍。中国杂志论文之有索引或摘要,便是以这篇为开端的。后来他又继续调查,到 1933 年,得890 篇,查过的杂志增至 67 种,论文作者凡 431 人。他把这些论文的题目、出处、作者姓名及内容提要,整理编成一部《心理学论文索引》,后由暨南大学出版。这是当时一部研究心理学的人"参考起来很觉便利"的工具书。

此外值得一提的是,从中国心理学会于 1921 年成立至 1949 年的 28 年里,《心理》杂志及其他一些报纸杂志上发表过多篇研究中国古代心理学思想的文章,尽管零散且缺乏正确的指导思想,但这一时期也是中国心理学史学科的重要准备阶段。张耀翔本人从 20 世纪30 年代开始,有意识地搜集中国心理学史资料,若断若续,可惜未能成书,但在 1940 年发表了《中国心理学的发展史略》一文,这也是最早较全面论述中国心理学史的文章。他从中国典籍中的"心理"二字入手,论及 20 多位古代思想家的心理学思想言说,体现了从中国历史深处汲取养分,把西方心理学理论和中国文化传统相结合的学术视野。

中国第一次问卷调查

1922 年 11 月 14 日是北京高等师范学校成立纪念日,学校各部、各学系按照旧例将所取得的各项成果陈列展览。张耀翔主事的"心理实验室"也在当天开门迎接参观。为了扩大影响,他组织实验室同仁专门设计了一份测验表格,现场做了一次问卷调查。

调查现场专门备一只纸箱收集问卷,又准备了多支水笔、铅笔供答题者使用。在问卷上填写时,其他人不许窥视;问卷不署姓名,填好后投入纸箱;纸箱不允许取出翻阅。为使结果更为准确,组织者对问卷印制还采取了保密措施。他们先刻好蜡版,到纪念日的前一天才去油印。当日走进心理实验室的人们,每人发到一张问卷,内载问话八句,关于国事、地方行政、社会心理、生活改良等方面,比如"当今活着的中国人你最佩服哪一个""中国有许多不良的风俗和习惯,你觉得哪一样应当先改良""北京地方上急当设立的是什么"。问卷希望以此"窥探吾民真正舆论之所在"。

这样新颖又符合科学方法的问卷调查,即使在高等师范学校也是十分新鲜的,所以当时参与填表者十分踊跃,达千人左右,都是知识分子,其中有许多教育机关及各校的代表。现场收到的填答问卷达到 931 张。这是中国知识界一次空前大规模的问卷调查,也是中国现代问卷调查的开端。

心理学界的"华东师大五虎将"

在北京高等师范学校一年后,该校改名为北京师范大学,张耀翔任教育研究科(即今之研究生院)主任。至 1928年,北平教育经费前后积欠至两年之久,当年直到 11 月,各校迟迟无法开学。这一年开始,承欧元怀、郑晓沧、孟宪承、谢循初等邀请,张耀翔往返京沪之间，在大夏大学、暨南大学、光华大学等校任教。1930年，任商务印书馆《教育大辞书》特约编辑，1934年任该馆主编的《教育》杂志"世界著名杂志摘要"专栏特约编辑。新中国成立后，又担任复旦大学教育系教授。

华东师范大学成立后，在系科设置上，为适应国家建设的需要，先行设置了11个系，教育系是其中之一。张耀翔应系科调整安排，至华东师范大学任教。华东师大教育系成立之初，有心理学、教育学和教育史三个教研组。1951年至1952年期间，来自复旦大学的谢循初、萧孝嵘、左任侠、胡寄南、张昉，来自大夏大学的张耀翔、欧元怀，来自光华大学的朱曼殊，来自震旦大学的谭书麟，来自沪江大学的方同源，共同组成了心理学教师队伍，后卢仲衡、李丹、胡祖荫、郑家瑷、邵瑞珍、曾性初等人也充实到这个队伍中来。张耀翔、谢循初、萧孝嵘、左任侠、胡寄南五位均有欧美留学背景，在中国心理学界，有"华东师范大学五虎将"之称。

1952年9月13日，张耀翔在校刊发表《我的心理学观点的转变》一文，他深刻地认识到苏联心理学的科学性和政治性，表示要做为人民服务的心理学家。1956年9月，教育系开办全国第一个心理学研究生班，谢循初担任班主任，并与左任侠、萧孝嵘、胡寄南、张耀翔等教授一同担任导师，主要课程为"巴甫洛夫学说""高等心理学"等。张耀翔在华东师大继续从事着他钟爱的心理学教育和研究工作，以促进心理学在中国的普及为志、为业、为乐，直至1960年突患中风半身不遂，四年后不幸离世。

张耀翔毕生致力于心理学的教学和研究，并热心科学普及工作，对中国心理科学的建立、发展作出了重要贡献。他的夫人程俊英曾评价："耀翔一生的主要精力是花在心理学教学工作上。他自己对所教的和研究的都非常有感情，而兴趣一天浓厚一天，四十年如一日。"

他在多年的教学工作中积累下丰

《心理学文集》

富且成系统的讲稿，但对著书这件事却是"异常胆小"。他好几次打算将几种思考成熟的材料拿去出版，忽然又发现了新材料，便又搁置下来。伍德沃思的一本《普通心理学》初版写了六七年，每出新版也必大事修改；其《实验心理学》更是写了十五年还未付印。张耀翔以此为榜样，对出书慎之又慎。尽管如此，他还是以其毕生耕耘留下了所涉领域广泛的一批专业著作，包括《感觉心理》《情绪心理》《心理学讲话》《儿童之语言与思想》等，以及大量论文。

张耀翔对学术有持续的兴趣，却没有必成一番功业的野心，他曾说："我于学术运动喜欢倡导，等到有了反响，立即转向他方，前事成功不必在我。"他还曾对自己有这样一番评价：

张某对心理学并没有什么特殊贡献，不过他把心理学在国人心目中演成一个极饶兴趣、惹人注目的学科，则是事实。1920年以前心理学在中国太神秘了，太枯燥了，太与实际生活问题漠不相干了。凡听过他的讲授或读过他的文章的人，大都感觉兴趣，留下深刻的印象，从此对心理学注意的不知凡几。因受到他的影响而志愿专门研究，终以心理学得名的也大有人在。他的学生、毕业出去担任同样学科而成功的，亦不乏其人。这些，当然同时也要归功于他人。

由兴趣开始，回归到兴趣本身，兴趣是不会说谎的。张耀翔漫长的学术生涯，既忠于心理学这门学科本身，也忠于自己在年少时就已若隐若现的探究人类心理的兴趣。

大

不求一时誉，当期千载知

王蘧常

王蘧常
(1900 - 1989)
文史学家、书法家

师

大师简介

字瑗仲，号明两，别号涤如、欣欣老人等，浙江嘉兴人。幼承家学，后从学于沈曾植、唐文治、梁启超等。历任无锡国学专修学校教务长，大夏大学、国立暨南大学、交通大学、复旦大学教授。于经学、文学、史学等皆有造诣，又以书法驰名，融古文字与章草自成一体。著有《诸子学派要诠》《沈寐叟年谱》《明两庐诗》《顾亭林诗集汇注》《秦史》《王蘧常书法集》等。

20世纪的文化史，是一段新旧文化不断角力的历史。在现代化的进程中，传统文化曾命途多舛。同样站在十字路口，出生于1900年的王蘧常先生却坚守了一条似乎与他所处的时代潮流"格格不入"的道路：他将国学作为一种活的文化继承下来，成为这种"活文化"的创造者和践行者。一个世纪以后的今天，回顾他的一生，品读他的学问、他的才艺、他的人格、他的师道，他身上的一切，都是中国传统文化的宝贵遗产。

中国文化深厚土壤里养成的 "通才型"大师

现在人们知道王蘧常，大多是从书法开始，但事实上，书法只是他的"冰山一角"，他首先是一位博大精深的学者，一位以教书育人为乐的师者。"乃所愿学孔子之教人与孟子之得天下英才为乐"，这是他在青年时代就立下的志向。

以今天的学科分类标准，人们似乎很难找到一个恰当的"标签"来囊括王蘧常深厚的国学造诣。他精通文史哲，著作等身，范围遍布于先秦史学、诸子学、诗学、谱传学、文献学等诸多领域：在史学方面，早年就有"王三代"之称，后撰成第一部纪传体的秦朝历史《秦史》；在诸子学方面，著有《诸子学派要诠》等，对历代诸说详加辩证，客观勾勒出先秦诸子学派之状况；又先后为严复、沈曾植、陈化成、钱仪吉等先辈作年谱，广泛搜罗诸家文稿、考证精详。而学问之外，他又是以诗文与章草而闻名于世的艺术家。

复旦大学哲学学院院长孙向晨认为："先生身上的通贯和'整全性'，其实反映的是一种对于中国传统学问的见解。国学本就是一个有机的整体，在今天反而被现代学科分类标准而分割得'身首异处'。"王蘧常的学生、《人民日报》原总编辑范敬宜也曾这样总结老师的学术成就："要想全面认识王蘧常先

生，不可不研究他的书法；研究他的书法，又不可不研究他的学问，更不可不研究他的人格。在他身上，这三者是一个不可分割的统一体。"

究竟是什么样的文化土壤，滋养出这样一位通才型的大师？从他的家学和师承不难找到答案。王蘧常出生于浙江嘉兴的书香世家，父亲王甲荣是近代著名诗人。幼承庭训的他，3岁辨四声，5岁读《四书》《毛诗》，7岁即耽读韩愈、柳宗元文章，作诗10余首，被誉为"神童"。10岁入学堂，白天上学，晚上在父亲指导下阅读《史记菁华录》《纲鉴易知录》等史书，且大多都能倒背如流，很快就对中国历史了然于胸。深厚的家

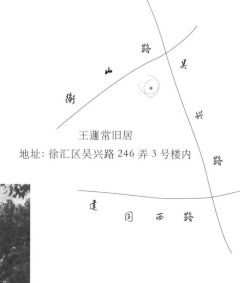

王蘧常旧居
地址：徐汇区吴兴路246弄3号楼内

大师纪念地：王蘧常旧居

地铁1号线衡山路站

小故事 发前人之未发，证前人之所无

在通贯的基础之上"发前人之未发，证前人之所无"，这是王蘧常始终恪守的治学原则。其中最具代表性的就是治秦史，"《秦史》断代，二千年来无作手"，这无疑是一项前无古人的开创性工作。他在旁征博引、"多取地下材料"的基础上"无征不信，言必有据"，并做到"旧史积习，扫地刮绝"，被文史大师孙德谦誉为"隐然欲立史家新范""洵为不朽之作"。

小故事 博取古泽，袭故开新

王蘧常的书法艺术其实是他深厚古文字功底及其广博学养的外化。他用隶书和篆书的笔法写草书，使得原本"一寸见方"的章草，在他笔下可以有一张桌子那么大。为此，他曾经坚持六年用篆文记日记，还把《说文》中的全部篆字写过许多遍；并饱览大量草书碑文，拒绝杜撰，真正做到"笔笔有来历"。谢稚柳曾评价其书法"是章草，非章草，实乃蘧草，千年以来一人而已"。

学渊源之外，王蘧常追随过的每一位老师，都是近代史上赫赫有名的国学大师。他从唐文治学经文，从梁启超治文史，从沈曾植和康有为学书法，"转益多师却不固守一家"，这自然为他的博通奠定了底色。

在王蘧常的求学经历中，不得不提无锡国专。它由著名教育家、国学大师唐文治先生于1920年创办，在传统文化式微的当时，这所学校却以传统文化为教学研究对象，成为20世纪教育史上特别的存在。无锡国专第一届招生仅24人，却有1500多人报考，因为不限年龄，其中不乏两鬓斑白者，年轻的王蘧常从中脱颖而出，成为唐文治的学生。自此，从学生、留校任教，再到无锡国专的教务长，他不仅是唐文治最得意的学生，更作为他教育事业的接班人，在长达60多年的教育人生里，为中国传统学术的传承鞠躬尽瘁。

有"照着讲"的扎实，更有"接着讲"的创新

回过头来看，在治学态度和方法上，王蘧常的几位老师都给他留下了深刻的影响。如果说唐文治以"务实深进"为特色的学风为他打下了坚实的国学根底，那么梁启超和沈曾植的教诲则指引着他走上了一条"毋走常蹊"的道路。

王蘧常后来回忆说，"受教于唐文治者至深且大。经学理学外，尤深得其论文及读文之法"。唐文治督教严格而又循循善诱，所教经文必定要学生能

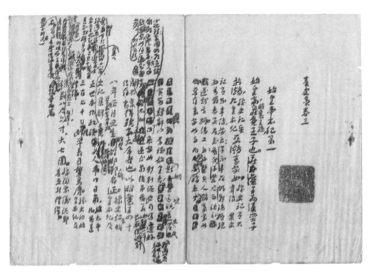

王蘧常《秦史》手稿

民族兴亡之际，传统文人的铮铮铁骨与高风亮节，于他的笔墨间清晰可见：痛感于中国近代之遭凌辱，他作《国耻诗话》；倭寇猖夏，他又著文《论倭不足畏》，传诵一时；全面抗战起，他诗笔纵横，其中联语云："英雄血尽遗余垒，魂魄归应恋旧邦"；又："要使国家留寸土，不辞血肉葬同坑"，后编为《抗兵集》。唐文治赞其"张春秋之直笔，挽沧海之狂澜"。

背诵，并亲自面试，每月考试一次，内容不限经学，兼及史学、子学、文学。唐文治还认为，文字是经天纬地的事，了解古文源流变革的线索，就能明白古书的经纬及命意，这些都对王蘧常影响至深。读书时，王蘧常便与他的同学、文字学家唐兰一起坚持背诵《说文》部首540部，来往信札也都坚持用甲骨文或钟鼎文。留校任教后，为了讲授古典文学，他更是"疲精考据，常穷日夜"，凡是遇到异文奇字，必摘录而深究。初上讲坛，有学生看他年轻，故意拿出古文奇字"刁难"，他都能一一作答。老师的教诲也一以贯之在王蘧常对学生的教导中，晚年在复旦大学给研究生新生上课，让他们读的第一本书还是《说文解字》，并且花了整整两年时间来讲授。

让学生们印象深刻的，还有王蘧常惊人的记忆力。据他的学生、著名红学家冯其庸回忆："当时老师讲《庄子》，我听他讲《逍遥游》。老师讲课时从不带课本，从正文到注释全是背诵，而且与我们带的《庄子集释》一点不差，重要的是他疏解了各家的注释后，往往出以己意，发人深思，所以那一学期，一篇《逍遥游》没有讲完，但他却给了我治学的门径，那种'独上高楼望尽天涯路'的境界。"

中国学术有"照着讲"的传统，但王蘧常不仅有"照着讲"的扎实，更有"接着讲"的创新。在通贯的基础之上"发前人之未发，证前人之所无"，这也是他始终恪守的治学原则，许多著作都能为之佐证。

其中最具代表性的就是治秦史，正如当时的文史大师孙德谦在为其所作的序中这样写道，"《秦史》断代，二千年来无作手，一若留以待君者"，这无疑是一项前无古人的开创性工作。早年问学于梁启超时，王蘧常曾听老师讲起中国旧史研究的弊病，"记载历史，仅记事件，不记原因及影响，故史书虽多，缺乏生气"，他便"毅然立志，一新其面目"。在秦史的纂著中，王蘧常在旁征博引、"多取地下材料"的基础上"无征不信，言必有据"，并做到"旧史积习，扫地刮绝"，被孙德谦誉为"隐然欲立史家新范""洵为不朽之作"。此外，诸子学研究中的王蘧常也是"特立独行"的，在《诸子学派要诠》中，除了人们熟悉的孔孟之外，他还敢于碰一些"硬骨头"，如研究较少的荀子，甚至诸子中"冷门"的文子，他都有精到的阐发；他并不拘泥于儒家的研究，而是对先秦诸子都有深入的了解，并将他们的思想融会贯通。孙德谦曾高度概括王蘧常在诸子研究中的最大特点："以子证子，以本子证本子，不涉己见，而源流短长毕具。"

世上的高明，靠的其实都是"笨"功夫。撰《秦史》时，为了广罗史料，王蘧常效仿倪端著《六艺之一录》时发动亲属相助的故事，找出数十种古籍分给家中亲属，要求他们不论理解与否，凡遇秦字即抄录，不出二月便得抄本十余册，抄录虽然芜杂，经过他的细心剪裁摘秀，却化为丰富的史实素材。搜集史料只是第一步，治《秦史》的过程更是一波三折，几乎耗尽王蘧常毕生的心血——初稿在战乱中遗失被毁，二稿又在政治运动中被撕成碎片，他曾经一度灰心绝望，但想起胡三省注《通鉴》数毁终成之事，便一次次打起精神，不顾年老体迈，举秉烛之光，在残稿的基础上次第补苴。

对王蘧常来说，学问和生活早就难

以分割。据他的学生、复旦大学哲学学院教授吴晓明回忆:"我曾听师母说,先生年过古稀,仍每日读书不倦。若晚上睡不安稳,便从脑子里搜罗些文章来背,不拘四书五经、经史子集。如果背得顺畅,便一觉睡到天亮。有一回背诵欧阳修的文章,忘了一句,结果硬是半夜起来,从床底寻出《欧阳文忠公集》,找到那一句,方始安心睡下。"

独辟蹊径专攻章草,"我只是想把字写得古旧一些"

对传统文人来说,擅书是基本功。近现代有许多名被学术所掩的国学大师,王蘧常却恰恰相反,他的章草在近代书坛享有极高的声誉,著名书法家谢稚柳曾评价他的书法"是章草,非章草,实乃蘧草,千年以来一人而已",在日本书法界更是有"古有王羲之,今有王蘧常"的美称。但他本人却始终很谦逊,直到逝世,他也不肯听别人叫他大师。据吴晓明回忆:"先生曾经对我说,'外面都说我的书法写得好,我写得真的好吗?其实我只是想把字写得古旧一些'。"

在吴晓明看来,先生这一艺术追求的形成有其客观的历史背景,那便是清末的碑学运动。这是书法史上的一个重大转折,"值金石之盛,乘帖学之坏,碑学浡然以兴",帖学已经失去了古意,文人都希望从更古老的碑刻中寻求灵感,"以复古而求开新"。而在所有文体中,草书最难,因为它不是正体,所以在古代碑刻上极为罕见。但在沈曾植的教导下,王蘧常却恰恰选择了这条最孤独而艰难的道路。"从书法史的角度来讲,我认为先生是碑学运动最后的完成者,他将草书和碑学的精神完全结合起来,这是一个非常大的成就。"吴晓明如是说。

为了实现草书的"复古",王蘧常付出了常人难以想象的努力。他的方法有

二:"一则定章草为'解散隶体'",用隶书和篆书的笔法写草书,这样就使得原本"一寸见方"的章草,在他笔下可以有一张桌子那么大。为此,他曾经坚持六年用篆文记日记,还把《说文》中的全部篆字写过许多遍。"二假秦简汉牍之新出,爬罗剔抉,补草书进阶之阙如,接隶变茫茫之坠绪",饱览大量草书碑文,掌握比前贤更多的书法资料,拒绝杜撰,真正做到"笔笔有来历"。

也正因为如此,王蘧常的书法艺术其实是他深厚古文字功底及其广博学养的外化。这种"学人之书"的气质,不是单纯苦练技巧所能习得的,而是万卷书香里酿出来的,因而书法界也流传着这样一句话:"读王蘧常的书法,主要是读他的学问。"正如范敬宜所说:"学人未必就是书家,但真正杰出的书家必然是杰出的学人。这是被中国书法史所证明了的一条规律,而王蘧常先生则是一位典型的代表。"

据儿子王兴孙回忆,晚年有人向父亲求墨宝时,他特别喜欢书以荀子《劝学》篇中的"真积力久"。值得一提的是,民国以后,白话逐渐取代文言,钢笔也逐渐取代了毛笔成为主要书写工具。然而,王蘧常却仍然保留了传统文人的习惯,无论写文章、书信,还是记日记,全都用毛笔,并以文言书写,这在他那一代文人中也极为罕见。"真积力久",无论书法还是治学,这四个字又何尝不是他信奉了一生的座右铭。

"人生当世,气节而已矣"

中国的文化传统向来强调知行合一。"人生当世,气节而已矣。"正如1945年唐文治在为《嘉兴王君瑗仲文集》所作序言中这样开宗明义,王蘧常的学问也与他的人格和气节紧紧联系在一起。王蘧常最尊崇两位前辈学者,一位是顾

王蘧常与孙女王晓晏、孙子王晓洪

亭林，一位是唐文治，他们都是具有高尚操守和民族气节的学林领袖。"天下兴亡，匹夫有责"，顾亭林这句响亮的口号他推崇备至，并以此一生自勉。

王蘧常一生远离政治，无党无派、无官无职，只是纯粹的学者和文人，但身逢乱世，他并不是躲在书斋里"两耳不闻窗外事"的书呆子，民族兴亡之际，传统文人的铮铮铁骨与高风亮节，于他的笔墨间清晰可见。最为后人津津乐道的便是他在抗战期间为鼓舞民心及士气而作的诗文：痛感于中国近代之遭凌辱，他作《国耻诗话》；倭寇猖夏，他又著文《论倭不足畏》，传诵一时；全面抗战起，他诗笔纵横，编纂出版《抗兵集》，从中可观世变，也可作民气，堪称一部蔚为壮观的抗战史诗。

更难能可贵的是，王蘧常在大是大非面前，不愿与世浮沉的气骨。1940年春，汪伪政府在南京设立伪中央大学。校长是王蘧常在无锡国专求学时的老师，屡次邀请他去担任文学院长，他都断然拒绝，并以《节妇吟》一诗明志。随后，他所任职的之江文理学院、大夏大学及光华大学附中都在战乱中相继关闭，不久交通大学也被汪伪政府接管，他与陈石英、裴维裕等共六名教授，坚持民族气节，愤而辞职。敌伪势力十分恼火，曾有特务用装有子弹的恐吓信逼王蘧常返职，他不计个人安危，义无反顾。离开伪交大后，王蘧常便无一处任教之职，毫无收入，后来得到当家庭教师的机会，才勉强维持生计。据王兴孙回忆，沦陷时期，家里经常吃夹带山芋块的饭，有时一餐全吃山芋。有一年除夕，也无可口的饭菜，只能以菜粥当年夜饭。虽然如此贫困，父亲对人却说："行心之所安，虽苦也甘。"

教学生学问，更教他们做人之道

数千年中华文化的传承，靠的不仅仅是文字和书本，更是一代代文人硕儒的世代相传。无论学问、才艺还是人

王蘧常

格，王蘧常的身上都能看到他几位老师的影子。"为人师者"自然也是他一辈子最看重的身份。

在怀念文章里，王兴孙这样写道："父亲总想把自己所学完全传给学生，让学生不仅有成家立业之本领，而且对国家、社会多作贡献，成为栋梁之材。他在讲课时，常常谈到做人之道，对此更是循循善诱，言传身教。"这一点在王蘧常的学生、复旦大学哲学学院教授李定生那里也得到了印证。师从王蘧常 30 年，他学到的不仅仅是学问，更是做人之道，"老师说'内圣外王'概括了中国传统思想的全部问题，意思是'内在修身，外在做人'。他告诫我读史的目的实际上是对自身的一种修养，而不能纯粹地把它当作知识来接受。在这点上，老师本身的言语和作为对我产生很大影响"。

王蘧常的这一教育理念，其实继承着唐校长为无锡国专订立的办学理念：修道立教，正人心、救民命。特别值得

一提的是，20 世纪 40 年代，王蘧常在拒绝出任伪职、为生计奔波的同时，他还要为无锡国专的办学而殚精竭虑——当时，因唐文治年迈体衰，实际校务和教务几乎全由他一人肩负。他深知培育人才离不开名师，便先后请来了许多热心教育而又卓然成家的学者，如周予同、周谷城、蔡尚思、朱东润、张世禄、胡曲园、王佩诤先生等，从这份名单中不难发现，他当时聘请的都是造诣极深的名家大师。此外，筹经费也常常让王蘧常伤透脑筋，往往到学期终了前一月，教职员工薪水还无着落，他便不得不奔走于富家巨绅和私人银行之间，募捐借贷，以渡难关。

但正是王蘧常和唐文治的这种坚持，在新旧更替的时代夹缝里为中国传统学术保留了"学脉"。虽然无锡国专办学仅仅 30 年，培养学生不过 2000 余人，却出了一大批国学大家、文科大师，在当时有"北清华（国学研究院），南国专"一说。当年任教于无锡国专的名师，

269

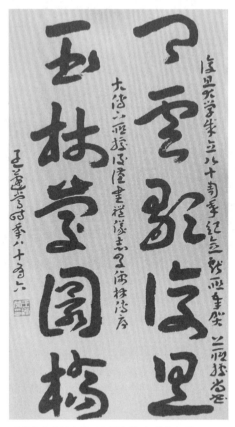

王蘧常为复旦大学 80 周年校庆所书贺联

许多也都成为上海各大高校的文科带头人。王蘧常本人便是复旦哲学学院中国哲学的学科奠基人。在孙向晨看来，"与北派国学强调'整理国故'不同，以唐文治、王蘧常先生为代表的南派国学强调'修道立教'，他们不仅仅是传授国学知识，以纯粹学术的态度来看待国学，更是将其作为一种活的文化，注重对学生士人风骨的涵养。从当时的历史背景来看，这无疑是一条最艰难的道路，但放在今天来看，他们的选择是正确的，今天讲的国学复兴也应当在这样的方向上继续下去"。

唐文治在临终前曾语重心长地对王蘧常说："将来条件允许，无锡国专应力求恢复。此乃关系到保存中国传统文化的长久大计，非一校之存废而已。复校大业，全靠老弟了！"此后的 30 多年，老师的遗愿始终萦绕在王蘧常心间。直到生命尽头，他也仍在为无锡国专的复校而奔走。尽管这份夙愿最终没有实现，但是，在他倾毕生之力留给后世的皇皇巨著里，在他倾毕生所学留给后人的谆谆教诲中，仍然有一种精神传递下来，烛照着后继者的路——2008 年复旦大学哲学学院开办上海首个国学班，2011 年开设国内首个英文教授的中国哲学与文化的硕士班，2016 年成立复旦大学上海儒学院，2017 年成立王蘧常研究会。"我们在努力沿着先生的足迹，接续南派国学的火种，为今天的国学复兴尽一份力。"孙向晨说。

罗竹风

『不唯书』是人类创造发明的新起点

罗竹风

（1911－1996）

语言学家、宗教学家、出版家、
辞书编纂家、杂文家

大师简介

　　山东平度人。1931年起参加反帝大同盟和中国左翼作家联盟。1935年毕业于北京大学。1938年加入中国共产党。曾任平度县抗日民主政府县长、山东省教育厅督学主任等。中华人民共和国成立后，历任山东大学教务长、教授，华东和上海市宗教事务处处长，上海市出版局局长，上海市社会科学界联合会主席，上海市语言文字工作委员会主任等。曾当选中国语言学会、中国宗教学会副会长。为《汉语大词典》主编、《辞海》常务副主编、中国大百科全书总编辑委员会委员兼《宗教卷》主编、《中国新文学大系·杂文卷》（1949—1976）主编等。著述以杂文见长，有文集《行云流水六十秋》等。

　　他是坚定的革命者，又是著名学者专家。他是语言学家、宗教学家、出版家、辞书编纂家、杂文家。他就是罗竹风。

　　他曾用"行云流水六十秋"来描述自己的学术生涯，足见其内心的那份坦然与淡然。

"脱下长衫，参加游击队"

　　1911年11月25日，罗竹风出生于山东省平度县蟠桃镇的一个教师家庭，原名振寰。他三岁丧母，五六岁时最爱听父亲讲《三国》《水浒传》，以及春秋战国故事。八岁那年，罗竹风走进了小学，读的是商务印书馆出版的《共和国国文》。十二岁那年，他考入平度知务中学。他从小对"国文"很感兴趣，十余岁

271

开始写作。高中期间，他读了鲁迅的《呐喊》《彷徨》与《热风》，并开始接触文学刊物《语丝》。高中后期，他便来到了北平求学。

1931 年，北京大学中文系招收了六名新生，罗竹风便在其列。不久，九一八事变爆发，国民党当局的不抵抗政策让爱国学生痛心疾首。刚刚跨进北大校门的罗竹风便投入了爱国学生的抗日救亡运动之中，先后在北平、南京两地请愿示威，要求国民党政府抗日，却遭军警关押数日。同年，他先后加入"反帝大同盟"和"中国左翼作家联盟"，参与主编《北大新闻》报和《冰流》杂志，宣传抗日思想。

四年后，罗竹风从北京大学中文系、哲学系毕业。他重回齐鲁大地，在烟台中学担任语文教员。西安事变后，他却因拒绝向学生讲授"蒋委员长对张学良、杨虎城训话"，宣讲国共两党应联合抗日，而被学校解聘。

1937 年，日军发动七七事变，全民族抗战爆发，罗竹风毅然响应中共中央北方局"脱下长衫，参加游击队"的号召，投笔从戎，回到家乡。1937 年冬，他与乔天华在平度组织起了一支抗日武装，在中国共产党的领导下开展游击战，并创建了大泽山抗日根据地，而后，当选平度县首任抗日民主政府县长。自此，罗竹风转身成为一名职业革命者，并于 1938 年 2 月加入了中国共产党。

新中国成立后，罗竹风转任山东大学教务长，协助校长华岗，进行了许多具有开拓性的教育实践。行政工作繁复，他依旧没有离开三尺讲台，这大概就是身为学人的本色。

1951 年，罗竹风来上海工作，担任华东抗美援朝总分会秘书长。以支援前线作战为中心，"保家卫国、发动群众、增产节约"成了他这一时期的工作重心。

1952 年起，罗竹风先后担任华东军政委员会和上海市人委宗教事务处处长、上海市哲学社会科学学术委员会筹委会秘书长、上海市语文学会会长、上

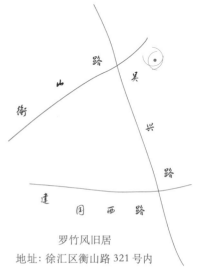

罗竹风旧居
地址：徐汇区衡山路 321 号内

大师纪念地：罗竹风旧居

地铁 1 号线衡山路站

罗竹风

海市出版局局长、上海市语言文字工作委员会主任、上海市哲学社会科学学会联合会主席等职。与此同时，他还主持了《辞海》《汉语大词典》《中国大百科全书·宗教》等书籍的修订编纂工作。

从热爱祖国、热爱人民的角度出发，积极稳妥坚定不移地进行文字改革

罗竹风为我国语言文字工作奋斗了60余个春秋，是一位致力于实际工作的语言学家。人民群众学习文化，首先应解决汉字难识、难读、难记、难写的困难。让文字成为民众认得出、说得清、记得下、写得来的语言工具，1932年起罗竹风投身于用拉丁字母拼写汉字的新文字运动。在"语联"的领导下，他努力从事大众语研究，并在北京大学民众夜校讲授新文字课，宣传、推广新文字和北方话拉丁化方案。

抗日战争期间，他在胶东地区的22个县主持推广新文字，开展了一系列推行新文字的实践：包括刊印《北方话拉丁化方案》供知识分子自学，对中小学教师进行新文字训练，在中学添设新文字课，组织编写课外通俗读物，等等，将新文字学习和应用相结合，为文字改革工作积累了实践经验。

新中国成立后，在主持上海语言文字工作期间，罗竹风领导开展了文字改革、简化汉字、汉语拼音、普通话的立法、宣传、推广、应用等工作，推动了全社会用语规范；他积极支持创建《汉语拼音小报》，旨在提高语文教师教授汉语拼音的水平，帮助少年儿童学好汉语拼音。

文字改革为统一祖国语言所需要，罗竹风强调实施文字改革的目的，仍然是以克服汉字难识、难读、难记、难写的障碍为出发点，为人民群众掌握文化学习的工具、提高文化水平服务。他认为，实施文字改革必须克服两种倾向：一种是急躁情绪，认为可以用拼音文字来代替汉字，实践证明这是一种不切实际的空想；一种是慢慢吞吞、无所作为，认为文字改革的时间长得很，并不迫

切。正确的态度应该是从热爱祖国、热爱人民的角度出发，积极稳妥坚定不移地进行文字改革。

罗竹风强调，文字改革的三大任务，就是要在全社会推行使用简化汉字，以解决有些汉字笔画多、难书写的问题；推行使用汉语拼音，以达到多识、快识汉字的目的；推广使用普通话，以打破方言隔阂。

在对语言文字和文学艺术长期的研究和写作实践中，罗竹风写下了大量的理论与实践相结合的文章，其中包括《汉字和新文字》《五四运动与中国语文革命》《从新文字的理论到实际》《新文字的学用和难易》《文字改革的任务应当提到一个更高的战略角度来考虑》《正确理解双语现象》《关于童话的写作问题》等。

《辞海》修订——成为结束中国辞书编纂落后面貌和开创新纪元重要标志

1957年，大型综合性工具书《辞海》（1936年版）的修订任务交到了上海，作为时任上海市出版局的主要领导，罗竹风抓起了中华书局《辞海》编辑所的组建工作，从干部配备、人员调动、专家聘请，到《辞海》编辑委员会的组建、办公场所的选定，他一一关照，事事落实，让《辞海》的修订编纂工作从此有了一个专司其职的工作机构和一支具有相当水准的编辑队伍。

作为最初的两位副主编之一，他领导、具体参与了《辞海》的修订编纂工作，制订《修订〈辞海〉计划》，并及时修改了指导全书修订编纂工作的一系列方针原则：释文应当以马克思主义的立场和观点为统率，应当用科学的、客观的、正面叙述的方法，为读者提供尽可能多的稳定的知识，并且力求简明扼要，深入浅出，通俗易懂。

此外，罗竹风还明确了一系列重要的行文规则。他提出，释文内容必须切题，不可东拉西扯而"四至"，即"东至墙、西至庙、南至沟、北至道"；释文必须简明扼要"挤水分"，即应当压缩冗长的释文，精炼每一个文字和标点，用同样的篇幅介绍更多的知识，要求明确，利于把握；释文必须客观表述"并存"说，即凡学术观点有几说时，应一一介绍，无有偏颇，体现百花齐放、百家争鸣的原则。

经过全体作者、编者七个春秋的共同努力，1965年4月，《辞海》（未定稿）终于出版了。而罗竹风则成了唯一一位从头至尾审阅了《辞海》全部条目的领导者。

1978年，罗竹风继续担任《辞海》副主编，具体主持《辞海》（1979年版）的修订编纂工作。他首先请回了曾经参加过《辞海》（未定稿）修订编纂工作的专家学者，并落实增补分科主编的工作，他强调修订编纂工作必须以此为基础，在科学文化技术上应当尽力反映最新的研究成果，提高释文质量。

在修订编纂工作异常紧张的两百多天里，他始终坐镇第一线，解决了许多稿件中不时出现的尖锐棘手的问题，亲自为波折重重后终于公开出版的《辞海》撰写了前言。

这部凝聚着包括罗竹风在内的全体作者、编者巨大心血，收词10.7万条，共1340万字的《辞海》的公开出版，实现了共和国历史上以典的形式记载代表国家科学文化研究成果最高水平的愿望，成为结束中国辞书编纂落后面貌和开创新纪元的重要标志。

《辞海》（1979年版）出版后，罗竹风即提出：为了不断适应广大读者查阅的需要，《辞海》应隔若干年就修订一次，此项工作永远不能结束。他的意见对于确保《辞海》修订编纂工作的连续性，发挥了重要的作用。

据上海市社会科学学会联合会原主席李储文回忆："50年代初，我们从北京出差返沪，途中在济南小停，入住的招待所设备十分简陋，但竹风同志随遇而安，并不在乎。他还笑着跟我说，就他而言，一块锅饼、几支大葱、一杯清茶，于愿已足。竹风同志一生所坚持的这种艰苦朴素的老八路精神，在现实社会中尤其有重大的教育意义。"

上海市社会科学界联合会原副秘书长应国靖曾一次次看到罗老伏案修改、校订条目小样，即便在出差的火车上，他也不顾车厢颠簸，全神贯注地在小五号体的铅字校样上勾划、修正，而这时的罗竹风已是75岁高龄。更令人叹服的是，他把校样中的错字、错句或某本专著中错的原句一一挑出来、一一改正，竟不用一本参考书和辞典，足见其渊博学识和非凡记忆力。

1994年3月，上海辞书出版社原社长巢峰把"《辞海》（新世纪版）编纂方案"送交常务副主编罗竹风审定。此时，几十年如一日修《辞海》的罗竹风已身患骨癌，长期住院治疗。病床上，老先生研读文案，字字推敲，连一个标点符号都不放过，修改达49处之多，文末批上"请打印上报。罗竹风1994年3月31日"，这是罗竹风最后一次为《辞海》签发文件，也成了他留给辞海人永远的纪念。

《汉语大词典》编纂——古今兼收，源流并重

1979年，主持特大型语文工具书《汉语大词典》的编纂工作以来，罗竹风吸取前期领导和工作人员的经验和成果，将全书编纂的一系列重大问题，总结概括为：

关于词典性质，《汉语大词典》应当是一部以汉语言专业工作者为主要读者对象的提高性质的特大型语文工具书，整个编纂工作都必须紧紧扣住这个中心来开展。

关于编纂方针——"古今兼收，源流并重"，即收词必须突破时代界限，古今汉语兼容并蓄，释文必须注重对源流的探究，全面准确地解释词义。更具体地讲，就是尽可能收录古今汉语著作中的普通语词和进入语词范围的专科词语，吸收语言文字的研究成果，准确地解释词义，恰当地引用书证，力求反映汉语词汇的发展演变。

关于词典质量，《汉语大词典》必须能够达到反映汉语言全貌，并对中华民族的语言和传统文化进行系统的、科学的、全面总结的要求，而且必须超过日本出版的《大汉和辞典》和台湾地区出版的《中文大辞典》。

关于编纂原则，作品必须收词谨严，准确把握历时性和共时性，即收词工作既要有从古到今的纵向概念，又要有处于同一时代平面上的横向概念，把有生命力和有使用价值的语词收列其中；作品应纠正《大汉和辞典》和《中文大辞典》中的错误；释文应综合新的成果，增补新的内容，具有新的见解；释文应义项完备，释义确切，层次分明，文字简练；体例应整齐完备，切实起到规则和规范的作用；装帧设计和插图应具有中国风格。

关于作者队伍，一定要紧紧依靠专家学者，编纂过程中搞好传、帮、带。大力培养中青年专业人员，并放手他们去发挥，以致其在工作实践中尽快成为作者队伍的中坚。

关于资料工作，这是保证词典质量的基础，必须把功夫花在积累第一手的原始资料上，通过搜集整理，去伪存真，去粗取精，形成科学体系。词典的内容和观点，应当从丰富的资料中概括和提炼。

关于编辑工作，一定要认真把关，确保质量。着重审核收词是否严整，做好补缺删滥；释义是否精准，做好去误纠错；义项是否完备，做好补漏删繁；书证是否适当，做好鉴别考究；体例是否齐整，做好规范统一；修改稿件一定要做到，提笔千钧重，下笔皆有据；审核资料一定要做到，依据权威版本，逐句逐

小故事 他最大的嗜好就是逛旧书摊

回忆起自己少年与青年时期的读书生活，罗竹风用一个"杂"字道出了其学习内容之丰富，既读鲁迅、郁达夫、王统照的作品，又读了许多欧美文学。学业之余，他最大的嗜好就是逛旧书摊。他的英语也相当好，还选修了哲学、生物学与心理学的课程。熊十力、许地山都曾担任过他的老师。

字查对。

他不辞辛劳地站在集中审稿、定稿的第一线，悉心研究推敲稿件，解决"疑难杂症"，始终抓住编写质量不放，始终抓住出书进度不放，一次次地伏案修改、校订条目小样，把校样中的错字、错句或某本专著中错的原句一一挑出来、一一改正，竟不用一本参考书和辞典，足见其渊博学识和非凡记忆力。

就在《汉语大词典》即将大功告成之际，罗竹风再次将目光投向了更远的地方。他提出要充分发挥集十余年所积累丰厚资源的优势，适应不同读者的需要，出版包括《汉语大词典》缩印本，涵盖《汉语大词典》全部精华的《汉语大词典》简编本，按先秦、两汉、魏晋南北朝、唐宋、元明清和现代汉语各个时期划分的断代语词词典，以及成语词典、典故词典等，不断为拓展和丰富《汉语大词典》系列指明方向。同时，他也提出要搞好《汉语大词典》的合作出版，让《汉语大词典》在所有汉语文化生存的地方发挥作用。此外，与《辞海》同样，《汉语大词典》应每隔若干年修订一次，使之日臻丰富与完善。

1993年，洋洋五千万字的十二卷本《汉语大词典》荣获首届国家图书奖，并被联合国教科文组织列为世界权威工具书。1994年，在北京人民大会堂举行庆功大会，作为《汉语大词典》主编的罗竹风也克服病痛的折磨，坐着轮椅参加了庆功会。《汉语大词典》的出版无疑是中国辞书出版史上的壮举。

不唯书，而要能够批判地吸收

罗竹风少年与青年时期博览群书。

他倡导，社会科学工作者要有解放思想的理论勇气和实事求是的科学态度，要以实践是检验真理的唯一标准作为理论研究的座右铭。他鼓励社会科学工作者开动脑筋，独立思考，自由探索，既不能将书本上的内容作为教条，也不能因为书本上没有现成答案而止步不前。

论及读书，罗竹风曾为《新民晚报》"读书乐"作文一篇《不唯书，不唯上》：

书是开拓知识领域的手段，又是人类文化科学的载体，因而有"开卷有益"之说。这与"尽信书不如无书"岂不是截然相反么？问题在于是否能够批判地吸收。书是个人或群体研究的成果，其中既有精华，也有糟粕，不能囫囵吞枣，食而不知其味：如果认为凡是书中说的都要遵守，不能越雷池一步，就会变成两脚书橱或者书呆子。不从发展的观点出发，不从后来者居上的观点看问题，读书反而会起桎梏作用，把人束缚在狭隘的小天地里。

"不唯书"，是从"尽信书不如无书"中衍变过来的吧，其间可能有血缘关系。唯书论，是一种僵死的观点，也是一种懒汉思想。以为书是万能的，只要记住或背诵一些固有的原理和教条，加以套用，便可受用不尽，似乎什么问题都能迎刃而解了，其实大谬。如果唯书，列宁只能拘守马克思有关社会主义首先在西欧、北美发达的资本主义国家中实行，又怎能在落后的俄国开始呢？先在农村积聚力量进而夺取城市的毛泽东思想又怎能形成呢？因为书上明明说了，革命只能在大城市先取得胜利，然后影响农村。

"不唯书"很对，但并不是轻而易举的事，必须从实际出发，解放思想，善于独立思考，根据新形势分析新情况，从而得出新的结论来。"不唯书"是人类创造发明的新起点，是从已有的必然王国向未来自由王国的飞跃。

马克思主义伦理学学科奠基人

周原冰

周原冰

（1915－1995）

伦理学家

大师简介

原名周元斌，安徽天长人。1939年加入中国共产党。参加抗日战争和解放战争。中华人民共和国成立后，历任中共上海市委党校教育处处长兼秘书长、《学术月刊》总编辑、中共上海市委副秘书长、华东师范大学副校长。为中国伦理学会副会长兼上海分会会长、上海市社会科学学会会长。长期从事马克思主义理论研究，认为"马克思主义伦理学"应正名为"道德科学"，着重研究共产主义道德，提出道德形成和发展的"合力论"、共产主义道德的基本结构、四条基本原则和三个发展阶段等理论。著有《共产主义道德通论》《谦虚与骄傲》《培养青年的共产主义道德》《道德问题论集》《道德问题丛论》等。

周原冰仅有初中学历，年纪轻轻就参加了革命。用他自己的话说："我是在革命队伍中自学成才的土教授。"正是在"文武相兼"、实际工作与理论研究并举的革命实践中，周原冰形成了理论联系实际的优良学风，锤炼了探求真理、坚持真理的坚忍不拔的精神。

尽管没有高学历，但周原冰自学成才，结合实践不断思考，笔耕不辍，留下了26种专著和近300篇的论文和杂文。其主要著作有《群众观点与群众路线》《青年修养漫读》《谦虚与骄傲》《谈忠诚老实》《论消灭体力劳动和脑力劳动的本质差别》《学习观点与学习方法》《碎弹集》《略论又红又专》《怎样正确认识和处理人民内部矛盾》《论不断革命论和革命发展阶段论的统一》《培养青年的共产主义道德》《道德问题论集》《道德问题丛论》《共产主义道德通论》等。

因工作需要，
阅读了不少马列主义著作

周原冰原名周元斌，曾以石梁人、周剪秋、省三等为笔名。他是安徽省天长县石梁镇人，1926 年考入天长第一高等小学，1929 年考入天长中学，1932 年在天长中学毕业，留校当书记员兼图书管理员。

与同时代的其他马克思主义学者相似，周原冰的学术兴趣和学问方向的萌芽发展，也是和中国革命的实践密不可分的。1934 年 4 月，周原冰加入了共产主义青年团，自此走上革命道路。抗日战争全面爆发后，他参与组织天长战时青年训练班和天长青年救国会（任理事长），推动创办多种抗战刊物，宣传和发动民众参加抗战。后来又到上海从事抗日救亡活动，参加"沪南青年救亡团"，曾以笔名周剪秋在《中日论坛》发表有关抗日风潮的文章。

1939 年 10 月，周原冰加入中国共产党，翌年初奉命到新四军第五支队工作，先后担任天长县民主政府秘书长，新四军五支队政治部宣传股长、新四军二师五旅政治部统战科长。1943 年，调任淮南根据地天高办事处任秘书、党组副书记、书记。1944 年 9 月起，先后担任高邮县长、淮南路东专署财经处长、副专员、代理专员等职。

淮南建设专门学校 1946 年 1 月在淮南根据地淮南公学政工班基础上扩建之后，周原冰担任校长。该校设民

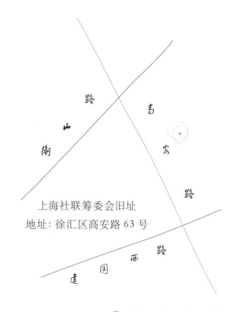

上海社联筹委会旧址
地址：徐汇区高安路 63 号

🚇 地铁 1 号线衡山路站

大师纪念地：上海社联筹委会旧址

《群众观点与群众路线》是周原冰的第一本著作。当时李庚在光华书店做编辑，看到周原冰的一本学习刘少奇同志著作的心得体会的笔记，认为很好，请他稍作改写后出版。出版后随即由香港三联书店翻印，并在日本翻译出版。

《共产主义道德通论》可谓周原冰自40年代以来结合具体实践潜心思考道德问题的结晶。他在书中自述："'天底'下的路从来都是人走出来的，新路难免'荆榛和泥淖'，"我将不顾贬斥和嘲讽走我的路！"

政、司法、财经三个专业班和一个青年普修班，学员400余人，学制半年。1946年6月，因解放战争爆发而停办。

1947年，苏皖边区政府行政干部学校并入华东建设大学，周原冰任行政系主任兼总支书记。他曾带一批专家教授撤至大连，在大连期间为掩藏身份，将原名周元斌改为周原冰。此后，因工作需要，周原冰阅读了不少马列主义著作。

1948年6月，周原冰到山东参加潍坊的接管工作，并且参加筹备成立华东大学。潍坊解放后，他担任济南市委宣传部干部教育科科长，并负责文化出版工作。从这时候开始，周原冰对青少年修养与道德问题展开了研究。这一时期可以被视为周原冰学术研究生涯的第一阶段。他的第一本著作《群众观点与群众路线》是在大连出的。出版后随即由香港三联书店翻印，并在日本翻译出版。当时周原冰常被邀请演讲、作报告，给杂志写文章，把这些报告和文章汇编起来就成了他的第二本书《青年修养漫谈》。

当代中国对于道德的研究，应该称为"道德科学"

1949年5月中旬，中共中央华东局和中共上海市委在江苏丹阳部署解放、接管上海工作，决定上海解放后立即进行党员干部训练，以适应接管旧上海、建设新上海的需要。市委指定刘晓、李研吾、周原冰等负责筹建市委党校。5月下旬，筹建党校的随军南下干部20余人，于上海解放前夕抵达市郊南翔镇，6月12日入城，在新闸路1674弄8号进行建校准备工作。1949年6月16日，中共上海市委党校成立，周原冰出任教育处处长兼秘书长，实际负责党校工作。

南下以后，周原冰一边忙于党政工作，一边继续理论研究，并将兴趣逐渐集中到道德科学领域。从新中国成立到"文革"之前，他在这一阶段的理论研究成果为我国马克思主义伦理学学科的建设奠定了必要的基础。

伦理学在我国作为一门学科始建立于20世纪60年代之初，50年代是准备和草创时期。周原冰就是在这一时期真正开始了他伦理学研究的学术生涯，并以其不懈努力和卓著成就成为我国伦理学学科的开拓者。

至1955年，他的《培养青年的共产主义道德》《谦虚与骄傲》等七部著作先后出版。《谦虚与骄傲》再版了8次，重印18次，并有俄文译本和朝、蒙、藏、维吾尔等少数民族语的译本，对党的思想道德建设产生了积极作用。同年出版的《培养青年的共产主义道德》一书，则标志着周原冰用马克思主义的观点系统研究道德科学原理的开始。

1957年《学术月刊》创刊，周原冰为首任总编。20世纪60年代，周原冰连续在《学术月刊》和《新建设》上发表了《道德和道德科学》《试论马克思主义道德科学研究的对象、范围和方法》《试论道德的阶级性》《阶级性是不是阶级社会道德的共性》《道德对社会存在的反作用》等文章，于1964年收集整理后以《道德问题论集》为书名出版，当时使用的是"石梁人"的笔名。

周原冰在《道德问题论集》的第一篇文章里就明确提出：当代中国对于道德的研究，应该称为"道德科学"而不是"伦理学"。他的阐释为：第一，在中国周原冰哲嗣周关东回忆起父亲的时候，脑海里浮现的是他虽身处动乱年代而仍坚持对自己进行政治启蒙、思想启蒙、理论启蒙和道德启蒙教育的慈父面貌。周原冰的儿媳印象深刻的则是，他冒着酷暑给学生改论文，坚决不肯收下学生抱来解暑的西瓜，以及，在他离休的时候，面对组织询问"有什么要求"时，掷地有声地回答："我的战友们都牺牲了，我还能有什么要求吗？"

所谓"伦理"一词的本义就是所谓的"人伦之理"，而"'伦'者，等次、差序之谓也"，人伦又称天伦，来源于血亲关系，而后又推及等级社会的人与人之间的关系，这意味着人和人之间有一种由上天或者先天就注定了的主从关系，而"人伦之理……就是一种永恒不变之理"，这正是马克思主义诞生之前的各种道德学说的基本一致的出发点；第二，在中国封建社会，有关道德的学说，就是统治阶级所谓的"伦常之理"，主要就是维护其封建统治的"三纲五常"，但是，马克思主义诞生之后，"已经把道德学说根植于科学的基础之上了"，况且马克思主义道德科学的阶级基础是无产阶级，从本质上讲，是反对一切剥削阶级道德的，当然也反对封建统治阶级道德。由此，周原冰认为，再以封建伦理的概念来称呼马克思主义道德学说，严格来说不确切，且"很不调和"。

《道德问题论集》集中反映了周原冰自40年代末至60年代初的道德科学研究成果，对于道德科学的性质、研究对象和方法，均提出了深刻而系统的论述。此书连印两次，发行了21万册，对我国马克思主义伦理学学科的建立起到了重要的作用。

没有穷尽了的真理，
真理总在延伸

周原冰是我国马克思主义伦理学学科的开创者和奠基者之一，也是一位真诚的坚信马克思主义的马克思主义伦理学家，为我国的伦理学学科的建立和

发展作出了重要贡献（朱贻庭教授语）。周原冰的伦理学思想是我国马克思主义伦理思潮发展过程中一个不可或缺的有机构成，而他本人对我国的伦理学研究队伍的建设也倾注了持久的关切。

在我国1952年实行的高等院校系科调整和学科改造中，伦理学被当作资产阶级的伪科学逐出学术界，这使得中国的马克思主义伦理学研究被迫中断。20世纪60年代，潘梓年、于光远试图在中国恢复伦理学学科的时候，周原冰就与中国社科院哲学所的李奇、北京大学周辅成等一起被选为骨干，多次参与读书会。"文革"之后，面对社会生活中出现的新问题、新观念、新思潮，社会各界开始反思前一阶段对传统道德价值观念和西方道德价值观念的认识是否激进和偏颇，并开始重新衡量我国现代道德的定位和取向。这一时期的反思在伦理学界引发了许多理论层面的论辩。马克思主义伦理学的研究和探索进入了空前活跃、繁荣的新时期，也呈现出百花齐放、百家争鸣的新气象。这些历史性的、组织化的进展，都是与周原冰的努力推动分不开的。

1979年3月，周原冰出任华东师范大学副校长。他积极贯彻十一届三中全会所制定的路线和方针政策，在校党委的统筹领导下，不仅为拨乱反正做了大量工作，而且在其主管的文科教学和科研工作中作出了诸多贡献，使华东师大的政治学、法学、社会学、伦理学等学科得以迅速发展，有些在国内同类学科中还处于领先地位。此外，华东师大的人口研究所也是在周原冰的支持下，由原先的人口地理研究室扩建而成的。

在担任副校长期间，周原冰一手组建了华东师大伦理学硕士学位点和伦理学教研室，兼任教研室主任，并开设了伦理学课程，亲临教学一线，担任硕士生导师，为华东师大伦理学研究和发展奠定了基础。1979年，他又与周辅成、罗国杰共同倡议成立中国伦理学会，并于1980年在无锡会议上促成了中国伦理学会的成立。他本人也长期担任中

周原冰

国伦理学会副会长、上海市伦理学会会长。

在致力于教学和学科建设的同时，周原冰还坚持理论学术研究。他对《道德问题论集》进行了仔细修订，增加一篇《简论共产主义道德的实质和基本原则》，于1980年再版。而在此之前一年，他又开始了《共产主义道德通论》一书的写作。

《共产主义道德通论》一书经过长达五年的辛勤耕耘，于1986年由上海人民出版社出版。在这部50万字篇幅的著作中，周原冰对道德的内涵、历史发展、共产主义道德的实质和实践等一系列道德学科的重要问题，进行了系统论述。

长期以来，我国的伦理学教科书和论著大都延续苏联学者施什金在《共产主义道德原理》中建立的体系，在论述"道德范畴"时，几乎都是分门别类地讲"义务""良心""善""恶"等概念。周原冰《通论》的一大突破在于，第一次确立了一个共产主义道德的完整体系，从道德活动过程，从道德意识、道德选择、道德实践三个阶段的有机联系中，来整体性、系统性地考察"道德"。

关于"道德"的定义，学术界向来有不同的理解，许多重大的理论分歧也往往是基于这种不同理解而造成的。周原冰在书中提出了全新的"道德"定义：

"所谓道德，它必须是确实反映了一定社会的经济基础和时代特征；为一定的阶级、一定的民族或一定的社会集团的实际利益和本质要求所体现；是确实从这些实际利益和本质要求中所引申出来的，并为这一定阶级、一定民族和一定社会集团的人们所真实奉行而在实践行动中得到证实的行为规范。"这一定义不仅阐明了道德的根源，更揭示了道德的特质，也体现了作者对道德批判继承的观点。

"文革"期间，周原冰被剥夺了写作的权利，但并未停止思考。周原冰后来在《共产主义道德通论》自序中写道："正是这严酷的现实，使我一方面坚定了研究共产主义道德的信念；一方面发觉了以往许多关于共产主义道德的论述未必真的全符合客观实际，也未必真的全符合马克思主义的基本原理。"他根据现实生活，重新思考以往的许多观点，"逐步形成了一种似乎系统的看法"，这正是《共产主义道德通论》的雏形。

作为一名忠诚于共产主义事业的马克思主义伦理学家，周原冰有着坚定的马克思主义信仰和高度的社会责任感，也有着谦虚低调的品格。他说："我只是一个经过风浪、不敢忘记时代要求和自己责任的小卒而已。"他也曾说过："不愿闲不能闲，闲则生病，不闲则浑身劲。"《共产主义道德通论》出版之后，他仍以"闲不住"自勉，1991年又有《当前道德理论上的困惑与探索》一书问世，并发表了《道德建设工程学论纲》一文。试图开辟新的研究领域，还计划要写一部30万字的《社会主义时期的道德问题》专著，只是，晚年的疾病阻挡了这一宏愿。

周原冰认为：天底下也从没有穷尽了的真理，真理总在延伸。他的学术生涯一直坚持不懈地走在伦理道德这条"老路"上，而他不停思索，时时推进，为了走好"老路"，又不断向前开辟着学术研究的"新路"。

道德科学是一门
实践性很强的学科

周原冰是一位坚持理论来自实际、服务实际、指导实际的学者。他从事伦理道德的研究不仅仅是出于兴趣和学问，也与他坚定的信仰和伟大事业紧密关联。他一直强调，道德科学是一门实践性很强的学科，他因此最反对脱离实际的空洞说教。他强调道德科学是与政治关系极为密切的学科，"如果置客观实际特别是现实的社会思潮于不顾，那就不可能理解马克思主义道德科学的精髓"。这一精辟的论述也揭示了马克思主义道德科学所具有的动态性的特点。他坚持认为："要把我们对于有关共产主义道德问题的一些认识，运用到道德生活的实践中去加以反复的考察和检验。因此研究马克思主义的道德科学不能只是坐而论道，而应该走出书斋，投身到无产阶级所进行的伟大的道德实践活动中去。"

周原冰也是一位以极高的政治标准和道德标准来自我要求的坚定的马克思主义者。邓伟志教授曾在文章中写道：周原冰先生一生写道德、讲道德，他自己更是进德修业、洁身守道的典范。

周原冰曾经写过《论谦虚》一文，表明："一切知识的获得，虽然自己也尽了一定的力量，但更重要的是由于群众的直接或间接的帮助。没有群众的帮助，他就不可能获得知识，也不可能获得工作上的成就。自高自大是可耻的。"而他自己也确实是这样身体力行的。在《共产主义道德通论》出版后，周原冰的学生黄伟合写了一篇批评性书评，发表在《中国社会科学》上。对于这篇书评，周原冰的态度是："从总的方面说，伟合同志这篇书评是有相当深度的，虽然我对他的批评原则上是不同意的，也仍然乐于推荐给贵刊。"在同期刊布的《周原冰就黄伟合所写书评给本刊编辑部的信》中，他分列四点坦陈了自己的观点，认为"这样的批评是有益的，利于把问题引向深入。老实说，如果没有伟合同志的批评，这封信所论述的各点就说不出（如果还有一定成就的话）"。

周原冰曾为友人书写一幅关于"义利统一论"的条幅：

义与利，盖皆评论行为之动机与效果者也。所异者只角度之差耳。义与不义，言行为之正当与否；利与不利，议行为之效益如何？已往学者（指马克思主义诞生前的学者）察其异而昧其一致，分割而对立之；以为行为之于他人曰义与不义，行为之于一己曰利与不利，虽两者兼论，乃终不识其本一事物之两方面且相互统一之堂奥。以故，重义轻利者，置义于悬空之境，不能免伪善之讥；重利轻义者，设利于非义之地，不能免市侩之诮；皆无益于国计民生而有碍于社会之发展，唯心主义与形而上学有以误之也。以余观之，义者，利于他人、利于社会、利于子孙后代，无所偏私之大利也；利者，落在实处、匪徒虚言、效益彰彰之实义也。故义为利之质而利为义之基。然非去偏私之心，能溶利人利己于一体而识利人高于利己者，不能达此境。如此而为义利统一论，其庶几乎。

这是周原冰一生钻研道德科学所收获的宝贵的精神财富，也是他作为一位马克思主义伦理学者的恳挚的道德实践。

重建有学术的思想，
精研有思想的学术

王元化

王元化
（1920—2008）
思想家、文艺理论家

大师简介

　　湖北江陵人，生于武汉。20世纪30年代曾任中共上海地下文委委员、代书记，主编《奔流》文艺丛刊。抗战胜利后，任国立北平铁道管理学院讲师。20世纪50年代初任上海新文艺出版社总编辑、上海文委文学处处长。后任中共上海市委宣传部部长、华东师范大学教授、《辞海》副主编、中国文艺理论学会名誉会长、中国《文心雕龙》学会名誉会长。著有《向着真实》《文学沉思录》《文心雕龙创作论》《清园夜读》《思辨随笔》等。

　　有学术的思想，与有思想的学术如何可能？如何做到以西学为参照，不以西学为标准？如何以思想为生活，而不是以思想为职业……

　　在华东师范大学王元化学馆有一整面墙，列着19个问题。十九问发自王元化，他临终前特别叮嘱学生胡晓明，建立学馆，不是为了纪念他个人，而是把他只"开了一个头"的诸多思想课题，托付给后来的学人继续发覆阙疑——如何尽一个中国知识分子的责任，是王元化学术生命中最重要的课题。

　　王元化经历过几次身份的转变，从文学批评家到文艺理论家再到思想者，"思考"推着他一路前行。在学生的记忆里，他从不是一副青灯苦读的老儒生模样，他的形象总是与春天的青草地，与夜色背景中的白 T 恤、白球鞋联系在一起，总是不断走动着的同时不断地思索着的样子……

2020 年是王元化 100 周年诞辰，学术界举行纪念活动，一个发人思索的问题即是，我们现在的学术发展存在问题吗? 从学术的动因、目标到服务社会，从学术共同体的共识，到好的学术成果的评价标准，王元化正在重新成为一个参照。

从清华南院的"淘气王"到文艺战线上的革命青年

王元化的童年是有些特别的。1921年秋，不满周岁的王元化随家人从武昌搬到了清华南院，一住就是 7 年多。他的父亲王芳荃属于中国现代最早接受西方文化的一代人，当时在清华学校教授英文，曾写过一本英文书《怎样欣赏中国诗词》，王元化很小的时候就开始学习英文，正是由父亲亲自任教; 王元化的母亲来自一个传教士家庭，同时又对古典诗词有着浓厚的兴趣，在王元化的记忆中，儿时常是伴着母亲哼唱的弹词入睡。长在一个当时难得的中西文化交融的知识分子家庭，这似乎也为王元化

之后的学术方向作了最初的铺垫。

尽管外面时局混乱，但清华园里是安静的。住在南院时，邻居是陈寅恪、赵元任等大学问家，虽然作为孩童的王元化当时对此是懵懂的，但是清华园的文化和书院氛围却如一粒种子埋藏在他的心田，"这些不知不觉的思想熏陶和影响，原本是极其简单粗糙的，随着时间的推移，在一定的气候土壤的培育下，逐渐地萌动、变化、发展、壮大……"晚年，王元化常提及"清园"的童年时光，并以"清园"作为自己的书斋号，还刻意将晚年著述冠名"清园系列"。清华的学术思想精神，大约可以概括为"独立之精神、自由之思想"，出自陈寅恪为王国维纪念碑所写碑文。20 世纪 90 年

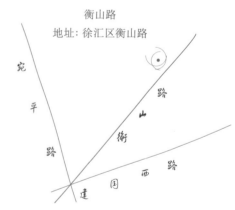

衡山路
地址: 徐汇区衡山路

大师纪念地: 衡山路

地铁 1 号线衡山路站

王元化的第一张照片就摄于清华园南院十二号内。他在清华南院度过了7年多的童年时光，当时的邻居都非同小可，一号住着赵元任、二号是陈寅恪……清华园的文化和书院氛围，使王元化早早接触到影响他一辈子的高雅的中西文化。当时北京城看电影、话剧很稀罕，而清华大礼堂会在周末放映一次电影，王元化每次都争着去观看。

在上海从事抗日工作时，罗曼·罗兰的《约翰·克利斯朵夫》曾给深陷黑暗之中的王元化以信心和温暖。王元化喜欢19世纪的文学，感怀于其中处处渗透着人的感情、对人的命运的关心、对人的精神生活的注重、对人的美好情感的肯定……曾自认"在精神上是19世纪之子，是喝着19世纪的作家的奶成长的"。

代，已经年逾古稀的王元化常常反复吟诵这段碑文，他的讲演、他的文章中都可见踪迹。他用尽一生在学术中追求的"孤往"之境与这十个字可谓一脉相承。

1929年，王元化离开清华园，住到了北平东城区报房胡同。"诗意化的生活"消失了，眼前展开的是国家蒙难之下的人间疾苦。王元化生长的家庭尊崇平等、博爱，有着楚人刚烈性格的王元化尤其看不得侵略者的以强凌弱，加之深受父亲的抗日情绪影响，他萌生了投入抗日洪流的念头。1936年，他正式加入了中国共产党的青年外围组织——民族解放先锋队。北平沦陷后，王元化一家流亡到上海。他面前有一条父母早就筹划好的路：读大学然后出国读书，而胸中涌动的英雄情结与青年热血让他选择了革命。1938年初，王元化加入中国共产党，在隶属江苏省委的"文委"领导下从事秘密工作。那时的他开始写作，在创刊不久的《文汇报》上发表了生平第一篇文学作品《雨夜》。

为了不违背家人意愿，王元化在1939年考入大夏大学经济系，但是他对专业并无兴趣，精力都投诸革命工作，不仅担任《奔流》等文艺刊物的编辑，还以笔为枪，写了大量富有战斗性的文学批评和文艺理论文章，大部分收录在《文艺漫谈》《向着真实》两本文集中。

1946年，因为一篇文章针砭了时事，惹上了官司，王元化远离了文艺战线，到父亲任职的国立北平铁道管理学院兼职讲师教授基础国文，直到1948年重回上海。

读过的书、写过的笔记，累积成一个"王元化"

有人说，想要了解一个人，先要看他读过哪些书。在胡晓明记忆里，王先生可以自由地穿梭于莎士比亚的戏剧、契诃夫的小说、黑格尔的概念再到杜甫的诗歌，其中再穿插京剧和《文心雕龙》；对西方19世纪的作品尤其熟悉，给学生讲课时可以大段大段地背诵，能详细分析作品中人物的复杂性格、语言风格、故事细节。而事实上，王元化并没有接受过完整和系统的高等教育，大学只读了一年便休学。他是通过父母的帮助以及自己的学习和探索，打下了扎实的国学基础和外国文学及理论的基础。

10岁时，王元化因生病无法入学，父亲给他买来一套石印本七十回《金批水浒传》，这是王元化第一次接触和阅读中国古典小说，他很喜欢这部小说，在病中反复翻阅，很多内容多年之后还能复诵。16岁时，王元化罹患眼疾，母亲特意请人为他朗读书籍，每天五六个小时，用来静养的整整一年时间，他走进了中外名著的世界，其中有大量的鲁迅作品，催生了王元化对文学的浓厚兴趣，他立志要像鲁迅一样将文学作为自己的终身职业。晚年回忆起自己的读书生活，王元化感悟，从小学的后期到中学这段时间是一生中一个重要的读书阶段，同时也是他认识中国社会的重要岁月，自由自在的阅读，给了他自学的最好方式，也给了他自觉认识社会的最好方式。

不止如此，读书还一次又一次拯救了他。太平洋战争爆发后，上海的抗日

1981年，国务院成立学位委评议组，头一届的组成人员是各专业学术领域的权威学者，有钱锺书、朱东润、吕叔湘等。61岁的王元化是最年轻的一位。王元化一直珍藏着当年全体成员一起拍摄的照片，他还记得拍摄时的情景："这张照片，是摄影师就要按快门时，钱锺书一把将我从后面拉过来，没料到挡住了王季思先生。"

活动转入地下。那时，王元化第一次读到罗曼·罗兰的《约翰·克利斯朵夫》——那是他卖了自己衣服才买到的一本书。书中的克利斯朵夫犹如一个精神巨人，鼓舞着陷入黑暗中的王元化继续用笔和文字与敌人战斗。罗曼·罗兰去世时，王元化曾撰文说，三年前在他日子最难过的时候，是罗曼·罗兰笔下的约翰·克利斯朵夫这个人物形象，把他拯救了出来。王元化多次谈及19世纪文学的人道主义情怀，也正是从对19世纪文学的强烈爱好出发，王元化对马克思学说的人道精神产生了强烈的共鸣。

读书对他的又一次解救，是在20世纪50年代，当时王元化因为受"胡风案"牵连而被隔离审查。他一再提出读书要求，被批准后，便开始了严格按照计划进行的读书生活。通过读书，王元化试图让思想回到自身的宁静，他先是读毛泽东的《实践论》《矛盾论》，又找来列宁的《唯物主义和经验批判主义》《哲学笔记》，继而追溯到马克思、恩格斯的作品。当这一切进行完毕，他集中攻读三位大家：马克思《资本论》、黑格尔《小逻辑》和《莎士比亚戏剧集》。仅是前二者，他就写了数十本笔记。此时，王元化的读书范围已从文学跨越到了西学的核心——哲学，在这个过程中，他完成了文学青年到思想者的转变。回顾那段时光，王元化认为，这是他一生中最全情投入的读书时间。特别是对《小逻辑》的反复研读让他受益至深，从不知所云到兴味盎然，王元化逐渐为黑格尔哲学那强大而犀利的逻辑力量而倾倒："我所经历的哲学锻炼，正是几次读《小逻辑》。它帮助我怎样去思考：即不

要简单，要层层剥笋般。由此，自然而然养成一种沉潜往复，多面推敲，曲折进展的思维习惯。"

"沉潜往复，从容含玩"，是王元化的读书方法，读书笔记留下了他学思并进的过程——这是一个寂寞的过程。王元化觉得"做学术的工作就是要寂寞、清苦"，而一旦真正走到这条路上去，走深了就会感觉到快乐，"就是达到一种忘神，你不去想它，它也深深贴入你心里边来了。使你的感情从各方面都迸发你的一种热情，激起对这个问题对学术的研讨"，这在王元化看来是学术里边最高的境界。

用通人的情怀做专家的学问，
以专家的功力来谈通人的见识

王元化因《文心雕龙》研究而名世，这是他作为专门家的一面。20世纪60年代初，王元化被安排到上海作协文学研究所古典文学组工作。所里的青年希望听他讲些文艺理论，他想到了《文心雕龙》。

王元化早年在国立北平铁道管理学院任兼职讲师时，曾讲授《文心雕龙》课程，当时为了弥补教学不足，还曾问学汪公严。对于《文心雕龙》的某些观点，即萌发在那时的讲课中。20世纪60年代初，学术空气活跃，王元化的思路也随之打开，将研究方向转向专研《文心雕龙》。在陈平原看来，王先生研究《文心雕龙》与同时代诸多学者有很大差异，他的知识积累与理论资源不是中国古代文论或中国文学史，而是马克思、黑格尔、莎士比亚为代表的西方思想及文艺。

《文心雕龙》的研究方法，王元化自己概括为"综合研究法"，即古今、中外、文史哲三者结合。其中可见他承自黑格尔哲学的思辨方法，也有他从《政治经济学批判导言》中获得的灵感。这在当

王元化、张可夫妇

时来说，是一种全新的尝试。学界评价他，是将中国古典名著所包含的思想、观念和趣味，上升到了与西方文艺理论直接对话的层面，"这实际上是遥遥承接了世纪初的一个学问传统，即王国维的《红楼梦评论》等著作所开创的'外来观念与本土文献相互释证'的传统"。胡晓明说，王先生从不把文化看作是一个"闭环"，始终认为不同的文化应该互相开放、互相影响、互相吸收。他曾将黑格尔《小逻辑》中的普遍性、特殊性、个别性，类比先秦时期《墨辨》中的达名、类名、和名，和荀子的大共名、大别名、个体名等观点；也认为黑格尔美学中的"生气灌注"和魏晋时期"六法"中的"气韵生动"属同一范畴，是一个意思。

关于《文心雕龙》的研究，王元化只有一本专著，而就是这一本书奠定了王元化在文艺理论研究上的学术地位。《文心雕龙创作论》出版后，得到了郭绍虞、季羡林、王力、钱仲联、王瑶、朱寨诸位先生的奖饰；自1979年问世，到1984年再版，共发行了5万多册，单从发行量上也可见此书在学界的热度。著名文学史家王瑶主持的《中国文学研究

现代化进程》，以梁启超、王国维打头，以王元化收尾，共收入17家，"这个结构是王瑶先生精心策划的……在王瑶先生看来，王元化虽著述不多，走的是一条新路，但比起那些功力深厚却陈陈相因的著作来，更值得表彰。他回答了如何协调西方研究方法和中国固有学术传统的矛盾"，作为王瑶的学生，陈平原认为，更触动王瑶先生的是，王元化认识到了清人的考据训诂之学的重要性，尊重其严谨，同时又在这中国固有学术传统的基础上做出了超越。在研究《文心雕龙》时，王元化曾问学熊十力，对后者曾提出的"根柢无易其固，而裁断必出于己"深有感触，并以此作为自己的治学方法。他呼吁回到乾嘉学派，反对把观点义理置于训诂考据之上，认为注释前人著作须下训诂考据的功夫，去揭示原著之底蕴，即"根柢无易其固"；同时又要摆脱释事不释义的窠臼，阐发原著中所涵之意蕴——即，裁断必出于己。《文心雕龙创作论》正是秉持这一原则的代表作。

《文心雕龙》的研究只是王元化的一面，他思考的范围很广。2004年版《思辨录》摘编了他60多年陆续所写文章，

内容涉及思想、人物、历史、政治、哲学、宗教、文艺、美学、鉴赏、考据、训诂、译文校订等各个方面。在许多人眼中，他就是"通人"。通人与专家、思辨与考据、魏晋玄言与乾嘉学风，放到王元化这里，正是他晚年一再强调的"有思想的学术，有学术的思想"。在他眼中，学术和思想是分不开的："我不认为学术和思想必将陷入非此即彼的矛盾中。思想可以提高学术，学术也可以深化思想。不可想象，没有以学术为内容的思想，将成为怎样一种思想，而没有思想的学术，这种学术又有什么价值？"这正是王元化长年累月的治学所得。

理论的生命来自勇敢和真诚

很多人提到王元化，都会提到他的眼睛。钱谷融曾说王元化的眼睛有点像尼采，还有点像茨威格、马雅可夫斯基。因为王元化的眼中常有一种光芒，"这种光芒，是只有当一个人在思想高度集中时，当他全身心地为某个对象所紧紧吸引住了的时候，就是说，只有当他陷于十分专注的出神状态的时候才会有的。而在王元化，以及上面所提到的尼采、茨威格、马雅可夫斯基等人来说，却是经常出现的"。思考，是王元化的常态，所以他的眼睛会一直透出这种光芒。与一般书斋学者不同的是，他的思考代入了他的生命体验，他的学问生命一直与时代痛痒相关。王元化不赞赏那种心如古井、超脱尘寰、不食人间烟火的"隐逸高洁"，他一直带有忧患意识、关注现实问题。他时常想起小时候一位长辈对他说的话：做世上的盐比做世上的光更好，因为光还留下了形迹，而盐却将自己消融到人们的幸福中去了。他选择成为中国文化建设之盐，在他看来，求学的真谛就是"燃烧自己，让学问融化到思想中去，让生命放出光来"。汉学家墨子刻曾见过84岁时的王元化，后者精辟的

洞察力、神采奕奕的精神、知识的力量及学问都让墨子刻联想到孔子。"真正的知识分子应该是一个像孔子那样'忧道'的人，他并不专注于个人理论光环的建立或者只满足于做一个优秀的学者"，在他看来，王元化就是这样一个人。"一个用笔工作的人"，这是王元化对自己的总结，他最向往的就是"尽一个中国知识分子的责任"，"留下一点不媚时、不曲学阿世而对人有益的东西"。这几句耿直发言恰如其分地展现了王元化的性格，他的性格里有楚人的刚烈、有火热的道义感、有不屈不挠的精神，追求"是什么就说什么"，同意"君子坦荡荡，小人长戚戚"。有时学生找他诉苦，他给出的宽慰竟是"灵魂要粗糙一点"。

晚年，"反思"已经成为王元化的一个标签，他曾反复说："要不怕把思想，哪怕是自己最心爱的观念，放在理性的法庭上加以审判。重新估量它的价值，判定它是否应该继续存在下去。"他的反思分别写进了《杜亚泉与东西文化问题论战》《关于近年的反思答问》等著述中，这些反思也可以说是他的自我批判，对此他觉得很有必要，"倘固执于保持一贯，不管过去的认识和理解对不对，一概坚持下来，那么思想就会陷入凝固和僵滞"。反思自己是需要勇气的，而对王元化来说，理论的生命就在于勇敢和真诚。王元化对理论也是真诚的，如他所说，在荆棘丛生的理论道路上虽一再蹉跌，但没有作过违心之论，"我始终信守为学不作媚时语的原则"。

临终前，王元化特意把胡晓明叫至病房，嘱托他要把一段话写在学馆门口。其中有这样一句："沉思的心灵生活其实才是他们最为珍视的，时时会从喧嚣纷扰的世俗中回返思想宁静的家园。所以，他们是那种为思想而生的人，而不是以思想与观念为职业的人。"这或许可以看作王元化对自己学思一生的注脚。

周谷城

「纵论古今，横说中外」

周谷城
（1898－1996）
历史学家

1939年，周谷城近百万字的《中国通史》问世；1949年，三卷本《世界通史》出版，两部通史自成体系，成一家之言，影响深远，也让周谷城开创了当代史学家中以一己之力完成两部通史的先例。

但这只是其学术人生的一个片段——周谷城一生治学博大精深、著作等身，从哲学到史学，从社会学到政治学，从美学到教育学，无不论及，他曾用"纵论古今，横说中外"八字来形容自己的著述特点，涉及的领域看似杂多，但都是建构其思想系统必不可少的一部分，这样融汇中西的渊博学识，也为他高屋建瓴独树一帜的史学思想奠定了底色。

周谷城曾说："细察各家学说，殆无一不是时代所压出"，而他本人的史学思想便是最好的例证——纵观他的一生，他的学术研究始终与我国20世纪波澜壮阔的时代变革"同频共振",具有鲜明的时代感和强烈的现实关怀,是他一生投身中国社会变革、探索中国社会发展脉络的思想结晶。

博览群书,
融会贯通,成一家之言

1898年,周谷城出生于湖南省益阳县汾湖洲周家埠长湖口一户农家。周氏家族注重教育,设义塾,凡族中子女均免费入学。自幼聪慧的周谷城在"周氏族学"中接受了八年的传统教育,从《三字经》《百家姓》《幼学琼林》读到四书五经,由此奠定了他扎实的国学根底。周谷城对历史的喜爱也早在幼年时代就种下,他尤喜阅读《史记》《汉书》《国语》《战国策》等史籍。

时值新旧学制交替之际,周谷城对西学也很感兴趣。他常说,"我天性是非常喜欢接受新东西的"。1913年,15岁的周谷城考入湖南长沙省立第一中学,接受英语和数理化等新式教育。当时的他极力赞成维新,主张向外国学习,并认识到学好外语的重要性。他在同学中组织英语学会,自任会长。一个暑假,他凭借词典啃下了英文本《迈尔世界通史》,不仅英文大有进步,还从此养成了

想方设法找原著读,非原著不读的习惯。

1917年,周谷城考入北京高等师范学校英语部。在那里,他结识了国文部的周予同、数理部的匡互生,成为终生挚友。这些忧国忧民的年轻人一同参加了浩浩荡荡的五四爱国运动。那是新文化运动蓬勃开展的岁月,各种新思潮如潮水般涌入国门,周谷城如饥似渴地学习各种新知,晚年的他曾回忆:"五四时代我博览群书,社会学、心理学我读得最多,各派哲学家,罗素的,柏格森的,詹姆士的,杜威的,英国席勒的,都涉猎过不少。"

难能可贵的是,在纷繁复杂的各式"主义"面前,周谷城始终保持着独立的思考——他嫌实用主义"太浅薄,没

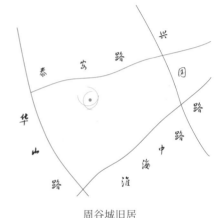

周谷城旧居
地址:长宁区泰安路115弄6号

大师纪念地:周谷城旧居

地铁11号线交通大学站

五四时代周谷城博览群书，在纷繁复杂的各式"主义"面前，他始终保持着独立的思考：他嫌实用主义"太浅薄"，嫌无政府主义"太流于空想"，直到读到恩格斯所著的《社会主义从空想到科学的发展》，他终于眼前一亮，"读任何其他哲学社会科学著作，总有不能完全接受之处，唯有读马列著作，则很少提出异议"。

周谷城的《中国通史》独树一帜、特色鲜明，正如开明书店在重印这部著作的广告所说："书中有任何其他中国通史著作未曾运用过的史学理论，未曾采录过的新鲜材料，未曾使用过的编制方法。"而这一"未曾运用过的史学理论"，便是周谷城以马克思的唯物史观作指导，所独创的史学理论——"历史完形论"，这是指引他写作《中国通史》的灵魂，也一以贯之在他后来的史学著述中。

有哲学意味"，嫌无政府主义"太流于空想，不感兴趣"，直到读到恩格斯所著的《社会主义从空想到科学的发展》，他终于眼前一亮，"读任何其他哲学社会科学著作，总有不能完全接受之处，唯有读马列著作，则很少提出异议，这与我出身贫困，易接受书中观点可能有些关系"。正是"在这种不能完全反对人家的，又不能完全接受人家的情况下"，周谷城萌生了想要"树立自己的学术系统"的念头。

1921年，周谷城离开北京高师前往湖南一师任教，开始了著书立说的学术生涯。他在博览群书的基础上运用马克思主义原理，由博返约，融会贯通，成一家之言，其成果便是出版于1924年的《生活系统》。该书的基本主张，就是把向来心理学上所谓知、情、意三个方面，化为三个阶段，这就是人类的科学生活、艺术生活和信仰生活，及它们三者如何前后相续，并构成前后连贯的循环。周谷城曾说，写作该书的目的只有一个，就是要"说明生活的真相"，他针对的是当时受西学影响，许多国人提出的一些食洋不化、似是而非的"人生观"及其理论。《生活系统》为周谷城后来撰写两部中国通史及其整个学术思想奠定了哲学基础，正如他自己所说，"这在我个人的学术体系上，似乎是一个框框，但我后来的工作，如果称得上是治学，确实是依这个框框进行的"。

以唯物史观考察
中国社会现状和历史

20世纪20年代中后期，革命形势

的迅速发展让周谷城将治学方向从形而上的哲学思辨转向中国社会的现状及其历史。这在一定程度上也得益于他与毛泽东的交往。在湖南一师任教期间，他同担任一师附小主事的毛泽东结下了友谊。大革命时期，他应毛泽东之邀，担任湖南省农民协会顾问、省农民运动讲习所教员。还曾接受毛泽东的委托，在武汉担任全国农民协会的宣传工作。如火如荼的农民运动为周谷城对农村社会的研究提供了窗口——在长沙，他运用马克思的剩余价值理论，发表了两篇《论租谷》的文章，公开指出租谷是对农民的剥削。在武汉，受毛泽东的鼓励，他发表了《农村社会之新观察》一文。这些文章反响热烈，却也使得周谷城遭到湖南反动当局的敌视，1927年大革命失败后，他被迫离开武汉，逃往上海。

流亡上海的日子里，周谷城以卖文和翻译作为谋生手段，曾为商务印书馆《东方杂志》《教育杂志》等撰稿，继而任教于上海暨南大学附中、中国公学、劳动大学。其间，他继续关注社会现实，发表多篇讨论中国农村和改造中国教育方面的论文，出版了《农村社会新论》和《中国教育小史》等著作。不久，大革命的失败在学界引发了旷日持久的"中国社会史论战"，时为中山大学教授兼社会学系主任的周谷城也将自己的研究旨趣转向社会学。但他对空洞的理论之争没有兴趣，而是力图剖析中国历史的纵深，揭示中国社会转变的原因，为现实的中国寻找出路——他先后出版《中国社会之结构》《中国社会之变化》《中国社会之

大

城

姜义华曾这样回忆老师上课的场景："印象特别深的，是在第一节课上，他开宗明义就说，进行历史研究，必须做到博大精深。每次一进教室，他就拿着纸质已经发黄的旧讲稿，照着在黑板上写上整整一版，然后，逐字逐句作一些解释，接着，就开始开'无轨电车'，介绍各种学术掌故、名人轶事。这常常是同学们最感兴趣的内容。"

周谷城

现状》三部著作（后修订时统称为《中国社会史论》），以唯物史观为解剖刀，对中国社会和历史进行全面审视。

多年来对中国社会现状和历史的整体考察，也为周谷城后来《中国通史》的写作奠定了基础。1932 年起，周谷城受聘任暨南大学教授兼史地系主任，开始以历史学为专业，主讲"中国通史"课，这是他学术生涯至关重要的时期。当时，中国不少历史学家仍热衷于对某一历史事件或某一历史人物详尽地考证，漠视对历史整体性的研究，这是周谷城极力想改变的状况——正如他所说，"我教中国通史，原则便是把理论贯穿于史事之中，既不发生以论代史的流弊，又不发生为考证而考证的问题"。结合教学，他着手编写《中国通史》。

周谷城的这部通史独树一帜、特色鲜明，以马克思的唯物史观作指导，并且加入了一种"未曾用过的史学理论"，即周谷城独创的史学理论——"历史完形论"，这是指引他写作《中国通史》的灵魂，也一以贯之在他后来的史学著述中。他反对用"史料"或"史观"来等同"历史"，在他看来，"历史之自身乃客观的独立存在"。他认为"历史"有两层含义，一是客观存在的历史，也就是人类过去的活动；二是文字记述的历史。而过去种种史书的缺陷在于，"惯以静止为叙述的对象，不以活动为叙述的对象"，只有史料的排比，而不是人类活动的显现，这样编纂的史书就缺少"活力"，显得呆板。因此，要了解历史的全貌，就必须着眼于人类过去活动，说明历史事件之间相互的有机联系。（莫志斌：《周谷城传》）

也正因为如此，过往史书中所缺失的"朝与朝之间的剧烈活动"在周谷城的《中国通史》中却被视为"内容最为丰富的单位"而得到了发扬——正如复旦大学教授姜义华所说："《中国通史》有三个关注点在当时史著中非常突出。其一，关注广大下层民众的生活状况和他们的反抗运动，对历代农民暴动、农民战争的起因、过程、正面的与负面的实际后果，做了较为客观的叙述和评价；其二，关注各不同阶级、不同阶层、不同集团如何互相对立、互相冲突的同时，还注意到他们如何在一定环境、一定条件下互相依存、互相转化，而使社会成为一个相对稳定的共同体；其三，关注历史上分分合合、十分曲折、十分复杂的民族关系，力图说明各民族在中国历史上的贡献，客观地反映他们相互交流、相互冲突、相互融合的过程。在 20 世纪 30 年代的中国，这些见解可谓惊世骇俗。"（姜义华：《周谷城与中外历史研究》）

《中国通史》出版后在广大进步知

识分子中产生了很大影响，到 1948 年，这部教材已重印 12 次，但无论是这部著作的写作还是出版，在当时都是困难重重。《中国通史》刚刚出版时，当时的南京中央大学某位教授诬蔑周谷城写的《中国通史》是拿了俄国人的卢布写的，导致这部书成了禁书，在杭州、西安等地遭没收。新任的系主任也说他的书有"马克思主义嫌疑"，不让他教《中国通史》，要他改教《世界通史》及《世界史学史》。自此，周谷城将研究重心转向世界史领域，并很快开辟出一片新天地。

打破"欧洲中心论"主导的旧的世界史框架

对周谷城来说，转向世界史研究看似是时局所迫，但却正合他的心意，他认为学科之间是有机联系的，"研究中国史而不研究世界史，是很不方便的"。在暨南大学后期，周谷城已开设世界史课程。太平洋战争爆发后，周谷城无法在上海存身，他辗转来到重庆，在进步教授陈望道、张志让的介绍下，开启了他在复旦大学的漫长执教生涯。抗战胜利后，复旦大学迁回上海，周谷城出任史地系主任，并担任了世界史的教学工作。

当时，国内世界史领域的研究几乎是一片空白，高校使用的教材大都沿用欧美教材。在周谷城看来，西方各国的世界史著作大多持有非常强烈的欧洲中心主义，如古代史是从埃及开始，再到希腊、罗马，以后讲中世纪、讲基督教，再后讲文艺复兴、民族国家、地理大发现，都是以欧洲为中心，而将其他地区视为附庸。由于这种偏见，亚洲、非洲和拉丁美洲的古老文明在一定程度上被忽视了；并且，传统的世界史多是罗列各主要国家历史，成为国别史的叠加，对人类在世界范围内如何形成真正密切的联系没有深入研究。为了改变上述这些状况，他开始撰写《世界通史》，这也是新中国成立前我国唯一一部世界通史著作。

《世界通史》同样贯彻了"历史完形论"的理论主张，正如周谷城所说，"我编写《世界通史》时，不从单一的一个角度写起，而是要着眼全局，或统一整体，从有文化的或文化较高的许多古文化区同时写起"。在《世界通史》第一卷中，为反对"欧洲中心论"，他一连举了六个古文化区：尼罗河流域文化区、西亚文化区、爱琴文化区、中国文化区、印度文化区、中美文化区。这六大文化区多元并存、相互联系、共同发展，构成世界古代史的统一的整体；第二卷"亚欧势力之往还"讲述了欧洲文化和亚洲文化如何各自演进，并通过商业贸易活动、交通道路开辟、科学技术与艺术宗教交流逐步联系在一起；第三卷"世界范围之扩大"则以 16—18 世纪的欧洲为重点，讲述了重商主义背景下欧洲社会政治的演变、世界的变化以及东西方思想的发展。在他那里，一部世界史被描述成世界不同文明间交融碰撞、绚丽多彩的生活图景。

研究世界历史的同时，这一时期的周谷城还不忘关注中国政治的历史和现状。为论证中国现代化与政治民主化的因果关系，他出版了专著《中国政治史》，他还在国统区的共产党和民主人士主办的报刊上发表了大量政治论文。重庆期间，他积极参加抗日民主活动，被聘为中国民主政团同盟顾问。回上海后，他与张志让、潘震亚、沈体兰等组织了秘密团体——大学教授联谊会（简称"大教联"）。作为"大教联"中坚分子，他上了国民党上海警备司令部的黑名单。由于支持学生反饥饿、反内战、反迫害等活动，他被撤去系主任职务，于 1949 年 4 月 26 日被伪警备司令部遭逮捕关押，直到 5 月 26 日上海解放获得自由。

为社会主义建设添砖加瓦，"一息尚存，不容稍懈"

新中国成立后，周谷城被任命为华东军政委员会教育委员会委员、复旦大学教务长。为办好复旦，周谷城广纳英才，亲自邀请苏步青、陈建功、杨武之、蔡尚思等名教授来复旦任教；他还专门发表了《解放后的大学教育》等文章，就如何办好大学的教育问题进行深入探讨。他特别强调，历史系要大力培养学问渊博、气魄雄伟的接班人，"这样的接班人必须是创造新的历史科学，阐明中外历史发展的必然趋势的人"。他身体力行地活跃在教学第一线，在历史系主讲《中国通史》与《世界通史》等专业课，并开设《世界文化史》等选修课，悉心培育了一大批人才。学生们记忆中的周谷城，"身材较高，戴一顶高级礼帽，西装革履，一副大学者气派。讲话带有浓重的湖南口音，但我们基本能听懂。节奏不快，语调高低分明，语音浑厚，语言生动幽默"。

教书育人的同时，周谷城也精进着自己的学术研究。在中国史和世界史领域，他连续不断地发表新见解，他积极参与中国古代史分期问题的讨论，发表《中国奴隶社会论》与《奴隶社会意识形态之研究》等文章；他还发表了一系列批判包括苏联史学界在内的根深蒂固的欧洲中心论的论文，强调世界史研究必须真正具有世界性……从宏观上把握历史演进的同时，周谷城也做了许多富有洞见的考释工作，耕耘的收获，是1956年出版的《古史零证》一书。

史学之外，周谷城又将学术触手延伸至逻辑学和美学领域，在学界引领了两场热烈的大讨论。1956年，周谷城发表《形式逻辑与辩证法》一文，引发了形式逻辑与辩证法关系的激烈争论。当时学术界流行苏联逻辑，主张把形式逻辑辩证法化，但周谷城却认为"辩证法是讲客观存在发展变化的法则，而形式逻辑是讲思维过程的"，两者"不能扭在一起"。60年代初，周谷城先后发表《史学与美学》《艺术创作的历史地位》《礼乐新解》等一系列文章，探讨有关艺术创作问题，并提出"时代精神汇合论"。

周谷城是第一、二、三、五、六、七届全国人民代表大会代表，第六、七届全国人大常委会副委员长兼教科文卫委员会主任。改革开放后，年事已高的周谷城承担了更多的社会职务，但他是不服老的，"现在我虽已年老体衰，感到困难，但在力所能及的范围内，量力而行，还可以写一些东西。为着替祖国的社会主义的四个现代化添砖加瓦，一息尚存，不容稍懈"。

于是，以80岁高龄坚持登台上课，周谷城培养了"文革"后第一批硕士生和博士生。在学术研究中，他注重联系实际，呼吁史学工作者要古为今用、外为中用，更好为社会主义建设服务。伴随改革开放，他笔耕不辍，或针砭时事，或阐发学术新见；他连续发表《秦汉帝国的统一运动》《继往开来的史学工作》《关于〈艺术创作的历史地位〉》《中外历史的比较研究》《论古封建》等论文，出版了《史学与美学》一书，又重新修订出版《中国通史》，并领衔编纂出版大型学术丛书"民国丛书"。对外开放的大潮下，周谷城格外重视中西文化的交流，他主持召开首届中国文化国际学术研讨会，主编《中国文化史丛书》和《世界史丛书》，还参与创立了中国太平洋研究协会并亲任会长……哪怕是晚年患病住院的日子里，周谷城也是"闲不住的"，他每天坚持听广播、看报纸，关心国家大事，并仍然坚持看书写文章。

1996年，周谷城因病在上海逝世，享年99岁。回顾自己的一生，他曾说："我这个人吃了一辈子的粉笔灰，一辈子就只干了三件事：教学、科研和反帝爱国。"这番独白也道出了他人生的三个切面——一位以教书育人为乐的师者，一位博大精深的学者，一位胸怀天下的社会活动家，他毕生献身于教育事业，献身于人文社会科学研究，献身于国家进步和民族振兴。修昔底德曾说，历史学家的使命是要"擎起历史的火炬，引导人类在摸索中的脚步"，而周谷城不断追求真理和光明的一生，恰是对此最好的注脚。

在国家利益前提下，考虑学校、个人利益

彭康

彭 康
（1901 — 1968）
哲学家、教育家

大师简介

江西萍乡人。早年留学日本，回国后加入创造社。先后翻译马克思的《关于费尔巴哈的提纲》、恩格斯的《费尔巴哈论》等经典著作。1930年参加"左联"，并参与组织中国社会科学家联盟。中华人民共和国成立后，主要从事文化教育领导工作。1952年起任交通大学校长、党委书记，兼任上海市哲学学会会长，上海市社会科学界联合会副主席。1956年率交通大学内迁西安，并担任西安交通大学校长、党委书记。著作文稿编为《彭康文集》。

彭康是一位马克思主义哲学家、无产阶级革命家、开拓新中国高等教育事业的教育家。

2017 年 12 月，习近平总书记对西安交通大学 15 位老教授来信作出重要指示，向当年交大西迁老同志们表示敬意和祝福，希望西安交大师生传承好西迁精神，为西部发展、国家建设奉献智慧和力量。在 2018 年新年贺词中，习近平总书记再次提到"西安交大西迁的老教授"，指出"他们的故事让我深受感动"。2020 年 4 月，习近平总书记在陕西考察期间来到西安交通大学西迁博物馆，深刻阐释了"西迁精神"的核心和精髓，并勉励广大师生大力弘扬"西迁精神"，抓住新时代新机遇，到祖国最需要的地方建功立业，在新征程上创造属于

我们这代人的历史功绩。

而作为交大西迁的领导者、组织者和实施者，彭康堪称"胸怀大局、无私奉献、弘扬传统、艰苦创业"的西迁精神的杰出典范。

译介马克思主义学说、宣传唯物辩证法思想

1901 年，彭康出生于江西萍乡上栗县。1919 年，18 岁的彭康东渡日本留学，后考入京都帝国大学主修哲学，开始研究并接受了马克思主义学说。1927 年，学位论文答辩在即，彭康却毅然选择回国，回到了白色恐怖笼罩下的上海，参加了由郭沫若、郁达夫、成仿吾等人组建的"创造社"，投身左翼文化运动。1928 年，彭康加入中国共产党。1929 年起，担任中共中央文化委员会委员、代理书记。1930 年，他与鲁迅等人发起成立中国左翼作家联盟（"左联"）。

1927 年大革命失败以后，马克思主义在中国的传播由启蒙阶段转入了系统传播阶段。彭康与一批马克思主义传播者们共同挑起了介绍马克思主义学说、宣传唯物辩证法的重担。期望通过自己的文字"引起多数的学者来努力从事和继续这个工作，以建设中国特殊状态下

的积极的思想——世界观和人生观"，1928 年至 1930 年的三年间，彭康翻译和撰写的马克思主义理论的译作和著作 20 余篇（部），共 26 万字。其中包括翻译出版马克思的《关于费尔巴哈的提纲》、恩格斯的《费尔巴哈论》、普列汉诺夫的《马克思主义的根本问题》、柯尔施的《新社会之哲学的基础》等马克思主义的经典著作。彭康认为："辩证法的唯物论不是突然从天上掉下来的，它有它之所以发生的社会原因及哲学史上的发展系统。"而他翻译这些书籍的

上海交通大学总办公厅
地址：徐汇区华山路 1954 号

地铁 11 号线交通大学站

大师纪念地：上海交通大学总办公厅

目的就是"为的使中国的读者能理解辩证法的唯物论之根本原理，及它在历史的发展上是包有全哲学史的必然的发展阶段"（彭康：《彭康文集》）。

此外，彭康还撰写了《哲学的任务》《思维与存在——辩证法的唯物论》等介绍与宣传马克思主义哲学理论的文章，发表《五四运动与今后的文化运动》《新文化底根本立场》等论文和时评。1929年，彭康的七篇哲学论文结集出版，名为《前奏曲》。他在书的前言中针对当时的社会状况指出：时下形形色色的流行理论是否能够"合理地正确地解释这个世界和社会？"在中国正在变革的社会状态下，这些理论"是否能切中实际"，"是否能给予一般人们以精神的武器？"他认为，切合"中国社会的实际斗争"的理论已经出现了，"它所根据的方法——唯物的辩证法"（彭康：《彭康文集》）。"这种方法是现实世界和社会本来的发展形态，所以是正确而有实践性的。现在我们的任务是把握这个方法来分析中国现实的社会以达到真理，以建立指导行动的理论"（彭康：《彭康文集》）。

20世纪20年代后期，在"白色恐怖"政治环境下，这些理论观点的阐述无疑为混沌的理论界注入了一支清醒剂，

彭康

彭康一直强调学生到学校来的主要任务就是学习最基本的东西——基础理论、基础知识和基本技能。他常说"先打基础，再建高楼"，"只有在学得博的基础上，才能更好地专"。1954年，交大成立一年级办公室和二年级办公室，之后在此基础上合并创建基础课程部，其主要任务是加强一、二年级学生的基础理论课的教学。

为追求自由民主的人民群众开启了一扇认识真理的大门。

就当时的理论界、出版界的状况而言，无论是从写作、翻译的篇目和字数上，还是著作、译作的选题和作品质量上，彭康的这些著作和译作对于马克思主义理论在中国早期传播都作出了重要贡献。尤其他关于马克思主义经典著作的译本，在当时的中国大都是首译或较早的版本，成为马克思主义在我国早期传播的重要文献。

监牢成了读书的学校

1930年4月，彭康意外被捕，囚禁于上海提篮桥监狱。牢狱七载，对他而言，不过换了一个传播马克思主义理论的战场。彭康和难友吴亮平、曹荻秋、周立波等人，想办法从狱外弄进来几本十分"稀罕"的社会科学著作。每当入夜，狱警歇工，难友革命理论的"特殊党校"就开课了。为了解决人多书少的矛盾，彭康等几个负责学习的同志就站在铁栅栏边，用较大一点的声音读书，讲解社会科学原理，再由左右邻室依次向两边传达。中共中央党校原顾问吴亮平曾回忆道："反动派做梦也想不到，监牢成了共产党人读书的学校。还不只是读了几本书哩。艰苦的狱中生活，复杂的斗争方式，这本身也是学校，使我们锻炼得意志更加坚强，头脑更加健全！"

1937年全民族抗战爆发，彭康等组织难友们发起抗争，终于得以释放出狱。

抗日战争和解放战争时期，彭康先后担任中共中央中原局、华中局、华东

20世纪五六十年代，交大篮球队风靡上海滩。当年通过高考进入交大的队员们，并没有因为打球好而受到"关照"。彭康曾说："如果有谁考试开红灯，立即开除出篮球队。"队员们每天按时上课，课余训练2小时。前男队教练谢锦生回忆道："只有在参加甲级联赛的一段时间，队员才进行停课训练。"

"有一天晚上，我正在为学生答疑，彭康来到答疑室听我答疑。这对于一个学校的负责人来说是难能可贵的"，据长期在交大基础课程部工作的赵富鑫教授回忆，彭康经常在校园中走动，到学生宿舍、食堂、实验室看看，与师生员工聊聊，对于干部教师的思想情况和工作状态心中有数。

局的领导职务，为革命根据地的政权建设、思想建设和文化建设作出了重要贡献。他主持编辑出版《江淮日报》《真理》等党报党刊，筹建鲁迅艺术学院华中分院，组织根据地的军政干部学习理论，讲授马克思主义哲学思想，是时甚至流传有"远学老庄，近学彭康"的说法。他在担任华中局党校校长期间，主持了华中根据地党政军领导机关的整风运动，坚持实事求是和调查研究，避免了延安整风"抢救运动"中误伤同志的错误做法的出现，真正做到了对党负责、对革命负责、对同志负责。自1945年起，他先后兼任华中建设大学、华东建设大学、华东大学、山东大学校长，全面负责这些地区的宣传、文化和教育等工作，为国家建设储备政务管理和专业技术人才。

1952年9月，彭康参加我国文化教育考察团赴东欧七国访问。访问期间，他被教育部提名担任交通大学校长。1953年3月，中央正式任命彭康为交通大学校长、党委书记。自此，他全身心投入新中国高等学校管理工作中去。

1952年至1959年的七个年头里，彭康担任交通大学党委书记和校长。而后的七年间，他转任西安交通大学党委书记和校长，为交通大学的建设和发展呕心沥血，是交大人十分敬仰和爱戴的老领导。

掌校期间，他以马克思主义教育思想为指导，坚持教育规律，把握办学方向，秉持交大的办学传统与经验，积极探索，形成了鲜明的治校风格与特色，提出了建设社会主义大学的办学理念，对于我国社会主义高等教育理论体系的建立作出了巨大的贡献。

要在西北扎下根来

以实施第一个五年计划为起点，开发大西北的建设工作正热火朝天地进行着。1955年是彭康挂帅交大的第三个年头。4月，国务院作出交通大学内迁西安的重大决定。对此，彭康坚决拥护，认真贯彻。4月9日，他主持召开交大党委会、校务委员会，传达中央决定，委派总务长任梦林、基建科长王则茂立即赴京请示迁校事宜。5月初，彭康专程赴西安，与朱物华、程孝刚、钟兆琳、周志宏、朱麟五几位教授一起，现场勘察、选定新校址。

彭康提出新校址不要靠近工业区和商业区，要尽量靠近市区，交通要方便，以便安排师生员工的生活；同时，要考虑学校以后的发展，环境需要安静些。最终新校址便选在了位于西安和平门外，与唐代兴庆宫和龙池遗址一路之隔的皇甫庄。新校园占地84公顷。

西迁教职工在西安安家落户，这就牵涉到配偶的工作调动和子女的入学问题。这些问题不解决好，身在异地的教职工便难以安心工作。于是，迁校大军中便出现了许许多多的"女婿"和"儿媳"。当年，彭康的妻子也离开了上外俄语教研室的教职岗位，跟随丈夫来到了西安交大图书馆工作。

来到西安，附中、附小、附属幼儿园，一个都不能少。迁校不能不管柴米油盐。征得两地政府批准，随迁的队伍里便多了从上海地区动员来的理发、缝纫、洗染、修鞋、煤球厂等5个行业的45名技工。

交通大学西迁，彭康从国家建设大局出发，从交大的长远发展出发。他

彭康与儿子彭城

坚定不移，坚决果断。1957年7月，彭康主持校务委员会调整了迁校方案，并得到国务院批准。交通大学分设西安、上海两部分，由彭康实施统一领导。至1957年底，交通大学西安部分由11个系合并为9个系，23个专业；教职工总数2585人，其中校本部教职工2413人，教师1083人（含教授44人，副教授30人，讲师111人）；在校学生6881人，其中研究生17人（《西安交通大学大事记（1896—2000）》）。上海部分设7个系、19个专业；教职工总共为2300人，其中教师890人（教授69人，副教授32人，讲师232人，助教557人）；学生5078人（《上海交通大学纪事（1896—2005）》（上卷））。

1959年7月，国务院作出新的决定，交通大学上海、西安两部分单独成校，分别命名为上海交通大学、西安交通大学。时隔多年后，教育部原部长蒋南翔回忆说："国务院决定迁校后，彭康主动要求到西北来。""他一再表示，要在西北扎下根来，愿尽毕生之力办好西安交通大学。"

1959年10月，中央任命彭康为西安交通大学党委书记兼校长。已近花甲之年的他再次以饱满的革命意志迎接新的挑战。他用自己的行动带头举家西迁，在西北扎下根来。在他的率先垂范下，交大党委会17位委员中有16人去了西安。

西迁精神的杰出典范

为大家、舍小家。历时4年，从黄浦江畔到渭水之滨，彭康带领近万名师生，完成了中国高等教育史上一次伟大的西迁。

交大西迁，面临许多常人难以想象的复杂局面。彭康在艰辛备尝的西迁过程中发挥了核心、主导作用，他坚决贯彻执行中央的战略决策，紧紧依靠全校师生员工，做好深入细致的思想政治工作，以强烈的政治责任感和高超的领导艺术，带领交通大学克服重重困难，顺利实现了西迁壮举。

在交大西迁过程中，彭康始终坚持大局观念，置党和国家的利益于首位。他明确指出："我们现在是在建设社会主义，一切要从社会主义建设的利益来考虑，国家利益、学校利益、个人利益要正确结合起来，我们应该在国家利益的前提下来考虑学校利益和个人利益。"他特别强调："学校是国家的学校，是社会主义的学校；交大是国家的交大，社会主义的交大。"因此他在西迁动员及迁校问题讨论中，反复说明"迁校不是我们一个学校的问题，而是牵涉到上海、西安，牵涉到整个支援西北的问题"（彭康：《就迁校问题向交通大学（西安部分）师生所作的报告》），要求大家从社会主义建设和国家利益出发来考虑问题，始终坚持交大西迁支援西北建设的方针不动摇！彭康不仅是这样说的，更是身先士卒这样做的。

在交大西迁过程中，彭康始终坚持按照教育规律办事，把握教育科研工作的正确方向。彭康认为，交大是一所多科性工业大学，学校的主要工作是教学工作和科研工作，这些工作有自己的规律，可是这一切工作不能脱离"党的领导"和"社会主义"的政治标准。他说"我们是办学校不是办政治，但是我们是在社会主义制度下办学校"，必须"从社会主义建设的合理部署这个角度来考虑，我们这个多科性工业大学如何发挥作用，如何更有利于社会主义建设"（彭康：《就交通大学迁校问题发表的个人意见》）。他对比分析了在西安、上海进行教学工作和科学研究工作的内部条件和外部条件，实事求是地指出：西安有有利的方面，也有暂时的困难，但这些困难是可以克服的；总体而言，交大迁校对支援西部建设和交大本身的发展都是有利的。尽管西迁是一项复杂艰巨的工作，但在彭康的领导下，全校师生凝聚集体的力量，以实际行动做到了迁校和教学两不误。在紧张的迁校、建校过程中，学校的教学、科研工作仍然有序

开展，西安交大还扩大了招生规模，建立了许多新专业、新实验室，添置了新的研究设备。

作为大学校长和党委书记，彭康在交大师生心目中享有很高的威望，赢得了大家的信任、支持和爱戴。这与他坚强的革命意志、真诚的民主作风、深厚的理论修养、艰苦奋斗的精神有着密切的联系。这在他领导交大工作的长期实践当中，特别是组织实施交大西迁过程中得以充分地体现。在讨论西迁问题的过程中，彭康很好地运用了民主集中制原则，广泛听取师生员工、社会内外的意见和建议，在发扬民主的基础上集中，再根据周恩来总理的指示进一步讨论，在集中指导下实施民主，最后由校委会作出决议，提出新方案。在讨论最激烈的那些日子里，在彭康所住的上海康平路寓所几乎每晚都要召开党委和总支负责人的碰头会。为了正确处理迁校问题，为了做到周恩来总理提出的"应该瞻前顾后，左顾右盼，四面八方都考虑到"，彭康呕心沥血，不知熬过了多少个不眠之夜。

交大西迁是一项具有开拓意义的战略行动。作为交大西迁的领导者、组织者和实施者，彭康堪称"胸怀大局、无私奉献、弘扬传统、艰苦创业"西迁精神的杰出典范。正是他以前瞻的战略眼光、无私的献身精神，带领着交大师生奔赴祖国西部，开辟了西安交大一片崭新的事业，以实际行动支援了大西北建设；也正是他展现卓越的领导艺术，发挥超强的管理智慧，妥善筹划了交大分设两地的方案，并且亲手搭建好上海、西安两所交大的发展平台，规划了两校的发展目标。时至今日，他曾经领导的上海交通大学和西安交通大学，一个雄踞祖国的东南，一个屹立祖国的西北。一对同根生的孪生子，共同继承和发扬了交通大学优良的教学传统和严谨学风，都已跻身国内一流大学行列并正在朝着世界一流大学的宏伟目标迈进，为国家建设、西部发展源源不断地奉献着智慧和力量。

忠于真理的马克思主义学者

沈志远

沈志远
（1902—1965）
经济学家

大师简介

原名会春，浙江萧山（今杭州市萧山区）人。1925年加入中国共产党。1927年赴苏联，先后在莫斯科中山大学、莫斯科中国问题研究院学习。1931年回国，曾在上海、北平（今北京市）、西安等地任大学教授，并参加中国社会科学家联盟，传播马克思主义。1933年与党组织失去联系。全面抗战期间，任成都《大学》杂志主编及重庆生活书店副总编辑。1944年加入中国民主同盟。中华人民共和国成立后，任出版总署编译局局长、华东军政委员会参事室副主任。是第一届全国人大代表，中国科学院哲学社会科学部委员。曾任中国民主同盟中央常委、民主同盟上海市委主任委员。著有《计划经济学大纲》《新经济学大纲》《近代经济学说史大纲》《新民主主义经济概论》等。

沈志远是中国早期研究马克思主义政治经济学和哲学的先行者，是20世纪马克思主义政治经济学中国化过程中的卓越传播者。

1958年，沈（衡山）钧儒老先生来沪，约见沈志远和徐铸成二人。据徐铸成回忆，那次会面时，老先生诚挚地对沈志远说："我最初学马列主义，都是从你的书里学的，你是我的老师。不要灰心丧志，应该在考验中振作起来，你将来仍然是我的老师。"

走上了马克思主义政治经济学中国化的理论探索之路

幼年沈志远接受的是私塾教育，1913年他赴杭州求学，就读于浙江省立一中。五四运动开启了中国新民主主义革命，走在学生队伍中振臂疾呼的沈志远却因此被校方"劝告退学"。那一年，沈志远17岁。

不久，他考取上海交通大学附中。毕业后到绍兴任初中英语教师。两年后，转松江景贤女中执教，教务长是中共早期党员侯绍裘。几经辗转，他又回到了母校上海交通大学附中任教务处副主任，出任教务长的是陈望道。此间，沈志远受到了《新青年》《觉悟》《向导》等进步刊物的影响，参加了五卅运动，

并于1925年上半年经侯绍裘介绍，加入了中国共产党。

1926年12月，受中共组织派遣，沈志远赴莫斯科中山大学学习马克思主义。1929年6月，他又以优异的成绩考取莫斯科共产主义科学院中国问题研究所研究生。其间，任共产国际东方部中文书刊编译处编译，并参加了《列宁选集》第六卷的中文版翻译工作，现场聆听过斯大林关于中国革命问题的报告。

正如其三子、中国社会科学院世界经济与政治研究所研究员沈骥如所说

大师纪念地：1946年民盟留沪中委和部分盟员茶会旧址

1946年民盟留沪中委和部分盟员茶会旧址
地址：长宁区愚园路749弄31号

地铁11号线江苏路站

302

1993年的一天，《文汇报》收到安徽省合肥市无线电一厂总师办盛炽耀的来稿。谈及《文汇报》对自己的影响，文中说："上海解放那年，我才满16岁，就看到了《文汇报》。父亲见我喜欢，就给我订了一份。当时沈志远先生为副刊撰写了《矛盾论》《实践论》的辅导材料，深入浅出，对我加深理解毛主席原著很有帮助。"

程步高是左翼电影工作者，明星公司第一部左翼电影《狂流》就是他导演的。上海电影制片厂原编剧沈寂忆其早年拜访程步高时的情景，曾写道："当时，他每天手中都拿着一本沈志远的《新经济学大纲》。我走进他的办公室时，他看到我，架子还是比较大的。我便对他说：'我看过您导演的许多影片。'"

的那样："面对积弱积贫的中国国情，无数仁人志士投身到救国救民的伟大爱国运动中。追求真理的沈志远自然投身到这一伟大爱国运动之中，并且试图寻找拯救中国的理论，在当时各种思潮异彩纷呈情境下，沈志远选择了马克思主义，选择了把马克思主义政治经济学中国化的理论探索之路。"

1931年12月，结束了整整五年的留苏学习和工作，沈志远回到了祖国，历任中共江苏省文委委员、中央文委委员和中国社会科学家联盟委员、常委。

一场伤寒病后，1933年夏，沈志远与党组织失去了联系。

即便如此，此后的日子里，他从未放弃以马克思主义理论作为追求真理、阐释真理和传播真理的武器，也从未停止以马克思主义为指导思想的经济学、哲学书籍和文章的写作和翻译工作。在沈志远的全部著作、译著当中，马克思主义经济学和哲学作品几乎各占一半。所以，有学者称"他是一位'全栖'的马克思主义学者"。

1932年，沈志远的第一部著作——《黑格尔与辩证法》由上海笔耕堂书店出版。作者多角度论述了辩证法是无产阶级认识世界、改造世界的认识论和方法论，是革命的逻辑，强调了理论和实践的统一。这也恰恰是沈志远研究马克思主义哲学的学术指导思想。序言中，他如是说："现代哲学不是别的，恰恰就是辩证的唯物论和唯物的辩证论。这是整个马克思主义底宇宙观。"

1936年12月，商务印书馆出版了沈志远翻译的苏联米丁院士著《辩证唯物论与历史唯物论（上册）》（下册于

1938年7月出版）。苏联曾多次尝试编写一本把马克思、恩格斯哲学思想体系化的教科书，都没有成功，最后，米丁院士的这本教科书被斯大林定为苏联党校的马克思主义哲学教科书。沈志远把这本书译成中文，对于马克思主义哲学体系在中国的传播作出了重要的贡献。抗战时期，中国无产阶级革命家、军事家罗瑞卿曾写道："读几本哲学书，根据我个人的经验，首推沈志远所译之《辩证唯物主义与历史唯物主义》比较通俗易读容易懂。"（《关于军队中在职干部的教育问题》）全书72万字，分为上册《辩证法唯物论》和下册《历史唯物论》。此后的20多年间，据不完全统计，上册再版了18次，下册再版了13次。为了避开国民党当局的书刊审查，该书出版时译者名时而出现的是沈志远，时而出现的是笔名"王剑秋"。

2003年，龚育之、逄先知、石仲泉主编的《毛泽东的读书生活》中介绍了毛主席在延安时最爱读、批注最多的五本哲学书中，其中两本即李达等译的《辩证法唯物论教程》和沈志远译的《辩证法唯物论和历史唯物论》（上册），"在文字和内容上与《实践论》和《矛盾论》有直接的联系"，"例如，毛泽东从《辩证唯物论与历史唯物论》（上册）中提取和复述了这一句话：'认识物质，就是认识物质的运动形式。'这表示他注意到这个观点，这句话后来也写进了《矛盾论》里了。"

在出版人尚丁的记忆中，沈志远的模样从来都是暖暖的，"他平易近人，谈笑风生，并没有大学者的架子。在少数人聚会时，他兴之所至，会唱一段京戏助兴。而他的文章，流畅生动，条理清晰，逻辑性强，一笔俊秀逸致的字，一格一字，一丝不苟。作为一个编辑，读这样的文稿，爽心悦目，无异于一种职业享受"。

《新经济学大纲》
——"荒野里的一株冷艳的山花"

20世纪30年代，空前的全球经济危机席卷了整个资本主义世界。西方有些经济学家企图在不改变资本主义制度的情况下，把苏联的计划方法移植到资本主义体系当中去，以挽救资本主义。国内亦有学人附和此观点。1933年，沈志远的《计划经济学大纲》应时而生。书中，针对改良主义观点，沈志远明确指出，"只有在社会主义制度下，计划经济才有实现的可能"，并系统地论述了计划经济得以实行的前提条件。

科学与其普及必然相连，否则，科学就会失去作用的基础。经济学同样如此。

20世纪20年代中期以后，国内学人翻译出版了一批介绍马克思主义经济学的著作，但内容大多不够准确完整，文字晦涩，有的甚至标点符号也没有。现代著名历史学家李平心（笔名邵翰齐）曾写道："单是拉比多斯、奥斯托维柴诺夫合著的政治经济学据我所知道的，就有三个译本——不过适合初学者贴切现实的经济学书籍仍旧很缺。河上肇的经济学大纲（陈豹隐译）编得虽然很灵活紧凑，解说得相当明白，但新学究的讲义的气味仍太浓重了些，对于实际的经济事项和最新的经济组织差不多没有叙论到。各种的Kapital（资本论）缩编虽然对于初学者很有用，然而很少节编得够味的，新的世界经济情态当然也关涉不到。至于波哥唐诺夫的经济科学大纲（也有两个译本）之类简直很成问题了，给初学者读是不相宜的。"

于是，为了"提供一本有利于一般的经济学的学习者的书"（李平心语），1934年5月北平经济学社出版了沈志远著《新经济学大纲》。在这本专著中，沈志远用白话文把马克思的《资本论》和列宁的《帝国主义是资本主义的最高阶段》融合在了一起，把马克思主义的政治经济学体系，更为完整、更为准确地介绍给中国读者，论证了资本主义的产生、发展以及必然被社会主义所代替的历史规律。这是一本易学易懂的大学教科书，帮助许多进步青年走上了革命道路。据不完全统计，沈志远对此书不断修改，从1934年到1954年再版了18次。上海市社联原主席罗竹风曾写道："我买过这本书，而且认真读过，以为在经济学方面的启蒙作用，相当于艾思奇在哲学方面的《大众哲学》，不过更有系统、更有深度罢了。"

李平心说《新经济学大纲》是"普及教材"，罗竹风说这本书发挥了重要的"启蒙作用"，因为它所影响到的人并不局限于经济学界，文艺工作者、自然科学家、军人、青年学生等均在此列。于是，其深入浅出的程度可以想见。

著名生物学家、遗传学家谈家桢院士曾写道："我认识沈志远，最早是通过他的著名专著和译著《新经济学大纲》《黑格尔与辩证法》《辩证唯物论与历史唯物论》等，这几本书在我们那一代知识分子中间曾产生过很大的影响。"（《群言》）

据说，左翼电影工作者程步高每天都拿着一本沈志远的《新经济学大纲》。《文学报》原总编辑柳无垠也曾抱着《新经济学大纲》爱不释手，"1944年，在山城永安，我啃过两本大书：一本是《新哲学大纲》，著者是谁，忘记了；一本是《新经济学大纲》，著者就是沈志远。说是'啃'，因为我文化不高，这样的理论著作，读起来很费劲，简直同啃吃煮得不很烂的肉骨头一般。所以一部大书，究

沈志远著《新经济学大纲》

竟'啃'到了多少，实在很难说。名词和概念倒记得不少，如：商品生产、剩余价值、交换价值、使用价值、抽象劳动、具体劳动、价值规律等，至今都没有忘记。啃完《新经济学大纲》，我对著者沈志远钦佩得了不得。他的名字，也就深印在我脑子里了"。

八年后，柳无垠从军队转业，来到上海华东人民出版社工作。1953年，华东局在如今上海社科院的地方开办了一个马列主义夜大学，"出版社领导知道我没受过系统的马列主义理论教育，就让我去上夜大学，读的是政治经济学。没想到，给我们讲课的竟是我心仪已久的沈志远先生"。

"我们当然需要一部内容通俗结合现实兼论新旧经济组织的新经济学书籍"，对于沈著《新经济学大纲》，李平心也并没有吝惜溢美之词，而《新经济学大纲》，"我以为是相当能满足这种需求的"。这位历史学家甚至不惜用"荒野里的一株冷艳的山花"作比，来形容这样一部经济学教科书及它诞生之初周遭的情形。

《共同纲领》起草小组成员

1936年沈志远在上海参加了"救国会"的成立工作。同年8月，受北平大学（今北京大学）法商学院任经济系主任的李达之邀，沈志远到该系任教授。卢沟桥事变后，沈志远转赴西北大学法商学院任教。国民党教育部于1938年底解聘了沈志远、曹靖华等八位进步教授后，沈志远前往重庆，在邹韬奋主办的生活书店任副总编，并主编《生活书店》大型理论季刊《理论与现实》。

1940年10月，经周恩来的安排，沈志远与一批文化界进步人士疏散至香港。"皖南事变"后，他参与复刊后的《大众生活》周刊的编辑工作，与邹韬奋、茅盾、金仲华等九人在《大众生活》新四号上发表了《我们对国事的态度和主张》，谴责国民党政府对抗日进步力量的摧残，提出抗日的九条主张。

1941年底珍珠港事件后，日军进攻香港。在周恩来的安排下，沈志远与在港的进步人士在东江游击队的帮助下回到重庆，继续从事著述。1944年9月，经沈钧儒、马哲民介绍，沈志远以救国会成员身份加入了民盟。

1946 年 7 月经组织安排, 沈志远从上海前往香港。除担任民盟工作和主编《理论与现实》外, 还在达德学院任经济系主任兼教授。1948 年 1 月民盟一届三中全会在香港举行, 通过了《三中全会宣言》等文件, 标志着民盟摒弃了"中间路线", 接受了中共的新民主主义革命纲领, 反对蒋介石的独裁统治。沈志远成为沈钧儒的得力助手。据千家驹回忆,《三中全会宣言》是沈志远起草的。

新中国成立前夕, 沈志远从香港回到北平, 成为第一届全国政协委员, 并成为《共同纲领》起草小组成员, 担任该小组组长的正是周恩来总理。《共同纲领》在我国宪法制定以前, 起临时宪法作用。

以传播马克思主义为己任

从事政治活动多年, 沈志远却从不失书生本色。

新中国成立初期, 沈志远在北京工作, 任出版总署编译局局长。百忙之中, 仍为《展望》的"讲座"专栏写了《新民主主义经济》的专稿, 连载了 14 期。稿件由北京寄出, 从不拖期。

其后在担任展望社社长期间, 沈志远不问展望社取一分酬劳, 还主动将其在展望社出版的《辩证唯物论与历史唯物论》一书的稿酬降低一半。

1955 年, 中国科学院成立四个学部, 沈志远当选哲学社会科学部委员, 成了上海唯一当选学部委员的经济学家。

1956 年, 为了迎接经济建设高潮和向科学进军, 中央决定在经济最发达的华东地区的上海, 建立"中国科学院上海经济研究所"(当时上海社科院还未成立), 任命沈志远为该所的筹备主任(1957 年 4 月至 1958 年 3 月)。沈志远为筹建该所和创建《学术月刊》做了大量的工作。

想当年, 上海社科院经济研究所社会主义政治经济研究室大咖云集。上海社科院经济研究所原所长袁恩桢却专门用"更为出名"来形容沈志远, "他是中国最早介绍马克思主义政治经济学的人, 30 年代写过一本《新经济学大纲》, 蜚声解放区和'蒋管区', 在整个中国都相当出名"。当时研究室里的学研模式是师傅带徒弟, 袁恩桢的师傅正是沈志远。

1965 年 1 月 26 日, 沈志远心肌梗死病发突然辞世, 留下了《论社会主义社会的相对稳定性》等几篇遗稿, 其中《国家垄断资本主义实质概说》便成了那部写下 13 万字而未完成的最后著作, 该作品或该是我国经济学界第一本系统论述国家垄断资本主义的专著。

著名经济学家朱绍文曾经写道: "志远同志在党的关怀和哺育下成长, 既是一位人民的哲学家, 又是中国的马克思主义的经济学的开拓者之一。他理论联系实践, 为了民族的解放和祖国的繁荣富强, 积极传播马克思主义的科学真理。他是一位优秀的启蒙运动家。他的一生给我们经济学界留下了深深的足印。"(朱绍文:《经济研究》)

回顾大师的一生, 正如著名学者、中国社会科学院原院长胡绳在沈志远逝世 20 周年纪念座谈会上发言时所讲的那样: "沈志远同志是一个为传播马克思主义做过许多贡献的经济学家。在 30 年代中国革命的重要转折关头, 他积极从事马克思主义政治经济学、哲学的著述和翻译, 阐述马克思主义的基本理论, 帮助很多人掌握马克思主义基本原理和基本方法。无论在什么环境中, 他对马克思主义的信念都是坚定不移的, 坚信马克思主义是科学的真理, 并以传播这个真理为己任。回顾马克思主义在中国发展的历史, 我们忘不了包括沈志远在内的为传播马克思主义而竭心尽力的许多革命知识分子。"

哲学研究要贯通古今中外

全增嘏

全增嘏

（1903－1984）
哲学史家

字纯伯，浙江绍兴人。1923年毕业于清华留美预备学堂。后去美国斯坦福大学、哈佛大学留学。1928年获哈佛大学哲学硕士学位。历任中国公学、大同大学、大夏大学、光华大学、暨南大学等校教授，英文《中国评论周报》编辑，《论语》主编，英文《天下月刊》编辑。1947年后任复旦大学教授。中华人民共和国成立后，任复旦大学西洋哲学史教研室主任、上海市哲学学会副会长。主要著作有《西洋哲学小史》《不可知论批判》等，主编《西方哲学史》。

在中西文化之间架起一座桥梁

在新旧更替的 20 世纪初，中国学术界诞生了一批贯中西、通古今的大师，全增嘏正是其中之一。全增嘏，字纯伯，祖籍浙江绍兴，自幼随祖辈和父辈生活在贵州、上海等地。他出身于书香门第，是清代史学家、文学家全祖望的后裔。由于家学渊源，全增嘏从小就熟读传统经典，国学功底深厚。

在学术界，全增嘏以西方哲学专家和翻译家闻名，并被誉为"中国英语四大家之一"。但事实上，他对中国学术经典的研读丝毫不亚于西方学术经典。据他的学生、复旦大学哲学系教授黄颂杰回忆："他在指导我们学习西方哲学时，常常引导我们注意学习中国哲学。他家

307

中中国学术文化的藏书量远超过西方学术文化的藏书量。他的书桌案头、沙发椅子上，少不了随时阅读的中国古代典籍，去他家时第一眼看到的常常是他手中的古籍。"（黄颂杰：《全增嘏与西方哲学》）

全增嘏的西学启蒙也比同龄人要早。1916 年，天资聪颖的他考入清华留美预备学堂，那年他只有 13 岁。在那里，他练就了一口流利的英语，并接触到了当时传入中国的西方科学和文化。他的同学里有后来同为哲学家的贺麟先生。据全增嘏的学生、中国社会科学院研究员姚介厚回忆："贺先生生前曾对我忆述，当时和他同班的全增嘏年龄虽小却聪慧好学，熟悉国学，有家学功底，且早就接触西学，英语能力强，是论辩好手。"

五四前后，内外交困的中国社会亟需救世良方，各种思潮各种主义同台博弈。和当时许多年轻人一样，全增嘏受梁启超的改良主义影响很深，对西方的科学文化很是着迷。著名哲学家杜威、罗素访华的讲演，更加深了他对西方文明的印象，尤其启蒙了他对哲学的兴趣。"那时我就想用西方的科学文化来解决一些我们中国的社会问题。而且觉得哲学尤其重要，因为哲学不只能解决某一方面的问题。"（全增嘏：《谈谈如何学习西方哲学》）1923 年，结束了在清华园 7 年的学习，20 岁的全增嘏赴美攻读哲学。当年他乘坐的邮轮上可谓"群星璀璨"，和他同船的有梁实秋、陈植、顾毓琇、吴景超、吴文藻等人。

在美国，全增嘏只待了五年。他先进斯坦福大学，仅仅用了两年就获得本科学位；而后，他又进哈佛大学，获硕士学位，并修完博士学位课程，这前后也不过三年光阴。治学如此高效的理由，除了全增嘏过人的天赋之外，在姚介厚的回忆中也可以找到答案："全先生曾说，在哈佛，他最常去的地方是图书馆。他经常带个面包，在大学图书馆书库内辟有的小房中一待就是一天。他说这样可提高时间利用效率、方便读到许多好书。可见，全先生的丰沛学养是在勤奋求知中获有的。"即便身在美国最高学府，作为中国人的全增嘏也同样是鹤立鸡群——他曾担任哈佛大学辩论队队长，其深厚的英文造诣可见一斑。

《天下》英文月刊编辑部旧址
地址：长宁区愚园路 1283 号

大师纪念地：《天下》英文月刊编辑部旧址

地铁 11 号线江苏路站

创刊于1935年的《天下月刊》是首份由中国人自己创办的面向世界发行的全英文刊物。其编辑部集结了一大批留学英美名校的回国青年才俊，与全增嘏共事的有吴经熊、温源宁、林语堂、邵洵美、姚莘农、钱锺书等人。在近代历史上，中国知识分子都力图学习西方文化来促进民族崛起与革新，但他们却以更广阔博大的文化胸襟，架起了一座中西文化交流的桥梁。

全增嘏贯通古今，现代西方哲学是他一生追踪研究的重点领域。1961年，全增嘏以"现代西方资产阶级哲学批判"的名义，在哲学系开设现代西方哲学课程，系统讲述现代西方哲学各个流派和代表人物的哲学思想，这在当时的高校是绝无仅有的"首创"。这门课程在学界影响深远，并由此奠定了复旦大学西方哲学研究的基础。

1928年，全增嘏回到上海。那时的海归人才凤毛麟角，上海各大高校纷纷向他递出"橄榄枝"。他先后在上海大同大学、中国公学、大夏大学、暨南大学等校任教授，主讲西洋哲学史、哲学概论、英文等课程。20世纪30年代，随着远东格局的变化，西方国家对中国的兴趣愈发浓厚。对于那批留学归国的知识分子来说，不仅仅是把西方文化引进来，思考如何将中国文化传播出去，打破中西文化交流过程中西方"独语"的局面，也是他们的共同理想。于是，全增嘏的身影同样活跃在中国的思想文化舞台上，他先后参与当时中国两部最具国际影响的英文学术期刊——《中国评论周报》和《天下月刊》的编辑工作。

其中，创刊于1935年的《天下月刊》是首份由中国人自己创办的面向世界发行的全英文刊物。其宗旨是向全世界传播中国学人所理解的中西文化，促进中西文化交流。当时，《天下月刊》编辑部集结了一大批留学英美名校的回国青年才俊。他们既有丰富的西方文化知识和优秀的语言能力，又有深厚的国学功底；他们不同于五四时期知识界激烈反传统的态度，注重在历史特性基础上的文化再造。当时与全增嘏共事的有吴经熊、温源宁、林语堂、邵洵美、姚莘农、钱锺书等人，他们不仅是编辑，也是撰稿人。其间，全增嘏写下了大量诠释中国文化的英文文章。遗憾的是，国内学界对此知之甚少。但据通读过这些文章的学者回忆，由于全先生学贯中西，英文写作水准一流，这些文章涵盖了中西文化的诸多面向，至今都可以成为大学通识教育的极佳读本。

1938年，《天下月刊》编辑部整体迁往香港，全增嘏也迁居香港，继续担任编辑，同时兼任香港岭南大学教授和香港大学讲师。由于战乱导致经费短缺，《天下月刊》被迫于1941年闭刊。但毫无疑问，这本刊物在近代中西文化交流史上留下了光辉的一页，正如有学者这样评价，"在近代历史上，中国知识分子都力图学习西方的文化来促进古老民族的崛起与革新，但《天下》编者和作者却以更为广阔博大的文化胸襟与更为神圣的文化使命感，架起了一座中西文化交流的桥梁"。(黄芳:《试论英文杂志〈天下月刊〉的文化价值》)

1942年，全增嘏回到重庆北碚的复旦大学外文系执教，并任系主任，至1956年转入哲学系，历时长达14年。其间，他对外国文学尤为关注，特别是对狄更斯的小说情有独钟。他与他的夫人、中文系胡文淑教授共同翻译了狄更斯的《艰难时世》，这是狄更斯小说中哲理最强也最难译的著作。这本译作问世后深受读者喜爱，被视为文学翻译界的典范。不仅如此，全增嘏还对狄更斯小说创作进行了深入、系统的研究。由于狄更斯的小说以英国工业革命的鼎盛时期为背景，揭露了统治者资产阶级的虚伪和受压迫者无产阶级的苦难，英美资产阶级学者对其颇有微词。而他在熟读狄更斯的全部小说，并融会贯通西方学者对狄更斯的评论，尤其是马克思、恩格斯对狄更斯的看法后，写下万字长文《读狄更斯》，对这本小说给出了客观公允的评价。这篇文字至今仍是狄更

小故事 严谨踏实的治学态度

全增嘏要求学生治学必须严谨、踏实，而他本人便是最好的榜样。他和夫人合译狄更斯的小说《艰难时世》，往往为获一最佳中译词而争论不休。哪怕翻译的书出版后，他还要反复仔细校看并修改。"文革"后期，他被安排到"自然科学哲学翻译组"，翻译了好几本高难度的名著。一次和学生谈起《科学史》，他说即便已经前前后后看了20多遍，书出版后也还是不太满意。

研究中的经典之作。尽管全增嘏后来以西方哲学专长，但他深厚的外国文学造诣，仍在学术界盛名远播。（黄颂杰：《全增嘏与西方哲学》）

开中国现代西方哲学教学之先河

在哲学领域，全增嘏是我国建立学位制度以来全国第一批，也是复旦大学哲学系第一位获得博士生导师资格的教授。尽管全增嘏留下的哲学著述不多，无法全面展现他深厚的学术造诣，但这无损于他在国内哲学界的地位和声望，他在西方哲学史、现代西方哲学等研究领域都发挥了奠基性的作用。

早在20世纪30年代初，全增嘏就出版了他首本论著《西洋哲学小史》，这是最早的由我国学者撰写的西方哲学史著作之一。和许多大部头的西方哲学史著作相比，这本不到五万字的小册子可能会显得有点"寒碜"。但是，用黄颂杰的话来说，"它把二千多年的西方哲学分期归派，提纲挈领，讲得清楚明白，了然于心。时至今日，谁要是记住了这不到五万字的'小史'，他可以说是掌握了西方哲学的'大要'"。全增嘏自己在导言中也写道，这部"小史"仿佛是"点心"，目的只是在提起读者的胃口，因为是为一般人而写，所以尽量避免哲学家们用很多专有名词"叫人如堕五里雾中"的通病。"一本好的入门书是建立在作者对内容的全盘熟悉和融会贯通的基础上的。这本'小史'很能看出全先生一生做学问、从事教学科研的特点：融会贯通，深入浅出。"黄颂杰这样说。

何谓哲学？这是学习哲学时一个最基本而又最不好回答的问题，在《西洋哲学小史》开篇，全增嘏借用美国哲学家霍金的定义——哲学是对信仰的批评，给出了自己的解答。他说，哲学是叫我们受智慧的指导而不要被偏见或权威所支配，因此其功用是在解放思想，是在改变武断的怪癖，是在保持人类的好奇心，使他们求知，以尽自己的天职。他将哲学分为三大类：对宇宙种种信仰的批评，形成宇宙论和本体论；对知识种种信仰的批评，形成知识论；对善恶、美丑等价值方面种种信仰的批评，形成价值论（包括伦理学和美学）。

在这样的哲学观指导下，全增嘏主张当把哲学研究的范围理解得宽泛些，除了宇宙论、知识论，还应包括政治哲学、道德哲学、历史哲学、法律哲学、文化哲学，因而学习哲学的同时也要适当学习一些历史、文学及自然科学等方面知识。在黄颂杰看来，这个主张是合乎20世纪初以来现当代哲学发展趋势的，也与中国哲学的实际相符合。对于从古到今的哲学发展史，全增嘏也从不偏废哪一段。姚介厚曾将他的治学思想概括为"贯通古今，古为今用"，在他那里，西方哲学史是前后继承与变革、交叠互为影响的有机思想整体。其中，他特别强调古希腊哲学是西方哲学之根，和后来的西方哲学有割不断的源流关系，不了解古希腊哲学，对后世哲学的研究也就不易深入。据学生们回忆，他非常爱读柏拉图对话，并收藏了好几个英译本版本供学生研读。

全增嘏贯通古今，现代西方哲学是他一生追踪研究的重点领域。这也许与他在哈佛的求学经历有关——20年代初，英美哲学界掀起了一股"反唯心主义"而主张"新实在主义"的热潮，在全增嘏留学期间，"新实在主义"的代表人物之一——著名哲学家怀特海也正好在哈佛大学任教职。在《西洋哲学小史》

全增嘏

中，全增嘏就专列一章论述现代西方哲学。后来，他也一直想写一本专门介绍现代西方哲学的著作，由于抗战爆发而最终未能如愿。

1956 年，复旦大学哲学系成立，时为复旦大学外文系主任的全增嘏转到哲学系，担任外国哲学史教研室和逻辑学教研室主任。1961 年，全增嘏以"现代西方资产阶级哲学批判"的名义，在哲学系开设现代西方哲学课程，系统讲述现代西方哲学各个流派和代表人物的哲学思想，这在当时的高校是绝无仅有的"首创"。这门课程后来在全国学界产生了很大影响，并由此奠定了复旦大学西方哲学研究的基础。

以今天的眼光来看，了解现代西方哲学的重要性不言而喻。黑格尔之后的这一个多世纪以来是西方国家现代化进程中的重要时代，是世界政治经济和社会发展激变动荡的历史时期，而哲学正是了解这段人类认识进程一面极好的镜子。但在当时，讲授现代西方哲学需要很大的学术勇气，它被公认为是帝国主义反动世界观的理论体系，与马克思主义根本对立，是政治上的"禁区"。并且，从学术上看，要将黑格尔之后一个多世纪以来的西方哲学加以梳理，进行评论，使之系统化为一门学科，也绝非易事。（黄颂杰：《全增嘏与西方哲学》）

但全增嘏仍然坚守着他对现代西方哲学的教学和研究。给学生授课的同时，全增嘏还深入钻研罗素、维特根斯坦、逻辑实证主义及存在主义，并发表一系列颇有深度的学术论文，这些领域在当时都是学者们不太敢涉足的。这一时期，哲学上的唯物论和唯心论、辩证法与形而上学之争被阶级化、政治化，全增嘏的学术研究自然也难以摆脱这方面的影响，但即便是对现代西方哲学的批判，他也依然坚持从西方哲学概念术语、命题主张的实际含义进行分析批判，正如他自己所说，"一个哲学家建立自己的体系总是有一定的依据，总是有它自己的'理'，自己的逻辑。要根据这些去看看它们是否充分有理、是否自圆其说，才能做到科学分析，以理服人，不能先设定几条框框，然后到哲学家的著作中寻章摘句，结果往往产生片面性，甚至曲解原意"。（全增嘏：《谈谈如何学习西方哲学》）

20 世纪 60 年代，受当时的高教部邀请，全增嘏开始整理写作西方哲学史讲稿，原拟作为全国哲学系西方哲学史通用教材出版，在"文革"开始前已全部撰写完毕，可惜在"文革"中全部遗失。"拨乱反正"之后，现代西方哲学的研究逐渐解禁。70 年代末，复旦哲学系成立了现代西方哲学研究室，全增嘏兼任该研究室首任主任，他继续致力于主编《西方哲学史》。80 年代初，《西方哲学史》问世并获全国教材优秀奖，在学术界影响深远。复旦哲学系在西方哲学研究领域也很快取得领先优势，全增嘏所发挥的奠基作用是毋庸置疑的。

培养学生是"手工作坊"式的精工细作

对于自己的学生，全增嘏倾注了全部的心血。1962 年，教育部正式实施研究生报考录取制度，黄颂杰和姚介厚两人成为他第一次正式招收的西方哲学研究生。从那时起，全增嘏家的起居室就是学生的课堂，他的夫人胡文淑先生对此毫无怨言，反而每次都热情招待。有次她开玩笑说："你们这倒像是手工作坊，师傅带徒弟，精工细作啊！"全增嘏回应说："就应该这样学才学得好嘛！"（黄颂杰：《百年复旦哲学园地的园丁》）

在西方哲学的专业学习上，全增嘏教导学生首先要读懂读透哲学家的原著，强调阅读中要开动脑筋，有自己的心得、见识，不能让书中的"金戈铁马"在脑海中奔驰一番，什么都不留下；他要求学生每个月都要交一篇读书心得或文章，并且细致地评点与批改；他常说写文章切忌空泛发议论，务必言之有物、言之有据，他说做科研要像海绵善于吸水又能放水。学柏拉图和亚里士多德专题时，他特意安排学生去华东师大徐怀启先生（熟知希腊文、拉丁文）家登门求教。他还多次带学生去南昌路上海科学会堂，参加上海哲学学会有关西方哲学的活动。由于全增嘏曾担任过复旦大学图书馆馆长，对图书资料很熟，他常常为学生准备好学习的图书，有的是他从图书馆借的，有的是他自己收藏的，这令学生们深受感动。（姚介厚：《从学治学沐师恩》）

在全增嘏看来，专业英语能力也是学好西方哲学的必备技能。姚介厚回忆说："记得第一次去先生家里求教，他拿出一本英文书指定其中有关古希腊哲学的段落要我们立即笔译出来，他当场审改译文。他关注我们上研究生公共英语课，期末口试时这位原外文系主任竟也突然临场听考，外文系的主考老师和我们两名学生都甚为感动又有点紧张，幸好得高分没考砸。他亲自培训我们的专业英语，方式就是指定英文原著中某部分让我们当场口译，他给予校正，一并训练了阅读理解与口译能力。我当本科生时学俄语，仅靠看英语读物维系中学英语老底子，专业英语能力是在全先生指导下培养的，这对我后来治学和参与各种国际学术交往都甚有益处。"

在治学态度上，全增嘏要求学生必须严谨、踏实，切忌急功近利、急于求成，而他本人便是最好的榜样。据学生们回忆："他讲课总有准备充分的讲稿，听他的课就是记一篇完整的文章。他写论文更是精益求精，层层剖析、逻辑性强。他和夫人合译狄更斯的小说《艰难时世》，往往为获一最佳中译词而争论不休。"哪怕翻译的书出版后，他还要反复仔细校看和修改。正如黄颂杰所说，"全先生满肚子的学问，可是他不动声色，不愿意流露。他讨厌卖弄学问，炫耀自夸，也反对读书求快而不求甚解，更反对不懂装懂。这是他们那一辈许多学者共同的特点，不过在全先生身上表现得更加突出和典型"。（黄颂杰：《百年复旦哲学园地的园丁》）

"文革"中，学生们原定的毕业论文选题不得已"转向"，全增嘏的研究生教育被当成"修正主义"教育路线的典型。"文革"结束后，全增嘏的身体每况愈下，加之夫人在"文革"中离世的心理打击，还未将他深厚的学识发挥出来，还未来得及指导新进的博士研究生，全增嘏便于1984年与世长辞。

然而，那段追随老师学习的不长的光阴，还是在黄颂杰和姚介厚身上留下了终生的烙印。正是起步于老师的启迪，姚介厚后来回归古希腊哲学，将其作为自己毕生的重点研究方向。在2005年出版的《西方哲学史：古代希腊与罗马哲学》的后记中，他动情地写道："年迈花甲，终于完成此书写作时，心中不禁涌起缅怀导师全增嘏教授的感恩之情……先师仙逝已逾20年，此书虽非硕果，也是献给他的一瓣心香。"而对于复旦西方哲学学科这块园地，全增嘏当年播下并辛勤浇灌的种子，也早已长成一棵参天大树，如今，这里已然根深叶茂、硕果累累。

『万水千山来小坐』

施蛰存

施蛰存

（1905—2003）
作家、翻译家、古典文学学者

大师简介

　　浙江杭州人。1923年后曾在上海大学、大同大学、震旦大学就读。1928年后，参与编辑《无轨列车》，1932年起主编《现代》月刊。1937年后先后在云南大学、厦门大学、光华大学等校执教。1952年起在华东师范大学任教。小说创作运用意识流等描写手法，擅长心理分析。著有小说集《上元灯》《将军底头》《梅雨之夕》《善女人行品》等。另有《北山谈艺录》《唐诗百话》《北山楼诗》等。

　　"施蛰存完全是一个飘飘荡荡的大少爷。"钱谷融听同事徐震堮这样介绍道。20世纪30年代，在上海做"亭子间作家"的施蛰存因劝文学青年为语文修养读《庄子》《文选》，得了"洋场恶少"的臭名。后来，用他自己的话说，便是从革命走向了抄古碑。真正的抄古碑度日要更晚些，但他确实是在30岁出头，即全面转向书斋。他自述早年热心于当作家，正打算写几个有意义的长篇小说，以标志自己的"三十而立"时，抗日战争爆发了："我的职业变了，生活环境变了，文学创作的精神条件和物质条件也都变了。"几番大浪后他明白过来："我的创作生命早已在1936年结束了。"在高龄闲居时作成的《浮生杂咏》里，可见他1937年西行途中，行囊里已经装上了半悬的句点："倭氛已见风云变，文士犹为口号争。海渎尘嚣吾已厌，一肩行李赋西征。"

施蛰存 1905 年生于杭州，在上海松江长大，中学时代便开始学作小说、诗词。1922 年考入杭州之江大学，因参加非宗教大同盟被这所教会大学开除，次年进入革命气息浓厚的上海大学，两年后转到大同大学，参加五卅运动。1926 年转入震旦大学法文班，加入共青团，与同学戴望舒、刘呐鸥办刊物、开书店，参与了冯雪峰和鲁迅拟定的苏联文艺理论丛书的译介。此时北方革命青年纷纷南下，1929 年 10 月施蛰存在松江结婚时，丁玲、胡也频、沈从文一起送上"多福多寿多男女"的贺词。他自称那"是我一生中最浪漫的时期"，也是"这一群文学青年最为意气风发，彼此之间感情最融洽的时候"。30 年代，施蛰存受到西方现代文学中流行的心理分析、内心独白的影响，写下多篇新潮小说；1932 年至 1934 年，主编"中国唯一的纯文艺月刊"、采取中间路线的非同人杂志《现代》。1933 年 4 月，在《现代》上犯险发表别家不敢登的鲁迅的战斗檄文《为了忘却的记念》。10 月，与鲁迅先生发生了读《庄子》《文选》是否复古逆流的笔仗。

1956 年，在《吊鲁迅先生诗并序》中，施蛰存说："我志在宏文，公意重儒效"，"殊途者同归，百虑者一致。"

40 年代，施蛰存往云南大学、厦门大学等地任教。1952 年，由沪江大学调入华东师大。钱谷融与施蛰存共事五十年，能觉出"飘飘荡荡"句的准确与传神："大少爷是除了自己的兴趣与爱好以外，什么都漫不经心的。从表面上看，施先生兴趣广泛，多所涉猎；而且无论做什么，他都念兹在兹，无不全力以赴，因此都能有所成就，作出或大或小的建树。但他的心思就只倾注在他所爱好和感兴趣的事物上面，对于其他的东西，他仿佛视而不见，或者套用一句古语，就是'视同河汉'。"

"飘荡"之人的人生哲学，有时候比"沉郁"之人的还更沉郁。施蛰存说生命的意义就是要"顺天命，活下去，完成一个角色"。属蛇的他，说字"蛰存"是"判定了我一生的行为守则：蛰以图存"。

"不做则已，做必有显著的个性"

施家世代儒生，父亲是位坐馆的老秀才。辛亥革命后，父亲任督学的师范学堂暂停，只得"别求栖止"，次年到松江履和袜厂，从事民族工商事业。施蛰存自小生活无忧，幼年便熟读古代诗书，又得到正规的现代学校教育，十七八岁

大师纪念地：施蛰存旧居

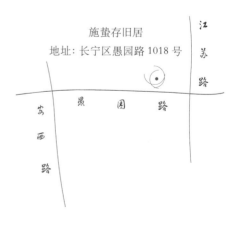

施蛰存旧居
地址：长宁区愚园路 1018 号

地铁 11 号线江苏路站

施蛰存说自己一生推开四面窗。东窗是文学创作,南窗是古典文学研究,西窗是外国文学翻译,北窗为金石碑版整理。1941至1944年,施蛰存任教的厦门大学在福建长汀一座山下,这山名"北山",他便开始用北山楼作斋名,且《文选·北山移文》里正有一座隐士所居的北山,虽然那是位假隐士,但北山避千金万乘的寓意不差。

施蛰存上舞厅、抽雪茄、读时髦书,能写新旧各种文体,编百家争鸣的刊物,也能一头钻进玩古之癖。真正的百川汇海,不设限。孙康宜分析施蛰存向西逃难的旧体诗主题,腹泻和臭虫及引发的神经质似的反应都悍然在列,完全是以现代人的心理情况装入古典诗歌;比之传统乱离诗的家国之痛多出一重现代人的苦楚。

的时候,中英文阅读及写作能力已有相当好的基础。在大学时代,受五四新文学影响,更得上海地界眼观六路的便利,亲近西方现代文学,创作上极其先锋,几与世界同步。然而文学上早熟的施蛰存说起"治学",却称虽然几乎每年每月每日都在"治",可是自己完全无"学":"由于我个人性情急躁,没有耐性,缺乏锲而不舍的精神,再加上生活条件的不稳定,我治过许多学,可是都只走了两段路,没有完成治学的全程……只是一个'三脚猫'。"还在《唐诗百话·序引》中自述:"我当了四十年的语言文学教师,课堂讲解是我的老本行。不会写研究文章,我能写的文章,人家读起来也还像是课堂教学用的讲稿。"

不过士林有公论,如老同事徐中玉所说:"蛰存先生知识修养面极广,凡所著译,都站得住,有特点,不做则已,做必有显著的个性。不侈言系统,写大块文章。……旧体诗词、文言文、小考证,均言之有据、有理,坦说所见,决不苟同敷衍,文词则清新俊逸,有诗情韵味,一如其人。……记忆力强……举重若轻。"

施蛰存"见异思迁"的领域之广让人叹为观止。选译过薄伽丘《十日谈》、评介过维吉尔,30年代"文学青年"时期,偏重于阅读苏联、东欧诸国和美国文学,还曾在周作人、林语堂的影响下热衷于明人小品文。1937年来到云南大学,结识北平沦陷后云集昆明的大批学者,常一起散步聊天,还与童年少年时最相知的同学浦江清重逢。施蛰存自述云南三年"对于我来说,在治学方面深受影响,知识面广了,眼界开了"。当时他

留心云南古代史文献,且受到向达的影响,生出敦煌学方面的兴趣,校录了十几篇变文,并曾编撰《中国文学史》《散文源流》等讲义教材。之后在厦门大学四年,选译希腊诗和戏剧;用功于《史记》和宋人笔记,抄出两份资料,一是金石碑版文物,一是词学评论琐记。

二十年累积四五百万字

新中国成立初期的五六年里,施蛰存前后译出了二百多万字的东欧、北欧及苏联小说。这些都是从英法文转译的,据他说"是为出版社效劳"。1957年后,施蛰存重回古典文学的园地。有很长一段时间,他白天做苦工、挨批斗,晚上就爬上阁楼看书、写文章,他说自己是"把这种例行公事看成一种惯常的上班与下班的程序",也算是"煮字疗痛"。煮字的地方"北山楼",在施家30年代起居住的愚园路上一栋三层住宅里。但住宅先是部分被邮局征用,之后部分又被占,施蛰存只好在阁楼边的小窗下摆上一张写字台,在外面晒台上搭起一间小板屋,于是另有了一个"北山板屋"的书斋名。二楼朝北的一个小亭子间他也在用,放上一只小方桌,虽然屋角还有一只抽水马桶。居住空间缩小,加之家中嗷嗷待哺的人口众多,施蛰存不得不卖掉许多书籍、部分家具,这番节衣缩食,日积月累下也购置了金石刻文、鼎彝碑版及秦汉古器物铭的各种拓本3000余张,他自编成《北山楼藏碑目》三卷。早前他还从《水经注》中辑录有关石刻,"检其出处并征旧闻及诸家评论",考

小故事 为"龙门"笔法而旅行

虽然长年在书斋生活，但施蛰存一直很爱旅行。动机则是想要学"太史公"的文章——他爱读的林译小说正是"龙门"笔法，而这笔法得力于游名山大川。直到1983年大病前，他还度过了一个"旅游年"。"不论是骑马、乘船或徒步，每一次旅行都引起我一些感情。我也做过几十首诗，自己读一遍，觉得颇有唐宋人的风格和情调，因为我的行旅之感和古人一致了。"

证后写下按语，完成30万字的《水经注碑录》。

施蛰存自述十六七岁时即已爱好唐诗宋词，但几十年来，一直把它们当作陶情遣兴之用，并不认为是一门学问。60年代，忽然对词有了新的爱好，发觉还有不少值得研究的问题，而词话词论却不多，于是他开始以钻研学术的方法和感情去读词集，抄写历代词籍序跋、凡例，成《词籍序跋萃编》，作为词学研究资料。1968年，施蛰存还编成《宋花间集》十卷，次年编成《清花间集》十卷，使得埋没隐晦已久的"花间"传统，也就是文人间的俗文学，得以再现风格。编选上出新，研究方法上更要别开蹊径。施蛰存自述："一般研究词学都是从文学史着手……而我自己则侧重从评述历代词人及词籍作为切入点，主张不宜再用旧的批评尺度，应当吸取西方文论。通过读各种词集，随时撰写读词札记，作为研究，不至于做成空洞的理论文章。""我的第一道研究工序是弄清楚许多与词有关的名词术语的正确意义。我发现有些词语，自宋元以来，虽然有许多人在文章中用到，但反映出来的现象，似乎各人对这个词语的了解都不相同。我用了一点考证功夫，把几十个词学名词整理了一下，以求得正确的概念。"对那些脍炙人口的唐诗，也是同理，宋元明清以来对其中诗意乃至文辞的理解各不相同，施蛰存从1978年开始动笔，查核、考证、辩驳，以串讲加漫话的形式，到1985年完成《唐诗百话》，出版后好评如潮。

施蛰存在这些容膝之地读书、写札记、研究碑版、看拓片、接待客人。这样的状况一直延续到80年代初。但他20年来始终没有放下手中的笔，积累了四五百万字。于是80岁以后，他的"新著"源源不断地问世。

"能信达雅者推施氏译作"

十一届三中全会后，施蛰存恢复原级和工资，开始招收研究生。他还贯彻了自己的"三百方针"：出了《唐诗百话》《金石百咏》《唐碑百选》。90年代初，成了"五百方针"：添上了念念前三分之一人生的旧体诗《浮生百咏》和谈文学的长短杂文《文艺百话》。

拈笔而来的杂文里，有犀利如《匹夫无责论》、风趣如《论老年》，也有议论加指点如《为书叹息》。文化勃兴年代，难免鱼龙混杂。写书、编书的人，印刷、装订书的人，都是"做书的人"（book maker），施蛰存担忧做书这项文化艺术日渐衰退。他向来是个热心肠的"做书的人"。1981年起，施蛰存主编华东师大中文系《词学》集刊十年，集刊组织探讨、发掘作品，同时关注海外研究，施蛰存自己拟定每期栏目、组稿、写补白，自己审稿、校样。然而，"自己知道愈编愈好，但是订销数字却越来越少，这使我十分伤心"。时代变化快，叫好不叫座的问题，也出现在了与上海文艺出版社的海岑共同编成的《外国独幕剧选》上，到1991年底终于出完六册。与此同时，耄耋高龄的施蛰存毫不惜力，"孤军奋战"主持编辑《中国近代文学大系·翻译文学集》三卷，每集50万字。他用一年多时间把近代翻译文学各方面梳理了一遍，每卷前还写有编选说明，"为这套书差点将命也送掉"，1990年终于编成出版。

施蛰存受托编这繁难的翻译文学集，是因为他身在中国新文学运动的"繁华市"，熟谙西方现代文学，更精通译事。陈左高《施蛰存二三事》记："伍蠡甫教授生前是施老译述之推崇者，曾见告：能信达雅者推施氏译作。"对于《蓬皮杜传》《尼日尔史》这两本施蛰存"文

施蛰存

共计六个抄本。1987年成书《域外诗抄》。施蛰存说，这是他"译诗经验的里程碑。这样我的译诗工作，也从此可以结束了"。

译诗之外，还有小说。施蛰存一生重视介绍弱小国家的文学："我年轻时学习法文，是为了欣赏法国文学，但我学英文，却没有十分欣赏英国文学。我是把英文作为桥梁，用英译本来欣赏东欧文学的。"他译过波兰的显克微支、莱蒙特、斯沃瓦茨基，匈牙利的莫里兹、莫尔那，保加利亚的伊凡·伐佐夫、埃林·彼林、卡拉里切夫等人的短篇小说，还译过丹麦马丁·安德森·尼克索的长篇小说。他最早从周瘦鹃的《欧美短篇小说丛刊》《小说月报·弱小民族文学专号》，还有周作人的《现代小说译丛》上读到欧洲诸小国的小说，"大都篇幅极短，而又强烈地表现着人生各方面的悲哀情绪。这些小说所给我的感动，比任何一个大国度的小说所给我的更大"。

革"后期承接的集体法文译著，陈左高说："若干章节难度极大，只得由施老执笔全书大半，兼仔肩统稿。虽不列名，伍老却知凡行文雅驯者，必出之施氏手笔也。谈次，谓北山行文，句斟字酌，一丝不苟，亦征此公必将臻于高寿。"

施蛰存认为翻译要兼达言外之意。他告诉好友周退密，译文离开原文愈远愈好；且要从古典文学作品吸取词汇。但他的主张又比更求"传神"的傅雷保守一些。说到呈现诗歌之美的音节、韵法、辞藻、诗意，他认为前三项都属语言文字，无法翻译："我们翻译外国诗，恐怕只能要求最忠实地译出其诗意。"因此，他从原文译英美法比四国的诗，也不惮于从英译本转译其他诸国的诗。60年代，施蛰存曾经陆续译出近百首法国象征派诗歌。"文革"起被一次次抄没。"这是我最费推敲的译稿，它们全部遗失，使我非常痛心，我不信它们真已毁灭。"80年代幸有新任总支书记帮助，在文史楼厕所边一间堆置清洁工具的小房间里找到了包括法国诗的全部译稿，

"总是要做点事的"

年届八十，施蛰存生了一场开膛破腔的大病，于是不再出门，整日坐在家里。然而80年代突如其来的对所谓"新感觉派"作家的发掘，让他当年那"三个克"（erotic, exotic, grotesque，即色情的、异国情调的、怪奇的）西欧文学的仿作重见天日，人们"像鉴赏新出土的古器物那样，给予摩挲、评论或仿制"。他急得直呼让这些作品安息。

难挡八方来客的热情，随意风趣也从来"贵贱无欺"的施先生，索性敞开北山楼的小门。施先生惯常的形象是一袭睡袍，一支雪茄，坐在起居室、书房、卧室三合一的二楼朝南房间窗前。天天看数种书报的他足不出户，尽知天下事。烟雾缭绕下，家里温馨宁静，戴着助听器的施先生神态悠闲，时而谈兴大发。曾有见者惊叹，90多岁的老人有这样美的眼神！

篆刻家陈巨来谓："其人品文品之高尚，尤望尘莫及。"施先生在厦门大

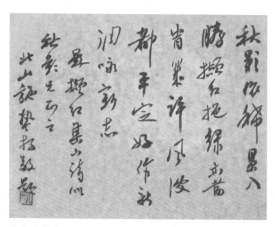

施蛰存书法

学时教过郑启五的父母，郑引母亲陈兆璋的回忆："对其中一篇描写一个自制自售苏打饼的老头的文章，他问我，在我的思想深处，是否对该老头的劳动有不够尊重的地方？"

学生们对他最大的印象是平等随便，没有架子，但不事寒暄，单刀直入。并且作业每篇必改，包括标点符号；学生外出来信，他也会认真批阅。润物无声的教导也一样落在素不相识的后辈身上。寄书会写上眉批、夹上签条，寄杂志会在目录上将要求后辈看的文章用红笔打钩；对处境堪忧的可造之才，他始终为对方调动谋办法，但恳切叮咛"成事在天……希望你照常工作，努力精进。"还给一个集邮的农村学生寄了好多年各色邮票。故交如遇坎坷，他一定给予多方帮助。台湾林玫仪记下施先生有一次甚至要她带一封信给苏雪林，"他说苏教授年纪大了，不知有无人帮她编文集，他愿意帮忙，浑然忘却自己亦已年逾九旬了"。

"蛰存先生：从前没有知道您对于人事有这许多关切，在工作上（我说是非写作的工作）有着许多的热情。但是现在我觉得有更多的勇气去希望了。您很谦卑地说了一句话：'总是要做点事的。'这句话，我想我会牢记住。"1940年4月，《大公报》记者杨刚告诉经停香港、同时帮忙筹备给香港青年讲授爱国主义语文课的施蛰存，"假如您的记忆里还留得下一件小事，您当想得起我也是受过您鼓励的许多人之一"。

如学生陈晓芬所说，施先生"既不会着意做出清高，也不会着意显出谦和平易"。"虽然从未在学校担任过行政职务，但他以自己的方式，表达着他对学校、系以及学科建设的高度责任。如其一贯为人，他的责任感源自内心深处，表现在自然而然中，表现在时时刻刻。"对于华东师范大学中文系来说，施蛰存先生是"支柱和基石般的稳定因素"。

施蛰存晚年喜爱回忆度过童年少年时代的松江，还喜爱回忆西行三年里有山水风物、旧雨新知的云南。2002年，他对兴奋地要给他庆祝百岁寿辰的李欧梵说："一百岁对我毫无意义！我是廿世纪的人，我的时代已经过去了。"这首1938年他在昆明翠湖边吟得的诗，则像是20世纪中国的一页非关键帧：斜阳高柳静生烟，鱼跃鸦翻各一天。万水千山来小坐，此身何处不是缘。

施蛰存在青年与中年时代用"无相庵"作书斋名，不过他并不信佛，只是"文人禅"。无人相，亦无我相，这般笃定清通，所以安坐北山楼，所以飘荡过万水千山。

萧孝嵘

探索心理学研究中国化之路

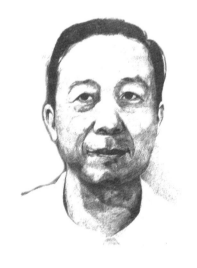

萧孝嵘

（1897 — 1963）

心理学家

大师简介

湖南衡阳人。1919年圣约翰大学毕业。留学美国和德国，1930年获美国加利福尼亚大学心理学、哲学博士学位。回国后，任中央大学教授、心理系主任、心理研究所所长，复旦大学心理学教授、教育系主任。1952年起任华东师范大学心理学教授。主要致力于学习心理的研究和西方心理学的介绍。主要著作有《格式塔心理学原理》、《变态心理学》《普通应用心理学》《儿童心理学》《教育心理学》《军事心理学》等。

萧孝嵘是我国现代著名心理学家。作为国内心理学研究的先行者之一，他积极引进西方理论，并结合本土实际进行研究，提出以心理技术作为推进社会现代化发展的手段之一，足见一个心理学家之家国情怀。

1897年10月25日，萧孝嵘出生于湖南省衡阳县。1岁丧母，他的童年在浙江的祖母家中度过。10岁随父返湘，先后就读于湖南省衡阳县广化学校、凤池学校及长沙雅礼大学，后来到上海。1919年，萧孝嵘毕业于圣约翰大学。而后再次返湘，在中学教书，后至衡阳船山大学任教。

1926年，萧孝嵘留学美国，入哥伦比亚大学研习心理学，1927年6月获硕士学位。旋赴德国柏林大学研究格式塔心理学。一年后，再次抵美，入伯克利加利福尼亚大学继续深造，主攻教育心理学和儿童发展心理学，并参与创立了伯克利大学心理系儿童研究中心。1930年6月，萧孝嵘获哲学博士学位。此后赴英、法、德等国心理研究所进行博士后的心理学调查研究工作。在美国留学期间，萧孝嵘曾任研究助理和儿童福利研究所研究员，在美国心理学刊物上发表论文多篇，并荣获美国"科学荣誉学会""心理学荣誉学会"金钥匙。

**个人发展离不开心理学，
齐家、治国更是如此**

20世纪30年代，萧孝嵘学成归国，

决心以推进中国心理学研究为己任。他曾将中国与欧美社会对待心理学科之态度进行对照，直言后者更为积极。据他所见，心理学知识已广泛渗透在西方社会生产生活的各个领域，并提出：心理学研究与社会生活各个层面均有密切联系，如空气、阳光般不可或缺。个人发展离不开心理学，齐家、治国更是如此。

萧孝嵘历任国立中央大学教授、心理系主任、心理研究所所长等职，并曾参与或主持创建中国测验学会、中国心理卫生协会、中国心理学会、中国人事心理研究社等多个心理学学术研究机构。

1949年，萧孝嵘任上海复旦大学教授、教育系主任。1951年任华东师范

大师纪念地：圣约翰大学旧址（今华东政法大学）

圣约翰大学旧址
地址：长宁区万航渡路 1575 号

大学教授，兼任上海市心理学会第一届副理事长。1963年6月6日，萧孝嵘因病逝世，终年66岁。他一生著述甚多，曾发表论文40余篇，专著十余种。

小故事 “你们要注意了，这里是一个句号”

“萧先生上课逻辑严谨，思维缜密，当时课堂上没有教材，也没有讲义，我们把他讲课的言语记录下来，无须修改，便可成文，还是一篇条理清晰、逻辑性强的好文章。”大师授课字斟句酌，甚至连标点也不容马虎。有一次，课上他对学生讲“你们要注意了，这里是一个句号”。其治学之严谨，可见一斑。

格式塔心理学之最早系统介绍者

留德期间，萧孝嵘曾对格式塔心理学进行了系统研究。1928年即发表论文《格式塔心理学的鸟瞰》。1933年他的《格式塔心理学原理》一书出版，在该书“缘起”中，他写道：“著者在美国的时候，因为心理学界对格式塔心理学有种种的误解，偶做简单的介绍，后来研究此派之学说与预备博士考试者皆视为重要的参考，且哈佛大学心理系主任波林教授及其他心理学者亦对于拙著予以满意的批评。本书专论格式塔心理学之原理，这些原理散见于各种著作中，而在德国亦尚未有系统的介绍。从这方面看来，本书实为最初之尝试。”当时学界对于格式塔心理学普遍不甚关注，萧孝嵘实属领先介绍者之一。对于我国心理学界而言，他首先把格式塔心理学介绍至国内，“格式塔”一词便由他首译定名，沿用至今。

萧孝嵘毕生从事心理学的研究及教学工作，进行了心理学多分支学科的研究。1931年回国伊始，萧孝嵘即积极介绍西方心理学，成为我国最早对儿童心理学和教育心理学问题进行实证研究的学人之一，对我国儿童心理学和教育心理学的建设与发展作出的贡献尤为突出。在不足十年的时间里，他把西方儿童心理学、教育心理学、变态心理学、工业心理学、军事心理学、人事心理学、格式塔心理学等一些当时国际上较新的研究成果介绍到国内，并积极推进心理科学在教育、工业等方面的实际应用，大大地丰富了我国心理学研究的内容。

作为我国早期心理学专业教材的优秀代表，他于1940年出版的《教育心理学》已被列为《二十世纪中国教育名著丛编》书目之一，由福建教育出版社重印再版。该教材对教育测验和智力测验方法和技术进行了全面介绍，系统地分析了影响学习进程的相关因素，并归纳总结了提高学习效率的具体方法，对多个学科的教学心理规律均进行了深入研究，并增加了教育心理学实验内容，是我国首部切实介入教育实践内容的专著，对于提高教育效率、解决教育问题意义非凡。

在编纂的《心理学在生活各方面应用》一书中，萧孝嵘系统地论述了心理学在家庭、军事、法学、实业、医学、学校六个方面的应用。就家庭应用而言，他指出“至于家庭中所包含的心理问题真是不一而足，如家庭环境之布置，夫妻间之关系，兄弟姐妹间之关系，父母子女间之关系，未满学龄的儿童的顺应问题，青春期前的儿童的顺应问题，青春时期的儿童的顺应问题，都是为父母所应注意的”。彼时，萧孝嵘关于家庭心理学的论述已具备现代家庭教育心理学结构之雏形。

1935年，萧孝嵘与丁瓒等在南京发起成立中国心理卫生协会，开展精神健康和儿童心理指导工作。中国心理卫生协会的建立，极大地推进了中国心理卫生事业的发展。

1937年1月，中国心理学会成立大会在南京国立编译馆礼堂举行，票选陆志韦、萧孝嵘、周先庚等七人为理事。当日召开的第一次理事会议上，刘廷芳、汪敬熙、萧孝嵘被推举为常务理事。原定于当年8月在北平举行的中国心理学会第一届年会，因“七七事变”未萧孝嵘历任国立中央大学教授、心理系主任、心理研究所所长等职。坐落于南京市天竺路2号的一幢小洋楼，便是这一时期萧孝嵘一家的住所。1949年初，萧孝嵘离开南京转赴上海，便将寓所交予学生、党员张世彬。很快，这里便成了中共活动的秘密据点。1954年，萧孝嵘托友人将该房产给予南京师范学院。

除了要熟练掌握实验室中的仪器设备外，萧孝嵘要求学生要熟悉小学生，和儿童建立感情。于是，年轻的研究人员硬着头皮，每天放学时间去华东师大附属小学的校门口"接近"小朋友。建立感情不是一朝一夕的事情，几个月后，大学生终于结交了一批小学生好朋友。

能如期而至。其会刊《中国心理学报》在出版了四期之后，也不得不停刊。

在国立中央大学任职期间，萧孝嵘先后开授心理学课程十余门，并担任研究生导师，培养了大批心理学科学工作者，这些人日后成长为我国心理学界之骨干力量，对我国心理科学事业发展作出了巨大贡献。

心理学研究中国化的探索

他把西学引入国内，却从未放弃心理学学科本土化的努力。早在20世纪40年代，他就在著作《教育心理学》中指出，"注意特殊背景——我国人的心理背景与他国人的心理背景自有一些差别，故在有些事件中，不能根据国外之研究结果推知本国的情形。本书顾及此种特殊背景起见，尽量采用我国的研究资料。在某些问题上如无我本国的研究资料，或有之而在某些方面尚有问题，则采用国外的资料"。萧孝嵘很早便认识到我国心理学研究和欧美心理学研究背景上的差异，并开始了学科研究中国化的探索。

萧孝嵘主张实验法研究心理学，对中国心理测验的发展产生了重要影响。1931年，他便同艾伟、陆志韦、陈鹤琴等心理学家一道，倡议并筹建了中国测验学会。一年后，中国测验学会会刊《测验》创刊，萧孝嵘在创刊号上发表题为《一种智力测验法之商榷》的文章。

同年，美国心理学家R.斯吐思曼编制了测定幼儿智力的成套测验，并以其所在学校的名称命名为"墨跋智力量表"。1934年，萧孝嵘着手修订该量表。他组织、指导心理系部分学生以南京市1500多名儿童为样例进行实验，并修订标准以适应中国人的发展状况，最终得《萧孝嵘修订墨跋量表》，并在修订过程中培养了学生实施心理测验的基本技能。

谁的童年不曾留下涂鸦的痕迹？人类总是先学会绘画然后才会书写。绘画被视为一个人内在经验独特的表达，在人类的成长过程中占有重要的地位。1885年，英国学者库克首先描述了儿童画人的年龄特点。此后，多位学者开始探讨通过儿童绘画，也就是要求受试者画一个人，来了解其智能发展情况。1926年，美国心理学家古迪纳夫首次提出画人测验可作为一种智力测验，并将这一方法标准化。古氏"画人测验"成为适用于4—12岁儿童的智力测量工具。萧孝嵘对画人测验进行了系统研究和修订，提出适合中国孩子的发育指标以进行投射测验，为诊断和治疗工作提供了宝贵的线索。

在这期间，他还修订了普雷塞"XO测验"、勒氏"品质评定"和马世通"人格评定"等量表。

抗日战争爆发后，国立中央大学西迁重庆沙坪坝，心理系迁至重庆柏溪，萧孝嵘便在此处落脚，埋头于心理学实际应用的研究。他实施了"速度与准确性训练的关系"实验，订正"拣选学徒的方法"，编制了"军队智慧测验"。他借鉴美军挑选军官的分类测验方法，结合我国实际情况，编制了适合中国军队的军官智慧团体测验。四种类型的测验可以在短时间内量化分值，按分值高低得出优秀、普通、较差的不同等级，被称为"萧氏军官智慧团体测验"。

萧孝嵘是一位纯粹的学者，他从未放弃对于科学研究的热爱。新中国成立后，他鼓励并指导学生，在华东师范大学早期引进的巴甫洛夫实验室，进行"小学儿童两种信号系统转换学说"的实验。除了要熟练掌握实验室中的仪器设备外，萧孝嵘要求学生要熟悉小学生，和儿童建立感情。遗憾的是，囿于当时种种特殊情况，这项科研活动不得不作罢，但是通过实验法研究儿童心理学的理念，便深深地埋在了年轻一代心理学学人的心里。

萧孝嵘编著《儿童心理学及其应用》

反对带着故步自封的态度去做学问

质疑权威，需要的是求实的科学精神和无畏的学术自信。1935年，萧孝嵘在美国《实验心理学杂志》发表《不相属的印象的相属性》一文，"挑战"教育心理学之父桑代克的学习定律。

学习定律主要由"练习律""效果律"和"相属原则"构成，是桑代克教育心理学的重要内容，其不但在西方广为传布，我国心理学教科书也将其广泛引用。1933年，萧孝嵘在国立中央大学开设"学习心理学"课程，通过一系列实验对桑代克的学习定律进行剖析。他指出：教与学的根本问题，一是"教什么，学什么"，一是"如何教和如何学"，其中心是学习的规律的问题，一般人认为，学习定律早经桑代克确定了，这种说法有害学术的进展。萧孝嵘对桑代克的学习定律始终持怀疑态度，反对带着故步自封的态度去做学问。

他认为"练习律"的作用是有限的，不能完全反映事实的真相。而"效果律"也同样存在问题。对此，他提出几点质疑：第一，是否只有满意的情景才能增加反应的势力？第二，满意与苦恼对于记忆的影响是否时常相反？第三，满意或苦恼的情景所影响的联络是否必须有特殊的性质？第四，满意的情景是否时常增加联络的势力，或苦恼的情景是否时常减少联络的势力？萧孝嵘认为，这些问题的答案都不是完全肯定的，常常会有否定的一面。事实上，关于"效果律"，后来桑代克本人也多次要求变更表达方式，内容也产生了变化。

至于"相属原则"，萧孝嵘还做了一些专门的实验验证。他认为，原则自身有矛盾之处，而且应用起来必将流于狭隘。因为有许多不相属的东西，都有和它相接近的东西发生联络的可能。并指出，如果承认桑代克主张的所谓事物的天然属性是学习的前提，那么有许多学习都不能成为学习。因此，相属原则也是片面的。

萧孝嵘做学问从不轻易下结论，"一定要把问题的各个方面都搞得清清楚楚，才可以给出结论"，这也是他对学生的要求。

治学严谨，
连一个句号也不容马虎

新中国成立后，萧孝嵘辗转扎根华东师范大学。一时间群贤毕至，张耀翔、萧孝嵘、谢循初、左任侠、胡寄南组成了中国心理学界华东师范大学"五虎将"。自此，萧孝嵘致力于介绍苏联心理学理论和巴甫洛夫高级神经学说。他早年学习过俄语，可以直接阅读大量的俄文原著资料。于是，他便成了福州路上外文书店的常客。华东师范大学的学生去外文书店找一本俄文心理学原版书而不得，去问店员，不料对方只回了句"这本书啊，连你们萧先生都弄不到，你怎么能找到呢"。

在《儿童心理学》教学工作中，萧孝嵘吸取了许多当时苏联的最新研究成果，力图用辩证唯物主义观点和巴甫洛夫学说解释儿童心理的发展，并撰文介绍高级神经活动和儿童心理学的关系。

20世纪50年代，普通心理学和萧孝嵘的儿童心理学便成了华东师范大学教育系本科生的必修课。至今，萧孝嵘的学生还记得70年前先生上课时的情形，"萧先生上课逻辑严谨，思维缜密，当时课堂上没有教材，也没有讲义，我们把他讲课的言语记录下来，无须修改，便可成文，还是一篇条理清晰、逻辑性强的好文章"。大师授课字斟句酌，甚至连标点也不容马虎。有一次，课上他对学生讲"你们要注意了，这里是一个句号"。其治学之严谨，可见一斑。

学生的记忆里，1954年上海的夏天特别热。在那教室里连风扇都没有的日子，即便考前辅导这样的非常规课程，年近六旬的老先生也必亲自上阵。老师的衬衫被汗水打湿了，这再平凡不过的一幕化成了感动，竟被清晰地印在了学生的心底里，这一印便是70个年头。

1956年9月，华东师大教育系开办新中国第一个心理学研究生班，来自全国各地的20名学员和4名进修生进入该研究生班学习，主要课程为"巴甫洛夫学说""高等心理学""西方心理学流派"，"五虎将"自然也成了新中国第一批心理学研究生导师。

20世纪50年代末，萧孝嵘便把精力放在了指导青年教师，培养儿童心理学教学和研究工作的接班人上面。青年教师大概每两个星期登门求教，提出阶段学习遇到的问题，萧孝嵘都一一解答，不改言简意赅、清晰严密的风格。

而后，华东师范大学开设心理学专业。学校请萧孝嵘指导青年教师重点加强医学心理学的研究，为开设医学心理学专业打下基础。自此，他的工作重心便由儿童心理学转向了医学心理学。

20世纪60年代初，国家文科教材办公室主持心理学专业主要课程的教材编写工作，编写完成了普通心理学、儿童心理学和教育心理学三门课程的教材。由于其中的儿童心理学教材主要反映苏联心理学的研究成果，1962年上半年，文科教材办公室提出请萧孝嵘另外编写一本吸取欧美心理学家研究成果的儿童心理学教材。接到任务，萧孝嵘非常开心，当即请助手联系其多年的同事、学生，并很快提交了编写组成员名单，编写准备工作就绪。不幸的是，萧孝嵘很快即被查出患有胃癌，各项工作中断，教材编写工作也不得不作罢。但是，这并不影响他为中国早期心理学专业教材建设作出的卓越贡献。

现代会计学宗师，职业教育之楷模

潘序伦

潘序伦

（1893 — 1985）

会计学家

在中国当代学术界，能称为"学科之父"的，潘序伦先生是其中之一。他被誉为"现代会计学宗师，职业教育之楷模"，他将现代会计理论带回中国，他告诫学生"夫学识经验及才能，在会计师固无一项可缺，然根本上终究不若道德之重要"。终其一生，恐怕没有比立"信"更重要的事业了。

走过许多坎坷之路

1893 年，潘序伦出生在江苏宜兴，曾祖父和伯父都是清代举人。因兄弟辈中排行第四，故又名秩四。早年私塾受教，12 岁那年，少年潘序伦还曾参加过一场县试。科举废除的第二年，入读东坡高等小学。毕业后，得入上海浦东中学，常常考得第一，颇得校长黄炎培的赏识。二年级时，他曾越级投考天津高等工业学校，结果考取了第一名，却被兄长以"欲速不达"驳回，未能成行。恃才而难免傲物，行将毕业之时，又卷入因抗议某教师批分较严而举行的交白卷的风潮中，"学霸"被开除了学籍，只得回乡，考入常州府中学堂。

1911年，潘序伦考入南京政法大学，不到两年，学校因故被勒令停办。不久，他又考进了南京海军军官学校无线电报收发讲习班。一年半后学习期满，以五门学科皆一百分的成绩毕业，被派往当时海军最大吨位的巡洋舰"海圻"号，成了一名准尉无线电收发报员。终究志不在此，一再呈请退出军籍，费尽周折才获批准。其后，他到南京造币厂当过翻译员，做了帮技士，又回乡求了份中小学教员的差事。

后来，人生的这段光景被潘先生自称为"学书不成，学剑无门，不成材的青年"时光。

29岁那年，潘序伦终于寻到了人生

的转机。这一年，他回到上海，经黄炎培先生介绍，入圣约翰大学，做了一名特别生。由于已近而立之年，起初同学们都以为他是个国文先生，搞清楚状况之后，都觉得有些奇怪，便常常到他的宿舍门口探头探脑。

在圣约翰大学，章程、书信，哪怕是同学间聊天，往往都是用英文的。班级里，潘序伦的英文算是很不好的。教授们顾及他的体面，便不大向其发问。直到一节社会学课上，朱友渔博士破天荒地问了这位"大学生"一个问题，潘序伦错把yes，答成了all right，引得教室里一阵哄堂大笑。自此，再没有教师把提问丢给他了。

自知基础差，便只得拼命用功。从晨间六时起床直至晚上十时宿舍熄灯为止，除了饮食、如厕、体操外，潘序伦便把时间都用在了书本上。他的学业很快便又回到了"第一名"。全校英文政治论文比赛中，竟也拿了个"状元"。

报上见南洋兄弟烟草公司考送留学生的广告，潘序伦恳求校方保荐其去应试，结果又以第一名的成绩被录取。用潘先生自己的话来说，然后便"汽笛一声，向太平洋进军了"。

赴美留学的三年里，潘序伦先用两年时间取得了哈佛大学企业管理硕士学位，再用一年时间获得了哥伦比亚大学

大师纪念地：潘序伦雕像
（上海立信会计金融学院内）

上海立信会计金融学院
地址：徐汇区中山西路2230号

🚇地铁4号线上海体育馆站

打造"三位一体"的会计事业版图

从立信会计师事务所,到立信会计专科学校,再到立信会计图书用品社,潘序伦"三位一体"创建了会计事业版图。他曾说:"事务所可以为学校提供师资;图书社可以为学校提供教材和补助部分办校经费;学校培养出来的会计人才,参加工作以后,可以回过来协助事务所和图书社发展业务。"

"既已下聘书,就不能无故解聘"

1942年8月,国民党当局迫于各方压力释放马寅初,强令各大学不准聘其任教。潘序伦却独自敦请马寅初登上"立信"的讲台,并安排他携家眷住北碚校内。国民政府教育部向潘序伦提出警告,要他立即解聘马寅初,否则后果自负。潘序伦则回以:"立信者,立信于人也。既已下聘书,就不能无故解聘。"

经济学博士学位。在他租赁的寓所内,前面是书桌,后面就是做饭的煤气炉,"日夜只知读书,三年没有看过一次电影,更没有出门参加过什么舞会。自朝至夕,只在'书城'里过日子",他竟真在一年时间里完成了博士论文。

"民无信不立",是为"立信"

20世纪二三十年代,受"实业救国"思潮的影响,神州大地上出现了民族工商业蓬勃发展的势头。1924年秋,潘序伦学成回到了中国,回到了上海,带来了西方新式会计理论。回国伊始,他先后出任东南大学附设商科大学的教务主任兼会计系主任、暨南大学商学院院长。

然而,会计学科的生命力更多体现在实操的过程当中。1927年春,潘序伦去教职,改操会计实务,在上海爱多亚路(今延安东路)39号创办了"潘序伦会计师事务所",并在事务所内设立会计补习夜校,不改"育人"的学人初心。

"民无信不立",在潘序伦看来,信用无疑是会计工作的根本,用他的话来说,"工商业者在业务经营中,首先要建立起客户对他的信任,而以财会工作为职业的会计师,则更需要在社会上建立起一种'诚实不欺'的信誉。""创业"第二年,他将事务所更名为"立信会计师事务所",同时,扩大补习夜校,改立"立信会计补习学校"。

潘序伦"做生意"讲究信誉和公道,再加上他的文字、外语功底扎实,中西学兼擅,无论在承办会计及工商业的申请、咨询还是受托申辩、诉讼时,大都说理详尽、效率高、质量好。于是,"立信会计"很快声名鹊起,登门的客户接踵而至——南洋兄弟烟草公司、永安纱厂、大中华火柴厂、邮政汇业总局、黄河水灾救济委员会等便均在此列。接下来的十年时间里,"立信"承办各类业务4000余件,很是红火。

事务所规定每日上午9时上班,彼时全所工作人员60余人,每日的签到簿上潘序伦的名字几乎都位列前三。而在当时,通常会计师事务所的主任会计师10点以后才会出现在办公室里。

清晨走进办公室,潘序伦的第一件事常常是翻看报纸,一来关心时事,二来字里行间或可觅得生意的机会。一日,他照例8时来到办公室,见当日报载北方黄河大水成灾,上海各界成立"黄河水灾委员会",下设稽核一科,拟请会计师担任。他旋即拨通了该事主持人的电话,顺利获得该职。事后,潘序伦才从该主持人口中得知,当日11时他便接听了来自徐永祚会计师的电话,无奈晚矣。此后,潘序伦一直以此事劝勉后辈,做事当勤勉。

九一八事变后,东北义勇军孤军抗日,深得全国人民的拥护和爱戴,人们纷纷募捐支援。当时有谣传上海抗日爱国捐款共2000余万元,马占山将军只收到100余万元。有人指责经办捐款的《生活》周刊社、东北义勇军后援会和上海市临时救济会有徇私舞弊行为。立信会计师事务所受托稽核了13个经募单位的账目。证实共收到捐款502万元,援助东北义勇军337万元,其余165万元作了慰劳十九路军和救济上海战区难民之用。潘序伦将全部收支账目审计,出具证明,公诸社会,平息了这场信用危在重庆期间，有一日潘序伦收到重庆周公馆转来的一封信，写信人便是顾准。信中说他已至延安，生活十分艰苦，希望"潘师"汇些钱款以补充衣食之用，潘序伦随即托周公馆代为设法汇去旧"法币"一万元。1949年5月上海解放，顾准随陈毅将军回上海，登门拜访潘先生，当面表示"那一万元已收到不误"。

机，也因此与《生活》周刊社的负责人邹韬奋先生结下深厚的友谊。就此为十年后二人合资创办"立信会计图书用品社"埋下了伏笔。

上海沦陷后，潘序伦和立信会计师事务所、立信会计专科学校一同迁往重庆，为抗战服务。直到1946年，才迁回上海。

中国会计的"改革与改良"之争

日渐复杂的经济活动对传统的记账方式提出了新的挑战，中式簿记终于来到了十字路口：是全面引进西式簿记，还是在原有基础上稍作修改？中国会计领域就此掀起了一场"改革与改良"的论争。

作为"改良派"的代表，徐永祚主张在保存中式簿记核算形式的前提下进行改良。他创办了《会计杂志》月刊，出版著作《改良中式簿记概说》，并陆续发表《改良中式簿记实例》《改良中国会计问题》《改良中式簿记缘起及简章》等文章，以阐明观点。

作为回应，"改革派"之代表——潘序伦则发文《为讨论"改良中式簿记"致徐永祚君书》《批评徐永祚的改良大纲10条》和《改良中式簿记之讨论》等文，坚持会计属于一种科学技术，不分国界，也无所谓中西之分，关键看方法科学与否。

对于一场有关学问的论争而言，观点难免针锋相对，然而学人总是儒雅的，一来一去之中，自不失风度。据说后来南京国民政府财政部门派官员与经济界人士座谈，进而达成共识——在"统

一会计制度"中，既采用借贷复式簿记，又承认改良中式簿记。就这样，这场短暂的会计领域改革与改良之争便告结束。

但它留给潘序伦的对于会计事业的思考才刚刚开始。有了徐永祚这个标杆，潘序伦更加专注于学术，专注于现代会计学在中国的传播和推广。他深刻意识到，会计补习学校并非正规学校，毕业生无正式学历，自然难被社会承认。1937年夏，"立信会计专科学校"经当时教育部批准成立。从1927年的簿记训练班，此后一直到1947年，立信会计补习学校共计举办了40届。以1937年为分界点，前十年入学学生4783人，后十年30476人，最盛时仅上海一地就设有11所分校，为我国培养了大量的会计人才。而立信会计学校的品牌也一直延续至今，发展成为如今的"上海立信会计金融学院"。

抗日战争胜利后，在中国民主建国会的直接领导下，徐永祚在上海以组织"聚餐会"的形式，开展争取民主、反对内战的革命活动。"聚餐会"每月一次，日期和时间固定，不发通知，风雨无阻。约20位上海会计界同仁受邀参会，潘序伦及其夫人张蕙生便在其中。1948年1月，潘序伦聘请徐永祚担任立信会计专科学校董事。

会计史学家郭道扬教授曾评价："20世纪30年代所发生的改革或改良中国会计之争，是我国会计发展史上影响最大的一次会计学术讨论与交流，是我国老一辈会计学家、学者为振兴中国实业，改进中国会计行业落后状况而作的重要努力，也是我国会计学术初步取得进展的重要标志。"

"立信者，立信于人也"

经济学家、人口学家马寅初年长潘序伦11岁，1914年便以论文《纽约的财

潘序伦

政》获美国哥伦比亚大学博士学位，两人同为"中国在美国取得经济学博士的少数几位中的一个"（杨纪琬语）。

潘序伦潜心他的立信会计事业的同时，马寅初创建了"中国经济学社"，自任会长，并邀请潘序伦出任常务理事。学社的常务会议曾多次假座潘序伦在霞飞路（今淮海中路）的寓所召开。1927年北伐战争后，马寅初常以立法委员的身份对财政政策提出质疑，潘序伦则以知名会计师的身份加以响应。

抗战时期，马寅初与潘序伦先后来到重庆，马寅初出任重庆大学商学院院长时聘请潘序伦兼任教授。

1940年12月，马寅初因抨击"四大家族"大发国难财，遭到国民党当局扣压。潘序伦则因此拒绝继续在重庆大学授课，以示抗议，并积极参与声援"马师"的营救活动。他给商学院的信中，寥寥数语尽显其为人的正直与洒脱："本人事忙，不能再来重大，讲课费全部捐赠商学院学生会。"

1942年8月，国民党当局迫于各方压力释放马寅初，强令各大学不准聘其任教。潘序伦却独自敦请马寅初登上立信的讲台，并安排他携家眷住在北碚立信校内。国民政府教育部向潘序伦提出警告，要他立即解聘马寅初，否则后果自负。潘序伦依旧以寥寥数语回应，"立信者，立信于人也。既已下聘书，就不能无故解聘"。

马寅初非常感激。后来他与人说："潘序伦对开拓中国新式会计有功，不要说来教书，就是要我替他倒夜壶，我也愿意。"

另一个常常与潘序伦连在一起的名字，便是顾准。

1927年春，潘序伦会计师事务所开张不久，刚满12岁的顾准经人介绍入事务所成了一名练习生。他天资聪颖，好学不倦，加上潘序伦唯才是举，对其委以重任，他很快便掌握了会计学科的相关知识。直至1940年赴苏南参加新四军，除少数时间外，顾准一直在立信工作，对于立信事业贡献颇多。

事实上，顾准以立信的工作为掩

护，从事党的秘密工作。《顾准自述》里曾提及："社会职业生活安定，对我从事党的工作也有某些良好的作用。因为那时白天的办公时间只有六小时，办公时间还可以大量读报……实际上白天的写作，每天不过三四个小时。中午休息的两小时，下午五点以后的全部时间都可以利用于参加会议和'碰头'，有些党的工作需要写的公开文章，还可以在办公时间写。"

虽为无党派人士，潘序伦坚决拥护抗日。对于顾准的革命活动，潘序伦和立信同仁采取的是默许的态度，甚至暗中支持，乃至积极参与。其间，国民党上海市党部曾训告潘序伦，要"注意赤色分子的活动"，潘序伦未予理睬，甚至还给顾准汇去钱款，以供其衣食之用。

"三位一体"的会计事业

1941 年，潘序伦从商务印书馆收回了立信会计丛书的版权，与邹韬奋先生主持的生活书店合作筹资，同年 6 月创办了"立信会计图书用品社"，除了出版发行立信会计丛书等会计财经类图书以外，还印刷账簿、表单，以满足工商业日常经营之需。

1947 年，会计学家、审计学家管锦康留学美国，就曾在华盛顿美国国会图书馆看到潘先生所著中文本《会计学》。立信会计、财经丛书的学术影响可见一斑。

做学问是没有边界的，要时刻保持与学科前沿的密切联系。20 世纪 40 年代，管锦康留学美国时，就曾收到来自潘序伦的 3000 美元汇款，嘱其购入大批会计、审计书刊。然后，由其亲自主持译介工作。当时美国会计学术界权威贝登教授的一套会计学丛书，以及他与人合著的《公司会计准则》一书便皆在此列。

解放初期，潘序伦再次嘱托管锦康从北京新华书店总店外文部购进大批

苏联会计书籍，并在上海组织了翻译工作。为此，潘序伦还专门学习了俄语。俄语中的颤舌音不知让多少学习语言的人神伤，彼时，已过了知天命之年的潘序伦竟也每日对着镜子吃力地练习颤舌音。要知道，在他讲了一辈子的家乡话里是没有卷舌音的。

1952 年秋，全国高等学校院系调整，立信会计专科学校并入上海财经大学。直到 1980 年，在潘序伦等经济界人士的倡议下，立信会计专科学校复校，潘序伦任名誉校长。潘屺瞻回忆其父当年为立信复校所付出的心血时，曾说："1980 年，上海立信争取复校的时候，父亲已经 87 岁高龄了，当时因病住进了中山医院，视力也不是很好。但每天早晨学校领导到他床前汇报复校工作时，他还是聚精会神地听着。他就是一心想要复校成功。"

他说："取之于社会，用之于社会；取之于会计，用之于会计；取之于学生，用之于学生。"于是，潘序伦为立信复校捐出毕生积蓄，设立潘序伦奖学金，将自己的藏书与出书版税全部用于会计教育。

他是会计学家、教育家，被誉为"中国现代会计之父"，但或许在他心里，自己首先是个老师。"我记得在中山医院的时候，父亲已经是病危了。有位学生想出国深造，请父亲来为他写推荐信。父亲非常爽快地答应了。由于当时父亲已没有写字的力气了，于是他便让身边的人帮忙写推荐信。推荐信写完之后，父亲奋力地从床上起身，颤颤巍巍地走到床头的一个小圆柜前面，慢慢地坐下来。那时病房里的光线比较暗，我就用手电筒给他照着，他就在手电筒的灯光下看完了这封推荐信，然后拿起笔来用力地在两封推荐信上分别签下了自己的中英文名字。"忆起"父亲对学生的最后一次关怀"，95 岁高龄的潘屺瞻仍不禁潸然泪下。

廖世承

在中国教育领域
推广科学实验

廖世承
（1892－1970）
教育家

大师简介

字茂如。江苏嘉定（今属上海）人。1912年就学于清华学校高等科，1915年留学美国。回国后任南京高等师范学校、东南大学等校教授。1927年在上海创办光华大学，任副校长并兼任光华附中主任，后任国立师范学院（湖南蓝田）院长、光华大学校长。1951年起，历任华东师范大学副校长、上海第一师范学院院长、上海师范学院院长等职。曾当选全国人大代表，并任中国民主同盟中央委员、上海市委第一副主席。著有《教育心理学》《测验概要》《教育测验和统计》《中国职业教育问题》等。

如果没有旁人的提示、后来人的纪念，廖有盼并不清楚言语不多的爷爷廖世承在教育领域曾有着如此卓著的成绩：他专研教育心理学，把科学方法应用于中国的教育领域，他倡导的教育实验运动，推动了中国教育走向现代化、科学化，许多教育教学研究在中国现代教育史上具有奠基意义。廖世承终生的事业就是办教育，人生中使用最多的社会身份就是"校长"——中学校长、大学校长。他是中等教育专家，更创师范学院独立办理之先河，赴湖南创办国立师范学院，后来也是上海师范学院（今上海师范大学）首任院长。从他执掌的学校走出来的知名人士不胜枚举：巴金、汪道涵、赵家璧……

大

师

331

"教育是改造旧社会、建设新社会的有力工具"

　　1892年,廖世承出生于江苏嘉定(今属上海)的文化世家,父亲是清末"桐城派"成员、圣约翰大学的国文教授廖寿图。在廖世承的记忆里"父亲博览群书,记性很好,掌故又熟悉,每逢晚膳时,总喜欢把历史上的事实及有趣味的故事讲给孩子们听",廖世承听得眉飞色舞,有时慷慨激昂,"这对于我性情上的陶冶,确有不少影响"。廖世承6岁入伯父家开的私塾,13岁进了舅父家设立的中城两等学堂,加上记忆力好,读书不费力,无论家庭背景还是个人天赋,读书之路都是顺理成章的。幼年的廖世承喜欢看小说,尤其是武侠小说,时常使枪弄棒,仿效拳师力士的行为。而后进了南洋公学,性情大变,喜看明儒学案,对国文兴趣浓厚,也有作文的天赋,正课之外进了国文补习班,从乙班一路升到校长唐文治亲自授课的特班。南洋公学一段,廖世承渐渐对学问、时事产生了兴趣。毕业后,有亲戚推荐他去湖南教书,家境虽清寒,但廖世承不愿学业半

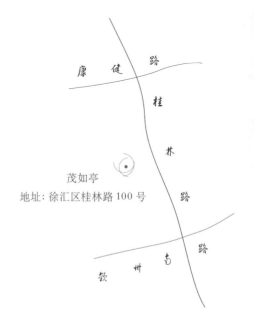

茂如亭
地址: 徐汇区桂林路100号

　地铁12号线桂林公园站

大师纪念地:茂如亭(上海师范大学内)

途而废，取得父亲同意后入清华学校读书，也是这一决定使得廖世承人生之路的可能性从一个普通教师转向了影响中国现代教育发展的教育家。

清华三年读毕，廖世承获得了公费留学的资格，家族希望他学银行、工程这些看得见"金饭碗"的专业。清华学校当时的校长周诒春则希望他从发展民族教育的需要出发重新考虑专业。看着满目疮痍的国家，廖世承不顾家族反对改选了在当时"最没出息"、只能当穷教师的教育学，如他后来所说"教育是改造旧社会、建设新社会的有力工具"，他选择了教育作为救国的工具。

廖世承留学期间，因为读书好，得到许多教授青眼相看，但中国学生的身份也让他受过不少刺激，对此他常想"回国以后，对于国人，任何意气可以消释，惟对于侮辱我的东西各国，定须争一口气"。他的拳拳之心，一开始是学业上的不肯落于人后，在布朗大学，廖世承攻读教育学和心理学，在四年内读完六年课程，成为该校第一个获得博士学位的亚洲学生，如今布朗大学的网页上还保留着这条关于"第一"的记录。回国后，爱国之心化作教育的信念："中国人要办好自己的学校——光我中华！"因为

廖世承在布朗大学读书的时候，中国留学生重读一两次并不鲜见，连美国本土学生，十之三四不合格也不足为怪，而廖世承凭借自己的刻苦奋进，在四年内读完六年课程，还被布朗大学荣誉学会吸收为荣誉会员，荣获金钥匙奖章。有次外出，有善良的路人见他是中国穷学生，有施舍之意，廖世承示之以金钥匙奖章，路人收回怜悯之情，向他致以敬意。

这份信念，他在东南大学附中停摆后，拒绝了多份工作上的邀约，其中就包括上海工部局给出的"华人教育处处长"这类高薪职位，而是选择了创立不久的光华大学——光华大学有着爱国的血统，五卅惨案发生后，圣约翰大学的中国师生不满校方做法，脱离圣约翰大学成立了这所学校。廖世承任光华附中主任的时候，正是日本帝国主义野心勃勃，意图大举进犯我国领土的时期。学校每星期的周会，廖世承总会向全体师生谈形势，谈救亡图存之道，并要求同学们面对这样的形势，决定自己准备做一个什么样的人。有学生记得，高一的时候，廖校长给学生们读的是《中国近百年史》，而不再从三皇五帝读起。

"中国土地如此之大，人口如此众多，政治如此黑暗，人心如此陷落，专凭教育救国，哪里救得过来。但是除去教育，又向哪里去找。"廖世承对国情有着清醒的认识，他选择在教育领域深耕，冀望通过自己的努力，为这个国家带来一些改变。

"凡教育上之新学说和新设施，皆采择而实验之"

在华东师范大学教育学系教授杜成宪看来，廖世承极大地推进了中国20世纪二三十年代教育科学化的发展——他身上的科学特征尤其明显。"廖世承先生所学的教育心理学更偏于理科，其中涉及的测量、测验及实验属于工具类基础性学科，这与同时代偏文的许多教育学者是截然不同的。"

廖世承夫妇

蓝田在重冈复岭之间，办学条件艰辛，廖世承等人刚到时，校舍只有一间借用的民宅。他和师生在山坡上兴建了几幢土楼房作为新校舍，亲自挑着簸箕运土开沟，修建操场。当时学校每月所需经费须到百里外的新化县城银行领取，途中要在给过路人临时搭建的棚屋里借宿。山中土匪猖獗，学校取用的款项又大，一路充满风险，担心别人遭遇危险，廖世承每次都会亲往。

廖世承关注社会教育，一直倡导把学校的大门向社会敞开，他曾说，"关了门办学，不能称为'学校'，只能称为'修道院'……我们要把全国'修道院'的门打开了，变成民众的学校。这一副重担子，又非师范学校来挑不可"。因此国立师范学院创办伊始，廖世承就鼓励学生创办民众学校，让附近失学青年儿童可以免费入学，同时还为周边几个省培训在职小学教师，为乡村教育服务。

廖世承回国后，自然也将4年间掌握的科学方法带回了国内，他积极倡导和推行智力测验和教育测验，是20世纪20年代在我国推行智力测验和教育测验的杰出代表。他参与创办南京高师心理实验室，这是我国最早的心理实验室之一；与著名教育家陈鹤琴合作编制的测验法，连美国测验专家麦柯尔也不得不承认，至少与美国的水平相当，有许多比美国还优。

"教育测验刚引入国内，意义是积极的，它可以用来测量学生的学力，以科学的方法认识人在认知水平上的差异，进而因材施教，为当时的学制改革，特别是实行分科制和选科制时进行能力分组奠定了基础。"杜成宪谈及的正是廖世承推行教育测验的初衷：办学者不察学生的个性差异，不去研究适应个性的方法，把"智者、愚者、程度高者、低者、知识丰富者、缺乏者，强纳之于一炉"，必会使教授困难，效率低下，程度下降，天才埋没。

除了智力测验，廖世承的测验同样重视对性格和品性等非智力因素的测量。他认为，智力对人类有重要意义，但一个人的成功不仅仅是，甚至主要不是智力。高智力的人在生活中可能没有成功，因为他们缺少特定的、对成功来说是不可缺少的素质。而平常智力的人也可能取得突出的成就——如果他们有良好的道德意识。在教育学者张民选看来，廖世承先生把中国的非智力因素的研究提前了60年。

五四运动后，西方的各种思潮、方法大量涌入，冲击着国内传统的教育框架。尽管接受过西方教育，但廖世承并不迷信西学，他多年留学所得也不是直接照搬到国内的课堂上——他有着理科生的视角，坚持先做实验，用事实说话，如他所说"从事教育的人当注意实地研究，不应作趋势论调。实验有效，然后再谋推行"。当时，美国刚刚兴起的教学方式道尔顿制传入国内，众多学校积极效仿，甚至形成了不做就是落后的风气。廖世承想到的是，设置两个平行班，一个采用道尔顿制教学，一个延续传统的班级制，作对照研究。道尔顿制鼓励学生自学，老师辅助，但实验结果显示，这种教学方式虽有利于个人的能力发展，但弊端也很明显，在基础知识的普及上不如传统的授课方式，对于当时的中国并不合适。廖世承的实验结果，给了盲目追求西方教学理念的人们一个清醒的认识，更唤起了教育界的实验兴趣，推动了中国教育现代化、科学化的步伐。值得一提的是，《东大附中道尔顿制实验报告》发表多年后，日本、苏联等国也相继否定了道尔顿制。

廖世承"凡教育上之新学说和新设施，皆采择而实验之"，从课程教材编制到学校管理，都以实验的方式给出最佳答案，他接手的两所中学可以迅速成为全国中等学校的翘楚，与此不无关系。1924年，廖世承基于各种教育实验、测验实践以及国内外最新的教育心理学研究，编著出版《教育心理学》，这是我国最早的高师教科书，而廖世承也被学界公认为我国教育心理学科创始人。

"他在中国现代教育史上的重要地位，不在于如蔡元培和陶行知等人那样

1961年上海师范学院分配新疆毕业同学与院系领导合影,前排左六为廖世承

构建了一个宏观的教育理论体系,而在于他立足于教育实践,在一个个具体的实践需求迫切的教育课题中提出了自己的独到主张,最终达到了理论创新的效果",对于廖世承在教育领域的学术贡献,张民选曾这样概括。

参与学制改革,培养学生品性,他是一代中等教育权威

廖世承非常看重中学教育。他倡导教育救国,认为在整个教育体系中,又以

青少年教育为国家兴亡的首位要素,"今天的青少年就是未来的国民。他们的素质如何,是忍辱负重,殚精竭虑,积极建设,还是为个人名利地位?关系到国家的兴衰、社会的进退、民族的隆替"。而在他眼中,中学教育是整个教育最基础、最活跃、最生动的阶段,这一阶段做好了,为后面的教育,为人的成长都打好了基础。因此,他曾顶着众人的不解眼光,辞去了社会地位更高、能带来更多声望的大学副校长一职,专心做一个附中的主任。他说:"教育是精神事业,一

分精神，一分效果。不论办幼稚园、小学、中学、大学，精神本无二致。"

廖世承是中等教育权威，就学制改革、课程改革、教法改革都有自己的见解，并积极参与其中。留学归来，廖世承就参与了学制改革的讨论：民国初年的教育学制，小学长达十年，中学不分等级，改革学制已成教育界共识，尤其针对中学学制如何设置，教育界众说纷纭。教育界泰斗蔡元培提倡"四二制"，认为初中四年涵盖整个中等教育，高中两年作为大学预科，最符合世界潮流。而初出茅庐的廖世承却大胆地提出了不同意见："三三制"符合青少年个性发展需求、适应时代潮流，既可使"各段教育相衔接"，又可"顾全升学与职业两种"，从国情上来讲，加上中学之前的小学六年，"六三三"学制更为经济，更贴近学生家庭的承受力，因此更为合适。通过东大附中的实践和对国外学制的研究，以及在济南、武汉等地的实地调查，廖世承进一步证明己论。"六三三"学制推行后，中途退学的学生大大减少，契合了教育普及的国情需求。

廖世承非常清楚中等教育的目的"在培植社会基层事业之干部人才"，应以培育生产技能，发扬自治能力为宗旨。中等教育的对象是"正在发育变化之青年"，因此要培养他们多方面的兴趣，发挥他们潜在的能力。而办教育的人"当随处替学生设想，减少他们时间和精神的浪费"。廖世承看到当时的学制课程大都抄自西洋各国，不仅疑问"这种课程，于我们现时的生活，有几多关系？于儿童将来的生活，有几多关系？"甚至毫不客气地指出，众学校至少有一部分的精神财力因为课程编制不适当而浪费。因此他提出用科学的方法，根据现时社会需要、参照社会进化的历程改造课程。在中学课程改革中，廖世承提出三条指导思想：首先，鉴别个性，加强教育效率，减少中途辍学人数；其次，采

用分科选科制，变更完全预备升学的目的，使学生有一部分自由选择的机会；再者，破除学年制，采用能力分组方法，以学科为单位升班。这些改革克服了传统班级授课制和学年制的弊端。对于教学上的弊端，他也是直言不讳："现在的教师，病在教学科，不教学生；教整个的班级，不教张某李某单独的个人；教数目，不教千变万化的活人。"廖世承认为，教的目的在于使学生学，而要学生学，必须鼓励学生、引导学生，使学生处于学习的情景之下。

相对于知识的灌输，廖世承认为学校教育应更重人格的培养，认为学校专尽了"教"的功夫，不尽"育"的责任；专供知识，而不问应用知识的人的人格如何，不仅有许多流弊，而且是十分危险的事情。"现代的国民，有体力，有智慧还嫌不够，必须要有健全的人格。要知人格健全，不但使国家、社会蒙其益，个人也有无穷的乐趣，一个民族的强盛与该民族的民族意识和修养素质是密切相关的。对于国家、民族利益的态度，也是人格的表现。"廖世承注重德育，也注重体育，有学生忆及当年，曾感慨：虽然当时德智体全面发展的方针尚未明确提出，但廖先生领导的附中在这方面已努力以赴了。

办学从来都不是易事，廖世承却乐在其中：他认为中学校长就是"一天一天造就青年的人才——他是社会的先导，社会进化的领袖，负重大责任的一个人。他的物质上报酬，虽是有限，精神上的快乐，却是很少人能比得上他"。

创师范学院独立办理之先河，为教育培养后继人才

有人说，中国高等师范教育体系上，应该庄重地镌刻上廖世承的名字。

办了十几年中学，廖世承深感师资对学校的重要，他把教员看作学校命

脉，曾说"一个学校的最后成功，就靠教师。无论宗旨怎样明定，课程怎样有系统，训育怎样研究有素，校风怎样良善，要是教师不得人，成功还没有把握"。他认定"教育方面最重要的，当然是师范教育"，因此对中国师范教育也作了悉心研究，提出了师范学院附设于大学利少弊多，应以独立设置为原则，才能培养良好的师资，使中小学有稳定的、有质量的师资来源。

抗日战争爆发后，廖世承付诸心力的光华附中被夷为平地，此时教育部以中等教育司长职位相邀，廖世承没有接受，却接受了教育部另一个聘请——赴湖南筹建国立师范学院。相比教育司长这样的行政职位，到内地筹建学校是一桩异常辛苦甚至可能丢掉性命的差事。而对于廖世承来说，这为他实现独立创办师范学院的心愿，为国家、为民族培养教育人才提供了空间，因此他辞别妻儿和病榻上的老父，辗转多地，历经许多险境，到达湖南蓝田，从无到有地建立起一座新的学校。炮火连天中，国立师范学院用时4个月建起来了，尽管看起来不甚气派，甚至有些简陋，但学校图书馆却藏书丰富，更收有明清刻本。师范学院当然要有好的师资，廖世承认为"师范学院之理想教授，须学识宏通，而且富有教学经验具有教育热情"，凭借他在教育界的人脉和声望，他延揽了钱基博、钱锺书父子分别担任首位国文系主任和英文系主任，此外还有孟宪承、郭一岑、朱有光、高觉敷、刘佛年等，每一位都在中国的教育史上留有名字。

廖世承十分强调教师的修养与素质，国立师范学院的缩写"国师"二字在他看来，可以拓展成另一个意思：国民的导师，因此他对师范生的培养要求非常高，他常说，"教师是非常专门的职业，不但要知识好，方法好，而且要有专业道德——有责任心、忍耐性、仁爱心、真诚、坦白、乐观、谦虚、公正诸美德"，

高要求可见一斑。

教育救国是廖世承的本心，所以他格外关注社会教育，一直觉得知识阶级和民众的生活不能隔得太远，要把学校的大门向社会敞开，他曾说，"关了门办学，不能称为'学校'，只能称为'修道院'……我们要把全国'修道院'的门打开，变成民众的学校。这一副重担子，又非师范学校来挑不可"。因此国师创办伊始，廖世承就鼓励学生创办民众学校，让附近失学青年儿童可以免费入学，同时还为周边几个省培训在职小学教师，为乡村教育服务。事实上，廖世承在光华任职时，就曾经组织和鼓励大中学同学筹办光华平民学校，为失学儿童提供免费读书的机会。

20世纪40年代末，廖世承回到上海，先后任职于光华大学、华东师范大学。1958年，上海师范学院成立，此前出任上海第一师范学院院长的廖世承接过了该校首任院长的重任。在新的岗位上，廖世承更加认识到师范教育应该与国家建设、发展紧密结合，热情地投入社会主义高等师范教育的实践。教室的后排，常会见到这位形容清癯的老人在听课，语言学家张斌在世时曾有过回忆，廖院长听过他主讲的课程之后向他提出了许多问题，对作为教师的他从教育教学角度去建构课程很有启发，"廖先生考虑问题是站在高处的"。

回望50年教育生涯，廖世承也曾感慨，但从不后悔，他的目光一直望向教育的未来："我是教育国地上一个垦荒者，从没有在一所学校内留得很长久的。倘使精力容许我的话，或许我今生再能开垦一片园地。"

337

要在汉语语法学领域当个『单项冠军』

张斌

张 斌
（1920 — 2018）
语言学家

大师简介

湖南长沙人。1943年毕业于湖南国立师范学院，为中学国文、英文教员，后任上海《观察周刊》编辑。曾任上海师范大学中文系主任、语言研究所所长等职。20世纪50年代开始与胡裕树（笔名胡附）合作，发展方光焘的"广义形态"观点，率先提出语法、语义、语用三个平面的汉语语法理论，产生了广泛而深远的影响。晚年吸收符号学、信息论、认知心理学等现代科学理论，在汉语语法理论和研究方法上提出了许多有价值的新见解。主要著作有《现代汉语语法探索》（合作）、《处所、时间和方位》、《歧义问题》、《语句的表达和理解》等。

作为语言学家的张斌，整个学术生涯都在和词语、句子打交道，因此，他有时会拈词成句地抒发感情。张斌曾在一次登庐山含鄱岭时有感而发，口占四句：不怕登临苦，何须小憩凉？越攀由剩勇，绝顶望鄱阳。

勇于攀登，永不止歇，这正是他人生和学术生涯的真实写照。

由《孟子》领会深入浅出的魅力

1920 年，张斌出生于湖南长沙一个普通家庭。祖父是清末举人，父亲在电报局从事技术工作，勉力维持一家人的基本生活。1926 年至 1932 年，张斌辗转于长沙第七小学、信义小学、含光小学读书，语文成绩特别突出。1932 年至 1935 年，张斌在长沙中学读初中。彼时湖南各学校大都要求在课上读经，老师从"四书"中选取若干篇章布置学生诵读，作文题目也多与之相关。张斌被《孟子》所吸引，读了一遍又一遍，乐在其中。这一时期的学习体会对张斌影响极深，多年以后，当他自己走上讲台传道授业时，也十分注重探索有效的教学方法，他认为采用比喻，深入浅出，往往能在课堂讲解中取得事半功倍的效果。此外，他认为写作著书同样应该秉持这一要旨，但"浅出"是以"深入"为前提，不能将"浅出"仅仅视为浅显浮面的一般普及。张斌认为，把知识传授给别人，就是一个使对方从不理解到理解的过程，传授者的思想如果不能用言语表达，如果一直停留在"只可意会，不可言传"的词不达意阶段，则往往反映了他的思想本身是模糊的。

1935年，张斌进入长沙市明德中学读高中。这是一所私立学校，教师却多为社会知名人士。学校试行文理分科，张斌遵从家长意见选了理科，这对

大师纪念地：上海师范大学老图书馆

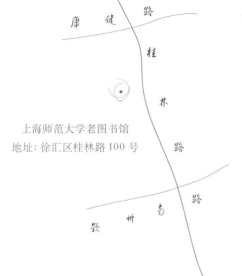

上海师范大学老图书馆
地址：徐汇区桂林路 100 号

他日后得以形成分析学术问题的思辨能力，是很好的初期训练。但是，课余时间，张斌仍然热爱文学，常读《孟子》《史记》，喜爱莎士比亚和易卜生的剧本、夏目漱石和鲁迅的小说。抗日战争爆发后，为躲避日寇，学校迁到远郊，并组织了学生抗日宣传队，张斌积极参加了这项工作。

1938年，张斌考上了地处湘西山区的蓝田国立师范学院，攻读教育专业。院长是日后成为上海师范学院院长的廖世承先生，钱基博、钱锺书、孟宪承、高觉敷等知名学者当时都在此任教。张斌和几位同学一起办了一份名叫《新星》的小型文学杂志，还在学校的京剧、话剧剧团担任团长。1943年张斌在此毕业，获教育学士学位。

此后数年，张斌在重庆清华中学、四川云阳辅成中学任教，因其大学时代办杂志的经验，受到《观察周刊》邀请，赴上海参加筹备和编辑工作。后因杂志停办，张斌经人介绍到上海师附中（虹口中学前身）任教。1952年张斌参与筹备"上海工农速成中学"，接着又调到"华东区抽调部队机关干部升入高等学校补习班"，担任语文教研室副主任。在这个大学预科性质的补习班里，教师大都来自各高校及重点中学，包括胡裕树、王运熙、罗君惕等。补习班结束后，张斌调至华东速成实验学校任教。

1954年春，张斌作为筹备委员会委员之一，参与筹建上海师范大学前身上海师范专科学校。从此，他的学术生涯便与上海师大这座校园紧密相连。张斌领导创建了上海师范大学语言研究所并担任首任所长，为学校的学科发展作出了卓越贡献。当时上师大的语法研究与中国社科院、北京大学一起，名列全国前三。他还指导创建了上海师范大学应用语言学研究所，并在现代汉语方向（即汉语言文字学方向）、语言学及应用语言学方向上，分别建立了硕士点、博

小故事　被《孟子》吸引，读了一遍又一遍

1932年至1935年，张斌在长沙中学读初中。彼时湖南各学校大都要求在课上读经，张斌被《孟子》所吸引，读了一遍又一遍，乐在其中。他后来回忆："《孟子》文字简明生动，道理深远透辟，这大概就是深入浅出的魅力。"

士点。

张斌的哲嗣张亦林曾这样回忆父亲："他始终想把上海师范大学某个学科做到最好，他总是说，我们争取不到团体冠军的话，我们一定要拿个单项冠军，所以，他把自己从事的学科钻研到极致。"

潜心研究汉语语法60年

在汉语语法领域，张斌进行了长达60年的深入而细致的研究，一方面是出于学术兴趣，另一方面，也离不开陈望道、方光焘、吕叔湘等前辈的引导以及与胡裕树、林祥楣、胡明扬等好友的长期切磋交流。

张斌所发表的有关语法研究的成果，主要集中在《中学语法教学》、《现代汉语语法探索》（与胡裕树合作，分别以胡附、文炼为笔名）、《汉语语法研究》（与胡裕树合作）、《汉语语法学》、《20世纪现代汉语语法八大家——胡裕树、张斌选集》、《现代汉语语法十讲》、《现代汉语描写语法》等著作内。尽管乍看算不上高产，但张斌的这些成果，分量有目共睹——几乎每部汉语语法学史著作都设专章或专节对张斌语法思想进行评述。

张斌深入研究了汉语语法的多个领域，纵观他漫长的汉语语法研究生涯，可细说之处重在以下三个方面：

首先是关于词类问题的研究。自19世纪末马建忠的《马氏文通》出版以来，直至20世纪40年代，我国语法研究大都处在西方传统语法框架内，僵硬模仿的痕迹严重，大体而言，只是用西方的语言理论和语法框架来阐释汉语

小故事 **词类研究的起点**

张斌倡导词的功能说，1954年，他和胡裕树分别以"文炼""胡附"的笔名在《中国语文》上发表《谈词的分类》，文章受到陈望道先生的"功能说"和方光焘先生的"广义形态说"的影响。这篇文章也可视为张斌词类研究的起点。

小故事 **坚持站立上课**

张斌坚持站立上课，认真板书，认为这是对学生的尊重，也是对教师这门职业的尊重。2013年，93岁高龄的他站在教室里，为博士生上了最后一堂汉语语法课，就此告别他站了一个多甲子的讲台。

的实际问题。面对这种局面，陈望道等在上海发起以反对"模仿文法"为目的的、关于文法革新的讨论，努力探索汉语语法的特点和研究方法，试图建立汉语语法的新体系。讨论的焦点之一就是划分词类的标准。

张斌倡导词的功能说，1954年，他和胡裕树分别以"文炼""胡附"的笔名在《中国语文》上发表《谈词的分类》，文章受到陈望道先生的"功能说"和方光焘先生的"广义形态说"的影响。这篇文章也可视为张斌词类研究的起点。他十分谦虚，自认为是学习陈、方两位先生学说后的一些体会。此后，他又在《词的范围、形态、功能》一文中进一步阐述了功能说，指出功能并不单纯指词在语言组织中所担任的职务，而是和广义形态分不开的，且要由形态表现出来。比如，"书"能与"一本"结合，"茶"能与"一杯"结合，类似这种结合能力的表现，就是形态，数量词与名词互相依附、对应的交互关系，就是功能。这种形态和功能，正是汉语中区分词类的主要标准，也是形态学的重要内容。张斌认为："形态是在结构中产生的，没有结构，也就没有形态。狭义的形态只是广义形态的外部特征，因此，没有外部特征，也能归类。"他主张用广义形态划分词类，根据语序、句子成分与语言材料的关系，"词在句中的职位一定程度上可以帮助我们辨别词性"。在张斌的理解中，这一汉语语法理论同时也适用于普通语言学理论。后来国外的研究也证明张斌是正确的，现代语言学已经不把词的形态变化作为划分词类的唯一标准了。张斌关于形态、功能方面的论述大大丰富了汉语的形态学，也更加有助于汉语词类的划

分，他的研究和学术观点对汉语语法学产生了积极的影响。此后，张斌的学术生涯始终没有放下对现代汉语词类问题的讨论。

其次是析句问题。在汉语句型研究中，张斌首先提出了析句的目的是确定句型，而不是划分成分，并据此拟定了一套析句的步骤和方法。胡裕树、张斌、范晓等在国内率先倡导用句法、语义、语用三个平面的理论来研究现代汉语语法。三个平面理论是当代汉语语法学最关键的术语之一，是在继承传统语法、结构主义语法、转化生成语法和格语法等的优点的基础上提出来的，同时还受到符号学和现代语义学、语用学的一些影响。胡裕树、张斌、范晓等在符号学等国外理论和汉语析句法演变实践的双重坐标中，提出三个平面理论，这在方法论层面上也极具意义。按照三个平面的观点，句子可分为抽象的句子、语言的句子和具体的句子、言语的句子。一个具体的句子总是包含着句法、语义、语用这三个不同的平面。句法平面讲的是显层结构或表层结构，是对句子进行句法分析，研究句中的词语与词语即符号与符号之间的关系。句法分析的对象是句法结构，词、短语、句子都是句法结构单位。在句法平面，主要分析句法功能、句法成分、句法层次和句法关系。语义平面讲的是隐层结构或深层结构，对句子进行语义分析，研究句中词语与客观事物、符号与内容之间的关系。语用平面则主要着眼于分析语言符号与使用者之间的关系。三个平面理论使语言研究面貌焕然一新，研究内容不断深化，并且催生了一系列与此相关的研究理论和方法。后来国内句法语义

研究的兴起和功能解释语法的兴起就是句法、语义、语用三个平面理论的演化和发展。

著名语言学家乔姆斯基说过："语言学家的任务是制造一种装置称为语法，假定事先已经以某种方式提供出一种语言的一些句子，这种装置就能生成该语言的所有合语法的句子。"胡裕树、张斌借用乔姆斯基提出的"生成"概念，认为研究和建立句型应"着眼于生成能力，而不是着眼于不必要的细致的描写"，因此，主张立足于成分分析，同时要吸取层次分析的长处，也就是重视句型的研究，将句型研究和析句联系起来。后来的一般语法教科书析句时大都用成分分析和层次分析相结合的方法，胡裕树、张斌在《现代汉语》中的相关研究无疑起了榜样作用。

张斌的语言学研究紧跟现代科学的发展潮流，着眼于相关学科的互相渗透和关联。现代科学有两个特点，一是上位学科能启迪下位学科的研究，二是各学科相互渗透，促使研究向深广发展。有关第一个特点，张斌认为，符号学、信息论、系统论是对语言研究最有影响的上位学科，为此他研读了有关理论，并应用于汉语语法分析，发表了大量论文。

符号学对语法学影响较大。被称为现代语言学之父的索绪尔早就把语言看作一种符号系统，他的观点在 20 世纪 30 年代已经在汉语语法学界传播。张斌借鉴索绪尔语言与言语的理论，并结合汉语实际，区分了语言的句子和言语的句子。他认为"句子有两种，一种是语言的句子，或者叫作抽象的句子，一种是言语的句子，或者叫作具体的句子"。从意义上看，言语的句子既有意义、又有内容，语言的句子只有意义、没有内容；从结构上看，言语的句子既有句法成分、又有语用成分，语言的句子只有句法成分，没有语用成分。

再次是关于语句的理解与解释的

拓展。20 世纪 90 年代以后，张斌进一步吸收心理学、逻辑学、信息科学等相关领域的研究成果，用于探索汉语语法分析的新问题，发表一系列论文，主要探讨语法结构的功能解释，开拓了集合人工智能的自然语言理解来研究汉语语法的新领域，再次为现代汉语语法研究带来突破性进展。以心理学为例，心理学给语法学的影响不在规律的说明，而在现象的解释。90 年代，在吸收国内外已有的认知心理学界句子理解理论研究成果的基础上，张斌在《句子的理解策略》一文中，研究了"各种理解因素在不同的情况下所起的不同作用"，从而归纳出理解策略的"类型"和"模式"，在语言学界首先提出了理解句子的策略。再如信息论，20 世纪 70 年代以来，信息论突破狭义的范围，发展成为一门研究语法、语义、语用信息的科学。张斌认为，语言是传达信息的，因此可以从信息论的角度考察语言。张斌特别从歧义的研究入手，探讨了歧义产生的原因、歧义的类别、消除歧义的方式等，提出了信息噪声的概念。

张斌的《汉语语法学》《汉语语法修辞常识》《现代汉语虚词词典》《语句的表达和理解》《现代汉语描写法》等一大批影响深远的著作相继出版。八十高龄时，他又开始主持编写我国第一部大部头描写语法专著《现代汉语描写法》，历时十年最终完成。

现代汉语语法要立足于汉语本身

张斌的汉语语法研究，在吸纳西方学术成果的基础上，始终审慎对待西方理论和汉语本身之间的关系。他清醒地指出，外国学者描写汉语最容易犯的毛病，其一是把汉语看作"主题居重要地位（topic-prominent）"的语言，区别于"主语居重要地位（subject-prominent）"的

张斌给学生上课

语言（例如英语）；其二是对汉语结构规律的描写不均衡，个别地方描写得较为细致，但总体说来，还是比较粗略；其三是所用例句都十分简单，有些并不符合汉语规范。

前文谈到的有关句子理解策略的研究，大多数研究以英语等印欧语系的语言为研究材料，很少以汉语句子为材料进行研究。在中国，对汉语句子理解策略的研究始于 20 世纪 80 年代，至今不过 40 年左右的历史。而综观整个中国语言学界，有关句子理解策略的研究少之又少，张斌是当时第一个提出句子理解策略的学者。张斌研究了句子理解涉及的各种因素，探讨了某些句子模式与理解策略间的关系，试图建立起句子模式与理解策略间的通道，以更快速准确地理解句子。尤其是，他对中国古典的格律诗，也能在语法学范畴内对语言结构作功能解释，使人不仅知其然也知其所以然，也开辟了在语法学范畴内探索诗歌接受的途径，这不啻为语法研究的创造性尝试。

张斌坚持现代语法研究要立足于汉语本身，从汉语的实际出发来研究现代汉语语法。他反复提及"什么是汉语结构的最基本的特点"这个问题，希望学术界能对此作出积极的思考回应。张斌认为，汉语没有严格意义的形态变化，这个特点，虽然从马建忠开始就有所认知，但是在解释汉语语法现象、描述汉语语法规律时，没有从这一基本特点出发来找寻汉语的系统。张斌自己的研究则通常有两种进路：一种是分析汉语材料，从中发现问题，然后加以梳理，或说明规律，或解释现象，得出的结论与采取的方法常与现代语言学的某些观点不谋而合；一种是着眼于汉语的特点，分析某些具体问题，比如某些虚词、某些句式的特征和用法，得出的结论是汉语所特有的。前者是从特殊到一般，后者是从特殊到特殊。

结合中国现代汉语语法研究的历史和现状，张斌归纳了三条基本线索：第一，立足于传统语法，不断加以改进，以适应语文教学的需要；第二，吸取现代语言学的理论和方法，试图建立汉语语法学新体系，或开辟解决问题的新蹊径；第三，从汉语实际出发，分析汉语语法现象，发现规律，并加以解释。

以这样的"立足于汉语本身"的视野，张斌对语法教材编撰也提出创议，认为一本好的语法教材应当处理好几种关系。一是知识的稳定性和新的科研成果的吸收的关系。教材要利用现成的科研成果，根据科研成果的不断涌现而不断修改补充。二是汉语的特点和一般语言学理论的关系。汉语语法课属于基础知识课，但是也需要理论作为指导，但通行的语言学理论大都是从印欧语言中归纳出来的，有的不完全适用于汉语，完全套用西方理论，常常捉襟见肘。三是一般规律与特殊现象的关系。好的教材应该既讲清楚一般规律，又启发学生思考特殊现象。这些教材编撰理念集中地体现在胡裕树、张斌共同主编的高等学校统编教材《现代汉语》中。这部教材在编写的过程中，一些具体问题也得到了吕叔湘先生的指点和认可，可谓精益求精。教材兼顾了规范性、稳定性、时代性和开放性，在整合中西语法学理论、吸纳传统语法学精华、开拓中国语法学的新境界方面，堪称典范。

此外，张斌也主持了一系列的重大科研项目，包括国家社会科学"八五"项目《现代汉语虚词的功能分类及分析方法研究》，商务印书馆重点项目《现代汉语虚词词典》，以及《现代汉语虚词研究》等上海市教委博士点项目。通过对现代汉语虚词进行深入细致的研究，既培养了梯队人才，也对现代汉语语法学研究起到重要的推动作用。

在专心思考研究汉语语法问题的同时，张斌也始终坚持在教育教学的第一线。他从1987年开始培养博士生，1999年开始培养博士后，是全校担任博士生导师和博士后合作导师的第一人，并且培养了我国第一位语法学的博士后，也为韩国培养了第一位汉语语法博士。他也是学校第一个语言类奖学金"张斌奖学金"的设立者，第一位上海市语文学会终身成就奖的获得者。2016年，张斌获得上海市哲学社会科学学术贡献奖。

在上海师范大学校园内，张斌的为学、为师之道广为传颂和继承：为人师者，必先正其身，方能教书育人，此乃师德之本也。据其学生回忆，每次上课，他都要提前十几分钟在教室里等学生来。他坚持站立上课，认真板书，认为这是对学生的尊重，也是对教师这门职业的尊重。2013年，93岁高龄的张斌站在教室里，为博士生上了最后一堂汉语语法课，就此告别他站了一个多甲子的讲台。

张斌常说："我始终认为，在学术上，我还必须继续攀登，不能半途而废"，"生活上应该知足，学术上须不知足"。他这样表达，也这样践行自己的信念。90岁时，张斌写下一首《九十感怀》的七言律诗：

颠仆生涯九十秋，
依稀往事忆从头。
常惊敌寇来空袭，
每数工薪便发愁。
收拾金瓯今胜昔，
折腾岁月喜还忧。
阴霾扫尽千帆过，
万里鹏程庆自由。

他乐观地称自己是"90后"，这首感怀诗也寄托了他在学术事业上对自己的激励和鞭策。这种自我激励伴随他整个学术生涯，也令他在孜孜不倦且不断获得新知的思考中，收获了纯粹的求知乐趣，以及分外漫长的学术生命。

金仲华

于错综复杂中把握国际问题实质

金仲华
（1907－1968）
新闻学家、国际问题专家

他是我国新闻出版界的知名人士、著名的国际问题专家、国内外享有盛誉的社会活动家。他一生追求真理，笔耕不辍，为我国国际问题研究作出了开创性的贡献。他就是金仲华，曾经备受学人敬仰的"金公"。

"他帮助启发了青年一代，使他们肩负起重任"

1907年4月1日，金仲华出生于浙江省桐乡县梧桐镇。两三岁便出入父亲在祖屋"静远堂"里开设的私塾。4岁能诵《千字文》，其父大喜，特地带他到照相馆，留下了一张幼年金仲华身着灰色长袍、一手拿《千字文》、一手毕恭毕敬地拉着父亲的合影。6岁时，金仲华入读县立崇实小学。10岁时，在父亲书房里,他偷偷地在《幼学琼林》"命之修短有数,人之富贵在天。唯君子安贫,达人知命"的文字旁加上了"大错特错"的批语。

1920年秋,金仲华一个人登上了开往嘉兴的小火轮客船,开始了他在嘉兴县立第一中学的学习生活。中学时代的金仲华偏爱文科,尤其喜欢英文和地理,一本《瀛寰志略》爱不释手,或可见其日后成长为一名国际问题专家最初之缘起。

三年后,16岁的金仲华考入之江大学,攻读文科。之江大学坐落于杭州六和塔西侧。每天清晨,他都会悄悄爬上宿舍楼后面的山坡,大声朗读英文,打下了坚实的语言功底。其间,金仲华结识了中共党员肖炳实。

受五四运动的影响,致力于新文化运动,金仲华早年便参加了进步刊物的编辑工作。20世纪30年代,作为《世界知识》的发起人和主编,金仲华以文笔犀利的政论启迪人民、揭露敌人,为中国革命做了大量工作。他还协助邹韬奋编辑进步报刊《大众生活》和《生活日报》,创办《永生》杂志,被宋庆龄评

价为:"他帮助启发了青年一代,使他们肩负起重任,为中国的前途和反对世界法西斯而斗争。"

抗日战争爆发后,金仲华积极投身抗日救亡运动。他加入上海文化界救国会和宋庆龄主持的"保卫中国同盟"。作为执委会成员,金仲华负责华语通信工作,积极从事抗日救亡的对外宣传工作,向海外华侨、国际友好团体和个人募捐,以药品和其他物资形式援助抗战的先锋队——中国共产党领导的人民军队和解放区,为中国人民的解放事业争取到来自国际社会的更广泛的同情和支撑。这些物资当时受到国民党反动派的严密封锁。

在上海和武汉,他与邹韬奋编辑《抗战》与《全民抗战》三日刊。在香港,金仲华参与进步新闻机构"国际新闻社"的领导工作。其主编的《星岛日报》传播进步舆论,成为当时香港主要报纸之一。这一时期,同为在港媒体工作者,他与著名记者爱泼斯坦成了舆论战场上并肩的战友。

抗日战争胜利前后,金仲华在重庆和上海美国新闻处译报部工作期间,坚持抗战、团结、进步的原则,坚守译报阵地以揭露蒋介石消极抗战、积极反共的面目,公正地对外宣传我党主张、我军战绩,传播进步舆论。

新中国成立后,金仲华曾担任上海市副市长,兼任中国新闻社社长、上海

大师纪念地:金仲华雕像(上海国际问题研究院内)

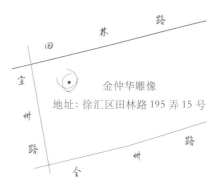

金仲华雕像
地址:徐汇区田林路195弄15号

🚇 地铁12号线虹漕路站

国际问题研究所所长，同时也是中国人民保卫世界和平委员会上海分会的主席、世界和平理事会理事。

"人民外交家"

1949 年后，金仲华作为中国学术界和新闻界的代表投身到中国的人民外交工作之中，为世界和平、为中国外交贡献心力，作出了卓越成就，无愧为"人民外交家"。他以世界和平运动为主要舞台，经历了新中国外交从 1949 年建国初始到 1964 年前后的重要事件和主要过程。

新中国成立前后，中国共产党在外交上有两项重要的任务，其一是准备加入联合国，其二就是参加世界和平运动各项活动。为此，1949 年 10 月 2 日，也就是中华人民共和国成立的第二天，中国立即宣告成立"中国人民保卫世界和平委员会"。委员会名誉主席是毛泽东，主席是郭沫若。

20 世纪五六十年代，金仲华参加世界和平运动名下的国际活动十余次，为新中国外交实践和理论发展作出了巨大贡献。

1950 年 11 月，金仲华出席了在华沙举行的第二届世界保卫和平大会。这是新中国成立后中国政府第一次大规模组团在国际大舞台上集中亮相的一次盛大外交活动，也是金仲华第一次迈出国门。是年 6 月，朝鲜战争爆发。10 月，中国人民志愿军入朝参战。揭露美军在朝侵略行径便成了这次会议的重要意义之一。金仲华在《世界知识》撰文写道："我们是在全中国人民掀起一个抗美援朝保家卫国的伟大浪潮中，参加这个团结全世界人民共同反对侵略保卫和平的二届和大。"

1952 年 12 月，宋庆龄率领中国代表团出席在维也纳召开的世界人民和平大会。团员有 59 人，金仲华亦在其列。

在香港媒体工作时，金仲华与著名记者爱泼斯坦成了舆论战场上并肩的战友。后者曾在作品《勇敢积极的知识分子》中回忆："每逢有重大国际事件发生，他就会打电话给我，或者是我打电话给他，我们一道讨论事件的意义。太平洋战争爆发，他是我第一个打电话去联系的人，这时日本炸弹已开始在香港落下来了。"

作为中国代表团团长，宋庆龄在大会上作了题为《人民能够扭转局势》的演讲，稿子便是金仲华协助宋庆龄一起起草、修改和校对的。稿子写好后，由周总理审阅，后又由金仲华翻译整理。演讲稿体现了人民外交的思路，表达了中国人民维护和平的热烈愿望和坚定意志，强调我们是人民，维护和平就是做我们自己切身相关的工作。

1963 年 11 月，作为世界和平理事会理事，金仲华出席了在华沙举办的世界和平理事会会议。在这次会议上，中国代表与苏联代表就世界秩序和外交战略开展了路线交锋，是一次取得"反帝反修"双胜利的外交活动。中国代表团在会议提出的四项决议案，系统地阐述了新中国的外交政策以及对世界秩序的看法，标志着中国外交正从初创走向成熟。是年 12 月 9 日，在金仲华写给上海国际问题研究所的同事们的一封信中，他这样写道："这次世界和平理事会上，展开了关于世界和平运动中两条路线的激烈斗争。由于我们根据中央的正确方针，以高姿态保持攻势，坚决反帝反修，使老修出尽了丑态，取得了很大成功。"

中新社首任社长

从 1928 年应聘为商务印书馆《妇女杂志》助理编辑，直至其离世的 40 年时间里，金仲华从未离开过新闻事业。在其 40 年的新闻生涯中，形成了极具个人风格的新闻思想。除了编辑工作外，他还亲自撰写过许多宣传社会主义祖国从胜利走向胜利的文章，在国内外发挥了良好的作用。

金仲华个人订阅了几十种中外报刊，无论工作如何繁忙，依旧坚持每天阅读。从地处外滩的市政府到巨鹿路上的上海国际问题研究所的途中，汽车里他就能把一本《美国新闻与世界报道》看完，并用红笔留下密密麻麻的圈点，把有参考价值的资料圈出来，或交有关研究人员阅读参考，或指定研究员翻译。

对勤恳学习、努力工作的青年，金仲华总是给予热情的肯定，但是对于少数青年研究人员学习不够认真，过了几年还未掌握外语的情况，金仲华则给予严肃的批评："哪怕你一天背一个单词，几年下来，也应该记住一千多字了。"在他的倡议下，上海国际问题研究所开设了英语班、德语班、俄语班，一定要青年研究人员突破"外语关"。

1952年，金仲华被任命为中国新闻社第一任社长。尽管此时金仲华已是上海市副市长，还担任了多种社会兼职，但他总会抽出时间听取中新社工作汇报，提出报道要求和建议，并担任这一职务直至去世。

金仲华是办报的行家，也是国际问题专家，他是我国政治时事地图的创始人。政治地图用地理学家的方法分析政治、经济、民族、宗教、社会动态，以地图和文字形式表达出来。它常常略去无关的地名和山河，根据文章表达的内容增加图案、符号，以使图文所表达的意思更加明确。1933年，金仲华辞去塔斯社的工作，进入开明书店协助叶圣陶编辑《中学生》，并在版面上开辟了"国际政治讲话"专栏，系统地介绍国际政治、经济方面的知识。他在此结识了同年进入开明书店，从事书刊插图和装帧设计工作的沈振黄。金仲华为其详解国际形势，说明文章要义，阐释政治地图绘制的意义和方法。政治地图在我国的发展，便始于二人的合作。

两年后，两人在《世界知识》半月刊上首开"国际政治形势图解"专栏，在《大众生活》周刊和《永生》周刊上开辟了"图画的世界"栏目，用漫画加地图的形式，把最新的、最重要的世界新闻形象地表现出来，这种对国际问题的表述方法无疑是一种新颖独特的开创。

1936年5月，上海生活书店出版了由金仲华撰文设计、沈振黄绘制的《国际政治参考地图》一书和《世界政治经济地图》挂图，成了关心和研究国际形势者案头必备之参考资料。

而后，金仲华又亲自培养出金端苓、朱育莲等优秀的国际形势地图绘制

专家，出版了《国民党军进攻解放区态势要图》《第二次大战后世界政治参考地图》《世界现势图解》等作品。上海国际问题研究所创建后，为了培养这方面紧缺人才，所长金仲华又从华东师大地理系挑选三名青年学生来所工作，并亲自带教，每周授课两次，从画线条开始到参阅资料、设计图面，学习这项专门技能。

在金仲华的新闻工作生涯中，改进文风是他一直关心的问题。他撰写的国际新闻引人入胜，能让读者对错综复杂的国际形势印象深刻，用他的话说，"要使国际问题通俗化"。

担任中新社社长后，他亦就文风问题多次提出要求。他提倡短文、短段、短句子，长文章要多一些小标题，这是帮助读者，便利人家看；他主张开头要突出，要使人家看了头一两句就非看下去不可，句子简单明了就自然会突出；他提出，新闻报道不要怕重复，要有连续性，要追着新闻去报道；他指出，新闻往往和语言还存在距离，至少要做到"容易读"和"顺口"，可以引用一些侨乡的成语、比喻，这能使人更感亲切，更能吸引读者。

"两个龙头出水"

20世纪60年代初，我国国际问题研究力量非常薄弱。作为一名国际问题专家，上海市人民政府主管文教等方面工作的副市长金仲华向市委、市府领导提出设立国际问题研究机构的建议，为上海的经济建设和外事工作服务。1960年，上海国际问题研究所成立，金仲华

成为首任所长。这也是当时全国唯一的一所地方国际问题研究机构。

身负全国和上海市十余个重要职务，金仲华从未怠慢国际问题研究工作，每周抽出两三个半天来所参加"所务会议"，规划讨论选题，并制定了每月举行时事讨论会和学术讨论会的惯例，印度支那形势、中苏关系等都是当时讨论会上的热点议题。每次会议，他都亲自主持，并鼓励研究人员发表不同意见。

他是上海国际问题研究所的所长，也是上海市副市长，却一点领导的架子也没有。只要他一到所里，就一定到每间办公室看望大家，笑容可掬，谦逊地和大家探讨有关国际问题。

建所之初，人员来自四面八方，多是"半路出家"，缺乏国际问题专业知识。金仲华提出，"根深才能叶茂"，大家都得从头学起，打好基础，边干边学。他一再强调研究工作要一步一个脚印，踏实地去做。

国际问题是一门现实性、战斗性很强的科学，要有高度的政治敏感，要讲究时效。金仲华提醒研究人员，只有掌握大量的第一手材料，科学地、实事求是地进行分析，才能得出比较正确的结论，供领导部门参考。既然研究的是外国问题，就要仔细阅读外国的有关报刊、书籍。为此，所里先后订阅了一百多种外文报刊。其中几份最重要的英美杂志，如英国的《经济学家》，美国的《时代》《新闻周刊》《美国新闻和世界报道》等，都是航空版资料，境外出版后数日即可收到。如此，国际所在短短几年里积累了一批系统资料，其中一些在上海是独一无二的。

金仲华家中藏书丰富，还有一个小资料库，都是他亲自动手整理的资料，或作摘记、索引，或把报刊上的文章剪下，分别装进按国家、地区、专题分类的纸袋和资料箱。他的文章都是在大量资料的基础上经过分析综合研究后写成

的，从不泛泛空论，正因为如此才具有非凡的说服力和战斗力。他反对有些研究人员连基本的专业知识还没有掌握，就急于在报刊上发表文章的做法，批评这类文章空话连篇。

1961年4月，章嘉琳进入上海社科院国际问题研究所工作。入所不久，"金公"就把他喊到办公室长谈，要求其作为是时所里唯一科班出身的研究人员，尽快熟悉业务，并叮嘱其不要急于写文章。他指出，在我们自己还没有能力写出高水平的政论性文章之前，首先要大量阅读外文报刊，翻译外国学者作品，写一些资料性文章，既可了解国外的最新事态发展，又可摸清他们思考、研究、分析问题的方法，以作借鉴。

他嘱咐研究人员"应多注意政治问题，多抓政治论点的资料，要抓基本功的锻炼"。只有"资料不断，资料对路"，从实际出发，让事实说话，再逐步加以分析，上升到理论，才会出好的研究成果。但这不是一朝一夕能完成的。

为此，他提议创办一份内部刊物，取名《国际问题资料》，不定期油印出版，送中央有关部门和上海市有关领导同志审阅参考。

他把这种既自己编写，又翻译外文报刊文章的做法称为"两个龙头出水"。

"研究国际问题的一把金钥匙"

国际问题研究是一门综合性学科，它熔政治、经济、军事、文化于一炉，既研究各国的国情，也研究国与国的关系，既研究国际上的重大事件，也研究世界的总体趋势。国际社会风云变幻，新的问题层出不穷。金仲华告诫后辈，研究国际问题必须学习马列主义毛泽东思想，学会用马列主义的立场、观点和方法观察问题、分析问题，抵御资产阶级学术思想的影响。但他反对把学习马列主义、毛泽东思想简单化、搞形式主义，他

强调:"马列主义、毛泽东思想是研究国际问题的指导思想,应该贯穿整个研究工作,这就需要经常地学习,而不是每周集中一天时间学得好的。"

金仲华主张,研究国际问题必须坚持历史研究与现状研究相结合,政治研究与经济研究相结合,要由浅入深,从近到远,从部分到整体,成果既要有学术价值,又要有实际应用价值。这就要求研究人员广中求深,既要钻研经济、政治、外交,又要熟谙历史和现状,要培养自己的综合分析能力,善于在错综复杂的事件中把握问题的实质,不被诸多表面的矛盾现象搞得眼花缭乱而迷失方向。上海国际问题研究所欧洲室原主任董拜南认为:"他的这些高屋建瓴、内涵丰富的精辟见解,是研究国际问题的一把金钥匙。"

金仲华既是业务领导,又是"良师""严师"。对于青年研究人员编写的资料、文章,他都指出优缺点,并逐字逐句地修改。只要有人在分析问题和写作上取得了进步,他总是热情地给予鼓励、表扬。

外语是从事国际问题研究的重要工具,研究人员不懂外语等于是"半文盲"。他经常以自己的亲身经历教育青年人要加强自学。金仲华曾布置章嘉琳翻译美国《外交季刊》上登载的布热津斯基的文章。文章翻译完后,他又亲自校改。他还专门把章嘉琳请到家中,指出译文中的问题。其中有一个词"disengagement",他说这是国际关系中的一个专业术语,应该译成"脱离接触",章嘉琳的译法不够准确,并叮嘱其对于专业术语的掌握一定要透彻。

1960年4月,上海外国语学院毕业生王文娟被分配到上海国际问题研究所,从事国际问题的文献资料工作。金仲华没有出国留学过,英语全靠自学。因此,他鼓励这位语言专业出身的年轻人,说自己也不是科班出身,也是从不懂到懂的学习过程中走来,关键是要持之以恒地努力下去。

作为所长,金仲华不仅关心研究人员的工作,更把大家的健康挂在心上。王文娟从小体弱,1961年肺病复发。所领导就告知大家,午后让其充分休息,不要叫醒,并交代食堂厨师特备营养午餐。如此待遇,所长本人也不曾享受过。

金仲华

毕生追求理论创新

夏禹龙

夏禹龙

（1928－2017）

马克思主义理论家

大师简介

浙江杭州人。1951年毕业于上海圣约翰大学土木系。1945年2月加入中国共产党。1945年至1949年从事进步学生运动，中华人民共和国成立后主要从事共青团、社会科学研究和出版工作。曾任上海人民出版社哲学编辑室主任、上海科学学研究所副所长、上海社会科学院副院长、上海社会科学院邓小平理论研究中心主任、《世界科学》主编等职。出版著作二十余本（包括单独撰写、主编和第一撰稿人），论文二百余篇（单独撰写和合写），并选辑《夏禹龙文集》。在邓小平理论、科学学、领导科学研究等领域，提出了一系列具有原创性的学术观点和有影响力的对策建议。2016年获上海市哲学社会科学学术贡献奖。2017年获首届上海市马克思主义理论教学研究"终身荣誉奖"。

理论的生命力在于不断创新。"敢为天下先"的首创精神也正是作为理论学者的夏禹龙身上最鲜明的学术标签。他是一位"非典型"的人文社科学者，与一般学者追求"专而精"不同，夏禹龙的知识结构非常广博，兼及自然科学与社会科学，他的研究也不受传统学科的限制，在科学学、领导科学、区域经济和邓小平理论等领域都有原创性贡献，这些思想不仅在当时"开风气之先"，而且其中的一些创见至今仍深刻影响着相关领域的前沿研究。

创见迭出的学术生命力与不断开辟新域的学术勇气，源于夏禹龙对时代的关切和与时俱进的思考——他从不安守书斋，而是将自己的研究与实践紧密相连，正如上海社会科学院哲学所所长方松华所说："夏老是名老党员，少年时期就积极投身于各种社会运动,这种心怀天下的使命感贯彻于他的学术生涯。他始终关注国家的前途和兴衰,将眼光投向现实的需要,求索'中国道路'的学理性模式,这也是其学术生命长青的秘密所在。"

兼及自然科学与社会科学研究

夏禹龙出生于1928年,祖籍浙江杭州。其父是大通煤矿的襄理,大通煤矿是一家私营企业,抗战爆发后被日军占领。尽管家境殷实,但夏禹龙一家思想进步,拒绝当亡国奴。他的姐姐夏孟英和大哥夏禹思在太平洋战争爆发前相继入党,也是上海青年运动的骨干。在家庭的熏陶下,中学时代的夏禹龙接触到了许多进步书籍,受到很大影响——斯诺的《西行漫记》丰富了他对共产党的认知,"我相信共产党是真正抗日的,而国民党的抗日是消极的、敷衍的",夏衍的报告文学《包身工》让他对社会不公有了深切体认,而对他影响最大的则是鲁迅,"当时我几乎读遍他的杂文,

实现民主自由、个性解放也是我追求的目标"。

就这样,1945年,年仅17岁的夏禹龙加入了中国共产党,也是其当时所就读的南洋模范中学的第一个共产党员。入党后,夏禹龙在南模建立了党支部,成为首任支部书记,并积极开展群众工作,成绩斐然。但也是因为参加学生运动,他屡被开除,就此开始了一段颠沛流离的求学生活——在四年多的时间里,他念了五个学校,换了三个专业:继南模之后,他转入复旦中学;抗战胜利后,又先后就读于大同大学电机系、中

上海市南洋模范中学"红楼"
地址: 徐汇区零陵路453号

🚇 地铁7号线东安路站

大师纪念地:上海市南洋模范中学"红楼"

华工商专科学校机械系、圣约翰大学土木系。因为一心革命，原本成绩不错的夏禹龙实际上被迫放弃了学业，但他并不后悔，"当时一心所想的是只要革命成功，一切问题便都可解决，因此没有怎么考虑个人的事情"。尽管后来转向从事社会科学研究，但始于南模的这段理工科教育，还是对夏禹龙留下了终生的影响，"我很讲求逻辑一贯性，不要存在自相矛盾"。这种讲究严密逻辑的理工科思维，始终贯穿于他后来的社会科学研究中。

上海解放后，夏禹龙离开圣约翰大学，参加了青年团的工作。1956年3月，他调往中共上海市委宣传部，从事党史研究。1960年起，先后在上海人民出版社哲学编辑室、《自然辩证法》编辑部担任编辑。后来那段动荡艰难的岁月里，夏禹龙长期处于"靠边"状态，但他并没有就此一蹶不振，而是初心不改地坚守着那份对国家的真诚与担当，始终关注并思考着前沿的理论问题——他将研究重点转向"自然辩证法"，并利用可能的空隙时间，如饥似渴地阅读大量理论名著，马克思的《资本论》、黑格尔的《小逻辑》、康德的《纯粹理性批判》等，他都广泛涉猎并认真做了读书笔记。"文革"后期，他还曾发挥土木背景的优势，作为《桥梁史话》的责任编辑，与作者共赴全国各地考察，合作完成了这部对中国后来的桥梁建设与保护起到一定作用的著作。

回过头来看，这段编辑时光看似杂乱，但也为夏禹龙兼及自然科学与社会科学的"两栖"知识结构打下了地基——晚年他曾这样自我剖析："我从事社会科学研究的道路与一般人的情况不大相同。我没有受过社会科学知识的系统训练，凭自己个人的兴趣爱好，长期坚持自学、思考、研究……与受过正规专业训练的大多数社会科学学者不同，我在专业知识的系统性和深度上与

他们有差距，但是我的跨学科的知识结构，在研究问题时会形成一些新的视角。"

改革开放后，夏禹龙重回岗位从事理论工作。已过知天命之年的他，终于迎来了自己学术人生的"黄金期"。

将眼光始终投向现实的需要，为改革开放鼓与呼

伴随改革开放进程，日新月异的变化使得实践对理论的需求"如饥似渴"，而与实践要求相适应的新理论却显得"供不应求"。为回应时代需要，20世纪80年代，一股"新学科热"在上海兴起，一批理论界的"开路先锋"活跃在思想舞台，一系列为改革开放和为决策服务的应用学科就此应运而生，其中，夏禹龙、刘吉、冯之浚、张念椿四人所提倡的"科学学"和"领导科学"在当时的上海理论界异军突起，成为典型代表，四人的合作成为一段广为流传的学术佳话。

四人的合作始于1979年——那年初夏，夏禹龙去武汉参加"全国科学技术史讨论会"，会后与同为上海代表的刘吉、冯之浚、张念椿乘轮船返沪。几天的航程里，四人一拍即合，并合作完成了第一篇文章《要重视科技史的研究》，发表于1979年8月30日的《文汇报》。以此为起点，开启了他们合作研写达十年之久的学术生涯，其间，以4人名义发表的论文达100万字，著作达100万字，涉及的内容范围看似庞杂，但都贯穿着一条鲜明的主线，那就是为改革开放鼓与呼，"改革开放有什么问题需要解决，我们就讨论什么问题"。

为回应时代需要，20世纪80年代，一股"新学科热"在上海兴起，一批理论界的"开路先锋"活跃在思想舞台，一系列为改革开放和为决策服务的应用学科就此应运而生，其中，夏禹龙、刘吉、冯之浚、张念椿四人所提倡的"科学学"和"领导科学"在当时的上海理论界异军突起，成为典型代表，四人的合作成为一段广为流传的学术佳话。

夏禹龙被誉为学界的"不老松"。与他共事将近20年的上海社科院《毛泽东邓小平理论研究》常务副主编曹泳鑫曾回忆："夏老的学术生涯比一般的人要长。夏老退休后，并没有像其他人那样就离开科研，而是依然不间断照常上班，坚持研究，快80岁的时候还申请到一项关于马克思主义国家理论的研究课题。"

最初，他们关注的是自然辩证法和科技史。这两门学科原先都是抽象的基础学科，在回应现实问题上显得颇有距离。为此，他们提出"广义自然辩证法"的概念，将自然辩证法从纯科学哲学引申到管理、社会领域。此时，从国外引进的"科学学"与他们的想法不谋而合，于是，他们全力投入对"科学学"的研究。1980年，在他们的建言下，上海成立全国首家科学学研究所，夏禹龙任副所长。在出版于1983年9月的《科学学基础》（与孙章合写）中，他们对"科学学"进行了理论建树，该书出版后在全国引起了巨大反响，成为当时从事科技、社会科学和现代管理工作的广大人员和干部的指南。

但很快，现实中遇到的新问题又让他们将研究延伸至新的领域。随着商品经济的出现，面对新的经济环境，无论是企业还是地方政府的领导，刚刚从"计划经济"时代走来的他们都显得不知所措："当时厂长、经理们只关心局部的管理问题，如生产管理、技术管理、财务管理等；而对于全局性的问题，如市场营销等，则基本不加关注，也不需要他们进行战略决策。"于是，他们创造性地提出了以把握、决策实施全局性问题为研究对象的领导科学——1983年5月，四人合作撰写了《领导科学基础》一书，这是全国最早的领导科学专著。有学者评价，该书"第一次把领导工作当作一门科学，进行了系统的探索，在一定程度上阐明了现代领导工作的客观规律"。该书出版后在全国引起领导科学的学习热潮，《领导科学基础》先后共出版了15版，印数达140万册以上。

以今天的眼光来看，当时的创作模式是"不拘一格"的——正如夏禹龙在自传中所提及，"我们4个人的合作方法，主要是采取不定期、不拘形式聚会的方式。在碰头时，大家来一场'头脑风暴'，天南地北，畅所欲言，彼此交换信息、想法，在这个过程中确定新的研究方向……"这样谈话中诞生的一个典型"著作"，是出版于1986年7月的《现代化与中国》，这本书的灵感来源，正是始于当年他们利用元旦假期相约在一个旅馆的畅谈。然而也是这样"不拘一格"的创作模式，让他们能够"吸收众长、补己之短"，共同完成那些具有"宏大叙事"的时代课题，为改革开放提供了大量原创性的理论资源。

在改革开放的浪潮里，参与咨询工作、为地区战略和上海发展出谋划策，也是夏禹龙学术研究中的重要组成部分。其中，一个典型的例子就是夏禹龙的区域经济研究。

1983年初，夏禹龙等四人发表了《梯度理论和区域经济》一文，文中指出：根据我国经济发展不平衡的特点，不能"一刀切"地搬用"中间技术"，应自觉地形成技术梯度，让一些有条件的地区首先掌握世界先进技术，然后逐步向"中间技术"和"传统技术"地带转移。他们还指出，长江三角洲最有条件建设成为一个"先进技术"的经济区。一开始，"梯度理论"并不完全为人们所认同。但其实，"梯度理论"和邓小平"让一部分地区先富裕起来，先富带动后富，达到共同富裕"的思想是一致的。以此为基础，1994年，夏禹龙出版专著《加速发展、达到共同富裕的捷径——中国地区发展战略与布局》，根据当时的形势对国家区域发展战略布局进行了构想。其中的一些见解，也一定程度上推动了国家东中西部区域发展战略布局的形成。

在决策咨询方面，夏禹龙的另一个主要贡献是助力推动举办世界博览会及浦东开发开放。早在 1984 年，时为上海社会科学院副院长的他便参与了这方面的咨询工作。

事实上，推动举办世博会与浦东的开发开放之间存在着内在联系——20世纪 80 年代，上海狭小的市区面积严重阻碍了上海经济的发展，扩大市区成为"燃眉之急"，但关于选址仍有争议，夏禹龙等人从区位因素及经济实情考虑，认为开发浦东比较切合实际，并希望通过世博会的举办来带动浦东的开发开放。关于未来浦东的发展定位，夏禹龙等人坚持认为，应优先发展服务业，尤其是金融业，而不是仅仅为浦西的工业服务。回过头来看，这些当时的意见，经受住了历史的检验——1990 年，国家实施开发开放浦东战略，浦东从此驶入发展的快车道，这里崛起了全国第一个保税区、第一个综合配套改革试验区、第一个自由贸易试验区……

"学者在主流意识形态研究时，要有自己的创新见解"

改革开放以来的实践表明，中国已经成功地走出了一条不同于先发现代化国家的现代化的特色之路。然而，正如夏禹龙所说，只有"从学理上回答'什么是当代社会主义、在中国怎样建设这样的社会主义'的问题，形成和完善依据其内在逻辑联系展开的中国特色社会主义的理论体系，才能真正增强理论自信，从而为增强道路自信、制度自信和文化自信打下扎实的理论根基"。于是，思考当代中国的理论自信如何建立，为中国特色社会主义理论体系的构建"添砖加

瓦"，成为夏禹龙晚年孜孜不倦的探索。

"学者在主流意识形态研究时，要有自己的创新见解。"正如他一直所强调并身体力行着的，在中国特色社会主义理论体系的构建上，夏禹龙同样是"敢为天下先"——他挖掘出邓小平当年很多有价值的重要论断，较早采用"邓小平理论"这一提法。1992 年，夏禹龙与李君如合作发表《邓小平的管理思想与领导艺术》一文，获得了"五个一工程"论文奖。1993 年 6 月，中宣部在上海召开了全国性的邓小平理论研究会，会议结束后成立了全国"五大中心"，分别位于中共中央党校、中国社会科学院、国防大学、教育部和上海社科院。其中，上海社科院的"邓中心"是唯一在地方设立的研究中心。在筹建这个中心之后，夏禹龙等人又积极创办《毛泽东邓小平理论研究》杂志，极大促进了邓小平理论研究的发展。

在生前接受的一次采访中，当被问及"如何评价当前国内的马克思主义研究"时，夏禹龙认为国内马克思主义研究应重视基础理论的创新，"不仅要重视自然科学的、科技的创新，更要注重制度创新，而只有理论自信才能建立制度自信和远大理想"。事实上，这也是夏禹龙晚年致力最多的方向——他始终在思考马克思主义中国化与现代化的问题，正如他所说，"指导中国特色社会主义理论和实践的马克思主义，不是被当作一成不变的教条的马克思主义，而应该是当代化和中国化的马克思主义"。于是，在研究中国特色社会主义理论时，他着重研究马克思主义的基本原理在当代中国条件下如何具体应用及其创造性地发展；在担任上海社科院邓小平理论研究中心主任和顾问期间，他曾通过与他人合著《在构建和谐社会中国家的角色和作用》《中国发展道路的理论支撑》《发展在中国的理论和实践》，以及单独撰写论文，对发展、阶级、国家等基本

夏禹龙、郭贞夫妇

原理在当代中国的具体应用及其发展作出自己的阐释。

夏禹龙还强调，要营造鼓励基础理论创新的学术环境。因为基础理论的研究，肯定不会一提出来就正确，答案的正确与否、有无价值，需要不同意见的讨论与长期实践的检验。如果一开始就把一些问题化为研究的禁区，就无法取得后续有价值的创新成果。

因为始终保持着这样对真理的赤子之心，夏禹龙被誉为学界的"不老松"。当然，这不仅仅是因为他与时俱进的学术生命力，也是因为他老而弥坚的学术毅力——在1998年离休后，夏禹龙仍笔耕不辍地发表了一百多万字论文、文章和著作，快80岁的时候还申请到一项关于马克思主义国家理论的研究课题。2015年，他还发表《中国特色社会主义理论体系研究提纲》的长文，为学界贡献着最后的思想之光："由于我已年届九十，体弱多病，来日无多，又限于一己的知识和能力，没有可能担当起构建中国特色社会主义理论体系这一艰巨的理论基础建设任务。只是期待引起同道者关注，大家能够群策群力，经过长期研究和探讨来完成这一任务。"2016年，夏禹龙获得上海市第十三届哲学社会科学"学术贡献奖"。从颁奖典礼后媒体的采访可知，他还是没有停止思考，"能为中国现代化的发展，继续贡献自己的看法，或许是我现在少数还力所能及的事情之一"。

2017年，夏禹龙因病逝世，享年90岁。同年，他的自传《思想之自由乃我毕生不渝之追求：夏禹龙先生口述历史》出版，书中记录了他极富传奇色彩的一生，糅合了他的人生经历与治学道路，包含着他对历史的总结与反思。夏禹龙谦逊地说："研究科学学、领导科学和邓小平理论，都是为了要建设中国特色社会主义，我只是对于中国进一步实现现代化发展贡献自己的一些看法。"这是他对自己学术道路的总结，也道出了一位学者追求真理、报效祖国的赤子之心。

用一生
装点中国现代教育

孟宪承

孟宪承
（1894 — 1967）
教育家

大师简介

　　字伯洪，江苏武进（今常州市）人。圣约翰大学毕业。留学美国乔治·华盛顿大学，获硕士学位，转赴英国伦敦大学研究生院。1921年回国，先后在东南大学、圣约翰大学、清华大学、中央大学、浙江大学、北平师范大学、光华大学、国立师范学院等校任教。主持江苏北夏区（今属无锡）民众教育实验区。1925年6月，因抗议圣约翰大学校方压制学生爱国行动，率部分中国师生离校，并参与另组光华大学。中华人民共和国成立后，任华东军政委员会教育部部长，华东师范大学首任校长，上海教育学会会长，上海市第三、四届政协副主席等。于教育理论、西方教育历史和教育心理学著述宏富，涉及诸多领域。晚年致力于中国古代教育史研究。译有《实用主义》（詹姆士著）、《现代教育学说》（波特著），著有《教育概论》《大学教育》等，主编有《中国古代教育史资料》《中国古代教育文选》，著作还编为《孟先承文集》（12卷）。

　　回望20世纪的中国教育史，一代代教育家怀揣着"教育救国"的理想，经历了从移植西方经验到不断本土化、民族化的艰难求索，他们的筚路蓝缕、薪火相传，共同谱写了那段风云激荡的历史。而孟宪承，便是其中的佼佼者。从私塾出发、历经西式学堂，又负笈英美，这样学贯中西的知识结构为他的教育思想奠定了底色——他总是以一种国际性的眼光审视中外教育现实，既善寻他山之石，又立足于本民族传统，形成符合中国国情的教育理论和实践探索。

　　从20年代起的30年岁月里，孟宪承的名字一直频繁出现在中国教育的诸多重大历史事件里：1933年1月中国教育学会成立，选举陶行知等15人为理事，他名列其中；1942年8月国民政府教育部公布第一批部聘教授共29人，他是教育学科唯一入选者；1951 年，担任新中国建立的第一所社会主义师范大学华东师范大学首任校长……他始终走在中国教育改革的前列，与其他教育家一起，共同引领着中国教育发展的潮流。

"土佬儿"其实是个"洋秀才"

孟宪承 1894 年出生于江苏省武进县的一户书香门第。父亲早年去世后，母亲杨氏将他带回娘家抚养，杨家为常州望族。家学渊源让孟宪承从小就受到了良好的传统教育，年幼时母亲便教他诵读和习字，6 岁送他去私塾。据杨家人回忆，孟宪承将大部分时间都用在陪伴母亲和刻苦读书上，"从来没有见过这样用功的孩子，真是孟夫子家的后代"。

如果不是因为时代的巨变，孟宪承也许会同他的父亲一样走上科举之路。然而，20 世纪初，内忧外患的清政府被迫实行新政。科举制被废、新学制设立、新式学堂发展、鼓励留学等一系列举措，让中国的现代教育就此蹒跚起步，而孟宪承的人生轨迹也因之发生了重大转折。

1908 年，孟宪承考入南洋公学（今上海交通大学前身）中院（中学部）。1912 年考入上海圣约翰大学外文系，与他同窗的林语堂曾回忆："那时圣约翰大学是公认学英文最好的地方。"圣约翰每年毕业率很低，孟宪承入学时班里有二十多人，但毕业时获得文学学位的仅有八人。凭借着读书期间"试必冠其曹，恒以退还学费为奖"的优异成绩，他在八人中拔得头筹。1916 年，毕业后的孟宪承以中等科英语教员的身份来到清华学校（今清华大学），与林语堂、马国骥等共事。曾为其学生的梁实秋多年后回忆，"林先生活泼风趣，孟先生凝重细腻"。

清华是当时庚款公费留美预备学校，而渴望走出国门，"借资历练，稍获新知"也是孟宪承一直以来的梦想。1918 年，考取公费的他赴美入华盛顿大学师从杜威，主修教育学、副修哲学。1920 年，获教育硕士学位后，转赴伦敦大学教育学院深造。但因需供养家庭而中断学业，于 1921 年 11 月回国。对那代留学生来说，祖国的崛起和民族的兴盛是终身相伴的梦。留学经历让孟宪承切身感受到工业革命后西方诸国的强大，认识到教育改革在其中的推动力，也更坚定了他以教育为良方，改变祖国积贫

孟宪承·刘佛年教育成就陈列室
地址：普陀区中山北路 3663 号
🚇 地铁 13 号线金沙江路站

大师纪念地：孟宪承·刘佛年教育成就陈列室（华东师范大学普陀校区圆楼内）

积弱现实的信念。

多年来西方文化的熏陶，似乎并没有在孟宪承的生活习惯上留下太多印记。在清华上英语课，他坚持身穿青衫长袍。即便是出洋，外面套着西服，里面穿的也还是夫人为他手缝的粗布衣服。其孙孟蔚彦也曾记录下这样一则趣事："在旧上海，一次去看牙医，因为一身布衣，身旁的洋人不时假以白眼，待祖父取出洋书来读，洋人便来搭讪，祖父开口便是纯正的英语，洋人肃然起敬，没有想到身旁的'土佬儿'，实在是个'洋秀才'。"

"国民教学之不可寄托于外人也"

当孟宪承在外留学时，大洋彼岸的这头，五四时期的中国掀起了一场"民主与科学的教育思潮"，随着杜威等实用主义教育家的访华而更是达到高潮。知识界纷纷撰文介绍、评论杜威学说，在学校中也大力试验。对当时中国教育界来说，实用主义思潮的传播不仅挑战了自清末以后传入中国的、以赫尔巴特为代表的西方传统教育思想和观念，也松动了存在几千年、根深蒂固的中国古代教育思想和观念。

学成归国的孟宪承，很快成为其中的"主力军"。通过翻译包括美国实用主义大师詹姆士的《实用主义》、杜威的《思维与教学》等在内的多部教育名著，他向国人呈现了一幅国外教育最新成就和发展趋势的绚丽画卷。但同时，他也清醒地认识到，"同在教育上的努力，而各国所应付的问题却不同"，"各国的问题不同，所采取的方法也不一"。因而，思考如何将西方教育理论本土化、民族化，成为这一时期他学术探究的重心。

出版于1933年的《教育概论》是这一探索的重要成果。华东师范大学教育学系教授杜成宪认为，这部著作的出版不仅顺应了当时中国教育学理论的转向，更是在中国倡导了以儿童发展为中心的教育立场。原先的教育学著作，从

1925年五卅惨案爆发后，圣约翰师生组织抗议，但遭到校方阻挠，孟宪承率中国籍教授坚决支持学生的正义行动。当"国旗事件"发生后，又与钱基博等人一起带领553名学生，宣布"永远与圣约翰大学脱离关系"。此后，他信守诺言，拒绝和外国教会学校再有任何来往，拒绝工部局的礼聘，不担任待遇极为优渥的华人教育总管。

概念出发、注重演绎，其理论体系的展开，通常是循着"教育的定义""教育的目的"……这样的逻辑。而在孟宪承的《教育概论》中，第一、第二两章分别为"儿童的发展"和"社会的适应"，立足于教育的出发点——儿童，展开对整个教育问题的讨论。1934年9月教育部颁布的《师范学校课程标准》中，教育概论课程的"教材大纲"与他的《教育概论》十分相近，多少能窥见这部著作在当时的影响力。

将外来教育资源民族化的努力，在孟宪承那里远不止于"坐而论道"——针对当时教会学校"重英文轻中文"的通病，以及自倡导白话文以来国文教学中出现的问题，1923年，孟宪承回到母校圣约翰担任国文部主任，开始投身于国文教学改革。他大刀阔斧地提出一系列规定：实行统一的中西文学级，中学毕业生达到新定的国文程度方可升学；组织国文教学研讨会，探讨教学原理、制定课程标准等；编纂出版面对学生的国文出版物。他的国文教育主张，"推进了中国国文教育在由文言向白话转型过程中的重建"。

在他任职前，黄炎培率专家考察圣约翰时认为"中文改进之计，事不容缓！"而在他改革后，"学生之国文与英文水平相当"，许多学生从以前只知"两耳不闻窗外事，一心只读ABC"，转而对中国的语言和文化传统产生了兴趣。由于成效斐然，《申报》等本地重要报纸也经常报道这场国文改革的最新情况，产生了广泛的社会影响。

然而，这场国文教学改革最终因一个意想不到的事情而中断——1925年

小故事 体贴、接地气的人民教育家

孟宪承的民众教育探索可以用两个字概括:"体贴"。他说:"我们教成人识字读书,特别要看重他们动机的引起……要使他们感觉需要,鼓励兴趣,最好就从工作和娱乐的活动出发。呆板地照教科书教,不如先教成年民众看洋钞票上的字,看路上布告招牌的字,教他们记账、写信、开发票。"一切从现实需要出发,这也是他从事教育研究和实践的特色。

小故事 从传播西学到回归中国传统

孟宪承的一生都致力于西学的传播与研究,但对于传统,他始终有着清醒的认识:"没有一个人能对于他自己社会里的历史文化宣告独立。文化遗产的保存和传递,本来是教育应有的职能。"早年他就曾向钱穆表示要认真诵读《十三经注疏》以加强国学根底。晚年,他将中国教育史作为最终的学术归宿,在发掘整理中国传统优秀教育遗产上倾注了极大心血。

五卅惨案爆发后,上海各界人士纷纷走上街头。圣约翰师生也组织抗议,但遭到校方阻挠。为声援学生的爱国运动,6月1日,孟宪承召集学校的中国教授开会,在会上慷慨陈词:"假如做一个学生,只知自己是圣约翰的学生,而不知是中华国民,看到同胞为外人屠杀漠不关心,这对我们平日所讲的国民自觉教育,将无法自圆其说","教师应该支持学生的正义斗争,维护国家、民族的尊严,否则,今后我们也无颜再以学问文章与学生相见于讲台"。在师生的据理力争下,校长卜舫济被迫同意学生罢课、降半旗向死难者致哀,不料却在6月3日出尔反尔。师生终于"义愤填膺,忍无可忍"。以孟宪承为首的19名教师带领553名学生,宣布"永远与圣约翰大学脱离关系",发誓"以后不再进任何外国教会学校"。

圣约翰师生的这场壮举,在当时社会上产生强烈反响。上海学生会联合会致信称赞道:"于此全国愁惨之空气中,忽现一线曙光,使顽夫兼懦夫有立志,此不幸中之幸也。……此次约大学生独能以爱国心,与人格为天下倡,其难能可贵,更非寻常之学校可比。"而经此事件,孟宪承们也彻底认识到,"国民教学之不可寄托于外人也,中国教育事业的发展必须依靠中国人自己"。同年8月,他们自行创立"光华大学",孟宪承为十二人筹委之一。

走出象牙塔 "为生民立命"

20世纪20年代末,从西方移植而来的新式教育在中国越来越"水土不服"。教育家陶行知直接抨击其为"培养小姐、少爷、'高级废物'的教育";而孟宪承也展开了反思,他认为其"最大的缺点,在于教育的设施,没有能和国计民生发生重大的影响。到现在一般学生,还只把求学当作是'读书',毕业当作是'资格',教的学的,没有的确能增进实际生活的丰富和效能。所以民生是民生,教育是教育,依然没有策应"。

国难当头,当不合时宜的新式教育热潮褪去,如何重构一个适合中国国情的教育蓝图,是当时所有教育学人在思考的问题。人们逐渐认识到,要改变中国落后挨打的面貌,必须依靠民众力量。为此,不少学者纷纷走出象牙塔,去到城市和乡村,就此开展了一场持续20年之久的教育运动。其中自然也有孟宪承的身影:1929年秋,放弃了中央大学教育系主任职务的他,到中国第一所培养民众教育师资的学校——江苏省立民众教育院暨劳农学院任研究部主任兼教务部主任。之后,他又在杭州创办民众教育学校、主持江苏北夏普及民众教育实验区,陆续进行民众教育的探索前后跨时8年。

面对新生的民众教育,"孟宪承关注的并非仅仅是一个学院的前途和发展,而是整个中华民族民众教育事业的发展。受过良好的外文和教育学专业训练的他,以广阔的国际视野和丰富的教育经验,将民众教育的发展置于全国乃至整个世界的范围进行综合考虑"(张爱勤语)。为此,他阅读了世界先进国家关于成人教育的大量论著,还专门研究了当时在世界成人教育运动中有重要影响的丹麦乡村民众学校运动,留下了以《民众教育》为代表的丰硕理论成果。但纸上得来终觉浅,民众教育是实干的事业,必须回到农村的现实生活中找问题。而孟宪承也深谙这一点。

那么,中国农村究竟存在着什么问题?当时有人认为,中国农村的问题在于文化的沦丧,要振兴儒家文化来改变,如梁漱溟用文化建设的方法进行的"邹平改造"。但孟宪承的答案则更为"接地气",他觉得问题在于农民不会过自己的生活。他分析说,民众是绝大多数的直接生产劳动者,他们每天的生活,大部分时间是劳动,小部分时间是休闲。他们劳动,为的是维持生计;他们休闲,要的是一点娱乐。他们最需要的教育,是"增高生计的知能"和"满足娱乐的兴趣"这两项。

于是,同样是教民众识字读书,他觉得"呆板地照教科书教,不如先教成年民众看洋钞票上的字,看路上布告招牌的字,教他们记账、写信、开发票"。教民众维持生计,他的办法是走职业教育的路,举办"民众职业补习学校","乡村注重农业补习,县市注重商业补习"。而怎么让他们的闲暇时光更有意义,他主张"用艺术的手腕",在北夏实验区设立民众茶园和俱乐部,组织戏剧、曲艺、国技和民众音乐会,以及图书阅览室、巡回电影放映……

在杜成宪看来,孟宪承关于民众教育的思考同样体现了民族化的追求,"他将民众教育的首要目标定位于生计训练而非一般的读书、识字、学文化。他希望通过生计的改善而达到民众物质生活、精神生活的改善,乃至国民经济的改善和民族的复兴。这样的主张与孟子'有恒产者有恒心'思想是相通的……他的民众教育探索可以用两个字概括,那就是'体贴'"。

在丽娃河畔践行"大学的理想"

孟宪承曾经说:"现代国家,没有一个不把教育看作是国家的命脉,没有一个不尽力从事师范的培养;为改进中等教育计划,没有一个不在高等教育里,提供师范的训练。"从1921年任教东南大学算起,孟宪承近半个世纪的教育生涯几乎都与大学相关。通过高等教育培养精英人才与通过民众教育启迪民智,是他所认为的"教育救国"的两条途径,这两者也紧密交织在他一生的学术思考里。

如果说《民众教育》中的孟宪承是"接地气的""体贴"的,但同样写于20世纪30年代的《大学教育》里,孟宪承却站在了整个人类教育史的高度,高瞻远瞩地对中国现代大学的理想进行了展望——毫无疑问,"大学是最高的学府",但大学之"高"不仅仅在于教育体系的层级,而是因为"在人类运用他的智慧于真善美的探求上,在以这探求所获来谋文化和社会的向上发展上,它代表了人们最高的努力了"。因而,"大学的理想,实在就含孕着人们关于文化和社会的最高的理想"。

在他看来,现代大学的理想包括三个方面:一是"智慧的创获"。大学精神首先在于发挥研究的精神,致力于创造发明。"到现在,没有哪一国的大学,教师不竞于所谓'创作的学问',学生不勉于所谓'独创的研究'";二是"品性的陶熔"。他曾引用哲学家怀特海的话,"大学的存在,就是为结合老成和少壮,而谋成熟的知识与生命的热情的融合"。这种陶熔的锻炼,应该以教师对学生人格上的潜移同化等方式来实现;三是"民族和社会的发展"。大学还须"到民间去",将其创获的知识推广于学校围墙之外,由此实现对民族发展、社会进步的推动作用。

"在孟先生对大学精神的把握中,我们不仅可以清楚地看到西方现代大学三项任务——研究、教学、推广——的含义,也能看到他对中国传统儒家经典《大学》'三纲领'——'大学之道,在明明德,在亲民,在止于至善'——精神的继承。今天,我们依旧能够感受到其中

孟宪承（右一）和吕思勉

子厚，儒学和清代的考据学左右逢源；他中英文俱佳，作报告二三十分钟没有一句废话"。这个班是全国高校中第一个中国教育史专业的研究生班，在他的带领下，华东师大后来成为我国教育史学科的重镇。生命的最后几年，孟宪承在发掘整理中国传统优秀教育遗产上倾注了极大心血，编著出版了包括《中国古代教育史资料》《中国古代教育文选》等在内的一系列古代教育论著。

回归中国精神，将中国教育史作为最终的学术归宿，对孟宪承来说也绝非偶然——对于传统，他始终有着清醒的认识："没有一个人能对于他自己社会里的历史文化宣告独立。文化遗产的保存和传递，本来是教育应有的职能。"也正如学者张爱勤所说，他的一生"虽致力于西学的传播与研究，但始终注重中华民族自身文化传统，努力在探求世界教育发展趋势和中外教育历史比较中找寻中国复兴之路……最终实现了从西学传播向中学优秀文化传统研究的心路转型"。

"从古不知有多少'悲天悯人'的教育家，耗尽了他们的心力，甚至贡献了他们的生命，才把我们的教育史，装点成这样的灿烂庄严。他们生平的故事，更可以净化我们浮躁的精神，鼓舞我们奋争的勇气。教育者精神的食粮，也将从这里得到了。"孟宪承早年在《教育史》中写下的这段话，恰恰是他教育人生的写照。

今天，"孟宪承"这个名字，早已成为华东师大的人格化象征；而重温他的故事，每一位师大人的教师梦，将变得更为坚实与丰厚——去年12月，师大学子用一出自编自导自演的原创大师剧《孟宪承》向他们的老校长致敬，孟宪承的饰演者、本科生黄天策就这样动情地说道："'智慧的创获，品性的陶熔，民族和社会的发展，'这不仅是孟先生认为的大学的理想，更是他为之奋斗终生的理想。我们青年学子也将在他的精神指引下奋进，将自己的理想融入国家与民族事业中。"

的生命力。"杜成宪这样评价。

当年孟宪承提出的"大学三理想"，后来成为他作为首任校长执掌华东师范大学（简称"华东师大"）的办学理念，这也是他留给这座学校最宝贵的精神遗产。从1951年学校成立到1967年他逝世，华东师大是孟宪承人生中停靠最久的"驿站"，而他也将全部身心投入这座新中国建立的第一所师范大学里。

"对华东师大来说，曾由孟宪承先生来执掌校务，是幸运的。"这是所有师大人的共同心声——办校初期，面对当时高师办学中存在的"师范性"和"学术性"之争，孟宪承明确表态高师应当从提高教学质量与提高科学水平的角度，"向综合大学看齐"。秉持这种理念，华东师大一直坚持师范性与学术性并重，以科研带动教学，开创了中国师范教育的新局面。在他的带领下，初创时期的华东师大一派生机，1959年便成为全国16所重点高校之一。

身为校长，即便事务再繁忙，孟宪承也从未中断他的理论研究，并始终站在教学的第一线。1956年9月，孟宪承担任由教育部指定开设的中国教育史研究生班的导师，开始系统讲授中国古代教育史。曾有学生这样回忆，"第一次研究生课，黑板上板书工整六个字：'古代历史材料'，没有一句客套话，讲课有条理……再没有一个老师讲一堂课，可以如此自始至终吸引着学生，他的旧学底

奠定教育学教材编写基本框架与原则

刘佛年

刘佛年

（1914 — 2001）

教育家

他是新中国第一部社会主义教育学教材的编撰者，他是华东师范大学第二任校长暨改革开放后的首任校长，他是社会主义教育学理论与学科体系建设的奠基人，他是刘佛年——我国著名的教育家和教育理论家，改革开放后融会贯通中西方教育理论以推进教育实践创新的旗手。

一座校园，半个世纪

1914年4月，刘佛年出生于湖南醴陵县大林乡一个书香门第，排行"年"字，因父亲潜心佛学，故名"佛年"。其父刘约真，宣统元年毕业于湖南优级师范学堂，参加过同盟会和柳亚子等发起的进步文学社团"南社"活动。辛亥革命后，参与创办《长沙日报》。刘佛年4

岁丧母，6 岁起在本乡国民小学就读。两年后，到醴陵县城醴泉小学读书。后转至长沙完成小学学业。其间，随父习《论语》《孟子》等书。1925 年，刘佛年考入长沙明德中学——中国近代一所著名学校。创办人胡元倓"因决志以教育救国、培养中级社会人才、复兴民族为己任"，近代民主革命家黄兴曾执教于此。

四年后，刘佛年考入武汉大学预科。两年的预科学习期间，他埋头于《左传》《老子》《庄子》及韩文、杜诗，打下了坚实的国学基础，并开始阅读柏拉图、休谟、罗素等哲学家之著述。1931 年，刘佛年入武汉大学哲学教育系修读本科，系统地学习了洛克、贝克莱、康德、黑格尔、老子、庄子等东西方哲学家之哲学思想，并研修杜威的《民主主义与教育》、盖茨的《教育概论》、坎德尔的《比较教育学》，以及桑戴克、柯勒等人的心理学理论。

大学毕业后，刘佛年考入广州学海书院，得院长张君劢指导，继续研究黑格尔及中国古代辩证法。1937 年 10 月，他负笈英伦，先后求学于伦敦大学、剑桥大学，专攻哲学。而后转学法国巴黎大学，研究中国古代辩证法。1940 年暑假，再赴德国柏林作短期教育考察，因时局动荡而回国，在德期间接触了马克思主义的相关著作。

时值抗战的相持时期，国内时局维艰。1940 年，他赴西北联合大学任副教授，讲授哲学史。同年 9 月，任国立师范学院教授，时任院长为廖世承。刘佛年在该校讲授哲学概论，由于没有合适的教材，乃改哲学概论为科学概论，介绍自然科学原理，从中引申出马克思主义唯物辩证法。1943 年，国民政府教育部密令国立师范学院将其解聘。刘佛年无奈返乡醴陵，在中学教起了英文。

抗战胜利后，刘佛年来到上海，参加了上海大学教授联谊会，进一步学习马克思主义。次年秋，他受聘于暨南大学，主讲哲学概论和教育哲学。哲学概论的课堂上，他将共产主义作为一个重要派别来讲授，积极宣传马克思主义唯物论和辩证法，并围绕社会和教育问题，开展学术研究，撰写了《杜威教育思想的再认识》《进步教育与民主政治》《唯物论与教育》等文章，在政治上和学术上取得了长足的进步。

上海解放，刘佛年以满腔的热忱投入新中国的建设大潮，任暨南大学校务

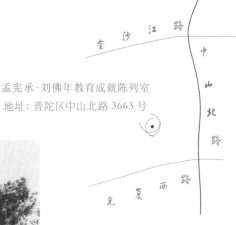

孟宪承·刘佛年教育成就陈列室
地址：普陀区中山北路 3663 号

大师纪念地：孟宪承·刘佛年教育成就陈列室（华东师范大学普陀校区圆楼内）

地铁 13 号线金沙江路站

小故事 礼贤下士，寻找翻译家

1977年，时任华东师大校长刘佛年辗转找到了王智量。那些年，王智量正"忙"着修防空洞、在街道小厂搬钢板、在黄浦江边扛木头，旁人眼中不过一个靠股子力气养家的临时工，但刘佛年清楚，他找的人正是北大第一届俄语专业毕业生，20余年坚持翻译普希金名作《叶甫盖尼·奥涅金》的翻译家。

小故事 恩师如父，大概也就如此了

每次上完课，刘佛年都要送学生下楼，还要问接着去哪里。有一次，顾泠沅告诉老师，他要去一下学校教科院办公室。谁料刚到教科院不久，就下起了大雨。然后，顾泠沅便看到年逾七旬的老师一手拿了一双雨鞋，一手拿了把雨伞，走进了办公室。他特意跑来给学生送雨具，恩师如父，大概也就如此了。

委员会常委兼秘书长。同年8月，暨南大学停办，刘佛年任上海师范学校校长兼复旦大学教授、上海教育工会副主席。

1951年春，他参与筹建华东师范大学（简称"华东师大"），任常务委员，后任华东师大教务长兼教育系主任。自此，直至2001年去世，刘佛年在华东师大的校园里工作与生活了整整50个年头。

1956年，刘佛年加入了中国共产党。一年后，任华东师大副校长兼教务长。1978年8月，刘佛年被任命为华东师大校长。

教学上，刘佛年主张文理渗透，培养复合型人才。学校探索通识教育，在部分系试行文科学理、理科学文，先在1978级文科生中开设高等数学、自然发展史等理科课程，后又在理科一些系开设大学语文、写作等文科课程。科研上，刘佛年提出抓紧重点建设学科的主张，确定一批高水平、有特色的重点学科，以带动办学水平的整体提升。1984年，任华东师大名誉校长。

为20世纪60年代教育科学发展注入了新声

20世纪60年代初，为了改善我国文科教材长期落后的局面，在时任中共中央宣传部副部长、中国文联主席周扬主持下，开始在全国范围内组织一批中坚学术力量，着手编写包括文学、哲学、历史、教育学等人文学科的"中国化"教材。

当时学界开始反思杜威的教育理论与凯洛夫的教育思想在中国的实践，

并对其进行了广泛而又深刻的批判，同时诸多关于改革与发展的教育思想与意见尚未形成统一的认识。于是，教育学便成了整个文科教材编写的重点部分。当时，文科教材编写的主编大都已经选定，却唯独《教育学》的主编人选尚未敲定。1961年2月19日，周扬在上海召开的高校党委书记会议上，最终提议请刘佛年主编《教育学》。

这对于早年便打算在教育思想史研究领域深耕下去的刘佛年来说，完全是始料不及的。况且要求其半年内完成教材编写工作，以解国内教育学教材空缺的燃眉之急，刘佛年当即表示如果不进行充分的调查研究，空发议论，恐怕难以服众。而周扬的答复很明确："先编出一本来，教材总是先'有'后'好'，以后教材还可以换。现在编的教材字数不要太多，是纲要式的。"

在这种"只争朝夕"的氛围之下，刘佛年着手主持《教育学》的编写工作。为此，华东师大同意刘佛年脱离行政工作，全力以赴做好教材编写工作，并抽调教育学的教学、科研骨干教师组成编写班子。编写组进京封闭作业，以专心编写工作。为了摆脱"政策资料汇编"的传统窠臼，刘佛年与编写组将教育学教材定位于既遵循或不违背现行教育政策，又使教育理论的陈述与政策保持适当的距离，使其接近教育的专业研究。基于这一定位，他意识到《教育学》的编写工作一定要打破既定的框框，直面中国教育的基本问题。而这些问题大致可以分为四个部分：教育学的学科地位及其与其他基础学科的关系问题；教育学的理论性质；教育学问题域及其研围绕教育管理实践和我国教育工作的实际，刘佛年从未放弃教育理论研究工作，是社会主义中国教育理论研究工作者的杰出代表。中国教育学会原会长、北京师范大学资深教授顾明远曾回忆："有一次我到华东师大教育系查资料，发现几乎每本外文著作后面都有他借书的记录，他勤奋读书的精神，令人钦佩不已。"

究对象；教育学研究方法。

受命后不满半年的时间里，刘佛年领衔的《教育学讲授提纲》便告完成。翌年，讨论稿亦撰写完毕。新中国第一本《教育学》由上册、下册与附录三部分组成。上册涵盖了"教育与政治、经济的关系""教育与儿童身心发展的关系""教育目的与教育方针""学校教育制度"等7章；下册包括"思想教育的意义、任务与内容""思想教育的过程与原则""思想教育的途径与方法"等7章；而附录则对教育与经济发展（1979年版增补）、电化教育（1979年版增补）、美育等内容进行了介绍。教材完成初稿后于1962—1964年四次内部印刷使用，每次付印前均有修改。1978年，应教学需要内部重印了这部《教育学》，并于1979年正式出版，署名"上海师范大学《教育学》编写组"。

这部成书于1963年的《教育学》是我国第一部社会主义教育学教科书，它改变了我国沿用甚至照搬西方教育学教材的局面，推翻了凯洛夫在苏联版《教育学》中所形成的框架以及长期以来国内教育学教材"政策汇编"式的惯习，奠定了新中国社会主义教育学教材编写的基本框架与原则。

作为主编，在《教育学》的编写过程中，刘佛年突破了一些是时尚未涉猎的思想禁区，提出了一些难能可贵的理论创见，为60年代教育科学发展注入了新声。譬如关于教育本质的讨论中，首次提出了教育不完全是上层建筑的问题并肯定了教育自身的独立性，同时还确定了"教育学主要是从教育与社会生活

的关系，教育与儿童身心发展的关系等方面去研究教育工作的规律"。

"群贤毕至"，
自然"桃李芬芳"

1977年，时任华东师大校长刘佛年辗转找到了王智量。那些年，王智量正"忙"着修防空洞、在街道小厂搬钢板、在黄浦江边扛木头，旁人眼中不过一个靠股子力气养家的临时工，但刘佛年清楚，他找的人正是北大第一届俄语专业毕业生，20余年坚持翻译普希金名作《叶甫盖尼·奥涅金》的翻译家。

校长找上门时，王智量一家的境遇堪称"拮据"。"当时我们家穷得不得了，连床都卖掉了，一家五口人都睡在地上，那天我先是看到一双腿，然后才看到一个人走进来了。"早年接受《文学报》采访时，王智量如是说。刘佛年邀请王智量去华东师大任教，所有手续都由其亲自督办，并给了对方三个选择：一是去中文系任教，二是去外语系任教，三是去他自己所在的教育系，从事外国教育史的研究。王智量毫不犹豫地选择了教育系，从事外国教育史的研究。理由很简单，他说："我想的第一件事情就是报答刘佛年校长。"

"群贤毕至"，然后自然"桃李芬芳"。

1977级是恢复高考后的第一届大学生，用华东师大历史系一位教授的话来说，"这一届华东师大的学生，可谓精英荟萃"，"后来也出现了一批全国知名的学者，如中国哲学史专家杨国荣，西方哲学史专家童世骏，国际问题专家、华东师大人文学院院长冯绍雷，等等"。为何"人才"如此"济济"？当年上海高考招生委员会主席恰是刘佛年。据说，当时招生的时候，华东师大比其他学校早到半个小时。于是，上海文科考生中的佼佼者、当年在社会上小有名气的青年作家之中，被抢到了华东师大的并不占少数。

2011年夏，数学家郑伟安彻底辞去供职20年的美国加州大学终身教职，

刘佛年

全职回到母校华东师大任职。作为一个自学成才的典型，郑伟安从房修队的小木匠成为数学家的故事，在20世纪70年代可谓家喻户晓。

当年，对于未通过统一考试、提前破格录取郑伟安为研究生，华东师大校内外亦不乏"不符合规章制度"的反对声音。校长刘佛年从早出人才、出好人才的大局出发，毅然批准了数学系的报告，迅速安排郑伟安进行考试，及格即吸收他进校当研究生。1978年春节过后，郑伟安便来到了华东师大报到。据说，当时苏步青在复旦招收有培养前途的研究生，郑伟安的名字亦在候选名单之中，怎料又被刘佛年抢了先。

如果说此间"校长的机智"仅为传闻，其大师眼光与睿智却也真真实实写在了历史的记忆里。

后来，郑伟安提前毕业，学校又送他到法国留学。1998年底，刘佛年曾在《文汇报》撰文称，相信郑伟安在有创造性的教师指点下，很快就能成为有独创性的人才，"希望教育界多研究一些创造性人才培养的规律和方法"。

优秀的教师应把差的学生教成好的

作为改革开放初期引进国际先进的教育理念并用以指导中国教育实践问题的先行者，刘佛年是扩大大学办学自主权的先声者，是推进教育研究走向基础教育一线、开展与推广教育实验成果的力行者，是师范大学师范性与学术性统一的提倡者与实践者。其"求实求精，求活求新"的理念为基础教育改革与发展树立了思想标杆。

1985年底，中国教育学会第二次全国讲座会在武汉召开。闭幕式上，那场被他自称为"自由发言"的演讲过程中，刘佛年一口气提出了两个重要的教育理论问题：第一，人学习的潜力究竟有多大？潜力很大，现在还找不到极限，因此，不能相信有什么固定的差生，优秀的教师应把差的学生教成好的；第二，学习成绩究竟由什么决定？教育与环境起决定作用，但人的主观因素、主观能动作用也是很大的，因此对于掌握知识来说，态度是很重要的，甚至发挥超预期的作用。

武汉会议后，那位日后成长为华东师大数学科学学院荣誉教授的中年人——顾泠沅，便常常有机会在中国教育学会、全国教育科学规划领导小组的会议上，遇到刘佛年，彼此渐渐熟络起来。

一个初夏的日子，刘校长夫妇请顾泠沅来家中便饭，饭桌上的话题依旧离不开"教育"。那天刘佛年的兴致特别高，他对顾泠沅语重心长地说："中小学教师积累的经验很多很多，有人说叫'汗牛充栋'。但是，你有没有看到，随着时间的推移，凡是没有作出理论概括的，往往只能热闹一阵，开了花不结果，有人说叫'过眼云烟'。于是，新来的教师只好从头摸起。这是多大的浪费，多么可惜。破解这一困境，办法是什么？一是理论工作者深入到中小学去，二是中小学教师都能做些教学研究工作。"

1986年，教育部要培养一线教育家，提议顾泠沅去师范大学硕博连读。刘佛年领衔一个导师组授课，自此结下师生情缘。

上海的冬天冷起来也足以让人心慌，刘佛年家里有一个很"赞"的火盆，于是他家就成了教室。刘佛年家在楼上，每次讲完课，他都要送学生下楼，挡也挡不住。送下楼还要问接着去哪里。有一次，顾泠沅告诉老师，他要去一下学校教科院办公室。谁料刚到教科院不久，就下起了大雨。然后，顾泠沅便看到年逾七旬的老师一手拿了一双雨鞋，一手拿了把雨伞，走进了办公室。他特意跑来给学生送雨具，恩师如父，大概也就如此了。

教育学的基本理论必须扎根于中小学校，生根于活生生的课堂。破除教育理论与中小学教育之间那道人为的鸿沟，刘佛年力主研究人员要深入实际，花大力气穿透理论与实际之间的屏障。为了推进基础教育教学实验，总结教育教学的规律，他带头身体力行，古稀之年还曾先后五次来到当时顾泠沅工作的青浦县（今青浦区），不仅听介绍，还下学校、进课堂、找教师、学生谈话，然后给予深入浅出的理论剖析与指导。他指出，我国在教育基础理论方面的研究比较薄弱，许多学科还只能介绍国外的研究成果。要出自己的成果，理论必须和实际结合，大力加强应用研究。

明源头辨流变，是刘佛年指导学生学习教育理论的突出风格。他常说，教育理论体系庞杂、流派纷呈，一定要分清哪些是源，哪些是流，它们分别产生于怎样的时代背景，源与流之间有什么变化，为什么有这种变化等，只有这样，才不至于在茫茫书海中迷失方向。

他说，从国际看到国内，从近代社会看到新中国，学校教学的方式有两种，那就是接受式与活动式，其他很多方式无非是它们的流变而已。接受式有利于教师传授知识，进行单纯的技能技巧的训练，但不利于学生的独创学习。活动式有利于发挥学生的主动性和探索精神，获得出自需要和目的的技能技巧，但不利于学生学习系统的知识。前者的主要倡导者从夸美纽斯到赫尔巴特，一直到苏联的凯洛夫，后者的倡导者有卢梭和杜威。这是两种不同的教育思潮，两个不同的源头。教育改革与创新离不开对两种教学方式作实事求是的客观分析。两种方式都出现了不同的流变，它们之间有明显的相互接近和吸收的趋势——真理常常在两个极端之间。

刘佛年曾说，目前教学改革虽然取得了一些成绩，但就创造性教育来说还很不够。"我们上课强调教师讲，国外教师讲的不多，重点在讨论。学生自己看资料，独立思考，畅所欲言。而我们搞一个学术讨论，总是预先指定一个人，准备中心发言，而后大家围绕中心发言讨论。要创造，就不能太受约束，有太多的框框。创造应有创造的气氛。我带研究生，观念上如有不同看法，我们就争一争，我不勉强他们非要接受我的观念不可。只要他们有道理，大胆思考，我就支持。这样可以让他们在思维的大海里纵横驰骋，自由畅想，激发他们的创造精神，提高他们的创造能力。"

为社会工作建立科学的基础

言心哲

言心哲

(1898 — 1984)

社会学家

大师简介

别名荣彰，湖南湘潭人。1923年赴美国南加利福尼亚大学攻读社会学和经济学，获文学硕士学位。1928年归国后在燕京大学任教。1929年起先后任中央大学（今南京大学）等校教授，复旦大学社会学系主任。1935年当选中国社会学社理事，中国统计学社理事。晚年任中国社会学会顾问及上海社会科学院社会学研究所特约研究员。毕生致力于社会调查及社会工作的研究。著有《社会调查大纲》《现代社会事业》等。

放弃博士学位回国执教

言心哲，别名荣彰，1898年7月出生于湖南湘潭县。2岁丧父，5岁丧母，此后寄居于叔父言允藏家中。7岁进入私塾接受传统教育，后转到龙头铺言氏族立国民小学学习，毕业后考入湘潭东区县立联梓冲高等小学，14岁高小毕业后，进入长沙一家绸布店当学徒，寄居于舅父许文生家中，与许文生的儿子、表弟许仕廉一起学习成长。

1913年，言心哲考入长沙甲种商业学校（即中等职业学校）。他在那里有幸遇到两位可敬的老师，一位是杨开慧的父亲杨昌济，教伦理学；另一位是李淑一的父亲李肖聃，教国文。国文课程帮助言心哲打下了深厚的写作功底，伦理课程则训练了他严谨的逻辑思维能力，为以后从事社会学教学与研究工作奠定了良好基础。当时的湖南。有识之士创办了纪念明末清初思想家王夫之的船山学社，经常组织讲座。年轻的言心哲深受熏陶，在眼界思想和立身处世上都深受启发，救国理想开始萌芽。

1919年，从长沙甲种商业学校毕业后，言心哲经华法教育协会介绍，乘船赴法国勤工俭学。同行的有李立三和王若飞，当时留法所需的500银圆旅资是由族间亲友全力资助的，多年以后，言心

哲回过一次家乡石金大队，捐赠石金小学人民币600元作为修建校舍的费用，以表达对家乡前辈扶植的感激之情。

由于在法勤工俭学遇到困难，言心哲借鉴其他同学由法国转往美国求学的经验，于1920年冬天转赴美国留学。他先在旧金山附近帕洛阿尔托中学学习。毕业后，进入加州圣约瑟斯托克顿城太平洋学院学习两年。1923年，转到美国加州洛杉矶南加州大学学习社会学和经济学，于1927年获得文科学士学位，

大师纪念地：华东师范大学社会学教研室成立地(华东师范大学普陀校区地理馆)

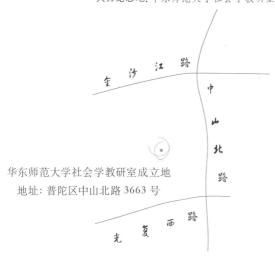

华东师范大学社会学教研室成立地
地址：普陀区中山北路3663号

金沙江路

中山北路

光复西路

🚇 地铁13号线金沙江路站

1913年，言心哲考入长沙甲种商业学校，在那里有幸遇到两位可敬的老师，一位是杨开慧的父亲杨昌济，教伦理学，另一位是李淑一的父亲李肖聃，教国文，两门课程帮他打下了深厚的写作功底和严谨的逻辑思维能力。

1957年春，费孝通明确提出恢复社会学的主张，以《关于社会学，说几句话》为题在《文汇报》发表文章。与之相呼应，言心哲也在5月30日的《文汇报》上发表题为《也为社会学说几句话》的文章，谈恢复社会学的问题。

1928年获得文科硕士学位。其实，言心哲初到美国时学的是牙医，但他感到医学并不能拯救积贫积弱的近代中国，转而攻读社会学。在南加州大学修习鲍格度斯的"社会心理学"和"贫穷问题"两门课程时，鲍格度斯丰富的社会学知识和启发式的教学方法给他留下了很深的印象。后来他又选修亨特的"社会主义"课程，每位学生按要求需写作一篇论文，他选择的论文方向就是失业问题。此时的言心哲已经明确意识到失业和贫穷问题是两个最严重的社会问题，而贫穷问题与失业问题又是相互关联的，所以对此极为关注，这也是他归国后致力于社会工作研究的最初动因。言心哲在美国的学习生涯共计9年，前期依靠勤工俭学，后期因学业成绩突出，于1925—1927年获得清华大学半公费、每月40美元的资助。

民国时期社会动荡，时局混乱，当时许多学成归来的知识分子希望通过自身力量来改造社会。他们采用各种方法，包括传播先进的理念、思想，进行社会调查和社会服务活动等。在此过程中，他们发现社会中缺乏一种专业系统的人才培养体系来服务于推进中的社会活动，正是在这种背景下，我国社会工作教育开始发展起来。1928年，言心哲获得硕士学位后，按照当时美国大学的规定，再修习20个学分，经过口试和答辩及格，写一篇论文获得通过，即可获得博士学位。当时，表弟许仕廉担任燕京大学社会学系主任，他电促言心哲回燕京大学担任社会学教学工作。许仕廉对大学社会学教育有成熟的思考。在学科建设方面，他认为大学中的社会学专业基本课程至少要包括普通社会学、社会思想史、社会问题、贫穷问题及救济方法、社会调查、社会统计、乡村社会学等课程，这一想法体现在燕大社会学系的课程安排中；此外，他十分重视学生在社会工作实习方面的教学和训练，认为社会工作教学必须与实习相结合，才能培养出社会工作的专业人才。这些教学理念都与言心哲极为合拍，言心哲此时已经在为攻读博士学位而努力，但他毅然放弃了已经修得的6个博士学位学分，迅速回国任教。

调查人力车夫，也调查贫困儿童

言心哲在燕京大学执教一年，讲授"社会学概论"和"社会领袖"两门课程。他还将"社会调查"放在必修课程中，赋值6个学分，安排两个学期系统学习，第一学期以课堂授课为主，第二学期则要求学生走出课堂，开展实地社会调研工作。燕京大学素有重视学生实习教育的传统，社会学系于1928年建立清河实验区，开始为期十年的清河实验乡村建设运动，涉及乡村改造的方方面面。在20世纪30年代改造农村社会的所有实验区中，可以说清河实验是具有真正意义上的社会工作实践的。

1929年夏，言心哲到南京中央军校高级军官训练班讲授"社会调查"课程，内容主要是关于社会调查的原理和方法。课程前半部分总述社会调查的通用方法、社会调查的组织形式和技巧，包括社会调查的步骤、社会调查的组织、实地调查的方法以及调查谈话的方法技巧；后半部分详细展开在面对不同类型调查时所需方法的介绍，主要从教育调查、犯罪调查、卫生调查、失业调查等几个方面展开。这一时期的课程讲义言心哲学术生涯最显著的成果,当数《现代社会事业》。该书写成之时,正处于抗日战争的关键时期,言心哲关心他国强盛的原因,而字里行间流露出的,则是深厚的民族情感和一介书生的拳拳爱国之心。

后来被整理成《社会调查大纲》一书,于1933年由上海中华书局出版,这也是言心哲的第一本专著。

实践层面,言心哲也十分注重社会调查工作的开展。在他看来,社会调查对于个人或者团体意义巨大:第一,能够随时随地明了现代社会的实际情况;第二,使个人感觉到个人与社会关系的重要性;第三,能够及时了解社会态度、舆论及价值导向;第四,明了社会变迁及历史进程;第五,养成社会首领资格和参与社会事务的习惯;第六,产生热爱团体的思想;第七,有效辅助教育工作;第八,用以改良社会经济政治等社会问题。他在这一阶段的教学工作也充分体现了这种重视。

1932年,言心哲带领南京中央政治学校的学生们访问当地的人力车夫,调查了普通状况、工作状况、经济状况、家庭状况、卫生状况、教育状况和娱乐状况七个方面。普通状况包括年龄、出生地、来南京的缘由、在南京生活的年数、每月休息天数以及拉车之外的兼职等;经济状况包括家中产业、家庭收入、各项开支情况和负债等;家庭状况包括家庭成员人数、结婚年龄、子女情况;卫生状况包括居住状况、饮水来源、脏水处理等;教育状况包括上学年数、能否看报纸和算术等;娱乐状况包括娱乐项目、场所和全年节假日休假日数等;此外,还加入了调查者的观察这一部分。调查报告编成《南京人力车夫生活的分析》一书,于1935年由南京中央大学出版部印行,真实呈现了那个时代南京人力车夫的生活状况,更重要的是,全面展示了进行实地调查的完整过程、调查内容及调查报告的内容,对于社会实地调查的发展和实地调查方法的普及具有重要

意义。

1931年到1936年,言心哲任中央大学社会学系讲师、教授,先后讲授"社会调查""社会问题"和"社会行政"等课程。1933年,他带领社会学系调查班的同学,以南京第一贫儿教养院220名学生为调研对象,做了南京贫困儿童的调查,目的在于了解贫困儿童产生的原因与农民贫困现象的关系,涉及贫儿的普通状况、家庭及其经济状况、教育状况、生理及卫生状况、社会心理状况、社会接触、适应及冲突状况、婚姻状况、特别兴趣、信仰与嗜好、将来的志愿等共计11个方面。此次调研结果也经过详细整理,著成《南京贫儿调查》一书,于1934年出版。

《中央日报》于1934年创立"社会调查"双周副刊,后更名为"社会调查与研究",刊物宗旨是通过宣传社会调查的重要性,讨论社会调查的原理方法等途径以达到建设社会的目的。从1934到1936年,言心哲担任刊物副主编,在此期间,他多次带领师生调查南京棚户居民,并刊发相关调查报告。

1936年夏,中央大学社会学系取消,言心哲受邀前往广州中山大学社会学系担任教授,讲授"社会事业"与"农村社会学"。从1935年起,言心哲还担任了中国社会学社理事;从1936年起,担任中国统计学社理事。这两个学会是新中国成立以前较为重要的与社会学、社会调查和统计有关的学术团体。

1937年全民族抗战爆发之前,言心哲转到上海复旦大学担任社会学系主任兼教授。后随复旦西迁,在重庆北碚复旦大学担任社会学系主任兼教授,直到1945年抗战胜利后复旦大学迁回上海江湾。抗战期间,言心哲深切地体会到,在当时国民党统治下的中国与社会,要发挥所长、推行真正有利于国家和人民的社会工作与社会行政,是完全不可能的事。于是,专心于教学和研究,写作了

言心哲(右)和费孝通

《现代社会事业》一书,1944 年由商务印书馆出版。同时,因为在南加州大学社会学系出版的《社会学与社会研究》杂志上发表《中国农村人口问题》(英文)一文,获得好评,从 1938 年起,言心哲成为该刊物的合作编辑。

抗战胜利后,言心哲回到上海,继续在复旦大学担任教授,讲授相关课程,同时,兼任上海沪江大学、光华大学、苏州社会教育学院社会事业行政系社会学系教授。1948 年,他为担任上海儿童福利促进会编辑的《儿童与社会》杂志主编之职。这本杂志旨在为儿童教育和儿童福利事业做一些力所能及的工作。1952 年全国高等学校院系调整后,社会学作为一个单独的专业被全面取消,由此,言心哲转到华东师范大学教育系担任翻译工作。

1957 年春,费孝通明确提出恢复社会学的主张,以《关于社会学,说几句话》为题在《文汇报》发表文章。与之相呼应,言心哲也在 5 月 30 日的《文汇报》上发表题为《也为社会学说几句话》的文章,谈恢复社会学的问题。直到 1977 年春节,中国社会学研究会终于成立,已经于 1973 年从华东师大退休的言心哲被聘请为顾问。1979 年秋季,上海市社会学学会成立,言心哲担任顾问,同年 10 月,被聘为上海社会科学院社会学研究所特约研究员。在言心哲的努力和支持下,华东师范大学在全国范围内率先建立了专门的社会学研究小组,不久后便在原政教系下增设了社会学教研室,展开社会学、人口学、民俗学等领域的研究。

对社会工作教育做出系统论述

梳理言心哲的学术历程可知，在言心哲归国后的前十年时间，除了忙于在各所学校的教学工作和社会调查实践，他还依托与社会学家李景汉、农业经济学家卜凯等人在北京郊区、河北、安徽、河南、山西、江苏、福建各县所收集的调查数据，撰写了《农村家庭调查》《中国乡村人口问题之分析》以及《农村社会学》等著作，默默为中国农村的复兴与发展进行理论层面的工作。其中，江苏江宁县农村家庭调查报告，为学者对农村问题的深入了解提供了途径与范式，为农村家庭关系、婚姻关系、亲属关系等问题的研究提供了实际数据支持。在后期的著作中，言心哲运用《农村家庭调查》的数据结果对自己的观点进行论证，如在《农村社会学导言》一书中，在论述农村生活程度与农村社会生活的关系这一章时，他通过《农村家庭调查》中的数据与其他时期获得的调查数据进行比较，更有说服力地展示了当时全国农村的生活状态。自农村社会学传入中国以来，学科从业者主要划分为"学院派""乡村建设运动派"和"马克思主义农村社会学派"三个学术流派。其中，"学院派"指在大学里从事教学科研的农村社会学家，言心哲就被视为"学院派"农村社会学者。

言心哲学术生涯最显著的成果，当数抗战期间写成的《现代社会事业》。中国社会学史研究专家杨雅彬在《近代中国社会学》一书中评价 20 世纪 40 年代社会学方面的著作时候，认为"内容最翔实的是言心哲教授精心撰写的《现代社会事业》一书"，可谓学术界的确评。

《现代社会事业》清晰界定了社会工作各种基本术语，特别是详细讨论了"社会工作"这一术语的来源、含义及最终定名。时人一般将"Social Work"译为"社会工作"，如钮长耀所编写的教材《社会工作》、蒋旨昂编写的《社会工作导论》等，言心哲则主张译为"社会事业"。国立编译馆编译社会学名词时，曾开会讨论，也赞成这种译法。

为了帮助公众更好地理解社会工作的专业性质，言心哲对社会工作与慈善事业两者的本质也进行了细致区分。具体而言，社会工作与慈善事业的区别表现在五个方面：一是基本观念的不同，慈善事业被视为私人的一种"恩惠"，脱离不了"怜悯"与"姑息"的概念，而且"恩惠"之有无全出于施助者的自愿，受助者并无要求的权利；社会工作则纯粹基于社会国家的责任，对于全社会不幸分子的救助及社会生活环境的改善，认为是应尽的责任和义务，同时受助者也有要求救济的权利。二是方法上的差异，慈善事业对于社会病态的补救只是临时性的，缺少科学的方法；社会工作利用社会诊断、社会个案工作、团体工作、社会调查与社会统计等各种科学方法，不仅可以供给临时救济的参考，而且可以用于从事预防的依据。三是组织上的不同，社会工作非常重视内部组织的健全与科学的管理，且与其他有关机构相互联络；慈善事业既无严密的组织，也没有周到的管理，常常各自为政，故而缺乏连续性。四是对象与范围广狭不同，社会工作在于谋求全体社会生活的改善与社会关系的调适，现代社会事业的范围，除救济贫民、扶助弱者以外，对于娱乐的提倡、环境的改善、公共卫生的策划、儿童福利的增进、社会立法的推行以及社会调查的举办等，莫不惟力是视；慈善事业则往往仅以个人或极少数人为对象。五是工作人员的训练与知识的不同，社会工作是一种专门职业，工作人员需要经过专门训练才能胜任；慈善事业的发起纯属义务性质，发起者仅凭热心而动，难免时作时辍。除此之外，言心哲还讨论了社会工作与社会行政、社会工作与社会学的关系，并解答了当时人们对社会工作的各种责难，基本厘清了社会工作的性质、范围及其功能。这些看似平实的论述条分缕析、逻辑清楚，使人们对社会工作的认知、使社会工作在中国的推进和开展，得以建立在一个科学的基础上。

在给予社会工作科学定义之外，对于社会工作的三大方法，即社会个案工作、社会团体工作和社区服务工作，言心哲也从学理的角度，对其地位与功能范围进行了翔实的论述，并结合中国的实际情况进行了仔细的探讨。"如何判断社会个案工作的效果？这些效果有什么方法来测量？假使有效果的话，有多少是从个案工作产生的，又有多少是从环境的改变（如经济、教育及社会立法等）而产生的？"这些追问，反映出言心哲对社会工作的关切所在。

此外，言心哲在书中比较详细地介绍了当时英国、美国、德国、法国、苏联、日本等国的社会工作发展概况。比如，他对德国的"义务劳动"特别注意，认为："德国今日之所以能称霸欧洲，敢与民主国家抗衡者，义务劳动实亦与有力焉。……自社会之立场言之，可以救济大批失业工人，安定社会秩序，消弭犯罪问题。自经济之立场言之，可以利用土地增加生产，于国计民生大有裨益。自政治与军事之立场言之，可以巩固国防基础，团结人民意志。"他山之石，可以攻玉。大量引用国外实务资料的目的，在于随时结合我国的历史与现实情况进行分析预测。《现代社会事业》写成之时，正处于抗日战争的关键时期，言心哲关心他国强盛的原因，字里行间流露出的则是深厚的民族情感和一介书生的拳拳爱国之心。

中国社会工作发展史研究者彭秀良在回顾言心哲的教育事业时，感慨道："在民国时期的社会工作教育历史上，言心哲可以说是唯一一位对社会工作教育做出系统论述的专家，其理论结合实务的专业思想，一直深深地影响着我国高校社会工作教育的开展模式。"从言心哲的教育经历也可明确体会到，他是一位重视实践也乐于实践的学者和老师。言心哲认为，优秀的社会工作人才不仅应具备扎实的专业理论知识，更应具有丰富的实务经验，理论基础和实务经验的结合，才能培养出符合社会要求的社会工作人才。这种实习的方法"目的在使学生学而又习，习而又学，使其所学与社会需要相配合，免蹈一般学非所有之流弊"。这一观点的提出，对民国时期开展社会工作专业的高校产生了广泛的影响，众多高校纷纷与社会服务部门建立起合作关系，促进学生实习工作的顺利开展，比如北平燕京大学社会学及社会服务系与协和医院社会事业部的合作、上海沪江大学社会学系与沪东公社的合作等。

作为老一辈社会学家，言心哲以其对社会学知识的高度把握，并结合敏锐的分析视角，晚年曾总结自己对于社会学的看法：社会学有助于人类社会关系的研究和分析，有助于人类社会化的研究和推广，有助于我国社会工作和社会福利事业的推行与开展，有利于我们了解中国国情和人口普查等工作的开展，有利于我国社会问题的研究和解答，有利于我国社会政策和社会立法的制定。

山以凌尺故能高。作为一名学者，言心哲一生的著述，论数量不算多，但他一生的学术成果对于社会学这门学科而言，却有着积基树本的意义。

做有道德的人，
为社会著书立说

王养冲
（1907—2008）
历史学家

　　2007年，《法国大革命史》出版，这部历时20多年、凝结了华东师范大学法国史研究室三代学人心血的著作，是新中国成立以来第一部由中国学人自己撰写的大革命通史性专著，被学界誉为"一部体现国内法国大革命史领域最高水平的学术大著"。而它的作者，便是我国法国大革命史和西欧近代思想史研究领域的奠基人——王养冲先生。

　　也是在这年，王养冲迎来了自己的百岁生日。在百年华诞的祝寿会上，回顾自己的人生，他说自己一生只做了两件事，一是做人，做孔子所说的"君子"，做卢梭那里"有道德和教养的人"；二是教学和研究，"学术研究是庄严而慎重的事。唯有下了苦功的，方能自出机杼，成一家风骨。浅薄浮躁、好大喜功的风气下形成的东西，犹如月露风云，只是昙花一现而已……文章论著，不是换取名利的筹码,而是对社会的奉献"。

做有道德的人,为社会著书立说,这构成了王养冲学术人生的精神底色,也是他治学一生的真实写照。

"社会"始终
是他内心深处的关切

和成长于 20 世纪初的那一代学人一样,王养冲学贯中西、博古通今。但对于家境贫寒、求学坎坷的他来说,他的"博通"很大程度上源于他的自学——1907 年,王养冲出生于江苏省南汇县(今属上海)下沙镇一个手工商业者家庭,旧制初小毕业后,被迫辍学的他子承父业,但他仍力学不辍,涉猎大量文史古籍。13 岁那年,他考入县立周浦公学高二年级,这位"插班生"的每篇作文几乎都有佳评,并被推选为全校同学的"学长"。高中毕业后,家境艰难的他再度放弃深造,成为一名小学教师以维持生计。工作之外,他把全部时间都用于商务印书馆东方图书馆里,阅读中外历史、哲学论著,"我认为李白的诗句'天生我材必有用'是有理由的,但关键仍在于使这个'我'成为真正的有用之才"。晚年回忆起往昔艰难的求学路,他这样说。

辛勤的耕耘与过人的天赋,让王养冲年纪轻轻便崭露头角。20 岁那年,他在上海《时事新报》副刊《学灯》上发表探讨孔子思想的文章,这是他公开发表作品的起点。由于文笔出众,他 21 岁起便担任时任国民政府立法院长胡汉民先生的私人秘书,直至 1936 年胡汉民在广州病逝。九一八事变后,移居香港的他受聘为《中兴报》社论特约撰述。彼时正值国难当头,爱国心切的他奋笔疾书、针砭时事。他不满蒋介石的内外政策,曾与鼓吹"攘外必先安内"的国民党在香港所办的某日报论战月余,以文章蜚声南国。国民党的腐朽堕落让王养冲决定弃政从文,在 20 世纪 30 年代便"立志到大学执教,为中国的文化教育事业略尽绵薄之力"。

1937 年,王养冲避地法国,开始了长达十年的求学生涯。他如饥似渴地获取新知——从诗人、哲学家瓦尔教授治欧洲哲学史;从历史学家勒费弗尔教授治法国革命史;从社会学家涂尔干的高

大师纪念地:大夏大学旧址(今华东师范大学普陀校区文史楼)

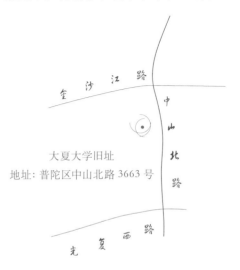

大夏大学旧址
地址:普陀区中山北路 3663 号

🚇 地铁 13 号线金沙江路站

留法十年的经历让王养冲不仅精通法、英、德文，兼识意大利文和拉丁文，且研究涉猎极为广泛。深厚的西学积淀和国学功底，让他可以游弋于东西方文化之间，他的博士论文从西欧和中国自然法学说的起源、演变及其对社会、政治变革的作用等论证老子、韩非子等为伟大的自然法学者，法国汉学家马伯乐教授赞其"言人所未言"。

1979年，王养冲终于迎来学术人生的"黄金期"，那时他已经72岁。为了蹒跚起步的学科建设，在本该颐养天年的年纪，王养冲却爆发出了如年轻人般惊人的学术生产力。此后的三十多年，与时间赛跑、争分夺秒地为后人留下更多成果、培养更多人才，这样的学术片段在他那里俯拾皆是——2000年，93岁的他还发表代表性论文《法国的"精神哲学"运动》。

足拉洛教授研究涂尔干学派学说，旁及俄、意、德等国的社会学思想，最终获得巴黎大学文学博士学位。

留法十年的经历让王养冲不仅精通法、英、德文，兼识意大利文和拉丁文，且研究涉猎极为广泛，但究竟是什么原因对"法国大革命"这段历史情有独钟，将其作为毕生的学术旨趣？他的学生、复旦大学历史系教授李宏图道出了缘由："法国大革命被视为现代社会的开端。在我看来，'社会'始终是先生内心深处的关切。在对法国大革命的研究中，他希望通过对革命所带来的这一社会深层内容的考察来更好地理解社会转型，理解欧洲为什么会走向'现代'，又为何用这种方式走向了现代，从而为中国找到参照。"

"只要社会需要，我做了，就行了"

抗战胜利后不久，王养冲怀着报效祖国的热忱回国，先任职于复旦大学社会学系，主讲西洋社会思想史；1952年转入华东师范大学历史学系，讲授世界近现代史。为了填补当时国内相关课程教材的空白，王养冲撰写了西洋社会思想史讲稿，自柏拉图起至尼采、韦伯止，洋洋洒洒40万字，还被评为"优秀教学典型"。讲授世界近现代史时，为了运用马克思主义观点指导教学，他开始刻苦研读马克思主义经典论著。当时马克思、恩格斯和德国古典哲学家的许多论著尚未译成中文，而他讲稿中的引文则直接从德文原著译出，大大开阔了学术

界的视野。

然而好景不长，在后来的政治运动中，王养冲被剥夺了写作和发表著述的权利，已经送到出版社的《西方近现代思想论集》《世界近代史论集》等书稿被悉数退回，已经成文的《西方近代思想史》和《西方近代史学流派》及多年积累的大量手稿也散失殆尽。但他并没有就此一蹶不振，晚年他曾这样总结自己当时的心态："如古人所说'一蓑烟雨任平生'，即使风雨如晦，也无妨'此心到处悠然'。"后来，利用可以"隐名搞些翻译"的权利，王养冲再次拿起了如椽之笔，根据当时的政治需要翻译了大量论著，内容涵盖德文、法文和英文的一系列哲学和历史著作。多年后，有学生问他："那么多年不公正，翻译了那么多，不仅不能署名，而且没有利益，当时是怎么想的？"王养冲云淡风轻地回答："对于我个人，没什么，只要社会需要，我做了，就行了……"

1979年，王养冲终于迎来学术人生的"黄金期"，那时他已经72岁。经过多年沉寂，我国学术界百废待兴，为了蹒跚起步的学科建设，为了中国学界尽快追赶国际前沿，在本该颐养天年的年纪，王养冲却爆发出了如年轻人般惊人的生产力，发表了一系列代表性论文，包括《拿破仑研究的演进》《关于法国资产阶级大革命分期的若干问题》《法国史学界对〈人权宣言〉和让-雅克·卢梭的研究》《法国大革命史编纂学中的进步传统》《十八世纪法国启蒙运动》《关于罗伯斯比尔评价的史学》《〈人权和公民权宣言〉与1789年原则》等，这

小故事 师生间的相处，是"平等式的温馨"

在学生们的印象里，尽管先生年岁已高，但相处时总会感受到一种平等式的温馨，和对学生的关心与尊重。"有一次先生生病，我们买了苹果去看望先生。几天后，先生要师母做成苹果酱回送我们，说读书累，给我们补补身体。为了写好一篇文章，先生常常到学校图书馆查阅资料，当我们看到先生年事已高，还常常伏案誊抄，我们忍不住对先生说，我们来帮助你做一些。即使这样，先生也从不让我们替他做。"王养冲的学生、北京大学历史学系教授许平回忆，读书期间她不幸生病，如果继续学业已没有了国家的生活补助。王养冲知道后，每月为她支付生活费，直到完成学业。

些都是法国大革命史研究相关领域的开先河之作；此外，他还运用掌握多种语言的优势，和陈崇武教授等法国史研究室的同事们一起合作翻译出版了《拿破仑书信文件集》《罗伯斯比尔选集》等，为当时对国际学界了解甚少的国内学者提供了大量宝贵的第一手文献资料。

此后的 30 多年，与时间赛跑、争分夺秒地为后人留下更多成果、培养更多人才，这样的学术片段在王养冲那里俯拾皆是——2000 年，93 岁的他还发表《法国的"精神哲学"运动》一文，这是研究近代西欧思想史绕不开的代表性之作；2007 年，指导学生完成《法国大革命史》编纂任务时，他已是位百岁老人了……直至生命尽头，他也一直在为学科的未来而殚精竭虑。

率先冲破思想教条，
为法国大革命史研究"破冰"

"不做违心之论，不为媚俗之言"，这是王养冲一生做人、为文的准则。在他的学术履历上，"1979"是一个很亮眼的年份。这一年，长期笼罩在学界的思想禁锢才刚刚解开，王养冲以其特有的学术敏锐，连续发表《拿破仑研究的演进》《略谈"人文主义"与"人道主义"》《关于法国资产阶级大革命分期》三篇文章，每一篇都在学界引起巨大反

响，堪称石破天惊之作，为当时学界的思想解放"破冰"——"自 20 世纪 50 年代以来，我国史学界一直深受苏联模式的影响。70 年代后期这些文章的发表，说明在'文革'中，先生一直在思考如何才能改变学界的这种研究范式。也就是说，让史学回到它本身的'真'，以真实的史料为基础来进行创新和探索。这种'求真求实'既是作为历史学家良知的体现，也是一种科学精神的显现。"李宏图说。

为法国大革命史研究"破冰"的一个最典型例证，便是《关于法国资产阶级大革命分期》一文。历史分期牵涉到历史的时间观和社会历史观，只有建立起分期，才能准确理解那个时间段中人和事所展现出来的过程。在过去"左"的思想禁锢下，世界近代史的主要轴心"是资产阶级革命和社会主义革命相对立"，法国资产阶级大革命的历史作用和意义因此没有得到公允的评价，其分期也从 1789 年开始至 1794 年雅各宾派垮台为止。但王养冲在文中主张以"以封建王朝的削弱和覆灭，以新的政治体制的出现和演变作为分期的标志"，把法国大革命的分期由苏联的"三分法"改为"六分法"，即立宪君主制时期、吉伦特派共和国时期、雅各宾共和国时期、热月党和督政府共和国时期、执政府共和国时期、拿破仑帝国或第一帝国时期。文章在当时引来不少争执，但如今已成为学界共识。

在构建崭新的历史分期的地基之上，王养冲对大革命本身作出了全面、客观、准确的诠释。比如，他高度评价《人权宣言》和 1789 年原则所起到的奠基性作用，及其所具有的不可磨灭的普遍意义；对第一共和国建立的原因，他撰文予以详尽阐释，并对君主立宪派所起到的历史作用给予应有的评价；他不同意把热月政变看作"反革命政变"，或"革命的倒退"，认为雅各宾统治的分化和

消失是必然的；他还指出，拿破仑的统治完成了 1789 年革命的目标，使资产阶级的资产阶级国家成为事实，用"称帝"和"封爵"之类来否认拿破仑帝国的资产阶级业绩只是一种皮相之见……（李宏图、许平：《王养冲教授与我国的法国大革命史研究》）在当时，这些观点完全刷新了当时的人们对法国大革命的那种僵化性理解。

后来，这样的思想基调和学术理解也全部融入了王养冲对《法国大革命史》一书的编纂中，从而构建起了一个耳目一新、独树一帜的研究体系。正如中国法国史研究专家学者、浙江大学历史系楼均信教授在该书序言中的评价："书中突出社会变迁和经济、政治、工业、农业、贸易、税收、宗教、教育等多个领域的改革，完全改变了以阶级斗争为中心的传统编史模式，实现了体系、结构上的转换与创新，令读者以更广阔的视野，全面认识这场史无前例的大革命，不仅是一场激烈的政治革命，同时也是一场深刻的社会革命、经济革命、思想革命和文化革命。"原华东师范大学历史系主任、中国法国史研究会会长陈崇武教授也认为："王先生所写的《法国大革命史》有思想有材料，史论结合，可以说是有血有肉，给人以新意。"

"不了解西方思想史，对西方历史的理解就会流于肤浅"

在法国大革命史研究之外，西方近代思想史也是王养冲着力颇多的领域。在西方文明的发展进程中，思想观念具有重要意义，正如王养冲所说："如果不了解西方思想史，那么对西方历史的理解就会流于肤浅。"尽管在国际学界，思想史研究是历史学研究领域中的重要分支，但在很长一段时间里，西方近代思想史一直是中国世界史研究的薄弱环节。在这一学术领域，他发挥了开创性的建设作用。

早在 20 世纪五六十年代，王养冲就翻译撰写了不少有关西方哲学和思想史的著作与文章。80 年代，华东师大历史系在国内率先设立西方思想史的硕士点和以"西欧近代思想史"为主要研究方向的博士点，当时已是 80 多岁高龄的他仍亲自为学生授课。1996 年，王养冲出版专著《西方近代社会学思想的演进》，对西方具有代表性的六位不同学派的社会学家的思想（法国的孔德、英国的斯宾塞、美国的华尔德、法国的涂尔干、意大利的帕雷托和德国的马克斯·韦伯）进行了详细的介绍和鞭辟入里的分析。他强调，我们的目的不是批评这些学派，而是希望读者读懂他们，这有助于更好懂得西方的制度和社会，有助于开阔视野和思路，推动我们的社会学研究。

对于思想史研究的理论和方法，在李宏图看来，尽管老师没有专门写过文章论述，但他在平日的教导中已为学生们指明了方向，其中他对"历史语境"的强调，与目前在国际思想史学界占据主导、力主思想史"历史性"研究的"剑桥学派"异曲同工："先生常常以思想史中的个案告诫我们，必须研读思想家的原著，这样才能准确完整地把握每个思想家的思想体系，搞清楚其来源、内容、时代作用和历史影响。切忌仅凭外文翻译的一般性介绍的书籍来进行所谓的研究，以防断章取义、取舍不当，甚至以讹传讹。先生也告诫我们：欧洲近代思想史，并不是单纯指政治思想，还应该包括社会、哲学、法律、宗教等不同维度的思想，是一种对整个社会思潮演变或意识形态变化的理解与把握。"

延续王养冲所留下的这一学术传统，2019 年，华东师范大学成立了全球思想史研究中心。"在历经四十多年后，先生所开辟的欧洲近代思想史研究已蔚为大观，就研究领域而言，足以告慰先生的是，我们秉持着学术承继和创新的精神，在继续注重欧洲近代思想史研究的同时，也将区域思想史拓展为全球思想史研究，不断思考如何将思想的资源注入形塑当下全球化的发展演变进程之中。"李宏图说。

"具备道德和教养的人，
才是合格的公民和教师"

在李宏图看来，老师的学术研究中有一个很重要的维度，那就是对人的尊严与对人的权利的思考，"1979 年，先生就发表《略谈'人文主义'与'人道主义'》，与 80 年代文学中强调人的觉醒遥相呼应；还有他对法国《人权宣言》的高度评价，认为这是奠定了人的基本权利的里程碑性的文件。与此同时，思考如何做一个有尊严的人，这是先生从事学术研究的思想底色"。

在《略谈"人文主义"与"人道主义"》一文中，王养冲写道："人道主义的基本点是相信人的理智的力量，认为人本身就存在着有真理、公正的源泉和天赋的道德意识。"他很认同法国思想家卢梭的一句话：只有有道德的人民才能向自己的祖国致以可被接受的敬礼。可见，对人的权利的维护与尊重在王养冲那里不仅仅是学术思考，也是内化于一言一行的人生信条。正如学生们所说："社会良知、独立人格与社会责任是先生躬行实践的准则，立意高远、认真求实是先生学术精神的根本，这些便是一位正直的知识分子的内在人格力量和学术力量之所在。"（李宏图、许平：《王养冲教授与我国的法国大革命史研究》）

"凡事要认真，这既是对自己负责，也是对别人、对社会负责。"这是王养冲经常说的话。对他来说，学术研究是一种神圣的职责，审慎精思是他治学的原则，他写文章总是在全面掌握材料的基础上，反复研究、确有心得才动

王养冲

笔。"努力、认真"，这也是他对学生的要求。学生的文章交给他审读后，取回时会发现在稿纸的边上都作了很多批改，大到点评和指出错误，小到不放过用错的标点符号；并且，这些改动都不是直接写在稿纸上，而是写在一张张纸条上，再不厌其烦地贴在稿纸上。一次，为了让晚交论文的学生按时毕业，他连续数日伏案审阅，刚刚看完文章就因过度疲劳中风导致失聪。但在住院治疗时，还不忘细心安排学生的论文答辩事宜。

在百年华诞的祝寿会上，王养冲这样谈起自己对"教师"这一职业的理解："作为一名教师，德国诗人席勒说得不错：真正的价值并不在人生的舞台上，而在我们扮演的角色中。具备道德和教养的人，才是合格的公民和教师……作为一名教师，我深知若要体现自己的价值，就必须为社会创造价值。"的确，为人师者，无论是正身还是为学，他都做得问心无愧了。

吴泽

在现实的感召之下从事历史研究

吴 泽
（1913—2005）
历史学家

大师简介

原名瑶青，江苏常州人。1937年毕业于中国大学经济系。曾任复旦大学、大夏大学教授。1946年加入中国共产党。中华人民共和国成立后，历任华东师范大学教授、历史系主任，中国史学研究所所长，国务院学位委员会第一、二届学科评议组成员，上海历史学会第九届副会长，上海华侨历史学会第一届会长。专于中国古代史、中国史学史和史学理论。主编《中国历史大辞典·史学史》《中国近代史学史》，著有《中国历史大系·古代史——殷代奴隶制社会史》《中国历史简编》《中国原始社会史》《儒教叛徒李卓吾》等。

研究历史的人，应该具有“由今知古”的能力

吴泽，原名瑶青，笔名哲夫、胡哲夫和宋鱼，1913 年出生于江苏常州武进县的一个乡村。吴泽父亲早逝，由祖母和母亲共同抚养，7 岁进入私塾。他后来能几无困难地阅读历史文献，便得益于幼年练就的童子功。随着新式学堂在苏南一带普及，吴泽也获得求学机会，13 岁起就读于无锡和常州的小学、中学，后考入上海大夏大学附属高中部。

自小身处困顿的农村环境，吴泽对挣扎在当时社会最底层的农民的疾苦有切身感受。他看到佃农们终年辛劳，所获却被地主拿走大部分，深感世间的不平。他看到洋货大量倾销，洋纱、洋布充斥市场，严重摧残农村副业，母亲利

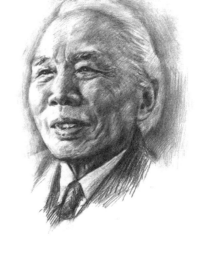

用纺纱织布补贴家用的商号也被迫关闭，家境更加艰难。这些都促使年事渐长的吴泽对农村土地问题和农村经济问题不断深入思考，也为他日后将具体研究与时代脉动紧密结合的学术生涯打下了坚实基础。纵观吴泽一生的史学成就，多与其所关心的时代风潮、人民疾苦紧密相连。他后来总结："每个时代总有每个时代的主题，每个时代对历史的认识，总是以这个时代所能提供的一切知识资源与理论深度为前提的。因此，研究历史的人，应该具有'由今知古'的能力。要做到这一点，就必须关注现实生活，从当下的生活实践中，提高自己的识见，选择自己的研究课题。古往今来，一切伟大的历史学家，都是在现实的感召之下而从事历史研究的。"

在上海读高中期间，吴泽接触到一些进步读物。阅读李达所著《中国产业革命概观》《农村经济问题》等著作，促使他对当时中国农村的土地问题、帝国主义对中国的经济侵略问题等，有了进一步的了解，长期以来盘桓于脑海中的一系列思考，也渐渐理出清晰的逻辑。

李达是当时北平中国大学知名教授，吴泽怀着敬仰之心报考了中国大学，1933年，如愿以偿进入中国大学经济系就读。当时的中国大学经济系可谓名师云集，除开设有会计、统计、金融等基础课程外，还有李达主讲的政治经济学、黄松龄主讲的中国农村经济和土地问题、吕振羽主讲的中国经济史、张友渔主讲的国际关系、杜叔林主讲的社会主义思想史等课程。李达当时任系主任，还亲自组织经济学学术研究会等活动。正是这些老师们有关中国农村经济、土地问题的思考，把吴泽引导到政治经济学理论乃至社会主义思想的道路上去。

1934年，吴泽撰写了题为《一年来国际经济的回顾与展望》的论文，刊登在北京《众志月刊》上，这是他在大学时代撰写的第一篇关于世界经济的论文，足以管窥他对广阔的现实世界的关心以及开阔的学术视野。之后，他的兴趣逐渐转向史学领域，并开始专注于对社会史论战过程中所涉及的一系列理论与具体问题的探讨与研究。当时，郭沫若出版《中国古代社会研究》一书，首倡殷代原始社会说和西周奴隶制社会说；接着，吕振羽出版《史前期中国社会研究》和《殷周时代的中国社会》，提出殷代奴隶制社会说和西周封建说。两位学者都是马克思主义史学的开拓者，他们的学术分歧引发了关于社会史的论战。争论围绕"中国历史上有没有奴隶制社会"这一问题展开，而论战实质在于：马克思主义社会经济形态学说是否对中国社会历史研究具

大师纪念地：大夏大学旧址（今华东师范大学普陀校区文史楼）

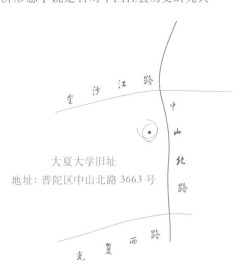

大夏大学旧址
地址：普陀区中山北路3663号

地铁13号线金沙江路站

自小身处困顿的农村环境，吴泽对挣扎在当时社会最底层的农民的疾苦有切身感受。佃农们终年辛劳，所获却被地主拿走大部分；洋纱、洋布充斥市场，严重摧残农村副业。这些都促使他对农村土地问题和农村经济问题不断深入思考。

抗战胜利，中国何去何从的问题再次摆到眼前。国民党政府鼓吹尊孔读经，吴泽则坚持应进行符合时代思潮的新文化建设。为厘清中国思想史上的源流和特质，吴泽逐一研究个案，发表了《孔孟的伦理政治思想》《荀子封建改制论》等论文。

有指导性的意义。

吴泽接连发表了《殷代社会经济研究》《夏代家长制奴隶制经济研究》《中国社会史论战总批判》等专题论文，阐述了尧舜禹时代是中国原始社会后期的部落联盟时代、夏代是家长奴隶制时代、商代是奴隶制社会等观点，并阐明了自己对于用马克思主义社会经济形态学说来解说中国历史的坚定信念。这方面的思考和研究一直延续到吴泽毕业以后。他在大学期间所发表的《尧舜禹禅让说释疑》《中国原始社会经济研究》等论文的基础上，撰成《中国原始社会史》一书，于1943年由桂林文化供应社出版。

此外，虽然史学界对中国历史上存在过奴隶制社会这个大前提一致的认识，但对于中国奴隶制社会的上限和下限以及中西奴隶制社会的共性与个性等具体问题，都有不同看法。对此，吴泽先后完成了《殷代帝王名谥世系与继承制研究》和《殷墟青铜器研究》等论文，在可资利用的材料匮乏的情况下，有意识地充分利用出土文物、甲骨金文和文献材料，对殷代的社会经济、国家组织、政治形态和文化艺术等问题都展开了深入细致的讨论，相关成果以《中国历史大系·古代史——殷代奴隶制社会史》的形式，于1949年由上海棠棣出版社出版。

以笔为戈，坚守思想文化阵地

1936年，吴泽参加了中国共产党外围组织民族解放先锋队，走上了革命道路。在他晚年的访谈中，记录了一副他青年时代心怀壮烈撰写的对联："头

颅铸成平等果，铁血爆发自由花"，横批"还我河山"。这是最直接而朴素的爱国热情的表达。也是在这一时期，深重的民族灾难进一步促使他确立了史学研究要为社会现实服务的理想。

1937年，大学毕业的吴泽回到常州，与几位旧友发起创办《抗敌导报》，宣传全民族抗日，阐述抗日救亡之策，以激励民心，弘扬民族气节。他在创刊号上发表了《从淞沪抗战看中日战争的前途》一文，因对国民党当局有所指责，故被捕入狱。被营救出狱之后，又写就《庭讯》一文，披露狱中生活片段并揭露当局专制独裁政治。不久，南京沦陷，吴泽携家逃难至武汉，1938年春辗转至重庆。

在1938至1946年间，吴泽一直在重庆从事文化教育工作，配合抗日民族统一战线的新形势，执笔为戈，在史学阵地揭露批判国内外形形色色的帝国主义、法西斯主义侵略史观，弘扬中华民族悠久的文化传统，弘扬爱国主义精神。当时主要有两种反动谬说：一是鼓吹中国人种和文化的"外来说"；一是鼓吹地缘政治论和人口史观，认为中国社会已陷于停滞，只能靠外力入侵才能推动发展。吴泽相继撰写《中国人种起源论》《中国历史是停滞倒退的吗》《地理环境在社会历史中的作用》等论文，予以正面回击。这些思考后来经过系统化梳理，形成《地理环境与社会发展》一书，于1949年由上海棠棣出版社出版。

抗战时期，吴泽还完成了《中国社会简史》和《中国历史简编》二书。当时其师吕振羽先生已完成中国第一部马克思主义通史著作《简明中国通史》，他鼓励吴泽也为广大青年学子写一部简明

吴泽主编的《中国近代史学史》一改过往史学史研究忽视理论分析和指导的弊病，对史学思想和理论作出了精辟的阐释；并在构筑马克思主义的史学史学科体系的同时，牢固守护了中国古典学术的阵地。

易读的中国通史。因此，吴泽从原始社会开始，一直写到卢沟桥事变，力求按照马克思主义的社会经济形态学说叙述中国社会历史发展过程，依次划分了殷代以前的原始公社制时代、殷商的奴隶制时代、西周至清代中期的封建制时代和鸦片战争以后的半殖民地半封建社会时代。这种写法，在体例上有别于传统的依据王朝体系的叙述逻辑。对于鸦片战争以来到抗日战争的中国近代史，则以辛亥革命为界，前期为中国半殖民地半封建社会的形成与深化时期，后期为半殖民地半封建社会溃灭时期。这一划分史例也在史学界一直沿用。

抗战胜利后，1945 年 9 月，吴泽来到贵州赤水大夏大学任教，次年随大夏大学迁回上海。在大夏大学执教期间，吴泽以唯物史观研治中国历史，因而屡遭特务盯梢、抄家，乃至被通缉。对此，他毫不畏惧，经翦伯赞与华岗介绍，于 1946 年 10 月毅然加入中国共产党。此后便以中共党员的身份，坚守思想文化阵地，在思想文化战线上继续不懈斗争，以迎接上海的解放和新中国的诞生。

抗战甫一胜利，中国何去何从的问题再次摆到眼前。国民党政府鼓吹尊孔读经，吴泽则坚持应进行符合时代思潮的新文化建设。为厘清中国思想史上的源流和特质，吴泽逐一研究个案，发表了《孔孟的伦理政治思想》《荀子封建改制论》等论文，后又推崇明末李贽"以孔子之是非为是非，则天下无是非"的论断，写了系列论文，结集为《儒教叛徒李卓吾》一书，1949 年由上海华夏书店出版。

南京国民政府还有人幻想在国民党和共产党之间走"第三条道路"，大造声势，试图推行"维新"的政策，要实行总统竞选制，在此基础上，再对社会政治进行改良。这也得到了学术思想界部分学者的支持，希望通过社会改良，来建立英美式的议会制民主共和国。吴泽根据自己对近代史人物的研究，认为"变法""革新"之路不通，于是一连发表了《保皇党的反动路线与纲领》《保皇思想的堕落再堕落》《梁启超的拥袁倒袁运动》《批判旧文化，建设新文化》以及《新知识分子的理论与实践》等论文，以康梁的政治实践，论证在半殖民地半封建的中国，任何自上而下的改良和维新都是行不通的，只有通过自下而上的社会革命，才能彻底地完成反帝反封建的民主革命任务。后来，这些论文被结集成《康有为与梁启超》和《论自由主义》两书，于 1948 年分别由上海华夏书店和上海新知书店出版。

这一时期，吴泽还于 1948 年发表了《王国维的思想道路及其死》一文。这是他发表的第一篇中国史学史领域的专题论文，也是用马克思主义的史学理论和方法系统梳理和总结"新史学"开山者王国维学术思想的一篇早期论文。新中国成立以后，吴泽延续这一研究兴趣，继续撰写了《王国维周史研究综论》《论王国维的唐尺研究》《王国维与〈水经注〉校勘》等多篇厚重的学术论文，并于 20 世纪 80 年代主编了三卷本《王国维学术研究论集》。

马克思主义、东方学和中国历史

1949 年 5 月上海解放，吴泽参与了大夏大学接管工作。1951 年，全国高等院校调整，教育部以大夏大学、光华大学为基础，同时调进复旦大学、同济大

吴泽

学等院校的部分系科，创办华东师范大学，吴泽任历史系主任直至1956年。

1953年，马克思《资本主义生产以前的各种形式》一文有了正式的中文译本。中国学术界一方面开展对各种非马克思主义的学术思想的批判，一方面又开展马克思主义理论的学习与深入研究。吴泽的研究重点也集中到了马克思的东方学理论以及运用这一理论来研究中国古代史之中。他反复阅读马克思的原文，认为所谓"亚细亚的古代"和"古典的古代"，就是古代东西方两种典型形态的奴隶制社会，并写下《亚细亚生产方式理论问题研究》《古代东方社会的特点问题》《古代公社与公社所有制诸形态问题》《奴隶制社会的下限与封建社会形成的标准问题》等一系列文章来论证自己的观点。这一系列论文于1960年结集成《中国通史基本理论问题论文集》，由华东师范大学出版社出版。

在吴泽的史学观里，历史研究要既重视个案的考察，也重视从个案出发以形成对历史事件的深刻认识。他曾论述历史研究的点和面的关系："史料引用得不够，史事把握得少，写著立论，就会囿于原则抽象，理论空泛，不踏实际，这是过去新史法之弊；而专注于史事的零星钻凿，拘泥于字句的烦琐考据，把社会历史的全面貌、全形势以及发展体系忽视了，不把历史当作科学研究，这是传统史法的大弊。"1959年起，吴泽参与了学界对诸位历史人物的再讨论，接连发表了《关于曹操在历史中的作用问题》《曹操平定三郡乌桓战争的性质和历史作用》《从越剧〈则天皇帝〉论武则天的评价问题》《论武则天在历史上的地位和作用》等论文，对多位历史人物进行了重新评价。此外，还相继撰写了《杨朱的唯物主义思想》《老子哲学思想研究》《论孔子的中庸思想》《论王充的唯物主义无神论思想》《王船山历史观略论》《顾炎武的社会政治思想和爱国思想》《魏源的变易思想和历史进化》《魏源〈海国图志〉研究》等论文，以这些个案对中国思想史进行了一次系统梳理。

1961年，教育部设立"高等院校文科教材编写办公室"，由史学家翦伯赞担任历史组编审组长。考虑到吴泽在近代史学史领域已取得一系列重要研究成果，翦伯赞决定将编写《中国近代史学史》教材的工作交由他承担。吴泽立即在华东师大历史系设立了"史学史编写组"，并确立了按史学流派和问题做出著作年表（包括版本、考异）、做出代表性史家传记、做出资料长编、写出专题性论文、最后依据专论写成教材等各个流程的工作任务。"文革"期间，这项编写工作被迫中断，直到20年后才最终完成。其间，吴泽将抱病阅读的部分笔记素材整理成两篇"考校记"，后发表于《史学史研究》刊物上。

"文革"结束后，吴泽已年近古稀，先后担任华东师范大学历史系主任，中国史学研究所所长，客家学研究中心主任，国务院学位委员会第一、二届学科评议组成员，上海市华侨历史学会会长等职。1981年，华东师大中国古代史、史学理论与史学史两个学科位列改革开放后我国首批博士点，吴泽担任这两个专业的博士生导师。同时，他也分外珍惜晚年失而复得的学术研究机会，更加勤勉著述。

马克思主义社会形态学说及东方学的研究，始终是吴泽学术关切所在。改革开放后，西方近现代学术思潮的涌入，学界对马克思主义社会形态学说的理解多有分歧。对此，吴泽发表了《马克思论古代土地所有制诸形式》《马克思论封建工具所有制与行会制度》《马克思论封建土地所有制的解体与资本所有制的形成》《〈资本主义生产以前的各种形式〉与古代东方研究》等专题论文，集中研究论述东方社会经济形态运行规律和特点。1993年，由上海人民出版社结集出版了《东方社会经济形态史论》一书，这是吴泽几十年来研究马克思主义社会形态学说的一次总结。自大学时代接受马克思主义的启蒙以来，吴泽始终将把历史唯物主义的基本原理与中国历史的实际相结合的努力贯彻于史学研究。晚年的吴泽回顾自己的史学思想时强调：人类社会是个统一体，研究中国历史，就必须将它放在人类社会历史的总体进程之中加以考察；世界各国家民族的历史又都在其所处的独特地理环境和文化传统中展开，故而人类历史具有共同性、一般性，又有独特性、差异性，整个人类社会的历史分成东西方两大类型，而中国就是东方类型的典型代表，正因如此，研究中国历史的学者应该具有东方学的学养。

20世纪80年代初开始，吴泽还开辟了华侨史和客家学研究的新领域。在他看来，华侨史正是东方学的组成部分，而客家史又与华侨史有着密切关联。数以万计的华侨将东方文化传遍全世界，又以人才、资金、技术回报祖国的建设，是中西方各种要素交流的重要桥

梁。吴泽筹建上海市华侨历史学会，担任会长，并在华东师大设立华侨史研究室、客家学研究中心。他先后发表《马克思恩格斯论华侨》《华侨对抗日战争的伟大贡献》等论文，并主编《华侨史研究论集》、《客家史与客家人研究》杂志（后改名《客家学研究》）等，从研究队伍建设、文献史料研究整理等方面着力，力图填补华侨史、客家史研究的空白。吴泽本人在这一领域的研究依然保持了重视个案的学术风格，他对20世纪三四十年代东南亚著名华侨领袖胡文虎的研究就是其中的典范之作。

这一时期吴泽的另一项重要工作是关于中国史学史、史学概论的研究。1979年，全国哲学社会科学规划会议（筹备处）决定编纂一部《中国历史大辞典》以为历史专业工具书之用，请郑天挺和吴泽负责筹备。同时，其中的"史学史"分卷又由吴泽和南开大学杨翼骧共同担任主编。这部约60万字、共收3600多个条目的"史学史"分卷，于1983年由上海辞书出版社出版。

《中国历史大辞典》工作结束后，吴泽着手主编《中国近代史学史》。1989年，这部长达80万字的、首次系统研究中国近代史学发展的专著由江苏古籍出版社出版。吴泽一改以往史学史研究忽视理论分析和指导的弊病，对史学思想和理论作出了精辟的阐释。值得一提的是，这部著作在构筑马克思主义的史学史学科体系的同时，牢固守护了中国古典学术的阵地，对金石学、沿革地理学、版本目录学、校勘学、古器物学等与史学相关学科的发展成就，也都予以充分吸收。此外，书中对于以往学术界着墨不多的史家、史著和细微研究领域进行了细密分析，比如将王先谦、叶德辉、缪荃孙三人专章分述，再次展现了吴泽重视个案的鲜明风格。

纵观吴泽的学术生涯，所及可谓既广也深、兼及东西。书法家苏局仙先生曾题赠吴泽一首七绝："胸罗万古兴亡史，言论纵横一作家。班马文章原不老，高龄犹是笔生花。"

中国近代史

以『新陈代谢』理解

陈旭麓

陈旭麓
（1918 — 1988）
历史学家

大师简介

　　湖南湘乡人。毕业于大夏大学历史社会学系，历任华东师范大学历史系副教授、教授，华东师范大学中西文化研究中心主任、中国近代史研究室主任等职。兼任中国史学会理事、中国现代史学会副理事长、上海中山学社副社长、上海中西哲学与文化交流中心副主席、上海地方志研究会副会长等职。晚年致力于中国近代社会变迁和文化史的研究，论著大多融义理、考据、辞章于一体，以思辨和文笔见称学界。著有《近代史思辨录》《浮想录》《近代中国社会的新陈代谢》等，主编《中国近代史丛书》《中国近代史词典》等。

　　一部出版了近 30 年的学术专著，在重版后依然卖出了一年四五万册的销量，这部穿透时光的学术专著是《近代中国社会的新陈代谢》，其作者正是中国著名历史学家陈旭麓——几乎每一个学习中国近现代史的人都读过他的书，直到今天，这本书依然是许多大学历史系学生的必读参考书。

　　稍微了解一点陈旭麓的历史研究，就会发现他的风格与其他历史学家不太一样——他并不急于把历史事件像摄影那样呈现出来，而是以理论为烛，以不停歇的思考为马，秉烛执缰在历史长河中寻找着规律——沿着这些规律，他形成了当代史学研究的一种新思维，构建了一套崭新的中国近代史体系和理论分析框架，用"新陈代谢"这种极具包容性的史观去重新理解中国的近代历史，再现历史的真实于说明历史的脉理之中。

能看到满天星河，
也能看到花中世界

为什么陈旭麓的历史研究道路与他人不一样？有学者曾评价，陈旭麓先生是"这一代际的史家中既纯熟运用马克思主义政治经济与社会理论，又极能接续传统史学的一位"，这句话或许是最好的解释。"他有良好的史学素养，又兼具理论热情，更重要的是他从不僵化，一直吸收新的东西，刺激自己新的思考。改革开放后，老先生已经 60 多岁了——这个年纪对于很多人来说与学习是渐行渐远，但他一直保持年轻的心，保持着对新事物的敏感"，熊月之 20 世纪 70 年代便与陈旭麓有过交往，后来跟着陈旭麓念研究生，十分熟悉这位老先生的研究路径：他做过很多资料整理工作，但从未就资料讲资料。"其实以资料为主可以出很多成果，但是他更倾向于阐发背后的义理，做'大文章'。成果可能产生得少，但是义理的普遍性比较强。这就是他治学的特点。"

"政治家看到的是地平线上的东西，哲学家看到了地平线以外的东西，历史学家记下了地平线上的东西，但要把视野从地平线引向地平线以外。"《浮想录》记录着陈旭麓这样一句话。陈旭麓本人就是典型的"文史哲不分家"，他写的文章、思考的问题常常有哲学家的视角，深刻而见解独到，文采也是斐然。这样的特点与他的读书经历有关。陈旭麓生于湖南乡村一个商人世家，因为读书"出湖"，幼时受过严格的旧式学堂训练，奠定了深厚的国学基础，后来进大

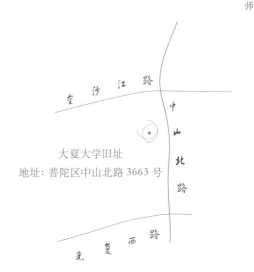

大夏大学旧址
地址：普陀区中山北路 3663 号

大师纪念地：大夏大学旧址（今华东师范大学普陀校区文史楼）　　🚇 地铁 13 号线金沙江路站

夏大学攻读历史社会系，5 年的大学时光让他接触到辩证法、唯物史观等先进的理论，汇通的文史专业也为他后来的思维方式打下了基础。"能把握好宏通和专精的关系，讲出来的东西才会比较深刻"，熊月之说，同样讲一个东西，陈先生之所以可以做到不一样，就是因为他是带着问题意识关注历史长河，然后用字面浅白的话总结出那些深邃的意思。

"撒盐入水"是陈旭麓坚信的道理：将所有的理论与方法"溶"于历史本身，去观察历史，这是做"大文章"的方法。

"他会透过历史人物和历史事件的表象去观察中国社会变动的广度和深度。看上去每个研究都是个体的，但是在他那宏大的思考里，这些都是其中的有机组成部分。"陈旭麓做蔡锷研究的时候，写过关于小凤仙的文章，当时很多人都不理解，而在他看来，在特殊的历史关口，有着特殊身份的人也能作出重要贡献，小凤仙帮助蔡锷脱离袁世凯的束缚，投身讨袁，这是历史当中一个关键细节。陈旭麓观察的正是大背景跟关键问题的互动，正如他所说，"写具体人物、具体事件，要放在全局的链条上来考察；写全局性的问题，又要建立在一个个人、一件件事的基础上"。熊月之认为，陈先生了不起的地方在于他能捕捉到历史演变过程中这种关键细节，这有赖于他对于历史掌握的纯熟程度。

在学术追求上他永远是那个血性青年

"他做学问不是为学术而学术，而是希望做出来的东西既有学术价值又对国家、社会、人民都有好处"，在熊月之看来，陈旭麓先生那一代的知识分子，有很浓重的那代人特有的爱国主义情怀，也因此他关注现实，以现实反思历史。20 岁出头的陈旭麓是一个性格刚烈的进步青年，喜欢打抱不平，将所思所想

化成文字鞭笞现实。1949 年新中国成立后，他的兴趣逐渐转向近代史的教学与研究。到"文革"前，他发表论文、著作 50 余种，主要涉及史学理论和方法、近代思想文化史，还有辛亥革命的相关论题，是学界公认的辛亥革命史的重要垦拓者和最早的倡导者。"文革"以后，陈旭麓以其特有的眼识倡导中西文化比较研究，与此同时，又以"新陈代谢"的视角研究中国近代社会变迁，登上了一生的学术高峰——他一生著作编撰、整理各种书籍 70 余部，大部分是在最后这十年间完成的，包括他最重要的两部著作《浮想录》和《近代中国社会的新陈代谢》也是在这一时期酝酿、成形。

"之前，他还是站在历史外面根据一般规律了解历史，'文革'后，他彻底钻到了历史里面，用自己思考出来的对一些是非的看法，重新来研究中国近代史"，他的学生，已经 81 岁的丁凤麟说。波折的人生经历、对社会的重新理解，让陈旭麓在晚年爆发出了巨大的能量，1985年以后出现在《浮想录》中的警句几乎每年都超过 100 条。

写于人生最后十年的这些著作和文章即便在后来人眼中都非常具备"胆识"。"比如，在 80 年代初期，他讲改良及其进步意义是需要勇气的。他讲改良有两层意思，一层，改革就是改良，为改良鼓与呼，其实是为改革提供一个理论支持；另外，洋务运动、戊戌变法都跟改良有关，他讲改良的进步意义，这些历史事件都会得到重新评价。除此以外，论中体西用，还有对待租界问题的看法等在当时都是有拨乱反正的意义的。这

陈旭麓不计较得失,在经济困难的年代,年轻人跟他在一起吃饭,一定是他买单。他待年轻人亲和,常作鼓励,很多青年慕名向他请教,他总是有求必应,他的案几上常有成堆的来自天南海北的信件。学生们看他劳累,建议由他们代为回信,他却说不能让青年失望。正是因为如此,陈旭麓在青年学生中有巨大的吸引力,每年招收研究生,报考人数总是大大超过招生数字,有些人甚至是二次三次报考他的专业。

在华东师大学子的印象里,曾有一道美丽风景,就是陈旭麓、冯契、刘佛年三位教授在丽娃河边一道散步、聊天和喝酒。20世纪50年代,华东师范大学在大夏大学原址组建成立,冯契在刘陈两人劝说下正式到华东师大工作,家也搬了进去。之后,三人常在一块儿说话,各自都以为说的是普通话,但实际上除了刘佛年,陈旭麓讲的是别人很难听懂的湖南话,冯契则带着诸暨口音,好在他们彼此之间都听得清。

些观点能提出来非常不易,但他非常有魄力,对自己的知识敏锐也很有信心",熊月之说。在这些观点提出的过程中,曾经那个充满血性的湖南青年又一次出现在晚年的陈旭麓身上,他说,一切新观念都是在一片反对声中取代旧观念的。他相信,没有反对的声音,就不可能有完善的思想内容。

陈旭麓对学术看得很重,尤其看重自己的学术成果在社会上起到的影响。20世纪80年代一个中秋夜,十多位研究生到陈旭麓家中聚会,聊到"体脑倒挂"时,几位学生埋怨学术之路几乎要走不下去了。陈旭麓的回答是:"别人随便干什么每月挣500元,我做学问挣50元,只要我这50元对社会的贡献超过他的500元,我就继续搞学问。"陈旭麓身体力行,一生几乎都倾注在教书、写书和学生身上,他曾把三者比成自己的支柱,"离开了这些,我就不存在了"。"文革"后,回到自己参与筹建的华东师大,陈旭麓把时间都分配给了课堂和书桌,周末和节假日也常是伴随着纸笔文章度过——他主编各种书籍从来不挂虚名,从选题到提纲,从观点到资料,从体例到文字,都事必躬亲,一丝不苟。他的床头总是摞着一叠书,有时半夜起来便会看上一段。当时华东师大历史系的师生都知道,夜深人静时亮灯的那个屋就是"陈教授"的。有位朋友给陈旭麓去信说,您好像有使不完的劲。陈旭麓回信道:劲是有一些的,不是使不完,大概是"春蚕到死丝方尽"吧。

最后十年那一批文章每一篇都显现出了陈旭麓的独创性,熊月之道出了背后的原因:"每一次遇到重要的发言,陈先生前一天就不做任何事,独自打着腹稿,为了使自己表述精当。他一篇文章写出来,总要有几句话让人看过不会忘记,这是老先生自己对自己的要求。"他回忆陈先生当年讲"新陈代谢",先后四五次,每一次讲课的纲目都会有所不同,每一次总有新的突破。

陈旭麓的湘乡话,初次听到的人连蒙带猜大概只能听懂三分之一,出去开会常常要带学生做翻译,而他学术思想的传播并没有因此停留在原地——也许,上面提到的就是原因。

**思辨,是他的学术标签;
思考,是他的生活必需品**

思辨——当问及陈旭麓的学术特色,无论是谁:他的学生、子女还是受益于他的历史学者,无一例外会提到这两个字。"如果把他的论著通读,就可以发现其中的一串串的思辨组成了他对近代史研究的一条思想链,每一个深邃的思想,都是链上的一个环。"对于"思辨"特色,陈旭麓自己也是认可的,1984年,他的第一本论文集出版,定名称时,丁凤麟建议他将自己的学术特色放进去——"思辨",老先生不假思索——于是有了《近代史思辨录》。陈同是陈旭麓的小儿子,同为历史学者,在他看来,"思辨"在陈旭麓的早期作品里已经显现出来——他的第一篇论文,写于学生时期的《司马迁的历史观》,已经在使用循环

陈旭麓

论、伟人史观、农商并重主义等现代理论来分析、阐释历史问题。而在他学术生涯的最后十年，"思辨"的光芒更是迸发明显，这十年倾力其中的"新陈代谢"近代史体系，就是最鲜活的一个例子。

历史是古老的，又永远是新陈代谢的。透过陈旭麓的思辨眼光：历史的新陈代谢，并不是一下子全部更新，而是局部的更新，那些还有生命力的"陈"仍要继续发挥它的功能，再为下一步的"新"代替。他将"新陈代谢"这一自然现象用于说明近代中国的社会变迁，阐释其中新旧、中西、古今之间的急剧转换。在学界看来，这是一种从未有过的视野，比之当时盛行的"三次革命高潮"等学说，有更完整的解释力、更广深的含义。"陈先生是把历史看作长期的连续的变化过程。他讲'新陈代谢'其实是有进化论的意义在里面，社会的进步不是一蹴而就的，是曲折回旋的过程"，熊月之说，在见惯了30余年近代史的既成格局之后，陈旭麓先生是有心别开一局的先行者，在这一过程中，他不仅超越了自己，而且超越了过去一个时代。

在陈同看来，当年父亲从社会的角度来研究历史，在国内学术界是绝对超前的。"他谈洪秀全的思想、谈儒学的世俗化，就大大地拓宽了思想研究的社会广度。这不仅扩大了研究视野，同时也丰富了历史阐释本身。"在《浮想录》里，陈旭麓写道："让历史自己说话，但历史学家还要说出历史没有说出的话。""新陈代谢"大概就是他悉心倾听后，捕捉到的历史的旁白。

思辨的特色或许与陈旭麓长期养成的思考习惯有关。"他脑子里总是在思考。思考的问题有两种，一种是现实当中提出的问题，但他作为一个史学家，就会用历史的眼光来关照这些事情；一种是学术界本身会产生的一些问题，他作为学者也会参与"，熊月之认为，"文革"后，陈先生之所以高产还有一层原因，就是他原来积累的问题多，想做的题目就多。

陈旭麓爱思考，关于这一点，他的学生、子女都有深刻记忆。有一年熊月之陪他出差，火车经过一大片荒山，"他说，人把自然破坏了，鸟也就跟人疏远了。你能体会到其中的哲思"。陈同记得，父亲常常会因为产生了一个好的想法或一闪而过的佳句，便放下手边的其他事情，马上坐回写字台前，将其一一记下。正如陈旭麓自己所说"思想是飞翔的，要善于捕捉它"，被他捕捉到的吉光片羽，慢慢形成了那本著名的《浮想录》。而丁凤麟记得陈先生关于"思考"的一番叮嘱："他同我讲，对现在流行的问题和观点，自己要做独立思考，要论从史出，首先要把问题本身弄弄清楚，再做判断，不要人云亦云。他就是这么做的，所以才能别具一格。"

因为停不下来的思考，所以陈旭麓才能练就出超越于其他人的洞察力，才能看到很多别人尚未发现的问题，一位历史学者曾在一篇纪念文章中写道：重读先生遗作，最大的感叹是他是一个设定议题的大家，史学界后来成为热点的许多研究领域，早在 20 世纪 80 年代他已经发现了，而且有了相当成熟的看法和论述。比如海派文化、上海学的研究，秘密会党与中国社会，中国革命的研究，等等，"有大价值的创新，不是解决了已有问题，而是开创了新问题、新空间。他设定了议题，开创了新的研究论域，让无数后来的人来讨论与攻克难关"。

理论思维与艺术思维并存，他的人生没有条条框框

"陈先生某种意义上是个诗人"，熊月之说。

这样的形容一般很少用于史学家身上。但是在熊月之看来，陈先生是特别的一位，他情感丰富，遐想无尽，他精于理论，但没有被理论给限制住，他也不限定自己非得是个什么样的人，所以很多东西都会进入他的头脑里。打开《浮想录》会发现，给陈旭麓以启发的并不都来自那些正襟危坐的历史人物或事件，可能是《金刚经》里的某段经文，可能

是霍元甲的拳法，甚至是迪斯科与京剧的碰撞，他告诫自己"艺术、科学、文化不要怕杂，好像生物界，杂了才有新的品种"。所以，熊月之在跟他聊天时常常惊奇于他的涉猎之广，"他会谈到电视剧里的内容，会讲到黄梅戏演员，这些内容也会经常进入他的写作"，熊月之说，怎样拉近历史与读历史的人之间的距离，是一个很容易被历史研究者忽视的问题，而陈先生做文章时，常常有意把一些看似不起眼的对象跟专业联系一起，讨论"新陈代谢"的时候，他会引用《西游记》里面的东西；另一篇文章中他又讲到了刘三姐，语言非常鲜活。"韩愈讲过，在'文'的东西里面突然出现了一点俗的东西，这时候俗反而变得非常雅。你看陈先生的文字明白如话，但耐人咀嚼，这是他了不起的地方。"

陈旭麓爱诗，平时会平平仄仄地哼诗词，跟朋友到名胜旅游，可以随时随地脱口而出很多古诗。他的脑海里，诗一样的语言、精练的理论一直碰撞、融合，他的文章常常是理论思维与艺术思维并行，突破了枯燥单调的范本模式，于是他才能写出"如果说汉唐盛世曾经是阳春天气的话，那么康乾盛世不过是晚秋晴日"这样的语句，开创了一代史学新文风。

同样，他培养学生也不落于条框内。丁凤麟的印象里，陈先生给研究生上课，教室便是他家的客厅，大家围坐着，他给学生每人倒杯茶，便海阔天空地讲起来，一堂课便开始了。他的另一学生也曾说，若稍稍细心地观察一下陈先生的学生，就会发现，真是各式各样，从学术思想到学术方法都大不相同。陈旭麓看重学生，因此也提醒自己"教师是园丁，不是雕塑家"。

晚年的陈旭麓很感怀一句诗"青山有路，在晚霞深处"，读这句诗的时候他在想些什么已无从考据，但是其中的诗意和追寻精神，恰如他的人生写照。

伟大的改革实践

经济研究要服务于

陈豰如

陈豰如

（1910—2003）
经济学家

大师简介

祖籍福建福州。1933年毕业于清华大学政治系。1946年获美国哈佛大学经济学硕士学位。回国后，曾任暨南大学教授、经济系主任。1952年起任华东师范大学政教系教授，曾任经济系主任、国际金融研究所所长等。长期从事外国经济学说、国际金融等方面的研究，对国家经济建设和金融体制改革产生了重要影响。著有《国际金融概论》《国际货币体系》等，主编《国际金融学》等。

1910年12月10日，陈豰如生于湖北孝感的一个知识分子家庭。9岁那年，随家移居河北周口店，入私塾，诵读四书五经。历时五载，私塾先生对于学生近乎苛刻的要求，却养成了他严格的自律。当少年两鬓斑白，每每掀起儿时的记忆，陈先生依旧难掩对启蒙恩师的感激之情。

1924年，陈豰如来到河南信阳读中学。两年后，入读北京汇文中学。

为何帝国主义肆意祸我中华？为何同为炎黄子孙，却军阀混战，害得民不聊生？究竟何为国际关系之基本准则？到底什么是一国政权组织之最好形式？1929年，19岁的陈豰如带着这些困惑走进清华大学政治学专业。他笃信，只有在这里，才能找到答案。

水木清华，韶华四载，从政治思想

史、比较宪法，到国际关系，再到国际公法，十几门政治学课程的研习并没能给陈同学一个明确的答案。课余时间，他埋头在图书馆里，博览群书，如饥似渴地追寻真理的脚步。

有一点，年轻的陈彪如倒是想明白了——如何改造近代中国？路，只能靠国人自己去求索。

从投笔从戎，到经济救国

1931 年，九一八事变爆发。陈彪如拍案而起，和同学撰写长文《国际舆论与东北问题》，发表在《大公报》上。青年梦醒——建立一种合理的国际政治秩序，绝非柏拉图的《理想国》和康有为的

《大同书》那般纸上谈兵。

1933 年，陈彪如本科毕业，进入研究院继续深造。一年后，由于家庭负担过重而辍学，不得不为生计奔走。这段日子里，他走过很多地方，目睹了同胞在贫苦生活中的痛苦挣扎。他陷入了理想与现实的矛盾之中，却也夯实了一位书生对于真实、对于生活、对于社会、对于国家的理解。几十年后，作为大经济学家的陈彪如依旧训导学生，"青年人应当有远大的抱负，但不能抱有不切实际的幻想。多读书，多观察，多接触社会"。

1937 年，全民族抗战爆发，他毅然投笔从戎，加入了抗日救国的行列。从南京辗转入川，一路上目睹日本侵略军的凶狠残暴，国民党政府的腐朽与无能。

大师纪念地：陈彪如学术成就陈列室（华东师范大学普陀校区理科大楼 A 座 3 楼）

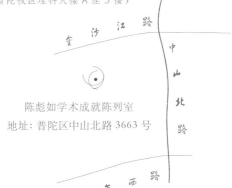

陈彪如学术成就陈列室
地址：普陀区中山北路 3663 号

大

城

陈彪如

小故事 74岁高龄的"年轻"党员

1984年12月,陈彪如教授终于成为一名光荣的中国共产党党员。这在他一生的旅途中又扬起了新的征帆。陈彪如谦虚地说:"我是一个平凡的人,过了平凡的一生。"他有一个心愿,那就是要为祖国富强而奋斗终生。他不只是这样说的,更是这样做的。退休后,陈先生笔耕不辍,坚持每年写一本书,一写就是十年。

哈佛大学特别注重培养学生独立思考、独立解决问题的能力,对于习惯了"为师乃父,为师如父"的中国学生而言,教育理念之差异需要学生一一应对。在近乎无师的情况下,证明自己也在世界经济的"最强大脑"之列,其中的辛苦,只有陈彪如自己才清楚。

是时,凯恩斯的信徒吹嘘其理论是西方经济思想的一次"革命"。对此,陈彪如感到很新鲜。它确在资本主义世界产生了很大的影响,不仅统治着经济学界,而且左右着一些主要资本主义国家的经济政策,值得花精力和时间去研究。

此时的陈彪如对于马克思主义理论,还没有非常了解,没有掌握阶级分析的方法。因此不可能对凯恩斯主义作出科学的剖析。但至少有一点,陈彪如是肯定的:凯恩斯的理论是以发达资本主义社会为出发点的,并不适合经济落后的国家,以它解决不了中国的经济问题。他只身西行取经,是为探索经济治国之道路。而求取"真经"后,却得出"任何要从资产阶级经济学中,寻找解决中国经济问题的努力都是徒劳的"的结论,不免让他痛心疾首。

1946年底,陈彪如顺利取得哈佛大学硕士学位,他毅然回国,受聘为暨南大学经济系教授,不久兼任经济系主任。在学校教书,本该有充裕的时间从事学术研究。一方面可以翻译几本当代经济学的代表作,使国内学界得以了解西方经济学的最新发展;另一方面,他计划在评价西方经济学的基础上,用科学的方法研究中国现实经济问题。

然而当时国民党政府滥发纸币,造

怒其不争,却无所适从。

国民经济因连年战事而遭受严重破坏,陈彪如深感战后恢复和发展中国经济是一项多么艰巨、多么重要的任务。无疑,没有正确的理论作为指导,一切都无从谈起。就此,经济救国的种子埋进了这位政治学科出身的年轻学人的心里。

1944年,陈彪如远渡重洋,入哈佛大学研究院。是时的哈佛校园里汇集了熊彼得、汉森、哈勃勒和后来获得诺贝尔奖的里昂惕夫等数位世界一流经济学家。这一次,经济学成了陈彪如的不二之选。

就此,陈彪如走上了经济学研究的道路,终其一生。

学政治的转身搞经济,其难度或许超出了"可想而知"的范畴。其一,当时国内外在经济学研究上存在巨大差距:在西方,凯恩斯理论已经占据了统治地位,广泛应用数据和模型对经济进行宏观分析,而国内学界还停留在马歇尔经济学时代。这种脱节使得陈彪如眼中的西方经济理论愈发玄奥、神秘。其二,大师学养远非常人所及,其授课风格自然行云流水,要跟上老师的节奏,课前、课后的功夫只有学生自己才知道。其三,很多人做学问，总是把目光投向社会的热点。陈先生则教导学生，"当一个项目没人搞的时候，你就要抓紧时间去钻研。等到热点起来，你自然走在了前面。一个人的精力有限，做研究，不要被社会上的热点左右"。做学问要耐得住性子，坐得住冷板凳。这样要求别人，因为他自己一路就是这样走来的。

物色系办公室主任的人选时，陈先生认为哲学系的一位女同事最合适。于是，他请学术秘书周洁卿去找冯契教授要人。小周不敢耽搁，隔天一早就去登门。冯先生正在吃早饭，听明来意，只说"不要紧，可以的。老先生那么多事情，还要考虑这个"。当大师遇到大师，这世间就有了一种默契——叫作惺惺相惜。

成恶性通货膨胀，物价一日数涨，陈彪如不得不为生计所困，无法静下心来做学问。他意识到，脱离健全的政治制度和稳定的社会环境，科学文化是很难发展的。

直到新中国成立后，他的学术理想才成为现实。

从西学译介，到学术体系建设

新中国成立后，暨南大学撤销，陈彪如先后在复旦大学、东吴大学、震旦大学任教。1952年院系调整，转入华东师范大学，任政治教育系教授，教授政治经济学。

通过对马克思主义系统、深入的研究，陈彪如恍然大悟：从前在资产阶级经济学中没有找到的答案，原来都藏身马克思主义经济学。掌握了马克思主义的观点和方法后，陈彪如着手对资产阶级经济学客观、严谨的批判工作，于1957年及1960年先后完成了《凯恩斯就业理论的批判》和《什么是凯恩斯主义》两本著作。1975年，《什么是凯恩斯主义》被日本学者译成日文出版，被称为"用马克思主义观点介绍凯恩斯主义的一本书，是中国出版的有关凯恩斯文献中最详细的一本"。

20世纪50年代末60年代初，受"左倾"思潮影响，经济学界全盘照搬苏联模式，与西方经济学界处于完全隔离状态。陈彪如则保持严谨、科学的治学态度，坚持对西方经济学的研究有两个方面不能放弃：其一，西方国家的经济政策是根据其经济理论制定的，只有了解了他们的理论基础才能理解其政策

之形成及发展变化；其二，简单地全盘否定西方经济理论背离了实事求是的原则，应以马克思主义为指导对其进行科学分析。

这一时期，陈先生坚持以翻译的形式介绍西方经济思想，先后出版《劳动价值学说的研究》《利息理论》《凯恩斯经济学评述》《统制经济学》《福利经济学评述》《宏观经济理论》《现代经济学导论》《经济理论的危机》《服务业的增长——原因与影响》九本当代西方经济学代表作，共270万字。《利息理论》等书乃新中国成立后，国内最早翻译出版的西方经济学理论著作，为我国经济学界积累了大量宝贵的财富。

厉以宁先生曾评价说："陈彪如先生是我国国际金融学科的著名学者和创始人，是国内系统提出上海金融中心建设基本框架的第一人，更是国内外公认的中国国际金融教育的启蒙者。"作为我国最早研究和传播现代西方经济学的学者之一、作为我国最早开展国际金融研究的倡导者之一，陈彪如先生在国际货币体系、人民币汇率、国际金融制度改革等方面所做的系统研究，对国家经济建设和金融体制改革产生了重要影响。

陈先生倡导理论研究要与实践相结合，理论研究要为经济建设服务，为现代化建设服务。在经济体制改革和对外开放的形势下，陈彪如决定加紧对国际金融的研究，尽快开拓这一新兴学科。这主要基于两点考虑：首先，国际金融与"四化"建设的关系更直接、更密切；其次，国际金融在我国还是一个空白，应尽快将其填补。

20世纪70年代末，陈彪如就将国

际货币制度这一核心问题作为开拓国际金融学科的突破口。他先后在《当前国际货币制度问题》《战后资本主义世界货币体系的危机》《国际储备体系的最新发展》等一系列论文中阐述了他的国际货币制度理论，引起了国内外学术界的极大反响。

"作为学人，其学术观点当是冷静思考、深入研究的结果，不可人云亦云"，这话说起来容易，实践起来却难之又难。可是，陈彪如做到了。

改革开放之初，陈先生就指出，国际货币体系将面临诸如汇率剧烈波动、国际收支严重失调等一系列困难与挑战，这就要求发达国家与发展中国家加强国际合作，建立公正的国际货币制度。布雷顿森林体系崩溃后国际货币秩序的历史事实，恰恰验证了其理论根底之深厚和学术创新之精神。

陈教授坚持用马克思主义观点研究国际货币问题，他从货币的本质和形态的辩证统一关系入手，分析国际货币制度的基础。在《从马克思的货币理论看国际货币改革问题》一文中提出，"特别提款权与黄金挂钩、实行一种新型的金本位制，重新建立比较稳定的货币体系"，其主张与同时期的美国著名经济学家特里芬和麦金农的观点不谋而合。

1981年3月，陈先生在《东西方货币关系展望》一文中指出，东欧国家长期同西方割据的状况将要结束，它们将逐步向国际金融机构靠拢。不出一年，匈牙利、波兰等国申请加入国际货币基金组织。1983年6月，陈彪如教授针对西方经济学界担心发展中国家严重的债务危机将会酿成一场全面的国际金融危机的情况明确提出，金融属于流通领域，它的发展和变化应该同经济周期相联系，而当时世界经济正处于开始复苏阶段，对于国际金融危机全面爆发的担心是不必要的。这次债务危机的最终结果再次验证了陈先生对国际金融研究之

深入、见解之独到。

1987年，陈彪如完成了国家教育委员会委托他编写的高等学校文科教材《国际金融概论》，并于1988年出版，该书的问世标志着陈彪如独具特色的国际金融学理论体系的形成。而此时的陈彪如，已是78岁高龄的老先生。恰是祖国社会主义市场经济建设的春潮使他精神抖擞、壮心不已，又一次在万马奔腾中竞逐东风。1990年，该书获得金融系统教材一等奖。1992年，再获国家级优秀教材奖，不出两年四次重印，占据全国各大高校讲台十余载，培养出了一批又一批的金融人才。

今天，多少中国金融学科栋梁之材都是当年读着陈彪如的这本教材成长起来的。

晚霞似火、老骥伏枥

1979年，华东师范大学建立世界经济研究室，由陈彪如教授领衔，着重研究国际金融。很快，这个研究室成为全国最有影响的国际金融研究机构之一。

1984年底，华东师大设经济系，陈彪如受命任系主任。虽已近耄耋之年，他却仿佛刚刚开启了人生最美的韶华。老骥伏枥，志在千里。这个经济系究竟该长个什么模样？陈老先生心里有数。建系需要哪些人才？陈老先生心中始终盘算着。至于系办公室主任的人选，陈先生认为哲学系的一位女同事最合适。于是，他请自己的学术秘书周洁卿去找冯契教授要人。小周不敢耽搁，隔天一早就去登门。冯先生正在吃早饭，听明来意，只说"不要紧，可以的。老先生那么多事情，还要考虑这个"。当大师遇到大师，这世间就有了一种默契——叫作惺惺相惜。

早在20世纪80年代初，陈彪如教授就从理论和实际两方面出发，论证了上海发展金融市场的必要性和可能性，

并提出了具体的发展战略：坚定地走外向型道路，金融中心建设与经济中心、贸易中心建设相协调，上海与邻近境内外金融中心的关系应是既合作又竞争，上海国际金融中心建设必须先规范化、然后向深度和广度拓展。

那还是一个"高等教育常常把重心落在教学上面"的时代。对此，身在其中的陈彪如却有自己的想法，"科研搞上去，教学才有生命力。至于如何把一个项目从小做大？切入点可以很小，然后一步一步做大"。他积极组建科研团队，将国际金融理论联系实际，着重探索"人民币汇率的长期稳定"等改革开放过程中的重大问题。为我国外汇储备管理提供咨询、为利用外资提供理论依据，进行汇率预测，进而规避汇率风险。

引进外资需要了解和熟悉国际金融市场，但改革开放初期国内尚无一本系统研究国际金融市场的书。为了尽快填补这一领域的空白，1982年陈教授的《国际金融市场》与读者见面。美国匹兹堡大学的一位教授在中国人民银行讲学时称，"这是当时国内唯一一本系统研究国际金融市场的书，内容不亚于国外同类教材"。该书被一些高校引进，作为攻读国际金融硕士研究生的教材之用。

陈彪如赞赏爱因斯坦那句："科学研究好像钻木板，有人喜欢钻薄的，而我喜欢钻厚的。"更爱宋人黄庭坚"泛滥群书，不如精于一"的主张。书海浩如烟海，即便废寝忘食、争分夺秒，也不可能将所有书籍都从开头读到结尾。采用精读与泛读相结合的方式，对经典著作进行精读，仔细琢磨。对于一般参考书目，则采取泛读的方法，浏览中也常常会收到"有意栽花花不开，无心插柳柳成荫"的效果。既"破万卷"，又"攻一书"，两种方法有机统一起来，学业自然会大有长进。

陈先生常勉励年轻学者：其一，近

年来，经济学变得愈来愈专门化，其门类也愈来愈多，所以现在的经济学家只能专门研究经济学的某一分支；其二，早期经济学基本上没有数理分析，而现在经济学家则注意建立模型，进行实证研究，用逻辑方法解释经济现象，这是很可取的；其三，早期经济学家更多地关心抽象的经济理论问题，现在经济学家更多地参与政治和商业活动，研究现实经济问题，探讨本国经济和世界经济如何运转等问题。

这恰是陈彪如先生认为"我们要走的路"。

陈先生常说，"每个人在世界上都只能作短暂的逗留，只有献身社会，才能真正理解短暂生命的意义。我要在短暂的生命旅途中，攀登科学高峰。这是一生中推动我不断前进的内在动力。"

2001年，陈彪如先生91岁高龄之时，其封笔之作——《陈彪如文集》出版。而后陈先生将毕生学术成果经周洁卿教授之手，转交华东师范大学档案馆，只留下一句"以方便师生查阅，希望对后辈有所帮助"。

倡导『文学是人学』的理论家

钱谷融

钱谷融

（1919－2017）

文艺理论家、文学教育家

原名钱国荣，江苏武进（今常州市）人。早年毕业于中央大学国文系。1943年任教重庆交通大学，1951年调入华东师范大学中文系。1987年，因培养研究生出色而获上海市劳动模范称号。2014年获第六届上海市文学艺术终身成就奖。长期从事中国现当代文学研究，主要著作有《论"文学是人学"》《〈雷雨〉人物谈》等。《论"文学是人学"》主张文学作品应该以人为中心，反对"工具论"。其"人学"理论被认为是中国"新时期"人道主义文学思潮的出发点。

"伟大的文学家也必然是一个伟大的人道主义者"

谈到钱谷融先生，人们首先想到的自然是他所提出的"文学是人学"这一理论命题。对此，有人可能会好奇，为什么这一今天看来近乎"常识性"的理论主张，竟会成为中国现代文学史上一座绕不过去的丰碑？但熟悉他的人都知道，这不仅仅是一个超越时代的理论创见，也是饱蘸着他坎坷人生经历的生命感悟。

钱谷融曾表示，文学中"人学"的思想并不是他的首创，包括高尔基在内的过去许多睿智的哲人和伟大的文学家，都曾表达过类似的意见。但是，选择在当时的历史背景下毅然发声，他的理论勇气，显然赋予了"文学是人学"更多的意义。

《论"文学是人学"》写于 20 世纪 50 年代。当时国内文艺理论研究领域受苏联"工具论"的影响，强调文学人物应该服从于对社会整体现实的描写。但在钱谷融看来，这样使得主人公的形象在作品中被冲淡了，仅仅成为反映现实的工具，反而远离了艺术的初衷。

"我那时也不懂得什么顾虑，只求能把自己的一些想法写出来就是了。"于是，"一向只知道教书，很少写文章"的钱谷融，便写下了这篇著名的文章，主张文学应该回到活生生的、有血有肉的"具体的人"。但强调"人"并不意味着文学要脱离现实。在他看来，文学"抓住了人，也就抓住了生活，抓住了社会现实"。而如果本末倒置，一个支离破碎的"工具人"反而无法反映现实。

钱谷融还认为，作家不仅仅是现实的旁观者，他应该与这个现实发生一种"痛痒相关、甘苦与共的亲密关系"："他和他笔下的好人一同欢笑，一同哭泣……对于那些坏人，则总是带着极大的憎恶与轻蔑，去揭露他们的虚伪，刻画他们的丑态。作者就用这种他的热烈分明的爱憎，给了他笔下的人物以生命；又通过他的人物来感染读者，影响读者。"因而，"伟大的文学家也必然是一个伟大的人道主义者"。

如果说，《论"文学是人学"》是钱谷融人学理论的原则阐述，那么写于 20 世纪 50 年代后期的《〈雷雨〉人物谈》，便是他将人学理论落实到文学作品评论的具体实践。"当时电视正转播《雷雨》。我一听演员的口气、声音、语调，味道完全不对，图解、喊口号。我想一定会有人写批评文章的，等了半天没有人写，于是我就自己来写了。"《〈雷雨〉人物谈》后来被视为当代评论家解读中国现代文学作品非常经典的评论文章。钱谷融拒绝给曹禺笔下的人物简单贴上各种"标签"，而是力图揭示他们个性的复杂性以及艺术上的审美魅力。但文章发表后，就引来争论，甚至招致批判。

"面对批判，钱先生坦率地谈自己对文学问题的看法。这些文章多少年后被作为一个时期最有价值的学术研究成果保留了下来。假如当初钱先生真的像那些好心的劝阻者所希望的那样，做一些妥协，写一些不痛不痒的文字，大概

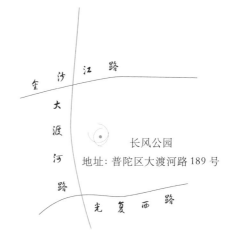

长风公园
地址：普陀区大渡河路 189 号

大师纪念地：长风公园

地铁 15 号线长风公园站

钱谷融教现代文学，但他最喜欢的书是《世说新语》。他藏有好几个版本的《世说新语》，晚年迁居时，他几乎把藏书散尽，却还是留下了一部《世说新语》。用他自己的话来说，"一部《世说新语》，一册《陶渊明集》，一杯清茶，此生足矣"。

在学术兴趣和专业方向上，钱谷融推崇"无为而治"，鼓励学生走自己的路。但在做人上，他对学生有严格要求。研究生入学的第一堂课，他讲"文学是人学"，便教导学生做人要正直、诚恳，因为"要真正懂得文学、研究文学，必须首先做一个心地坦荡、人品磊落的人"，"人品比文品更要紧，人格比才学更宝贵"。

也就没有今天这样的学术声望了。假如钱先生跟风转，变来变去，个人境遇可能会得到一点改善，但学者钱谷融大概也就不复存在了。"学生杨扬曾这样说。

"文学的本质是诗"，他总是面向艺术与诗意

学生王雪瑛曾以"一部经典的长篇小说"作比，来形容她心目中先生的文学人生："他是一个在人生长旅中思索'人学'奥秘的智者，一个在文学研究中体验人生百味的仁者，他的人生和文学相互影响，构成了他的艺术人生。"的确，在许多学者看来，钱谷融的人学思想之所以如此富有生命力，便在于他的理论从来不是僵化的教条，而是融入了他真切的人生体验，是他发自肺腑的真情流露。

这与他对文学本身的理解也息息相关。在钱谷融看来，文学的本质是诗，关乎心灵和情感。他曾这样写道："我一向认为一切文学作品都应该是诗，都应该有诗的意味……一切发自内心深处，直接从肺腑间流泻出来的都是诗，都有诗的意味。不但李白、杜甫的诗篇是诗，莎士比亚、契诃夫的戏剧也是诗，曹雪芹的《红楼梦》、托尔斯泰的《战争与和平》、兰姆的《伊利亚随笔》、鲁迅的《朝花夕拾》等都是诗。研究文学绝不可忘记文学的本质是诗。"

而在钱谷融看来，文学的这种诗意美的来源，是"对人的信心"，也就是他一直所呼吁的人道主义精神。一个作家若是没有对人的基本尊重，他的作品就不可能打动人。他说，"文学作品应该富

有情致和诗意，使人感到美，能够激起人们的某种憧憬和向往"。他不喜欢20世纪现代主义作品，这不仅仅是因为他觉得20世纪的作家"更多的是在用他们的头脑而不是用他们的整个心灵在写作，因此他们的作品最打动我们的也往往是偏重在思想上，而不能使我们全身心地激动"，更重要的是，他认为他们失去了对整个人类的信心，所以更倾向于表达个体在时代洪流面前的无力感。相反，钱谷融特别推崇鲁迅，喜爱鲁迅作品在那看似冷静的皮相之下，所渗透着的强烈的、爱憎分明的情感：对人民的爱、对统治者的恨，这是一种战斗的人道主义精神，能够让人们在黑暗中看到光明。

在钱谷融那里，思想和情感是文学中不可分割的统一体。他反对将文学概念化，反对用文学来说教。他说，真正的艺术作品，绝不能离开它的形象抽出干巴巴的几条筋来，说这就是这篇作品的思想。而人们之所以喜欢阅读文学作品，首先并不是为了要获取知识，得到教育，而是为了满足自己的审美需要，求得感情上的满足和心灵上的愉快。所以，就像他强调"文学是人学"一样，他也总是把文学的艺术性推到极其重要的位置。"艺术性是艺术作品的生命"，在他看来，文学作品的认识作用和教育作用决不能离开审美作用或是艺术性而存在，否则，它将丧失文学作品的品格。

这样的文学价值取向也决定了钱谷融独具特色的文字风格，在他的笔下少见一般学者严肃古板的经院气。"无论写什么文章，他总是面向艺术和诗意，谈作家对人物的创造也好，谈批评家对

小故事 最年长的"朗读者"

去世前几个月，99岁的钱谷融在住院期间还坚持参与了央视《朗读者》节目的录制，成为最年长的"朗读者"。他深情地朗读了鲁迅先生的《生命的路》。那让很多人都留下深刻印象，也感受到了他一生的坚守。

艺术的感受也好，谈一个抽象的理论命题也好，谈一出戏剧，甚至一首词的结构也好，他投出的始终是一种审美的眼光。他给自己的一本论文集取名《艺术的魅力》，正是非常确切地概括出了他从事批评的兴趣所在。正因为总是在谈论艺术，他就常常能自然地袒露情怀，他的笔端总是带着情感，从容不迫，娓娓道来……他笔下绝少峻急愤激之气，从娓娓道来的风度之中，你倒常常能感受到一丝飘逸的气息。"学生王晓明在为钱谷融论文自选集《艺术·人·真诚》所写的序言中就这样写道。

"真诚、自由、散淡"，
他向往了一辈子的魏晋风度

"言为心声，文如其人。"说到底，艺术的魅力最终还是人的性情的魅力。钱谷融不止一次地援引过托尔斯泰的一句话："读文章的时候，尤其是读纯文学的东西的时候，最大的兴味是表现在那作品里的作者的性格。"也正因为如此，在所有文体中，他觉得散文最难，因为它是最见性情之作，要"自由自在，逞心而言"。这个"散"字，从人的角度应理解为散淡的"散"："能够成为一个散淡的人，真诚地写作，就可以达到自由的境界，写出真正令人爱读的散文来。"

真诚、自由、散淡，这既是钱谷融对散文的要求，也是他所向往的人生境界："能够散淡，才能不失自我，保持自己的本真，任何时候都能不丧失理智的清明，做官能够不忘百姓，写文章能够直抒胸臆，绝无矫揉造作、装腔作势之态。"他将自己的一本散文集命名为《散

淡人生》。散淡，也成了钱谷融个性里标志性的符号。

这种人生境界的形成最早可以追溯到小学时代，早在四五年级时读《三国演义》，他就被诸葛亮不求闻达的高远襟怀、野云孤鹤般的雅人深致所深深打动。以至于和小朋友一起玩耍，也常常带着自豪的感情说自己是"山野散人"。后来，知道诸葛亮有"淡泊以明志，宁静以致远"的名言，他心目中诸葛亮的形象就更加鲜明高大起来，"这就种下了我此后遗落世事、淡于名利的癖性"。

还有一位对他影响至深的人，是他在重庆国立中央大学读书时的老师——伍叔傥先生。钱谷融眼中的伍先生，真率、自然，一切都是任情始性而行。因为不肯受拘束，他从不吃包饭，平时一日三餐都上馆子，还常常带着学生一起用餐，谈天说地，海阔天空，不摆老师的架子，这让钱谷融受益匪浅。每每回忆起自己的老师，他总是不吝赞美之词："伍先生潇洒的风度，豁达的襟怀，淡于名利、不屑与人争胜的飘然不群的气貌，却使我无限心醉。我别的没有学到，独独对他的懒散，对于他的随随便便、不以世务经心的无所作为的态度，却深印脑海，刻骨铭心，终于成了我不可改变的性格的一部分了！"

受伍先生的影响，钱谷融在大学时代就养成了"自由散漫"的习惯。大学四年，大部分时间他是在茶馆里度过。"一本书，一碗茶，就可以消磨半天。有时也打桥牌，下象棋。"这样"爱玩"的习惯一直保持到他晚年，学生殷国明每周一和周五来陪他下棋，雷打不动。"我懒惰又无能。"晚年的他总这样自嘲。他还说，自己只爱看书而不喜动笔，看东西也漫无目的、全凭兴趣，什么都看。"任何一种书籍，一种知识，在先生看来都有一种'桥梁'的意味，因为不仅人是相通的，各种知识也是相通的，读书就应该做到通达。"殷国明这样说。

钱谷融教现代文学，但他却坦言自己不喜欢现代文学，而对古典文学情有独钟。他最喜欢的一本书是《世说新

徐中玉、钱谷融（中）和王元化合影

语》，也特别向往魏晋风度的人生。品读了一辈子，他所神往的魏晋风度，"那真率，那洒脱，那光风霁月的襟怀"，自然也成了他性情中的一部分。

钱谷融喜欢自由自在、无拘无束。住在华师大二村时，他每天都要去附近的长风公园散步。公园里那片碧波荡漾的湖水是他最心爱的，他常喜独坐湖边，凝神遐想，心情异常恬适。出去旅游，他也更愿意与天地自然交往。据杨扬回忆，20世纪90年代，一次他陪钱先生去杭州开会，住在花港观鱼附近。他想陪先生去看章太炎墓，钱先生却说还是到西湖边喝茶吧，西湖的自然美景，真是百看不厌。"这是很多次游西湖中最让我难忘的一次，从中我体会到先生性格中那种不为外物所滞留、与天地共融的魏晋风度。"杨扬说。

散淡的性情也支撑着钱谷融度过了人生中最艰难的岁月。他说，"我这一生随波逐流，不太计较名利，有口饭吃就行。但是，饭没得吃就不行"。当年，他在外面受到批判，回到家就带上家人，

喊一辆面包车去餐馆吃饭，把上海所有的名餐馆都吃了个遍。哪怕是去小馆子，也一定要西装革履；38年的讲师生涯，旁人替他不平，他自己却很淡然，后来学校同意他破格晋升教授，他还乐呵呵地向周围人"炫耀"，说自己没有做过副教授，是直接从讲师晋升教授。那么多年遭受的不公，他就这样一笑了之。

"人格比才学更宝贵"，是他教给学生的第一堂课

钱谷融经常说，他几乎一辈子待在校园，教了一辈子书，是一个教书的人，而且自己是真的喜欢教书，喜欢与学生打交道。他培养的大批学生，如今已成为人文社科研究领域的中坚力量。因为"钱门弟子"声名远播，当时的现代文学界也有了"北王（瑶）南钱"一说。对于这样的赞誉，钱谷融却自谦是沾了学生的光。他说，"带研究生是来料加工，主要是由于来料好，所以才能出成品"。

对于"来料"的挑选，独具慧眼的

钱谷融有一套自己的标准。招研究生时，除了必要的专业课外，他还要让学生写作文。他说："从作文里可以看得出一个人的才情禀赋。要全面了解一个学生的思想、学识和才情，我认为最好的途径就是通过他们所写的文章。至于知识我并不太看重，因为知识可以查书去获得。"他出的作文题目也都很宽泛，目的就是让学生能够自由发挥，看看他们是不是有灵气。

钱谷融的教学也是灵动的、自由自在的。他家的客厅和书房就是教室，和学生们聊着天，喝着咖啡，吃着点心，一堂课就开始了。他说自己从来不曾讲起什么正经问题，都是和学生相互启发。有时学生的话比他还多，甚至天马行空、放言无忌，他也会静静地听他们的想法，从来不会贸然打断，更不会强制学生照他的意见办。他欣赏自己的学生自由发挥、自由思想。他也不会给学生指定那些深奥难懂的理论书籍，而是让他们多读、精读古今中外优秀的文学作品，因为只有多读好作品，才能懂得什么是真正的文学。

也正因为这样，有人将钱谷融的教育理念归结为"无为而治"。他认为，在学术兴趣和专业方向上，应该鼓励学生走自己的路，而自己能够做的，就是"发现、识别学生的天赋，帮助他们认识自己的才情、气质和文学感悟的能力，尽量扬长补短，让他们充分发挥自己的学习创造力"。与钱谷融共事多年的陈子善这样回忆："钱先生善于因材施教。我的兴趣不在于文学理论的研讨，而是从事文学史料的发掘工作，钱先生没有勉强我，而是鼓励我去做自己喜欢的工作。"陈子善爱猫，也在报纸上发表过关于猫的文章，"那都是写着玩的，先生也会看，还会专门打电话来称赞"。

在杨扬看来，钱先生作为教师非常了不起的，还有他的"有教无类"。他的学生不仅仅是自己门下的弟子，"对于那些乐于学习、事业上有所追求的学生，先生都抱有好感，从来不做贵贱之分。20 世纪 90 年代我还在做博士生时，钱

先生就经常收到学生、朋友寄来的信，有各种帮助的要求，他都亲自回信，有的还要反复往来通信好几次。譬如他与鲁枢元的通信，对一个远在河南的有志于文学研究的青年，钱先生一点都没有架子，而是平易近人、推心置腹地与他交流思想和研究心得"。

学问之外，钱谷融对学生最宝贵的馈赠，毫无疑问是他的为人。那是润物无声的日常点滴：或是在研究生入学的第一堂课上，他教导学生做人要正直、诚恳，因为"要真正懂得文学、研究文学，必须首先做一个心地坦荡、人品磊落的人""人品比文品更要紧，人格比才学更宝贵"；或是在他和学生往来的通信里，既有学术上的探讨也有家长里短的关心，师生间那亦师亦友的情谊在尺素之间尽现；又或是就在他那标志性的令人如沐春风的笑容里，在他那把坎坷人生圆满走到尽头，"像看自己的孩子一样"的留给学生的笑容里……

就像伍先生之于他，他之于他的学生，他们共同诠释了什么是一种真正的师承，那不仅仅是知识的传递，更是品性的陶镕、道德的熏染。"师生是一辈子的关系。"这或许也是为什么他的学生们都敬称他为"先生"，而不是一般意义上的"老师"，正如王晓明所说，"先生为我们近距离示范了：即便天地局促，人还是可以保持高洁的品性，涵养人之为人的大器之志"。

去世前几个月，99 岁的钱谷融在住院期间还坚持参与了央视《朗读者》节目的录制，成为最年长的"朗读者"。他深情地朗读了鲁迅先生的《生命的路》。那让很多人都留下深刻印象，也感受到了他一生的坚守：

生命的路是进步的，总是沿着无限的精神三角形的斜面向上走，什么都阻止他不得……无论什么黑暗来防范思潮，什么悲惨来袭击社会，什么罪恶来亵渎人道，人类的渴仰完全的潜力，总是踏了这些铁蒺藜向前进。

大

开创人口地理学，
超越人口地理学

胡焕庸

城

胡焕庸
（1901－1998）
地理学家、中国人口地理学奠基人

大师简介

江苏宜兴人。1923年国立东南大学毕业。1926年赴法国巴黎大学和法兰西学院进修。1928年起历任中央大学地理系教授、系主任，中国地理学会理事长，美国马里兰大学研究教授。1950年后历任治淮委员会技术委员，华东师范大学地理系教授、人口研究所所长等职。20世纪30年代开始系统地研究人口地理学，1935年发表《中国人口之分布》一文，创制中国第一幅以县为单元的等值线人口密度图，发现中国人口分布突变线——瑷珲-腾冲线，后被称为"胡焕庸线"。1936年发表中国第一张农业区划图。主要著作有《中国八大区人口密度与人口政策》《胡焕庸人口地理选集》《世界气候的地带性与非地带性》《欧洲自然地理》等。

人们知道胡焕庸，大多是因为"胡焕庸线"——1935年，34岁的青年科学家胡焕庸亲手将代表全国4亿多人口的浩若繁星的点子落实在当年的中国地图上，疏密之中一条暗含着中国人口分布规律的线呼之欲出。这条线建构了中国人文地理学自己的话语体系，也是认识中国人文地理结构的重要工具，今天已作为中国最醒目的人文地理标志被写进了中学和大学的地理教科书。

"胡焕庸线"，是胡焕庸近70年研究生涯的惊鸿一瞥，也是他早年便达到的成就，而他留下的学术财富，远不止这一条线——从这条线开端，他开创了中国人口地理学科。中国地理学会甚至认为胡焕庸的贡献不仅仅局限于人口地理学，他带动了整个人文地理学的发展。

为了追赶时间，
80多岁的他依然站在学术前沿

华东师范大学人口研究所所长丁金宏曾这样描述科学家的使命：拨开迷雾，认识世界，最终在纷繁复杂中把规律性的、稳定性的东西找出来。而胡焕庸一辈子都在做这样的事。

20世纪80年代，丁金宏成为胡焕庸的博士生，那时胡焕庸已经80多岁，这样的年纪还在高校工作，放在今天也不多见。"胡老先生当时任华东师范大学人口所的名誉所长，但这个所长绝不是单挂个名字，他就没离开过研究前沿"，丁金宏说，在他们来华东师大的前几年，胡老先生还与助手一起写了几个大部头，包括《中国人口地理》《世界人口地理》——这两部著作可谓是国内相关领域的开山之作。他们去了之后，胡焕庸先生每年还会有文章发表，比如《中国人口区划》，老先生觉得这是中国的事情，也是世界的事情，因此还出了英文版。"到了这个年纪，他还一直在思考问题，只要在家里就不停地想、不停地写。他这么高年龄又不图什么。"丁金宏记得，晚年胡焕庸先生还带着华东师大人口所每年出版《人口研究论文集》，"每期的头几篇几乎都是他做的"。1990年，89岁的胡焕庸正式搁笔，同年出版的《胡焕庸人口地理选集》选编了他有代表性的29篇著作，书中附有1924年到1990年的几乎全部著述目录，其中完成于搁笔前十余年间的著述有90余种，占总种数的一半以上。尤其是1985年到1990年间，胡焕庸平均每年发表成果10.4种，用学生吴传钧的话说，"在他生命的最后阶段竟然出现了他一生中最高产的奇迹"。以至于有人致信给胡焕庸，问他是不是原来的那个"胡焕庸"："感觉时间已经很长了，怎么媒体还在介绍新作？"

1984年胡焕庸开始招收博士生，第一届只招了一人，中间停了一届后，1986

剑川路

虹梅南路隧道

胡焕庸雕像
地址：闵行区东川路500号

东川路

🚇 地铁15号线紫竹高新区站

大师纪念地：胡焕庸雕像（华东师范大学闵行校区人口研究所内）

年重新开始招收，名额一下子提到三个，丁金宏就是三人之一。投报胡焕庸门下的细节，丁金宏还记得很清楚，那年，准备继续攻读地理学博士的他决定"认祖归宗"，便从南京致信在华东师大任教的胡老先生表达了意愿。几天后，老先生给他回了信，这封信让丁金宏很是好奇：信纸上的字迹抖得厉害。到了上海才知道，当时85岁的胡焕庸右手已经抖得不能写字，为了对抗这种不便，老先生开始学习用左手书写。而从胡焕庸的文章里可以了解，那时衰老已经给他带来了很大的困扰，读书都需要借用高倍放大镜才能进行下去。而即便如此，他也想尽办法把学术研究进行下去——他口述，请人代为记录，晚年的科研成果多数以这种方式呈现于学界眼前。

"他很急，急着要在地理学领域再多做点学问"，这是第一次正面接触老师后，丁金宏的感觉。"我们到华东师大考博士生，考到最后一门课时监考老师说，胡老先生很想先见见你们"，丁金宏当时觉得很意外：还在考试，导师就要求见面，放在今天是不可想的。

胡焕庸一直教导学生，地理学尤其要注意数据，没有数据就不是科学。他这一坚持在"胡焕庸线"的提出过程中最为明显。20世纪80年代中国人口普查得到的数据放在地图上一看，"胡焕庸线"还是稳稳的，没有什么变化。2009年，中国地理学会和《中国国家地理》杂志联合举办中国地理百年大发现评选活动，公布了30项地理大发现，"胡焕庸线"被列入其中。

"见面后，他很恳切，说只要我们考试过了就可以去他那里，我能感觉到他那种需要有人跟着他把人口地理学研究推进下去的迫切心情。"后来，随着关系的亲近，丁金宏愈加感受到老先生对做学问的那份急切。当时胡焕庸就住在华师大一村，附近因为造楼常常哐哐响个不停，并不是个做研究的好环境，但他还是保持着每天清晨起来看材料、写东西的习惯，8点半到9点还会走出家门到办公室看看大家的工作情况。对于这种急切，丁金宏曾从胡焕庸先生处得到一个解释——"年纪大了"："他说，你们年轻人时间是按年算的，而我是按天算的。"但丁金宏觉得这只是原因之一："据我所知，他青年时代就是一个很努力的人，后来他在'文革'

胡焕庸与学生合影

小故事 一个人口所

1983年，华东师大人口研究室扩建为人口研究所。当时联合国十分重视我国高校对人口问题的研究，拨有专款资助，但当时上海已有其他大学在做人口问题研究，就认为没有在上海资助第二个人口研究机构的必要。当联合国人口活动基金驻华代表闻知华东师大人口所由胡焕庸担任所长，又是全国唯一的人口地理研究中心，很快改变初衷，把它纳入基金会的资助栏中。

小故事 一个嗜好

胡焕庸嗜书如命，只要一有时间就看书。1926年，他赴法国深造，课余时间主要是在图书馆度过；不惑之年去美国考察，住在华盛顿，专门在美国国会图书馆租借了一间研究室，用来读书；他身边的人回忆，即便身处复杂环境，胡焕庸仍能够端然坐在木椅上，边读边记德国气候学家汉恩的巨著《气候学教程》和柯本的《世界气候》。

中浪费了十多年，所以更加珍惜时间。1978年他重归学界，一句怨言也没，第一时间就重提了被中断的人口所的事情。"那也是胡焕庸第三次开始人口地理学的研究。与学术研究分别多年，国际上相关科学研究的发展突飞猛进，而胡焕庸面对的几乎是一片空白，几十年收集的图书资料也荡然无存了——他决心要把失去的时间夺回来。"呼吸一日不停，工作一日不止，努力争取夺回我在十年动乱中白白浪费掉的宝贵光阴，为祖国的人口地理学研究贡献自己的一份余热"，这是80多岁的胡焕庸在《我和人口地理学》中留下的字句。事实也是如此——"写了6本书，约100万字"，这是1982年胡焕庸对自己3年工作的一点总结。胡焕庸的小儿子胡企中谈及父亲时也说，他的晚年生活十分"单调"，唯有看书写东西，社交活动很少。

或许在老先生的眼中，什么都不能成为学术研究的障碍，除了时间。他也一直试图把这一心得作为治学经验传于学生。照顾到老先生年纪大了，丁金宏等几个年轻学生没事的时候都尽量少去打搅，但是胡焕庸每隔一段时间就要叫他们过去，一方面听听汇报，一方面给他们讲最近的时鲜事。"他总是先问你最近有什么想法、做了什么，如果没达到他的预想，他就会让我们关注什么领域，经常说出一个东西来，我们都很惊讶，有一些我们年轻人都闻所未闻。这个时候，他就会叮嘱我们要抓紧时间。"

胡焕庸1993年为了庆祝《地理学报》创刊60周年写的文章已经在关注城市化的空间过程、城市居民的空间行为，那时就提出大城市里出现的民工潮问题的研究将会进一步加强，认为保障人口、经济和环境协调发展将成为21世纪多科学研究的主题之一。90多岁的老先生在文中，一再提到"新方法""新技术""科学交叉共研"，眼界之新令人赞叹。丁金宏等几位学生对老师追赶知识的速度也曾纳闷过，直到去图书馆、资料室借书才揭晓了谜底："图书馆里的书尤其是外文文献，很多都用铅笔做了标记，我们当时就很奇怪。后来知道地理系要进的外文书都是胡老先生亲自去订的，他特别重视外国的研究信息。"胡企中深知父亲研读学术原文的习惯："他说，你要在学科前沿的话，就要把原著看到。他50岁学俄文，马上就可以用俄文作为工具来了解当时苏联的有关信息，并用于他的著述之中。"有书为证，1956年，胡焕庸出版著作《苏联自然地理概论》，全书用俄文资料写成。除了英语、俄语，胡焕庸还通晓法语、德语，日文也是很早就学会了，一个亲戚告诉胡企中，他和胡焕庸十几岁时同时开始学习日文，一人买了一本日文书，"他说，待下次碰见我父亲，我父亲已经在用日文看材料了，他还在背字母。我父亲这个人，抓住了就会钻下去"。所以，不难理解"文革"后恢复工作，胡焕庸就先关注到了20世纪70年代整个地学界盛行的洋底扩张与板块构造学说，还在学习这一全新理论的基础上，编著出版了《世界海陆演化》一书。"他说过地理学界的人应该跟上地学革命的步伐"，胡企中说。

大

城　胡焕庸

他是地理教育家，
是地学专家，还是治淮的"智库"

也是在 20 世纪 80 年代，《书林》杂志多次向胡焕庸约稿，期望了解他"年过八旬、眼花手抖，还要一股劲儿研究人口地理"的原因，胡焕庸在文中的回答表露了初衷：上小学、初中时，史地教师经常讲述近百年来帝国主义如何入侵，人民生活如何贫困等，潜移默化之中，胡焕庸"深深爱上了地理这门学科"；后来上大学，师从竺可桢，"稍稍懂得近代科学地理学的内容和作用"，就此把它定为终生钻研的目标。

因为"胡焕庸线"的学术影响力太大，胡焕庸被定位为人口地理学者。但在很多熟悉胡焕庸的人眼里，他是个通才，"是地理教育家，也是地学专家，人口地理只是他个人学术活动中的一小块领域"，胡企中谈及父亲时这样说。翻看集其一生学术成果的《胡焕庸人口地理选集》，仅是目录就能窥见这位老学者涉猎范围之广："黄河流域之气候""安徽省之人口密度与农产区域""世界经济地理"……单是区域地理书籍就著了十余种，对苏美英法德日等国家和中国的许多省市都有专书论述；所著的《中

国之农业区域》更是我国研究农业地理与农业区划的开山之作。胡焕庸深受法国学派影响，强调人地关系论，他从不把人口或其他的地理要素孤立起来研究，在他眼中，地球是一个整体，关注人地关系的地理学就应该是一个综合的、统一的学科。因此，他能够在各领域间转换自如。

"胡老先生如果被逼到某个领域，就会在某个领域特别钻。但最感兴趣还是人口，一旦有机会还是会回到人口地理。"丁金宏介绍，胡焕庸先生 1953 年回归学校，还是很想做人口研究，后来于 1957 年成立了人口地理研究室，这是中国大学的第一个人口研究机构。其间胡焕庸还前往南通等地进行人口地理和农业地理的调查，时间虽短，已经有成果出来；后来人口研究成为禁区，他又转向自然地理，做气象气候，曾出过《世界气候的地带性和非地带性》。"父亲是个闲不住的人，他永远有新的研究题目"，胡焕庸的子女对此也深有体会，1960 年前后，再次与人口地理暂别的胡焕庸转而从英法德俄大量文献中搜集资料，开了一门新课"古地理学"，讲授地球的形成和发展以及各时代的气候演变和生物演变，受到了学生们的欢迎。

"热爱地理学、热爱理论思考，但他从不做脱离实证的虚妄的'理论'研究，他的'理'都来自'地'，来自实践"，《20 世纪中国知名科学家学术成就概览》（地学卷）提到胡焕庸时，这样评价。胡焕庸强调地理学的实用性，也因此重视农业地理和水利。20 世纪二三十年代，淮河发生过两次大灾，灾后，胡焕庸曾带着几个学生花了一个多月时间，走遍了苏北大部分地区，写成考察报告《两淮水利盐垦实录》，然而这本书的一些措辞触碰了当时国民政府的神经，并没有发挥应有的作用。1950年淮河水患又发，中央领导和水利部专家看到了胡焕庸关于两淮水利的书，便

邀请他到治淮委员会工作，胡焕庸的名字又一次与淮河联系在了一起。治理淮河是新中国成立后一项规模宏大的工程，胡焕庸去了以后与工程部技术人员从皖北到苏北实地考察，提出了在苏北新开一条灌溉总渠，分引一部分淮水直流入海，并疏通中下游水道、在上游多建山区水库的建议，后为水利部和治淮委员会采纳。其间，兼任治淮委员会资料室主任的胡焕庸搜集了不少淮河流域的县志以及淮河水灾的资料，流域地势高下和河流历史变迁，在胡焕庸心中自有一本账，"遇到淮河方面的问题。哪个地方怎样，他们都问我，我马上回答出来"，胡焕庸成了水利部和治淮委员会的"大数据库"。借助这些资料，治淮三年，胡焕庸写了《淮河》《淮河的改造》《淮河志初稿》等书，为淮河的科学治理提供了参考。

重数据、地图，重创新思维，他传承的是学术、更是学风

学生朱宝树曾问胡焕庸，喜欢被称呼胡先生还是胡老师，"他说喜欢后者，因为先生谁都可以用，而老师能表明自己是从事教育事业的一个人"。成为教师的念头来自胡焕庸幼时。胡焕庸的父亲是私塾先生，在他很小的时候积劳成疾早逝，母亲常常勉励他继承父业，当一个教师。高中毕业后，家境寒苦的胡焕庸适逢南京高等师范学校免费招生，在10%的录取率里，为自己争得了一席之位，之后跟着从哈佛大学学成归来的竺可桢专研地理和气候，后来也成为竺可桢最喜爱的两个学生之一。胡企中从亲戚口中得知父亲极为重师道："竺可桢先生过南京，我父亲把他接到家中，老师坐着，他站着，两手垂着，毕恭毕敬。"

尊师重道，受业传承。胡焕庸非常看重地理学人才的培养，给学生上课，讲知识，也讲治学道理，"他常讲，治学

要不断地做文章。地理学尤其要注意数据，没有数据就不是科学，没有地图就不成地理"，研究生时期胡老先生的叮嘱，朱宝树一直记得。这些叮嘱都来自胡焕庸的治学经验——他发表的论文常常附录大量的数据，配以充足的地图，坚持让事实说话，让数据说话。

时间再往前一点，20世纪60年代，朱宝树是华东师大地理系的大学生，那会儿胡焕庸给大学生们上课是这个样子的："他上课时肩上扛一根指图棒，大地图一挂，就海阔天空地开讲，完全没有讲稿。一开始我们会觉得抓不住头绪，但是逐渐能体会出那里面有他的思想。他说治学就像瞎子摸象，越摸越像，这也是他治学的过程。"十几年后，朱宝树攻读硕士，又拜到了胡焕庸的门下，他的硕士毕业论文题目就是胡焕庸定的。1980年前后阿尔巴尼亚赠予我国一万株油橄榄，胡焕庸注意到这些生长在地中海气候中的植物在同纬度东岸、水热条件组合相反的地方竟然生长良好，于是给了朱宝树一个研究题目——《地中海气候代表性植物油橄榄在我国引种的地理分析》。"胡老先生对新鲜事物很有感觉，有意无意地培养我们的逆向思维。我当时还不理解，但后来在我的研究生涯中，这种'油橄榄思维'一直跟随着我，我也传给了我的学生。"而对于丁金宏的学生来说，胡焕庸1935年发表的《中国人口之分布》是入门必须要看的几块内容之一。

胡焕庸桃李众多，朱宝树、丁金宏都曾任或正在担任华东师大人口所所长，关注并推动着人口地理学的研究发展。胡企中也曾很有底气地说："新中国成立后的地理学界骨干，基本上都是我父亲的学生或者学生的学生。"时间到胡焕庸九十寿庆的那一年，"没有大鱼大肉，仅是清茶水果，却是国内外学者群贤毕至，五代门生热烈祝词"，那是一场洋溢着浓厚学术气氛的寿诞会。

怀抱自由心灵，一生探索『智慧』

冯契

冯 契
（1915 — 1995）
哲学家、哲学史家

　　华东师范大学中山北路校区的地理馆 333 教室，是曾经的政教系许多"名师"上课的主要课堂，冯契就是其中之一。那些年坐在讲台下的童世骏如今回忆起老师冯契，说起他的研究生涯，觉得"333"恰是一个很好的总结：研究"真善美"、融贯"中西马"，连接"往今来"——他研究理论，更关注理论的转化；他打通近代以来形成的各种思想阻隔，形成自己的哲学框架；他从传统中走来，关注时代之问，为未来哲学发展留下"经得起读"的文本，也为未来中国哲学的发展培养更多的人。

　　如灵性最高的侠客，冯契一生保持心灵的自由思考，博采各源所长，却不受羁绊，构建了一套崭新而又完整的哲学体系——"智慧说"，这一学说里看得见他对国家、对学术、对每个具体的人的关切，而他也把对哲学的思考贯穿于生活之中，融入他高洁人格的一部分。

有理论兴趣、学术追求和时代精神，他是最幸福的学者

从某种程度来说，冯契是幸运的，他爱好理论、期望救国，他的爱好恰是他实现期望的一个武器。正如童世骏所说，"最幸福的学者就是在时代精神、学术发展脉络和自己的理论兴趣上找到一个结合点，而冯契先生找到了，他很早就有意识地这样做"。这条哲学之路开始于 1935 年的夏天，高中毕业后冯契先后报考南开大学数学系和清华大学哲学系，都以优异成绩考取，最后选择了清华哲学系。生于浙江诸暨山区农家的冯宝麟（冯契原名），小学起就成绩优异，尤以作文和数学见长，而当时选择了哲学是因为"要救国，就要有理论，最根本的理论是哲学，我对数学、科学、文学、哲学都爱好，学哲学大概最能满足我广泛的兴趣"。

硝烟中的求学经历注定是波折的。刚入大学，冯契就参加一二·九运动，也是在那时，他开始接触马克思主义哲学著作，这为他以后的学术研究画上了基色。

"真正的哲学都在回答时代的问题，要求表现时代的精神"，写在《智慧说三篇》导论开篇的这句话，描述了冯契心目中的哲学。年轻的冯契觉得革命工作义不容辞，因为这能让他接触实际，把握时代的脉搏，对于从事哲学探索的人非常必要——"哲学要面对现实，干预人生"。抗日战争爆发后，他去过前线，也到过延安，见过烽火连天，也尝过民间疾苦，一道宏大的哲学题在他眼前铺陈开来：中国向何处去——这是毛泽东在《新民主主义论》开篇提出的问题，也是近代思想家们迫切需要回答的时代中心问题。"从哲学角度讲，冯契先生关注的这个问题可以理解为'我们怎么来对待自己的传统，怎么来建设我们未来的社会，未来社会的人如何培养'，可以简单概括为'中国人向何处去'，最后的落脚点是'人'，也就是中国人如何不仅在政治上、经济上和军事上

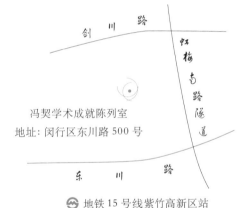

冯契学术成就陈列室
地址：闵行区东川路 500 号

🚇 地铁 15 号线紫竹高新区站

大师纪念地：冯契学术成就陈列室（华东师范大学闵行校区人文楼内）

站立起来，而且在道德上、文化上和精神上站立起来"，童世骏解释道。

"中国向何处去"，这一问题贯穿了冯契一生的哲学研究，甚至有人评价，他构筑的"智慧说"正是对这一问题更深层次的关照。

自由的心灵带他深入各种学问，形成"超师之见"

"给他贴任何一个标签都不太合适。"高瑞泉20世纪80年代师从冯契六年，他的眼中，"老师是一个很独立的人。你说他是唯物主义吧，他和一般人理解的意识形态上的唯物主义还真不一样；你说他受新文化运动的影响，他50年代写的文章多引用孔子，1978年写的文章，对儒家的评价很高；他内心又特别喜欢禅宗和庄子。有人说儒家讲通人，庄子讲散人，可他的乐观，不是通也不是散。他就是他那个样子"。

冯契之所以是冯契，与他受到的完整的哲学学术训练不无关系。清华哲学系有个特点，特别重视逻辑学和逻辑分析方法。一入大学，冯契就前去拜望冯友兰，冯友兰建议他一年级就选金岳

冯契雕像

霖的逻辑课，冯契照办——受教于冯友兰和金岳霖，为他打下了扎实的哲学和西方逻辑学基础。经历了前线和延安的两年，冯契回到位于昆明的西南联大复学，西南联大由北大、清华、南开三校合并而成，因此他有机会受教于时任哲学系主任的北大汤用彤先生，先后选读汤用彤的"印度哲学史""魏晋玄学""欧洲大陆理性主义"等课程——这让冯契有了另一种视野，更从佛学的"转识成智"中得到启发。

1941年冯契进清华大学研究院哲学部，导师是金岳霖。金岳霖在旁人眼里是个有些古怪的教授，对冯契却非常器重，甚至为他单独开课——每星期六，冯契便到金先生处读书，先是休谟，后是布拉德雷，边读边讨论。冯契说，金先生对休谟的书真是熟透了，还不止一次地提醒他"要认真读几本书。不要浮光掠影把书糟蹋了"。除了金岳霖指定读的书，冯契还给自己开了两个书单：西方从古希腊到维也纳学派，中国从先秦到五四，按历史顺序选读各家主要著作。有的精读，有的略读，"常读到晚上两点钟"。读后常有一些疑问和看法要向老师请教。通常，有关西方哲学的问题，就去问金岳霖；有关中国哲学的问题，就去问冯友兰和汤用彤。冯契的硕士论文留着几位老师的思想印迹：行文中可见金岳霖的术语；说到和庄子、郭注有着"血缘上的联系"，则是和汤先生讨论"言意之辩"的收获。金先生严密而精深，汤先生通达而高明，冯契后来回忆说，能在司家营期间同时得到两位老师的指导，从他们那里学到了一点严密分析和自由思考的习惯，真是难得的机遇。

1938年12月，鲁艺四个系20多位师生随八路军120师来到晋西北，由沙汀和何其芳带队。同去的学生里只有冯契念过大学。在后来一些人的回忆里，说起一路上只听得何其芳和艾提（冯契学名）两人大谈英国浪漫主义，艾提脱口就是济慈的诗，"a thing of beauty is a joy forever（美丽的事物是永久的喜悦）"。

赵万里是冯契的妻舅，新中国成立后曾出任北京图书馆善本特藏部主任，经常受文物局委派，到闽、浙、苏、皖一带访书。赵万里到过一次上海，在冯契的书房里待了一会儿就出来了，说那两书架的线装书无收藏价值。出于职业习惯，赵万里到哪儿心里都想着寻访古籍，冯契却是买书只为用，从没想到收藏古籍。

但"真正要在哲学上提出点自己的东西，仅仅继承传统是不够的"，冯契在晚年的一次访谈中这样说。童世骏觉得，冯契先生可能是从一开始就不甘心"照着讲"，而更努力于"接着讲"，不管是对待中国古代传统，还是对待外来各派思想。冯契喜欢庄子和斯宾诺莎，同时重视康德和黑格尔，但诚如他所言，他"既不像庄子，也不像斯宾诺莎"，他更喜欢在不同处境下始终保持自由思考，"甚至可以说喜欢标新立异"。尽管他收到过同窗"温柔"而"内向"的评价，但在他的学生陈卫平眼中，他的性格中存在着拒斥教条主义的基因。对有价值的学说，他认为"后继者只有通过它才能超过它，而也只有像小鸡一样破壳而出，才真正吸取了鸡蛋的营养"，因而"超师之见"成为他学术研究的一

个标签——譬如庄子，他的解读达到了古典文本与现代思想相互对话产生思想发展新契机的境界。对待马克思主义哲学也是如此，童世骏回忆，读书的时候，他们的教材里并不涉及"价值"问题，也没有"问题"范畴，像存在与本质、理性与非理性的关系等在当时的马克思主义哲学体系中也不是重要问题，"改革开放后，马克思主义哲学研究的禁锢少了、资料多了，那时冯契先生非常关注马克思早期著作，比如巴黎手稿、伦敦手稿，同时他又重视吸收当时进入中国的西方哲学思潮，还原了马克思主义哲学在传播过程中缺失的一些内容，比如价值论——因为先生这一代哲学家的工作，现在已经成为常识"。

"对任何一种哲学学说不能够迷信它，研究哲学不能倚傍门户，不能人

冯契

云亦云、随声附和"，"学哲学就要能入而又能出"。自由穿梭于以往的包括马克思主义在内的古今中西的哲学传统，而从未被束缚，冯契的秘诀是秉持宽容精神、兼收并蓄的胸怀，最重要的是"始终保持心灵的自由思考"——这是他最为看重的哲学家的素质，是"'爱智者'的本色"，不仅体现在学术研究上，也帮他走过了人生中的困厄。

中国古代哲学、西方哲学和马克思主义哲学在冯契的哲学框架里完成融合。他一方面用西方哲学成果研究中国哲学中的认识论和逻辑学传统，另一方面用中国哲学的智慧来超越西方哲学对认识论的狭义理解。哪怕是"自觉""自愿"这种发生于日常生活中的用语，在冯契那里都是一种中西哲学传统的比较和对话。"他认为，自觉是理性的品质，自愿是意志的品质。完整意义上人的自由行动要包括这两个原则。但相对来说，西方有比较强的意志主义传统，中国人比较强调通过自觉而自愿，中西方社会的一些不同也是由此产生"，童世骏说。跟冯契共事过的赵修义曾惊讶于这位老先生的西学造诣。1980年的春天，这位人们认识中的"马克思主义理论家""中国哲学史专家"，与维也纳学派成员、挪威哲学家奈斯有过一场长达8个小时的对话，"整个过程非常流畅，冯先生能跟他交流这么长的时间，可见先生西学底子之深"。赵修义说，老先生不仅底子好，对西方哲学的现状及变化也极为敏感，更为重要的是，他对世界哲学的回应是立足于中国的，"是在对中国的历史、哲学做了深入的总结反思之后，再去看待西方哲学的"。冯契晚年曾说，要参与世界性的百家争鸣。这或许就是他身体力行的方式。

将哲学思考化于人格，
他是"智慧说"的最佳代言人

1993年，汤用彤之子汤一介给冯契写信："我常想，您的那篇刊于《哲学评论》上的《智慧》可以说对我启发最大。

当然，我走上哲学研究这条道路原因很多，而其中原因之一就是《智慧》一文对我的影响。"1944年，冯契30岁，完成了他的硕士论文《智慧》，后来发表在1947年出版的《哲学评论》10卷5期，具名冯宝麐。冯契晚年回顾说，这篇《智慧》确实是他学术工作的起点。此后，他终其一生都在作"智慧的探索"。

冯契最后三部著作《认识世界和认识自己》《逻辑思维的辩证法》《人的自由和真善美》被合称为"智慧说三篇"，是他"超师之见"的集成，其中可见他完整而又自成一派的哲学体系——超越了西方"狭义"认识论，冯契称之为"广义认识论"。狭义认识论只讲理论知识，在冯契看来，理智并非"干燥的光"，认识论也不能离开"整个的人"，所以他的"广义认识论"不仅要讲知识，而且要讲知识之前的意见和比知识更高的智慧，重点尤其放在"智慧"上，因此他的这套哲学体系又叫"智慧说"，它涵盖了四个问题：感觉能否给予客观实在？理论思维能否把握普遍有效的规律性知识？逻辑思维能否把握具体真理？理想人格或自由人格如何培养？——可见，"人"的发展是其中一个重要命题。

"智慧说"的缘起，来自冯契早年与金岳霖先生的讨论。"本世纪以来哲学有进步，主要是表达方式技术化了，这是不能忽视的；但因此，哲学理论和哲学家的人格分裂了，哲学家再不是苏格拉底式的人物了"，这是金先生当年颇感矛盾的问题。冯契却很乐观："哲学不能是冷冰冰的概念结构，它要给人理想、信念，激发人们的热情，鼓舞人们为之奋斗，所以哲学家应该是苏格拉底式的人物。"冯契后来意识到，他和金先生讨论的实际上是知识与智慧的关系问题。如何"转识成智"是其中的关键环节，也让冯契为之付出毕生心力。20世纪50年代，冯契提出一个重要的哲学表述："化理论为方法，化理论为德性"，这也是"智慧说"的构建原则，一方面要让哲学理论成为方法论，另一方面哲学理论要化为普通人也能及的、有血有肉的人格。"只有这样，哲学才有生命力，才能够真正说服人。也只有这样，哲学才既是可信的，又是可爱的。"

这两句话，也是身为哲学家的冯契对自己提出的要求，他说，哲学家要言行一致。不能嘴上是墨家的，至少是儒家的、道家的，行动却是杨朱一派的；他还说，要使哲学理论具有个性，体现哲学家本人的情感、趣味和理想。"哲学如果千人一面，那一定有许多不真诚的东西在里面，因为哲学是活生生的人，而活生生的人是各有各的个性的"，他追求的是"真诚的哲学"，也追求真诚的人生。他平日的生活，是孔颜之乐的"一箪食，一瓢饮"。他自己的气质，则更近道家。在家中的书房兼卧室，摆着一个孔子像，衣袂飘逸又似庄子。儒家讲求诚，道家讲求真。"德性的自证首要的是真诚。"他说，做学问最好是像和爱人谈恋爱一样有热情，并且不论是研究问题，还是待人接物，都要保持"真诚"。

有人评价，"冯先生的哲学已渗透了他的人格，而他的人格又证明了他的哲学"。

"锲而不舍"，
于是有了他最后 17 年的哲学创造

新中国成立前，冯契常为进步刊物撰文，"冯契"是当时使用的笔名之一，契与锲通，取"锲而不舍，金石可镂"意，其中可见诸暨人的韧性。从那以后，冯契就成了正式名字，而这名字的寓意也成为他以后研究生涯的真实写照。

1952 年，冯契正式受聘于刚刚组建完成的华东师范大学，3 年后他和刘佛年在政教系下共同创立哲学教研室，并在 1986 年成立了哲学系。冯契 1978 年开始先后招收了数十名硕士、博士研究生，学生们记忆里的冯先生"慢言细语，言谈中常常露出他那特有的迷人的微笑"，"眼神永远那么亮，那么透，那么静"。有人记得，他上课时从不念稿子，手里拿一本写着提纲的黑皮硬抄，语言并不生动，但是逻辑严密，表达简练，只

要能领会他的思路，记下来就是一篇文章，"像吃橄榄一样，放在嘴里，越吃越有味道"；有人记得，他是一个很好的倾听者，在他家里，通常是学生说的比先生说的更多，学生犹豫了，他总会笑眯眯地鼓励他们说下去。

华东师大校园，有着学生们对他的记忆，也记录着他最深的坚持。经历了"文革"，冯契的几百万字手稿、资料下落不明，他后来意识到"脑袋是可以藏思想的仓库，只要保持心灵的自由思考，还是有条件使自己的探索继续下去的"，在人生最后的 17 年，他开始"复活"那些失去的东西。最先被"复活"过来的，是 60 万字的三卷本《中国古代哲学的逻辑发展》，其后他完成《中国近代哲学的革命进程》，这两部著述使他成为以"一己之力"完整勾画先秦到新中国成立前两千多年中国哲学发展历史的第一人。

"在以前，可以同屈原一样说：'路漫漫其修远兮，吾将上下而求索。'现在却不能这样彷徨求索了"，迈入老年，冯契常恐"汩余若将不及兮，恐年岁之不吾与"。在给老友董易的信中，他吐露了这种焦虑："缺乏从容思考的心情，这实在是不好的。但也控制不住自己，能工作的年数很有限，怎能从容不迫呢？"与他繁重的研究工作形成对比的是，他不能再简单的日常生活，除了买书，基本不用钱，也很少出门。每天的消遣是读小说，或者喝点绿茶、黄酒。

把生前最后一部讲稿整理成书稿并送到校印刷厂后不久，冯契就不幸病故了。回想 61 岁时，他发现自己有肺气肿并有肺源性心脏病迹象后，给董易去了一封信，其中写道："还希望多活几年，为党做点工作。虽然自己明白，终于没有长成为可以给千百人乘凉的大树，而只是一棵沙地里的小小的酸枣树。但是矮小的酸枣树，也希望能结出几个小红果，给过路的孩子尝尝。"如今，这棵"酸枣树"不仅硕果满树，且已亭亭如盖。

以毕生之力
开拓世界区域地理研究

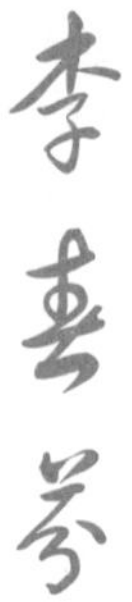

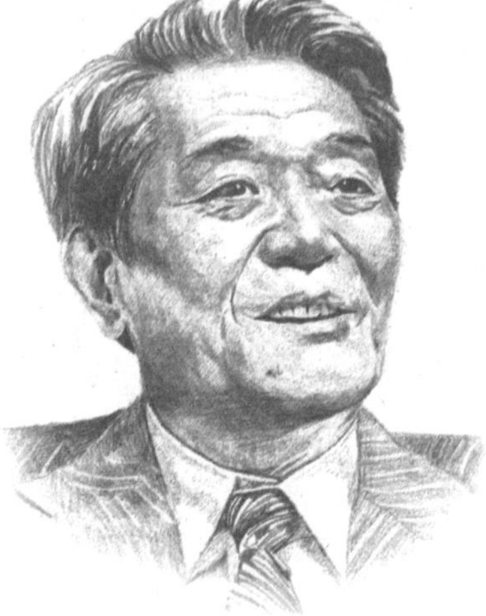

李春芬

李春芬
（1912－1996）
地理学家、教育家

　　李春芬是我国杰出的地理学家、地理教育家和区域地理学的主要奠基人。

　　1912年10月10日，李春芬出生于江苏兴化白驹镇。祖父习武，曾举武秀才。其父李拱辰改业中医，经营中药铺为生。李春芬幼年入私塾，12岁时转读小学，1927年入兴化县立初级中学。三年后，他以名列前茅的成绩考入省立南通中学普通科。在南通读书的几年里，他亲见张謇兴实业、办教育的壮举，读书人的心里悄悄地种下了兴邦强国的种子。

　　1933年，李春芬同时被武汉大学和中央大学录取，择中央大学外语系入，次年转入地理系。1937年毕业后留校任地理系助教。全民族抗战爆发，迁校陪都。彼时的重庆沙坪坝，日机常常夜间来袭。李春芬便伴着烛光苦读中外地理名著。两年时间，浏览学术著作 20 余册，并留下了其中 8 部专著的详细笔记，就此打下了扎实的学术基础。

1939 年，他以地理科第一名的成绩考取中英庚款第七届留英公费生，却因欧战爆发暂缓赴英。其间，庚款委员会指定李四光和黄国璋两位教授为其导师，进行学术准备。1940 年，李春芬转赴加拿大多伦多大学深造，受教于国际著名地理学家泰勒。

1943 年 6 月，多伦多大学 90 多岁的老校长亲手将加拿大第一张地理学博士学位证书颁给了一个年轻的中国人，他便是李春芬。

为此，一张俊朗的东方学人的面孔便留在了多伦多《明星报》的版面上。至今，这个故事依旧是中加地理学家碰头时，寒暄之初的不二素材。

同年秋，李春芬赴美国哈佛大学地质地理系从事博士后研修，师从地理学家惠特莱锡。

1944 年，李春芬就任美国内政部地名局专业四级区域地理学家。

"穷则独善其身，达则兼济天下"，正是这份读书人的担当，让李春芬毅然放弃了优厚的待遇，回到了满目疮痍的祖国。1946 年，应竺可桢校长之邀，李春芬任浙江大学史地系教授，开授地学通论、北美地理、地理学史、聚落地理等课程。忆初识恩师时的情景，中国工程院院士、华东师范大学终身教授陈吉余曾道："还在遵义的时候，听说李先生要就任浙大教授，大家都对他仰慕不已，翘首以待。1946 年下半年先生回国，我也从贵州复员杭州，遂即前往探访。先生以当年地理学发展趋势相告，以国外研究成果相示，嘱以扎实学习、认真工作相勉。"

杭州解放前夕，一路溃败的国民党

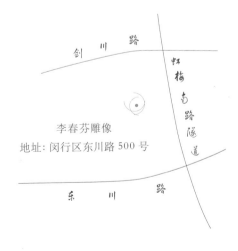

李春芬雕像
地址：闵行区东川路 500 号

地铁 15 号线紫竹高新区站

大师纪念地：李春芬雕像
（华东师范大学闵行校区城市与区域科学学院内）

419

疯狂迫害爱国师生的民主运动，李春芬毅然应浙大学生自治会之邀，为其发行的纪念册《求实桥》撰写首篇教师文章，其追求真理的勇气与浩然正气令人钦佩。

一口气筹建了三个地理系（科）

新中国成立之际，百废待兴，学界亦然。对于学人而言，是挑战，更是报国之时。

李春芬一口气先后主持筹建了三个地理系（科）：1949 年杭州解放，浙大史地分家，李春芬受命担任地理系主任。新系成立，诸事周全，亲自任教，开设新课，系务和教学不遗余力，浙大地理系蒸蒸日上。1951 年，李春芬兼任浙江师范专科学校地理科主任。

1952 年院系调整，浙大地理系调整至新设立的华东师范大学。于是，李春芬再任华东师大地理系主任。

建系之初，李春芬和他的团队可谓白手起家。房子一间，藏于校园一角；图书寥寥，只堆了半个书架；虽授地理，却一幅裱好的挂图也没有。

教书育人做学问，为师者肯定是最宝贵的财富。科系初创，需要配备的师资甚多，李春芬一一聘请，一方面尽力延聘胡焕庸等名师"加盟"，另一方面着手聘请兼职教授以弥补师资力量的不足。添置图书设备，他亲自过问，事必躬亲，事无巨细。

师范教育特别重视课堂教学，每门课都需有教学大纲，每堂课需有教案，教师必须认真备课。李春芬以身作则，教材逐年添加新的内容，教案、备课一丝不苟，堪称教师表率。

很快，地理系的工作便有了起色。1954 年，保加利亚地理学家毕遂柯夫教授来到华东师大地理系参观，他感慨道：即便在欧洲大陆，这样的地理系也是不多见的。

早在 1948 年，针对矛盾集中且尖锐的中东问题，李春芬便在《大公报》上发表文章《地理因素看圣地纷争》，明确指出了巴勒斯坦问题的本质是内在矛盾和外在因素纠葛在一起造成的，症结在于其重要的战略地位和丰富的石油资源，归根结底是土地和经济的问题，绝非单纯的宗教和民族矛盾。

作为系主任，他要求每一部门打好基础，加强野外实习，达到学以致用的要求。他带领全系 400 余位师生在长江三角洲开展地理调查，研究成果丰富了中国地理科学内容。1956 年，根据美国建设特色地理系的经验，李春芬提出以长江三角洲作为向科学进军的阵地和突破口，并大力支持建系之初随之来沪的陈吉余开拓河口海岸这一崭新的研究领域。

针对国家需求，设置专门研究机构。1957 年，由华东师范大学与中国科学院地理研究所联建的华东师范大学地理系河口研究室成立，陈吉余任研究室主任。如今它已发展成为实力雄厚的河口海岸科学研究院 / 河口海岸学国家重点实验室。

60 年后，在第四届"地理学与中国全球战略高层论坛"暨首届"春芬论坛"上，言及恩师，96 岁高龄的陈吉余院士数次激动地说道："师恩难忘。"正是在先生的指导和影响下，陈吉余选择了水文地理研究方向，并留在华东师范大学河口海岸研究所服务 60 余年。李春芬多次派陈吉余野外调研，陈吉余说："李先生非常重视课堂理论与野外实践相结合，地理研究要理论联系实际，才能提出解决问题的办法。"

华东师大地理系初现规模后，李春芬把目光投向了更远的地方。他在全国率先开设聘有苏联专家的自然地理教师进修班，招收自然地理研究生班。

改革开放后，李春芬成为国内第一位区域地理专业博士生和博士后导师。"桃李不言，下自成蹊"，便是为人师者最大的幸福。

掌舵华东师范大学地理系的 26 年

小故事 **延聘胡焕庸等名师"加盟"**　　　小故事 **创办世界地理研究者的学术园地**

教书育人做学问，为师者肯定是最宝贵的财富。科系初创，需要配备的师资甚多，李春芬一一聘请，一方面尽力延聘胡焕庸等名师"加盟"，另一方面着手聘请兼职教授以弥补师资力量的不足；添置图书设备，他亲自过问，事必躬亲，事无巨细。很快，地理系的工作便有了起色。

直至20世纪70年代，国内尚无属于世界地理研究者自己的学术园地。1980年，李春芬创办《世界地理集刊》，并亲任主编。至此，世界地理学人终于有了发表、交流研究成果的学术平台。1992年该刊物经国家新闻出版部门批准，获得正式期刊刊号，并更名为《世界地理研究》。

时间里，李春芬倾注毕生精力，带领全系师生，将地理学培育、壮大成为全国一流学科。将华东师大地理系的招牌越擦越亮，直至将其建设成为我国地理学，尤其是世界地理研究的重镇，依旧未曾放慢前进的步伐。

而后，李春芬历任副校长、校学术委员会副主任、校学位委员会副主任及西欧北美地理研究所所长等职。

他热爱地理科学事业，大力支持和积极参与地理学会工作。自1963年起，李春芬长期担任中国地理学会世界地理专业委员会主任。

作为我国世界地理学科的学术带头人，20余年间他提倡区域地理学科基本问题的探索和研究，笔耕不辍，发表学术论文《区域地理：问题与展望》《我国世界地理研究的现状和今后的任务》《如何提高世界（区域）地理的教学质量》以及《中国世界区域地理的研究

概况》（英文）等，从理论层面廓清世界地理发展的方向。

作为我国世界地理学科的学术带头人，他组织全国地理工作者，协力完成了《中国大百科全书·世界地理卷》《辞海·世界地理分册》大型工具书和《世界钢铁地理丛书》《世界农业地理丛书》两套世界地理系列著作，为学科建设鞠躬尽瘁。

作为我国世界地理学科的学术带头人，李春芬积极创办学术期刊。直至20世纪70年代，国内尚无属于世界地理研究者自己的学术园地。1980年，李春芬创办《世界地理集刊》，并亲任主编。至此，世界地理学人终于有了发表、交流研究成果的学术平台。1992年该刊物经国家新闻出版部门批准，获得正式期刊刊号，并更名为《世界地理研究》。

李春芬还曾担任上海市地理学会理事长，中国地理学会副理事长、世界

李春芬

地理专业委员会主任、自然地理专业委员会副主任、地理教育工作委员会主任、教育部中学地理教材顾问、高等学校理工科教材地理组编审委员会副主任、国务院学位委员会第一届学科评议组理学组成员，为繁荣我国地理科学事业的发展作出了巨大贡献。

1978年，花甲之年的李春芬向组织递交了入党申请书。1979年9月，他终于成为一名光荣的中国共产党员。荣光与梦想，对于经历了半个世纪的求索与奋斗的李春芬来说，这只是一个新的起点。

做学问，就要做出一流的成果

"做学生，就要做一流的学生；做学问，就要做出一流的成果；办地理系，就要办一流的地理系"，李春芬是这样说的，也是这样做的。

他的研究涉及自然地理、理论地理、城市地理、农业地理、区域地理等学科领域，尤以世界区域地理的成果最为卓著。在其出版的学术著述中，区域地理作品数量约占三分之二，其中以世界地理为主。

1919年，在地理学分类体系图中，著名地理学家费尼曼将区域地理置于地理学的核心位置。20世纪三四十年代，此观点盛行一时，被学界广泛接受。受此影响，多伦多大学留学期间，李春芬便将"加拿大西安大略格兰德河中游河谷的区域地理研究"设定为他博士论文的选题。自此，区域地理就成为其毕生砥砺深耕的主要方向。

20世纪50年代中期，李春芬对我国世界地理研究做了系统反思。他认为，以往的研究大多是就事论事的现象描述，缺乏提纲挈领的综合构思，因而缺乏整体感。

以对立统一学说为指导，李春芬提出了"地理环境结构的整体性和差异性"。理论体现了地理环境是多样性的统一体，反映了地理学的综合性和区域性两大特点。且地理学的综合性和区域性两大特点是不能分割的，两者密切结合，相互依存。一方面，综合性立足于地区，离开地区就不是地理学的综合；另一方面，区域性也离不开综合性，即离不开区域内部各组成要素的相互联系。

"一个洲的独特性，一方面体现了该洲的整体性，同时也是有别于其他各洲的特殊性；这有别于其他各洲的特殊性，又体现了整个地理环境的差异性。"李春芬的两部专著《南美洲地理环境的结构》和《北美洲地理环境的结构》均以该理论作为贯穿始终的主线，这对于以现象描述为主的传统世界地理研究模式是颠覆性的历史突破。

通过对厄尔尼诺现象的动态分析，李春芬揭示了地理环境中"一个要素的变化可导致其他要素的变化以致地理环境总体特征的变化"，从而进一步阐释了地理环境内在紧密联系的整体性。

李春芬一贯重视基础教学。一来，基础教学是学生学好后续课程和提高课程的前期准备；二来，授之以渔。推开自学的大门，学生方能行至高远。作为系主任，他身体力行，亲设基础课程，讲授地学通论长达六年，并开设地理名著选读、精讲芬奇的《地理学原理》等课程。即便后来讲授的各洲自然地理，也具有一定的基础教学属性。

在研究生教育培养中，李春芬亲自开设专业文献课，从组织材料到教学流程，均采用"系列化"和"循序渐进"的方法。他为学生选取的三篇地理文献，在内容上相互联系，在层次上则呈递进的阶梯，其教授方式有明显差异。对于第一篇文献，李春芬逐句讲解，选段翻译，亲加评述，并要求学生写作全文摘要；对于第二篇文献，李春芬只做概要介绍，再由学生阅读后，写作心得体会；对于第三篇文献，则全由学生自学，编写报告,最后师生讨论,进行总结。对此,为学生者——华东师范大学汤建中教授的体会是:这种"系列化""循序渐进"的教学方法,十分有助于学生的能力提高,让人深受教益。

"一个人做学问,从一个词、一个字就能看出他的功底。"

地理学是一门经世致用的学科。解释、解决问题,才是李春芬做学问不变的初心。

"李春芬先生百年诞辰纪念大会"上,陈吉余院士曾说:"李先生在地理科学方面,其学术渊博,可谓难见其项背。先生的地貌学修养,作为学生,深感敬仰。人文地理方面我曾听过先生的聚落地理,确是自然、人文地理综合的体现。先生更以毕生之力,开拓外国地理的研究,以应对全球一体化的时代需求;先生著书立说,以应当前国际形势发展,为国家经济建设提供科学基础。先生从地理学的地域观点出发进行综合分析,对一些国际问题有着独特的见解。"

20 世纪中叶,区域地理研究者往往把注意力放在了知识的积累和传播上面,面向问题的目标导向不清、深入探讨问题的研究动力不足,以致学科发展的滞后性逐渐显现。为此,李春芬明确指出,只有从问题出发,学术成果才有现实意义,地理学研究才能保持旺盛的生命力。只有如此,区域地理学科振兴方能实现。

早在 1948 年,针对矛盾集中且尖锐的中东问题,李春芬便在《大公报》上发表文章《地理因素看圣地纷争》,明确指出了巴勒斯坦问题的本质是内在矛盾和外在因素纠葛在一起造成的,症结在于其重要的战略地位和丰富的石油资源,归根结底是土地和经济的问题,绝非单纯的宗教和民族矛盾。半个多世纪后的今天,对照中东地区的现状,重

读先生的文章,不禁赞叹作者见解之深刻,让人透过现象看到了事物的本质。

"一个人做学问,从一个词、一个字就能看出他的功底。"李春芬如是说。

20 世纪 70 年代,为了捍卫国家主权,保护和发展民族经济,发展中国家纷纷大声疾呼"各国有权合理确立领海和管辖范围",一时间海洋权益成为国际热点。为此,李春芬发表了《拉丁美洲国家为保护本国海洋资源而斗争》《秘鲁 200 海里海洋权的地理分析》等学术论文。前文因紧密配合了当时行将召开的国际海洋法会议而备受关注,旋即被《北京周报》译成英文刊发。后文则将自然地理与经济地理有机结合在了一起,分析了秘鲁深厚的鸟粪层与众多的海岛、丰富的渔业资源、近岸的洋流循环与干旱的气候之间的紧密联系,强调了保护海洋渔业资源对于发展秘鲁民族经济的重要性。通过阐释秘鲁洋流的生物界限与 200 海里的高度吻合,科学论证了 200 海里海洋权的合情与合理,也为自然地理学如何与人文地理学相结合、区域地理研究如何面向实际等问题树立了典范。

李春芬面向问题研究世界地理的理念、方法和实践,对于今日的学科建设依旧有着重要的指导意义。当前,世界正面临百年未有之大变局,"一带一路"倡议和人类命运共同体建设等为地理学发展带来前所未有的历史机遇,同时也赋予地理学特别是世界地理学科新的重大历史使命。中国地理学者应当充分发挥地理学区域性和综合性的学科优势,深化世界国别和区域研究,推动自然地理与人文地理的深度融合,不断为我国国际合作打下学理基础,把学科水平推升到一个新高度。

李春芬常常告诫他的学生:"研究学问既要阳春白雪,也要下里巴人;既要细水长流,也要紧赶时势。"

如此通达,唯大师也。

为阐扬中国古代灿烂的文化而努力

杨宽

杨 宽
(1914 — 2005)
历史学家

大师简介

江苏青浦(今属上海)人。1936年毕业于光华大学中文系。曾任光华大学教授、上海市立博物馆馆长。中华人民共和国成立后,历任上海市文物保管委员会主任秘书、古物整理处处长,上海博物馆馆长,上海社会科学院历史研究所副所长,复旦大学教授,中国先秦史学会第一至三届副理事长。专于中国古代史,对先秦史及文物考古尤有研究。著有《战国史》《中国古代陵寝制度史研究》《中国古代冶铁技术发展史》《古史新探》等。

24岁时,杨宽写成《中国上古史导论》,提出神话分化说,后来被收入吕思勉、童书业编著《古史辨》第七册上编。此书让年纪轻轻的杨宽在史学界一举成名,被顾颉刚、童书业看作"古史辨派"的生力军、集"疑古"的古史学大成之人。

而后,从上古史到战国史,从度量衡史到中国古代科技史,从文物考古到对陵寝都城制度的探索,杨宽把一生交付史学研究,70多年的学术生涯留下了300多篇论文和10多部学术著作。涉及领域看似驳杂,但华东师范大学历史系终身教授王家范有这样一番评价:看杨宽的书,有一条内在的、清晰的治学思路,始终不离史学的本体精神和史家的职业精神。所谓史学家的精神就是尊重客观事实,有一分证据说一分话。而体现在杨宽身上,就是他对历史链条上每一个关节的细致锤锻。但他并没有陷于细节、耽于过程，他的视野里始终有着整根链条，"虽然他没有写通史，但体现出一种通史的精神"。

早慧学者：以墨学入手，16岁首作学术论文

《中国上古史导论》并非杨宽最早的学术文章。他的第一篇学术论文是16岁读高中时写成的《墨经校勘研究》。文章投寄当时著名学术刊物《燕京学报》，曾得到主编容庚的赞许。杨宽的学术生涯始于墨子研究，初一时，他的历史老师讲到胡适的《中国哲学史大纲》上卷，称其用新方法和新观点分析古代哲学，墨子部分尤其出彩；同时也介绍了孙诒让的《墨子间诂》和梁启超的《墨经校释》。这些都令杨宽印象深刻，课后便购得相关书籍，初中三年反复翻阅，为他进入高中后对《墨经》及《墨子》全书进行系统探索作了铺垫。

杨宽做学问很有天分。他生于青浦白鹤镇一个传统的旧式家庭，父亲在当地行医，母亲操持家庭。杨宽5岁多进入附近的新式学堂学习，小学时已自我摸索出一些稚嫩的学习心得："凡是经我自己思考和整理而成系统的知识，容易使自己掌握；如果后来发现自己整理的系统有什么错误，往往可以提高自己的认识。因此我不但要把书本上读到的知识系统化，也还想把看到的知识系统化。"所谓"看到的知识"，就是杨宽从小耳濡目染的农业、渔业及手工业的生产场景，这些得自乡野间的观察，在他没有察觉的情况下遥遥地观照着他后来的研究，"我童年所熟悉的一些有关农业的生产工具、生产技术和生产过程的知识，对于我后来进行古代史的研究有一定的用处"——他晚年所作《西周史》，其中就涉及西周时代的土地制度、农业生产和手工业生产等内容，有他童年观察到的这些农耕知识的印痕。

系统性是杨宽治学的一大特色，在这一点上，甚至超越了同辈的许多学者。他研究的领域无论是上古史、战国史这样庞大的主题还是古代都城、帝王陵寝这样专精的领域，都有一套逻辑自洽的体系，杨宽对此非常看重。在《中国上古史导论》的自序中，杨宽就指出，他写作此书的目的在于探索传说演变分化之系统，为古史传说还其本来面目。而之所以选择墨学叩门学术领域，是因为在他看来，《墨子》是"百家争鸣"中第一部有系统的一家之作，有完整的思想体系，应该作进一步探索。晚年说起当年为什么想把看到的知识系统化，杨宽

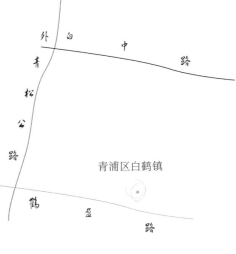

青浦区白鹤镇

大师纪念地：杨宽故乡

🚇 地铁17号线赵巷站换乘公交青纪线

1948年春，杨宽得到消息，一大批珍贵文物将被偷运去美国，他迅速在《文物周刊》上发文呼吁严禁文物出口。当得知古物已运到上海海关，放行在即，他辗转取得海关检查命令，与博物馆同事对17箱古物逐件清点，编造清册，其中就包括1923年山西浑源县出土的著名青铜器牛尊。古董被查封后，杨宽曾收到恐吓，但他不为所动。后来这批文物被上海博物馆收藏，牛尊等成为镇馆之宝。

与老师蒋维乔的相识，则是开始于杨宽的几篇文章。大学期间，杨宽凭借高中积累，接连发表墨学研究文章。当时开设《墨子》研究选修课的蒋维乔从刊物上看到文章，因其"考证周详，立论精审，通条连贯，而纲举目张"，以为是位成熟老到的考据学者，没想到是自己学校的一年级新生。蒋维乔对杨宽的学术研究多有褒奖，曾在日记中留下杨宽"专力于墨学多年，极有心力，老生不如也"的称赞。

的理解是，那"出于我童年的一种如饥似渴的求知欲望"，他说，这种求知的欲望成为他后来系统地进一步摸索和探讨的动力。

10岁时，被战争殃及，杨宽家中遭难，家财几乎罄尽，他的父母更是下定决心培养好下一代，经济不宽裕也要送孩子出去读书，杨宽为此也更加用功，后来考取了学费、住宿费全免的苏州省立第一师范（后改为苏州中学）。在苏州求学的6年，是杨宽亲自认证的一生中"重要的关键时刻"，"它决定了我的前程"。旧书店、书场、古典园林、古玩铺……历史名城俯拾皆是的传统文化引起了杨宽的兴趣，"我在这样一个富有精致传统文化的环境中生活和学习，日积月累，感到此中大有学问，值得努力去钻研"。求学第一年，杨宽便养成了两种嗜好：逛旧书店与习民间乐器，"常常沿着护龙街，逛一家家的旧书店，随手翻阅，选择我想要的古书"，对于当时手头紧张的杨宽来说，这样的沿路访书，对他学习研究很有帮助。

在杨宽的成长中，苏州中学是难以忘怀的。"我探讨学问的基础是那时打好的，钻研学问的方向是那时决定的，探索学问的门径也是那时开辟的，学术论文和学术著作是从那时开始写作的，可以说，都是出于教师们教导和栽培的结果。"当时的苏州中学正处于黄金时期，校长汪懋祖是著名的教育家，提倡教师从事学术研究，教研相长。延聘的教师有吴梅、钱穆、吕叔湘……都有着大学教授的才能。除此以外，学校还

常常邀请学者前来演讲，有章太炎、胡适、顾颉刚、欧阳予倩……这些学者观点异趣、思想不同，杨宽不囿于门户之见的学术品格正是在这期间潜移默化形成的。

1932年，杨宽考入上海私立光华大学中国文学系，原因是得知学校有几位讲授中国文学和中国历史的著名教授，除了正常讲课外，常开课指导学生读一部书。这样的课在杨宽看来比较切实，对以后做研究很有帮助。而那几位著名教授就是吕思勉、蒋维乔、钱基博，对杨宽后来的学术研究影响很大。

穿越三次古史大辩论，博采众长，成一家之言

"我向来看重学术上的辩论，认为辩论是促进学术发展的动力，战国时代的'百家争鸣'创造了灿烂的古代学术文化，这是很明显的例子。"这是杨宽的亲身所感。1920年到1940年的20年间，正是古史研究的新学派蓬勃成长的时期，这中间二三十年代有关古代史的三次令人瞩目的大辩论：井田制度有无、古史传说的真伪、中国古代社会性质，无疑推动了史学研究的新发展。这段时间也是杨宽从懵懂稚童到学术青年的成长时期，三次古史大辩论的启示和新学派兴起的影响，使得他很早就进入研究古代文化历史的门径，也很早参与到学术界的讨论。进入大学的第二个学期，杨宽就开始对中国古史传说进行系统探索，目的是"在古史辨讨论的基础

为了充实博物馆馆藏，让更多代表中国优秀文化艺术传统的历代精品被大众看到，调查和收购文物是博物馆草创时期的一项重要工作内容。杨宽对这项工作一直坚持原则，从事文博工作多年，他家中从没有收藏过任何一件古物，也从未替人代买过文物。他认为"只有这样才能保持一个古物工作者的优良品德，只有这样才能创建成一个代表国家优秀文化传统的博物馆"。

上，发挥他们的长处、改正他们的短处，进一步对古史传说作一次全面的、有系统的考察，从而彻底解决这个争论的重大问题"，这里足见杨宽的抱负。1933年起，杨宽开始分别以中国上古传说中的人物为中心，对其神话来源及其分化演变进行整理，陆陆续续写成系列论文，最后汇集成《中国上古史导论》一书。

参与古史辩论的各方都是当时的大家，杨宽年纪虽轻，却不迷信名家，敢于质疑。通过通读双方辩论，他认识到当时历史学家还囿于过去经学界家派成见，这会严重妨碍历史研究的发展。如疑古学派虽注意到中国古史中古代神话传说的研究以及神话的演变过程，但他们研究的重点仍停留在"疑古"和"辨伪"。而杨宽迈出的那一步，就是以民俗学、神话学的方法对古代神话进行全面剖析。对于学派从属，杨宽说过，"其实我既不是什么疑古派，更不是什么释古派，只是初步把一系列的古史传说，分别还原为古代神话，把所有古代圣贤帝王的传说，分别还原为上天下地的神物……"经过这番还原，杨宽得出一个结论：夏以前的古史传说全部出自殷商时代的神话，这些神话按其来源可以分为东（殷人—东夷）西（周人—西戎）两大系统，经过各自长期分化演变，最后逐渐混合重组，在商周时代形成上自黄帝下至夏代的古史传说系统。这种对古代创世神话的梳理，在当时具有开创性意义。

杨宽是位高产的学者，高产与他看重辩论有关。"他主张学者要尽快将研究心得转化为论著公开发表，通过这样的抛砖引玉，求得交流、批评与争鸣，从而推进研究的进一步深入。"杨宽的关门弟子高智群在回忆文章中提到，杨先生不少学术性很强的论文，如西周农业中的"葍新畬"，西六师和殷八师的性质，周代是否存在墓祭，等等，就是在学术争论中撰写的，对很多历史问题的认识，也是在相互诘辩中得到升华的。

"历史研究工作必须与考古、文物工作相结合，才能取得进步"

提到上海博物馆，就不能绕开杨宽。在"上博"的创设及发展中，杨宽不仅是参与者，更是核心人员。

读大四时，杨宽面前摆着两个就业方向：到附属中学当教师；参与上海市立博物馆的筹备工作。他选择了后者，理由是"这项博物馆工作与我想要发扬祖国传统文化的志愿相结合，也有助于我想从事的以考古文物资料结合的古文献的研究工作"。大学还未毕业，杨宽就在筹建中的上海市立博物馆担任艺术部研究干事，艺术部主要陈列中国古代青铜器、绘画及陶瓷等艺术品，杨宽的工作就是负责陈列布置和编写说明，为给文物定名、考定年代，他常常深夜还在查阅图书。然而开馆不到一年，抗日战争全面爆发。"八一三"淞沪会战前，杨宽挑选馆内比较重要的文物，与时任馆长胡肇椿一同送往震旦博物馆寄存。后来，博物馆所处大厦在日军轰炸中遭袭，而这批珍贵文物因为提前转移而留存了下来。抗战胜利后，此前暂别博物馆事业的杨宽立即从青浦返回从事复馆工作，第一件事就是追回这批文物。战争中，这批文物被奸伪盗去，杨宽用了两个多月，在警察局的调查配合下，跑遍所有从日军和汉奸手中接收来的仓库，最终找回文物——上海市立博物馆的陈列品就建立在这批文物的基础上。

1946年，杨宽任上海市立博物馆馆长，此后13年一直为"上博"的发展奔走操劳，直至1959年调任上海社科院历史研究所。他多次发文阐明博物馆的功能，认为博物馆有三大工作：征集、陈列、研究。1946 年 9 月，上海市立博物馆推出《文物周刊》——这是我国第一个以"文物"为主要内容的期刊，也是当时唯一探讨文物的期刊。在发刊词中，杨宽写道："博物馆的事业，该循着二条康庄大道迈进，一方面需要通俗化，大众化，才能使民众了解，达到社会教育的目的，同时又需要学术化专门化，才能促使学术的进步。"他认为，通俗化大众化，并不是只把通俗的知识介绍给大家，还要把高深的专门知识现代知识"深入浅出"地介绍给大众，这样才能发挥博物馆的功能。尤其是多年来传统教育只知注重书本知识，实物教育却不到位，更需要很多大博物馆来弥补这个缺陷。

博物馆传播知识给观众，杨宽也从观众那里"领"到了新课题。1954 年春，一位来自炼钢厂的观众在参观后提出了一连串关于中国古代钢铁兵器如何制造的疑问。为了答复这些疑问，杨宽开始了冶铁技术史这个学术处女地的开

垦。他广泛搜集流传到近代的土法炼钢炼铁技术资料，探索其起源和流变，并把中国冶铁史与欧洲比较。用短短两年时间，杨宽初步理出一条中国冶铁技术发明和发展的线索，完成了《中国古代冶铁技术的发明和发展》一书，这也是中国最早的冶铁科技史专著。这本书出版后引起了英国科技史学家李约瑟的注意。李约瑟访问中国时有一份希望拜访的中国学者名单，杨宽就在其中；李约瑟后来在《中国古代铁和钢的工艺学的发展》一文中论及宿铁和灌钢冶炼法，还采用了杨宽的相关分析。

杨宽一直坚持"历史研究工作必须与考古、文物工作相结合，才能取得进步"。有学生回忆，当年向杨先生问学，杨先生劝他不必花死工夫抄写，还说研究先秦史必须要有点考古学基础，"先生自己十分重视运用考古资料研究历史，他的著作《西周史》引用的考古资料之丰富，令人叹为观止"。考古学家黄宣佩曾说自己之所以走上考古工作的道路，与时任上海博物馆副馆长的杨宽是

杨宽

分不开的，"杨宽先生极力主张，一个像样的博物馆应当设有考古部门……1956年，上海博物馆考古组成立，隶属研究部"。事实上，在此之前，"上博"就在杨宽的带领下做过一些考古工作，其中1948年杨宽等人赴松江戚家墩文化遗址进行的考古发掘，是上海历史上的首次考古发掘。年近古稀，杨宽对田野考察依然热情不减，曾用近两个月时间带学生考察山东、河北、河南、陕西、湖北等地的先秦古代都城，后来著成《中国古代陵寝制度史研究》《中国古代都城制度史研究》。

以独特的视角，详细的考证完成《战国史》《西周史》

杨宽的代表作之一《战国史》共有三个版本：1955年初版时20万字；1980年再版时，杨宽进行了大量补充、修订和改写，扩展到43万字；20世纪90年代末的版本又增添许多新内容，篇幅增至56万字。而内容修订、篇幅增加的主因是考古工作的巨大进展、新材料的层出不穷——杨宽坚持在论著中大量运用新出土的考古资料，解决古史研究中的疑难问题。著名史学家王子今曾评价《战国史》："这部断代史研究的经典，不仅可以看作上一世纪古史研究高水准成果的一个纪念，又为学界新人提供了具有标范意义的学术样板。"

杨宽对战国史的研究开始于20世纪40年代，当时他绝不为日本人做事，便隐居故里整理战国史料。这是一项难度极高的基础工作，战国时代的史料主要是《史记》和《战国策》，而两书对战国史事的叙述很紊乱，一些记载有错乱和失误，又夹杂虚构伪托的作品。杨宽广泛参考了《韩非子》《吕氏春秋》等大量古代文献，用两年九个月的时间完成《战国史料编年辑证》初稿，又于半个世纪后完成全书。谈及此书，高智群曾说，书中很多考证解决了战国年代学中很重要的问题，"可以这么说，当代中国断代史，迄今还没有一部专著，在史料的鉴别和史实的考证方面下这么大的功夫"。《战国史》正是在《战国史料编年辑证》的基础上完成的。之所以选择写一部《战国史》，杨宽的考量是：在中国古代社会历史进程中，春秋、战国之际经济上、政治上和文化上的一系列变革，是十分重要的关键，成为秦、汉以后两千多年经济和政治制度的蓝本，文化学术思想上各种流派的渊源。而先秦历史的研究必然涉及古史分期，即中国封建社会始于何年的问题。杨宽不满公式化地讨论社会史分期，认为"只有深入辨明社会结构及其重要制度才能了解一个社会的性质"。《战国史》出版后，杨宽开始探索西周春秋的社会性质和结构，这就要提到他对"礼"的研究。杨宽的角度细致而独到，他眼中，在"古代社会"这根链条上，"礼"就是那个需要细致敲打的关键——这些看似毫无实用价值的"繁文缛节"，作用正是为了维护古代重要制度的执行，因此要对那些维护当时社会结构的古代制度作深入探索，就无可避免要进入"礼"的领域。传统礼学专重注疏考证，杨宽跳出这一旧范式，不但采用中西古代社会制度对比的方式开展研究，考虑到礼制保守、变化缓慢的特性，还以西南与东北少数民族的社会调查报告作为参考资料，用民族学的学术成果推进研究。高智群犹记得杨老先生当年对他们提出的学习要求：掌握古文献、古文字、考古资料，熟悉经典作家社会形态理论，通晓人类学知识。这看似简单的罗列，字字是杨宽多年治学积累的经验，其中可见他视角的独特，方法运用上的灵活贯通。

晚年作自传，杨宽在其中坦露初心："我决心要为阐扬中国古代灿烂的文化而努力，我从事学术研究工作和博物馆工作都是为了这个目标。"历史文化长河，悠悠而下，其间有个采撷星光的人，就是杨宽。

图书在版编目（CIP）数据

大城大师：68位社科大师的学术人生／上海市社
会科学界联合会，文汇报社编 . —— 上海：学林出版社，
2024

ISBN 978-7-5486-2013-6

Ⅰ.①大… Ⅱ.①上… ②文… Ⅲ.①社会科学家—
列传—上海②文化史—上海 Ⅳ.①K825.1②K295.1

中国国家版本馆CIP数据核字(2024)第104056号

责任编辑 许苏宜　石佳彦
特约编辑 杨　琳
装帧设计 姜　明

大城大师
——68位社科大师的学术人生
上海市社会科学界联合会　文汇报社　编

出　　版　**学林出版社**
　　　　　（201101　上海市闵行区号景路159弄C座）
发　　行　上海人民出版社发行中心
　　　　　（201101　上海市闵行区号景路159弄C座）
印　　刷　上海颛辉印刷厂有限公司
开　　本　710×1020　1/16
印　　张　27.5
字　　数　70万
版　　次　2024年8月第1版
印　　次　2024年8月第1次印刷
ISBN　978-7-5486-2013-6/G·775
定　　价　150.00元

（如发生印刷、装订质量问题，读者可向工厂调换）